Wunderer / Dick (Hrsg.)   Frauen im Management

Rolf Wunderer
Petra Dick (Hrsg.)

Frauen
im
Management

**Kompetenzen
Führungsstile
Fördermodelle**

Luchterhand

Die Deutsche Bibliothek – CIP-Einheitsaufnahme

Frauen im Management : Kompetenzen – Führungsstile – Fördermodelle /
Rolf Wunderer ; Petra Dick. – Neuwied ; Kriftel ; Berlin : Luchterhand, 1997
   ISBN 3-472-02522-0

Satz: Satz- und Verlags-Gesellschaft mbH, Darmstadt
Druck: betz-druck, Darmstadt
Verarbeitung: Buchbinderei Fikentscher, Darmstadt
Printed in Germany · Oktober 1997

Gedruckt auf säurefreiem, alterungsbeständigem und chlorfreiem Papier

Vorwort

»Mond ist uns Mann,
und Erde ist uns weiblich.
Die Wiese scheint voll Demut, stolz der Wald;
doch über alles wandelt unbeschreiblich
die immer unentschiedene Gestalt.«

(Rainer Maria Rilke – Widmung)

Seit alters her wird über Wesensunterschiede zwischen den Geschlechtern diskutiert. Nicht selten mischen sich hierbei Wissen und Glaube, Dichtung und Wahrheit.

So hat sich R. M. Rilke um die Jahrhundertwende in inhaltlich und formal eindrücklicher Weise auch zur geschlechtsspezifischen Stereotypenbildung geäußert. Er stellt dabei die »unentschiedene Gestalt« über die üblichen Differenzierungsversuche.

Die Gestaltpsychologie entwickelt wenig später einen wissenschaftlichen Ansatz. Im Mittelpunkt steht eine ganzheitliche, systemische und dynamische Betrachtungsweise von Lernprozessen, aber auch von Persönlichkeitskonzepten.

Und etwa zur gleichen Zeit leistet der Schweizer Psychologe C. G. Jung einen relevanten Beitrag. Er geht davon aus, daß jeder Mensch weibliche und männliche Anteile in sich vereinigt: Anima und Animus. Die reife Persönlichkeit kann im Individuationsprozeß ihre geschlechtstypischen Anteile auch mit ihrem gegengeschlechtlichen »Schatten« integrieren.

Schon im Altertum wurde Weibliches und Männliches als Einheit gesehen, insbesondere in göttlichen Wesen. Die »archetypische« (C. G. Jung) Idee der Zweigeschlechtlichkeit steht als Symbol für die Vereinigung der Gegensätze. So ist Göttin Ischtar »am Abend ein Weib und am Morgen ein Mann«. Fordern Ähnliches nicht auch private und berufliche Rollen(-muster) von weiblichen Führungskräften?

Die Geschlechtsrollen bleiben damit gerade für Karrieren weiblicher Führungskräfte von zentraler Bedeutung. Im Gegensatz zur Vaterrolle hat die Mutterrolle – insbesondere wenn mehrfach ausgeübt – neben einem mindestens 10stündigen Arbeitstag in der Führungsposition derzeit noch wenig

Chancen zur eigenverantwortlichen Wahrnehmung. Hier müssen andere Förderungskonzepte und -instrumente gefunden werden als etwa für teilzeitfreundliche Sachbearbeiterpositionen. Dies gilt in besonderem Maße, wenn »das Kind« und seine Interessen als eigenständiger »Stakeholder« in ein umfassendes und integriertes Förderungskonzept aufgenommen werden. Denn das erfordert von allen Beteiligten ein hohes Maß an kreativer und situationsspezifischer Flexibilisierung der Betreuung.

Daß im Spiel um knappe Führungspositionen aber auch in Zukunft Interessen geschlechtsspezifisch vertreten bzw. legitimiert werden, ist wahrscheinlich. In diesem Zusammenhang stellt sich beispielsweise die Frage, warum sich gerade im öffentlichen Dienst gehäuft Konzepte zur Frauenförderung – auch für Führungspositionen – finden. Nun, Politiker haben gesellschaftliche Aspekte mehr im Blickpunkt als Unternehmensführer, wissen aber auch um die ausschlaggebende Bedeutung des weiblichen Wählerpotentials.

Natürlich darf bei der Diskussion über Karrierechancen von Frauen und Männern nicht vergessen werden, daß nach den Prinzipien der Normalverteilung grundsätzlich nur ein beschränkter Teil der Erwerbsbevölkerung für Führungspositionen geeignet ist – insbesondere seit dafür Fachkenntnisse und persönlicher Einsatz nicht mehr ausreichen. Hier sind statt »unentschiedener Gestalten« entscheidungs- und einflußfähige Persönlichkeiten mit besonderer Sozialkompetenz unabdingbar. Wir konnten in unserer empirischen Untersuchung aber auch zeigen, daß Frauen in Führungspositionen als gleichermaßen qualifiziert beurteilt werden und daß ihre Karrieremotivation ebenso stark ausgeprägt ist wie die ihrer männlichen Kollegen. Andererseits sollten Frauen wegen noch bestehender Karrierehemmnisse – insbesondere Geschlechtsstereotypen und Mutterrolle – besonders gefördert werden.

Um Anregungen zur Überwindung dieser zwei zentralen Barrieren zu erhalten, wurden neben einer umfassenden Literaturrecherche und einer eigenen Umfrage 16 VertreterInnen von Wissenschaft und Praxis um Beiträge gebeten, die den neuesten Kenntnisstand repräsentieren. Das Buch gliedert sich in drei Teile. In Kapitel I werden die Befunde unserer empirischen Erhebung über potentielle geschlechtstypische Unterschiede in Disposition, Verhalten und Situation weiblicher bzw. männlicher Manager referiert und personalpolitische Folgerungen abgeleitet. In Kapitel II behandeln Doris Bischof-Köhler, Erika Regnet, Lutz von Rosenstiel, Artur Wollert und Gaby Wilms sowie Christa van Winsen Grundfragen zum Thema »Frauen im Management«. In Kapitel III werden in neun Fallstudien Erfahrungen mit einschlägigen Förderkonzepten dargestellt von: Claudia Bucheli Ruffieux (Schweizerische Kreditanstalt), Astrid Hausherr Fischer und Manuela Sandmeier (ABB), Etiennette Verrey (F. Hoffmann-La Roche AG), Ursula Preisig und Marianne Ulmi (Eidgenössisches Personalamt), Sabine Bolte (Commerzbank AG), Brigitte Preuß (Allianz-Lebensversicherungs-AG), Dorothee Stickel (Hilti AG) und Matthias Mölleney (Deutsche Lufthansa AG). Wir danken ihnen sehr für die fundierten und differenzierten Ausführungen sowie den Unternehmen und Verwaltungen für die gewährte Unterstützung.

Herrn Reiner Straub vom Luchterhand Verlag sind wir für die wieder beispielhafte verlegerische Betreuung dieser Publikation verbunden. Wir hoffen mit ihm, sie möge die Diskussion erweitern und zu neuen Lösungsansätzen anregen.

St. Gallen, im Sommer 1997

Rolf Wunderer   Petra Dick

Gesamtinhaltsverzeichnis

Grundfragen

Fallstudien

Frauen im Management
Besonderheiten und personal-politische Folgerungen
– eine empirische Studie –

Inhaltsverzeichnis

Frauen im Management
Besonderheiten und personalpolitische Folgerungen – eine empirische Studie –

von Rolf Wunderer und Petra Dick

Eine gezielte Förderung weiblicher Führungskräfte[1] setzt gesicherte Kenntnisse über potentielle geschlechtstypische Besonderheiten voraus. Deshalb wurde neben einer Auswertung der einschlägigen Forschungsliteratur auch eine empirische Erhebung zu diesem Thema durchgeführt. Im Rahmen einer rund 700 Personen umfassenden Befragung in 13 deutschen und schweizerischen Unternehmen wurde untersucht, inwieweit sich weibliche Führungskräfte in Denken, Verhalten, Lebens- und Arbeitssituation von ihren männlichen Kollegen unterscheiden. In diesem Beitrag werden zentrale Befunde vorgestellt und entsprechende personalpolitische Konsequenzen aufgezeigt.

1 Zur Sachlage in Praxis und Forschung

Weibliche Führungskräfte stehen seit mehr als einem Jahrzehnt verstärkt im Mittelpunkt des Interesses. Vor dem Hintergrund sich abzeichnender demographischer, wirtschaftlicher, technologischer und gesellschaftlicher Tendenzen (vgl. Dick 1995) wurde viel über die besonderen Probleme und Qualifikationen weiblicher Führungskräfte diskutiert, und es wurde überlegt, wie man sie gezielt fördern und damit ihren Anteil in Wirtschaft und öffentlicher Verwaltung erhöhen kann.

In jüngster Zeit macht sich jedoch vermehrt Ernüchterung breit: Trotz diverser Förderungsbemühungen ist der Frauenanteil im Management immer noch marginal (vgl. z. B. Hadler 1995 sowie Regnet in diesem Band). Der prognostizierte »Megatrend Frauen« (Naisbitt/Aburdene 1990, 1993; vgl. auch Wunderer/Kuhn 1992, 1993) ist bislang nicht erkennbar. Enttäuscht von zunächst vielversprechenden Konzepten und ermüdet von einer vielfach zu ideologisch geführten Debatte, hat vor allem bei den Unternehmensverantwortlichen das Interesse am Thema »Frauenförderung« respektive »Gleichstellung« in den letzten Jahren abgenommen. Die sozioökonomischen Rahmenbedingungen tun ein übriges: Verschärfte Wettbewerbsbedin-

---

1 Die Begriffe »Führungskraft« und »ManagerIn« werden aufgrund der fehlenden bzw. uneinheitlichen Abgrenzung synonym verwendet.

gungen, Enthierarchisierungstendenzen und das Ausbleiben des prognostizierten Führungskräftemangels (vgl. Stooß/Weidig 1986; Buttler/Tessaring 1994) rücken das Thema an den Rand personalpolitischer Überlegungen (vgl. Schultz-Gambard et al. 1993; Regnet 1994; Hadler 1995).

Diese Entwicklung ist nicht nur gesellschaftspolitisch, sondern auch wirtschaftlich bedenklich. Zum einen scheint es angesichts des kontinuierlichen Qualifikationsanstiegs in der weiblichen Bevölkerung (vgl. Regnet 1994 sowie in diesem Band) unökonomisch, ein großes Qualifikationspotential nicht auszuschöpfen. Zum anderen wird die Chance vergeben, durch Unterstützung der gesellschaftlich erwünschten Gleichstellung von Mann und Frau die Vertrauens- und Verständigungspotentiale zwischen dem Unternehmen und seinen gesellschaftlichen Anspruchsgruppen auszubauen. Deshalb sollte man aus den bisherigen Erfahrungen lernen und die Bemühungen um Chancengleichheit in der Arbeitswelt im allgemeinen und im Management im besonderen fortsetzen. Erforderlich sind Konzepte, die eine optimale Förderung weiblicher Führungs(-nachwuchs-)kräfte ermöglichen, die aber gleichzeitig den Bedürfnissen und Interessen weiterer »Stakeholder« – insbesondere Männer und Kinder sowie Gesellschaft und Unternehmen – in gebührendem Maße Rechnung tragen.[2] Mit anderen Worten: Ziel- und Anspruchsgruppenpolitik müssen Hand in Hand gehen.

---

2 Der »Stakeholder-Ansatz« bzw. das »Anspruchsgruppenkonzept«, das hier zugrundegelegt wird, bildet die Gegenposition zum gegenwärtig wieder verstärkt vertretenen »Shareholder-Approach«. Der Stakeholder-Ansatz geht davon aus, daß ein Unternehmen – zur langfristigen Bestandserhaltung wie auch aus gesellschaftspolitischer Verantwortung – neben den Interessen der Kapitaleigner (»Shareholder«) den Ansprüchen weiterer Gruppen (»Stakeholder«) gerecht werden muß. Der Begriff »Stakeholder« wird dabei unterschiedlich weit gefaßt. So hat das Stanford Research Institute 1963 Stakeholder erstmals definiert als »those groups without whose support the organization would cease to exist« (zit. nach Freeman 1984, S. 30). Freeman selbst (1984, S. 25) versteht unter einem Stakeholder »any group or individual who can affect or is affected by the achievement of the organization's objective« (Freeman 1984, S. 4). Ackhoff (1981, S. 30) legt eine abgeschwächtere Definition vor: »Stakeholders are all those inside or outside an organization who are directly affected by what it does.«
Wir fassen im Anschluß an Janisch (1992, S. 124), unter Stakeholder jene Gruppen, »die ihre Interessen in Form von konkreten Erwartungen und Ansprüchen an die Unternehmung formulieren und entweder selbst oder durch Interessenvertreter auf die Unternehmungsziele, deren Erreichung, die unternehmerische Tätigkeit und auf ihr Verhalten Einfluss nehmen können sowie selbst von den Unternehmenszielen, deren Erreichung, der Tätigkeit und dem Verhalten der Unternehmung beeinflusst werden«. In Einklang mit dieser Definition werden insbesondere auch Kinder zu den Stakeholdern betrieblicher Personalpolitik gezählt – eine Gruppe, die in der Diskussion bislang weitgehend ausgeblendet wurde, faktisch aber sowohl von den aktuellen Gegebenheiten in der Arbeitswelt, z. B. von der Dauer und Flexibilität der Arbeitszeiten, unmittelbar betroffen ist als auch – als Arbeitskräfte von morgen – langfristig Einfluß auf die Unternehmen ausüben kann.

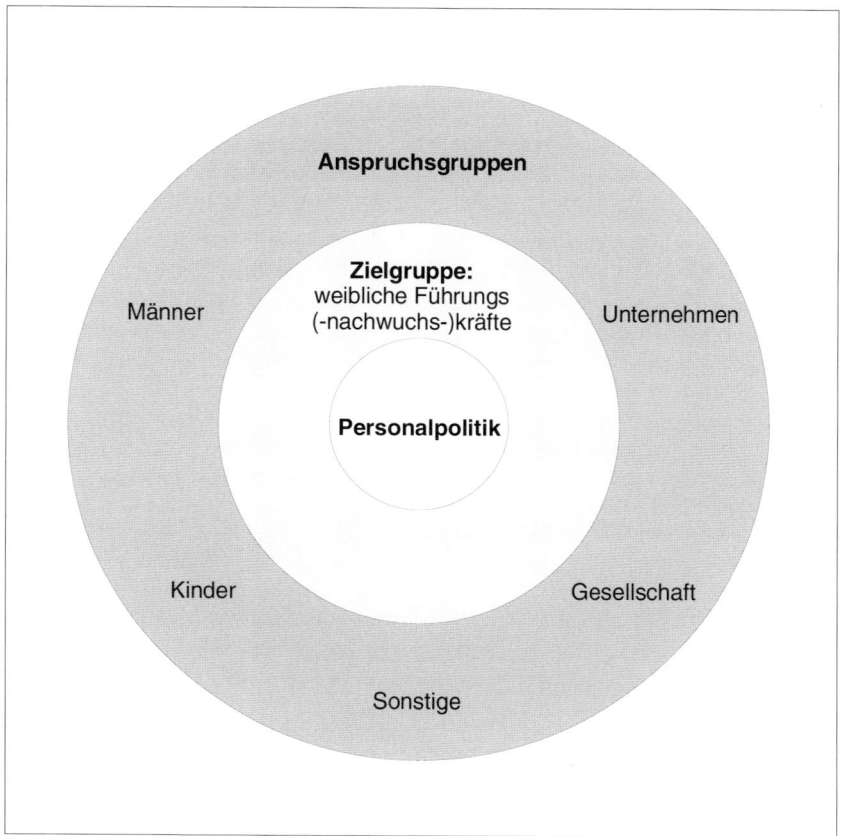

Abbildung 1: Ziel- und Anspruchsgruppen betrieblicher Personalpolitik

Die Wissenschaft ist aufgerufen, dazu weitere Beiträge zu leisten: Da eine effektive Förderung weiblicher Führungs(-nachwuchs-)kräfte gesicherte Kenntnisse über geschlechtstypische Besonderheiten in Disposition und Verhalten sowie in ihrer Arbeits- und Lebenssituation voraussetzt, scheint zunächst eine Erweiterung der Grundlagenforschung notwendig. In einem zweiten Schritt gilt es, auf der Basis empirischer Befunde personalpolitische Gestaltungsvorschläge zu entwickeln.

Obwohl in den letzten Jahren schon verschiedenerseits über Geschlechterdifferenzen im Management reflektiert wurde und inzwischen eine Fülle von Veröffentlichungen vorliegt, zeigte unsere Literaturanalyse, daß hierzu noch viele Fragen offen sind. Dies hat vor allem folgende Ursachen:

– Diverse Untersuchungen weisen methodische Mängel auf. Die häufigsten Defizite sind:

- Es erfolgt kein Vergleich zwischen Frauen und Männern: »V.a. die Managerinnen-Studien erwecken leicht den Eindruck, als seien alle dort ermittelten Probleme (. . .) frauenspezifischer Natur, was aber erst durch einen Vergleich mit (vergleichbaren) Männern bewiesen werden könnte« (Friedel-Howe 1990 a, S. 5).

- Die Stichproben sind nicht hinreichend vergleichbar. Potentielle Moderatorvariablen, wie z. B. Land, Branche oder Organisationsform werden nicht einbezogen.

- Auswahl von Stichproben und/oder Interpretation der Befunde erfolgen interessengeleitet. Dies ist besonders augenfällig bei AutorInnen, die – im Bemühen um mehr Gleichberechtigung in der Arbeitswelt – die Vorzüge weiblichen Führungsverhaltens propagieren (vgl. dazu Krell 1992 und 1994).

- Oftmals haben Stichprobe und/oder Untersuchungsmethode eine geringe externe Validität, lassen sich also nur in sehr beschränktem Maße verallgemeinern. Ein typisches Beispiel hierfür sind die zahlreichen Experimente mit Studentenpopulationen. Aber auch Felduntersuchungen aus dem deutschsprachigen Raum besitzen großteils eine geringe Datenbasis und sind daher nur begrenzt verallgemeinerbar.

– Die geschlechtervergleichende Führungsforschung weist blinde Flecken auf. Besonders auffällig ist die starke Konzentration auf Diskriminierungsaspekte, wogegen potentielle Privilegien weiblicher Führungskräfte kaum thematisiert werden.

– Empirisch breit fundierte Untersuchungen stammen vor allem aus den USA. Die dabei gewonnenen Befunde lassen sich aufgrund kultureller und gesetzlicher Unterschiede nur beschränkt auf hiesige Verhältnisse übertragen (vgl. auch Hadler 1995). So haben z. B. in den USA gesetzliche Vorgaben (Affirmative Action-Politik) einen sehr viel stärkeren Einfluß auf die betriebliche Gleichstellungspolitik als im deutschsprachigen Raum.

2 Ziel und Konzeption der Studie

Es soll ein Beitrag zur Verbesserung des unterentwickelten Kenntnisstandes in der geschlechtervergleichenden deutschsprachigen Management- und Führungsforschung geleistet und damit die Grundlage für eine gesellschaftspolitisch wie ökonomisch sinnvolle Förderung von Frauen in Führungspositionen weiter ausgebaut werden.

Fragestellung

In diesem Zusammenhang haben wir untersucht, inwieweit sich geschlechtstypische Unterschiede in Disposition, Verhalten und Situation
weiblicher und männlicher Führungskräfte nachweisen lassen. Hierbei wurde auch zu überprüfen versucht, inwieweit die Befunde aus den USA auf unseren Kulturkreis übertragbar sind und inwieweit sich die Ergebnisse klei-
nerer qualitativer Erhebungen auf breiterer Basis bestätigen. Aus den Ergebnissen wurden personalpolitische Folgerungen abgeleitet und praktizierten
Förderungskonzepten gegenübergestellt. Die Forschungsfragen lauten explizit:

1. Inwieweit unterscheiden sich weibliche Führungskräfte in Fähigkeiten,
   Denk- und Verhaltensmustern von ihren männlichen Kollegen?

2. Welchen besonderen situativen Bedingungen stehen weibliche Führungskräfte gegenüber?

3. Welche Ansätze zur Förderung weiblicher Führungskräfte werden in
   deutschen und schweizerischen Unternehmen mit welchem Erfolg praktiziert?

4. Wo liegen personalpolitische und -praktische Verbesserungspotentiale?

In Abgrenzung zu der vielfach recht normativ bis ideologisch geführten Debatte streben wir eine verstärkt empirisch fundierte Beantwortung dieser
Fragen an. Dabei untersuchten wir zum einen, inwieweit altbekannte Karrierehandicaps (z. B. Vorurteile, Ausschluß aus informellen Aktivitäten etc.)
heute noch wirksam sind. Zum zweiten schien es wichtig, bislang kaum be-
handelte Aspekte zu beleuchten – so z. B. folgende Fragen:

– Inwieweit bringen – soweit vorhanden – Besonderheiten im Denken und Verhalten
  weiblicher Führungskräfte komparative Vorteile?

– Inwieweit haben weibliche Führungskräfte neben Benachteiligungen auch Privilegien
  gegenüber ihren männlichen Kollegen und in welchem Verhältnis stehen Vor- und
  Nachteile?

Forschungsmethodik

Die Untersuchung oben genannter Themen erforderte ein mehrstufiges Vorgehen (vgl. Abbildung 2).

9

I. Die Besonderheiten weiblicher Führungskräfte

zentrale Fragen: 1. Inwieweit unterscheiden sich weibliche Führungskräfte in Fähigkeiten, Denk- und Verhaltensmustern von ihren männlichen Kollegen?

2. Welchen besonderen situativen Bedingungen stehen weibliche Führungskräfte gegenüber?

Vorgehensweise: Ausgangspunkt: Theoretische Grundannahmen

Hypothesenbildung

Überprüfung anhand aktueller Forschungsbefunde
(Literaturanalyse)

Hypothesenselektion, -präzisierung, -modifikation

Überprüfung anhand einer empirischer Erhebung
(schriftliche Befragung)

Untersuchungseinheiten:

- weibliche Führungskräfte
- männliche Führungskräfte
- MitarbeiterInnen der befragten Führungskräfte
- PersonalexpertInnen

Ergänzung und Vertiefung der Erkenntnisse im Rahmen der Jahrestagung 1996
des Instituts für Führung und Personalmanagement (I. FPM)

II. Die Förderung weiblicher Führungskräfte in der Praxis - aktueller Stand

zentrale Frage: Welche Ansätze zur Förderung weiblicher Führungskräfte werden in deutschen und schweizerischen Unternehmen mit welchem Erfolg praktiziert?

Vorgehensweise: - schriftliche Befragung von PersonalexpertInnen und Führungskräften
- Literaturrecherche
- Jahrestagung 1996 des I.FPM
- Fallstudien

III. Möglichkeiten zur Weiterentwicklung der betrieblichen Förderung weiblicher Führungskräfte

zentrale Frage: Wo liegen personalpolitische und -praktische Verbesserungspotentiale?

Vorgehensweise: - Schlußfolgerungen aus I. und II.
- Literaturrecherche
- Jahrestagung 1996 des I. FPM
- Fallstudien

Abbildung 2: Forschungsdesign

Ausgangspunkt war die Frage nach geschlechtstypischen Besonderheiten in Denken, Handeln und Aktionsbedingungen weiblicher Führungskräfte. Dazu wurden auf der Grundlage theoretischer Überlegungen in einem ersten Schritt Forschungshypothesen abgeleitet. Diese Hypothesen wurden im Rahmen einer umfassenden Analyse von mehr als 50 neueren empirischen Untersuchungen und diversen Meta-Analysen überprüft und anhand besonders fundierter Resultate ergänzt, modifiziert oder – sofern durch eine hinreichend breite Datenbasis widerlegt – verworfen.

Die revidierten Hypothesen wurden im November 1995 in einer rund 700 Personen umfassenden nicht-repräsentativen schriftlichen Befragung in 13 ausgewählten deutschen und schweizerischen Großunternehmen der Branchen Banken/Versicherungen, Einzelhandel, Chemie sowie Verkehr/Nachrichtenübermittlung überprüft (vgl. Abbildung 3).

- Allianz Lebensversicherungs-AG
- Bayerische Hypotheken- und Wechsel-Bank AG
- Ciba Geigy AG
- Deutsche Lufthansa AG
- Generaldirektion PTT
- Hoffmann-La Roche AG
- Karstadt AG
- Kaufhof AG
- Merck KGaA
- Rentenanstalt/Swiss Life
- Schweizerischer Bankverein
- Schweizerische Kreditanstalt
- Schweizerische Volksbank

Abbildung 3: Teilnehmende Firmen

Hierbei unterschieden wir vier Zielgruppen, für die jeweils ein eigener, zwischen vier und vierzehn Seiten umfassender Fragebogen entwickelt wurde:

- *weibliche Führungskräfte*
- *männliche Führungskräfte*
- *die Mitarbeiterinnen und Mitarbeiter* der befragten Führungskräfte sowie
- mit Frauenfragen betraute *Personalexpertinnen und -experten*. Dazu zählen zum einen Frauen- und Gleichstellungsbeauftragte, zum anderen männliche und weibliche Personalverantwortliche (z. B. PersonalleiterInnen und -referentInnen)

Diese Kombination von Selbstaussage (weibliche gegenüber männlichen Führungskräften) und Fremdbeurteilung (PersonalexpertInnen, MitarbeiterInnen) sollte ein ausgewogeneres Urteil über Geschlechterdifferenzen im Management ermöglichen. Wir danken den Unternehmen und allen TeilnehmerInnen für ihre tatkräftige Unterstützung. Ebenso danken wir dem Grundlagenforschungsfonds der Universität St. Gallen für die finanzielle Förderung des Projektes.

Von 1612 versandten Fragebögen wurden 693 (43%) ausgefüllt retourniert.

Dies kann bei dieser Befragungsart als überdurchschnittlich hohe Rücklaufquote beurteilt werden. 357 (51.5%) der zurückgesandten Fragebögen stammen von Frauen, 336 (48.5%) von Männern. Sie verteilen sich wie folgt über die vier Gruppen:

Weibliche Führungskräfte	Männliche Führungskräfte	Mitarbeiter		Personalexperten	
		weiblich	männlich	weiblich	männlich
N=83	N=76	N=256	N=241	N=18	N=19

Abbildung 4: Zusammensetzung der Stichprobe

Die Fragebogendaten wurden über EDV erfaßt und mit Hilfe des Statistikprogrammes SPSS ausgewertet. Zur Überprüfung der statistischen Signifikanz wurden – je nach Datenniveau – Chi-Quadrat- bzw. t-Tests herangezogen. Bei nicht-normalverteilten Daten fand der t-Test gemäß der von Havlicek/Petersen (1974) entwickelten Richtlinien (vgl. Bortz 1989, S. 172) nur dann Anwendung, wenn beide Populationen die gleiche Verteilungsform (z. B. linksschief) aufwiesen bzw. eine Population schief- und die andere normalverteilt war und wenn in beiden Fällen die Varianzen homogen waren.

Im folgenden werden zunächst die *theoretischen Grundlagen* und die *Befunde der geschlechtervergleichenden Untersuchung* vorgestellt und adäquate *personalpolitische Konsequenzen* aufgezeigt. Die ausführliche Darstellung real praktizierter Förderungskonzepte überlassen wir dagegen Expertinnen und Experten aus der betrieblichen Praxis, die wir für dieses Forschungsprojekt gewinnen konnten (vgl. Kapitel III).

3 Theoretische Grundlagen

3.1 Mutmaßliche Bedingungsfaktoren geschlechtstypischer Unterschiede

Am Beginn unserer Überlegungen stand die Frage nach *Ursachen* potentieller Unterschiede in den Fähigkeiten, im Denken und Handeln sowie in der Situation weiblicher und männlicher Führungskräfte. Diese Frage führte zu der seit einiger Zeit wieder aktuellen Anlage-Umwelt-Debatte.

Die Vermutung, daß sich weibliche und männliche Führungskräfte hinsichtlich gewisser Dispositionen und Verhaltensmuster unterscheiden, basiert auf der jahrhundertealten Annahme, daß neben physischen auch psychische

Unterschiede zwischen den Geschlechtern bestehen und deren Handeln beeinflussen. Eindeutig belegt sind allerdings nur wenige. Diese sind zudem gradueller Natur und in den letzten Jahren zunehmend weniger eindeutig nachweisbar (vgl. Bilden 1991). Als halbwegs gesichert – wenn auch durch Erhebungen neueren Datums nicht mehr uneingeschränkt gestützt (vgl. dazu die Meta-Analysen von Hyde 1984; Caplan et al. 1985; Hyde/Linn 1988; Feingold 1988) – gilt, daß

- *Frauen* durchschnittlich *größere verbale Fähigkeiten* aufweisen (vgl. z. B. O'Leary 1977; Frieze et al. 1978; Weitzman 1979; Hyman 1980; Case 1985),
- *Männer* über ein *besseres räumliches Vorstellungsvermögen* verfügen und deshalb auch gewisse mathematische Probleme besser lösen können (vgl. z. B. Maccoby/Jacklin 1974; Benbow/Stanley 1980; Hyde 1981; Halpern 1992; Kimura 1992),
- *Männer* sich im Durchschnitt *aggressiver* und *dominanter* verhalten sowie *mehr Selbstvertrauen* besitzen (vgl. z. B. Bardwick 1971; O'Leary 1977; Frieze et al. 1978; Eagly/Steffen 1986).

Einige Untersuchungen zeigen ferner, daß Frauen im allgemeinen schneller zusammenpassende Objekte erkennen, eine höhere Wahrnehmungsgeschwindigkeit haben, Rechenaufgaben schneller lösen, manuelle Präzisionsaufgaben besser erledigen und bessere Gedächtnisleistungen erbringen, während Männer schneller die Orientierung über einen Weg erlangen und beim Einsatz zielgerichteter motorischer Fertigkeiten – insbesondere beim Werfen und Auffangen von Gegenständen – im Durchschnitt besser abschneiden (vgl. Kimura 1992). Mehrfach wurde auch festgestellt, daß Frauen über mehr »soziale Intelligenz« verfügen, sich beispielsweise besser auf das Entschlüsseln non-verbaler Botschaften verstehen (vgl. z. B. Hall/Halberstadt 1981; Howard/Bray 1988).

Nun stellt sich die Frage, worauf sich geschlechtstypische Unterschiede in Disposition und Verhalten zurückführen lassen. Während es in den letzten Jahrzehnten als unumstößliche Tatsache galt, daß alle psychischen Geschlechterdifferenzen in Sozialisationsprozessen erworben und damit eindeutig gesellschaftlich bedingt[3] sind, werden in jüngster Zeit wieder vermehrt biologische Erklärungsversuche thematisiert. So gelangten beispielsweise Lytton/Romney (1991, S. 208) im Zuge ihrer 172 Studien umfassen-

---

3 Insbesondere der Behaviorismus verleitete dabei zu umfassenden »Machbarkeitsvorstellungen«: »Gib mir ein Dutzend gesunde Kinder in guter Verfassung und meine eigene Auffassung, wie ich sie weiterbringen kann. Dann garantiere ich, jeden davon zufällig Ausgewählten so zu trainieren, daß er ein von mir ausgewählter Spezialist wird: Doktor, Jurist, Künstler, Händler, ja sogar ein Bettler und Dieb. Ohne Berücksichtigung seiner Talente, Neigungen, Fähigkeiten, Anlagen oder Rasse« (Watson 1924, S. 82).

den Meta-Analyse zum Erziehungsverhalten in Familien zu der diplomatisch formulierten Einsicht: »In view of all the evidence, we cannot close our eyes to the possibility of biological predispositions providing a part of the explanation for existing sex differences.« Somit sind prinzipiell zwei Verursacher zu diskutieren: Biologie und Gesellschaft.

3.1.1 Biologische Erklärungsansätze

Geschlechtstypische Unterschiede in Disposition und Verhalten wurden und werden auf verschiedene biologische Faktoren zurückgeführt, z. B. auf die geschlechtsspezifisch unterschiedliche Gehirngröße, auf Konstitution (Größe, Gewicht), Körperkraft oder Chromosomenzusammensetzung (vgl. zusammenfassend Hagemann-White 1984; Fausto-Sterling 1988). In jüngster Zeit konzentriert sich die Diskussion schwergewichtig auf zwei miteinander verknüpfte Faktoren: *Gehirnstrukturen* und *hormonelle Ausstattung*.

Bei der Diskussion um gehirnorganisatorische Unterschiede stehen drei Aspekte im Mittelpunkt (vgl. Moir/Jessel 1993; Pool 1995):

– Eine These besagt, daß beim weiblichen Gehirn die Arbeitsteilung zwischen den beiden Gehirnhälften insgesamt geringer ist als beim männlichen. Während bei Männern die linke Gehirnhälfte eindeutig für Sprache und methodische Verarbeitung von Informationen und die rechte für räumliches Vorstellungsvermögen und Emotionen zuständig ist, besteht danach bei Frauen eine weniger klare Aufgabenteilung. Zu dieser Erkenntnis gelangte man bereits vor gut dreißig Jahren bei der Untersuchung von Gehirngeschädigten. Dort wurde festgestellt, daß Männer mit einer rechtsseitigen Gehirnverletzung stärker in ihrem räumlichen Vorstellungsvermögen beeinträchtigt sind als Frauen. Offensichtlich kann eine entsprechende Funktionsstörung bei Frauen leichter kompensiert werden, während dies bei Männern nur schwer möglich ist. Daraus wurde der Schluß gezogen, daß im weiblichen Gehirn die verschiedenen Funktionen breiter gestreut und auf beide Hirnhälften verteilt sind.

Welche Auswirkungen hat dies nun bei gesunden Menschen? Es werden vor allem zwei Konsequenzen genannt: Zum einen wird behauptet, daß es Männern leichter fällt, zwei verschiedene Tätigkeiten – z. B. lesen und sprechen – gleichzeitig durchzuführen, weil jede dieser Tätigkeiten von jeweils einer Hälfte des Gehirns gesteuert wird, während bei Frauen beide Tätigkeiten beide Hälften des Gehirns in Anspruch nehmen und sich dadurch gegenseitig beeinträchtigen können. Zum anderen sehen einige WissenschaftlerInnen hierin die zentrale Ursache für die männliche Überlegenheit in den räumlichen Fähigkeiten. Sie glauben, daß aufgrund der stärkeren Bündelung der entsprechenden Steuerungsfunktion im männlichen Gehirn weniger Störungen durch andere Funktionen erfolgen.

- Neuere Forschungsergebnisse deuten darauf hin, daß Frauen und Männer auch innerhalb der linken Gehirnhälfte unterschiedliche Strukturen aufweisen: Während bei Frauen jene Hirnfunktionen, die mit der Mechanik der Sprache zusammenhängen (z. B. Grammatik, Rechtschreibung) scharf gebündelt auf den vorderen Teil der linken Hemisphäre konzentriert sind, liegen sie bei Männern im vorderen und hinteren Bereich der linken Gehirnhälfte verstreut (vgl. Kimura 1992; Moir/Jessel 1993).

Unterstellt man wiederum, daß eine stärkere Konzentration bestimmter Steuerungsfunktionen auf ein Gehirnareal effizientere Abläufe gewährleistet, so kann man hierin eine mögliche Erklärung für die sprachliche Überlegenheit von Frauen sehen. Wenn Frauen verbal gewandter sind, könnte dies dazu führen, daß weibliche Führungskräfte wirklich – wie vielerorts behauptet – offener sind, lieber auf andere zugehen und sich bereitwilliger auf Diskussionen einlassen als männliche.

- Neuerdings wird vermehrt auch die idealtypisch größere Sozialkompetenz und Intuition von Frauen auf gehirnorganisatorische Unterschiede zwischen den Geschlechtern zurückgeführt. Eine zentrale Rolle spielt hierbei das »corpus callosum«, ein Nervenfaserstrang, der die beiden Hirnhälften miteinander verbindet. Dieser Verbindungsstrang ist bei Frauen in zentralen Bereichen dicker und beinhaltet eine größere Anzahl von Verbindungen zwischen den beiden Hemisphären. Dies hat – so die Argumentation – zur Folge, daß Frauen sensibler für Nuancen in Stimmen, Gesten und Gesichtsausdruck ihrer Mitmenschen sind, da sie visuelle und verbale Informationen besser integrieren und in Beziehung setzen können als Männer (vgl. Moir/Jessel 1993, S. 67).

Diese Geschlechterdifferenzen werden als historisches Erbe aus der Frühzeit betrachtet (vgl. Bischof-Köhler 1990 sowie in diesem Band). Die Argumentation geht dahin, daß die Arbeitsteilung in prähistorischen Jäger- und Sammlergesellschaften – Männer waren zuständig für Großwildjagd und Werkszeugfertigung, Frauen für Nahrungssammlung und Kinderpflege – einen unterschiedlichen Selektionsdruck erzeugte.

Die Unterschiede in den Gehirnstrukturen werden durch hormonelle Einflüsse im Mutterleib – etwa in der sechsten bis siebten Schwangerschaftswoche – angelegt. Voll zur Geltung kommen sie jedoch in aller Regel erst in der Pubertät. Dann nämlich aktivieren Hormonströme die Hirnunterschiede und heben sie hervor (vgl. Moir/Jessel 1993).

Der Rekurs auf hormonelle Einflüsse ist nicht neu. Insbesondere die Feststellung, daß sich Männer – von frühester Kindheit an – im Durchschnitt aggressiver verhalten, dominanter sind, auffälligere Formen der Interessendurchsetzung wählen und letztlich auch über ein größeres Selbstvertrauen verfügen (vgl. auch Bischof-Köhler in diesem Band), wurde bereits in der Vergangenheit oftmals auf die unterschiedliche hormonelle Ausstattung der Geschlechter – insbesondere auf den bei Männern deutlich höheren Testosteronspiegel – zurückgeführt (vgl. z. B. Merz 1979, Frieze et. al. 1978). Vielfach wird dabei auf Befunde aus der medizinisch-genetischen Forschung verwiesen, die gezeigt haben, daß Mädchen mit pathologisch erhöhten Testosteronwerten, wie sie beispielsweise mit einer angeborenen Anomalie der Nebennierenrindenfunktion einhergehen, vermehrt »männliche« Verhaltensmuster zeigen – beispielsweise Wettkampfsportarten, (ideal-)typisches Jungenspielzeug, männliche Kleidung sowie männliche Spielgefährten bevorzugen (vgl. Ehrhardt/Baker 1974; Ehrhardt 1980; Reinisch 1981; Dittmann 1990; Berenbaum/Hines 1992).

3.1.2 Sozialisationstheoretische Erklärungsansätze

Die Sozialisationsforschung bietet verschiedene Erklärungen dafür an, wie sich Geschlechterdifferenzen durch gesellschaftliche Einflüsse entwickeln bzw. verstärken (vgl. zusammenfassend Gildemeister 1988; Bilden 1991). Mit am meisten diskutiert wurden folgende Ansätze.

Studien zum Erziehungsverhalten in den Sozialisationsinstanzen

Die recht populären *Arbeiten zum Erziehungsverhalten* (vgl. die mittlerweile klassischen Reviews von Belotti 1975 und Scheu 1977; zusammenfassend: Hagemann-White 1984; Kühne-Vieser/Thuma-Lobenstein 1993; Greenglass 1995) gehen von der Annahme aus, daß mit Ausnahme der biologischen Reproduktionsfunktionen alle Unterschiede zwischen den Geschlechtern Ausdruck und Folge der aktuellen gesellschaftlichen Verhältnisse sind.

Mittels detaillierter Analysen einzelner Erziehungspraktiken (vgl. Abbildung 5) wurde aufgezeigt, daß Mädchen ungünstigeren Entwicklungsbedingungen ausgesetzt sind: Die Erziehung von Mädchen ist demnach von Anfang an auf Anpassung und Unterordnung ausgerichtet, während bei Jungen konsequent Autonomie und Eigenständigkeit gefördert wird. Diese Tendenzen setzen sich in anderen Sozialisationsinstanzen (Kindergarten, Schule etc.) fort und forcieren die Entwicklung jener Motive und Verhaltensmuster, die gemeinhin als weiblich respektive männlich etikettiert werden und als Legitimationsgrundlage für die traditionelle Arbeitsteilung zwischen den

Geschlechtern und das Fortbestehen patriarchalischer Herrschaftsstrukturen dienen.

Befunde geschlechtervergleichender Studien zum Erziehungsverhalten

– Mädchen werden seltener gestillt, ihnen werden beim Stillen weniger Pausen gegönnt, sie werden früher entwöhnt, müssen früher selbständig essen und sich eher Eßvorschriften unterwerfen (vgl. Brunet/Lezine 1966).

– Männliche Babies werden mehr durch taktile und visuelle Reize stimuliert, während weibliche mehr akustisch durch Imitation ihrer Geräusche und Bewegungen angeregt werden (Moss 1967). Dadurch wird bei Mädchen möglicherweise die schnellere Sprachentwicklung forciert, insgesamt aber werden weniger neue entwicklungsfördernde Erfahrungen vermittelt (vgl. Bilden 1980).

– Im Spiel regen Mütter (durch sog. »distal mode behavior«, z. B. Ball wegwerfen, das Kind von sich wegdrehen u.ä.) Jungen früher und stärker zu Exploration und Selbständigkeit an als Mädchen (vgl. Goldberg/Lewis 1969).

– Väter dringen insgesamt stärker auf geschlechtsrollenkonformes Verhalten als Mütter (vgl. Newson/Newson 1976, Romney/Lewitt 1991).

– Jungen erhalten mehr und breitgefächerteres Spielzeug (vgl. Stacey et al. 1974). Zudem erhalten sie mehr Spielsachen für außerhäusliche Aktivitäten (Rheingold et al. 1975).

– Jungen erhalten in Kindergarten und Schule mehr Beachtung (vgl. Maccoby/Jacklin 1974; Serbin/O'Leary 1975; Sharpe 1976; Stalmann 1991).

– Kinder- und Schulbücher beinhalten frauendiskriminierende Stereotype (vgl. zusammenfassend Brehmer 1987).

Abbildung 5: Beispiele geschlechterdifferenzierenden Erziehungsverhaltens

Konzepte »Weibliches Arbeitsvermögen« und »Doppelte Vergesellschaftung«

Der in den Studien zum Erziehungsverhalten implizit unterstellte Zusammenhang zwischen gesellschaftlichen Strukturen und Sozialisation wird von Elisabeth Beck-Gernsheim (1976) und Ilona Ostner (1978) im Konzept *»Weibliches Arbeitsvermögen«* explizit herausgearbeitet.

Die Autorinnen schreiben dem Sozialisationsprozeß eine Vermittlerfunktion zu, sehen aber die eigentliche Ursache geschlechtstypischer Dispositionen und Verhaltensmuster in der geschlechtsspezifischen Arbeitsteilung. Kernstück ihrer Argumentation ist, daß die Frauen und Männern traditionellerweise zugewiesenen Tätigkeitsfelder – Reproduktionsbereich auf der einen Seite,

17

Erwerbssphäre auf der anderen – unterschiedlichen Prinzipien gehorchen: Hausarbeit und Kindererziehung sind auf die Befriedigung der Bedürfnisse anderer ausgerichtet, Erwerbsarbeit folgt hingegen der Logik des Tausches. Diese Strukturen bilden den Sozialisationskontext und damit die Grundlage für den Erwerb geschlechtstypischer Orientierungen und Kompetenzen:

>»Geschlechtsspezifische Sozialisationsbedingungen, die von differierenden (einmal beruflichen, einmal familiär-reproduktionsbezogenen) Arbeitserfahrungen und -anforderungen geprägt sind, setzen sich um in tief verankerte Persönlichkeitsstrukturen, in »männliche« versus »weibliche« Lebenspläne und -wege, Fähigkeiten und Unfähigkeiten, Eignungen und Neigungen, biographische Zwänge und Ziele« (Beck-Gernsheim 1981, S. 47).

»Das Tun bestimmt das Sein« – auf diese Kurzformel bringt Ilona Ostner (1992, S. 107) den Grundgedanken dieses Ansatzes.

Da sich die Tätigkeit der Frauen heute aber keineswegs auf Haushalt und Kindererziehung beschränkt, erweiterte die Frauenforschung diese Perspektive und entwickelte das Theorem der »*Doppelten Vergesellschaftung*« (vgl. Becker-Schmidt 1987; Knapp 1988; Schiersmann 1992). Zentrale These ist, daß berufstätige Frauen beständig vor die Aufgabe gestellt sind, zwei Lebensbereiche – Beruf und Familie – miteinander zu vereinbaren und daß gerade daraus gewisse Besonderheiten in Führung und Zusammenarbeit resultieren. Da das Leben der Frauen vielschichtiger angelegt ist als das der Männer, sind sie gezwungen, ihren Arbeitsbereich anders zu organisieren. Sie müssen beispielsweise flexibler, delegationsfreudiger und weitsichtiger sein. Zugleich bringen sie Qualifikationen besonderer Art mit: die im Reproduktionsbereich – vor allem bei der Kindererziehung – gewonnenen sozialen Kompetenzen.

Arbeiten aus der psychologischen Beziehungstheorie

Erklärungen ganz anderer Art liefert die *psychoanalytisch orientierte Beziehungstheorie*, deren Neuinterpretation durch Nancy Chodorow (1978) große Resonanz erfahren hat.

Sie macht qualitative Unterschiede in der frühen Mutter-Kind-Beziehung für geschlechtstypische Auffälligkeiten verantwortlich. Zentrale These ist hier, daß Mütter ihre Töchter als sich selbst ähnlich wahrnehmen und deshalb engere Beziehungen zu ihnen entwickeln als zu Söhnen. Im Zuge dessen vollzieht sich die Ablösung von der primären Mutterbindung bei Mädchen deutlich langsamer als bei Jungen. Die Identitätsbildung erfolgt daher bei Mädchen durch Identifikation mit der Mutter, bei Jungen durch Abgrenzung von ihr. Dies hat zur Folge, daß Frauen eine stärkere Beziehungsfähigkeit entwickeln als Männer.

18

Chodorows Gedankengut wurde von verschiedener Seite aufgegriffen und in unterschiedlicher Weise weiterentwickelt. Zu den prominentesten Werken zählt eine Arbeit von Carol Hagemann-White (1984), in der die These von der unterschiedlichen Bedeutung der Primärbeziehungen mit dem Ansatz eines »kulturellen Systems der Zweigeschlechtlichkeit« verknüpft wird. Hagemann-White setzt – wie Chodorow und die Vertreterinnen der Konstrukte »Weibliches Arbeitsvermögen« und »Doppelte Vergesellschaftung« – an der klassischen Arbeitsteilung der Geschlechter an. Da die Kindererziehung hauptsächlich von den Müttern übernommen wird und die Väter großteils aus der Welt des Kindes verschwunden sind, muß die Identitätsbildung bei Jungen durch Abgrenzung, Negation und Betonung der Gegengeschlechtlichkeit erfolgen, während sie sich bei Mädchen innerhalb der Beziehung zur Mutter vollziehen kann. Hagemann-White sieht in der unterschiedlichen Art und Weise der Identitätsfindung die zentrale Ursache der unterschiedlichen Aggressionspotentiale bzw. der unterschiedlichen Formen von Aggressivität.

Untersuchungen zur Moralentwicklung

In kaum einer Veröffentlichung, die von den Besonderheiten weiblichen Führungsverhaltens erzählt, wird versäumt, auf eine Arbeit von Carol Gilligan (1984) hinzuweisen, in der die Autorin die bei Chodorow thematisierte Ablösungsproblematik in Beziehung zur *Moralstufenentwicklung* setzt. Gilligan vertritt die Ansicht, daß Frauen bei der Lösung moralischer Probleme grundsätzlich andere Maßstäbe anlegen als Männer, daß es also eine spezifisch »weibliche« Moral gebe, die Ausdruck und Folge einer von Männern differenten Persönlichkeitsentwicklung sei – ein Umstand, der in den »männerzentrierten« Theorien Piagets und Kohlbergs nicht berücksichtigt werde. Die Kernaussage Gilligans lautet, daß aufgrund der unterschiedlichen Qualität der Primärbeziehung und der daraus resultierenden Identitätsfindungsstrategien – Intimität und Identifikation auf der einen Seite, Ausgrenzung und Ablösung auf der anderen – Erfahrungswelten und Moralkonzeptionen von Frauen und Männern völlig verschieden sind:

> »In einer Moralkonzeption, wie Frauen sie entwickeln, treten Moralprobleme in einander widersprechenden Verantwortlichkeiten auf, die Priorität bei der Lösung moralischer Konflikte liegt auf menschlichen Beziehungen, universeller Gerechtigkeit, Fürsorge und Verantwortung im Gegensatz zu einer strengen Regelbetonung und der Wahrnehmung konkurrierender Rechte bei den Moralvorstellungen von Männern. Frauen denken stärker kontextbezogen und narrativ, Männer formal und abstrakt« (Rost-Schaude 1991, S. 100).

3.1.3 Diskussion

Weder die biologischen noch die sozialisationstheoretischen Erklärungsansätze sind eindeutig belegt. Aufgrund der politischen Brisanz steht jedoch die biologisch fundierte Argumentation ganz besonders im Kreuzfeuer der Kritik. So legt z. B. Fausto-Sterling (1988, S. 27) »an Behauptungen biologischer Ungleichheit die strengsten Maßstäbe an...« Nichtsdestotrotz scheint es kurzsichtig, die Möglichkeit gewisser biologischer Prädispositionen von vorneherein auszuschließen (vgl. Bischof-Köhler in diesem Band). Allerdings ist zu berücksichtigen, daß biologische und gesellschaftliche Faktoren eng verzahnt sind und es von daher grundsätzlich verfehlt wäre, sich biologische Ursache-Wirkungs-Zusammenhänge losgelöst von psychosozialen Rahmenbedingungen vorzustellen. Dies zeigt sich unter anderem im Kulturvergleich: So konnte in verschiedenen ethnologischen Studien gezeigt werden, daß Merkmale und Verhaltensmuster, die in einer Gesellschaft als naturgegeben weiblich angesehen werden, in einer anderen dem männlichen Geschlecht zugerechnet werden. So wird z. B. bei einigen Indianerstämmen die väterliche Pflege für so unersetzlich gehalten, daß die Mutter ein nach dem Tod des Vaters geborenes Kind gleich tötet, weil es sowie keine Chance habe, normal aufzuwachsen (Fester 1982, S. 13). Preuss (1987) gibt ferner folgendes zu bedenken: Könnte man kulturübergreifende Übereinstimmungen im Verhalten der Geschlechter durch eine gemeinsame biologische Basis – z. B. eine bestimmte hormonelle Ausstattung – erklären, so müßten – im Umkehrschluß – Verhaltensunterschiede auf kulturspezifische Unterschiede in den biologischen Anlagen zurückführbar sein. So müßten sich etwa südländische Machos durch einen besonders hohen Anteil männlicher Hormone auszeichnen. Dies ist jedoch nicht der Fall.

Faktisch ist es wohl so, daß biologische und gesellschaftliche Faktoren in einer bislang nicht näher bekannten Weise zusammenspielen. Hierbei ist es schwer, Ursache und Wirkung eindeutig voneinander zu trennen. So räumt Bischof-Köhler (in diesem Band) mit Bezug auf Befunde aus der Entwicklungspsychologie die Möglichkeit ein, daß Kinder von Geburt an geschlechtstypische Besonderheiten in Disposition und Verhalten aufweisen und damit auch eine unterschiedliche Behandlung durch Eltern und Bezugspersonen provozieren könnten.

Diverse Untersuchungen haben aber auch gezeigt, daß die Erwartungen, Verhaltensinterpretationen und Interaktionsformen von Erwachsenen mit dem – tatsächlichen oder vermeintlichen – Geschlecht des Kindes variieren (vgl. Abbildung 6).

In einer Studie von Condry/Condry (1976) »wurde einer Gruppe von Leuten eine Videoaufzeichnung eines schreienden, neun Monate alten Kindes gezeigt, wobei dieses den einen gegenüber als Junge, den andern Zuschauern gegenüber aber als Mädchen ausgegeben wurde. Die Aufzeichnung zeigte die Reaktionen des Säuglings auf vier verschiedene Reize: einen Teddybär, einen Schachtelteufel, eine Puppe und einen Summer. Es zeigte sich, daß die Zuschauer verschiedene Ursachen des Schreiens sahen, je nachdem, ob sie das Kind für ein Mädchen oder einen Jungen hielten. Das Schreien des »Jungen« wurde eher auf Ärger, dasjenige des »Mädchens« eher auf Angst zurückgeführt« (Greenglass 1995, S. 56).

In einer anderen Studie (Rubin et al. 1974) »beschrieben dreißig Elternpaare ihre Neugeborenen. Die Töchter wurden dabei häufig als klein, hübsch, niedlich, schwach und empfindlich geschildert; auch sagte man ihnen häufig nach, daß sie ihren Müttern glichen. Dagegen galten die Söhne häufiger als entschlossen, großgliedrig, besser koordiniert, aufmerksamer, kräftiger und mutiger. Wichtig ist dabei, daß objektiv keine Unterschiede hinsichtlich körperlicher Ausmaße und Aktivität bestanden. . .« (Ebenda, S. 57).

Abbildung 6: Stereotypisierte Wahrnehmungs- und Interpretationsmuster

Ob eine unterschiedliche Behandlung von Jungen und Mädchen nun eine Reaktion auf ein unterschiedliches Verhalten der Kinder oder Folge und Ausdruck stereotyper Wahrnehmungen ist, läßt sich (noch) nicht mit Sicherheit ausmachen. Eines steht jedoch fest: Da Kinder vom Tage der Geburt an in Abhängigkeit vom Geschlecht in unterschiedlicher Weise wahrgenommen (vgl. Rubin et al. 1974; Weitzman 1979) und zum Teil auch entsprechend behandelt werden (vgl. zusammenfassend Bilden 1980; Greenglass 1995), beginnt die geschlechtsspezifische Sozialisation spätestens[4] in den ersten Lebenstagen und setzt sich über verschiedene Sozialisationsinstanzen hinweg kontinuierlich fort.

Auch wenn man heute weit weniger als in den 70er und 80er Jahren davon überzeugt ist, daß Erziehungsaktivitäten nachdrücklich und konsequent geschlechtstypisch ausgerichtet werden (vgl. Hagemann-White 1984; Hoeppel 1991; Krüger 1992 sowie die Meta-Analyse von Romney/Lytton 1991), behält die Sozialisationshypothese ihre Gültigkeit. Sozialisation bezeichnet den Erwerb kulturtypischer Denk- und Handlungsmuster. Sie beschränkt sich nicht – wie vielfach angenommen – auf die frühe Kindheit und ist auch nicht ausschließlich Folge bewußt angewandter Erziehungsmaßnahmen. Interessant erscheinen in diesem Zusammenhang die Ergebnisse einer Längsschnittstudie von Trautner et al. (1989): Obwohl die Eltern dieser Stichpro-

---

4 Da das Geschlecht der Kinder heute in der Regel bereits vor der Geburt bekannt ist, gegebenenfalls auch schon früher (vgl. dazu Grabrucker 1996).

21

be für Jungen und Mädchen gleiche Erziehungsziele anstrebten, forcierte die stark konventionelle Arbeitsteilung innerhalb der Familie die Übernahme der tradierten Geschlechtsrollen. Um so bedenklicher stimmt es, daß in einer 50 Kinder umfassenden Studie an der Gesamtschule Siegen im Jahre 1995 (!) »Familienzustände wie im Biedermeier« (Hering/Rietschel 1995, S. 63) diagnostiziert wurden.

Im Grunde hat nahezu alles, was wir wahrnehmen, sozialisierende Effekte. Da das Merkmal »Geschlecht« eine der grundlegendsten gesellschaftlichen Strukturierungsvariablen ist, scheint eine geschlechtstypische Sozialisation unvermeidlich: Weil sehr vieles in unserer Gesellschaft in die Kategorien »männlich-weiblich« eingeteilt ist, lernt ein Kind automatisch in diesen Kategorien zu denken und zu handeln – ohne daß dies die Eltern oder andere Sozialisationsinstanzen besonders fördern müßten oder verhindern könnten: »Unabhängig von der Art, wie konkret Eltern und Erziehungspersonen die eigene Haltung zur Geschlechterordnung definieren, erzwingt unsere Kultur eine Selbstzuordnung als Mädchen oder Junge im Unterschied zum jeweils anderen Geschlecht als Bedingung der Möglichkeit der Identität« (Hagemann-White 1988, S. 234). Marianne Grabrucker (1996) beschreibt in einem Tagebuch sehr eindrucksvoll, auf welch subtile Weise verschiedene, sich gegenseitig verstärkende Einflüsse die geschlechtstypische Sozialisation ihrer Tochter vorantreiben.

3.2 Bezugsrahmen

Wie gezeigt wurde, können sowohl biologische als auch sozialisationstheoretische Ansätze wichtige Beiträge zur Erklärung psychischer Geschlechterdifferenzen liefern.

Welchen Anteil Biologie und Gesellschaft dabei leisten, läßt sich beim jetzigen Kenntnisstand nicht ausmachen. Einige ForscherInnen gelangen in ihren Überblicken – z. T. über Meta-Analysen – zu der Erkenntnis, daß sich nur etwa 1-5% der Varianz in Fähigkeiten und Verhaltensmustern durch die biologische Geschlechtszugehörigkeit erklären lassen (vgl. Bilden 1991). Demzufolge muß gesellschaftlichen Faktoren nach wie vor ein hoher Stellenwert eingeräumt werden. Nach Friedel-Howe (1990, S. 4) sind hierbei *universelle Geschlechtsnormen,* die Denken und Verhalten »geschlechtstypisch homogenisieren«, von zentraler Bedeutung. Diese sollen nun – ohne die Relevanz biologischer Faktoren (vgl. dazu Bischof-Köhler in diesem Band) in Abrede zu stellen – in den Vordergrund gerückt werden und den Ausgangspunkt unserer weiteren Ausführungen bilden.

Im einzelnen handelt es sich dabei um

– *Geschlechtsrollen* und damit verbundene Kompetenzen,

– *Geschlechtsstereotype* (geschlechtsrollenstabilisierende »schematisierte, längerfristig unveränderte und trotz neuer oder sogar gegenteiliger Erfahrungen starre und verfestigte Vorstellungen über spezifische Wesens- und Verhaltensmerkmale der Geschlechter« (Veith 1988, S. 28; vgl. dazu im einzelnen: Deaux/Kite 1985; Friedel-Howe 1986; Werner/La Russa 1985; Eckes/Six 1991) sowie

– *Statusunterschiede zwischen den Geschlechtern* (Höherbewertung von Männlichkeit).

Abbildung 7 zeigt einige ihrer zentralen Inhalte auf.

weiblich	männlich
Persönlichkeitsstereotyp	
• anlehnungsbedürftig • unsicher • passiv • unterordnungsbereit • ausgleichend • fürsorglich • intuitiv • gefühlsspontan • einfühlsam • sanft	• autonom • selbstsicher • aktiv • dominierend • konkurrierend • leistungsorientiert • rational • unemotional • unsensibel • rauh
Geschlechtsrollen und Rollenkompetenzen	
• Mutter • Hausfrau • im (Frauen-)Beruf: helfen, (be-)dienen, versorgen, sich führen lassen	• Ernährer • Familienvorstand • im Beruf: einwirken, führen, Erfolg erringen
Sozialer Status	
weiblich<männlich	männlich>weiblich

Abbildung 7: Inhalte von gesellschaftlichen Geschlechtsnormen (exemplarisch nach Friedel-Howe 1990 a, S. 4)

Diese durch Sozialisation vermittelten Geschlechtsnormen durchdringen – möglicherweise durch biologische Prädispositionen unterstützt – alle Lebensbereiche. Die Zusammenhänge gestalten sich – vereinfacht ausgedrückt – wie folgt: Auf gesamtgesellschaftlicher Ebene weisen die Geschlechtsnormen Frauen in erster Linie Hausarbeit und Kindererziehung zu und übertragen Männern die Rolle des Hauptversorgers. Damit erklären sie die Arbeitswelt zur Männerdomäne. Dies hat u.a. zur Folge, daß das Bild des »Ideal-Managers« primär stereotyp maskuline Züge trägt und damit auch Personalpolitik und Führungskultur an männlichen Bedürfnissen und Normen ausgerichtet sind. Ebenso erfolgen Wahrnehmungs-, Beurteilungs- und Interaktionsprozesse vor dem Hintergrund von geschlechtstypischen Rollenerwartungen, Kompetenz- und Statuszuschreibungen. Da es in »einer Gesellschaft, die auf der Polarisierung von Geschlechtsrollen beruht, keine Identität und Individualität außerhalb der Geschlechtszugehörigkeit« (Gildemeister 1988, S. 495) gibt, schlagen sich Geschlechtsnormen letztlich auch in den Fähigkeiten, Motivstrukturen und Verhaltensmustern weiblicher und männlicher Führungskräfte nieder. Es lassen sich drei Wirkungsebenen differenzieren: *Denk- und Bewertungsmuster, Eigenschaften, Kompetenzen und Verhaltensmuster* sowie *Lebens- und Arbeitssituation* (vgl. Abbildung 8). Dieses Kategorisierungsschema bildet die Grundlage für die nachfolgenden Ausführungen.

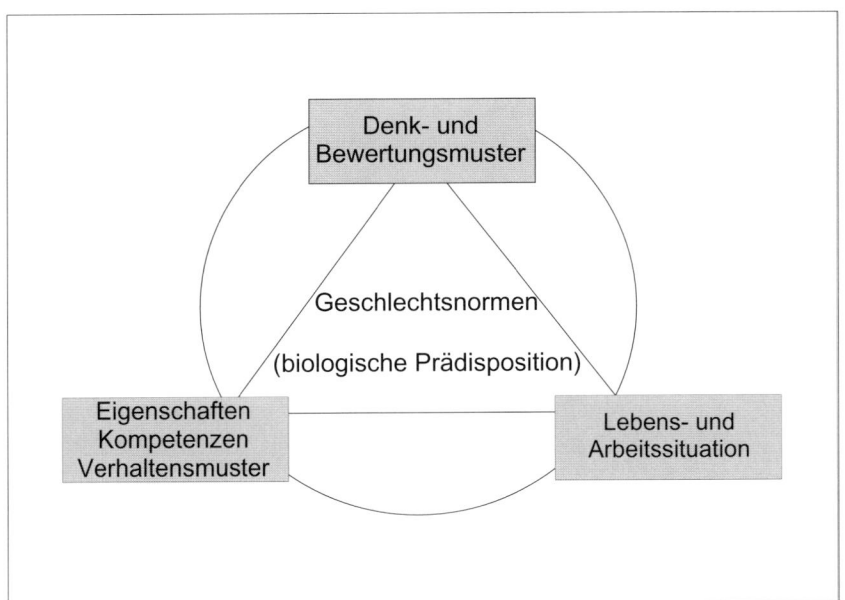

Abbildung 8: Bezugsrahmen

4 Empirische Befunde: Sind weibliche Führungskräfte anders?

Zur besseren Orientierung und Einordnung der nachfolgend referierten Untersuchungsergebnisse seien vorab noch einige einleitende Bemerkungen zu den *Inhalten der Untersuchung,* dem *Aussagehalt der Befunde* sowie zum *Aufbau dieses Kapitels* erlaubt.

Inhaltliche Schwerpunkte der Untersuchung

Die in Abbildung 8 herausgearbeiteten Manifestationsebenen potentieller geschlechtstypischer Unterschiede – nämlich *Denk- und Bewertungsmuster, Eigenschaften, Kompetenzen und Verhaltensmuster sowie Lebens- und Arbeitssituation* – bilden das Grundraster des Befragungskonzeptes. Dieses wurde weiter differenziert und durch einen Fragenkomplex zur Förderung weiblicher Führungskräfte ergänzt (vgl. Abbildung 9).

Zum Aussagegehalt der Befunde

Wie schon angesprochen, verfolgt die Fragebogenerhebung das Ziel, einen Beitrag zur Verbesserung des Kenntnisstandes in der geschlechtervergleichenden Führungsforschung im deutschsprachigen Raum zu leisten. Gleichwohl werden die Grenzen und Probleme empirischer Sozialforschung im allgemeinen und quantitativer Verfahren im besonderen (vgl. Kreppner 1975; Girtler 1988; Lamnek 1995) nicht verkannt.

Themen	Befragtengruppen
Denk- und Bewertungsmuster	
– Berufsbezogene Werthaltungen, Einstellungen und Motive	Führungskräfte (weiblich/männlich)
– Einstellung gegenüber informellen Strukturen	Führungskräfte (weiblich/männlich)
– Einstellung gegenüber Frauen	Führungskräfte (weiblich/männlich)
Eigenschaften, Kompetenzen und Verhaltensmuster	
– Eigenschaften und Fähigkeiten (allgemein)	Führungskräfte (weiblich/männlich) MitarbeiterInnen PersonalexpertInnen
– Fähigkeit zur Selbstdarstellung	Führungskräfte (weiblich/männlich) MitarbeiterInnen
– Führungsverhalten	PersonalexpertInnen MitarbeiterInnen Führungskräfte (weiblich/männlich)

Themen	Befragtengruppen
Lebens- und Arbeitssituation	
– Familienstand	Führungskräfte (weiblich/männlich)
– Zeitaufwand für Haushalt/Familie und Beruf	Führungskräfte (weiblich/männlich)
– Doppelbelastung	Führungskräfte (weiblich/männlich)
– Akzeptanz im Arbeitsumfeld	Führungskräfte (weiblich) PersonalexpertInnen
– Anforderungen (funktional/extrafunktional)	Führungskräfte (weiblich/männlich)
– Ausgestaltung von Personalpolitik und -praxis	Führungskräfte (weiblich/männlich) PersonalexpertInnen
– Minoritätenstatus	Führungskräfte (weiblich)
– Zusammenarbeit mit Frauen	Führungskräfte (weiblich/männlich)
– Komparative Vorteile	Führungskräfte (weiblich)
Die Förderung der Chancengleichheit im Management – Ansichten und Erfahrungen	Führungskräfte (weiblich/männlich)

Abbildung 9: Zentrale Themenfelder der Befragung

Wir sind uns bewußt, daß die subjektiven und unter Umständen durch unkontrollierte Einflüsse verfälschten Informationen von Personen »nicht komplikationslos in Kategorien der Naturwissenschaften objektiviert werden können« (Kreppner 1975, Umschlagstext). Und aus der konstruktivistischen Diskussion (vgl. z. B. Dachler/Hosking 1995; Schauenberg/Föhr 1995) ist bekannt, daß die »soziale Wirklichkeit« an sich in Abhängigkeit vom jeweiligen Standpunkt und Erfahrungshorizont recht unterschiedlich definiert werden kann. Dies ist weniger problematisch, solange man explizit Subjektives untersucht. Wenn beispielsweise individuelle Werthaltungen und Motivstrukturen erfragt werden, so ist offensichtlich, daß die Antworten subjektiver Art sind. Weniger augenscheinlich ist dies bei Fragen zu Kompetenz-, Verhaltens- und Situationsbeschreibungen. Daher werden Befunde dazu leicht als »objektive« Fakten ausgegeben, obgleich auch sie immer nur *Ansichten* widerspiegeln.

Deshalb kann *nicht* der Anspruch erhoben werden, absolute Wahrheiten (»Tatsachen«) zu generieren. Vielmehr muß man sich realistischerweise damit begnügen, konstruierte *Wirklichkeitsdefinitionen* zu erfassen.

Darstellung der Untersuchungsergebnisse

Zur besseren Übersichtlichkeit werden die Untersuchungsergebnisse nach einem einheitlichen Schema dargestellt. Zu jedem Thema wird eine wissenschaftlich fundierte inhaltliche Einführung gegeben. Daran schließt sich die graphische und verbale Darstellung der Untersuchungsergebnisse an. Den Abschluß bildet jeweils eine Zusammenfassung und Diskussion der zentralen Befunde. Da nur eine ganzheitliche Betrachtung der Komplexität der Thematik gerecht werden kann, sind Querverweise zwischen den einzelnen Kapiteln notwendig.

4.1 Denk- und Bewertungsmuster

4.1.1 Berufsbezogene Werthaltungen, Einstellungen und Motive

Inhaltliche Einführung

Obwohl bereits in den achtziger Jahren gezeigt wurde (vgl. z. B. Kraak/ Nord-Rüdiger 1985; zusammenfassend Stengel 1990), daß der Beruf in der Lebensplanung von Männern und Frauen denselben Stellenwert einnimmt, wird auch heute noch rege diskutiert, ob und in welcher Form sich die berufliche Motivation von Frauen und Männern unterscheidet. Im Mittelpunkt stehen hierbei folgende Fragen: »Verfolgen Frauen und Männer im Berufsleben unterschiedliche Ziele?«, »Orientieren sie sich an unterschiedlichen Werten?«, »Haben Frauen weniger Aufstiegsambitionen?«

Hierzu werden zunächst die Befunde von v. Rosenstiel und seinen Mitarbeitern betrachtet, die speziell Werte, Einstellungen und Orientierungen des weiblichen und männlichen akademischen Nachwuchses erforscht haben.

Die Untersuchung der *individuellen Wertstrukturen* bei StudentInnen der Wirtschaftswissenschaften – also bei zukünftigen Führungskräften – erbrachte insgesamt nur wenig Unterschiede zwischen den Geschlechtern (vgl. Abbildung 10). Größere Differenzen zeigen sich lediglich in zwei Punkten: Frauen ist etwas mehr an einer guten Beziehung zu ihrem Vorgesetzten gelegen. Dafür messen sie dem Wert »Führung« deutlich weniger Bedeutung bei.

| Wertfaktor | Wichtigkeit für | |
(in Klammern jeweils ein konkretes Beispiel)	Frau	Mann
Führung **(Anderen Menschen Aufträge erteilen)**	**2.3**	**3.0**
Vorgesetztenbeziehung **(Ein verständnisvoller Chef)**	**4.2**	**3.8**
Kollegenbeziehung (Freundschaft mit den Arbeitskollegen)	3.6	3.6
Umweltschutz (Einsatz für Umweltschutz)	4.2	4.1
Belastungssuche (Gelegentlich belastet werden)	4.0	3.9
Religion (Ein religiöses Leben führen)	1.3	1.3
Freizeitautonomie (Über die Freizeit selbst bestimmen)	4.4	4.1
Kreativität (Neue Ideen erproben)	4.2	4.1
Altruismus (Für das Wohl anderer Menschen sorgen)	3.2	3.2
Arbeitsplatzsicherheit (Ein sicherer Arbeitsplatz)	3.6	3.3
Wohlstand (Höherer Verdienst)	3.2	3.4
Gesundheit (Gesünder leben)	3.2	3.0
0=vollkommen unwichtig; 5=sehr wichtig		

Abbildung 10: Wichtigkeit der Wertfaktoren für Studenten und Studentinnen der Wirtschaftswissenschaften (Stengel 1990, S. 71)

In der anschließend untersuchten *Einstellung zur beruflichen Karriere* zeigten sich keine nennenswerten Unterschiede zwischen den Geschlechtern. In einem weiteren Schritt wurde die *Berufsorientierung* – definiert als strukturiertes Muster aus miteinander in Beziehung stehenden Werten bzw. Einstellungen – erhoben. Hierbei wurden drei verschiedene Berufsorientierungen unterschieden und wie folgt operationalisiert (Stengel 1990, S. 75):

»Es unterhalten sich drei Angestellte über ihre berufliche Zukunft.

Der erste sagt: »Ich möchte später einmal in einer großen Organisation der Wirtschaft oder Verwaltung in verantwortlicher Position tätig sein. Dort habe ich die Möglichkeit,

Einfluß auf wichtige Geschehnisse zu nehmen und werde außerdem gut bezahlt. Dafür bin ich gerne bereit, mehr Zeit als vierzig Stunden in der Woche zu investieren und auf Freizeit zu verzichten.« *(Karriereorientierung)*

Der zweite sagt: »Ich bin nicht so ehrgeizig. Wenn ich eine sichere Position mit geregelter Arbeitszeit habe und mit netten Kollegen zusammenarbeiten kann, bin ich zufrieden. Die mir wichtigen Dinge liegen nicht in der Arbeitszeit, sondern in der Freizeit – und dafür brauche ich auch nicht sehr viel Geld.« *(Freizeitorientierung)*

Der dritte sagt: »Ich bin durchaus bereit, viel Arbeitskraft zu investieren, aber nicht in einer der großen Organisationen der Wirtschaft oder Verwaltung, durch die unsere Gesellschaft immer unmenschlicher wird. Ich möchte einmal in einer anderen, konkreteren Arbeitswelt tätig sein, in der menschenwürdigere Lebensformen erprobt werden. Dafür bin ich auch bereit, auf hohe Bezahlung oder Geltung außerhalb meines Freundeskreises zu verzichten.« *(Alternatives Engagement)*«

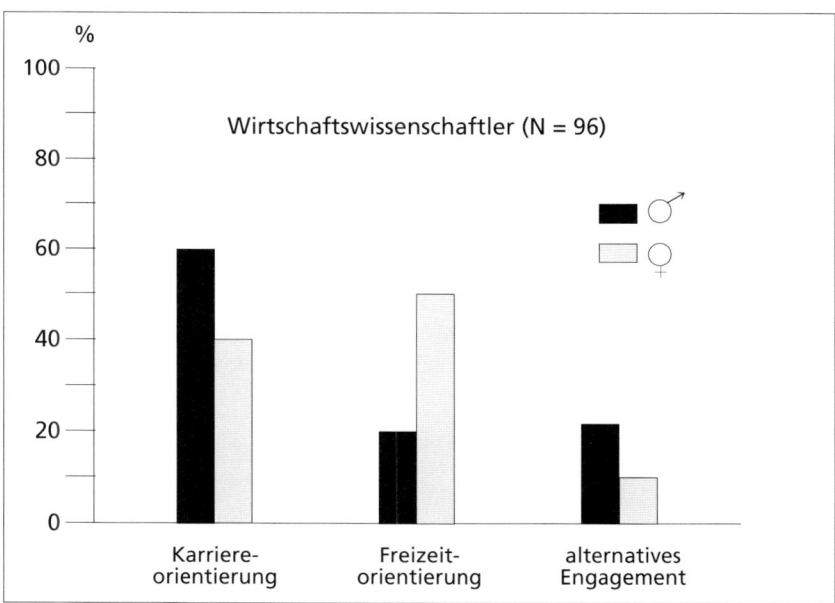

Abbildung 11: Berufsorientierung von StudentInnen der Wirtschaftswissenschaften (Stengel 1990, S. 76)

StudentInnen verschiedener Fachrichtungen wurden gebeten anzugeben, welcher Aussage sie am ehesten zustimmen. In den Antworten der WirtschaftswissenschaftlerInnen trat erstmals ein auffallend großer Unterschied zwischen Frauen und Männern zutage: Frauen neigen in geringerem Maße zu zeitaufwendigen Karriereaktivitäten. Eine Stelle ist für sie eher instrumentell für Ziele, die außerhalb der Erwerbssphäre liegen.

Stengel (1990, S. 77) faßt die verschiedenen Untersuchungsergebnisse folgendermaßen zusammen:

»Die jeweils individuellen Wertsysteme von Frauen und Männern mit akademischer Ausbildung zeigen keine bemerkenswerten Unterschiede. Der »Werthintergrund« hat sich offensichtlich weitgehend uniformisiert. Auch die Einstellungen zur beruflichen Karriere
sind (. . .) kaum auseinanderzuhalten. Sobald sich Werte und Einstellungen jedoch zu beruflichen »Lebensplangestalten« strukturieren, treten deutliche Unterschiede hervor. Das
Ganze ist eben auch in diesem Fall mehr als die Summe der Einzelteile.«

Zu beachten ist dabei, daß diese Ergebnisse nur für die spezifische Gruppe
des akademischen Führungs*nachwuchses* (StudentInnen) erhoben und belegt wurden.

In enger Beziehung mit dem allgemeinen Themenkomplex Berufsorientierung steht die *Aufstiegsorientierung.* Die Annahme, daß Frauen über weniger
Aufstiegsambitionen verfügen als Männer ist relativ hartnäckig im Alltagsbewußtsein verankert (vgl. Friedel-Howe 1995; Regnet in diesem Band) und
kann auch in einigen neueren Untersuchungen noch bestätigt werden – so
z. B. in einer Erhebung in schweizerischen Klein- und Mittelunternehmen aus
dem Jahre 1994 (vgl. Stiftung BWI 1994). Hier nannten rund ein Drittel der
männlichen, aber nur ein Fünftel der weiblichen Führungskräfte Aufstiegs-
wünsche. Ebenso gaben in einer österreichischen Studie 45% der weiblichen
gegenüber 62% der männlichen Führungskräfte der zweiten und dritten Führungsebene an, ihre Karriere fortsetzen zu wollen (Imas-Austria 1992).

Dafür bieten sich mehrere Erklärungen an. Einer der mutmaßlichen Gründe
ist die im Durchschnitt stärkere Belastung der Frauen mit Familienaufgaben. Darüber hinaus gilt es jedoch noch zwei weitere Aspekte zu beachten:

– Verschiedene Befunde (vgl. z. B. Fidell/DeLamater 1971; Fogarty et al.
  1971; Angrist/Almquist 1975; zusammenfassend Preuss 1987) lassen
  darauf schließen, daß Frauen ein anderes Verständnis von Berufserfolg
  haben als Männer. Ihnen ist demnach mehr an inhaltlichen Bezügen wie
  Freude und Sinnerfüllung durch die Tätigkeit gelegen, dagegen legen
  Männer mehr Wert auf Einkommen und Status. Für Männer hätte danach
  ihre Arbeit eher instrumentellen Charakter, für Frauen wäre sie in höherem Maße Selbstzweck:

»Männer sehen ihre Arbeit, ihre momentane Position im Hinblick auf die Möglichkeiten, welche sich daraus für eine Weiterentwicklung bieten. Die Arbeit kann für sie
zwar inhaltlich wichtig und faszinierend sein, sie ist aber gleichzeitig auch Mittel zum
Zweck. Frauen dagegen konzentrieren sich auf ihre Stelle und ihre Aufgaben, versuchen, diese perfekt zu erfüllen, und sehen eine Karriere eher unter dem Aspekt neuer,
interessanter Aufgaben. Die Verbindung von Job und Karriere verläuft bei ihr tendenziell umgekehrt: nicht die Aufgabe ist für sie Mittel zum Zweck, es ist vielmehr der
Aufstieg, der als Mittel zur Erreichung eines arbeitsinhaltlichen Ziels gesehen wird«
(Preuss 1987, S. 362).

So stimmten in der Befragung von Autenrieth et al. (1993) weibliche Führungs(-nachwuchs-)kräfte den Aussagen Berufserfolg ist ». . . das Unternehmen erfolgreich im Wettbewerb zu halten«, »eine angemessene Vergütung und finanzielle Entwicklung«, ». . . sich den gewünschten Lebensstandard leisten zu können« signifikant weniger zu als ihre männlichen Kollegen. Dagegen unterstützten sie folgende Aussagen signifikant stärker: Berufserfolg ist ». . . eine Arbeit oder ein Projekt erfolgreich abzuschließen«, ». . . im beruflichen Umfeld als Persönlichkeit anerkannt zu sein«. Ferner schätzten Frauen die Arbeit mit Menschen signifikant wichtiger und »Geldverdienen« signifikant weniger bedeutsam ein. Ähnlich äußerten sich die Interviewpartnerinnen von Bernadoni/Werner (1987). Hier einige Beispiele:

»Anfangs wollte ich nur Erkenntnisse haben, sammeln und weitergeben. . . Ich bin nicht dahin (in die leitende Stelle) gekommen, weil ich politisch tätig werden wollte. Ich hab gesagt, um Himmels willen, ich will damit nichts zu tun haben: dieses ganze Intrigantenspiel, nach Positionen tasten usw.« (zit. nach Bernadoni/Werner 1987, S. 143).

»Ich hätte zum Beispiel nie Direktor werden wollen an diesem Institut. . . Ich würde mir das auch zutrauen, aber ich würde es nicht wollen, weil ich nicht mein ganzes Leben nur in die Arbeit stecken möchte« (Ebenda, S. 144).

– Schon frühere Untersuchungen (vgl. zusammenfassend Preuss 1987) deuten darauf hin, daß ein Zusammenhang zwischen wahrgenommenen Aufstiegsmöglichkeiten und Aufstiegswünschen besteht. So erzählten die von Preuss interviewten Frauen, daß sie sich zu Beginn ihrer Karriere ihren Aufstieg nicht vorstellen, geschweige denn planen konnten und erst mit zunehmenden Erfahrungen und Möglichkeiten verstärkte Karriereambitionen entwickelten.

Ein unmittelbarer Zusammenhang zwischen Aufstiegserwartung und Aufstiegswillen zeichnete sich auch in einer Erhebung von Wentling (1993) ab: Von 30 befragten Mittel-Managerinnen antworteten 77%, es sei sehr oder wenigstens einigermaßen wahrscheinlich, daß sie die höchste Ebene, die sie erreichen möchten, auch tatsächlich erreichen können. Infolge dieser guten Aussichten strebten 83% eine Position im Top-Management und 17% zumindest eine Tätigkeit im gehobenen Mittel-Management an. Damit wird eines offensichtlich: »Ambitionen sind auch eine Frage der Möglichkeiten« – so die treffende Feststellung einer Schweizer Managerin (zit. nach Preuss 1987, S. 370).

Im Kontext der geschilderten Befunde haben wir folgende Hypothesen aufgestellt:

H1: Der Frauenanteil ist am niedrigsten bei den karriereorientierten Führungskräften.

H2: Weibliche Führungskräfte zeigen eine geringere Aufstiegsorientierung als männliche Führungskräfte.

H3: Weibliche Führungskräfte schätzen ihre Aufstiegschancen schlechter ein als männliche Führungskräfte.

H4: Weibliche und männliche Führungskräfte haben ein unterschiedliches Erfolgsverständnis. Männer assoziieren Erfolg stärker mit Aufstieg und den damit verbundenen Gratifikationen. Frauen legen ein stärkeres Gewicht auf inhaltliche Bezüge und soziale Anerkennung.

Ergebnisse der Untersuchung

Berufsorientierung

Den Auftakt bildete eine Replikation der oben dargestellten Befunde zur Berufsorientierung. Es sollte überprüft werden, ob sich die bei StudentInnen festgestellten Unterschiede auch bei den von uns befragten Führungskräften wiederfinden. Zeichnen sich auch hier Männer mehrheitlich durch Karriereorientierung, Frauen dagegen durch Freizeitorientierung aus? Die Antwort auf diese Frage lautet: nein (vgl. Abbildung 16).

Die Auswertung offenbarte, daß bei beiden Geschlechtern die traditionelle Karriereorientierung dominiert. Für das Gros der Befragten haben also Status, hierarchische Position und hohes Einkommen einen hohen Stellenwert. Frauen sind hierbei nur geringfügig weniger vertreten als Männer. Eine »freizeitorientierte Schonhaltung«, die den Schwerpunkt der Lebensinteressen eindeutig in den privaten Bereich verlegt, weisen sogar mehr Männer als Frauen auf. Demgegenüber tendieren die Frauen stärker zum »alternativen Engagement«, bei dem ethische Ideale oder Aufgabeninhalte im Vordergrund stehen. Signifikante Unterschiede lassen sich jedoch nicht nachweisen (vgl. ähnlich Regnet/Stengel 1993 sowie Regnet in diesem Band).

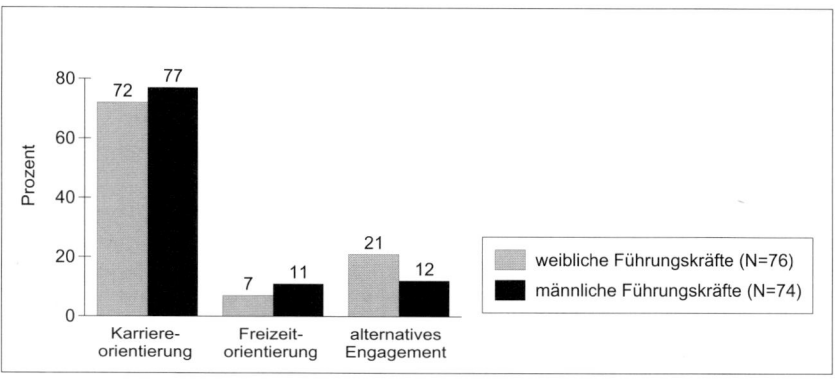

Abbildung 12: Berufsorientierung weiblicher und männlicher Führungskräfte[5]

In der Detailanalyse zeigte sich zunächst, daß zwischen den von uns untersuchten deutschen Frauen und Männern bedeutend größere Unterschiede
existieren als zwischen ihren schweizerischen Kolleginnen und Kollegen.
So neigen die deutschen Frauen deutlich weniger zur Karriereorientierung,
dafür aber erheblich stärker zum alternativen Engagement als die Männer.
Die Verteilung bei den Schweizerinnen und Schweizern ist dagegen vergleichsweise ausgeglichener (vgl. Abbildung 13).

Nation Berufsorientierung	Deutschland		Schweiz	
	WFK (N=32)	MFK (N=31)	WFK (N=44)	MFK (N=41)
Karriereorientierung	**69%**	**84%**	75%	73%
Freizeitorientierung	6%	13%	7%	10%
alternatives Engagement	25%	3%	18%	17%

*Abbildung 13: Berufsorientierung weiblicher und männlicher Führungskräfte –
nach Ländern differenziert*

---

5 Die jeweiligen Prozentsätze beziehen sich hier wie auch im folgenden auf die Anzahl
der gültigen Antworten. »Missing Values« wurden nicht einbezogen. Um die Lese-
freundlichkeit zu erhöhen und »Scheingenauigkeiten« zu vermeiden, wurden die Ergebnisse jeweils auf- bzw. abgerundet.

Da der vielzitierte Wertewandel vor allem bei der jüngeren Generation zutage tritt, waren gewisse Unterschiede zwischen verschiedenen Altersgruppen zu erwarten. Tatsächlich hatte hier das Alter jedoch wenig Einfluß auf die Berufsorientierung weiblicher und männlicher Führungskräfte. Die Karriereorientierung dominiert bei Frauen und Männern aller Altersklassen.

Weiterhin wurde deutlich, daß sich gerade jene Frauen durch »Karriereorientierung« auszeichnen, von denen es – stereotypen- und geschlechtsrollenkonform – am wenigsten zu erwarten wäre: in Partnerschaft lebende Frauen mit Kindern. 80% von ihnen, aber nur knapp über die Hälfte (57%) der Alleinstehenden ohne Kinder – also der idealtypischen Karrierefrauen – rechnen sich den »Karriereorientierten« zu.

Als Zwischenergebnis bleibt festzuhalten: Für die Mehrheit der befragten Führungsfrauen hat »Karriere« einen zentralen Stellenwert. Männer wie Frauen wollen Verantwortung tragen, Einfluß auf wichtige Geschehnisse nehmen, gut bezahlt werden und sind bereit, dafür viel Zeit und Kraft zu investieren.

Bedingt dies aber auch, daß bei beide Geschlechter ähnliche Aufstiegsambitionen haben? Nicht zwangsläufig. Denn wie eingangs aufgezeigt, ist es zum einen denkbar, daß es Frauen vorziehen, in einem Tätigkeitsfeld verbleiben, das ihnen Spaß macht und in dem sie Anerkennung erhalten, anstatt kontinuierlich Stufe um Stufe der betrieblichen Hierarchie zu erklimmen. Zum anderen kann es sein, daß tatsächlich oder auch nur vermeintlich schlechte Aufstiegschancen ihren Aufstiegswillen dämpfen. Wir sind beiden Möglichkeiten nachgegangen, um sie mit der Aufstiegsorientierung weiblicher Führungskräfte in Beziehung setzen zu können.

Definition beruflichen Erfolgs

Die Frage nach ihrem Verständnis von beruflichem Erfolg beantworteten Frauen und Männer insgesamt sehr ähnlich. Das zeigen die Kurvenverläufe in Abbildung 14.

Danach stehen bei beiden Geschlechtern inhaltliche Bezüge wie »Freude an der Arbeit« und »eine interessante Aufgabe« deutlich vor den Kriterien »Aufstieg in der betrieblichen Hierarchie« und »gute Entlohnung und finanzielle Entwicklung«. Hierbei zeigen sich nur kleine, statistisch nicht-signifikante Unterschiede zwischen den Geschlechtern, die in die prognostizierte Richtung weisen. Auch bei den anderen Kriterien sind die Differenzen durchwegs gering. Auffallend sind allenfalls zwei Punkte:

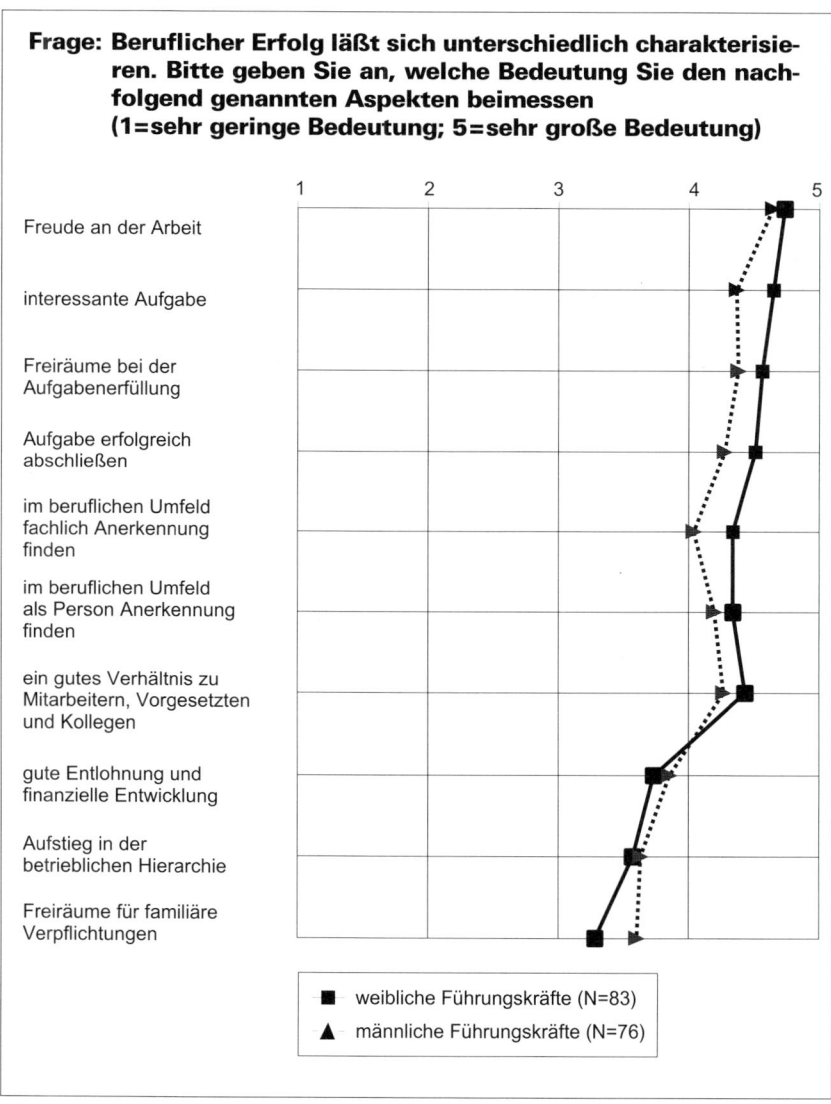

Frage: **Beruflicher Erfolg läßt sich unterschiedlich charakterisieren. Bitte geben Sie an, welche Bedeutung Sie den nachfolgend genannten Aspekten beimessen
(1=sehr geringe Bedeutung; 5=sehr große Bedeutung)**

Freude an der Arbeit

interessante Aufgabe

Freiräume bei der
Aufgabenerfüllung

Aufgabe erfolgreich
abschließen

im beruflichen Umfeld
fachlich Anerkennung
finden

im beruflichen Umfeld
als Person Anerkennung
finden

ein gutes Verhältnis zu
Mitarbeitern, Vorgesetzten
und Kollegen

gute Entlohnung und
finanzielle Entwicklung

Aufstieg in der
betrieblichen Hierarchie

Freiräume für familiäre
Verpflichtungen

■ weibliche Führungskräfte (N=83)
▲ männliche Führungskräfte (N=76)

Abbildung 14: Erfolgsverständnis weiblicher und männlicher Führungskräfte

– Es scheint erstaunlich, daß die Männer »Freiräumen für familiäre Ver-
pflichtungen« im Durchschnitt tendenziell höhere Bedeutung beimessen.
Das ist nicht einfach damit zu erklären, daß in unserer Stichprobe deut-
lich mehr Männer als Frauen Kinder haben (vgl. Anhang sowie 4.3.1).
Denn diese Diskrepanz tritt insbesondere bei kinderlosen Frauen und
Männern zutage (Mittelwertdifferenz: 0.4), wogegen Führungskräfte, die

zugleich Eltern sind, eine nahezu identische Bewertung (Mittelwertdifferenz: 0.09) vornehmen.

– Die weiblichen Führungskräfte gewichten den Aspekt »fachliche Anerkennung im beruflichen Umfeld« signifikant höher. Das könnte damit zusammenhängen, daß viele von ihnen nach eigenem Bekunden stärker um fachliche Anerkennung kämpfen müssen (vgl. 4.3.2), daß für sie fachliche Anerkennung also weniger selbstverständlich ist und daher mehr geschätzt wird. Es könnte aber auch sein, daß ein ausgeprägtes Streben nach fachlicher Anerkennung ein typisches Persönlichkeitsmerkmal weiblicher Führungskräfte ist, das ihren Aufstieg in eine Führungsposition gefördert hat. Was immer diesen Unterschied bewirkt haben mag, er ist mit einer Mittelwertdifferenz von 0.3 relativ klein und ändert nichts am Gesamtbild, das mehr von Ähnlichkeiten als von Unterschieden zwischen den Geschlechtern bestimmt ist.

Zusammenfassend läßt sich konstatieren: Das Erfolgsverständnis der untersuchten weiblichen und männlichen Führungskräfte unterscheidet sich nur graduell.

Aufstiegserwartungen und Aufstiegsambitionen

Wie beurteilen nun beide Geschlechter ihre Aufstiegschancen? Die Frage »Wie schätzen Sie Ihre Aufstiegschancen innerhalb Ihrer Organisation ein?« beantworteten Frauen und Männer im Durchschnitt wieder recht ähnlich, wobei sich die Männer mit einem Mittelwert von 3.7 gegenüber 3.5 auf einer fünfstufigen Skala (1=sehr schlecht; 5=sehr gut) etwas optimistischer zeigen.

Nun ist die Variable »Geschlecht« natürlich nur eine von mehreren Determinanten von Aufstiegsmöglichkeiten und -erwartungen. Weitere wichtige Einflußfaktoren sind z. B. Qualifikation, Persönlichkeitsmerkmale, wirtschaftliche und personelle Situation im Unternehmen.

Um festzustellen, welche Chancen sich Frauen im direkten Vergleich mit Männern ausrechnen, wurden die weiblichen Führungskräfte gefragt, wie sie die Aufstiegschancen vergleichbarer männlicher Kollegen im Vergleich zu ihren eigenen Aufstiegschancen einschätzen. Abbildung 15 zeigt das Ergebnis: 50% der weiblichen Führungskräfte räumen ihren Kollegen bessere Chancen ein, rund 48% glauben an Chancengleichheit und nur 2% sehen sich selbst im Vorteil. Mit anderen Worten: In direktem Vergleich mit Männern zeigt sich die Hälfte der weiblichen Führungskräfte weniger optimistisch.

Abbildung 15: Aufstiegschancen männlicher vs. weiblicher Führungskräfte

Gemäß der eingangs erwähnten These wäre nun zu erwarten, daß Frauen weniger Aufstiegsambitionen zeigen als ihre Kollegen. Dem ist jedoch nicht so – ganz im Gegenteil (vgl. Abbildung 16). Mehr Frauen als Männer möchten weiter aufsteigen, darunter auch zwei Drittel jener Frauen, die sich schlechtere Aufstiegschancen ausrechnen.

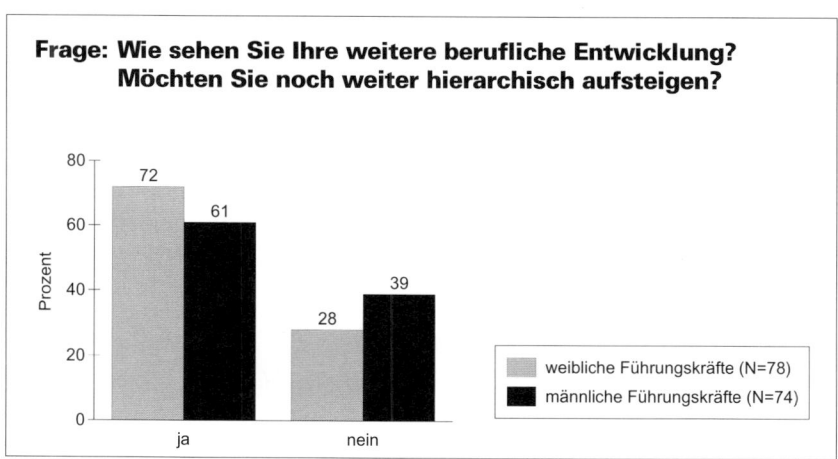

Abbildung 16: Aufstiegsambitionen weiblicher und männlicher Führungskräfte

Die Detailanalyse erbrachte weitere interessante Ergebnisse (vgl. Abbildung 17). Zunächst zeigte sich, daß die Diskrepanz bei den Aufstiegsambitionen mit steigendem Bildungsabschluß, mit steigender Hierarchieebene und steigendem Alter zunimmt. Während gleich viele Frauen und Männer mit Lehrabschluß weiter aufsteigen möchten, liegen die weiblichen Hochschulabsolventen um 19% vorne.

Ähnliches zeigt sich, wenn man weibliche und männliche Führungskräfte auf verschiedenen Hierarchieebenen vergleicht: Auf der unteren Ebene sind Männer und Frauen noch gleich ambitioniert. Doch schon auf der mittleren Ebene kippt das Verhältnis und auf der oberen Ebene wächst die Differenz auf 23% zugunsten der Frauen an.

Bemerkenswert sind auch die Befunde bei der Kategorie Familienstand. Analog zu den Ergebnissen bei der Berufsorientierung stellen verheiratete oder in Partnerschaft lebende Frauen mit Kindern die aufstiegswilligste Gruppe und übertreffen ihre männlichen Kollegen um 23%. Diese Frauen haben sich eindeutig entschieden, Karriere und Familie zu verbinden.

Qualifikation Hierarchieebene Familienstand Alter	weiblich	männlich	Diskrepanz
Berufsabschluß (Lehre) (N=42)	69%	69%	–
(Fach-)Hochschulabschluß (N=110)	**78%**	**59%**	**19%**
untere Führungsebene (N=26)	63%	80%	17%
mittlere Führungsebene (N=78)	73%	67%	6%
obere Führungsebene (N=45)	**71%**	**48%**	**23%**
alleinstehend ohne Kind(er) (N=21)	71%	–	–
alleinstehend mit Kind(ern) (N=7)	40%	100%	60%
verheiratet/zusammenlebend ohne Kind(er) (N=58)	73%	61%	12%
verheiratet/zusammenlebend mit Kind(ern) (N=64)	**82%**	**59%**	**23%**

Abbildung 17: Aufstiegsambitionen weiblicher und männlicher Führungskräfte – differenziert nach Qualifikation, Hierarchieebene und Familienstand

Zusammenfassung und Diskussion

Die berufsbezogenen Werthaltungen, Einstellungen und Motive weiblicher und männlicher Führungskräfte unterscheiden sich insgesamt relativ wenig bzw. in anderer Weise als – aufgrund einschlägiger Befunde – prognostiziert.

Entgegen den in Hypothese 1 formulierten Erwartungen tendieren die meisten weiblichen Führungskräfte – ebenso wie ihre männlichen Kollegen – zur sogenannten Karriereorientierung. Anders als in der eingangs vorgestellten Studentenbefragung sind sie in der Gruppe der »Freizeitorientierten« am seltensten vertreten, neigen dafür um 9% häufiger als die Männer dem »alternativen Engagement« zu. Die deutschen Frauen und Männer unterscheiden sich dabei insgesamt erheblich stärker als ihre Kolleginnen und Kollegen aus der Schweiz.

Auch Hypothese 2 (»Weibliche Führungskräfte zeigen eine geringere Aufstiegsorientierung als männliche Führungskräfte«) muß zurückgewiesen werden: Die befragten Frauen sind sogar tendenziell ambitionierter, auch dann, wenn sie sich vergleichsweise schlechtere Aufstiegschancen ausrechnen. Letzteres meint immerhin die Hälfte der Befragten und stützt damit Hypothese 3 (»Weibliche Führungskräfte schätzen ihre Aufstiegschancen schlechter ein als männliche Führungskräfte«).

Die in Hypothese 4 definierte Vermutung, das Erfolgsverständnis weiblicher und männlicher Führungskräfte unterscheide sich, kann insoweit bestätigt werden, als gewisse Tendenzen in die erwartete Richtung weisen. Tatsächlich gewichten in unserer Stichprobe die Frauen inhaltliche Bezüge und soziale Anerkennung etwas höher, Aufstieg und Gratifikation dagegen etwas niedriger als die Männer. Allerdings erscheinen diese Unterschiede relativ unbedeutend. Sie sind durchwegs gering, so daß sich insgesamt für beide Geschlechter sehr ähnliche Rangfolgen ergeben. Bei beiden nehmen die Aspekte »Freude an der Arbeit«, »interessante Aufgabe« und »Freiräume bei der Aufgabenerfüllung« obere Rangplätze ein und bei beiden relativiert sich die Bedeutung von Einkommen und Aufstieg im Kontext anderer Kriterien.

Alles in allem wird deutlich: Trotz partieller Differenzen überwiegen die Gemeinsamkeiten in den Werthaltungen, Einstellungen und Motivstrukturen weiblicher und männlicher Führungskräfte. Die vieldiskutierten Besonderheiten in der beruflichen Motivation von Frauen konnten insgesamt nicht bestätigt werden. Dieser Befund sollte zum Nachdenken anregen.

4.1.2 Einstellung gegenüber informellen Spielregeln – Sind Frauen schlechtere »Mikropolitiker«?

Inhaltliche Einführung

Vielerorts wird beklagt, daß Frauen schwerer Zugang zu karriereförderlichen informellen Systemen und Netzwerken finden und somit im Wettbewerb um begehrte Positionen komparative Nachteile gegenüber ihren männlichen Kollegen erleiden (vgl. dazu die ausführlichen Erläuterungen in 4.3.4). In der Literatur wird dazu aber auch die Frage aufgeworfen, ob Frauen diesen Zugang überhaupt anstreben. Die Diskussion konzentriert sich auf zwei Thesen (vgl. Preuss 1987; Friedel-Howe 1989):

– *Frauen sind »mikropolitisch naiv«.* Sie kennen die heimlichen Spielregeln der Arbeitswelt und vielfach auch die Bedeutung informeller Informations-, Beziehungs- und Fördersysteme weniger gut als die Männer (vgl. Pazy 1987). Die Grundlagen hierfür werden bereits in der Jugend gelegt: Wie von verschiedener Seite aufgezeigt wurde (vgl. z. B. Willis 1979), erhöhen frühe Gruppenerfahrungen das Bewußtsein für informelle Strukturen:

> »Die Mitgliedschaft in der informellen Gruppe macht die Einzelnen für die unsichtbaren informellen Dimensionen des Lebens empfänglich. Hinter den offiziellen Definitionen der Dinge eröffnen sich weite Landschaften. Irgendwie entwickelt sich die doppelte Fähigkeit, einerseits öffentliche Sachverhalte und Ziele zu registrieren und andererseits dahinterzublicken, ihre Implikationen zu erwägen und herauszufinden, was tatsächlich vorgeht« (Willis 1979, S. 46).

Da Mädchen – wie zumindest in der Vergangenheit üblich – im allgemeinen »mehr in der häuslichen Umwelt gehalten werden (. . .), während Knaben Straße, Freizeitheime, Kneipen und weitere »öffentliche« Umwelten »bewohnen« und ihre Regeln beherrschen lernen« (Bilden 1980, S. 805), werden Frauen von Kindheit an weniger für die Bedeutung informeller Phänomene sensibilisiert (vgl. auch Harragan 1977; Hennig/Jardim 1987). Männer erhalten somit früher und häufiger Gelegenheit, »in der Gruppe zu leben, sich anzupassen, nach den Regeln zu spielen, Regeln auszunutzen oder sie ungestraft zu umgehen (. . .), Probleme mit Gruppenmitgliedern zu lösen (. . .) oder mit ihnen zu leben (. . .), mit Leuten zu arbeiten, auch wenn sie sie nicht schätzen« und – last not least – »wie wichtig Einfluß ist, und daß Einfluß nicht nur vom Titel abhängt« (Preuss 1987, S. 343).

– *Frauen akzeptieren die Spielregeln nicht*, wenngleich sie deren Bedeutung erkennen. Nach Friedel-Howe (1989) hat es den Anschein, daß sich Frauen teilweise bewußt der informellen Systeme entziehen, weil sie eine Inanspruchnahme als illegitim und mit ihrem Selbstverständnis nicht vereinbar ansehen. Dieses Thema ist bislang nur selten explizit untersucht worden. Die wenigen vorliegenden Befunde verweisen jedoch durchaus in diese Richtung. So waren sich die von Nerge/Stahmann (1991) befragten 25 Managerinnen sehr wohl der Bedeutung informeller Strukturen innerhalb und außerhalb des Unternehmens bewußt, dennoch bauten sie nicht aus taktischen oder informatorischen Überlegungen heraus private Kontakte mit Kollegen auf. Aussagen wie »ich will meine Karriere aus eigener Kraft machen«, »ich will nicht über Beziehungen nach oben kommen, dann muß ich mich mein Leben lang bei jemanden bedanken« oder »ich will niemanden etwas schuldig sein« (zit. nach Nerge/Stahmann 1991, S. 141) deuten darauf hin, daß sich diese Frauen bewußt nicht entsprechenden Systemen unterwerfen wollen. Dies beeinflußt auch die Einstellung vieler Managerinnen zur Quotendiskussion (vgl. auch 5.3 sowie Mölleney in diesem Band).

Preuss (1987) benennt drei mutmaßliche Gründe für die ablehnende Haltung gegenüber informellen Aktivitäten: Erstens zeigen Frauen häufig weniger Bereitschaft, ihr gesamtes Leben durch die Unternehmung dominieren zu lassen, wie folgende Aussage beispielhaft verdeutlicht:

»Ich verbringe mein Privatleben mit Leuten, die ich gerne habe, die mir aber in 90% der Fälle beruflich überhaupt nichts nützen. Natürlich wäre es für mich viel wichtiger, z. B. irgendwo mit den richtigen Leuten Golf zu spielen, an den richtigen Anlässen zu erscheinen, um das Beziehungsnetz dichter zu machen. Aber das liegt für mich gefühlsmäßig nicht drin« (zit. nach Preuss 1987, S. 347).

Zweitens empfinden viele Frauen einen Aufstieg mit Hilfe politischer Allianzen als Diskreditierung ihrer Leistung: »Ich will aufsteigen, weil ich gut bin, und nicht, weil ich jemanden kenne« (zit. nach Preuss 1987, S. 348). Drittens schließlich drohen informelle Beziehungen zwischen Frauen und Männern schnell als Affären fehlinterpretiert zu werden.

Diese Diskussionspunkte bildeten die Grundlage für folgende Hypothesen:

H 5: Weibliche Führungskräfte gewichten die Bedeutung informeller Strukturen geringer als männliche Führungskräfte.

H 6: Weibliche Führungskräfte lehnen die karrierefördernde Nutzung informeller beruflicher Strukturen stärker ab als ihre männlichen Kollegen.

Ergebnisse der Untersuchung

Beurteilung informeller Strukturen – praktische Bedeutung

Weibliche und männliche Führungskräfte wurden zunächst gefragt, welche Bedeutung sie informellen Informations-, Beziehungs- und Fördersystemen in bezug auf ihre Karriereentwicklung beimessen. Hierbei wurde eine fünfstufige Antwortskala (1 = sehr geringe Bedeutung; 5 = sehr große Bedeutung) vorgegeben.

Die Ergebnisse belegen: Weibliche Führungskräfte sind nicht mikropolitisch naiv. Sie halten entsprechende Systeme im Durchschnitt sogar für geringfügig bedeutsamer (Mittelwert 3.8) als ihre männlichen Kollegen (Mittelwert: 3.6). Dieser Trend zieht sich in unterschiedlicher Ausprägung durch beide Länder und alle Branchen. Der Ländervergleich legte tendenzielle – wenngleich nicht statistisch signifikante – Unterschiede zwischen Deutschen und SchweizerInnen offen (vgl. Abbildung 18). Von allen Gruppen schreiben deutsche Frauen informellen Systemen die größte Bedeutung für die eigene Karriere zu. Sie übertreffen damit nicht nur ihre Geschlechtsgenossinnen in der Schweiz, sondern auch ihre männlichen Kollegen aus beiden Ländern.

Geschlecht / Nation	Weiblich (N=82)	Männlich (N=74)
Deutschland	4.1	3.7
Schweiz	3.7	3.6

Abbildung 18: Bedeutung informeller Systeme aus Sicht weiblicher und männlicher Führungskräfte – nach Ländern differenziert

Abbildung 19 zeigt die branchenspezifischen Werte. Danach besteht die größte Diskrepanz in den Urteilen weiblicher und männlicher Führungskräfte in den (ausschließlich deutschen) Handelsunternehmen.

Fazit: Frauen in Führungspositionen erkennen die praktische Relevanz informeller Informations-, Beziehungs- und Fördersysteme. Sie halten entsprechende Systeme sogar für tendenziell karriereförderlicher als ihre männlichen Kollegen. Sie haben somit die Spielregeln der Arbeitswelt im allgemeinen und des Managements im besonderen erfaßt.

Beurteilung informeller Strukturen – Legitimität

Sind sie aber auch bereit, nach diesen Regeln zu spielen? Um dieser Frage auf den Grund zu gehen, haben wir weibliche und männliche Führungskräfte gefragt, inwieweit sie die Nutzung informeller Strukturen im Dienste der Karriereentwicklung für »legitim« halten.

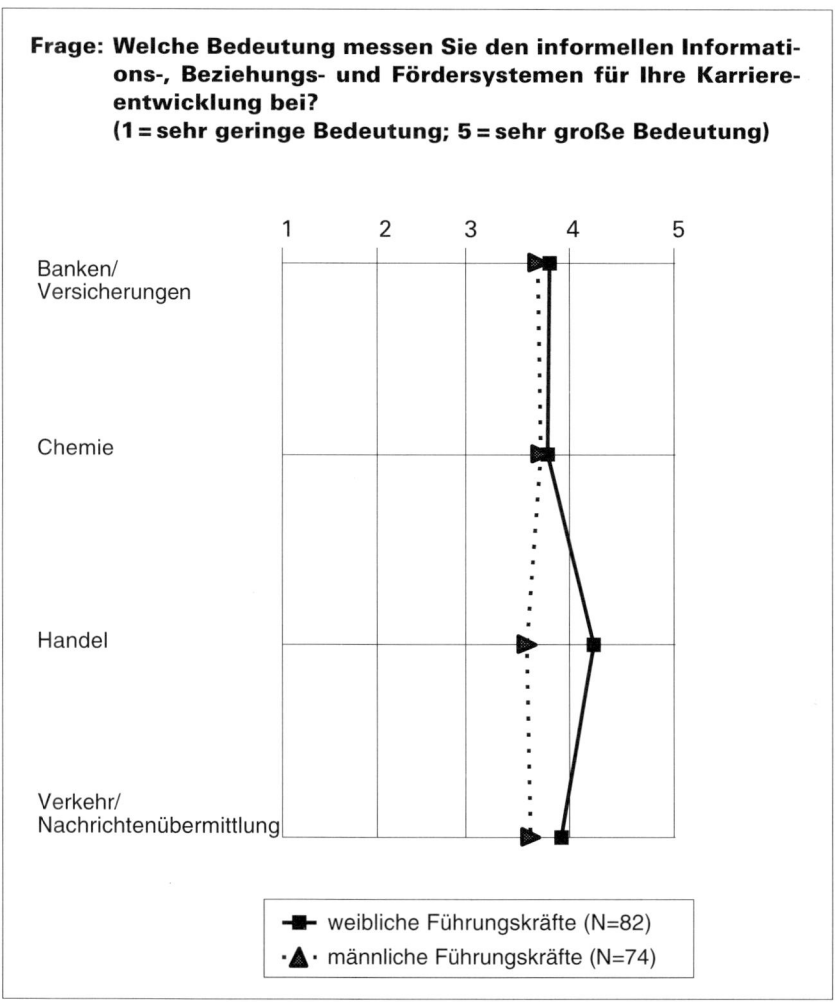

Frage: Welche Bedeutung messen Sie den informellen Informations-, Beziehungs- und Fördersystemen für Ihre Karriereentwicklung bei?
(1 = sehr geringe Bedeutung; 5 = sehr große Bedeutung)

Abbildung 19: Bedeutung informeller Systeme aus der Sicht weiblicher und männlicher Führungskräfte – nach Branchen differenziert

Entgegen den Erwartungen konnten hierbei keine signifikanten Unterschiede zwischen Frauen und Männern festgestellt werden. Wie Abbildung 20 verdeutlicht, betrachten beide Geschlechter die Nutzung informeller Systeme mehrheitlich als »teilweise« legitim. Lediglich die Antwortverteilung in den relativ geringer besetzten Extremkategorien »überhaupt nicht« und »voll« deutet darauf hin, daß manche der befragten Frauen mehr Skrupel haben, informelle Karrierepfade zu beschreiten.

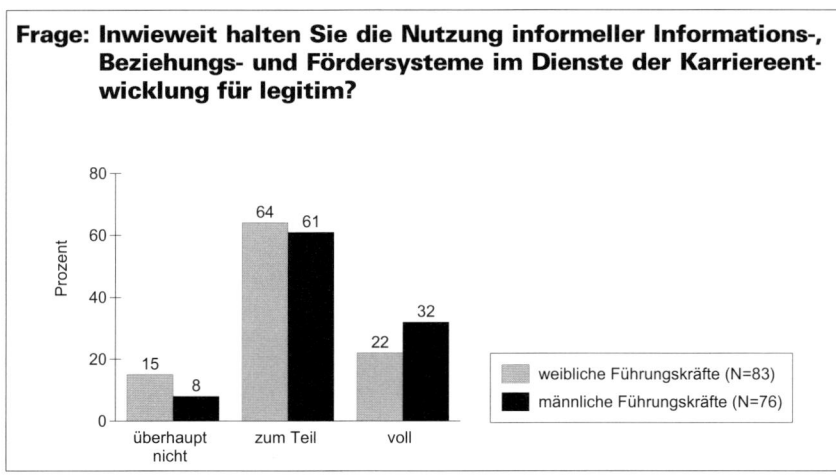

Frage: Inwieweit halten Sie die Nutzung informeller Informations-, Beziehungs- und Fördersysteme im Dienste der Karriereentwicklung für legitim?

Abbildung 20: Legitimität informeller Aktivitäten aus der Sicht weiblicher und männlicher Führungskräfte

Zwischen den beiden Ländern und den verschiedenen Branchen lassen sich keine signifikanten Unterschiede nachweisen. Gleichwohl zeichnen sich Tendenzen ab, die auf gewisse Unterschiede in den Landes- bzw. Branchenkulturen schließen lassen. So erscheint den deutschen Frauen und Männern die Nutzung informeller Strukturen tendenziell legitimer als den Schweizerinnen und Schweizern (vgl. Abbildung 21). Und so vermelden die im Handel Tätigen am wenigsten, dagegen die im Bereich Banken/Versicherungen Beschäftigten am meisten Bedenken, informelle Systeme zu nutzen. Keine einzige Person aus der Branche Handel, wohl aber 22% der Frauen und 16% der Männer aus dem Bank- und Versicherungswesen vertreten die Ansicht, die Instrumentalisierung informeller Strukturen für Karrierezwecke sei »überhaupt nicht« legitim.

Nation Geschlecht Legitimitätsgrad	Deutschland		Schweiz	
	WFK (N=35)	MFK (N=31)	WFK (N=48)	MFK (N=43)
überhaupt nicht legitim	9%	3%	19%	12%
zum Teil legitim	66%	58%	63%	61%
voll legitim	26%	39%	19%	28%

Abbildung 21: Legitimität informeller Aktivitäten aus Sicht weiblicher und männlicher Führungskräfte – länderspezifisch differenziert

Zusammenfassung und Diskussion

Inwieweit schließen sich Frauen selbst aus informellen Systemen aus? – Diese Frage stand im Mittelpunkt dieses Kapitels. Untersucht wurde dazu, welche Bedeutung weibliche und männliche Führungskräfte informellen Strukturen einräumen und inwieweit sie entsprechende Informations-, Beziehungs- und Fördersysteme akzeptieren.

Hierbei zeigte sich: Es liegt nicht am »falschen« Denken der Frauen, daß sie schwerer und seltener Zugang zur informellen Organisation finden als ihre Kollegen. Anders als aufgrund der Literaturdiskussion zu erwarten war, gewichten die von uns befragten Frauen die Bedeutung informeller Systeme sogar etwas höher als ihre männlichen Kollegen. Sie erkennen wohl, daß für sie – als eine häufig noch mit Vorbehalten konfrontierte Minderheit – informelle Förderung und Unterstützung im Dienste der Karriereentwicklung ganz besonders wichtig ist. Hypothese 5 (»Weibliche Führungskräfte gewichten die Bedeutung informeller Strukturen geringer als männliche Führungskräfte«) kann damit eindeutig zurückgewiesen werden.

Auch die Vermutung, daß Frauen die Inanspruchnahme informeller Systeme stärker ablehnen (vgl. Hypothese 6), findet allenfalls teilweise Unterstützung. So wird zwar die Nutzung von informellen Strukturen von deutlich mehr Männern als »völlig legitim« und von mehr Frauen als »überhaupt nicht« legitim bezeichnet, mehrheitlich halten jedoch beide Geschlechter entsprechende Aktivitäten für »teilweise legitim«. Signifikante Unterschiede sind hierbei nicht auszumachen. Ebenfalls nicht signifikant, aber immerhin augenfällig, sind gewisse branchen- und landesspezifische Schwankungen bei der Gewichtung und Akzeptanz informeller Karriereaktivitäten.

4.1.3 Einstellung gegenüber Frauen – Wie real ist das Bienenkönigin-Syndrom?

Inhaltliche Einführung

Bei Durchsicht der einschlägigen Literatur, aber auch in Gesprächen mit PraktikerInnen findet man immer wieder Hinweise, daß weibliche Führungskräfte eine kritische, mitunter sogar negative Grundhaltung gegenüber Frauen einnehmen. Vielfach taucht in diesem Kontext der Begriff »Bienenkönigin-Syndrom« auf. Gemäß Staines/Jayaratno (1974) steht die Bienenkönigin – eine beruflich erfolgreiche Frau, die es aus eigener Kraft geschafft hat, sich in einer Männerwelt zu behaupten – anderen Frauen distanziert bis feindlich gegenüber. Sie ist der Ansicht, daß die Frauen selbst daran schuld sind, daß sie nicht mehr Erfolg haben, lehnt frauensspezifische Förderungsmaßnahmen rundweg ab oder versucht gar, andere Frauen am Aufstieg zu hindern.

Dieser Mangel an Solidarität kann Ausdruck und Folge von Diskriminierungserfahrungen in einem von Männern dominierten Umfeld sein. (vgl. dazu auch 4.3.4 sowie Regnet in diesem Band): Um sich besser behaupten zu können und die Anerkennung ihrer männlichen Kooperationspartner zu gewinnen, übernimmt die Betroffene »das Vorurteil der Männer gegen Frauen in anspruchsvollen Positionen und versucht, ihnen klar zu machen, daß sie selbst eine Ausnahme dieser Regel ist, im Grunde also mehr »Mann« als »Frau«« (Friedel-Howe 1990b, S. 27). Im gleichen Zuge erhöht die Personalisierung beruflichen Erfolgs und damit auch des eigenen Aufstiegs das Selbstwertgefühl.

Über Verbreitung und Intensität des Bienenkönigin-Sydroms liegen u.W. keine aktuellen Daten vor (vgl. auch Friedel-Howe 1995). Wenngleich auch im Rahmen dieser Erhebung keine umfassende Untersuchung dieses Phänomens geleistet werden konnte, sollte diese Thematik mit folgender Hypothese zumindest ansatzweise einbezogen werden:

H 7: Weibliche Führungskräfte stehen Mitarbeiterinnen, Kolleginnen und weiblichen Vorgesetzten kritischer gegenüber als männliche Führungskräfte.

Ergebnisse der Untersuchung

Ein zentrales Charakteristikum des Bienenkönigin-Syndroms ist, daß Diskriminierungsmechanismen geleugnet und Mißerfolge den betroffenen Frauen zugeschrieben werden. Deshalb wurde in den Antwortvorgaben zur Frage »Frauen sind auf Führungsebene meistens unterrepräsentiert. Wo sehen Sie die Ursachen?« (vgl. auch 4.3.1) das Item »Bei den Frauen selbst (z. B. geringes Durchsetzungsvermögen, geringe Karriereorientierung)« einbezogen und weiblichen wie auch männlichen Führungskräften vorgelegt.

Das Ergebnis ist eindeutig: Die weiblichen Führungskräfte suchen die Ursachen signifikant stärker bei den Frauen. Während die Mehrheit der männlichen Führungskräfte den Frauen nur in sehr geringem bis mittlerem Maße die Verantwortung für ihre Untervertretung in Führungspositionen zuschreibt, bewegt sich das Gros der weiblichen Urteile in den Kategorien »hoch bis sehr hoch« (vgl. Abbildung 22). Im Gesamt möglicher Ursachen setzen die weiblichen Führungskräfte den Faktor »frauentypische Besonderheiten« auf Rangplatz 2 (hinter »gesellschaftliche Faktoren«), die männlichen dagegen auf Platz 3 (hinter »gesellschaftliche Faktoren« und »mit Doppelbelastung verbundene Risiken«).

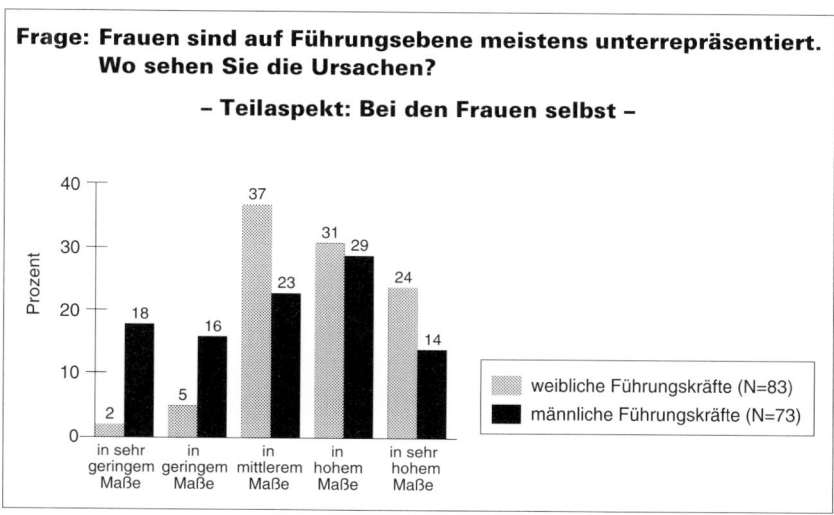

Frage: Frauen sind auf Führungsebene meistens unterrepräsentiert. Wo sehen Sie die Ursachen?

– Teilaspekt: Bei den Frauen selbst –

Abbildung 22: Frauentypische Charakteristika als Ursache für die Unterrepräsentanz der Frauen auf Führungsebene aus der Sicht weiblicher und männlicher Führungskräfte

Wie Abbildung 23 zeigt, ziehen sich die Urteilsdifferenzen durch alle vier Branchen. Besonders auffällig ist der symmetrische Verlauf der beiden Kurven. So sehen Führungskräfte aus den Bereichen Handel und Chemie – möglicherweise als Ausdruck spezifischer Branchenkulturen – die Ursachen für die Ungleichverteilung der Geschlechter deutlich weniger bei den Frauen selbst. Im Ländervergleich zeigten sich starke Ähnlichkeiten zwischen den Frauen (Mittelwert der Deutschen: 3.6; Mittelwert der Schweizerinnen: 3.7) und große Unterschiede zwischen den Männern (Mittelwert der Deutschen: 2.4; Mittelwert der Schweizer: 3.4). So macht über die Hälfte der Schweizer (53%), aber nicht einmal ein Drittel der Deutschen (27%) die Frauen in hohem bis sehr hohem Maße für den geringen Frauenanteil in Führungspositionen verantwortlich. Dieser Unterschied ist statistisch signifikant.

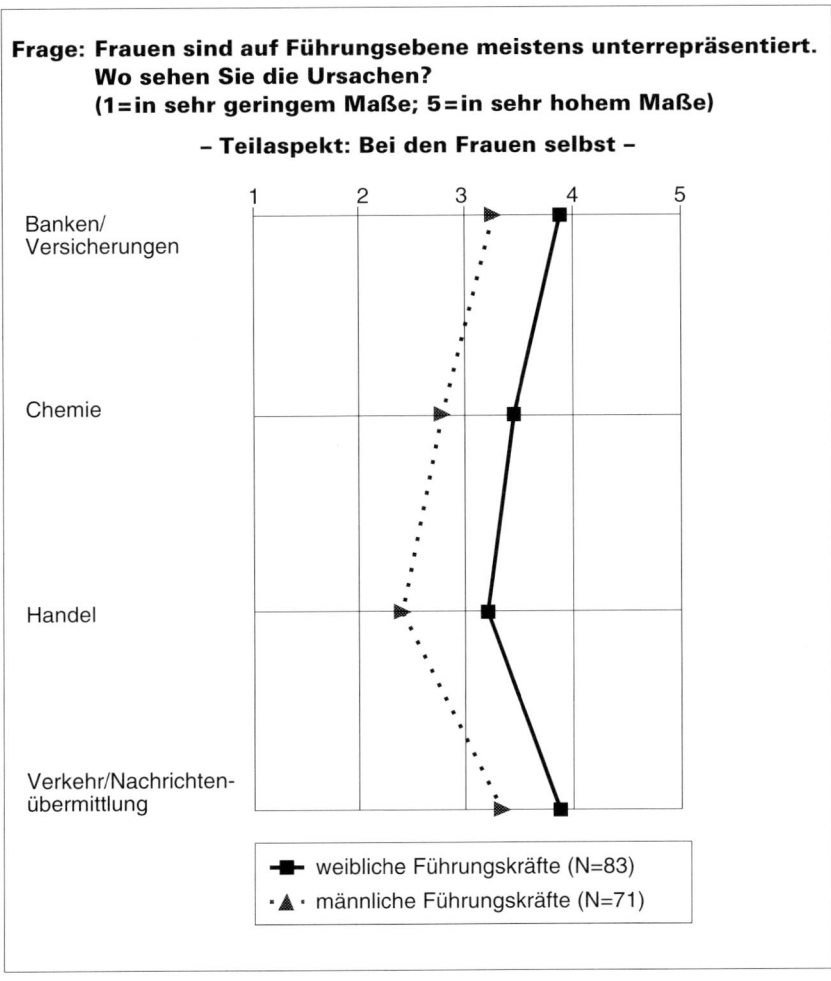

Abbildung 23: *Frauentypische Charakteristika als Ursache für die Unterrepräsentanz der Frauen auf Führungsebene aus der Sicht weiblicher und männlicher Führungskräften – branchensspezifisch differenziert*

Als Zwischenbilanz bleibt festzuhalten: Weibliche Führungskräfte machen die Frauen vergleichsweise stärker für die ungleichen Geschlechterverhältnisse in den Führungsetagen verantwortlich. Dies spricht zunächst für die Existenz des Bienenkönigin-Syndroms. Dieser erste Eindruck relativiert sich jedoch im Kontext anderer Antworten. Wie noch ausgeführt wird, sind sich die befragten Managerinnen der diversen gesellschaftlichen und betrieblichen Benachteiligungen von Frauen wohl bewußt und sehen entsprechenden Handlungsbedarf. So erleben sie die Grundstimmung gegenüber weiblichen

Führungskräften signifikant negativer als ihre Kollegen (vgl. 4.3.2), sehen in einer männlich geprägten Führungskultur ein signifikant größeres Karrierehandicap, identifizieren mehr personalpolitische und -praktische Benachteiligungen und konstatieren ein bescheideneres Ausmaß an gezielter Förderung der Chancengleichheit (vgl. 4.3.3). Weiterhin räumen sie gesellschaftlichen und betrieblichen Maßnahmen zur Verbesserung der Chancengleichheit durchwegs höhere Bedeutung ein als ihre männlichen Kollegen (vgl. 4.3.1 und 5).

Zusammenfassung und Diskussion

Das Bienenkönigin-Syndrom besteht, aber nur in gemäßigter Ausprägung. Zwar kann die Vermutung, daß weibliche Führungskräfte den Frauen aus ihrem Arbeitsumfeld kritischer gegenüber stehen (vgl. Hypothese 7), sie strenger beurteilen und stärker in die Pflicht nehmen als ihre männlichen Kollegen, durch unsere Befunde gestützt werden. Dies ist jedoch nur einer von mehreren Bestimmungsfaktoren des Bienenkönigin-Syndroms. Andere zentrale Determinanten, wie z. B. Verdrängen von Benachteiligung oder Ablehnung von Förderungsmaßnahmen, konnten in dieser Erhebung nicht nachgewiesen werden. Wenngleich die weiblichen Führungskräfte Frauen in signifikant stärkerem Maße die Verantwortung für ihre Unterrepräsentanz in Führungspositionen zuschreiben, verschließen sie nicht die Augen vor strukturell bedingten (Aufstiegs-)Barrieren und dem daraus resultierenden Handlungsbedarf.

4.2 Eigenschaften, Kompetenzen und Verhaltensmuster

4.2.1 Verfügen Frauen über besondere Eigenschaften und Fähigkeiten?

Inhaltliche Einführung

Lange Zeit wurde bezweifelt, ob Frauen überhaupt Führungsqualitäten haben (vgl. z. B. Nerge/Stahmann 1991; Friedel-Howe 1995). Seit den 80er Jahren zeichnen sich jedoch Veränderungen ab. Die Management- und Führungskompetenz von Frauen rückt vermehrt in die wissenschaftliche und praktische Diskussion. Und die im letzten Jahrzehnt gesammelten Forschungsbefunde helfen, überkommene Vorurteile zu revidieren.

So konnte in diversen – vorwiegend amerikanischen – Untersuchungen nachgewiesen werden, daß weibliche Führungskräfte – gemessen an Sachleistung und Mitarbeiterzufriedenheit – mindestens ebenso effizient arbeiten wie ihre männlichen Kollegen (vgl. Jago/Vroom 1982; Terborg/Shingledek-ker 1983; Tsui/Gutek 1984; Peters et al. 1984; Rice et al. 1984; Trempe/

Rigny/Haccoun 1985; Drazin/Auster 1987; Tsui/O'Reilly 1989; zusammenfassend: Dobbins/Platz 1986; Friedel-Howe 1990). Ferner zeigen testpsychologische Befunde, daß sich die Persönlichkeitsprofile weiblicher und männlicher Führungskräfte deutlich weniger unterscheiden als gängige Alltagstheorien vermuten lassen (vgl. Steinberg/Shapiro 1982; Gold 1990; Weinert 1990).

In der Regel können bei Führungs(-nachwuchs-)kräften weniger und vor allem weniger stereotypenkonforme Unterschiede nachgewiesen werden als im Bevölkerungsquerschnitt. Beispielsweise wurden in Untersuchungen von Weinert bei »Frauen und Männern im allgemeinen« in 12, bei »Frauen und Männern in Führungspositionen« dagegen nur in 7 von insgesamt 22 Persönlichkeitsmerkmalen Unterschiede festgestellt (vgl. Abbildung 24). Davon entspricht lediglich eine Besonderheit innerhalb der weiblichen Stichprobe – nämlich der höhere Grad an Mitgefühl – eindeutig dem weiblichen Stereotyp. Andere dagegen, beispielsweise ein erhöhtes Erfolgspotential oder ein stärkeres Leistungsbedürfnis, stehen in Kontrast dazu. Insgesamt lassen die Befunde darauf schließen, daß die untersuchten Managerinnen eher ein höheres Führungspotential besitzen als ihre männlichen Kollegen.

Stereotypenkonträre Ergebnisse zeigten auch andere Untersuchungen: So zeichnen sich die von Steinberg/Shapiro (1982) untersuchten MBA-Studentinnen durch einen signifikant höheren Grad an »Toughmindness« und Mißtrauen aus, wogegen ihre Kollegen signifikant höhere Werte in »Tendermindness«, Bescheidenheit und Phantasiereichtum erzielen. Insgesamt aber unterscheiden sich die Geschlechter kaum in den verschiedenen Persönlichkeitsskalen. Ähnliche Ergebnisse erbrachte eine Untersuchung deutscher Top-ManagerInnen von Brigitta Gold (1988). Auch hier fanden sich nur wenig Geschlechterdifferenzen (vgl. Abbildung 25). Und auch hier stehen festgestellte Unterschiede zum Teil in Widerspruch mit überlieferten Stereotypen: Beispielsweise erscheinen weibliche Manager weniger sensibel als männliche, dafür aber selbstbewußter, emotional widerstandsfähiger, belastbarer und – bezogen auf den Anteil »logisches Denken« – auch intelligenter.

Skalen	Vergleich der Skalenwerte von »Frauen und Männern im allgemeinen« (N=3000)	Vergleich der Skalenwerte von Frauen und Männern in Führungspositionen (Ergebnisse mehrerer Pilotstudien; keine Angabe der Stichprobengröße)
Dominanz (Mißt Faktoren der Führungsfähigkeit, Dominanz, Beharrlichkeit und gesellschaftlicher Initiative, Wettbewerbsorientierung, Streben nach Macht, Einfluß und Kontrolle.)	Frauen<Männer	Frauen=Männer
Erfolgspotential (Dient als Hinweis für die Fähigkeit einer Person, Erfolg zu haben; mißt Eigenschaften und Qualitäten, die zu Erfolg führen, Ehrgeiz, Interesse an Erfolg, Karrierestreben, Streßreaktion.)	Frauen=Männer	Frauen>Männer
Soziales Auftreten (Mißt Faktoren wie Stabilität, innere Ausgeglichenheit, Spontaneität, Selbstvertrauen in persönlichen und gesellschaftlichen Beziehungen und das Energie- und Wirksamkeitsniveau.)	Frauen<Männer	Frauen=Männer
Eigenständigkeit (Identifiziert Personen, die unabhängig, selbstsicher und findig sind, entschlossen und zielorientiert, willensstark und tüchtig.)	Frauen<Männer	Frauen=Männer
Mitgefühl (Mißt die Fähigkeit, über Leute intuitiv nachzudenken und ihre Gefühle und Einstellungen nachvollziehen zu können, sich in die Situation anderer hineinversetzen zu können.)	Frauen=Männer	Frauen>Männer
Verantwortlichkeit (Identifiziert Personen mit gewissenhaften/pflichtbewußten, verantwortungsvollen und zuverlässigen Dispositionen und Temperament, Personen, die Verantwortung übernehmen und ihren Verpflichtungen nachkommen.)	Frauen>Männer	Frauen=Männer
Soziale Anpassung (Weist hin auf den Grad der sozialen Reife, der Integrität und der Redlichkeit, auf die Tendenz, Regeln und Verhaltensnormen in Frage zu stellen und die Neigung, risikofreudig oder risikoscheu zu handeln.)	Frauen>Männer	Frauen>Männer
Selbstbeherrschung (Mißt Grad und Qualität der Selbststeuerung, der Selbstbeherrschung, die Neigung zu impulsiven Handlungen und die Tendenz, Veränderungen einzuleiten/auszulösen, zu unterstützen oder sich dagegen zu stellen.)	Frauen>Männer	Frauen=Männer

(Fortsetzung der Tabelle auf S. 52)

Skalen	Vergleich der Skalenwerte von »Frauen und Männern im allgemeinen« (N=3000)	Vergleich der Skalenwerte von Frauen und Männern in Führungspositionen (Ergebnisse mehrerer Pilotstudien; keine Angabe der Stichprobengröße)
Guter Eindruck (Identifiziert Personen, die einen günstigen Eindruck bewirken wollen, die sich darüber sorgen, wie andere ihnen gegenüber reagieren, die an der Meinung anderer interessiert sind und ihre eigenen Ideen gut verkaufen können.)	Frauen<Männer	Frauen=Männer
Konventionalität (Weist darauf hin, zu welchem Grad die Reaktionen und Antworten einer Person dem allgemeinen Muster in der Bevölkerung ähnlich sind; weist auf das Zusammenpassen/Hineinpassen hin, indem die Person die gleichen Reaktionen und Gefühle hat wie jeder andere auch.)	Frauen>Männer	Frauen=Männer
Toleranz (Identifiziert Personen mit zulassenden, erlaubenden und nicht be- und verurteilenden gesellschaftlichen Meinungen und Einstellungen, die tolerant sind, offen und ohne starke Vorurteile.)	Frauen>Männer	Frauen>Männer
Leistung durch Anpassung (Identifiziert Personen mit einem starken Leistungsbedürfnis, die am besten in Situationen mit genauen Regeln und Strukturen arbeiten.)	Frauen>Männer	Frauen=Männer
Leistung durch Unabhängigkeit (Identifiziert Personen mit einem starken Leistungsbedürfnis, die am besten in neuen oder unerprobten Situationen allein und ohne externe Anleitung arbeiten.)	Frauen>Männer	Frauen>Männer
Rationalität/Intuition (Mißt die rationale oder intuitive Grundhaltung einer Person, Sensibilität gegenüber Kritik, die Maskulinität oder Femininität der Interessen.)	Frauen<Männer	Frauen>Männer
Arbeitsorientierung (Identifiziert Personen, die bei der Arbeit Pflicht-/Verantwortungsbewußtsein/Selbstdisziplin zeigen, und die vermutlich sogar bei eintönigen Tätigkeiten in untergeordneten Positionen gute Arbeit leisten.)	Frauen=Männer	Frauen>Männer

Abbildung 24: Persönlichkeitsunterschiede zwischen »Frauen und Männern im allgemeinen« sowie zwischen weiblichen und männlichen Führungskräften (Befunde nach Weinert 1990; Skalenbeschreibungen nach Weinert 1991)

Nr.	M	W	Primärfaktoren	Werteskala	Primärfaktoren	S
				1 2 3 4 5 6 7 8 9 10		
1	8.0	7.9	Sachorientierung		Kontaktorientierung	
2	7.4	8.0	Konkretes Denken		Abstraktes Denken	1
3	5.9	6.8	Emotionale Störbarkeit		Emotionale Widerstandsfähigkeit	2
4	7.5	8.2	Soziale Anpassung		Selbstbehauptung	
5	7.8	8.3	Besonnenheit		Begeisterungsfähigkeit	
6	3.2	2.5	Flexibilität		Pflichtbewußtsein	
7	7.3	8.4	Zurückhaltung		Selbstsicherheit	2
8	7.5	6.2	Robustheit		Sensibilität	2
9	5.5	4.8	Vertrauensbereitschaft		Skeptische Haltung	
10	8.7	8.8	Pragmatismus		Unkonventionalität	
11	3.0	3.3	Unbefangenheit		Überlegtheit	
12	4.0	2.7	Selbstvertrauen		Besorgtheit	3
13	7.9	8.5	Sicherheitsinteresse		Veränderungsbereitschaft	
14	5.0	5.8	Gruppenverbundenheit		Eigenständigkeit	
15	4.5	5.5	Spontaneität		Selbstkontrolle	2
16	5.5	4.7	Innere Ruhe		Innere Gespanntheit	
			Sekundärfaktoren	1 2 3 4 5 6 7 8 9 10	Sekundärfaktoren	
17	2.3	2.1	Geringe Normgebundenheit		Hohe Normgebundenheit	
18	6.9	7.9	Geringe Belastbarkeit		Hohe Belastbarkeit	2
19	7.3	7.8	Geringe Unabhängigkeit		Hohe Unabhängigkeit	
20	8.9	6.6	Geringe Erfahrungsoffenheit		Hohe Erfahrungsoffenheit	3
21	6.2	6.4	Geringe Kontaktbereitschaft		Hohe Kontaktbereitschaft	

———— = **M** = Managerprofil

- - - - - = **W** = Managerinnenprofil

Abbildung 25: Persönlichkeitsprofile weiblicher und männlicher Top-Manager (Gold 1990, S. 57)

Insgesamt ergibt sich jedoch ein relativ homogenes Bild (Bischoff/Gold 1989, S. 432 f.):

»Vergleicht man das Gesamtprofil der Manager mit dem der Managerinnen, so bestätigt sich der optische Eindruck der großen Ähnlichkeit. Es gibt keinen statistisch nachweisbaren Unterschied. Die Differenzen sind also so gering, daß sie bei einer ganzheitlichen Betrachtung der Persönlichkeitsstrukturen unerheblich sind. Das bedeutet:

Frauen sind aufgrund ihrer psychischen Struktur ebenso geeignet, anspruchsvolle Führungsaufgaben zu erfüllen wie Männer (. . .).«

Noch einen Schritt weiter ging eine Reihe von AutorInnen (vgl. z. B. Loden 1988; Rosener 1990; Helgesen 1991; Dobner 1997), die Frauen zu »besseren« Führungskräften erklärten. Im Gefolge der Unternehmenskulturwelle (vgl. Ouchi 1981; Pascale/Athos 1981; Peters/Waterman 1983) und der Diskussion um den Wertewandel (vgl. z. B. Wunderer 1990; v. Rosenstiel et al. 1993) wurden bis dato in der Arbeitswelt weniger geschätzte »weibliche« – präziser gesagt, als weiblich bezeichnete – Fähigkeiten, wie Sozialkompetenz, Kommunikationsfähigkeit, Teamorientierung, Intuition, Kooperationsfähigkeit und -bereitschaft, langfristiges, vernetztes Denken, zu zentralen Erfolgsdeterminanten definiert. Unterstellte Geschlechterdifferenzen avancierten zur Grundlage von Forderungen (»Mehr Frauen ins Management« (Berthoin Antal 1988)) und optimistischen Zukunftsprognosen: »Die Schwachen werden die Starken sein« (Henes-Karnahl 1988). Hierbei kann man sich – vor allem mit Blick auf das methodische Vorgehen (vgl. dazu auch 1., Krell 1992, 1994; Nerge 1992) – zuweilen des Eindrucks nicht erwehren, daß die Ergebnisse mehr oder weniger stark vom Wunschdenken der um mehr Gleichberechtigung in einer von Männern dominierten Arbeitswelt bemühten AutorInnen bestimmt wurden. Wir untersuchten deshalb, inwieweit sich empirisch Anhaltspunkte für entsprechende Unterschiede finden lassen. Hierzu wurden zwei Hypothesen formuliert. Da es einigermaßen wahrscheinlich ist, daß geschlechtstypische Besonderheiten der prognostizierten Art Frauen nicht nur für Führungs-, sondern auch für bestimmte Fachaufgaben prädestinieren, wurde die Hypothese 8 etwas weiter gefaßt:

H8: Frauen sind für bestimmte Fach- und Führungspositionen durchschnittlich besser geeignet als Männer.

H9: Frauen und Männer sind für bestimmte Führungsanforderungen/-aufgaben unterschiedlich qualifiziert.

H10: Die extrafunktionalen Qualifikationsprofile weiblicher und männlicher Führungskräfte weisen geschlechtstypische Unterschiede auf.

Ergebnisse der Untersuchung

Vor der Darstellung der Befunde noch eine kurze Bemerkung zur Gültigkeit der Ergebnisse: Im Rahmen dieser Erhebung konnte keine Potentialbeurteilung nach meßtheoretischen Gütekriterien durchgeführt werden. Vielmehr wurden PraktikerInnen nach ihren persönlichen Eindrücken und Erfahrungen im Umgang mit Frauen und Männern befragt. Ziel war es daher nicht, testpsychologisch gesicherte Erkenntnisse über geschlechtstypische Unterschiede in Eigenschaften und Kompetenzen zu erhalten, sondern auf der Grundlage von Erfahrungen Tendenzen zu erkennen.

Fach- und Führungsqualifikationen (allgemein)

Dazu wurden alle Teilnehmergruppen – also sowohl Führungskräfte und deren MitarbeiterInnen als auch Personalexpertinnen und -experten – gefragt: »Gibt es Ihrer Erfahrung nach bestimmte Fach- oder Führungspositionen, in denen sich Frauen im Durchschnitt besser bewähren als Männer?« Die Mehrheit beantwortete diese Frage mit nein – dabei die Männer durchwegs häufiger als die Frauen (vgl. Abbildung 26). Am extremsten ist die Diskrepanz bei den Personalexperten. So hält fast die Hälfte der weiblichen Vertreter – aber nur 16% der männlichen – Frauen für gewisse Positionen für besser geeignet. Hierbei zeigten sich auch auffallende – wenngleich nicht signifikante – Unterschiede zwischen Deutschen und SchweizerInnen: 56% der schweizerischen, aber nur 38% der deutschen Personalfachfrauen sehen geschlechtstypische Eignungsunterschiede. Bei den Männern ist die Diskrepanz noch größer: Kein einziger der befragten deutschen, aber immerhin 30% der schweizerischen Personalexperten schreiben Frauen eine erhöhte Eignung für gewisse Positionen zu.

Frauen für bestimmte Fach- und Führungspositionen besser geeignet? / Personengruppe	ja	nein
weibliche Führungskräfte (N=17)	34%	66%
männliche Führungskräfte (N=19)	25%	75%
weibliche Mitarbeiter (N=235)	34%	66%
männliche Mitarbeiter (N=232)	23%	77%
weibliche Personalexperten (N=17)	47%	53%
männliche Personalexperten (N=19)	16%	84%

Abbildung 26: Geschlechtstypisch unterschiedliche Eignung – nach Ansicht von Führungskräften, MitarbeiterInnen und PersonalexpertInnen

Bei der Anschlußfrage »Falls ja, um welche Positionen handelt es sich?«, wurden meist Aufgabenfelder benannt, die stereotyp weibliche Qualifikationen erfordern – so z. B.:

»Positionen, in denen soziale Fähigkeiten besonders wichtig sind«
»stark ›dienstleistungsorientierte‹ Aufgabenbereiche (z. B. ›Personalwesen‹)«
»Positionen, bei denen es darauf ankommt, ›zwischen den Zeilen zu lesen‹«
»Positionen, die hohe Kooperations- und Kommunikationsfähigkeiten voraussetzen«
»dort, wo bewußt soziale Mitverantwortung getragen werden muß«

Überdurchschnittlich häufig wurde dabei auch auf die Bereiche Personal- und Sozialwesen verwiesen.

Zwischenbilanz: Mehrheitlich werden bei der Frage nach der Eignung für bestimmte Fach- und Führungspositionen keine geschlechtstypischen Unterschiede diagnostiziert. Sofern jedoch entsprechende Unterschiede festgestellt werden, gehen sie stark in die erwartete Richtung.

Qualifikation für spezifische Aufgaben und Anforderungen

Die weitere Analyse sollte detaillierter Aufschluß über die Qualifikationsprofile von Frauen und Männern im allgemeinen sowie von weiblichen und männlichen Führungskräften im besonderen geben. Hierbei wurden ausschließlich die PersonalexpertInnen zu Rate gezogen. Zunächst sollten sie entscheiden, ob Frauen und Männer für typische Führungsaufgaben bzw. -anforderungen unterschiedlich qualifiziert sind und gegebenenfalls die Unterschiede benennen. Die Ergebnisse: 42% der Befragten sehen gewisse Unterschiede. Wie Abbildung 27 zeigt, machen hierbei wiederum die Frauen den größten Anteil aus. Interessanterweise taucht auch hier ein deutlicher – diesmal sogar signifikanter – Unterschied in den Einschätzungen deutscher und schweizerischer Personalfachleute auf: 60% der Schweizerinnen und Schweizer, aber nur 24% der Deutschen können Geschlechterdifferenzen in der Qualifikation feststellen.

Bei der Anschlußfrage fällt auf, daß das Spektrum der Frauen zugeschriebenen Höherqualifizierung größer ist. So werden Frauen in 15, Männern dagegen nur in 9 der 18 vorgegebenen Aufgaben/Anforderungen größere Kompetenzen zuerkannt. Dafür ist das Urteil bezüglich der Männer eindeutiger: So konzentrieren sich immerhin 40% der Männern zuerkannten Vorteile auf »klare Entscheide treffen«, wogegen Frauen mit maximal 26% Überlegenheit bei »Kooperation und Förderung von Teamgeist« attestiert wird.

In 6 Punkten wird für ein- und dieselbe Anforderung bzw. Aufgabe einmal das eine und einmal das andere Geschlecht als kompetenter eingeschätzt.

Insgesamt geht die Tendenz aber schon in Richtung traditioneller Stereotype und Rollenvorstellungen. Frauen werden vermehrt als Sorgende, Pflegende,

56

Vertrauenschaffende erlebt, Männer dagegen eher als »Macher«, die es verstehen, Entscheidungen zu fällen, Visionen zu aufzuzeigen und Aufgaben zu verteilen.

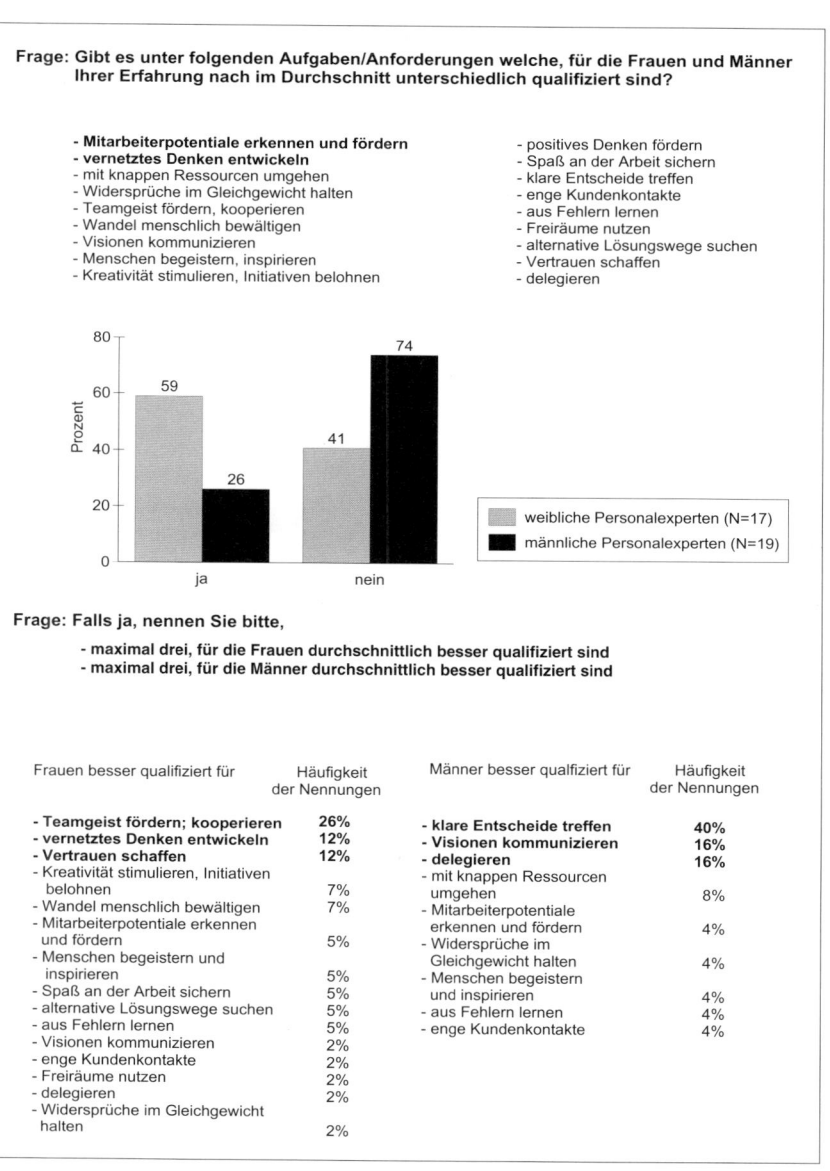

Abbildung 27: Geschlechtstypische Unterschiede in der Führungsqualifikation – nach Ansicht von Personalexpertinnen und -experten

Nach einer Expertenprognose (Wunderer/Kuhn 1993) sind die Kompetenzen »Menschen begeistern und inspirieren«, »Mitarbeiterpotentiale erkennen und fördern« und »vernetztes Denken entwickeln« die zentralen Führungsanforderungen der Zukunft. Ebenfalls größere Bedeutung werden haben: »mit knappen Ressourcen umgehen«, »Spaß an der Arbeit sichern«, »Teamgeist fördern«, »Wandel menschlich bewältigen« »Visionen kommunizieren«.

Verknüpft man diese Einschätzung mit den Urteilen unserer BefragungsteilnehmerInnen, so ergibt sich folgendes Bild: Frauen wird in 5 von 7 Punkten häufiger erhöhte Eignung zugeschrieben, Männern dagegen nur in 2.

Führungsanforderungen der Zukunft	vermehrte Zuschreibung auf Frauen	vermehrte Zuschreibung auf Männer
Menschen begeistern und inspirieren	5%	4%
Mitarbeiterpotentiale erkennen und fördern	5%	4%
vernetztes Denken entwickeln	12%	–
mit knappen Ressourcen umgehen	–	8%
Teamgeist fördern	26%	–
Wandel menschlich bewältigen	7%	–
Visionen kommunizieren	2%	16%

Abbildung 28: Qualifikation von Frauen und Männern für die Führungsanforderungen der Zukunft

Sollten die Expertenprognosen und die Urteile unserer Befragten zutreffen, sind Frauen insgesamt besser für zukünftige Führungsanforderungen gerüstet.

Extrafunktionale Qualifikationen

Ähnliche Trends wie bei den Führungsanforderungen und -aufgaben zeigen sich bei der geschlechtervergleichenden Bewertung zentraler Schlüsselqualifikationen (vgl. Abbildung 29), die zugleich das Profil (mit-)unternehmerischer Kernkompetenzen (vgl. Wunderer 1997a, S. 239) bezeichnen. Wenngleich auch hier überwiegend keine geschlechtstypischen Unterschiede gesehen werden, hält jeweils mehr als ein Drittel der Befragten Frauen für verantwortungsbewußter, selbständiger und kooperationsbereiter. Und immerhin 69% vertreten die Ansicht, daß Risikobereitschaft – also ein idealtypischerweise »männliches« Merkmal – bei Männern stärker entwickelt ist. Auch sehen die Frauen tendenziell mehr Unterschiede als die Männer und die SchweizerInnen mehr als die Deutschen.

Frage: Verschiedenenorts wird die Ansicht vertreten, daß Frauen und Männer über unterschiedliche Fähigkeiten und Eigenschaften verfügen. Bitte vergleichen Sie weibliche und männliche Führungskräfte hinsichtlich der nachfolgenden Kompetenzen.			
Ausprägungsgrad Schlüsselqualifikation	durchschnittlich stärker entwickelt bei Frauen	durchschnittlich stärker entwickelt bei Männern	kein Unterschied
konzeptionelle Fähigkeiten (N=37)	8%	22%	70%
Innovationsfähigkeit (N=36)	8%	14%	78%
Verantwortungsbewußtsein (N=37)	**38%**	3%	60%
Selbständigkeit und Kooperationsbereitschaft (N=37)	**35%**	5%	60%
Umsetzungsfähigkeit (N=37)	8%	14%	78%
Risikobereitschaft (N=36)	11%	**69%**	19%

Abbildung 29: Schlüsselqualifikationen im Geschlechtervergleich nach Ansicht von Personalexpertinnen und -experten

Zusammenfassung und Diskussion

Die eingangs gestellte Frage, ob Frauen über besondere Eigenschaften und Kompetenzen verfügen, läßt sich anhand dieser Befunde nicht eindeutig beantworten. Keine der drei postulierten Hypothesen fand volle oder zumindest sehr breite Unterstützung.

So erlangte weder die Annahme, daß Frauen für bestimmte Fach- und Führungsfunktionen besser geeignet sind (Hypothese 8), noch die These, daß Frauen für bestimmte Führungsanforderungen bessere Voraussetzungen mitbringen (Hypothese 9) mehrheitlich Zustimmung. Gleichwohl weisen einige Ergebnisse in diese Richtung.

Hypothese 10 (»Die extrafunktionalen Qualifikationsprofile weiblicher und männlicher Führungskräfte weisen geschlechtstypische Unterschiede auf«) kann insoweit gestützt werden als männlichen Führungskräften relativ einmütig erhöhte Risikobereitschaft bescheinigt wird. Dies ist einer der wenigen Punkte, in denen sich männliche und weibliche Befragte einig sind.

Ansonsten fällt auf, daß die Frauen – und zwar ganz besonders die Personalexpertinnen – deutlich mehr geschlechtstypische Unterschiede in Eigenschaften und Fähigkeiten sehen als ihre männlichen Kollegen. Ob dies Folge und Ausdruck einer erhöhten Sensibilisierung oder aber einer vermehrt stereotypisierten Wahrnehmung ist, konnte nicht überprüft werden. Die Urteilsdifferenzen illustrieren jedoch, wie sehr die »soziale Wirklichkeit« als Konstrukt des Betrachters verstanden werden muß und wie unterschiedlich diese deshalb definiert werden kann.

4.2.2 Weibliche Führungskräfte – Meisterinnen des Understatements?

Inhaltliche Einführung

Verschiedene Untersuchungen (vgl. zusammenfassend Bischof-Köhler in diesem Band) zeigten, daß sich Frauen von Kindheit an stärker im Hintergrund zu halten, weniger auffällige Formen der Interessendurchsetzung wählen und sich sowie ihre Fähigkeiten weniger gut »verkaufen« können als Männer. Auch im Berufsleben neigen sie zur Selbstunterschätzung, stellen zu wenig Forderungen und warten darauf, daß ihre Leistungen von höheren Vorgesetzten registriert werden (Domsch/Regnet 1990). So konstatierten beispielsweise die von Schmid-Villanyi (1994) befragten Personalchefs aus schweizerischen Unternehmen bei Frauen eine Tendenz zum Understatement. Dies – so meinten einige der Befragten – komme bereits bei Bewerbungsgesprächen zum Ausdruck. Schon hier präsentieren sich Männer besser, treten selbstsicherer auf und preisen ihre Kenntnisse und Fähigkeiten an, wogegen sich Frauen – selbst bei faktisch besserer Qualifikation – deutlich bescheidener geben.

Darüber hinaus neigen Frauen vor allem in »gemischten« Gruppen zur Zurückhaltung, was die Dominanz der Männer fördert. Verschiedene Befunde (vgl. zusammenfassend Lockheed/Hall 1976) machen deutlich, daß Frauen in Gegenwart von Männern weniger sprechen, sich weniger zu Wort melden, eher nachgeben und ihre Beiträge vergleichsweise stärker auf Lob, Zustimmung und Ermunterung ausrichten, während die Anwesenheit von Frauen bei Männern genau den gegenteiligen Effekt bewirkt: Sie zeigen sich tendenziell stärker, sprechen mehr und machen weniger Zugeständnisse als in gleichgeschlechtlichen Gruppen: »Durch die Anwesenheit von Frauen (. . .) kommt eine Unruhe in die Mannschaft rein, und es entsteht das typische Gockelgehabe der Männer, dieses Aufplustern und Krähen, wer am schönsten und am lautesten ist« – so eine – freilich nicht zwangsläufig repräsentative – Beobachtung aus der betrieblichen Praxis (zit. nach Manthey 1992, S. 69). In ähnlicher Weise konstatierten auch die Interviewpartnerinnen von Bernadoni/Werner (1987) deutliche Geschlechterdifferenzen in der Kunst des »Impression Managements«. Beispielhaft folgende Aussage einer Chefärztin in einer allerdings sehr speziellen Führungskultur:

> »Die Machtansprüche, das Gehabe der Macht, sind bei den Männern deutlich ausgeprägt, das sieht man bei Chefarztkonferenzen. Das Verhalten, die Reaktionen auf bestimmte Probleme, das läuft viel stärker auf Selbstdarstellung hinaus. Schon wenn sie zum Beispiel sagen »Meine Abteilung ist so und so groß«, neigen Männer zu einem Imponiergehabe« (zit. nach Bernadoni/Werner 1987, S. 151).

Mag ein solches Imponiergehabe auch mancher Frau lächerlich erscheinen, so muß sie sich darüber im klaren sein, daß ihr Zurückhaltung im Berufsleben zum Nachteil gereichen kann, denn: »Die mangelnde Selbstdarstellung wird von Kontaktpartnern (. . .) häufig mit geringem Durchsetzungswillen und -fähigkeit gleichgesetzt« (Domsch/Regnet 1990, S. 110).

Die Befunde von Diem-Wille (1989) machen deutlich, daß es durchaus auch weibliche Führungskräfte gibt, die dieser Erkenntnis Rechnung tragen: Entgegen ihren eigenen Erwartungen zeigte sich in ihrer psychoanalytisch ausgerichteten Untersuchung kein Unterschied in der Selbstdarstellung weiblicher und männlicher Manager: Männer wie auch Frauen präsentierten sich »gekonnt«. Allerdings ist zu bemerken, daß es sich hierbei um eine kleinzahlige, qualitative Erhebung handelt, bei der der Faktor »Zufall« eine Rolle spielen kann. Unsere Erhebung will zeigen, wie sich die Fähigkeit zur Selbstdarstellung auf breiterer Basis verteilt. Grundlage ist folgende Hypothese:

H11: Weibliche Führungskräfte können ihre Stärken weniger gut zur Geltung bringen als männliche.

Ergebnisse der Untersuchung

Um ein möglichst ausgewogenes Bild von den Selbstdarstellungsfähigkeiten weiblicher versus männlicher Führungskräfte zu erhalten, wurde eine Selbst- und Fremdeinschätzung erhoben. Führungskräfte und deren Mitarbeiterinnen und Mitarbeiter wurden gefragt: »Wie gut können Sie ihre Stärken nach außen zur Geltung bringen?« bzw. »Wie gut kann Ihr(e) Vorgesetzte(r) seine/ihre Stärken nach außen zur Geltung bringen?« Die Führungskräfte wurden zudem gebeten, die Selbstdarstellungsfähigkeiten andersgeschlechtlicher Kollegen zu beurteilen.

Selbstdarstellungsfähigkeiten – aus der Perspektive der Führungskräfte

Der Mittelwertvergleich zeigte zunächst: Weibliche und männliche Führungskräfte stufen sich im Durchschnitt relativ ähnlich ein. Die Männer haben mit einem Mittelwert von 4.0 – gegenüber 3.8 der Frauen – nur einen kleinen, nicht-signifikanten Vorsprung. Die Mittelwertdifferenz ist am größten bei Beschäftigten aus dem Bank- und Versicherungsgewerbe, minimiert sich im Bereich Chemie und verkehrt sich im Handel sogar zugunsten der Frauen (vgl. Abbildung 30). Nennenswerte länderspezifische Unterschiede sind dagegen nicht zu verzeichnen.

Insgesamt deuten die Befunde darauf hin, daß sich Frauen und Männer in Führungspositionen gleich gut zur Geltung bringen können.

Dieser Eindruck verstärkt sich bei geschlechtervergleichender Einschätzung der Führungskräfte. Bei der Frage »Wie gut können im Vergleich dazu Ihre männlichen Kollegen (bzw. Ihre Kolleginnen) ihre Stärken nach außen hin zur Geltung bringen?« wählten 60% der Frauen und 84% der Männer die Antwortkategorie »gleich gut«. Allerdings glauben nur 9% der männlichen, aber immerhin 31% der weiblichen Führungskräfte, daß Männer die Kunst der Selbstdarstellung besser beherrschen.

Insgesamt aber sprechen die Antworten der Führungskräfte dafür, daß hier nur wenig geschlechtstypische Unterschiede bestehen.

Selbstdarstellungsfähigkeiten – aus der Perspektive der direkten MitarbeiterInnen

Da Selbstaussagen immer besondere Verzerrungspotentiale in sich bergen, schien es ratsam, die Meinung derjenigen einzuholen, die weibliche respektive männliche Führungskräfte täglich persönlich erleben: ihre Mitarbeiterinnen und Mitarbeiter. Die Befragung der direkten Mitarbeiterinnen und Mitarbeiter erbrachte Überraschendes: Den Urteilen der MitarbeiterInnen zufolge sind weibliche Führungskräfte (Mittelwert: 4.0) ihren Kollegen (Mittelwert: 3.8) auf dem Gebiet der Selbstdarstellung nicht nur ebenbürtig, sondern sogar überlegen! Der Unterschied ist zwar sehr klein, aber signifikant. Die Höherbewertung der Selbstdarstellungsfähigkeiten der Frauen zieht sich durch beide Länder und alle Branchen mit Ausnahme des Bereichs Verkehr/Nachrichtenübermittlung. Insbesondere die im Handel tätigen Führungsfrauen können sich in den Augen ihrer MitarbeiterInnen deutlich besser ins rechte Licht setzen (vgl. Abbildung 31).

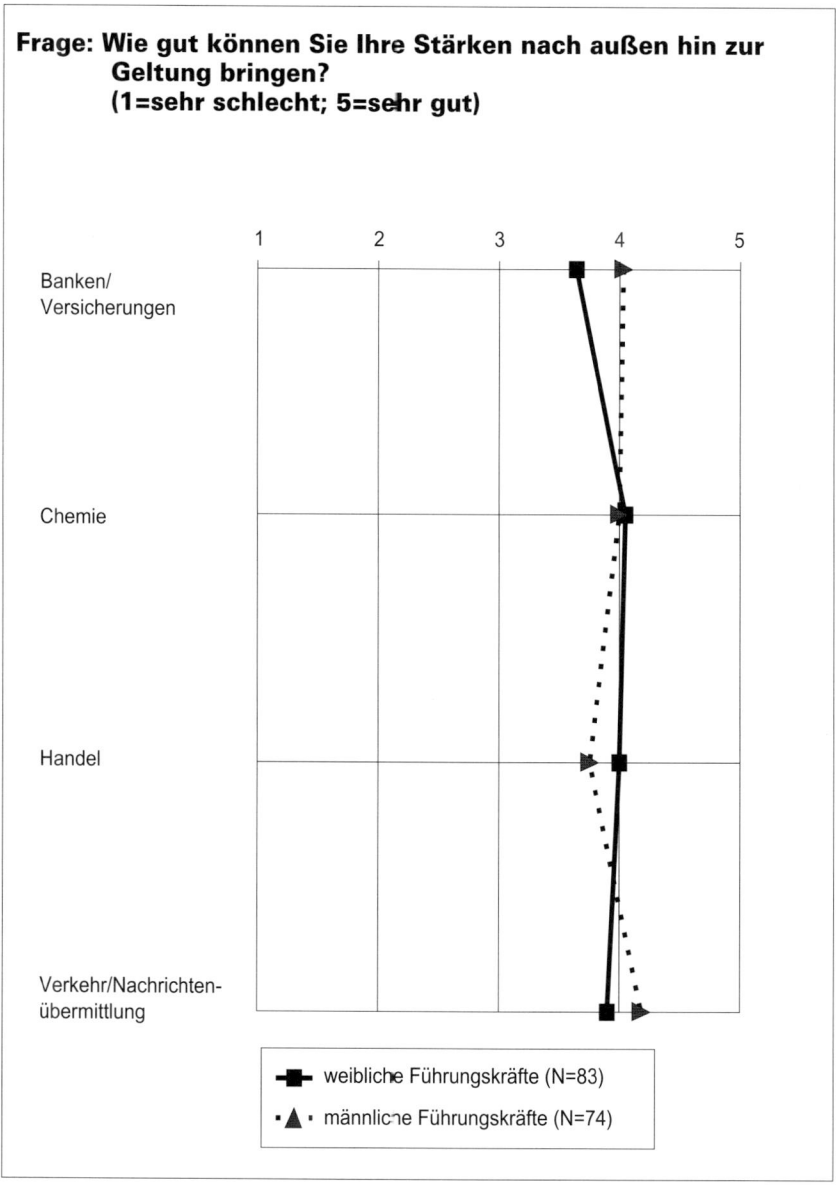

Frage: Wie gut können Sie Ihre Stärken nach außen hin zur Geltung bringen?
(1=sehr schlecht; 5=sehr gut)

Banken/Versicherungen

Chemie

Handel

Verkehr/Nachrichtenübermittlung

■ weibliche Führungskräfte (N=83)

▲ männliche Führungskräfte (N=74)

Abbildung 30: Selbstdarstellungsfähigkeiten weiblicher und männlicher Führungskräfte – Selbsteinschätzung

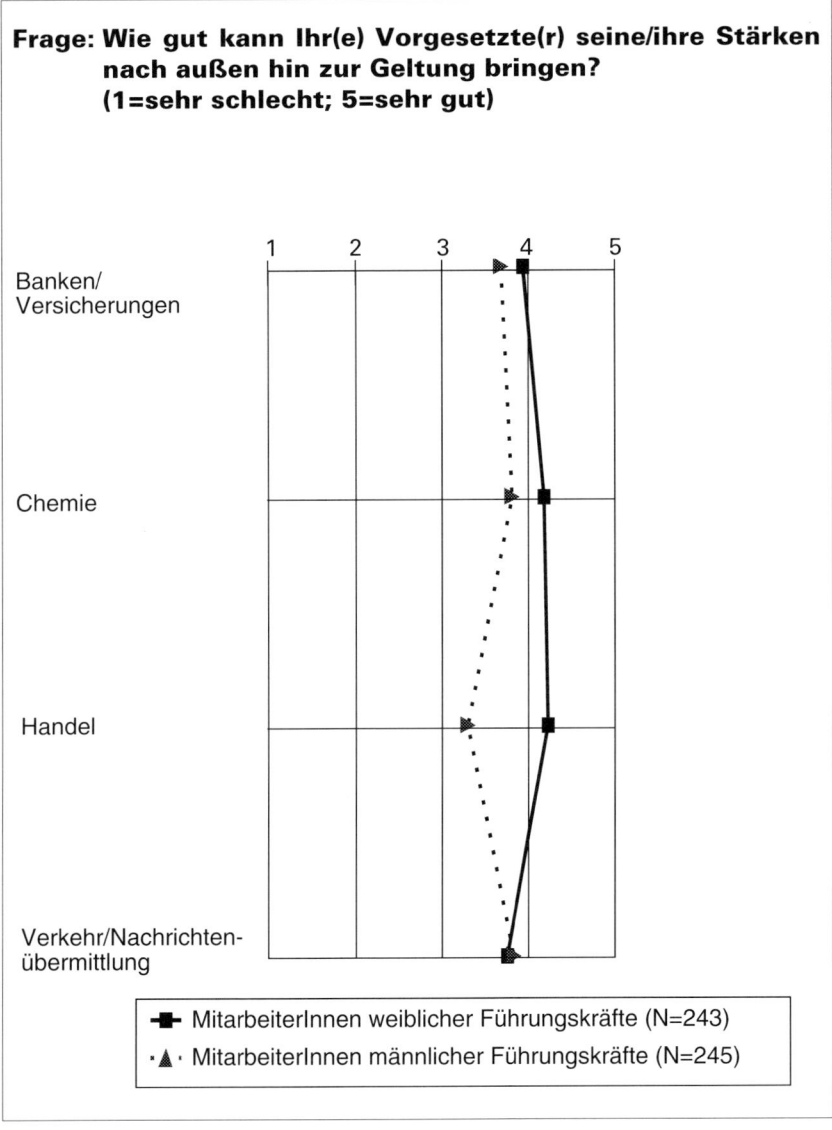

Abbildung 31: Selbstdarstellungsfähigkeiten weiblicher und männlicher Führungskräfte – nach Ansicht ihrer Mitarbeiterinnen und Mitarbeiter

Zusammenfassung und Diskussion

Die Befunde widerlegen eindeutig die Vermutung, daß weibliche Führungskräfte sich und ihre Stärken weniger gut »verkaufen« können als männliche.
Frauen in Führungspositionen sind danach mindestens ebenso befähigt, sich

zur Geltung zu bringen wie ihre männlichen Kollegen – nach unserer Mitarbeiterbefragung sogar besser.

Diese Feststellung steht in deutlichem Widerspruch zu anderen wissenschaftlichen Befunden, die Frauen immer wieder vergleichsweise niedrigere Selbstdarstellungsfähigkeiten bescheinigen. Ein Grund hierfür könnten Selektionseffekte sein: Da es für Frauen auch vielfach heute noch schwieriger ist, in eine Führungsposition zu gelangen (vgl. 4.3.3 sowie Regnet in diesem Band) – stellen jene Frauen, die »es geschafft haben«, eine besondere Auswahl dar, die sich deutlich von der »Durchschnittsfrau« unterscheidet. Das wurde im vorigen Kapitel aufgezeigt.

In diesem Zusammenhang gilt es zweierlei zu beachten: Wie Regnet (1994 sowie in diesem Band) darlegt, existieren in vielen Unternehmen immer noch Vorbehalte gegen die Beschäftigung weiblicher Führungskräfte. Hierbei spielen stereotype Erwartungen – beispielsweise die Vorstellung eine Frau könne sich schlechter durchsetzen – eine zentrale Rolle. Von daher ist es wahrscheinlich, daß Frauen noch selbstsicherer und gewandter auftreten müssen als Männer, um nicht betrieblichen Selektionsmechanismen zum Opfer zu fallen.

Zum anderen stellen auch unsere Befunde eine Momentaufnahme dar, die nichts über den Prozeß der Fähigkeitsentwicklung aussagt. Es ist daher keineswegs auszuschließen, daß Frauen härter als Männer an sich arbeiten müssen, um die Kunst des »Impression Managements« zu erlernen und erfolgreich zu praktizieren (vgl. dazu auch Bernadoni/Werner 1987). Unsere Ergebnisse zeigen jedoch, daß ihnen dies nicht minder möglich ist.

4.2.3 Führen Frauen anders?

Inhaltliche Einführung

Wie bereits in 4.2.1 angedeutet, wurde in den letzten Jahren versucht, die Existenz eines »typisch weiblichen« Führungsstils nachzuweisen, der in sozialer und ökonomischer Hinsicht effizienter sei.

In populärwissenschaftlicher Literatur und Managementpresse (vgl. z. B. Loden 1991; Rosener 1990; Helgesen 1991; Siegel 1991; Dobner 1997) wurde u.a. behauptet, weibliche Führungskräfte seien sozialer, würden ihren MitarbeiterInnen mehr Mitsprache- und Mitentscheidungsrechte einräumen, mehr mit ihnen kommunizieren und sie mehr persönlich unterstützen. Dieser Feststellung steht eine große Anzahl von wissenschaftlichen Erhebungen gegenüber, die keine oder nur graduelle Geschlechterdifferenzen im Führungsverhalten ausweisen (vgl. zusammenfassend Preuss 1987; Bass

1990; Friedel-Howe 1990a). Charakteristischerweise treten entsprechende Unterschiede vermehrt in experimentellen, mehr oder weniger wirklichkeitsfremden Versuchsanordnungen zutage[6], deutlich seltener dagegen in Felduntersuchungen (vgl. Osborn/Vicars 1976; Dobbins/Platz 1986; Bass 1990).

Aus der Fülle der vielen Arbeiten, die sich mit Geschlechterdifferenzen im Management befassen, seien nur zwei mit besonders interessanten Ergebnissen und Ergebnisinterpretationen herausgegriffen: eine 91 Studien (Felduntersuchungen, Laborexperimente und Assessment-Studien) aus Nordamerika und Kanada umfassende Meta-Analyse (Eagly/Johnson 1990) sowie eine in Deutschland durchgeführte qualitative Erhebung von Nerge/ Stahmann (1991):

- In der Meta-Analyse konnte die stereotype Erwartung, daß Frauen in höherem Maße »mitarbeiterorientiert« führen, nur in experimentellen Situationen mit StudentInnen bestätigt werden. Dagegen zeigte sich in organisationalen Kontexten kein Unterschied in den sog. »Ohio-Dimensionen« Mitarbeiter- und Aufgabenorientierung[7]. In allen drei Untersuchungsformen zeichneten sich jedoch durchgängig signifikante Unterschiede auf dem Kontinuum »demokratisch versus autokratisch« ab. Frauen tendieren danach vermehrt zu demokratischem Verhalten – ein stereotypenkonformer Befund, für den Eagly/Johnson (1990, S. 248) allerdings – in Ergänzung zu den üblichen sozialisationstheoretischen und biologischen Begründungen (vgl. 3.1 sowie Bischof-Köhler in diesem Band) eine besondere Erklärung anbieten. Sie interpretieren das vergleichsweise partizipativere Verhalten von weiblichen Führungskräften

---

6 Es liegt die Vermutung nahe, daß es sich hierbei um »Methodenartefakte« handelt: Aufgrund der »unnatürlichen« Konstellation – Konfrontation mit fremden Personen und Aufgaben innerhalb einer begrenzten Zeitspanne – ist in erhöhtem Maße mit stereotypisierten Reaktionen zu rechnen: Man weiß nur sehr wenig über die Personen, mit denen man sich auseinandersetzen muß und hat in der Regel auch keine Zeit, sich näher kennenzulernen. Da die Geschlechtszugehörigkeit eine der wenigen Informationen ist, die man in der Situation von den anderen hat, gerinnt sie sehr leicht »zum Anker für gegenseitige Verhaltenserwartungen und Verhaltensreaktionen« (Friedel-Howe 1990b, S. 24).

7 Der Begriff »Ohio-Dimensionen« geht zurück auf Untersuchungen an der Ohio State University Ende der vierziger Jahre. Hierbei wurde untersucht, wodurch sich erfolgreiche von erfolglosen Führungskräften unterscheiden. Es wurde festgestellt, daß sich die Verhaltensunterschiede zwischen erfolgreichen und erfolglosen Führern größtenteils in den zwei Dimensionen »Aufgabenorientierung« (Initiating Structure) und »Mitarbeiterorientierung« (Consideration) zusammenfassen lassen und daß Führungserfolg eine hohe Ausprägung auf beiden Dimensionen voraussetzt (vgl. Wunderer 1997a, S. 178f.).

66

als Reaktion auf tatsächliche oder vermeintliche Ressentiments ihrer sozialen Umwelt:

»Placating subordinates and peers so that they accept a women's leadership may to some extent require that she give them input into her decisions and allow some degree of control over these decisions. Moreover, to the extent that women leaders have internalized to some degree the culture's reservations about their capability for leadership, they may gain confidence as leaders by making collaborative decisions that they can determine are in line with their associates' expectations. Thus, proceeding in a participative and collaborative mode may enable many female leaders to win acceptance from others, gain self-confidence, and thereby be effective. Because men are not so constrained by attitudinal bias, they are freer to lead in an autocratic and nonparticipative manner should they so desire.«

– In andere Richtung geht die Argumentation von Nerge/Stahmann (1991). Im Rahmen ihrer Untersuchung, einer Befragung von 25 weiblichen Führungskräften, wurden graduelle Unterschiede im Führungsverhalten von Frauen und Männern festgestellt: Wenngleich Frauen ihre Aufgaben nicht grundlegend anders erledigen, ist eine Tendenz in Richtung erhöhter Motivation und effizienterer Entscheidungsfindung erkennbar. Frauen sind auch eher zu Teamarbeit bereit. Sie erarbeiten Problemlösungen gerne mit anderen gemeinsam. Ferner legen sie mehr Wert auf eine befriedigende Problemlösung als auf einen hohen, allgemein sichtbaren Eigenanteil an dieser Lösung.

Diese Besonderheiten im Führungs- und Arbeitsverhalten sind – so die Argumentation der Autorinnen – Ausdruck und Folge der unterschiedlichen Arbeits- und Lebenszusammenhänge von Frauen und Männern. Die befragten Managerinnen vertraten einhellig die Meinung, daß Frauen aufgrund ihrer stärkeren Belastung durch Haushalt/Kinderbetreuung organisierter, effektiver, sachlicher und schneller als Männer arbeiten müssen und weniger Zeit für Selbstdarstellungsaktivitäten und Machtkämpfe haben. Da die allermeisten Managerinnen nicht oder zumindest nicht in gleichem Maße wie ihre – meist verheirateten – männlichen Kollegen von einem privaten »back office« von zeitraubenden Hausarbeiten entlastet werden, gelten diese Bedingungen in eingeschränktem Maße auch für kinderlose, in Partnerschaft lebende Frauen.

So verschieden diese beiden Argumentationsmuster auch sind, haben sie doch eines gemeinsam: Beide rufen in Erinnerung, daß Führungsverhalten nicht nur von Kompetenzen und Neigungen, sondern gleichsam von vielen weiteren, kurzfristig kaum veränderbaren Faktoren bestimmt wird (vgl. Wunderer 1997a, S. 184). Dies gerät in der Diskussion um den »weiblichen Führungsstil« leicht aus dem Blick.

Vor diesem Hintergrund erscheint uns die Annahme, Frauen würden in einer idealtypisch »männlich« geprägten Welt einen grundsätzlich anderen Führungsstil praktizieren (können und wollen), eher unrealistisch. Allenfalls ist es vorstellbar, daß sich weibliche Führungskräfte – im Einklang mit eigenen Präferenzen und Fähigkeiten – »etwas« partizipativer und »etwas« prosozialer verhalten als ihre männlichen Kollegen – gerade eben soweit, daß allen an sie gerichteten Anforderungen Rechnung getragen werden kann: dem maskulinen Managerbild, dem im Kontrast dazu stehenden Stereotyp »Frau« und schließlich auch noch »Reproduktionspflichten« in Haushalt und Familie – soweit gegeben. Wir formulieren deshalb dazu Hypothese 12:

> H12: Weibliche Führungskräfte zeigen sich in Führung und Zusammenarbeit in moderatem Maße partizipativer und prosozialer als männliche Führungskräfte.

Ergebnisse der Untersuchung

Es wurden sowohl PersonalexpertInnen als auch direkte Mitarbeiterinnen und Mitarbeiter von weiblichen und männlichen Führungskräften nach ihren Erfahrungen mit Frauen und Männern in Führungspositionen gefragt. Außerdem wurden die weiblichen und männlichen Führungskräfte gebeten, ihre Idealvorstellung von Führung darzustellen. In den Urteilen der verschiedenen Gruppen zeigten sich deutliche Unterschiede.

Führungs- und Kooperationsverhalten – Ansichten der PersonalexpertInnen

Die Personalexperten sehen geschlechtstypische Unterschiede in Führung und Zusammenarbeit – und zwar insbesondere die weiblichen Vertreter. Die Personalexpertinnen nehmen dabei entsprechende Differenzen sowohl häufiger als auch in deutlich größerer Ausprägung wahr als ihre männlichen Kollegen. Wie Abbildung 32 zeigt, glauben über die Hälfte der Männer, aber nur 20% der Frauen, daß sich weibliche und männliche Führungskräfte in Führung und Zusammenarbeit nicht oder nur geringfügig unterscheiden. Dagegen nehmen nur 12% der Männer, aber immerhin noch 40% der Frauen große bis sehr große Unterschiede wahr. Allerdings herrscht bei beiden Gruppen relativ große Einigkeit darüber, worin die Unterschiede bestehen. Weiblichen Führungskräften werden vermehrt soziale Qualifikationen und Verhaltensmuster zugeschrieben (vgl. auch 4.2.1). Sie werden insbesondere als kooperationsfreudiger, sozialintegrativer, sensibler und intuitiver charakterisiert. Männlichen Führungskräften wird dagegen ein erhöhtes Maß an Ziel- und Konkurrenzorientierung, Dominanz und Rationalität bescheinigt.

Die Personalfachleute – und wiederum vor allem die weiblichen – beschreiben weibliche Vorgesetzte insgesamt als partizipativer und prosozialer als männliche. Sie sind zu einem Großteil der Ansicht, weibliche Führungskräfte würden Entscheide und Anordnungen besser begründen, ihren Mitarbeiterinnen und Mitarbeitern mehr Mitsprache- und Mitentscheidungsrechte einräumen, mehr informell mit ihnen kommunizieren und ihnen mehr persönliche Unterstützung zuteil werden lassen. 57% der Expertinnen – gegenüber nur 8% ihrer männlichen Kollegen – glauben, daß die »weiblichen« Verhaltensmuster in der Mitarbeiterführung erfolgreicher sind.

Abbildung 32: Geschlechtstypische Unterschiede in Führung und Zusammenarbeit aus der Sicht weiblicher und männlicher Personalexperten

Führungsverhalten – Ansichten der MitarbeiterInnen

Diese Aussagen konnten in unserer personenmäßig weitaus umfangreicheren Mitarbeiterbefragung (256 weibliche, 241 männliche Befragte) nicht bestätigt werden. Die weiblichen und männlichen Führungskräfte werden von ihren Mitarbeiterinnen und Mitarbeitern in ihrem Führungsverhalten sehr ähnlich beurteilt. Abbildung 33 zeigt dies am Beispiel der *Entscheidungsfindung*. Wie deutlich wird, lassen sich nur sehr geringe Unterschiede zwischen weiblichen und männlichen Führungskräften feststellen: Männer wie Frauen praktizieren am häufigsten die sogenannte »konsultative Führung«, d.h. sie informieren ihre MitarbeiterInnen über beabsichtigte Entscheidungen und geben ihnen Gelegenheit zur Stellungnahme. Der »kooperative Führungsstil« (Antwortkategorie 5) wird aus Sicht der Geführten – entgegen der diskutierten These – von Frauen nicht häufiger angewandt. Bei den patriarchalisch Führenden (Antwortkategorie 2) sind die Frauen mit 12% sogar um 7% häufiger vertreten.

Frage: Bitte beurteilen Sie die typische Entscheidungsfindung zwischen Ihnen und Ihrem/Ihrer direkten Vorgesetzten. Gehen Sie dabei von normalen Entscheidungsfällen aus. Außergewöhnliche Entscheidungen sowie seine/ihre Routineentscheidungen lassen Sie außer acht.

MitarbeiterInnen weiblicher Führungskräfte (N=193)
MitarbeiterInnen männlicher Führungskräfte (N=193)

1=Mein(e) Vorgesetzte(r) entscheidet, ohne mich zu konsultieren.
2=Mein(e) Vorgesetzte(r) entscheidet. Er/Sie versucht aber, mich von seinen/ihren Entscheidungen zu überzeugen, bevor er/sie sie anordnet.
3=Mein(e) Vorgesetzte(r) informiert mich über beabsichtigte Entscheidungen, um dadurch deren Akzeptanz zu erreichen.
4=Mein(e) Vorgesetzte(r) informiert mich über beabsichtigte Entscheidungen. Ich kann meine Meinung äußern, bevor er/sie die endgültige Entscheidung trifft.
5=Ich entwickle Vorschläge. Mein(e) Vorgesetzte(r) entscheidet sich für die von ihm/ihr favorisierte Alternative.
6=Ich entscheide, nachdem mein(e) Vorgesetzte(r) die Probleme aufgezeigt und die Grenzen des Entscheidungsspielraumes festgelegt hat.
7=Ich entscheide, mein(e) Vorgesetzte(r) fungiert vor allem als Koordinator(in) nach innen und außen.

Abbildung 33: Entscheidungsverhalten weiblicher vs. männlicher Führungskräfte aus Sicht ihrer MitarbeiterInnen (Abfrage nach Tannenbaum/Schmidt 1958)

Insgesamt ergibt sich eine recht ausgewogene Verteilung. Auffällig ist aber, daß sowohl weibliche als auch männliche Führungskräfte männlichen Mitarbeitern mehr Entscheidungspartizipation zukommen lassen als weiblichen. So fühlen sich deutlich mehr Männer als Frauen »delegativ« geführt. Dagegen wurden die Kategorien »autoritär« und »patriarchalisch« vermehrt von Frauen genannt (vgl. Abbildung 34).

Dieser Effekt zieht sich – in unterschiedlicher Ausprägung – durch alle Qualifikationsstufen. Er kommt besonders deutlich bei Personen ohne Hochschulabschluß zum Ausdruck. Aber selbst unter den Hochschulabsolventen beurteilt über die Hälfte der weiblichen Mitarbeiter das Verhalten ihrer Vorgesetzten als »autoritär« bis »konsultativ«, wogegen sich ihre männlichen Pendants mit mehr als 50% in den Kategorien »kooperativ bis autonom« verteilen.

Entscheidungsfindung	Führung weiblicher Mitarbeiter		Führung männlicher Mitarbeiter	
	durch WFK (N=91)	durch MFK (N=96)	durch WFK (N=101)	durch MFK (N=96)
1. autoritär	**9%**	**7%**	**2%**	**3%**
2. patriarchalisch	**12%**	**8%**	**12%**	**1%**
3. informierend	10%	13%	7%	12%
4. beratend	37%	41%	30%	32%
5. kooperativ	20%	19%	23%	26%
6. delegativ	**7%**	**8%**	**19%**	**19%**
7. autonom	6%	4%	8%	7%

Abbildung 34: Entscheidungsverhalten gegenüber weiblichen und männlichen Mitarbeitern

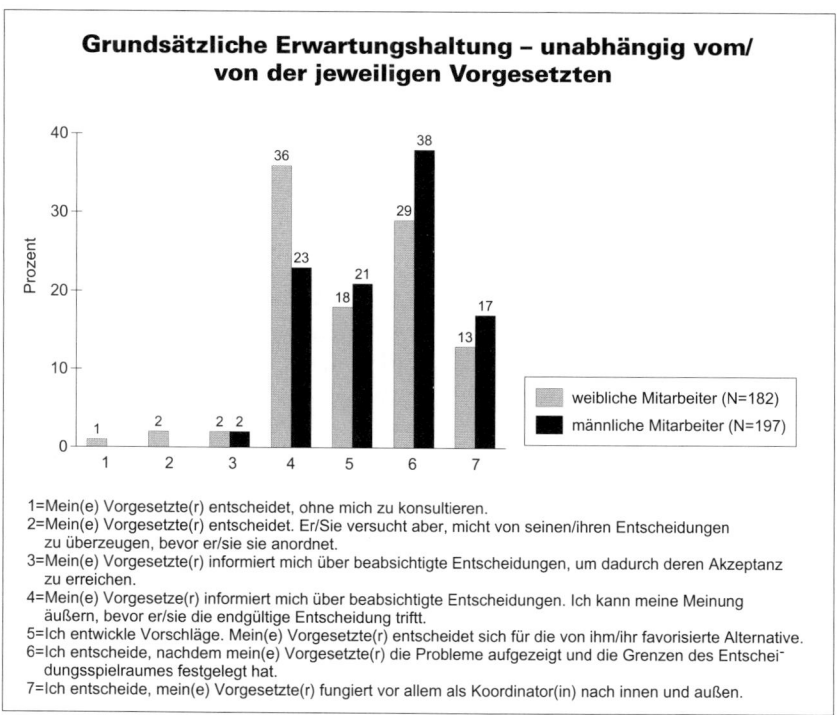

Abbildung 35: Erwartungen weiblicher und männlicher Mitarbeiter an das Entscheidungsverhalten von Vorgesetzten

Deutet dieser Befund zunächst auf Frauendiskriminierung hin, so ergibt sich bei genauerer Betrachtung ein differenzierteres Bild. Neben dem selbst erlebten Führungsverhalten (Ist) wurden auch noch die *Erwartungen* an den Führungsstil der Vorgesetzten (Soll) erfragt. Dabei zeigte sich, daß Frauen tendenziell weniger Anspruch auf Entscheidungspartizipation erheben als Männer. So wird von Frauen am häufigsten die »konsultative«, von Männern dagegen am häufigsten die »delegative« Führung präferiert (vgl. Abbildung 35).

Wir haben nicht abgefragt, inwieweit diese Unterschiede Ausdruck und Folge unterschiedlicher Motivationen und Interessenlagen oder resignative Reaktionen auf ungleiche Behandlung durch die Vorgesetzten sind. Auf jeden Fall ist es aber sehr wahrscheinlich, daß diese unterschiedlichen Erwartungshaltungen der Mitarbeiterinnen und Mitarbeiter auch Einfluß auf das Entscheidungsverhalten ihrer Vorgesetzten haben.

Im *prosozialen Verhalten* weiblicher und männlicher Führungskräfte zeigen sich insgesamt ebenfalls wenig Unterschiede (vgl. Abbildung 36).

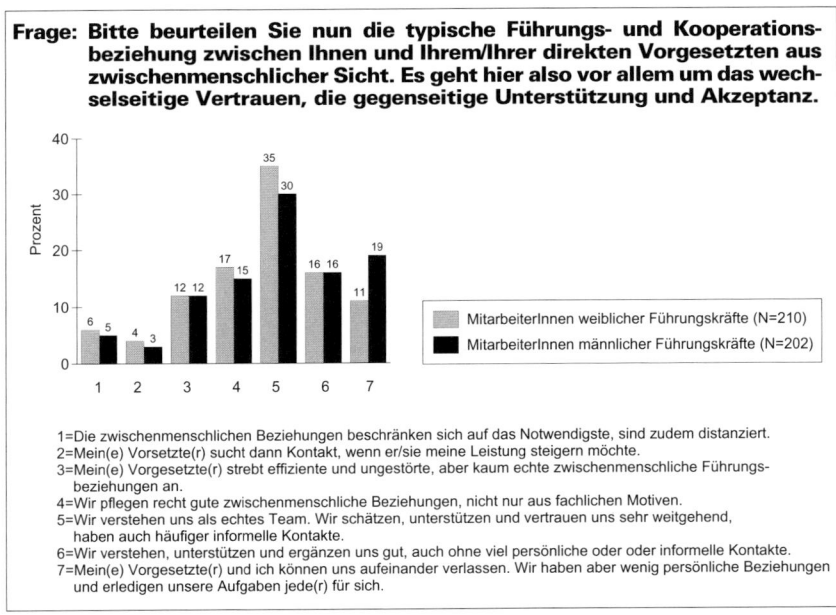

Abbildung 36: *Das Sozialverhalten weiblicher und männlicher Führungskräfte aus Sicht ihrer Mitarbeiterinnen und Mitarbeiter*

Die Antwortkategorie 5 dominiert bei beiden Geschlechtern eindeutig – und zwar in beiden Ländern und drei (Banken/Versicherungen, Handel, Chemie) von vier Branchen. Auffällig scheint allenfalls, daß die MitarbeiterInnen männlicher Führungskräfte die Beziehung zu ihrem Chef deutlich häufiger durch eine eher unpersönliche Form der Beziehungsgestaltung (Antwortkategorie 7) charakterisiert sehen.

In der Detailanalyse finden sich Anhaltspunkte dafür, daß weibliche Führungskräfte zu weiblichen Mitarbeitern persönlichere Beziehungen unterhalten als zu männlichen. Zwar findet die Aussage »Wir verstehen uns als echtes Team. Wir schätzen, unterstützen und vertrauen uns sehr weitgehend, haben auch häufiger informelle Kontakte« sowohl bei weiblichen als auch bei männlichen Mitarbeitern weiblicher Führungskräfte am häufigsten Zustimmung. Jedoch wurde die Antwortkategorie »Wir pflegen recht gute zwischenmenschliche Beziehungen, nicht nur aus fachlichen Motiven« mit 23% fast doppelt so häufig von Mitarbeiterinnen als von Mitarbeitern (12%) weiblicher Führungskräfte gewählt. Umgekehrt sind 15% der männlichen, aber nur 5% der weiblichen Mitarbeiter der Meinung, daß die Führungs- und Kooperationsbeziehung zwischen sich und ihrer Chefin am besten durch die Umschreibung »Meine Vorgesetzte und ich können uns aufeinander verlassen. Wir haben aber wenig persönliche Beziehungen und erledigen unsere Aufgaben jede(r) für sich« charakterisiert wird. Diese Unterschiede sind statistisch signifikant. Demgegenüber ähneln sich die Einschätzungen der Mitarbeiterinnen und Mitarbeiter männlicher Führungskräfte stärker.

Insgesamt werden aber mehr Ähnlichkeiten als Unterschiede zwischen den Führungskräften wahrgenommen. Auch im Zufriedenheitsrating zeigen sich keine Unterschiede. Frauen und Männer sind mit weiblichen und männlichen Führungskräften in nahezu gleichem Maße zufrieden (vgl. Abbildung 37).

Frage: Wie zufrieden sind Sie mit der Führung durch Ihren/Ihre Vorgesetzte(n) im allgemeinen? (1=sehr unzufrieden; 5=sehr zufrieden)		
	Zufriedenheit mit weiblichen Vorgesetzten (Mittelwert)	Zufriedenheit mit männlichen Vorgesetzten (Mittelwert)
weibliche Mitarbeiter (N=249)	3.8	3.8
männliche Mitarbeiter (N=236)	3.8	3.9

Abbildung 37: Zufriedenheit weiblicher und männlicher Mitarbeiter mit weiblichen versus männlichen Vorgesetzten

Anspruch an das eigene Führungsverhalten – Sicht der Führungskräfte

Wenngleich auch in der Mitarbeiterbefragung keine wesentlichen geschlechtstypischen Unterschiede im Führungsverhalten festgestellt werden konnten, so heißt das nicht zwangsläufig, daß weibliche Führungskräfte nicht das Potential haben, um anders und besser zu führen. Denn es ist auch denkbar, daß sie sich – aufgrund von Sozialisation und/oder biologischer Prädisposition – ihren Mitarbeiterinnen und Mitarbeitern gegenüber tatsächlich besonders prosozial und partizipativ verhalten möchten, dies unter den gegebenen organisationalen Bedingungen aber nicht können.

Deshalb wurden anschließend die weiblichen und männlichen Führungskräfte gefragt, welche Ansprüche sie an ihr eigenes Führungsverhalten stellen, wie ihre Idealvorstellung von Führung aussieht. Signifikante Unterschiede im Antwortverhalten der Geschlechter könnten hier auf unterschiedliche Anlagen und Motivstrukturen verweisen. Aber auch hier weist der Befund in eine andere Richtung. Die Antwortverteilung von Männern und Frauen fiel wiederum recht ähnlich aus (vgl. Abbildung 38). Die graduellen Unterschiede stehen eher konträr zu den vorher geäußerten Vermutungen: So präferieren etwas weniger weibliche als männliche Führungskräfte kooperative und delegative Entscheidungsformen (vgl. die Antwortkategorien 5 und 6). Zudem halten mehr Frauen die mit weniger Sozialkontakten verbundene Form der Beziehungsgestaltung »Wir verstehen, unterstützen und ergänzen uns gut, auch ohne viel persönliche oder gar informelle Kontakte« (Antwortkategorie 6) für wünschenswert. Demnach bevorzugen gerade weibliche Führungskräfte tendenziell eher eine sachorientierte Führung.

Zusammenfassung und Diskussion

Die Mehrzahl unserer Befunde kann die Aussage »Frauen führen anders« nicht bestätigen – auch nicht in der in Hypothese 12 formulierten Form: »Weibliche Führungskräfte zeigen sich in Führung und Zusammenarbeit in *moderatem* Maße partizipativer und prosozialer als männliche Führungskräfte.« Nicht einmal die Idealvorstellungen der Managerinnen von Führung können diese These stützen. Entsprechende Unterschiede sehen vor allem die weiblichen Personalexperten.

Alles in allem finden sich keine Anhaltspunkte dafür, daß sich das Führungsverhalten von Frauen und Männern grundsätzlich unterscheidet. Allenfalls zeigen sich – wenngleich auch nur schwache – Anzeichen dafür, daß die Beziehung zwischen weiblichen Führungskräften und weiblichen Mitarbeitern persönlicher ist. Insgesamt deuten die Befunde aber darauf hin, daß die Ähnlichkeiten im Führungsverhalten der Geschlechter weitaus größer sind als die Unterschiede.

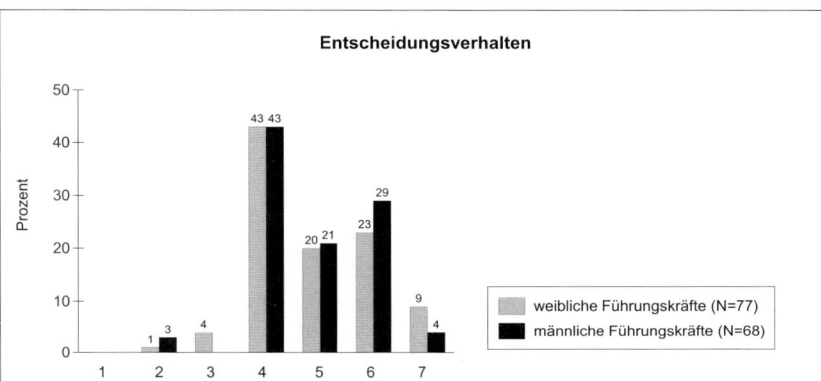

Entscheidungsverhalten

weibliche Führungskräfte (N=77)
männliche Führungskräfte (N=68)

1=Ich entscheide, ohne meine Mitarbeiterinnen und Mitarbeiter zu konsultieren.
2=Ich entscheide, versuche aber meine Mitarbeiterinnen und Mitarbeiter von meinen Entscheidungen zu überzeugen, bevor ich sie anordne.
3=Ich entscheide, ermögliche jedoch Fragen zu meinen Entscheidungen, um dadurch deren Akzeptanz zu erreichen.
4=Ich informiere meine Mitarbeiterinnen und Mitarbeiter über beabsichtigte Entscheidungen. Sie können ihre Meinung äußern, bevor ich die endgültige Entscheidung treffe.
5=Meine Mitarbeiterinnen und Mitarbeiter entwickeln Vorschläge. Ich entscheide mich für die von mir favorisierte Alternative.
6=Meine Mitarbeiterinnen und Mitarbeiter entscheiden, nachdem ich die Probleme aufgezeigt und die Grenzen des Entscheidungsspielraumes festgelegt habe.
7=Meine Mitarbeiterinnen und Mitarbeiter entscheiden, ich fungiere vor allem als Koordinator(in) nach innen und außen.

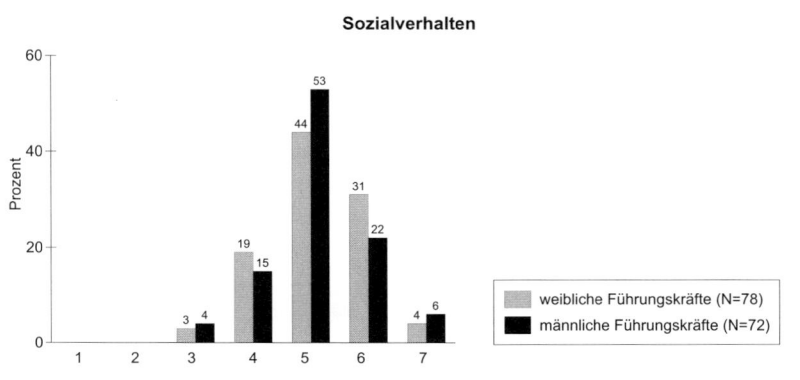

Sozialverhalten

weibliche Führungskräfte (N=78)
männliche Führungskräfte (N=72)

1=Die zwischenmenschlichen Beziehungen beschränken sich auf das Notwendigste, sind zudem distanziert.
2=Ich suche dann Kontakt zu meinen Mitarbeiterinnen und Mitarbeitern, wenn ich deren Leistung steigern möchte.
3=Ich strebe effiziente und ungestörte, aber kaum echte zwischenmenschliche Führungsbeziehungen an.
4=Wir pflegen recht gute zwischenmenschliche Beziehungen, nicht nur aus fachlichen Motiven.
5=Wir verstehen uns als echtes Team. Wir schätzen, unterstützen und vertrauen uns sehr weitgehend, haben auch häufiger informelle Kontakte.
6=Wir verstehen, unterstützen und ergänzen uns gut, auch ohne viel persönliche oder gar informelle Kontakte.
7=Meine Mitarbeiter/Mitarbeiterinnen und ich können uns aufeinander verlassen. Wir haben aber wenig persönliche Beziehungen und erledigen unsere Aufgaben jede(r) für sich.

Abbildung 38: Ansprüche weiblicher und männlicher Führungskräfte an das eigene Führungsverhalten

Sollte sich also das Sozialverhalten von Frauen und Männern im allgemeinen partiell unterscheiden, so gilt dies nicht für die Gruppe der Führungskräfte. Diese Erkenntnis deckt sich mit den Ergebnissen verschiedener anderer Untersuchungen, insb. mit jenen aus dem englischen Sprachraum. So stellte der bekannte amerikanische Führungsforscher Bernard Bass (1990) fest, daß andernorts – z. B. bei Studenten – feststellbare Geschlechterdifferenzen verschwunden sind, sobald man Frauen und Männer in Führungspositionen vergleicht. Offensichtlich tragen Selektions- und Sozialisationsmechanismen für eine Nivellierung vormals existenter Unterschiede Sorge (vgl. dazu auch Regnet in diesem Band). Die Frage, welches Gewicht hierbei der Selbstselektion (z. B. über Berufswahl und Karriereentscheidung), der Fremdselektion (z. B. Einstellungs- und Beförderungsentscheide der Organisationen) und der Sozialisation (Erfahrungen in der Organisation) zukommt und wie diese Faktoren interagieren, ist bislang noch nicht hinreichend geklärt. Hier liegt noch erheblicher Forschungsbedarf.

4.3 Lebens- und Arbeitssituation

4.3.1 Karriere und Familie – zwei unvereinbare Welten?

Inhaltliche Einführung

In geschlechtervergleichenden Untersuchungen hat sich gezeigt, daß sich die private Lebenssituation männlicher und weiblicher Führungskräfte grundlegend unterscheidet: Frauen in Managementpositionen sind ungleich häufiger kinderlos und alleinstehend als ihre männlichen Kollegen (vgl. Davidson/Cooper 1983; Bischoff 1986; Liebrecht 1988; Nicholson/West 1988; Autenrieth et al. 1993; Stiftung BWI 1994).

Dieser Sachverhalt wird gemeinhin als Folge und Ausdruck tradierter Rollenvorstellungen und einer entsprechend konventionellen Arbeitsteilung in der Familie gewertet. Denn wenngleich die Geschlechtsrollen in den letzten Jahrzehnten durchlässiger geworden sind, fallen Hausarbeit und insbesondere Kindererziehung vorwiegend immer noch in den Zuständigkeitsbereich der Frau. So machte eine über 12000 Personen umfassende Studie in acht Ländern (Bundesrepublik, Großbritannien, Irland, Italien, Niederlande, Österreich und Ungarn) zum Thema »Frauenerwerbstätigkeit und Wandel der Geschlechtsrollen« (vgl. Höllinger 1991) deutlich, daß in der deutschen Bevölkerung relativ traditionelle Einstellungen zur Rolle der Frau vorherrschen. Nur 22% lehnen die Ansicht, der Haushalt sei »Frauensache« und Kinder würden unter der Berufstätigkeit der Mutter leiden, eindeutig ab – weit weniger als in den USA (43%), Großbritannien (41%) und den Niederlanden (34%). In der Bundesrepublik sind auch insgesamt die größten Vorbehalte gegenüber der Berufstätigkeit von Müttern mit Klein- und Schulkindern zu verzeichnen (vgl. Abbildung 39).

	BRD	GB	IRL	ITA	NL	öST	UNG	USA
Frau mit Vorschulkindern sollte erwerbstätig sein	24%	30%	44%	56%	46%	28%	48%	45%
Frau mit Schulkindern sollte erwerbstätig sein	51%	88%	73%	82%	86%	57%	82%	87%
N (100%)	2294	1304	1002	1028	1657	950	1736	1411

Abbildung 39: Einstellungen zur Erwerbstätigkeit von Müttern
(nach Höllinger 1991, S. 760)

Auch in der Schweiz sind solche Einstellungen stark verbreitet. In der Univox-Befragung von 1988 erklärten sich 41% der Männer und 39% der Frauen sehr einverstanden mit der Aussage »Am besten ist immer noch, wenn der Mann arbeitet und die Frau für Haushalt und Kinder sorgt.« Demgegenüber fand die Aussage »Am besten ist: beide Partner sind berufstätig und teilen sich die Familienarbeit« deutlich weniger Zustimmung. Selbst innerhalb der jüngeren Generation befürworteten nur 22% diese partnerschaftliche Form der Arbeitsteilung (vgl. Höpflinger 1991).

Im Einklang mit diesen Einstellungsmustern ist die Beteiligung der Männer an Hausarbeit und Kinderbetreuung in Deutschland wie auch in der Schweiz im Durchschnitt relativ gering. Untersuchungsergebnisse aus der Bundesrepublik (vgl. Kössler 1984; Krüsselberg et al. 1986; Schulz 1990) belegen, daß Männer – relativ unabhängig vom Erwerbsstatus der Partnerin sowie von Anzahl und Alter der Kinder – mit 10 bis 11 Stunden pro Woche drastisch weniger Zeit in den Haushalt investieren als Frauen (vgl. Künzler 1995). Selbst wenn die Partnerin vollzeitlich erwerbstätig ist, erledigen sie weniger als ein Drittel der anfallenden Hausarbeit.

Das »Eurobarometer 34.0/34.1« von 1990 – eine großzahlige Untersuchung in 12 Ländern der Europäischen Gemeinschaft – zeigte zudem, daß sich in Deutschland als einzigem EG-Land die Beteiligung der Männer im Haushalt im letzten Jahrzehnt nicht erhöht hat. Erschien die Arbeitsteilung in deutschen Familien im europäischen Vergleich früher eher progressiv, so herrschen mittlerweile nur in Spanien und Portugal noch traditionellere Verhältnisse. Sollte sich diese Entwicklung fortsetzen, so ist nach Künzler (1995, S. 129) zu befürchten, daß »die Bundesrepublik bald das Schlußlicht in der

Ausbreitung partnerschaftlich-egalitärer Formen der familiären Arbeitstei-lung« ist. Daß auch in der Schweiz noch die traditionelle Arbeitsteilung do-miniert, zeigen die neuesten Auswertungen des schweizerischen Bundesam-tes für Statistik. Die Situation im Jahre 1994 läßt sich wie folgt charakteri-sieren:

> »Frauen leisten durchwegs mehr Haushaltsarbeit als Männer. Bereits im Alter von 15 bis 24 Jahren, wo relativ wenige alleine für die Haushaltsarbeit verantwortlich sind, helfen fast doppelt so viele Frauen wie Männer bei der Haushaltsarbeit mit. Der Zeit-aufwand für diese Arbeit nimmt bei den Frauen mit der Grösse des Haushaltes zu, bei Männern bleibt dieser auf ähnlich tiefem Niveau. Das Alter der Kinder ist ein wichti-ger Einflussfaktor auf den Zeitaufwand der Mütter für Haushaltsarbeit; die Väter da-gegen ändern ihren zeitlichen Aufwand nur gering, wenn Kinder im Haushalt leben. (. . .) Das Bildungsniveau scheint bei den Geschlechtern eine umgekehrte Wirkung zu haben: je höher das Bildungsniveau der Frau ist, desto weniger beschäftigt sie sich mit Haushaltsarbeit, bei Männern steigt das Engagement im Haushalt mit dem Bildungs-niveau« (Jobin/Bühlmann 1996, S. 117).

Analog dazu ermittelten Straumann et al. (1996) in einer großzahligen Er-hebung in der Nordwestschweiz, daß selbst teilzeitbeschäftigte Männer sel-tener die Hauptverantwortung für die Haus- und Familienarbeit übernehmen als vollzeitbeschäftigte Frauen (vgl. Abbildung 40).

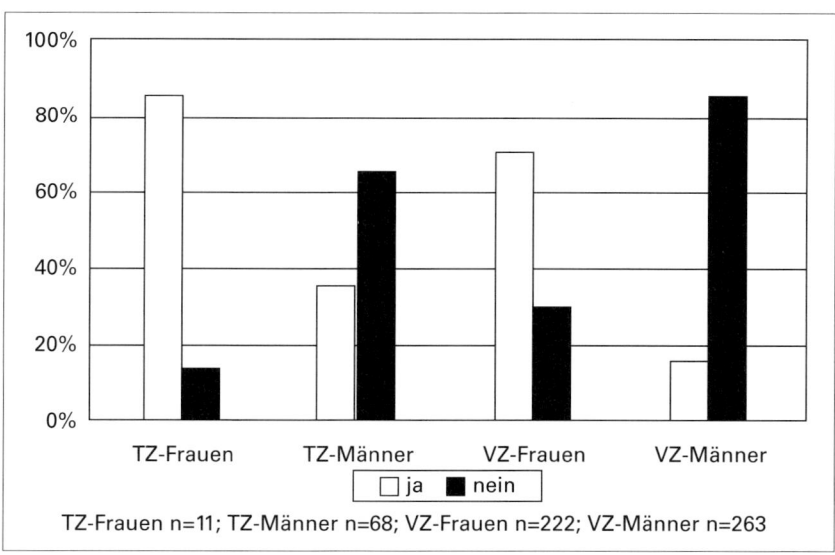

Abbildung 40: Hauptsächliche Zuständigkeit für Haus- und Familienarbeit (Strau-mann et al. 1996, S. 56)

Wenngleich die jüngere Generation – in Deutschland ebenso wie in der Schweiz – eine verstärkt partnerschaftliche Aufteilung von Erwerbs- und Familienarbeit praktiziert, erfolgt bei der Geburt des ersten Kindes vielfach eine Rückkehr zu tradierten Rollenmustern (vgl. Höpflinger 1991; Lauterbach 1994). Die vielzitierten »neuen Väter«, die sich als Hausmänner oder Teilzeitbeschäftigte in hohem Maße an der Hausarbeit und Kindererziehung beteiligen, sind in der Realität also eher eine Ausnahme (vgl. Peuckert 1991). Die Mehrheit der jungen Väter konzentriert sich vielmehr verstärkt auf ihre berufliche Karriere und hat daher weniger Zeit für häusliche Aufgaben.

Diese Entwicklung steht aber keineswegs (ausschließlich) in der Verantwortung des einzelnen Mannes, sondern ist gesellschaftlich vorgezeichnet: »Der männliche Lebenszusammenhang ist (. . .) aufgrund ökonomischer und politischer Vorgaben auf Berufstätigkeit, ja auch Vollzeiterwerbstätigkeit und nicht selten auf eine über die Normalarbeitszeit hinausgehende Disponibilität festgeschrieben« (Kaufmann 1990; zit. nach Stolz-Willig 1993, S. 199). Das gilt in vermehrtem Maße für Führungskräfte. Typischerweise spiegelt sich denn auch die tradierte geschlechtsspezifische Arbeitsteilung in den Partnerschaften männlicher Führungskräfte wider. Sehr häufig sind Manager mit nicht in gleichem Maße berufstätigen Frauen verheiratet bzw. befreundet. So waren beispielsweise in Sonja Bischoffs (1986) Erhebung die Partnerinnen der männlichen Manager zu 56% nicht oder nur teilzeitbeschäftigt. Und von den von Hauser/Sinn (1990) befragten 710 Ehefrauen/ Partnerinnen von Vorständen und Geschäftsführern in der Bundesrepublik gingen sogar 75% keiner Erwerbstätigkeit nach. Laut dieser Umfrage investieren männliche Führungskräfte zwischen 75 und 90% ihrer Zeit in den Beruf, während ihren Lebenspartnerinnen vornehmlich die Aufgabe zukommt, die dafür notwendigen Rahmenbedingungen bereitzustellen. Darüber hinaus leisten die Partnerinnen männlicher Führungskräfte in aller Regel auch Unterstützungsarbeit bei karriereförderlichen Repräsentationsaufgaben (vgl. Nerge/Stahmann 1991, Nerge 1993). So errechnete Saffar (1991), daß männliche Führungskräfte in Frankreich durch die Zuarbeit ihrer Partnerinnen etwa »fünf Jahre ihres Lebens gewinnen«.

Kurzum: Für männliche Führungskräfte ist eine Partnerschaft tendenziell entlastend und karrierefördernd. Für weibliche Führungskräfte gestaltet sich die Sachlage anders: So bestätigten die Befunde von Autenrieth et al. (1993, S. 94) die Vermutung, daß Frauen in Führungs(-nachwuchs-)positionen in ungleich geringerem Maße mit nicht berufstätigen oder teilzeitarbeitenden Partnern verbunden sind als ihre männliche Kollegen (vgl. Abbildung 41).

Berufstätigkeit des Partners bzw. der Partnerin	bei Frauen	bei Männern
– **vollzeitbeschäftigt**	**94.3%**	24.7%
– teilzeitbeschäftigt	3.1%	21.7%
– arbeitslos	1.3%	0.3%
– **nicht erwerbstätig**	2.2%	**51.1%**
N (100%)	227	378

Abbildung 41: Berufstätigkeit der PartnerInnen von Führungs(-nachwuchs-)kräften

Sonja Bischoffs (1986) Erhebung in der deutschen Wirtschaft und die länderübergreifende Untersuchung von Sonja Nerge (1993) zeigten überdies, daß die Partner weiblicher Führungskräfte überwiegend in verantwortlicher Position mit entsprechend hoher zeitlicher Belastung tätig sind. Deshalb müssen diese Frauen – unabhängig von ihren beruflichen Verpflichtungen – den Hauptanteil an Haus- und Erziehungsarbeit leisten. Denn selbst wenn ein Großteil der sog.»Reproduktionspflichten« – v.a. der Hausarbeit – delegiert wird, verbleibt ihnen in der Regel die Organisation des Haushaltes sowie ein Restbestand an nicht delegierbaren Aufgaben (vgl. Nerge/Stahmann 1991; vgl. auch Abbildung 40). Ist es schon für die durchschnittliche Arbeitnehmerin vielfach problematisch, die beiden Lebensbereiche Beruf und Familie zu verbinden, so gilt dies für Managerinnen mit einer wöchentlichen Arbeitszeit von 50 bis 60 Stunden (vgl. Nerge 1993) in verstärktem Maße. Es erstaunt daher nicht, daß die Entscheidung für eine Karriere vielfach mit einem Entscheid gegen Familiengründung einhergeht. Vor diesem Hintergrund lassen sich folgende Hypothesen ableiten:

H13: Weibliche Führungskräfte haben seltener Partner und Kinder als männliche Führungskräfte.

H14: Weibliche Führungskräfte verwenden – trotz vergleichbarer beruflicher Belastung – mehr Zeit für Haushalt und Familie als vergleichbare männliche Kollegen.

H15: Weibliche Führungskräfte leiden stärker unter Doppelbelastung.

Ergebnisse der Untersuchung

Familienstand

Zur Überprüfung dieser Hypothesen wurden zum einen die soziodemographischen Daten der befragten Führungskräfte analysiert und zum anderen gezielte Fragen zur zeitlichen und psychischen Belastung in Beruf und Familie gestellt.

Die Analyse des Familienstandes zeigte – einmal mehr – signifikante Unterschiede zwischen den Geschlechtern: Über ein Drittel der Frauen – gegenüber 4% der Männer – sind alleinstehend. Und nur ein Fünftel von ihnen – aber rund drei Viertel ihrer männlichen Kollegen – haben Kinder (vgl. Anhang).

Obwohl natürlich nicht vergessen werden darf, daß dies unterschiedliche Gründe haben kann, daß es beispielsweise durchaus auch Frauen ohne Kinderwunsch gibt (vgl. z. B. Neuwirth 1988; Lang 1992; Zibell et al. 1992), deuten diverse Aussagen der Befragten darauf hin, daß die erheblichen Unterschiede im Familienstand weiblicher und männlicher Führungskräfte zu einem guten Teil durch die aktuellen gesellschaftlichen Verhältnisse – v. a. tradierte Geschlechtsrollenvorstellungen und unzulängliche Unterstützung bei der Kinderbetreuung (Mangel an Kinderbetreuungseinrichtungen, ungünstige Schulzeiten) – bedingt sind. Hinzu kommt wohl auch die Einsicht, daß bei Ausübung einer – i. d. R. zeit- und belastungsintensiven – Führungstätigkeit nicht hinreichend auf die kindlichen Bedürfnisse – vor allem in der Kleinkindphase – eingegangen werden kann. Wie Schneewind (1995, S. 471) bemerkt, kann bewußte Kinderlosigkeit in vielen Fällen »als Hinweis auf eine »verantwortete Nicht-Elternschaft« verstanden werden« (ähnlich Schmerl/Ziebell 1995).

In unserer Befragung sahen weibliche wie männliche Führungskräfte in gesellschaftlichen Faktoren die bedeutsamste Ursache für die Unterrepräsentanz weiblicher Führungskräfte. Soziale Rollenzuschreibungen (»Kindererziehung ist Frauensache«), der Mangel an öffentlichen und privaten Kinderbetreuungsplätzen, unflexible Öffnungszeiten von Kindergärten und Krippen etc. lassen die Möglichkeiten der Lebensgestaltung für weibliche Führungskräfte mit hoher und teilweise unplanbarer Arbeitsbelastung schnell sehr eingeschränkt bis undurchführbar erscheinen. So vertritt beispielsweise eine schweizerische Managerin »ganz klar die Ansicht, daß sich eine Frau für Karriere oder Familie entscheiden muß. Im Fall einer Karriere gehen leider die ganzen Pläne mit Kinderhort etc. nicht mehr auf: Das eine (Kind) oder das andere (Beruf) leidet zwangsläufig darunter!!«. Gleichzeitig verfügen Frauen aber – weitaus stärker als ihre männlichen Kollegen – über die Möglichkeit, sich für die Familie und gegen eine Karriere zu entscheiden[8]: »Der Mann *muß*, die Frau *kann* Erfolg haben«, bemerkte eine männliche Führungskraft in diesem Zusammenhang.

---

8 So zeigen Untersuchungen (vgl. z. B. Prenzel/Strümpel 1990), daß Hausmänner vielfach mit Akzeptanzproblemen zu kämpfen haben.

Insgesamt beurteilen die weiblichen Führungskräfte die aktuellen Verhältnisse deutlich kritischer als ihre männlichen Kollegen. Im Dienste der Chancengleichheit von Mann und Frau messen sie dabei der Veränderung der familiären wie auch der schulischen Erziehungspraxis eine signifikant höhere Bedeutung bei und plädieren in signifikant stärkerem Maße für eine Erweiterung der öffentlichen Kinderbetreuungsmöglichkeiten und den Erlaß gesetzlicher Vorschriften, wie z. B. Gleichstellungsgesetze (vgl. Abbildung 42).

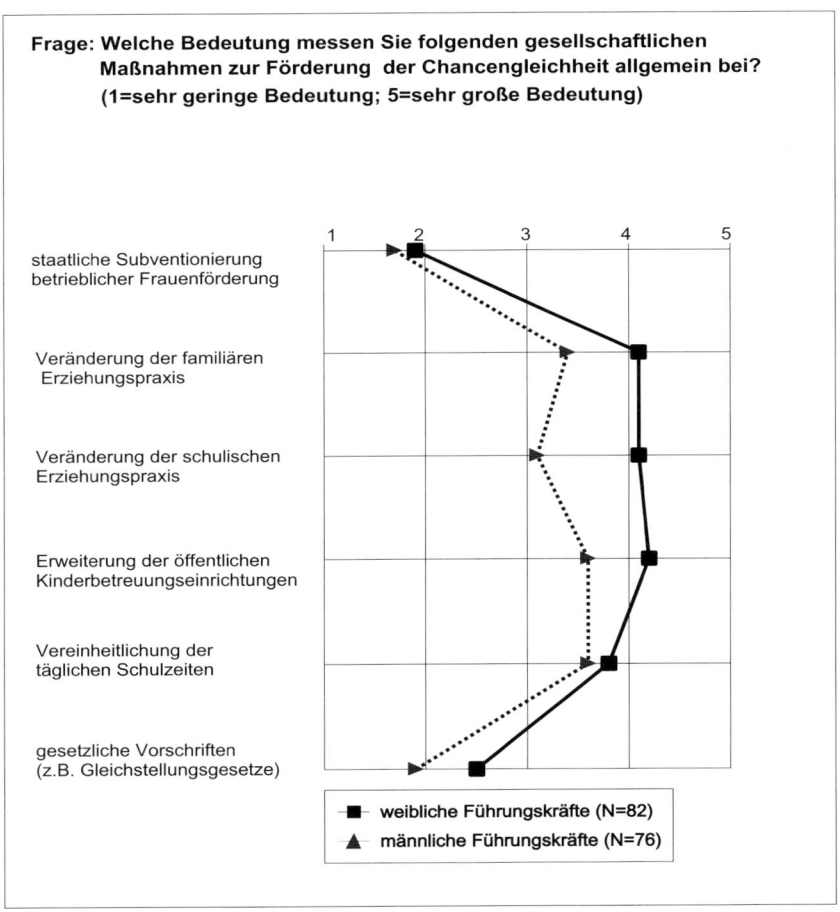

Abbildung 42: Bedeutung gesellschaftlicher Maßnahmen zur Erhöhung der Chancengleichheit aus der Sicht weiblicher und männlicher Führungskräfte

Als Zwischenergebnis läßt sich festhalten: Deutliche statistische Unterschiede im Familienstand der befragten Führungskräfte sowie ergänzende Befunde legen die Vermutung nahe, daß beruflich ambitionierte Frauen – in

Antizipation massiver Koordinationsprobleme und Doppelbelastung – mit vergleichsweise stärkeren Einschränkungen im Privatleben rechnen, insbesondere wenn sie sich Kinder wünschen, die auch berechtigte Ansprüche an ihre Betreuung stellen. Deshalb sollte in der Lösung dieser Problematik ein zentraler Schwerpunkt der zukünftigen Frauenförderung liegen.

Zeitaufwand für Beruf und Haushalt/Familie

Um zu erfahren, wie stark sich die Doppelbelastung weiblicher und männlicher Führungskräfte durch Karriere und Haushalt/Familie tatsächlich unterscheidet, haben wir die betroffenen Frauen und Männer gefragt, wieviel Zeit sie jeweils in diese beiden Lebensbereiche investieren und wie stark sie sich durch die Kombination »Beruf plus Haushalt/Kindererziehung« belastet fühlen.

Hierbei zeigte sich zunächst, daß weibliche und männliche Führungskräfte in etwa gleich viel Zeit für ihre berufliche Tätigkeit verwenden. Der überwiegende Teil der Befragten arbeitet zwischen 41 und 60 Stunden pro Woche (vgl. Abbildung 43). Signifikante Unterschiede zwischen den Geschlechtern lassen sich nicht feststellen. Damit wird deutlich: Sowohl Frauen als auch Männern in Führungspositionen bleibt wenig Zeit zur Kinderbetreuung.

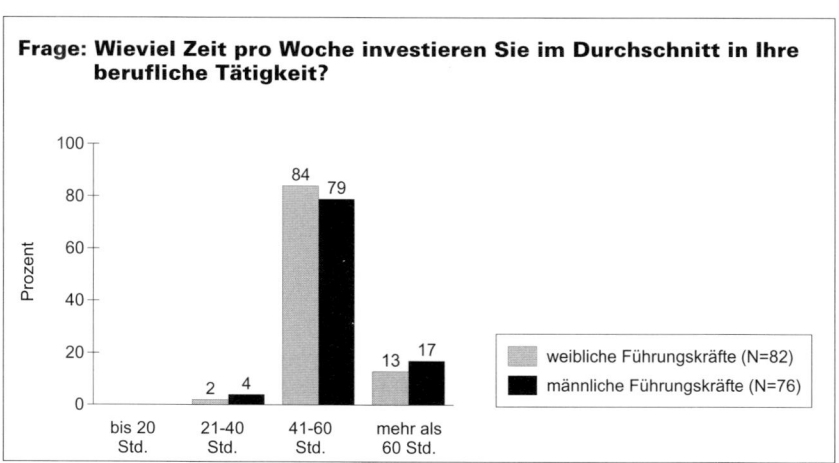

Abbildung 43: Wöchentliche Arbeitszeit weiblicher und männlicher Führungskräfte

Wie Abbildung 44 deutlich macht, hat der Familienstand insgesamt wenig Einfluß auf die Wochenarbeitszeit weiblicher und männlicher Führungskräfte. Erstaunlich scheint allenfalls, daß keine Mütter, aber immerhin 3 Väter (6%) auf Teilzeitbasis arbeiten.

Wöchentliche Arbeitszeit / Familienstand	bis 20 Stunden		21–40 Stunden		41—60 Stunden		mehr als 60 Stunden	
	WFK	MFK	WFK	MFK	WFK	MFK	WFK	MFK
alleinstehend ohne Kind(er) (N=23)	0%	0%	0%	0%	82%	100%	18%	0%
alleinstehend mit Kind(ern) (N=8)	0%	0%	0%	0%	100%	100%	0%	0%
verheiratet/zusammen- lebend ohne Kind(er) (N=60)	0%	0%	5%	0%	79%	83%	17%	17%
verheiratet/zusammen- lebend mit Kind(ern) (N=65)	0%	0%	0%	6%	100%	78%	0%	17%

Abbildung 44: Wöchentliche Arbeitszeit weiblicher und männlicher Führungskräfte – differenziert nach Familienstand

Die Analyse der Haus- bzw. Familienarbeitszeiten offenbarte eine weitere Überraschung: Entgegen vorliegenden Forschungsbefunden (vgl. oben) sind die männlichen Führungskräfte tendenziell aktiver. Nach eigenen Angaben arbeiten 64% der Männer – gegenüber 50% der Frauen – 15 Stunden und mehr für Haushalt und Familie (vgl. Abbildung 45).

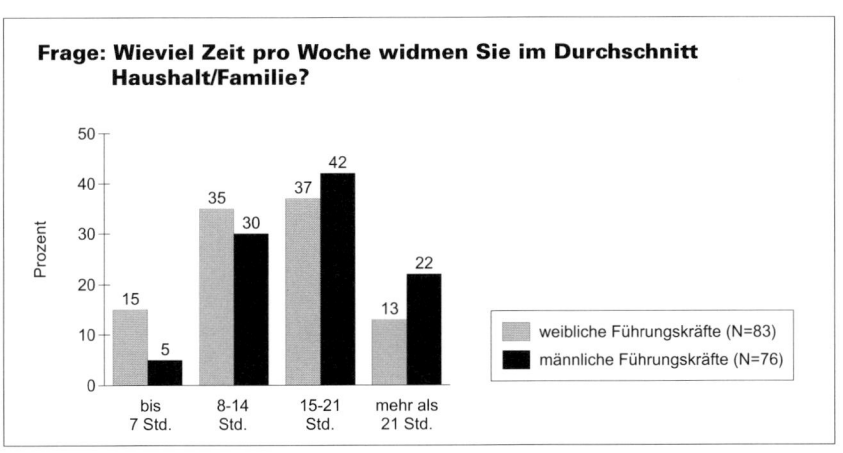

Abbildung 45: Wöchentlicher Zeitaufwand weiblicher und männlicher Führungskräfte für Haushalt/Familie

Nun wäre natürlich zu erwarten, daß dieses Ergebnis mit der ungleich häufigeren Elternschaft männlicher Führungskräfte korrespondiert. Die Detailanalyse zeigte jedoch, daß es weniger die Familienväter als vielmehr die in kinderlosen Partnerschaften lebenden Männer sind, die sich in besonderem Maße im häuslichen Bereich engagieren (vgl. Abbildung 46). Obwohl in der Gruppe der Verheirateten/Zusammenlebenden mit Kindern auch die Männer einen beachtlichen Teil ihrer Zeit für Haushalt und Familie verwenden, sind hier die Frauen immer noch stärker involviert. So begnügen sich nur 18% der weiblichen, aber immerhin 38% der männlichen Führungskräfte mit 0 bis maximal 14 Wochenstunden Haus- und Familienarbeit. Bei den kinderlosen Paaren verhält es sich umgekehrt. 47% der Frauen, aber nur 28% der Männer bewegen sich in den beiden unteren Zeitkategorien.

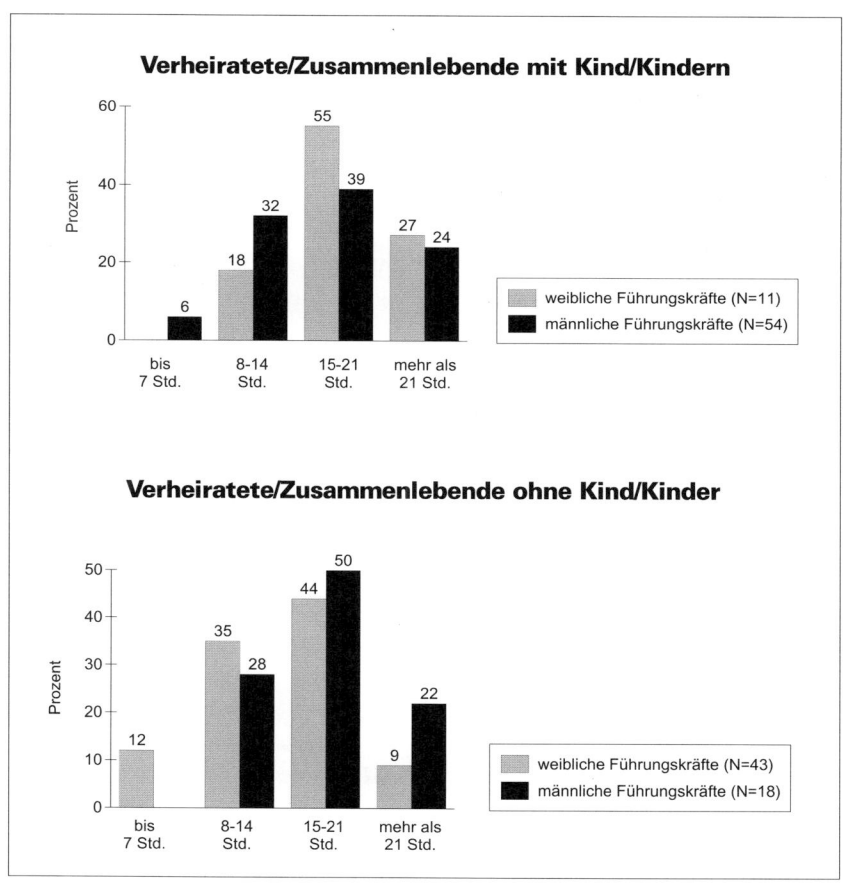

Abbildung 46: Wöchentlicher Zeitaufwand weiblicher und männlicher Führungskräfte für Haushalt/Familie – differenziert nach Familienstand

Interessanterweise übertreffen hierbei die als konservativ geltenden Schweizer sowohl ihre Kolleginnen als auch die deutschen Führungskräfte beiderlei Geschlechts.

Wöchentlicher Zeitaufwand für Haushalt/ Familie Geschlecht/Nation	bis 7 Std.	8-14 Std.	15-21 Std.	mehr als 21 Std.
WFK D (N=15)	13%	13%	60%	13%
WFK CH (N=28)	11%	46%	36%	7%
MFK D (N=8)	0%	50%	38%	13%
MFK CH (N=9)	0%	11%	56%	33%

Abbildung 47: Wöchentlicher Zeitaufwand deutscher und schweizerischer Führungskräfte für Haushalt/Familie (Teilgruppe: Verheiratete/Zusammenlebende ohne Kinder)

Die Ergebnisse bei den Alleinstehenden sind aufgrund der geringen Fallzahlen in einzelnen Gruppen[9] wenig aussagekräftig. Interessante Ergebnisse lieferte jedoch ein Vergleich zwischen kinderlosen Frauen mit und ohne Lebenspartner. Er zeigte, daß die in Partnerschaft lebenden Frauen tendenziell mehr sogenannte »Reproduktionstätigkeiten« ausführen (vgl. Abbildung 48). Das läßt darauf schließen, daß sie im Rahmen der gemeinsamen Haushaltsführung ihren Partnern entsprechende Arbeiten abnehmen.

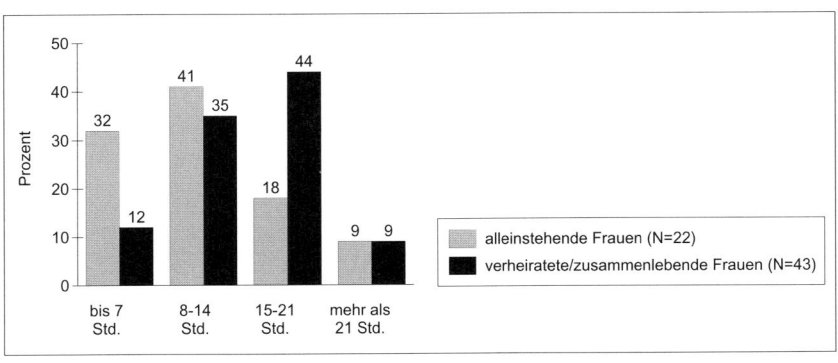

Abbildung 48: Haus-/Familienarbeitszeiten alleinstehender und in Partnerschaft lebender Frauen ohne Kinder

---

9 Alleinstehend ohne Kind(er) sind 22 Frauen und 1 Mann; alleinstehend mit Kind(ern) 6 Frauen und 2 Männer.

Doppelbelastung

Obwohl sich die männlichen Führungskräfte im Durchschnitt nicht minder, sondern teilweise sogar stärker in Haushalt und Familie engagieren als ihre Kolleginnen, fühlen sie sich tendenziell weniger der Doppelbelastung ausgesetzt (Abbildung 49). Lediglich der einzige alleinstehende kinderlose Mann fühlt sich trotz minimalem Hausarbeitsaufwand (bis 7 Std. pro Woche) stärker belastet (Mittelwert 3.0) als seine vergleichbaren Kolleginnen (Mittelwert 2.6). Die besonders aktiven Männer in kinderlosen Partnerschaften konstatieren dagegen einen etwas niedrigeren Belastungsgrad (Mittelwert 2.4) als die Frauen dieser Gruppe (Mittelwert: 2.8).

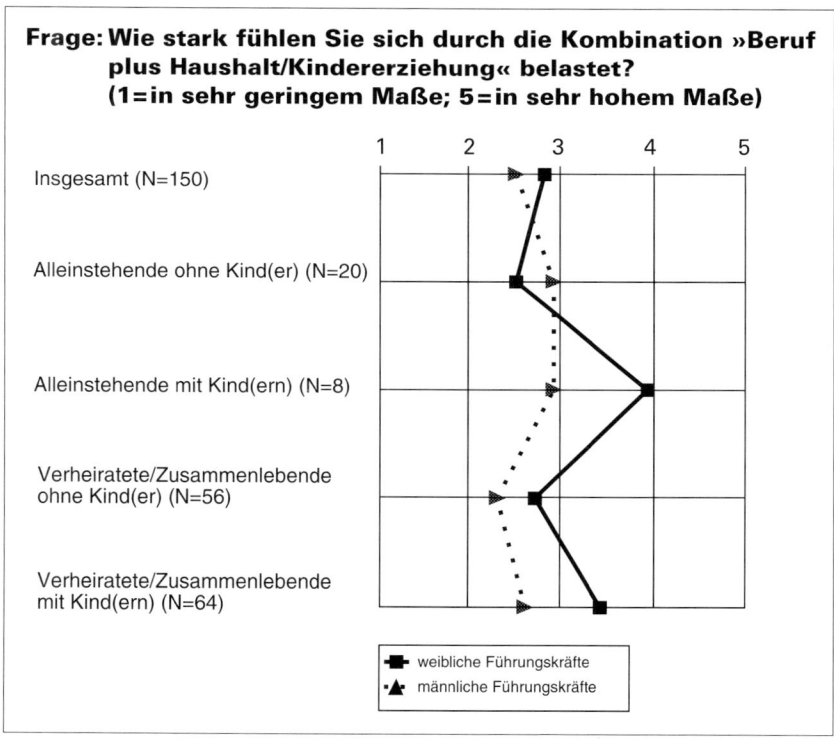

Abbildung 49: Intensität der Doppelbelastung weiblicher und männlicher Führungskräfte

Demgegenüber erleben die zeitlich vergleichsweise stärker beanspruchten verheirateten/zusammenlebenden Mütter eine erheblich stärkere Belastung (Mittelwert: 3.5) als ihre männlichen Pendants (Mittelwert: 2.7). Hierbei besteht bei den Frauen ein mittelstarker Zusammenhang zwischen Zeitaufwand für Haushalt/Familie und Belastungsgrad (r= 0.5). Insgesamt jedoch korrelieren diese beiden Variablen bei beiden Geschlechtern nur schwach (r = 0.2).

Zusammenfassung und Diskussion

Der Familienstand weiblicher und männlicher Führungskräfte unterscheidet sich auch in unserer Stichprobe in signifikantem Maße. Hypothese 13 (»Weibliche Führungskräfte haben seltener Partner und Kinder«) wird somit bestätigt. Auffallend ist hierbei vor allem, daß erheblich weniger Frauen als Männer Kinder haben. Verschiedene Aussagen stützen das gängige Argument, daß die gesellschaftlichen Verhältnisse – insbesondere die tradierte Form der geschlechtsspezifischen Arbeitsteilung – hierfür verantwortlich zeichnen. Gleichwohl ist nicht zu vergessen, daß alternativ oder ergänzend dazu auch noch andere Erklärungen in Frage kommen. Schließlich wird die individuelle Lebensplanung von verschiedenen Größen bestimmt und nur eine differenzierte Ursachenanalyse könnte offenlegen, welches Gewicht den einzelnen Faktoren zukommt. Da diese Thematik aber in sehr hohem Maße die Privat- und Intimsphäre der BefragungsteilnehmerInnen berührt, wurde sie im Rahmen unserer Untersuchung nicht weiter vertieft.

Demgegenüber läßt sich Hypothese 14 (»Weibliche Führungskräfte verwenden – trotz vergleichbarer beruflicher Belastung – mehr Zeit für Haushalt und Familie als ihre männlichen Kollegen«) durch unsere Befunde nicht stützen. Die befragten weiblichen Führungskräfte sind offensichtlich zeitlich nicht signifikant stärker durch Hausarbeit und Kindererziehung in Anspruch genommen als ihre vergleichbaren männlichen Kollegen. In der Gruppe der »Verheirateten/Zusammenlebenden ohne Kinder« zeichnen sich sogar gegenläufige Tendenzen ab. Hier sind die Männer in graduellem Maße aktiver. Aber auch die Väter verbringen beachtlich viel Zeit mit Haus- und Familienarbeit, wenn auch durchschnittlich weniger als die Mütter. Hier zeigen sich deutliche Veränderungen gegenüber der Vergangenheit.

So erfreulich diese Befunde im Interesse der Gleichstellung der Geschlechter auch anmuten, kann man daraus noch keine allzu weitreichenden Schlußfolgerungen bezüglich der Doppelbelastung von Frauen und Männern ziehen. Insbesondere ist folgendes zu beachten:

– Die Befunde basieren auf subjektiven Einschätzungen und sind weniger genau als die Daten von Zeitbudgetstudien. Jobin/Bühlmann (1996, S. 42) geben in diesem Kontext unter Bezugnahme auf empirische Ergebnisse von Ryffel-Gericke (1983) und Guye (1992) zu bedenken, »dass die Ansichten von Ehefrauen und -männern bezüglich ihrer Beteiligung an der Haushaltsarbeit oft auseinandergehen«. Vor dem Hintergrund der seit Jahren aktuellen Diskriminierungsdebatte sind auch sozial erwünschte Antworten – auf seiten von Männern wie Frauen – nicht auszuschließen.

– Potentielle Moderatorvariablen – wie etwa Anzahl und Alter der Kinder – wurden nicht einbezogen. Wenn, wie verschiedenenorts belegt (vgl. z. B. Bischoff 1986; Nerge 1993), männliche Führungskräfte im Durchschnitt mehr Kinder haben als ihre Kolleginnen, so könnten sie deshalb einen größeren Zeitanteil für die Kinderbetreuung verwenden. Da wir jedoch keine Angaben über die Kinderzahl der von uns befragten Frauen und Männer haben, können entsprechende Zusammenhänge nicht ermittelt werden.

Darüber hinaus ist zu beachten, daß die zeitliche Beanspruchung durch Hausarbeit und Kindererziehung nicht der einzige Bestimmungsfaktor von Doppelbelastung ist. Inwieweit die Beschäftigung mit Haushalt und Familie als belastend empfunden wird, hängt wohl auch zu einem guten Teil von der individuellen Disposition (z. B. der Einstellung gegenüber Haus- und Familienarbeit) und Situation (z. B. der beruflichen Anspannung sowie Entlastungsmöglichkeiten durch Verwandte oder Haushaltshilfen) ab.

Hypothese 15 (»Frauen leiden stärker unter Doppelbelastung«) findet nur ansatzweise Unterstützung: Es zeichnen sich wohl entsprechende Tendenzen ab, statistische Signifikanz läßt sich jedoch nicht nachweisen.

Mit Blick auf die Kapitelüberschrift bleibt abschließend folgendes festzuhalten: Kinder und Karriere sind für Frauen zwar nicht unvereinbar, aber im Regelfall noch vergleichsweise schwerer vereinbar. In unserer Stichprobe wurden zwar keine signifikanten Unterschiede bezüglich Doppelbelastung ausgewiesen. Aber sowohl die demographischen Daten der Befragten (79% der Frauen, aber nur 25% der Männer sind kinderlos) als auch verschiedene ihrer Antworten deuten darauf hin, daß insbesondere die Mutterschaft immer noch ein zentrales Karrierehandicap ist. Den vergleichsweise größeren Entfaltungsmöglichkeiten im Privatleben stehen dann insoweit eingeschränkte Chancen im Beruf gegenüber.

4.3.2 Zur Arbeitssituation im allgemeinen: Frau versus Manager – zwei widersprüchliche Konstrukte

Inhaltliche Einführung

Nach populärwissenschaftlichen Publikationen und empirisch fundierter Werte- und Kulturforschung (insb. zur Soll-Kultur von Organisationen) avancieren sogenannte »weibliche« Tugenden, wie Intuition, Einfühlungsvermögen und Kommunikationsfähigkeit, zu zentralen Anforderungen an die moderne Führungskraft (vgl. auch 4.2.1). Und in noch deutlicherem Maße werden diese Kompetenzen in Unternehmens- und Führungsgrundsätzen, in Beurteilungsbögen und Assessment Centern explizit verlangt.

Gleichzeitig belegen Untersuchungen aber, daß »erfolgreichen Manager« immer noch mehr maskuline als feminine Merkmale und Verhaltensweisen zugeschrieben werden (vgl. z. B. Heilman et al. 1989; Rustemeyer/Thrien 1989; Fagenson/Marcus 1991; Schein/Müller 1992).

Dies hat weitreichende Folgen für die weibliche Führungskraft. Denn obwohl die Begriffe »weiblich vs. männlich« soziale Konstrukte und als solche nicht an das biologische Geschlecht gebunden sind, ist das Alltagsbewußtsein noch stark von der stereotypen Vorstellung »weiblich = Frau« respektive »männlich = Mann« geprägt. Vor diesem Hintergrund zeigt sich z .T. auch heute noch, daß Managementkandidatinnen getreu dem Motto »a chap is all right in the job until he has proved himself as unacceptable, but a women is not all right until she has proved herself as acceptable« (Fogarty et al. 1971, S. 49) härteren Bewährungsproben ausgesetzt sind als ihre männlichen Kollegen. So konstatierten auch in einer Studie in schweizerischen Klein- und Mittelunternehmen (Stiftung BWI 1994) 80% der weiblichen und auch 60% der männlichen Führungskräfte, daß Gleichberechtigung für viele Männer ein Lippenbekenntnis ist und sie Frauen nicht auf Anhieb eine gute Qualifikation zutrauen. Auch die von Sonja Nerge (1993, S. 136) befragten deutschen Managerinnen zählten – ebenso wie ihre Kolleginnen aus Frankreich, Großbritannien, Italien und Spanien – neben ungünstigen Rahmenbedingungen, mangelnden Möglichkeiten zur Vereinbarkeit von Beruf und Familie und mangelnden persönlichen Kontakten – *Vorurteile gegenüber Frauen* zu den bedeutsamsten Karrierehandicaps.

– **Starre Strukturen in Unternehmen**	**85.2%**
– **Vorurteile**	**82.5%**
– **Mangelnde Vereinbarkeit von Beruf und Familie**	**78.8%**
– **Mangelnde persönliche Kontakte**	**60.2%**
– Mangelnde Kenntnisse und Erfahrungen	9.3%
– Mangelnde berufliche Weiterbildung	9.3%
– Nicht die richtige Universität besucht	3.7%
(N=108)	

Abbildung 50: Zentrale Karrierehindernisse aus der Sicht deutscher Managerinnen

Der Gegensatz zwischen den Konstrukten »Frau« und »Manager« hat unterschiedliche Konsequenzen:

– Untersuchungen zeigen oftmals, daß Frauen aufgrund von Vorbehalten gegenüber ihren Fähigkeiten oder ihrer Motivation gezwungen sind, ihre fachlichen Kompetenzen in besonderem Maße unter Beweis zu stellen. Beispielsweise gelangte Schmid-Villanyi (1994, S. 509) im Rahmen einer Befragung von PersonalleiterInnen in schweizerischen Dienstleistungsunternehmen und Verwaltungen zu folgender Schlußfolgerung:

> »Es besteht immer noch die Tendenz, dass zwar die offiziellen Anforderungen jeweils für beide Geschlechter gleich sind, jedoch in Tat und Wahrheit an die Frau spezielle Anforderungen gestellt werden. In vielen Fällen muss sie immer noch mehr und fachlich besser arbeiten, ein breiteres Know-How mitbringen, um gleichermaßen anerkannt zu werden und den gleichen Erfolg zu haben wie ihre männlichen Kollegen.«

Weibliche Führungskräfte können diese Aussage bestätigen. So gaben 23 der 25 von Nerge/Stahmann (1991) befragten Managerinnen an, härter für Anerkennung und Erfolg arbeiten zu müssen als ihre männlichen Kollegen. Auch in der Untersuchung der Stiftung BWI (1994) vertraten 32% der weiblichen und sogar 51% der männlichen Führungskräfte die Ansicht, daß Frauen weniger Vertrauen von seiten ihres Vorgesetzten genießen würden und deshalb immer wieder unter Beweisnot gerieten. Dabei zeigten sich branchenspezifische Unterschiede: So konstatierten Frauen aus dem industriellen und gewerblichen Sektor sowie aus den Bereichen Bank, Versicherung, Verwaltung, Revision und Treuhand besonders häufig, Frauen aus dem Bereich Gesundheitswesen/Medizin dagegen besonders selten entsprechende Schwierigkeiten.

– Weiterhin wurde aufgezeigt, daß Frauen noch weitere – für Männer vergleichsweise weniger verbindliche – Anforderungen erleben. Sie haben dabei an zwei Fronten zu kämpfen:

Zum einen müssen sie überholte Vorurteile, wie etwa Frauen seien weniger karriereorientiert oder hätten nicht das nötige Selbstbewußtsein, entkräften. Bezeichnenderweise wurden in einer Befragung von Antje Hadler (1995) stereotyp »maskuline« Fähigkeiten und Eigenschaften, wie Durchsetzungsfähigkeit, Ausdauer, Aufstiegsstreben und Eigeninitiative als besonders wichtige Bedingungsfaktoren weiblicher Karriereentwicklung genannt (vgl. Abbildung 51).

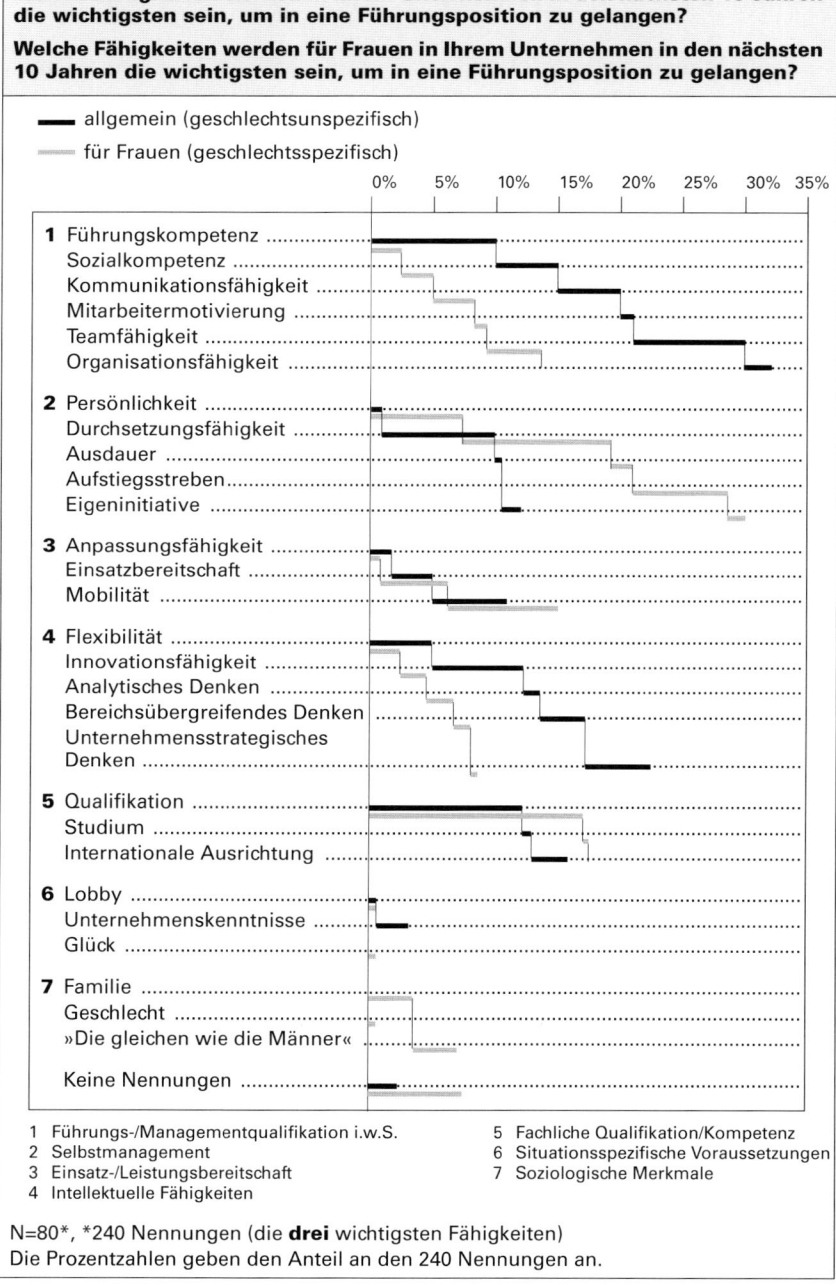

Welche Fähigkeiten werden in Ihrem Unternehmen in den nächsten 10 Jahren die wichtigsten sein, um in eine Führungsposition zu gelangen?

Welche Fähigkeiten werden für Frauen in Ihrem Unternehmen in den nächsten 10 Jahren die wichtigsten sein, um in eine Führungsposition zu gelangen?

— allgemein (geschlechtsunspezifisch)
— für Frauen (geschlechtsspezifisch)

0% 5% 10% 15% 20% 25% 30% 35%

1 Führungskompetenz
  Sozialkompetenz
  Kommunikationsfähigkeit
  Mitarbeitermotivierung
  Teamfähigkeit
  Organisationsfähigkeit

2 Persönlichkeit
  Durchsetzungsfähigkeit
  Ausdauer
  Aufstiegsstreben
  Eigeninitiative

3 Anpassungsfähigkeit
  Einsatzbereitschaft
  Mobilität

4 Flexibilität
  Innovationsfähigkeit
  Analytisches Denken
  Bereichsübergreifendes Denken
  Unternehmensstrategisches Denken

5 Qualifikation
  Studium
  Internationale Ausrichtung

6 Lobby
  Unternehmenskenntnisse
  Glück

7 Familie
  Geschlecht
  »Die gleichen wie die Männer«

  Keine Nennungen

1 Führungs-/Managementqualifikation i.w.S.   5 Fachliche Qualifikation/Kompetenz
2 Selbstmanagement   6 Situationsspezifische Voraussetzungen
3 Einsatz-/Leistungsbereitschaft   7 Soziologische Merkmale
4 Intellektuelle Fähigkeiten

N=80*, *240 Nennungen (die **drei** wichtigsten Fähigkeiten)
Die Prozentzahlen geben den Anteil an den 240 Nennungen an.

Abbildung 51: Die wichtigsten Fähigkeiten für einen Aufstieg in eine Führungsposition – allgemein und für Frauen (Hadler 1995, S. 177)

Vor dem Hintergrund geschlechtsstereotyper Kompetenzzuschreibungen und Rollenerwartungen scheint es auch verständlich, daß weibliche Führungs(-nachwuchs-)kräfte – wie in einigen Untersuchungen belegt – männliche Attribute in signifikant höherem Maße für karriererelevant halten als ihre männlichen Kollegen. So schrieben beispielsweise die von Autenrieth et al. (1993) befragten weiblichen Führungs(-nachwuchs-)kräfte den Faktoren Durchsetzungsvermögen, Streßfähigkeit, Risikofähigkeit/-bereitschaft, Karriereorientierung – also wiederum typisch männlichen Attributen – signifikant höhere Bedeutung zu. Zu ähnlichen Befunden gelangte Diem-Wille (1989) im Rahmen ihrer tiefenpsychologisch ausgerichteten Studie: Konträr zum jeweiligen Geschlechtsstereotyp bezeichneten die interviewten Managerinnen Ausdauer und Durchsetzungsfähigkeit, ihre männlichen Pendants hingegen soziale Fähigkeiten als besonders erfolgversprechende Kompetenzen.

Zum anderen stehen weibliche Führungskräfte nicht selten auch Erwartungen gegenüber, die unmittelbar aus der weiblichen Geschlechtsrolle erwachsen. Beispielsweise haben experimentelle Studien aus den USA (vgl. z. B. Vroom/Jago 1982 sowie die Meta-Analyse von Eagly et al. 1992) gezeigt, daß ein – im Kontrast zu den stereotypisierten Vorstellungen stehendes – autokratisches, direktives (Führungs-)Verhalten bei Frauen deutlich negativer bewertet wird als bei Männern. Auch in Felduntersuchungen im deutschsprachigen Raum wurden ähnliche Tendenzen festgestellt. So bestätigten beispielsweise die von Eva Preuss (1987, S. 299) befragten Managerinnen, daß eine bei Männern geschätzte Entschlossenheit und Durchsetzungskraft bei Frauen vielfach diskreditiert wird: »Das ist klar, die Begriffe, die Wortpaare, die zugeordnet werden, enthalten eine entgegengesetzte Wertung: ein Mann ist dynamisch, eine Frau aggressiv«. Damit wird deutlich: Frauen sollen zwar einerseits selbstbewußt auftreten und sich durchsetzen (vgl. oben), andererseits aber auch stereotyp weibliche Eigenschaften und Verhaltensmuster aufweisen. Dies zeigen sowohl Alltagserfahrungen als auch wissenschaftliche Untersuchungen. So offenbarte beispielsweise Sonja Nerges (1993, S. 107) länderübergreifende Erhebung mit 205 Teilnehmerinnen aus 6 europäischen Nationen, daß insbesondere »expressive soziale und kooperative Fähigkeiten für eine weibliche Führungskraft in allen Ländern eine betrieblicherseits erwünschte höhere Bedeutung haben.« Dies hat zur Folge, daß Frauen zwischen positions- und geschlechtsspezifischen Rollenerwartungen balancieren müssen.

Zusammenfassend bleibt festzuhalten: Wenngleich heute gemeinhin Chancengleichheit proklamiert wird, deuten verschiedene Untersuchungsergebnisse darauf hin, daß die Inhaberinnen oder Anwärterinnen von Managementpositionen aufgrund nach wie vor existenter Stereotypen und Vorurteile immer noch erschwerten Bedingungen gegenüberstehen. Auf der Grundlage dieser Erkenntnis wurden folgende Hypothesen abgeleitet:

> H16: Weibliche Führungskräfte haben nach wie vor mit Akzeptanzproblemen zu kämpfen.
>
> H17: Frauen müssen in zweifacher Hinsicht mehr leisten als Männer, um gleichermaßen anerkannt zu werden: Zum einen müssen sie ihre fachlichen Kompetenzen im Führungsalltag stärker unter Beweis stellen. Zum anderen müssen sie Anforderungen erfüllen, die für Männer nicht in gleichem Maße gelten.

Ergebnisse der Untersuchung

Akzeptanz weiblicher Führungskräfte

Um einen ersten allgemeinen Eindruck zu gewinnen, haben wir Führungskräfte beiderlei Geschlechts gebeten, die gegenwärtige Grundhaltung gegenüber weiblichen Führungskräften in ihrer Organisation auf einer fünfstufigen Skala (1=sehr negativ; 5=sehr positiv) einzustufen und anschließend mit der Grundhaltung vor fünf Jahren zu vergleichen.

Wie Abbildung 52 zeigt, wird die aktuelle Grundhaltung als indifferent bis positiv charakterisiert. Frauen erleben sie dabei signifikant negativer als Männer: So bezeichnen fast doppelt so viele Männer (61%) wie Frauen (31%) die gegenwärtige Stimmung als positiv bis sehr positiv.

Führungskräfte insgesamt (N=156)	Weibliche Führungskräfte (N=81)	Männliche Führungskräfte (N=76)
Mittelwert: 3.5	Mittelwert: 3.2	3.7

Abbildung 52: Gegenwärtige Grundhaltung gegenüber weiblichen Führungskräften in Organisationen aus der Sicht weiblicher und männlicher Führungskräfte

Insbesondere die männlichen Führungskräfte aus Schweizer Unternehmen und Verwaltungen gelangten zu sehr positiven Urteilen. Sie übertreffen damit sowohl ihre weiblichen Kollegen als auch ihre deutschen Geschlechtsgenossen in signifikantem Maße (vgl. Abbildung 53).

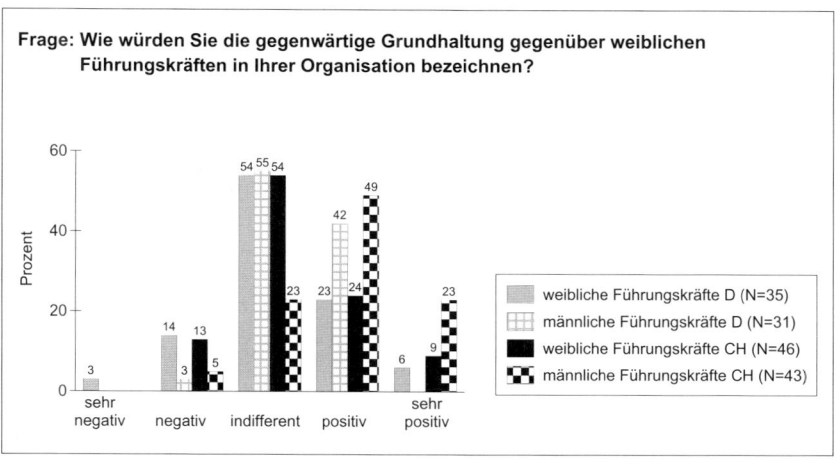

Abbildung 53: Gegenwärtige Grundhaltung gegenüber weiblichen Führungskräften in Organisationen aus Sicht weiblicher und männlicher Führungskräfte

Nennenswerte branchenspezifische Unterschiede sind dagegen nicht erkennbar.

Gegenüber der Vergangenheit wurden sowohl in Deutschland wie auch in
der Schweiz von beiden Geschlechtern leichte Verbesserungen festgestellt,
denn die Grundhaltung gegenüber weiblichen Führungskräften vor fünf Jahren wird quer durch alle Branchen als tendenziell negativer gekennzeichnet.

Nun stellt sich die Frage, inwieweit sich diese allgemeine Entwicklung in
den konkreten Erfahrungen der Führungskräfte niederschlägt.

In diesem Zusammenhang läßt sich – gemessen an den Ergebnissen anderer
Untersuchungen – unerwartet Positives konstatieren: Über zwei Drittel der
weiblichen Führungskräfte fühlen sich im Vergleich zu ihren männlichen
Kollegen mindestens gleichermaßen akzeptiert; 31% erleben noch Akzeptanzprobleme (vgl. Abbildung 54). Die männlichen Führungskräfte teilen
diese Ansicht nicht in diesem Maße. Sie sehen mehrheitlich (zu 77%) keine
geschlechtstypischen Unterschiede. Dagegen geben die ebenfalls befragten
PersonalexpertInnen ein noch deutlich kritischeres Urteil ab als die Managerinnen: 68% – 53% der Männer und der 83% Frauen – vertreten die Ansicht, daß weibliche Führungskräfte vergleichsweise weniger Akzeptanz
finden. Diese Urteilsdifferenzen sind nicht unbedingt erstaunlich. Mutmaßlicherweise beruhen sie auf den unterschiedlichen Perspektiven der AntwortgeberInnen: PersonalexpertInnen stützen ihr Urteil auf die »Situation

von Managerinnen im allgemeinen«. Als Fachpersonen werden sie wahrscheinlich häufiger mit einschlägigen Problemmeldungen und Beschwerden konfrontiert. Dies schlägt sich vermutlich auch in ihrem Antwortverhalten nieder. Dagegen antworten weibliche Führungskräfte auf der Grundlage persönlicher Erfahrungen, die deutlich von denen des Durchschnitts abweichen können.

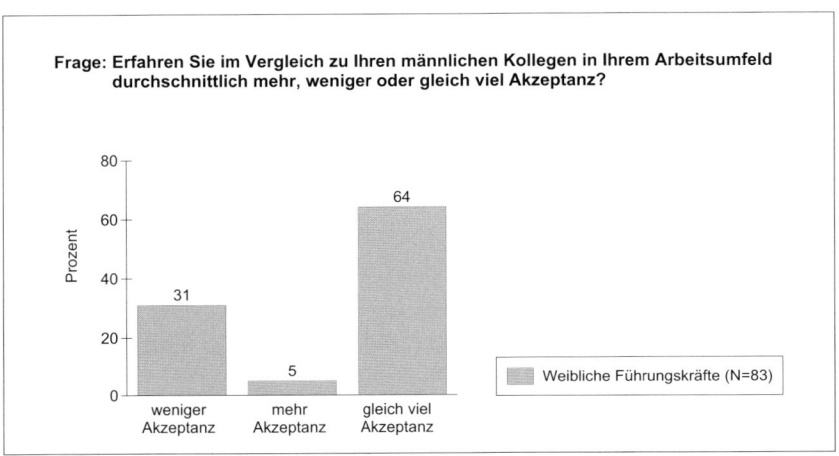

Frage: Erfahren Sie im Vergleich zu Ihren männlichen Kollegen in Ihrem Arbeitsumfeld durchschnittlich mehr, weniger oder gleich viel Akzeptanz?

Abbildung 54: Akzeptanzerleben weiblicher Führungskräfte

Nun zu den Ergebnissen der Detailanalyse: Der Ländervergleich erbrachte keine nennenswerten Unterschiede, die Branchenanalyse förderte hingegen Interessantes zutage: Entgegen Plausibilitätserwartungen werden Akzeptanzprobleme am häufigsten ausgerechnet in der Frauendomäne Handel und am seltensten in der »Männerhochburg« Chemie erlebt.

Akzeptanzerleben im Vergleich zu männlichen Kollegen / Branche	weniger	mehr	kein Unterschied
Bank (N=36)	28%	0%	72%
Chemie (N=20)	25%	15%	60%
Handel (N=10)	60%	0%	40%
Verkehr/Nachrichtenübermittlung (N=17)	29%	6%	65%

Abbildung 55: Akzeptanzerleben weiblicher Führungskräfte – differenziert nach Branchen

96

Anforderungen an weibliche Führungskräfte

Weniger Überraschungen erbrachte die Auswertung der *fachlichen Anforderungen*. Bei der Frage »Wie häufig müssen Sie im Vergleich zu Ihren männlichen Kollegen Ihre fachliche Kompetenz unter Beweis stellen?« kreuzte eine knappe Mehrheit der Befragten die Antwortkategorie »häufiger« an (vgl. Abbildung 56), die Schweizerinnen deutlich öfter (zu 58%) als die Deutschen (46%). Frauen aus dem Handel nehmen mit 60% – gegenüber 58% aus dem Bank- und Versicherungsgewerbe, 47% aus dem Bereich Verkehr/Nachrichtenübermittlung und 45% aus der chemischen Industrie – wiederum die Spitzenreiterstellung ein.

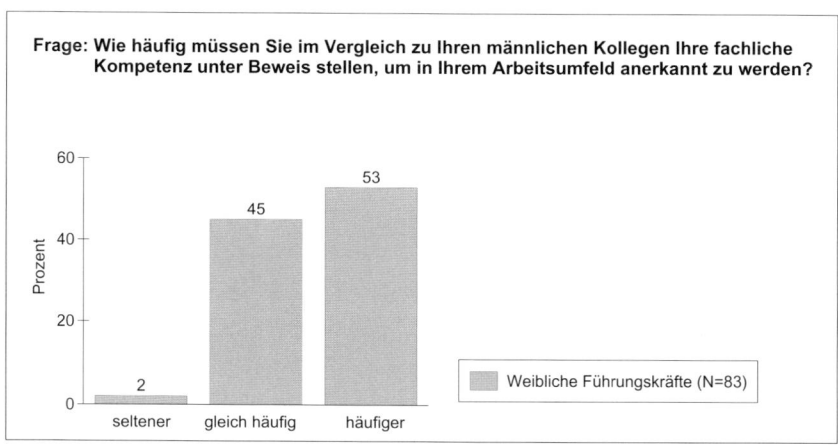

Abbildung 56: Beweislast weiblicher Führungskräfte

Um Aufschluß über geschlechtstypische Unterschiede hinsichtlich der *überfachlichen Anforderungen* zu erhalten, haben wir zunächst weibliche und männliche Führungskräfte ersucht, eine Reihe von – potentiell relevanten – Fähigkeiten bezüglich ihrer faktischen Bedeutung zu beurteilen. Wie Abbildung 57 zeigt, gelangen beide Geschlechter insgesamt zu sehr ähnlichen Ergebnissen. Für beide stehen Einsatzbereitschaft und Durchsetzungsvermögen in fast gleicher Ausprägung an oberster Stelle. Und beide messen den Kriterien soziale Fähigkeiten, Anpassungsfähigkeit, Entscheidungsfreude und Konfliktfähigkeit nahezu die gleiche Bedeutung bei. Daneben lassen sich vier Unterschiede feststellen: So halten die Frauen ein gutes äußeres Erscheinungsbild, Geduld und Ausdauer sowie Diplomatie, die Männer dagegen Kreativität für signifikant bedeutsamer. Diese Differenzen sind branchenspezifisch unterschiedlich ausgeprägt. Abbildung 58 zeigt, in welcher Branche die jeweils größten Diskrepanzen auftreten. Länderspezifische Effekte lassen sich hier nicht nachweisen.

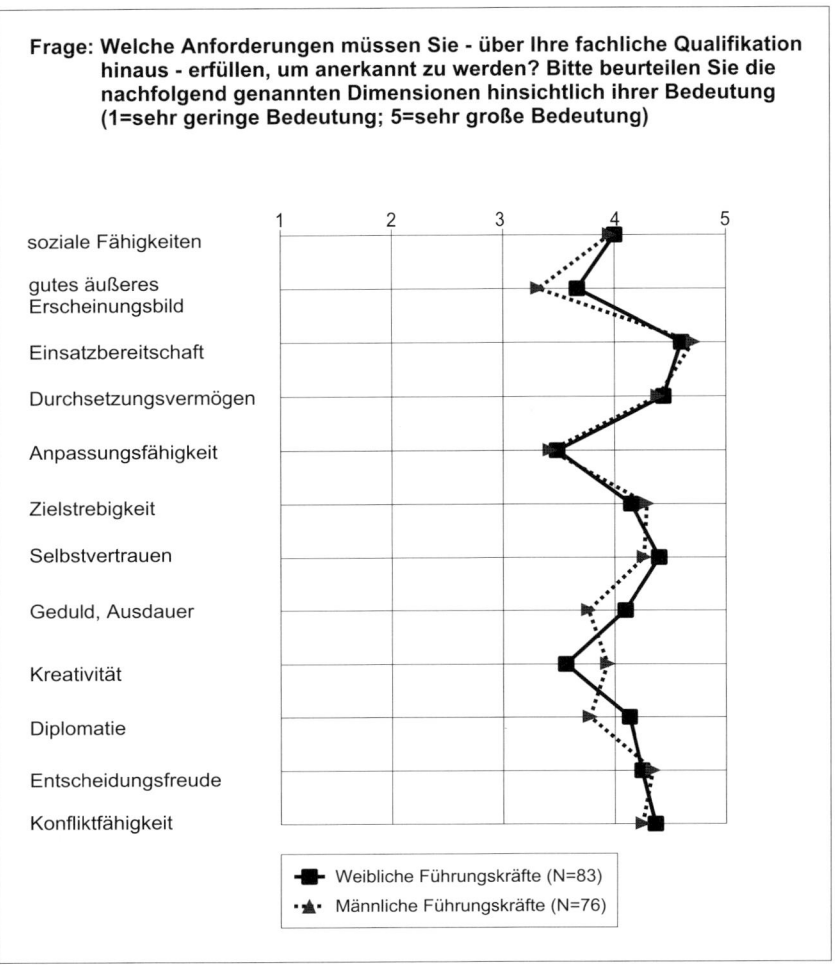

Frage: Welche Anforderungen müssen Sie - über Ihre fachliche Qualifikation hinaus - erfüllen, um anerkannt zu werden? Bitte beurteilen Sie die nachfolgend genannten Dimensionen hinsichtlich ihrer Bedeutung (1=sehr geringe Bedeutung; 5=sehr große Bedeutung)

Abbildung 57: Relevanz überfachlicher Anforderungen aus der Sicht weiblicher und männlicher Führungskräfte

Bei der Interpretation dieser Befunde ist allerdings zu beachten, daß Anforderungen keineswegs ausschließlich und in erster Linie vom Geschlecht oder der Branche, sondern gleichsam von vielen weiteren Faktoren, vor allem von der jeweiligen Position, aber auch von der Unternehmens-/Abteilungskultur, den persönlichen Präferenzen und diversen anderen Einflüssen bestimmt werden. Wenn etwa weibliche Führungskräfte vermehrt mit Aufgaben betraut sind, die diplomatisches Geschick erfordern, ist es naheliegend, daß diese Fähigkeit für sie größere Relevanz hat.

Anforderung	Branche	Mittelwert WFK	Mittelwert MFK	Mittelwert-differenz
gutes äußeres Erscheinungsbild	Verkehr/Nach-richtenübermittlung	3.8	3.3	0.5
Geduld/Ausdauer	Chemie	4.0	3.6	0.4
Diplomatie	Banken/ Versicherungen	4.1	3.6	0.5
Kreativität	Verkehr/Nach-richtenübermittlung	3.5	4.3	– 0.8

Abbildung 58: Größte Mittelwertdifferenzen – nach Branchen differenziert

Anforderungsart	Für weibliche Führungskräfte vergleichsweise bedeutsamer	
	aus Sicht der Frauen (N=80)	aus Sicht der Männer (N=76)
soziale Fähigkeiten	**54%**	21%
gutes äußeres Erschei-nungsbild	**59%**	45%
Einsatzbereitschaft	15%	15%
Durchsetzungsvermögen	16%	16%
Anpassungsfähigkeit	**57%**	11%
Zielstrebigkeit	8%	15%
Selbstvertrauen	20%	16%
Geduld, Ausdauer	44%	9%
Kreativität	33%	8%
Diplomatie	**60%**	18%
Entscheidungsfreude	4%	8%
Konfliktfähigkeit	41%	9%

Abbildung 59: Besondere Anforderungen an weibliche Führungskräfte aus der Sicht weiblicher und männlicher Führungskräfte

Da solche Effekte nicht auszuschließen sind, wurde mit der Anschlußfrage »Welche Bedeutung haben diese Anforderungen demgegenüber für Ihre männlichen Kollegen (bzw. Ihre Kolleginnen)?« ergänzend unmittelbar auf geschlechtsbedingte Anforderungsdifferenzen abgestellt. Hierbei fanden zentrale Ergebnisse des Mittelwertvergleichs vor allem durch die Urteile der weiblichen Führungskräfte Bestätigung. So vertritt mehr als die Hälfte von ihnen die Ansicht, daß ein gutes äußeres Erscheinungsbild und Diplomatie für männliche Führungskräfte weniger bedeutsam sind, Geduld und Ausdauer schreiben 44% eine geringere Bedeutung zu. Überdies meint jeweils eine knappe Mehrheit, daß von ihren Kollegen vergleichsweise weniger soziale Fähigkeiten und weniger Anpassungsfähigkeit verlangt werden. Die männlichen Führungskräfte teilen diese Ansichten in deutlich geringerem Maße (vgl. Abbildung 59). Sie sehen mehrheitlich keine Unterschiede. Kreativität wird weder von den Frauen noch von den Männern als besondere Anforderung an männliche Führungskräfte betrachtet. Vielmehr sind 33% der weiblichen Führungskräfte der Ansicht, daß diese Kompetenz für ihre männlichen Kollegen weniger relevant sei.

Zusammenfassung und Diskussion

Gesamthaft vermitteln die Befunde ein positiveres Bild als viele andere Untersuchungen. So konstatieren die Befragten, daß sich die Grundstimmung gegenüber Frauen im Management in den letzten Jahren verbessert hat. Und die Mehrheit der weiblichen Führungskräfte erlebt keine Akzeptanzprobleme am Arbeitsplatz.

Gleichwohl fühlt sich immer noch rund ein Drittel der weiblichen Führungskräfte in ihrem Arbeitsumfeld vergleichsweise weniger anerkannt und immer noch sieht sich über die Hälfte genötigt, ihre Fachkompetenz in überdurchschnittlichem Maße unter Beweis zu stellen. Interessanterweise kommen die ungünstigsten Meldungen aus dem Handel – einer Branche mit überdurchschnittlich hohem Frauenanteil! Demgegenüber stellt sich die Sachlage in der traditionellen Männerbranche Chemie relativ positiv dar.

Weiterhin bestätigte sich, daß bestimmte extrafunktionale Fähigkeiten für Frauen – zumindest nach eigenem Empfinden – erhöhte Verbindlichkeit haben. Hierbei handelt es sich primär um idealtypisch weibliche Kompetenzen und Merkmale. So vertritt über die Hälfte der weiblichen Führungskräfte die Ansicht, in verstärktem Maße über soziale Fähigkeiten, ein gutes äußeres Erscheinungsbild, Anpassungsfähigkeit und Diplomatie verfügen zu müssen, wogegen nur relativ wenige stereotyp männlichen Kompetenzen wie Durchsetzungsvermögen, Zielstrebigkeit und Entscheidungsfreude höhere Bedeutung beimessen. Demnach können Frauen also in ihrem Arbeitsumfeld weniger durch besonders »männliches« Auftreten als vielmehr durch die Betonung weiblicher Attribute überzeugen. Dieses Phänomen kann als

Folge und Ausdruck eines »sex role spill over«, d.h. einer Übertragung der Frauenrolle auf die Arbeitsrolle (vgl. Gutek/Morasch 1985) interpretiert werden. Wir werden später noch der Frage nachgehen, ob und inwieweit dieser Effekt den Frauen auch zu einem komparativen Vorteil gereichen kann (vgl. 4.3.6).

Abschließend bleibt festzuhalten, daß die Hypothesen 16 (»Weibliche Führungskräfte haben nach wie vor mit Akzeptanzproblemen zu kämpfen.«) und 17 (»Frauen müssen in zweifacher Hinsicht mehr leisten als Männer, um gleichermaßen anerkannt zu werden:. . .«) stärker durch Aussagen von Frauen Unterstützung finden. Die Männer zeichnen ein deutlich positiveres Bild von der Arbeitsplatzsituation weiblicher Führungskräfte. Wir konnten nicht ermitteln, wodurch diese Unterschiede bedingt sind. Auf jeden Fall bestehen Wahrnehmungsdifferenzen zwischen den Geschlechtern, die – so steht zu vermuten – auch im Alltag zu Mißverständnissen und Konflikten führen und die Zusammenarbeit beeinträchtigen können. Insofern machen die Befunde deutlich, daß Handlungsbedarf besteht: Es gilt, durch den Auf- und Ausbau von Verständigungspotentialen die Grundlage für ein besseres Miteinander zu schaffen.

4.3.3 Personalpolitik und -praxis: Wie weit ist der Weg zur Chancengleichheit?

Inhaltliche Einführung

In der Vergangenheit ist vielfach aufgewiesen worden, daß sich geschlechtsbezogene Rollenerwartungen und Stereotype nicht nur im Alltagsbewußtsein und -verhalten niederschlagen, sondern sich oftmals auch in den verschiedensten Bereichen betrieblicher Personalpolitik und -praxis in Form unmittelbarer oder mittelbarer Diskriminierung[10] manifestieren. Mögliche komparative Vorteile wurden dagegen u.W. nicht analysiert. Als zentrale Benachteiligungen werden in der Literatur vor allem folgende Aspekte genannt (vgl. ausführlich Regnet in diesem Band):

- Das Personalmarketing für Fach- und Führungskräfte ist einseitig auf Männer ausgerichtet (vgl. z. B. Hadler 1995; Domsch/Lieberum 1996).

- Prestige- und aufstiegsträchtige Positionen werden deutlich seltener mit Frauen besetzt (vgl. z. B. Nerge/Stahmann 1991; Hadler 1995).

---

10 Unmittelbare Diskriminierung liegt vor, wenn jemand aufgrund seines Geschlechts benachteiligt wird, mittelbare Diskriminierung ist gegeben, wenn eine Maßnahme, eine Vereinbarung oder eine Praktik für Frauen und Männer unterschiedliche Konsequenzen hat.

– Frauen erfahren weniger – formelle und informelle – Förderung und Entwicklung als ihre männlichen Kollegen (vgl. z. B. Preuss 1987; Sordon 1995).

– Frauen in Führungspositionen verdienen durchwegs weniger als gleich qualifizierte, gleichaltrige Männer, und zwar auch dann, wenn sie in derselben Branche, in Unternehmen gleicher Größenordnung, auf gleicher hierarchischer Ebene und in gleichen Funktionen tätig sind (vgl. Bischoff 1986).

– Die Ausrichtung der Managementanforderungen am »männlichen« Erwerbsmodell (z. B. Mobilität, ununterbrochene Berufstätigkeit, überdurchschnittlicher zeitlicher Einsatz in Verbindung mit starren Arbeitszeiten) erschwert besonders in Führungspositionen die Vereinbarkeit von Beruf und Familie (vgl. z. B. Hadler 1995).

Vor diesem Hintergrund scheint es wenig erstaunlich, daß Frauen selbst bei gleichen Bildungsvoraussetzungen seltener und langsamer Karriere machen als ihre männlichen Kollegen (vgl. Regnet in diesem Band).

Verschiedenerseits (vgl. z. B. Schultz-Gambard et al. 1993; Brumlop/Hornung 1994) wird bezweifelt, ob die bislang praktizierten Maßnahmen betrieblicher Frauenförderung daran viel ändern können. Beispielsweise bemängeln Schultz-Gambard et al. (1993), daß sich die Aktivitäten häufig auf Ansätze zur besseren Vereinbarkeit von Beruf und Familie (flexible Arbeitszeiten, betrieblicher Erziehungsurlaub, Wiedereinstiegsgarantien etc.) beschränken, gezielte Maßnahmen zur Erhöhung des Frauenanteils in Führungspositionen – etwa durch Quotenregelungen oder spezielle Trainings – dagegen relativ selten, nämlich lediglich in 10% von 112 befragten Großunternehmen zum Einsatz gelangen. Hinzu kommt, daß die familienunterstützenden Maßnahmen Führungskräften vielfach nicht oder nur in beschränktem Maße offenstehen, weil sie nicht mit den zeitlichen Arbeitsanforderungen entsprechender Positionen vereinbar sind.

In Hadlers (1995, S. 333) Erhebung in 17 Großunternehmen der deutschen Privatwirtschaft zeigten sich »Tendenzen in der betrieblichen Personalpolitik, die auf eine sehr langsame Erschließung des weiblichen Führungskräftepotentials und -pools hinweisen«.

Vor allem die potentielle Mutterschaft gilt nach wie vor als zentrales Karrierehandicap:

»Die Norm der weiblichen Familienorientierung gilt unabhängig davon, ob ihr im konkreten Fall entsprochen wird. Als potentielle Mütter klassifiziert, scheuen Unternehmen um-

fangreiche Investitionen in weibliche Mitarbeiterinnen und richten ihre Personalrekrutie-
rungs- und Planungsstrategien danach aus. Mit dem Verweis auf einen diskontinuierlichen
Berufsverlauf bekommt das betriebliche Verhalten einen scheinbar rationalen Charakter«
(Hadler 1995, S. 335).

Auf der Grundlage dieser Literaturauswertung wurden zwei Hypothesen po-
stuliert:

H18: Die vorherrschende Personalpolitik und -praxis bildet keine hinreichend tragfähige Grundlage der Chancengleichheit.

H19: Die praktizierten Förderungsmaßnahmen tragen in der Regel nur begrenzt zur Erhöhung der Chancengleichheit bei.

Ergebnisse der Untersuchung

Wir haben diesen inhaltlich umfassenden Hypothesenkomplex in mehreren
Schritten untersucht. Dabei wurden sowohl Führungskräfte als auch PersonalexpertInnen zu Rate gezogen.

*Die Personalpolitik als Ursache für die Unterrepräsentanz weiblicher Füh-
rungskräfte*

Da die bekannte Unterrepräsentanz weiblicher Führungskräfte verschieden
und in aller Regel durch mehrere, sich gegenseitig verstärkende Faktoren
bedingt ist (vgl. Dick 1995), wurde zunächst versucht, die relative Bedeutung der Personalpolitik im Kontext weiterer, potentiell relevanter Aspekte
zu ermitteln. Zu diesem Zweck wurden die Befragten gebeten, sieben vorgegebene Faktoren hinsichtlich ihrer jeweiligen Relevanz zu beurteilen.
Wie Abbildung 60 zeigt, wird dem Kriterium »eine (noch) nicht frauengerechte Personalpolitik« absolut gesehen eine mittlere, im Gesamtkontext sogar eine eher nachrangige Bedeutung beigemessen. In den Rangskalen der
weiblichen und männlichen Führungskräfte nimmt es die Plätze vier und
sechs ein. Bei den – allerdings nicht zwangsläufig unbefangenen – PersonalexpertInnen belegt es sogar den letzten Rangplatz.

Die Detailanalyse lieferte ein differenzierteres Bild. Sie machte deutlich,
daß die Bedeutung der Personalpolitik branchenspezifisch unterschiedlich
eingeschätzt wird. So halten nur 27% der im Bereich Banken/Versicherun-
gen beschäftigten Führungskräfte, aber immerhin 42% ihrer KollegInnen
aus der chemischen Industrie, 45% aus dem Handel und 46% aus der Branche Verkehr/Nachrichtenübermittlung eine nicht frauengerechte Personalpolitik in hohem bis sehr hohem Maße für die Unterrepräsentanz von Frauen
auf Führungsebene verantwortlich. Die PersonalexpertInnen aus den einzel-

nen Branchen schließen sich diesem Urteil zu jeweils folgenden Anteilen an: Banken/Versicherungen: 29%, Chemie: 22%, Handel: 60% und Verkehr/Nachrichtenübermittlung: 33%.

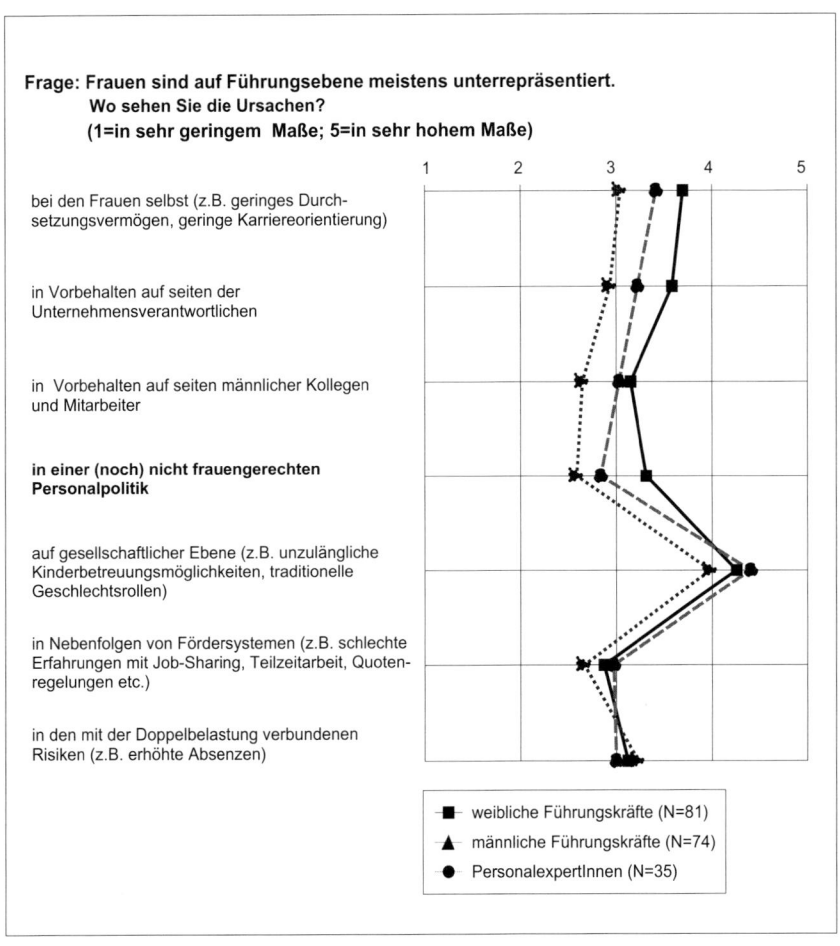

Abbildung 60: Ursachen für die Unterrepräsentanz weiblicher Führungskräfte aus der Sicht von Führungskräften und PersonalexpertInnen

Karrierechancen von Frauen und Männern

Im Anschluß an diese Fragestellung sollten die Führungskräfte und Personalfachleute die Situation in ihrer eigenen Organisation näher charakterisieren. Dazu wurden beide Gruppen gefragt, ob sie die Karrierechancen von Frauen und Männern innerhalb ihrer Organisation unterschiedlich einschätzen. Die Antwort: Führungskräfte und Personalexperten beiderlei Geschlechts vertreten überwiegend die Ansicht, daß Männer die besseren Aussichten haben (vgl. Abbildung 61).

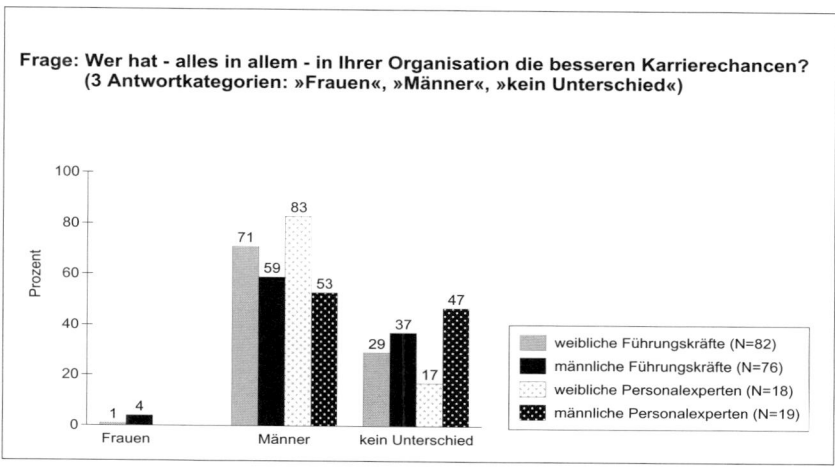

Frage: Wer hat - alles in allem - in Ihrer Organisation die besseren Karrierechancen? (3 Antwortkategorien: »Frauen«, »Männer«, »kein Unterschied«)

Legende:
weibliche Führungskräfte (N=82)
männliche Führungskräfte (N=76)
weibliche Personalexperten (N=18)
männliche Personalexperten (N=19)

Abbildung 61: Karrierechancen von Frauen und Männern aus der Sicht von Führungskräften und PersonalexpertInnen

Diese Tendenz findet sich in beiden Ländern und allen vier Branchen. Am ausgeglichensten erscheinen die Karrierechancen in der Kategorie »Verkehr/Nachrichtenübermittlung«. Hier sehen jeweils 43% der Personalexpertinnen (50% der Frauen, 33% der Männer) und 59% der Führungskräfte (65% der Frauen und 50% der Männer) geschlechtstypische Unterschiede zugunsten der Männer.

Organisationale Karrierehemmnisse

Wodurch aber werden Karrierechancen von Frauen geschmälert? Durch welche Anforderungen und Merkmale werden Frauen direkt oder indirekt benachteiligt? In welchen Personalfunktionen schlagen sich potentielle Diskriminierungsmechanismen besonders nieder? Auf diese Fragen sollte die weitere Analyse Aufschluß geben.

Bei der Antwortverteilung auf die Frage »Inwieweit werden in Ihrer Organisation die Karrierechancen von Frauen durch nachfolgend genannte Anforderungen und Merkmale beeinträchtigt?« fällt auf, daß sich das Gros der Werte relativ nah beieinander in den mittleren Kategorien bewegt (vgl. Abbildung 62).

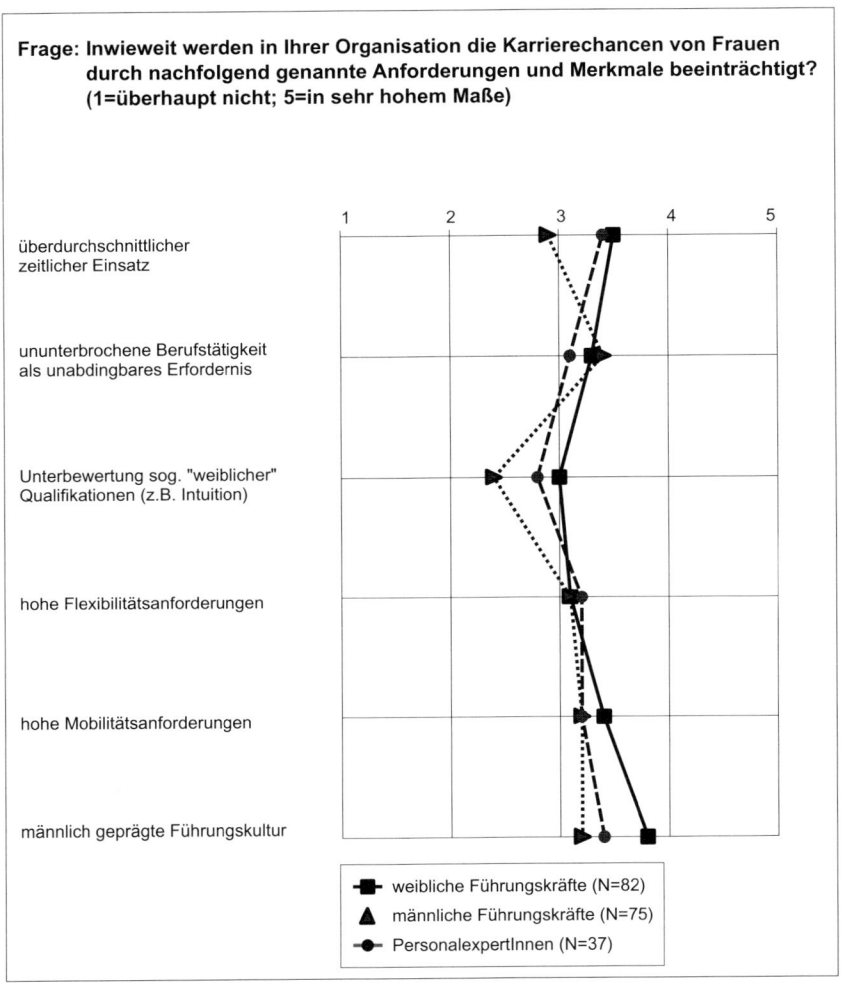

Frage: Inwieweit werden in Ihrer Organisation die Karrierechancen von Frauen durch nachfolgend genannte Anforderungen und Merkmale beeinträchtigt? (1=überhaupt nicht; 5=in sehr hohem Maße)

überdurchschnittlicher zeitlicher Einsatz

ununterbrochene Berufstätigkeit als unabdingbares Erfordernis

Unterbewertung sog. "weiblicher" Qualifikationen (z.B. Intuition)

hohe Flexibilitätsanforderungen

hohe Mobilitätsanforderungen

männlich geprägte Führungskultur

— ■ — weibliche Führungskräfte (N=82)
▲ männliche Führungskräfte (N=75)
— ● — PersonalexpertInnen (N=37)

Abbildung 62: Organisationale Karrierehemmnisse aus der Sicht von Führungskräften und PersonalexpertInnen

Dennoch zeichnen sich gewisse Bedeutungsschwerpunkte ab. So kommt offensichtlich einer idealtypisch »männlichen« Führungskultur besondere Bedeutung bei. Zumindest sind sich weibliche Führungskräfte und PersonalexpertInnen darin einig, daß hierin das größte Problempotential liegt, gefolgt von einem überdurchschnittlichen zeitlichen Einsatz und hohen Mobilitätsanforderungen. Daher obliegt es dem Personalmanagement, durch Aufklärungsarbeit und Sensibilisierung einen Kulturwandel zu initiieren und zu begleiten. Wenngleich der Zusammenhang zwischen Personalarbeit und Füh-

106

rungskultur auf den ersten Blick nicht unbedingt offensichtlich ist, kann man postulieren, daß Ausmaß und Intensität, in denen entsprechende Interventionen im Dienste der Chancengleichheit geplant und durchgeführt werden, wichtige Bestimmungsfaktoren einer frauenfreundlichen Personalpolitik sind.

Ausgestaltung der Personalfunktionen

Ein weiterer zentraler Gradmesser von Chancengleichheit ist die nicht-diskriminierende Gestaltung wichtiger Personalfunktionen. Deshalb wurden dazu sowohl Führungskräfte als auch Personalfachleute befragt. Dabei ergab sich kein einheitliches Bild, wohl aber fanden sich deutliche Anzeichen für eine Benachteiligung von Frauen.

Frage: Wer »profitiert« in Ihrer Organisation bei den nachfolgend genannten Aspekten eher?									
	Frauen profitieren eher			Männer profitieren eher			kein Unterschied		
	WFK	MFK	PE	WFK	MFK	PE	WFK	MFK	PE
Personalgewinnung/ -auswahl	7%	11%	0%	35%	19%	18%	57%	71%	82%
Förderung und Entwicklung	2%	13%	0%	**51%**	17%	**49%**	47%	69%	51%
qualifikationsgerechter Einsatz	4%	1%	0%	40%	13%	38%	56%	85%	62%
Beförderung	2%	17%	0%	**56%**	**36%**	**54%**	42%	47%	46%
Entlohnung	0%	1%	0%	**63%**	20%	**28%**	37%	79%	72%
Arbeitszeitgestaltung	**22%**	**27%**	**32%**	14%	12%	14%	64%	61%	54%
Unterstützung durch Vorgesetzte	4%	15%	3%	35%	12%	32%	62%	73%	65%

Abbildung 63: Diskriminierung in Personalfunktionen

So vertritt über die Hälfte der weiblichen Führungskräfte die Ansicht, Männer würden hinsichtlich Förderung und Entwicklung, Entlohnung und Beförderung bevorzugt. Dem stimmt jeweils ein beachtlicher Teil der PersonalexpertInnen zu (vgl. Abbildung 63). Am deutlichsten fällt das Urteil zur »Beförderung« aus. Die Mehrheit der weiblichen Führungskräfte und PersonalexpertInnen wie auch über ein Drittel der männlichen Führungskräfte glauben, daß Männer diesbezüglich bessere Chancen haben. Demgegenüber zeichnet sich im Bereich »Arbeitszeitgestaltung« eine – allerdings deutlich schwächere Tendenz – zugunsten der Frauen ab.

Die branchenspezifische Analyse erbrachte unterschiedliche Ergebnisse, die sich kaum zu einer eindeutigen Aussage verdichten lassen. Länderspezifisch zeigten sich signifikante Unterschiede in der Führungskräftebefragung: So meinen 12% der SchweizerInnen, aber nur 2% der Deutschen, Frauen könnten bei Förderung und Entwicklung eher profitieren. Demgegenüber glauben 38% der schweizerischen gegenüber 58% der deutschen Führungskräfte, Männer würden bei Beförderungen bevorzugt.

Förderung der Chancengleichheit

Die ausgewerteten Befunde zum Thema »Personalpolitik und Personalpraxis« deuten darauf hin, daß betrieblicherseits noch relativ wenig und vor allem wenig effektiv an der Gleichstellung der Geschlechter gearbeitet wird. Und so konstatieren weibliche und männliche Führungskräfte ein mittleres Ausmaß an gezielter Förderung der Chancengleichheit sowie eine moderate Funktionalität der jeweils praktizierten Maßnahmen.

Frage: Inwieweit werden speziell in Ihrer Organisation gezielte Maßnahmen zur Förderung der Chancengleichheit angewandt? (1=in sehr geringem Maße; 5=in sehr hohem Maße)		
Führungskräfte insgesamt (N=156)	weibliche Führungskräfte (N=82)	männliche Führungskräfte (N=74)
Mittelwert: 3.0	Mittelwert: 2.7	Mittelwert: 3.3
Frage: Wie beurteilen Sie die Wirkung dieser Maßnahmen? (1=sehr kontraproduktiv; 3=wirkungslos; 5=sehr förderlich)		
Führungskräfte insgesamt (N=149)	weibliche Führungskräfte (N=78)	männliche Führungskräfte (N=71)
Mittelwert: 3.6	Mittelwert: 3.6	Mittelwert: 3.7

Abbildung 64: Ausmaß und Wirkung praktizierter Maßnahmen zur Erhöhung der Chancengleichheit aus der Sicht weiblicher und männlicher Führungskräfte

Auch die Verbesserungsvorschläge der Führungskräfte zu verschiedenen Bereichen betrieblicher Personalpolitik und Personalarbeit (vgl. Abbildung 65) machen deutlich, daß die Möglichkeiten noch nicht ausgeschöpft sind. Dieses Thema wird in Kapitel 5 ausführlicher behandelt.

**Frage: Welche Verbesserungsmöglichkeiten sehen Sie?
(offene Frage)**

Antworten weiblicher und männlicher Führungskräfte
- eine Auswahl -

»Bewußtseinsförderung auf allen Stufen«
»Commitment des Topmanagements«
»Auch kleine Erfolge kommunizieren«
»Kooperation zwischen den Geschlechtern fördern«
»Selbstbewußtsein der Frauen fördern«
»Frauen direkt ansprechen«
»Informationsbedarf muß besser gedeckt, Erfolgschancen aufgezeigt werden«
»Karriereplanung gezielter steuern«
»Personalauswahl unter Beteiligung von Frauen«
»Sorgfältige Auswahl guter weiblicher Führungskräfte, die durch ihr Verhalten die männlichen Kollegen überzeugen«
»Bei Besetzung von Führungspositionen durch Männer deren Einstellung zur Frauengleichstellung in Auswahl miteinbeziehen«
»qualifizierte Teilzeitbeschäftigungsmöglichkeiten«
»Frauennetzwerke aufbauen«
»Quoten! Fakten schaffen, höheren Anteil von Frauen im Topmanagement. Modellwirkung ermutigt, Wandlung von Normen und Geschlechtsrollenerwartungen wird damit möglich«

Abbildung 65: Möglichkeiten zur Erhöhung der Chancengleichheit aus Sicht weiblicher und männlicher Führungskräfte

Der Branchenvergleich zeigt weiter, daß besonders im Handel vergleichsweise wenig für die Chancengleichheit von Mann und Frau getan wird (vgl. Abbildung 66). Auch im Ländervergleich traten signifikante Unterschiede in den Einschätzungen der deutschen und schweizerischen Führungskräfte zutage. So sind nur 19% der Deutschen gegenüber 40% der SchweizerInnen der Meinung, daß in ihrer Organisation die Chancengleichheit in hohem bis sehr hohem Maße gefördert werde.

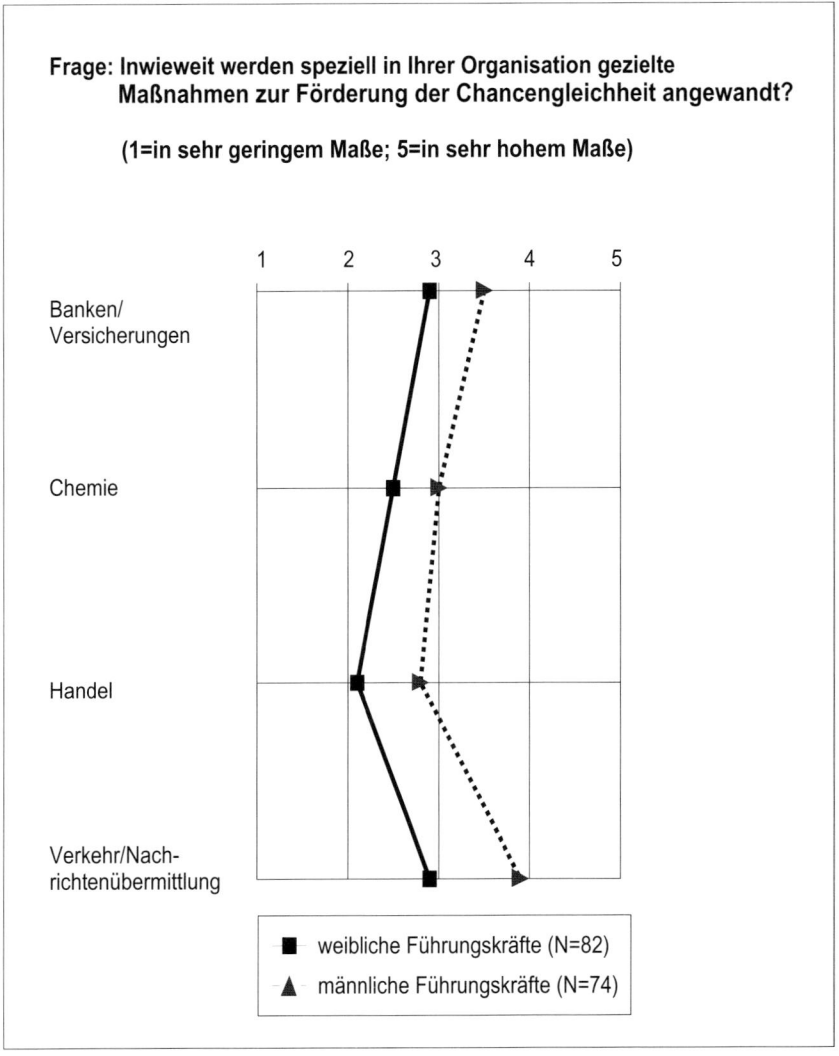

Frage: Inwieweit werden speziell in Ihrer Organisation gezielte
Maßnahmen zur Förderung der Chancengleichheit angewandt?

(1=in sehr geringem Maße; 5=in sehr hohem Maße)

Abbildung 66: Ausmaß an Maßnahmen zur Erhöhung der Chancengleichheit aus der Sicht weiblicher und männlicher Führungskräfte – branchenspezifisch differenziert

Zusammenfassung und Diskussion

Ausgehend von der bekannten Diskriminierungsdebatte wurde untersucht, in welchem Maße altbekannte und vieldiskutierte Benachteiligungen durch Personalpolitik nach mindestens 10 Jahren erhöhter Sensibilisierung noch aktuell sind.

Dies ist insofern kein leichtes Unterfangen, als wir uns hierbei nicht auf »harte Fakten«, wie etwa Beförderungsstatistiken oder Gehaltslisten stützen, sondern auf Aussagen unserer BefragungsteilnehmerInnen, die – wie eingangs aufgezeigt – subjektiver Natur sind und mit dem Standpunkt des Betrachters stark variieren können. Wenngleich dies ein generelles Problem dieser Untersuchung, ja der gesamten sozialwissenschaftlichen Forschung überhaupt ist (vgl. dazu die einleitenden Bemerkungen in 4), gewinnt es hier – wo ein möglichst konkretes Bild von der betrieblichen Situation ermittelt werden soll – an Schärfe. Es sei deshalb betont, daß wir mit diesen Auswertungen auf der Basis von Mehrheitsmeinungen nur Tendenzen aufzeigen können.

Vor diesem Hintergrund läßt sich die Sachlage wie folgt umschreiben: Hypothese 18 wird durch große Teile der weiblichen und männlichen Befragten gestützt. Die Personalpolitik wird zwar im Kontext anderer, gesellschaftlicher wie auch individueller Faktoren in relativ geringem Maße als ursächlich für die Unterrepräsentanz weiblicher Führungskräfte angesehen, sie bildet aber immer noch keine hinreichend breite Grundlage der Chancengleichheit: »Das Fundament der Gleichberechtigung wackelt noch«, bemerkte eine männliche Führungskraft in diesem Zusammenhang. Dies zeigt sich zunächst darin, daß alle Befragtengruppen mehrheitlich Männern die besseren Karrierechancen zuschreiben. Ferner zeichnen sich diskriminierende Tendenzen durch verschiedene Anforderungen und Merkmale – insbesondere eine »männliche« Führungskultur, extreme zeitliche Belastung und hohe Mobilitätsanforderungen – sowie durch Aussagen zu geschlechterdifferenzierenden Entlohnungs-, Förderungs-/Entwicklungs- und Beförderungspraktiken ab.

Auch finden gezielte Maßnahmen zur Förderung der Chancengleichheit maximal in mittlerem Maße Anwendung – nach Meinung der weiblichen Führungskräfte eher weniger – und erweisen sich zudem als nur mäßig effektiv (vgl. Hypothese 19). Die Führungskräfte sehen in diversen Bereichen Verbesserungsmöglichkeiten.

4.3.4 Als Frau unter Männern – Wie problematisch ist der Minoritätenstatus?

Inhaltliche Einführung

Frauen sind in Führungspositionen sowohl in Deutschland (vgl. Hadler 1995; Assig/Beck 1996; Bischoff 1996 sowie Regnet in diesem Band) als auch in der Schweiz (vgl. Osterloh/Wübker 1995) zumeist immer noch Ausnahmeerscheinungen. Die negativen Konsequenzen dieses Umstandes sind vielfach belegt und – oftmals unter dem Schlagwort »Token-Problematik« – breit diskutiert worden (vgl. Kanter 1977; Edding 1983; Friedel-Howe 1990a; Autenrieth et al. 1993 sowie Regnet in diesem Band). Sie lassen sich in folgenden Punkten zusammenfassen:

– *Leben im Rampenlicht*: Die weibliche Führungskraft fällt automatisch mehr auf und steht in stärkerem Maße unter Beobachtung. Dies kann nicht nur die Betroffene belasten, sondern auch weitreichende Folgen für den weiblichen Führungsnachwuchs nach sich ziehen. Denn da Minoritätszugehörige leicht als »Klasse« wahrgenommen werden (vgl. Kanter 1977), werden Fehler und Mißgeschicke vielfach weniger der jeweiligen Frau zugerechnet, sondern in pauschalierender Weise als Indiz für die Managementinkompetenz »der Frauen« gewertet.

– *Anpassungsdruck und Ausgrenzung:* Obwohl in der Literatur schon seit geraumer Zeit von den Vorzügen »weiblicher« Werte und Verhaltensmuster berichtet wird, zeigen auch neuere Untersuchungen, daß die Anpassung an nach wie vor dominierende männliche Spielregeln Voraussetzung für Akzeptanz und berufliches Weiterkommen ist. So gelangten Nerge/Stahmann (1991, S. 133) bei ihrer qualitativ ausgerichteten Befragung von 25 weiblichen Führungskräften aus verschiedenen Wirtschaftsbereichen zu folgender Feststellung:

»So wird es nur denjenigen Frauen gelingen auch in das obere Management einzudringen, die bereit sind, die vorgefundenen Formen und Strukturen zu akzeptieren und ihr gesamtes Leben danach zu gestalten. Deutlich wurde dies an denjenigen Frauen, die im Bereich des oberen Managements leitend tätig sind: Lange Arbeitszeiten, Delegation der Nichterwerbsarbeit und Ausschließlichkeit des Berufes, so daß gesagt werden kann, daß die »Männerkopien« den Sprung in das obere Management schaffen, Frauen, denen beide Lebensbereiche[11] wichtig sind, bleiben auf der Strecke.«

Diese Feststellung, die sich auch auf Männer mit alternativen Wert- und Rollenvorstellungen übertragen läßt, konnte in der späteren Untersuchung von Nerge (1993), einer Befragung von deutschen, dänischen, französischen, italienischen und spanischen Managerinnen, erhärtet werden. Hadler (1995) stellte Ähnliches fest.

Nach Sonja Nerge (1993, S. 160) haben Frauen wenig Möglichkeiten, die Managementbedingungen zu verändern: »Die durch spezifisch historische Rekrutierungsmechanismen entstandenen ungeschriebenen Gesetze im Management können Frauen individuell (. . .) nicht aufheben. In ihrer jetzigen Situation als Minorität im Management können Frauen nur

---

11 Gemeint sind Beruf und Privatleben.

bestehen und erfolgreich sein, wenn sie sich diesen ungeschriebenen und männlichen Gesetzen anpassen und sie weitgehend als richtig anerkennen.« Mit anderen Worten: Wer »im Spiel bleiben will«, muß sich – auch bzw. gerade als Frau – an die gegebenen Spielregeln halten. Abweichungen davon werden besonders beobachtet und leicht diskreditiert.

Aber auch die Übernahme der vorherrschenden Normen und Verhaltensmuster ist noch kein Garant für eine vollständige Integration. Ursächlich hierfür dürften wohl auch – teilweise unbewußte – Ängste der Männer vor der Konfrontation mit weiblicher Kompetenz sein. Friedel-Howe (1995, S. 522) verweist in diesem Zusammenhang auf Befunde von Thompson/Pleck (1986), die gezeigt haben, daß männliche Identität sich unter anderem auch aus der Überzeugung nährt, »Frauen (im allgemeinen, vor allem aber im Beruf) überlegen zu sein.«

– *Erschwerter Zugang zu informellen Netzwerken:* Es ist allgemein bekannt, daß gerade auf informellem Wege sehr viele Insider-Informationen ausgetauscht, wichtige Vorentscheidungen getroffen und entscheidende Beziehungen geknüpft werden (vgl. beispielhaft Nerge/Stahmann 1991, S. 128f). Frauen finden jedoch deutlich schwerer Zugang zu informellen Informations-, Beziehungs- und Fördersystemen. Dies hat verschiedene Ursachen: Zum einen droht eine Teilnahme an gewissen informellen Unternehmungen, wie zum Beispiel Barbesuchen oder Wochenendeinladungen, Gerüchte und Verleumdungen heraufzubeschwören, weshalb im Zweifelsfall darauf verzichtet wird. Zum anderen ist Frauen der Zutritt zu Beziehungsnetzen und Fördersystemen, die von Männern für Männer aufgebaut wurden, vielfach verwehrt. So wurde verschiedenenorts (vgl. Kanter 1977; Nieva/Gutek 1981; Preuss 1987; Nerge/Stahmann 1991; Goh 1991) nachgewiesen, daß Frauen deutlich seltener Mentoren finden als ihre männlichen Kollegen. Dies ist zum Teil auf Stereotypen und Vorurteile zurückzuführen. Zum Teil befürchten potentielle Förderer, daß ihnen »unlautere Motive« unterstellt werden; sie haben Angst um ihren guten Ruf in der Firma, ja mitunter sogar um den häuslichen Frieden. Das zeigt die ausgewählte Aussage einer schweizerischen Managerin:

»Da gab's natürlich schon Probleme, dass z. B. Männer, mit denen ich mich gut verstand, sagten: 'Ich würde Sie ja gerne einmal zu uns heim zum Abendessen einladen, aber meine Frau. . . das geht nicht'« (zit. nach Preuss 1987, S. 351).

Darüber hinaus kann der Ausschluß von Frauen aus strategisch wichtigen Fördersystemen und »Good Old Boys Networks« als Mittel zur Bewahrung und Pflege der männlichen Identität interpretiert werden. Gemäß Rosabeth Kanter (1977) tendieren männliche Manager dazu, Macht und Privilegien an Leute von »eigenem Schrot und Korn« – sprich also an Männer – weiterzugeben. Dieses, auch als »homosexuelle Reproduktion« bezeichnete Phänomen dient der Stärkung eines identitätsstiftenden »Wir-Gefühls« (vgl. dazu auch Farr 1988) und damit auch der Reduktion der für das Management charakteristischen Unwägbarkeiten:

> »Conformity pressures and the development of exclusive management circles closed to »outsiders« stem from the degree of uncertainty surrounding managerial positions. Bureaucracies are social inventions that supposedly reduce the uncertain to the predictable and routine. Yet much uncertainty remains – many situations in which individual people rather than impersonal procedures must be trusted« (Kanter 1977, S. 48).

In jüngster Zeit werden diese Verhaltensmuster allerdings zunehmend in Frage gestellt und teilweise auch durch statuarische Beschlüsse von »Old Boys« geändert. Dazu kommen vermehrt Frauenvereinigungen und -netzwerke als Vorläufer einer möglichen Integration.

Im folgenden soll überprüft werden, inwieweit zwei »klassische« Diskriminierungsmechanismen – nämlich Anpassungsdruck und Ausschluß aus informellen Systemen – heute noch wirksam sind. Dazu wurden zwei Hypothesen formuliert:

H20: Weibliche Führungskräfte müssen sich den Verhaltensmustern ihrer männlichen Kollegen anpassen, um akzeptiert zu werden.

H21: Weibliche Führungskräfte finden schwerer Zugang zu informellen Strukturen als ihre männlichen Kollegen.

Ergebnisse der Untersuchung

Anpassungsdruck

Die weiblichen Führungskräfte wurden zunächst gefragt, in welchem Maße sie sich ihren männlichen Kollegen anpassen müssen oder mußten, wie schwer ihnen die Anpassung gefallen ist und wie sich der Anpassungsdruck im Zeitverlauf entwickelt hat. Die Resultate lassen sich wie folgt zusammenfassen: Gesamthaft wird ein mittlerer Anpassungsdruck (Mittelwert 2.7 auf fünfstufiger Skala) konstatiert. Wie Abbildung 67 illustriert, gibt es einige branchenspezifische Schwankungen, die jedoch nicht statistisch signifikant sind.

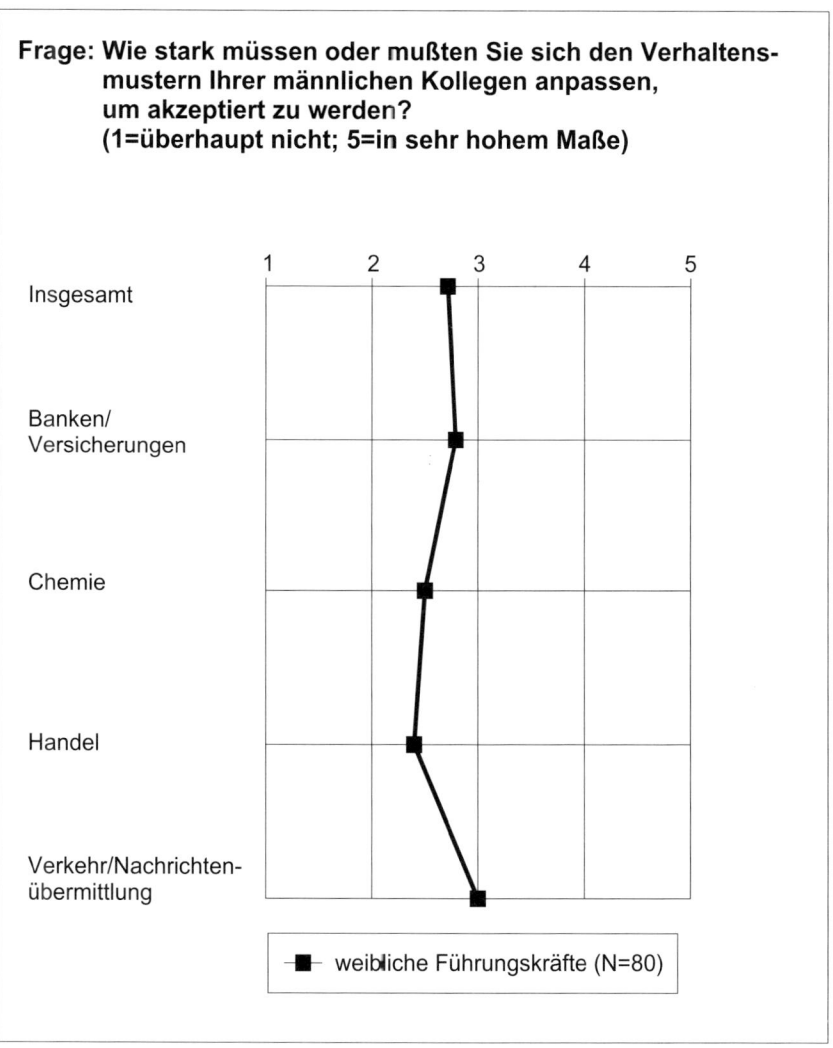

Frage: Wie stark müssen oder mußten Sie sich den Verhaltens-mustern Ihrer männlichen Kollegen anpassen, um akzeptiert zu werden?
(1=überhaupt nicht; 5=in sehr hohem Maße)

Abbildung 67: Anpassungsdruck – insgesamt und branchenspezifisch differenziert

Die Anpassung fiel den Frauen im Durchschnitt verhältnismäßig leicht. Der Mittelwert liegt auf fünfstufiger Skala (1 = überhaupt nicht schwer; 5 = sehr schwer) bei 2.3. Nur rund 15% vermelden einen schweren oder sehr schweren Leidensdruck (vgl. Abbildung 68).

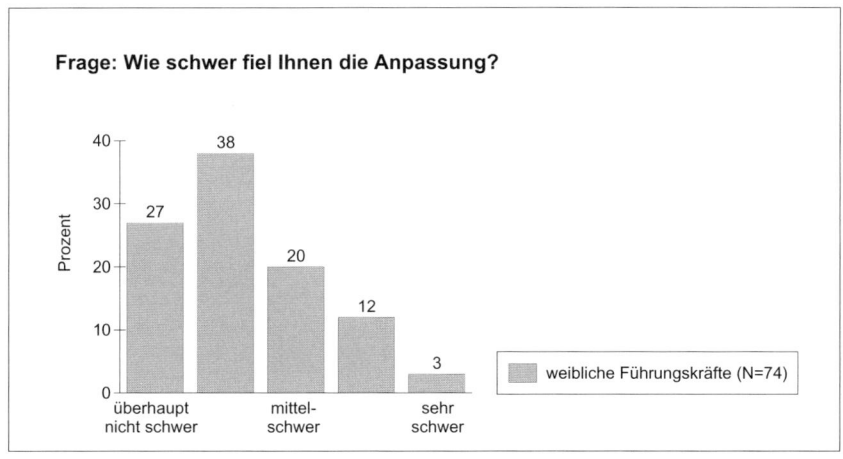

Abbildung 68: Leidensdruck durch Anpassung an »männliche« Verhaltensmuster

Weiterhin nahm bei den meisten Frauen (71%) der Anpassungsdruck im Laufe der Zeit ab. 20% konstatierten ein gleichbleibendes Niveau und nur 9% mußten im Zeitverlauf eine Zunahme feststellen. Branchen- und länderspezifisch zeigen sich nur graduelle, statistisch nicht signifikante Unterschiede. So wird in der chemischen Industrie mit 20% am häufigsten ein Ansteigen des Anpassungsdrucks verzeichnet, wogegen er sich im Handel am häufigsten (zu 43%) konstant hält. Und die Schweizerinnen gelangen insgesamt zu einem tendenziell positiveren Urteil als die Deutschen (vgl. Abbildung 69).

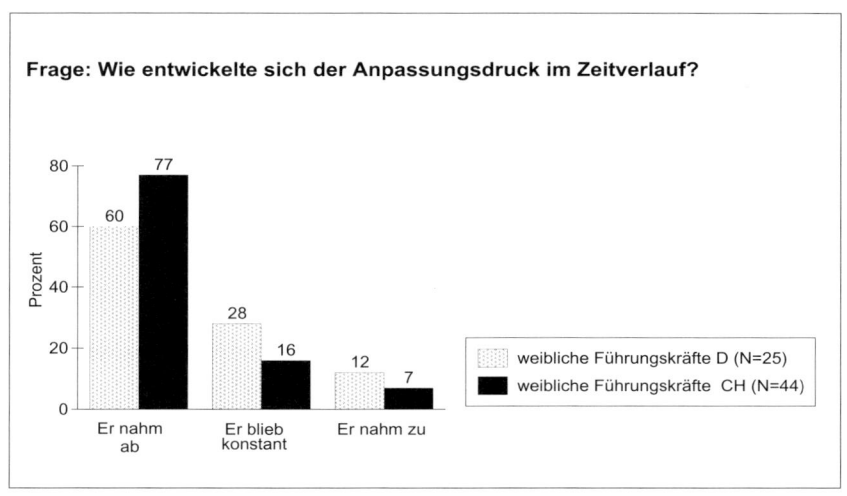

Abbildung 69: Anpassungsdruck im Zeitverlauf – länderspezifisch differenziert

Zusammenfassend bleibt festzustellen, daß sich der Zwang zur Anpassung – bezüglich Ausmaß und Belastung – in Grenzen hält und im Zeitverlauf deutlich abnimmt.

Zugang zu informellen Systemen

Wie sieht es nun mit dem Zugang zur informellen Organisation aus? Wie sehen weibliche Führungskräfte die Situation? Wir sind diesen Fragen ähnlich wie beim Thema »geschlechtstypische Anforderungen« (vgl. 4.3.2) in zweifacher Weise nachgegangen: Zunächst wurden weibliche und männliche Führungskräfte gebeten, auf einer fünfstufigen Skala das Ausmaß ihres Zugangs zu informellen Informations-, Beziehungs- und Fördersystemen einzuschätzen. Anschließend haben wir die weiblichen Führungskräfte gefragt, ob ihrer Erfahrung nach den männlichen Kollegen der Eintritt in entsprechende Zirkel und Netzwerke leichter gemacht werde.

Die Befunde weisen beide Male in die gleiche Richtung: Beide stützen die These, daß Männer leichter Zugang zur informellen Organisation finden. Zum einen offenbarte der Mittelwertvergleich signifikante Unterschiede zwischen den Geschlechtern. Nach eigenem Bekunden sind informelle Systeme den weiblichen Führungskräften durchschnittlich in mittlerem (Mittelwert: 3.1), den männlichen hingegen in hohem Maße (Mittelwert 3.8) zugänglich. Abbildung 70 zeigt die Antwortverteilung.

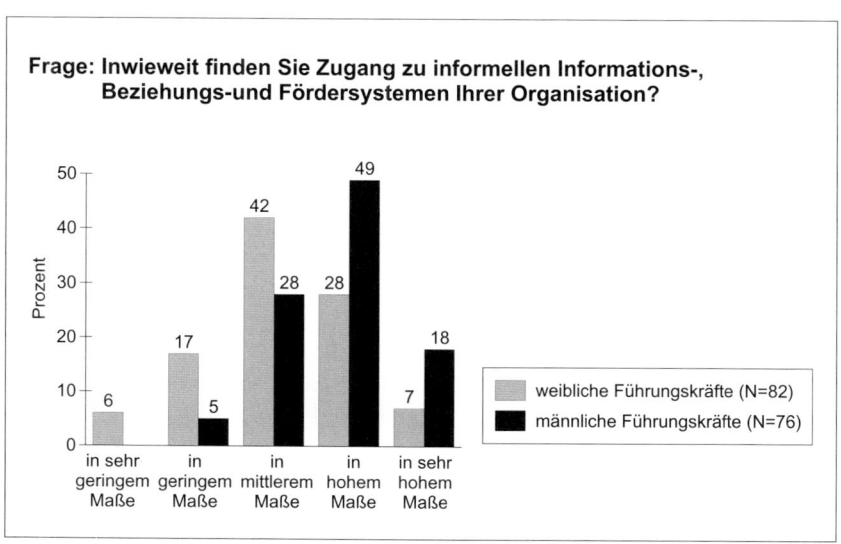

Abbildung 70: Zugangsmöglichkeiten zu informellen Systemen – geschlechtsspezifisch differenziert

117

Zum zweiten wählten 55% der weiblichen Führungskräfte bei der Frage »Haben Sie den Eindruck, Ihre männlichen Kollegen finden leichter Zugang zu diesen informellen Informations-, Beziehungs- und Fördersystemen?« die Antwortkategorie »ja«.

Diese relative Benachteiligung der Frauen setzt sich tendenziell über alle Branchen hinweg durch – wenn auch in graduell unterschiedlicher Ausprägung. So ist die Mittelwertdifferenz in den Urteilen weiblicher und männlicher Führungskräften am geringsten im Handel und mit Abstand am größten in der Branche Verkehr/Nachrichtenübermittlung. Analog dazu vertreten die im letztgenannten Bereich tätigen Frauen am häufigsten die Ansicht, daß für ihre männlichen Kollegen informelle Systeme leichter zugänglich sind (vgl. Abbildung 71). Nennenswerte länderspezifische Unterschiede lassen sich nicht feststellen.

Frage Branche	Inwieweit finden Sie Zugang zu informellen Informations-, Beziehungs- und Fördersystemen Ihrer Organisation?			Haben Sie den Eindruck, Ihre männlichen Kollegen finden leichter Zugang zu diesen informellen Systemen?	
	Mittelwert WFK	Mittelwert MFK	Mittelwert-differenz	ja	nein
Banken/Versicherungen	3.3	3.8	0.5	50%	50%
Chemie	3.2	3.9	0.7	55%	45%
Handel	**3.3**	**3.7**	**0.4**	**50%**	**50%**
Verkehr/Nachrichten-übermittlung	**2.6**	**3.7**	**1.1**	**71%**	**29%**

Abbildung 71: Zugangsmöglichkeiten zu informellen Systemen – geschlechts- und branchenspezifisch differenziert

Zusammenfassung und Diskussion

Wie ergeht es Frauen in einer traditionellen Männerwelt? – Diese Leitfrage stand im Mittelpunkt dieses Kapitels. Hierbei wurden zwei »klassische« Thesen – »Weibliche Führungskräfte müssen sich den Verhaltensmustern ihrer männlichen Kollegen anpassen, um akzeptiert zu werden« (Hypothese 20) und »Weibliche Führungskräfte finden schwerer Zugang zu informellen Strukturen als ihre männlichen Kollegen« (Hypothese 21) – auf ihren Realitätsgehalt überprüft.

Beide Hypothesen konnten im Prinzip bestätigt werden. Weibliche Führungskräfte unterliegen tatsächlich einem gewissen Anpassungsdruck und finden schwerer Zugang zu informellen Systemen ihrer Organisation. Allerdings wird der Anpassungsdruck deutlich weniger stark und belastend empfunden als aufgrund der literarischen Diskussion zu vermuten wäre. Offensichtlich liegt hierin – entgegen weitverbreiteter Meinung – nur ein sehr moderates Problempotential. Bedenklicher – weil folgenreich – stimmt dagegen, daß Frauen in signifikant geringerem Maße Zutritt zur informellen Organisation ihrer Unternehmung erhalten. Angesichts der großen Bedeutung dieser Systeme erscheint dies als komparativer Nachteil weiblicher Führungskräfte gegenüber ihren männlichen Kollegen.

4.3.5 Die Zusammenarbeit mit Frauen – Freud oder Leid?

Nachdem Vor- und Nachteile in der Zusammenarbeit mit Männern erörtert wurden, stellt sich natürlich auch die Frage: Wie gestaltet sich die Kooperation mit Frauen?

Um diesen Themenkreis rankt sich eine Reihe von Mythen. So steht den von der Frauenbewegung propagierten Idealen von Gleichheit und Schwesterlichkeit die mindestens gleichermaßen verbreitete Annahme gegenüber, daß sich Frauen untereinander schlecht vertragen, zu Eifersüchteleien neigen und sich bekämpfen. Wenngleich sich die zuletzt genannte These weitaus häufiger auf Alltagstheorien als auf gesicherte wissenschaftliche Befunde stützt, deuten die bislang spärlich vorliegenden Untersuchungsergebnisse auf einen gewissen Realitätsgehalt hin. So äußerten sich die Interviewpartnerinnen von Sonja Bischoff (1990) recht kritisch über die Frauen in ihrem Arbeitsumfeld. Viele bekannten sogar, lieber mit Männern zusammenzuarbeiten. Dieses Urteil wird verschieden begründet. So werden Frauen beispielsweise als kritischer, ehrgeiziger, konkurrierender oder einfach undifferenzierter als »schwieriger« beschrieben. Hierzu einige Stellungnahmen:

»Männer verhalten sich normal, während Frauen häufiger ihr typisches Rollenverhalten nicht ablegen, und zwar insofern, als Frauen mich nicht so sehr akzeptieren; es geht hier besonders um eine Frau, die nicht die Frau akzeptiert, die etwas sagt; wenn ein Mann irgendeinen Unsinn sagt, dann wird das sofort akzeptiert, d.h., in deren Kopf ist eingepflanzt, daß das, was ein Mann sagt, richtig ist, während das, was eine Frau sagt, erst einmal in Frage gestellt werden muß« (zit. nach Bischoff 1990, S. 120).

»Frauen haben oft ein sehr starkes Selbstbewußtsein, wenn sie in einer Führungsposition sind, und sie wollen dieses ausspielen, sind aber andererseits wahnsinnig sensibel. Oft ist eine Frau wirklich besser als ein Mann, aber auch problematischer im Verhalten« (Ebenda, S. 123).

In der Untersuchung von Bernadoni/Werner (1987) wird hervorgehoben, daß Frauen in Führungspositionen unter Konkurrenz von seiten ihrer Geschlechtsgenossinnen ganz besonders leiden. Hierbei wird deutlich, daß auch die Denk- und Bewertungsmuster von Frauen stark von traditionellen Geschlechtsstereotypen geprägt sind. Infolgedessen kommt es nicht selten zu Assoziationen der folgenden Art: »Wenn Frauen konkurrieren, gelten sie als unweiblich, das Bild der häßlichen Hyänen oder das der zeternden, hysterischen Weiber drängt sich auf« (Flohr-Stein 1992, S. 132). Nach Ansicht von Bernadoni/Werner gab das gerade innerhalb der Frauenbewegung vertretene Prinzip der »Schwesterlichkeit« solchen Phantasien neue Nahrung. Es weckte Vorstellungen von Gleichheit und Solidarität, die angesichts real existierender Unterschiede und Interessengegensätze zwangsläufig enttäuscht werden müssen. Insbesondere dann, wenn es um die Verteilung knapper Ressourcen geht, stößt die Frauensolidarität nahezu unausweichlich an Grenzen. Typisch ist folgende Stellungnahme:

»Wenn man sich schon mal vorgekämpft hat, ist das Attribut Frau ein Hilfsmittel. Alle wollen sich ja legitimieren und sagen, wir geben Frauen eine Chance und da haben wir eine vorzeigbare Frau. Jede Frau, die in einer solchen Kategorie ist, weiß das, und will natürlich so wenig Mitstreiterinnen wie möglich haben, weil die ja ihre eigene Konkurrenz sind. . . Man möchte ja selber den Sprung machen, wenn man sich so reingekniet hat und so viele Opfer für den Beruf gebracht hat. Dann zieh ich mir doch nicht noch eine Mitkonkurrentin heran, die den Sprung dann eher schafft als ich« (zit. nach Bernadoni/Werner 1987, S. 135).

In der Forschungsliteratur wird aber nicht nur von Problemen, sondern auch von ausgesprochen positiven Erfahrungen in der Zusammenarbeit mit Frauen berichtet.

So bekannten die meisten Interviewpartnerinnen von Preuss (1987), gut und gerne mit Frauen zusammenzuarbeiten. Beispielhaft sind folgende Stellungnahmen:

»Ich arbeite sehr gerne mit Frauen. Ich fühle mich wohl, ich fühle mich verstanden. Intrigen findet man, glaube ich, nur noch auf der Ebene, wo Frauen versuchen, möglichst gut auszusehen, damit sie einen Mann finden. Aber sobald man mit Frauen zusammenarbeitet, mit einem gemeinsamen Ziel, mit gemeinsamen Interessen, ist das überhaupt nicht mehr aktuell. Das ist meine Erfahrung« (zit. nach Preuss 1987, S. 405f.).

»Ich arbeite sehr gerne mit Frauen. Intrigen gibt es bei uns nicht. Ich finde, man kann mit Frauen offener sein« (Ebenda, S. 406).

Darüber hinaus betonten sie, daß Schwierigkeiten in der Zusammenarbeit weniger vom Geschlecht als vielmehr von betrieblichen Faktoren, z. B. dem Arbeitsklima, bedingt seien. Insgesamt geben die Befunde Anlaß zu folgender Vermutung:

H22: Frauen können mit weiblichen Mitarbeitern, Kollegen und Vorgesetzten *nicht* besser zusammenarbeiten als mit männlichen.

Ergebnisse der Untersuchung

Zusammenarbeit mit Frauen und Männern – Erfahrungen weiblicher Führungskräfte

Um Informationen aus »erster Hand« zu erhalten, haben wir die Führungsfrauen unserer Stichprobe direkt nach ihren einschlägigen Erfahrungen im Umgang mit Frauen und Männern gefragt.

Dabei zeigte sich: Die Mehrheit der weiblichen Führungskräfte erlebt keine Unterschiede in der Zusammenarbeit mit weiblichen und männlichen Mitarbeitern, Kollegen und Vorgesetzten. Sofern jedoch Unterschiede gesehen werden, fallen diese durchwegs zugunsten der Männer aus. So haben 23% mit männlichen Kollegen und sogar 33% mit männlichen Vorgesetzten bessere Erfahrungen gemacht. Bezüglich der Mitarbeiter fällt das Votum zwar weniger deutlich aus, aber immer noch entfallen mit 12% fast doppelt soviele »Stimmen« zugunsten der Männer als zugunsten der Frauen (vgl. Abbildung 72).

Frage: Bitte beurteilen Sie Ihre Erfahrungen mit Frauen und Männern in Führung und Zusammenarbeit. (Bitte nur beantworten, wenn Sie jeweils Erfahrungen mit beiden Geschlechtern gemacht haben.)

	keine unterschiedlichen Erfahrungen mit Frauen und Männern	bessere Erfahrungen mit Männern	bessere Erfahrungen mit Frauen
als Mitarbeiter (N=74)	81%	12%	7%
als Kollegen (N=71)	65%	23%	13%
als Vorgesetzte (N=33)	58%	33%	9%

Abbildung 72: Erfahrungen weiblicher Führungskräfte in der Zusammenarbeit mit Frauen und Männern

Zusammenarbeit mit Frauen und Männern – Erfahrungen männlicher Füh-rungskräfte

Nun kann dieser Befund für sich genommen noch nicht als Beleg für spezifische Probleme in der Zusammenarbeit zwischen Frauen gewertet werden. Denn es könnte ja sein, daß auch männliche Führungskräfte Männer tendenziell positiver beurteilen. Dies ist angesichts der Höherbewertung von »Männlichkeit« in unserer Gesellschaft durchaus wahrscheinlich. Aus diesem Grunde wurden auch die männlichen Führungskräfte gebeten, ihre Erfahrungen mit Frauen und Männern aus ihrem Arbeitsumfeld offenzulegen. Abbildung 73 zeigt die Befunde. Mehrheitlich werden – genau wie bei den weiblichen Führungskräften – keine Unterschiede festgestellt. Anders als bei den weiblichen Führungskräften fällt die Verteilung festgestellter Unterschiede aber zugunsten der Frauen aus – mit einer Ausnahme: Als Vorgesetzte werden auch hier Männer deutlich besser beurteilt.

Frage: Bitte beurteilen Sie Ihre Erfahrungen mit Frauen und Männern in Führung und Zusammenarbeit. (Bitte nur beantworten, wenn Sie jeweils Erfahrungen mit beiden Geschlechtern gemacht haben.)			
	keine unterschiedlichen Erfahrungen mit Frauen und Männern	bessere Erfahrungen mit Männern	bessere Erfahrungen mit Frauen
als Mitarbeiter (N=70)	73%	11%	16%
als Kollegen (N=62)	79%	10%	11%
als Vorgesetzte (N=34)	65%	29%	6%

Abbildung 73: Erfahrungen männlicher Führungskräfte in der Zusammenarbeit mit Frauen und Männern

Fazit

Von allen weiblichen Führungskräften, die in ihrer beruflichen Laufbahn Erfahrungen mit beiden Geschlechtern in allen wesentlichen Rollen – sei es nun als MitarbeiterInnen, KollegInnen oder Vorgesetzte – gesammelt haben, schätzt immerhin ein Fünftel die Erfahrungen mit Männern besser ein, wogegen nur ein Zehntel von einer besseren Zusammenarbeit mit Frauen berichtet (vgl. Abbildung 74). Sofern die männlichen Führungskräfte Unterschiede wahrnehmen, votieren sie – bedingt durch die deutliche Besserbewertung männlicher Vorgesetzter – gesamthaft zwar auch eher zugunsten der Männer, jedoch fällt das Urteil weniger eindeutig aus.

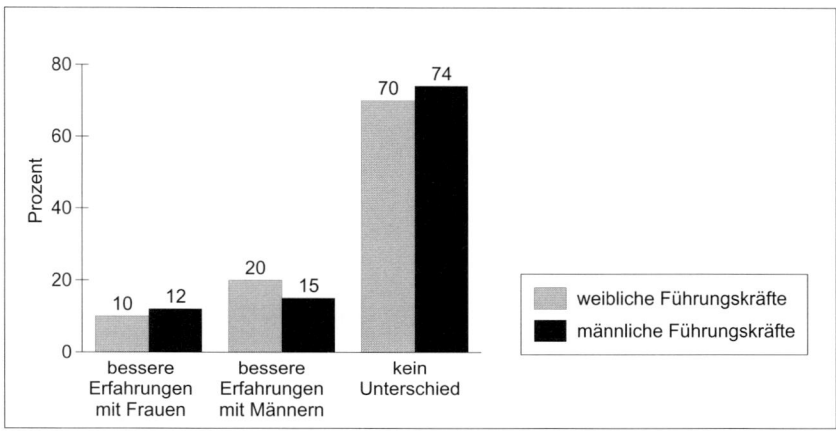

Abbildung 74: Erfahrungen mit Frauen und Männern aus dem beruflichen Umfeld aus der Sicht weiblicher und männlicher Führungskräfte

Zusammenfassend kann man also feststellen: Die männlichen Führungskräfte unserer Stichprobe beurteilen die Kooperation mit Frauen in ihrem Arbeitsumfeld tendenziell positiver als ihre Kolleginnen. Die Schweizerinnen fällen etwas häufiger kritische Urteile über die Zusammenarbeit mit Frauen als die Deutschen; die negativsten Einschätzungen stammen von Managerinnen aus dem Bank- und Versicherungsgewerbe (vgl. Abbildung 75).

Erfahrungen Nation Branche	besser mit Frauen	besser mit Männern	kein Unterschied
– Deutschland	13%	18%	69%
– Schweiz	7%	22%	71%
– Banken/Versicherungen	8%	27%	65%
– Chemische Industrie	13%	10%	77%
– Handel	10%	20%	70%
– Verkehr/Nachrichten- übermittlung	8%	17%	75%

Abbildung 75: Erfahrungen mit Frauen und Männern im beruflichen Umfeld – länder- und branchenspezifisch differenziert

123

Zusammenfassung und Diskussion

Hypothese 22 wurde bestätigt: Die befragten Managerinnen erleben die Zusammenarbeit mit Frauen *nicht* positiver. Es zeichnet sich – im Gegenteil – sogar eine leichte gegenläufige Tendenz ab. Weibliche Führungskräfte beurteilen ihre Erfahrungen mit Frauen insgesamt negativer als ihre männlichen Kollegen. Hierzu ist folgendes anzumerken: Die Unterschiede in den Urteilen weiblicher und männlicher Führungskräfte sind nicht statistisch signifikant – sie könnten also auch zufällig sein. Gleichzeitig finden sich aber in einigen anderen Aussagen unserer Befragten Hinweise, die diese Befunde stützen. Es wird insbesondere betont, daß Frauen aneinander höhere Erwartungen richten und strengere Bewertungsmaßstäbe anlegen. So gaben z. B. verschiedene weibliche Führungskräfte auf unsere Fragen nach Verhaltensunterschieden zwischen weiblichen und männlichen Mitarbeitern an, daß Frauen von ihnen vergleichsweise mehr Verständnis und persönliche Unterstützung erwarten, aber auch, daß sie weniger offen und schwerer zu motivieren sind. Damit können die Arbeitsbeziehungen störanfälliger werden.

Diese Befunde sind nicht unbedingt erstaunlich. Sie können als Ausdruck und Folge von nach wie vor gültigen Geschlechtsrollen und -stereotypen gedeutet werden, die sich zwangsläufig auch im Bewußtsein von Frauen niederschlagen und sowohl das Verhalten der einzelnen Frau als auch deren Erwartungen an andere Frauen beeinflussen. Da – wie in 4.3.2 aufgezeigt – die Anforderungen der Arbeits- und insbesondere der Führungsrolle denen der idealtypischen Frauenrolle in verschiedener Hinsicht widersprechen, sind Enttäuschungen nahezu vorprogrammiert. In diesem Zusammenhang scheint es tatsächlich kontraproduktiv, bestehende Unterschiede zwischen einzelnen Frauen mit Forderungen nach Gleichheit und Solidarität zu verschleiern (vgl. Bernadoni/Werner 1987). Vielmehr gilt es, diese Unterschiede und daraus resultierende Konfliktpotentiale bewußter und damit handhabbarer zu machen.

4.3.6 Komparative Vorteile weiblicher Führungskräfte – Wo könnten sie liegen?

Bislang wurde – im Einklang mit der Literaturdiskussion – vor allem über Benachteiligungen und Probleme von Managerinnen reflektiert.

Nun stellt sich uns aber auch die Frage, ob Frauen in westlichen Kulturen aufgrund – tatsächlicher oder stereotyp zugeschriebener – geschlechtstypischer Besonderheiten oder über geschlechtsbezogene Verhaltensnormen nicht auch gewisse *komparative Vorteile* gegenüber ihren männlichen Kollegen genießen. In der Literatur finden sich vereinzelt und am Rande Hinweise für die Richtigkeit dieser Vermutung. Spezifisch untersucht wurde diese Thematik u.W. jedoch noch nicht. Deshalb haben wir uns entschlossen, selbst einen ersten Schritt in diese Richtung zu tun.

Mögliche komparative Vorteile von Frauen im allgemeinen und weiblichen Führungskräften im besonderen können u.E. durch mehrere Faktoren bedingt sein:

– *Geschlechtstypische Denk- und Rollenmuster:* Immer mehr wird heute die Bedeutung von Projekt- und Teamarbeit unterstrichen und immer wieder wird betont, daß die Einbeziehung unterschiedlicher Perspektiven und Rollen die Ergebnisqualität erhöht. Wenn Frauen – wie Befunde aus der Psychobiologie und der Sozialisationsforschung (vgl. die Kapitel 3.1.1 und 3.1.2 sowie Bischof-Köhler in diesem Band) nahelegen – im Durchschnitt über partiell andere Sichtweisen, Kompetenzen und Verhaltensmuster verfügen als Männer, so können sie männliche Teams wesentlich bereichern. So haben psychologische Untersuchungen (Shaw 1983) gezeigt, daß gemischtgeschlechtlich zusammengesetzte Arbeitsgruppen bessere Resultate erzielen als eingeschlechtliche. Diese Erkenntnis könnte Frauen – z. B. bei der Besetzung interessanter und karriereförderlicher Projektstellen – zum Vorteil gereichen.

– *Sex role spill over:* Nach Gutek/Morasch (1985) führt ein zahlenmäßig unausgewogenes Geschlechterverhältnis – wie es im Management vielfach der Fall ist – oftmals dazu, daß an die Arbeitsrolle Erwartungen geknüpft werden, die eigentlich der Geschlechtsrolle entsprechen. Demzufolge »werden Managerinnen von ihren männlichen Kollegen zuerst 'als Frauen' gesehen und entsprechend behandelt, dann erst als Inhaberinnen ihrer Arbeitsrolle« (Veith 1988, S. 89). In der Literatur werden zumeist die negativen Folgen dieses Effektes dargestellt. Gleichzeitig könnte die Überlagerung der Arbeits- durch die Geschlechtsrolle aber auch positive Effekte für die Betroffene haben – vor allem aus zwei Gründen. Hierzu zählt zunächst, daß die männliche Geschlechtsrolle in Teilbereichen ein besonderes Verhalten gegenüber Frauen vorschreibt. Eva Preuss (1987, S. 308) deutet dies kurz an:

»Männer zeigen sich Frauen gegenüber höflicher, hilfsbereiter, offener, ihr Verhalten z. B. in Sitzungen ist auch gegenüber Kollegen durch mehr Rücksicht und Höflichkeit geprägt, wenn eine Frau anwesend ist, und gerade Aussenstehende fassen nicht selten rascher Vertrauen, liefern eher Informationen und sprechen Probleme an, die einem Mann gegenüber nicht erwähnt würden.«

Hinzu kommt ein weiteres Moment: Da Frauen aufgrund stereotyper Zuschreibungen vielfach für weniger motiviert, leistungsorientiert und kompetent gehalten werden, könnten die Leistungen einer engagierten, motivierten und fachlich kompetenten Frau – weil unerwartet – besonders positiv bewertet werden (vgl. Terborg/Ilgen 1975).

–   »*Token-Status*«: Der von Kanter (1977) geprägte Begriff »Token« steht für zahlenmäßige Minderheiten, die aufgrund ihrer quantitativen Unterrepräsentanz mehr auffallen (vgl. auch 4.3.4). Diese erhöhte Sichtbarkeit wird gemeinhin als Grundlage und Ausgangspunkt einer dreistufigen »Token-Dynamik« (vgl. Regnet in diesem Band) dargestellt, an deren Ende der weitgehende Ausschluß der Frau aus der Gruppe steht. Kaum thematisiert oder hinsichtlich ihrer Bedeutung untersucht werden hingegen mögliche positive Konsequenzen dieser exponierten Position – beispielsweise, daß die »Exotinnen« auch ohne aufwendige »Impression-Management-Aktivitäten« Beachtung erfahren. Dazu ein Erfahrungsbericht (zit. nach Kanter 1977, S. 213):

> »I've been at sales meetings where all the trainees were going up to the managers – ›Hi, Mr. So-and-So‹ – trying to make that impression, wearing a strawberry tie, whatever, something that could be remembered by. Whereas there were three of us (women) in a group of fifty, and all we had to do was walk in and everyone recognized us.«

Bedenkt man, wie wichtig es im Berufsleben ist, bei einflußreichen Personen bekannt zu sein, so wird deutlich, daß das »Leben im Rampenlicht« auch seine guten Seiten hat. Wie seit den legendären Hawthorne-Untersuchungen (vgl. Roethlisberger/Dickson 1939) bekannt ist, kann eine vermehrte Beachtung zudem Leistung und Zufriedenheit erhöhen. Da gute Leistung wiederum Aufmerksamkeit hervorruft, könnte durch die erhöhte Sichtbarkeit anstelle der berühmten »Token-Dynamik« auch ein positiver Kreislauf in Gang gesetzt werden.

–   *Regelungsdefizite:* Preuss (1987, S. 300) stellt die Hypothese auf, daß partiell existierende Regelungsdefizite speziell Frauen im Management Freiräume eröffnen:

> »Solange die Frau noch immer eine Besonderheit darstellt, solange keine breite Erfahrungsbasis mit Managerinnen besteht, solange existieren auch noch keine Ideal- oder Zielvorstellungen und Modelle über Verhalten, Auftreten, Kleidung etc. von Managerinnen. In Situationen, wo auch die Männer-Regeln nicht weiterhelfen, provoziert das zwar einerseits oft den Versuch, bekannte Rollennormen wie diejenige der Frau auf sie anzuwenden, es kann der Managerin aber andererseits auch zu mehr Freiraum verhelfen.«

Aufgrund fehlender Standards können es sich Frauen demnach eher leisten, ihren eigenen Stil zu pflegen und sich auch gewisse Abweichungen von männlichen Verhaltensweisen erlauben.

– *Diskriminierungsdebatte:* Die potentiellen positiven Effekte der bisher genannten Aspekte könnten ergänzt und verstärkt werden durch die Diskriminierungsdebatte. Es könnte sein, daß nach schon langer öffentlicher Diskussion der Frauendiskriminierung sich Unternehmensvertreter Frauen gegenüber – aufgrund erhöhten Problembewußtseins oder auch nur aus »sozialer Erwünschtheit« und daraus resultierenden ökonomischen Erwägungen[12] – eher zuvorkommender verhalten. So ist es beispielsweise denkbar, daß Frauen bei der Ressourcenverteilung bevorzugt werden.

Auf der Grundlage dieser Überlegungen haben wir folgende Hypothese formuliert.

H23: Weibliche Führungskräfte haben neben Nachteilen und Problemen auch Vorteile und Privilegien.

Ergebnisse der Untersuchung

Die Erhebung sollte Antwort auf zwei Fragen geben: Erleben weibliche Führungskräfte aufgrund Ihres Geschlechts überhaupt Vorteile? Falls ja, in welchem Verhältnis stehen diese zu potentiellen Nachteilen?

Komparative Vor- und Nachteile der Geschlechtszugehörigkeit

Dazu wurden die Befragungsteilnehmerinnen gebeten anzugeben, ob sie aufgrund ihres Geschlechts irgendwelche Vor- oder Nachteile erfahren und diese gegebenenfalls zu benennen. Wie Abbildung 76 zeigt, wurden die entsprechenden Fragen mehrheitlich verneint. 61% erleben weder Vor- noch Nachteile. Die Antwortkategorie »ja« wurde beide Male von jeweils 39% gewählt.

Das bedeutet: Immerhin 39% der befragten Frauen erfahren aufgrund ihres Geschlechts komparative Vorteile am Arbeitsplatz. Hierbei kristallisieren sich zwei Schwerpunkte heraus.

---

12 Dabei können sowohl die Erwartungen unternehmensinterner als auch -externer Stakeholder wie Gesellschaft oder Kunden eine Rolle spielen. Osterloh/Sigrist (1995) verweisen in diesem Zusammenhang auf eine Studie der Schweizerischen Kreditanstalt (Frey 1993). Hier wurde nachgewiesen, daß die Attraktivität der Bank gegenüber Kundinnen merklich zugenommen hat, seit Frauen Kaderpositionen besetzen.

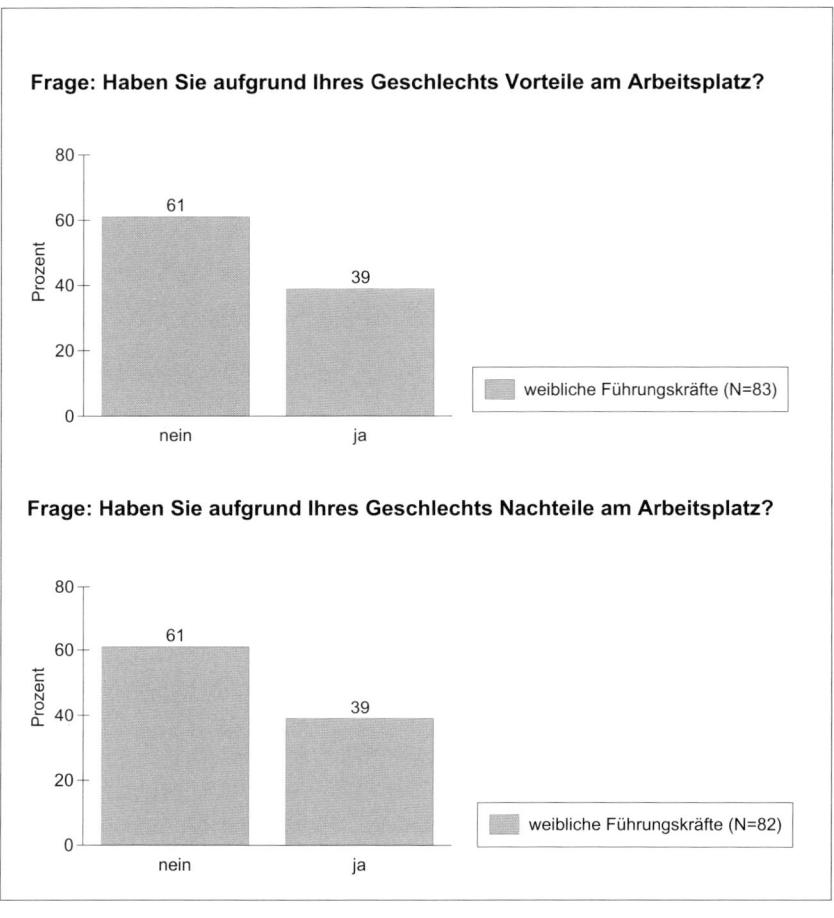

Abbildung 76: Geschlechtstypische Vor- und Nachteile weiblicher Führungskräfte

Zum einen wird auf einen höflicheren Umgangston, eine zuvorkommendere Behandlung und teilweise auch auf eine erhöhte Toleranz verwiesen, also auf Interaktionsmuster, die vor allem Ausdruck und Folge der Geschlechtsrollen sind. Beispielhaft ausgewählt wurden folgende Stellungnahmen:

»Umgang im Team mit Frauenpräsenz ist netter.«

»Moderatere Umgehensweise bei Konflikten ...«

»Da ich oft allein Frau bin an Sitzungen, werde ich zuvorkommend behandelt.«

»Mit einer Art »Narrenfreiheit« kann ich mit alternativem Vorgehen andere Wege gehen.«

Diese Beispiele stützen vor allem die eingangs postulierten Vermutungen, daß eine Übertragung traditioneller Geschlechtsrollen auf die Arbeitswelt (»sex role spill over«) positive Effekte mit sich bringen kann und Frauen mitunter besondere Freiräume zugestanden werden.

Zum anderen wird bestätigt, daß die erhöhte Sichtbarkeit besondere Chancen in sich birgt:

»Ich errege Aufmerksamkeit, man hört mir zu.«

»hohe Aufmerksamkeit (aktive Karrierebetreuung durch Vorgesetzten/Mentor/Personal)«

»Man fällt mehr auf, ohne sich sehr anstrengen zu müssen. Dadurch ist man bei höheren Vorgesetzten eher bekannt.«

»Derzeit werde ich als ›Vorzeigeobjekt‹ benutzt; stört mich jedoch wenig, da ich jeweils wieder Kontakte knüpfen kann.«

Vereinzelt berichten die Befragungsteilnehmerinnen auch, daß es ihnen vergleichsweise leichter fällt, Sympathie und Vertrauen ihres Arbeitsumfeldes zu erringen.

Diesen Vorteilen stehen Nachteile verschiedenster Art gegenüber. Es finden sich darin viele der bereits diskutierten Aspekte, die aus Geschlechtsstereotypen und -rollenerwartungen erwachsen, wie Akzeptanzprobleme, erhöhte Anforderungen, Ausschluß aus informellen Systemen, Einkommens- und Aufstiegsdiskriminierung etc. wieder. Auch hierzu eine Auswahl der Antworten:

»Leistungen werden nicht im selben Maß beachtet oder anerkannt.«

»Bin exponierter, sowohl Chef als auch Mitarbeiter haben höhere Ansprüche an mich, fachlich und sozial.«

»Ich muß meinen Karrierewillen stärker betonen und durch Verleugnen von privaten Interessen immer neu beweisen; ganz sicher stärker als männliche Kollegen.«

»Bei sozialen Anlässen »rotten« die Männer sich zusammen. Es ist schwer, Eingang zu finden.«

»Weniger Lohn für bessere Leistung.«

»Kein Zugang zu den Entscheidungsgremien, Durchsetzungsvermögen muß enorm sein.«

»›Frau‹ wird sehr schnell als aggressiv, übertrieben ehrgeizig bezeichnet.«

Verhältnis: Vorteile versus Nachteile der Geschlechtszugehörigkeit

Als Zwischenergebnis läßt sich festhalten: Die Geschlechtszugehörigkeit bedingt sowohl Probleme als auch Chancen. Doch in welchem Verhältnis stehen diese? Um eine Antwort auf diese Frage zu erhalten, baten wir geschlechtsbedingte Vor- und Nachteile gegeneinander abzuwägen. Hierbei ergab sich folgendes Bild: Nach Ansicht der überwiegenden Mehrheit (63%) halten sich Vor- und Nachteile die Waage. Ein Fünftel vertritt sogar die Meinung, daß die Vorteile überwiegen. Demgegenüber werden die Nachteile nur von 17% höher gewichtet. Dieser Befund zählt – gemessen an den klassischen Aussagen in der Literatur – wohl zu den überraschendsten Ergebnissen unserer Untersuchung.

Die Detailanalyse erbrachte deutliche – wenn auch nicht signifikante – länderspezifische Unterschiede: Die deutschen Frauen geben ein negativeres Urteil ab als ihre Kolleginnen aus der Schweiz (vgl. Abbildung 77). So meinen nur rund 5% der Deutschen, aber immerhin über 30% der Schweizerinnen, daß die Vorteile überwiegen. Dies ist vor allem auf die Einschätzung der in deutschen Handelsunternehmen beschäftigten Frauen zurückzuführen, die im Branchenquerschnitt die negativsten Urteile fällen. Nur 57% dieser Gruppe betrachten Vor- und Nachteile als ausgewogen, die restlichen 43% gewichten die Nachteile höher.

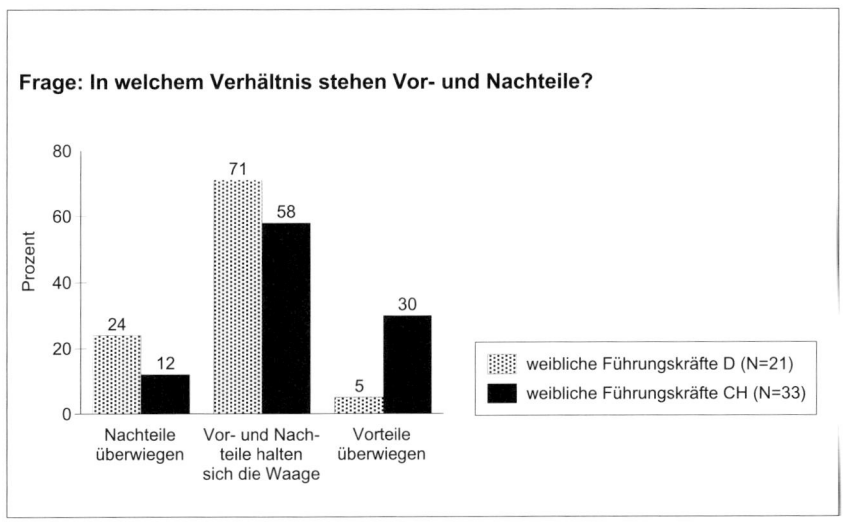

Abbildung 77: Verhältnis Vor- und Nachteile – nach Ländern differenziert

Zusammenfassung und Diskussion

»Komparative Vorteile weiblicher Führungskräfte – gibt es die?« – Die Antwort lautet: ja.

Immerhin zwei Fünftel der befragten Frauen erlebten explizit Vorteile aufgrund ihres Geschlechts. Hierzu zählen vor allem positive Folgen des »sex role spill over« (freundliche Behandlung, Zuvorkommenheit . . .) als auch die mit einem Aufmerksamkeit erzeugenden Sonderstatus verbundenen Privilegien. Auch auf eine erhöhte Abweichungstoleranz wurde verwiesen. Für die Mehrheit der Befragungsteilnehmerinnen sind Vor- und Nachteile gleichmäßig verteilt. Und immerhin 20% meinen, daß die Vorteile überwiegen. Hypothese 23 (»Weibliche Führungskräfte haben neben Nachteilen und Problemen auch Vorteile und Privilegien«) kann also in vollem Umfang bestätigt werden.

Dieser Befund widerspricht dem gängigen Tenor in der Forschungsliteratur. Gleichzeitig steht er aber auch in gewissem Widerspruch zu einzelnen Ergebnissen unserer Untersuchung – etwa zu der mehrheitlich getroffenen Feststellung, härter um Anerkennung kämpfen zu müssen, verstärkt von der informellen Organisation ausgeschlossen zu sein oder schlechtere Aufstiegschancen zu haben.

Eine mögliche Erklärung für dieses Paradoxon: Was als Benachteiligung empfunden wird, hängt stark von den jeweiligen Normalitätsvorstellungen der Beurteiler ab, die sich in der Auseinandersetzung mit dem sozialen Umfeld konstituieren und verfestigen. Da die befragten Managerinnen auf ihrem beruflichen Lebensweg bereits diverse Sozialisationsprozesse in einem vorwiegend »männlich« geprägten Kontext mit Erfolg durchlaufen haben, ist es möglich, daß sie die vorherrschende, von Männern geschaffene »Sicht der Dinge« zumindest teilweise übernommen haben. Wenn es als »normal« gilt, als Frau für die gleiche Anerkennung mehr und bessere Leistungen erbringen zu müssen, weniger in informelle Systeme eingebunden zu werden oder schlechtere berufliche Perspektiven zu haben, rückt eine diesbezügliche Benachteiligung im Zuge kognitiver Dissonanzreduktion leicht an die Schwelle des Bewußtseins. Denkbar wäre andererseits aber auch, daß Führungskräfte von ihrer Persönlichkeitsstruktur her generell weniger dazu neigen, Situationen oder Sachverhalte zu problematisieren.

Weiterhin ist zu beachten, daß sich unsere Stichprobe ausschließlich aus Frauen zusammensetzt, die den Sprung in eine Führungsposition geschafft haben und sich dort behaupten können. Vor diesem Hintergrund können die sich abzeichnenden positiven Tendenzen nicht pauschaliert werden. Dazu bedarf es weiterer, breiter und differenzierter Untersuchungen.

4.4 Resümee

Die zentrale Frage, inwieweit und in welcher Form sich weibliche Führungskräfte von ihren männlichen Kollegen unterscheiden, läßt sich aufgrund der Befundlage nunmehr wie folgt beantworten: In *Disposition* und *Verhalten* sind insgesamt nur wenig geschlechtypische Unterschiede nachweisbar. Sofern entsprechende Unterschiede festgestellt werden, sind diese zumeist klein und weisen teilweise auch in eine andere Richtung als aufgrund von »Alltagstheorien« und bisherigen Forschungsbefunden zu erwarten wäre. In diesem Zusammenhang bleibt festzuhalten:

– Weibliche und männliche Führungskräfte verfügen über eine ähnliche Berufsorientierung und ein ähnliches Erfolgsverständnis. Bei beiden Geschlechtern dominiert die »klassische Karriereorientierung«. Dennoch assoziieren sowohl Frauen als auch Männer mit Berufserfolg stärker inhaltliche Bezüge wie Freude an der Arbeit oder eine interessante Aufgabe als Aufstieg oder Einkommen.

– Weibliche Führungskräfte schätzen ihre Aufstiegschancen vergleichsweise schlechter ein, zeigen aber tendenziell mehr Aufstiegsambitionen als ihre männlichen Kollegen.

– Weibliche Führungskräfte sind nicht mikropolitisch naiv. Sie messen informellen Informations-, Beziehungs- und Fördersystemen durchschnittlich sogar eine etwas höhere Bedeutung bei als ihre männlichen Kollegen. Zudem hält die Mehrzahl der befragten Frauen die Nutzung entsprechender Systeme in gleichem Maße für legitim.

– Weibliche Führungskräfte können sich und ihre Stärken mindestens ebenso gut »verkaufen« wie männliche.

– Frauen führen grundsätzlich nicht anders als Männer. Entsprechende Unterschiede sehen vor allem die Personalexpertinnen, nicht jedoch die Mitarbeiterinnen und Mitarbeiter der Führungskräfte. Auch das Führungsverständnis weiblicher und männlicher Führungskräfte unterscheidet sich nicht signifikant.

Demgegenüber findet die weitverbreitete These, daß die Zusammenarbeit unter Frauen besonders problembehaftet ist, zumindest partiell Unterstützung. Unsere Befunde bieten auch einige Anhaltspunkte dafür, daß weibliche Führungskräfte Frauen tendenziell kritischer gegenüberstehen als ihre männlichen Kollegen. Allerdings besteht in dieser Hinsicht noch erheblicher Forschungsbedarf. Auch auf die Frage, ob Frauen über besondere Eigenschaften und Fähigkeiten verfügen und deshalb für bestimmte Fach- und Führungspositionen besser geeignet sind, läßt sich – nicht zuletzt aufgrund der »Meßproblematik« – keine abschließende Antwort geben.

Deutlich mehr Unterschiede als in Disposition und Verhalten der Geschlechter zeigen sich in ihrer *Lebens- und Arbeitssituation*. Diese fallen überwiegend zu ungunsten der Frauen aus.

Die befragten weiblichen Führungskräfte erleben zwar *persönlich* mehrheitlich keine Nachteile aufgrund ihres Geschlechts, 39% erfahren sogar Vorteile. Hierzu gehören vor allem die positiven Folgen der Geschlechtsnormen (freundliche Behandlung, Zuvorkommenheit, Hilfsbereitschaft etc.) sowie die mit einem Sonderstatus verbundenen Privilegien in Form vermehrter Beachtung und verbesserter Profilierungschancen. Das ist ein bemerkenswertes und überraschendes Ergebnis.

Gleichzeitig jedoch kommt in anderen Aussagen – wie auch in denen der weiteren Befragtengruppen (männliche Führungskräfte, Personalfachleute) – zum Ausdruck, daß Frauen *im Durchschnitt* – trotz einer mittlerweile verbesserten Grundhaltung gegenüber weiblichen Führungskräften in den Organisationen – beruflich immer noch Nachteile haben. Dies zeigt sich in verschiedenen Punkten:

– Immer noch ist es für Frauen deutlich schwieriger, Karriere und Familie zu verbinden. Denn obwohl sich die Geschlechtsrollen im Laufe der letzten Jahrzehnte gelockert haben, wird v.a. Kindererziehung immer noch vorrangig als »Frauensache« betrachtet. Dies hat vielfach zur Folge, daß beruflich ambitionierte Frauen auf Partnerschaft und Kinder verzichten und der Karriere den Vorrang geben. Die hohen Anforderungen einer Führungsposition und die gegenüber früher deutlich gestiegenen Ansprüche an die Kinderbetreuung (vgl. Beck-Gernsheim 1989) erscheinen vielen Frauen unvereinbar und führen zu der Einsicht, daß sich auch in einer »Multioptionsgesellschaft« (Gross 1994) nicht alle Ziele gleichzeitig verwirklichen lassen.

– Weiterhin ist die Tatsache, daß Frauen Mutter werden und dem Unternehmen zeitweise nicht mehr uneingeschränkt zur Verfügung stehen *könnten*, wohl auch ein Grund dafür, daß Männer in den Unternehmen immer noch privilegiert werden. So ist die Mehrheit der weiblichen und männlichen Führungskräfte der Ansicht, daß Männer in ihrer Organisation die besseren Karrierechancen haben. Ein beachtlicher Anteil der weiblichen

Führungskräfte und der PersonalexpertInnen konstatiert überdies Benachteiligungen in einzelnen Personalfunktionen, insbesondere in Entlohnung, Beförderung sowie Förderung und Entwicklung.

–   Die weiblichen Führungskräfte fühlen sich mehrheitlich gleichermaßen anerkannt wie ihre männlichen Kollegen. Für ihre Anerkennung müssen sie allerdings nach eigenen Angaben vergleichsweise häufiger ihre fachliche Kompetenz unter Beweis stellen. Zudem haben sie nach ihrer Einschätzung – über die fachliche Qualifikation hinaus – Anforderungen zu erfüllen, die für ihre männlichen Kollegen nicht in gleichem Maße gelten: Sie müssen diplomatischer und anpassungsfähiger sein, ausgeprägtere soziale Fähigkeiten sowie ein besonders gutes äußeres Erscheinungsbild aufweisen.

–   Weibliche Führungskräfte finden vergleichsweise schwerer Zugang zu informellen Informations-, Beziehungs- und Fördersystemen ihrer Organisation.

Zusammenfassend bleibt festzuhalten: Es finden sich keinerlei Hinweise darauf, daß Frauen aufgrund spezifischer Eigenschaften, Denk- und Verhaltensmuster weniger für Führungspositionen geeignet sind als Männer. Einige Ergebnisse lassen eher gegenteilige Schlüsse zu – so z. B. die Befunde zur beruflichen Motivation. Gleichzeitig deutet vieles darauf hin, daß ihre Karrierechancen aufgrund situationaler – gesellschaftlich bedingter – Gegebenheiten beeinträchtigt sind. Mit anderen Worten: Frauen sind im Berufsleben immer noch mit besonderen Schwierigkeiten konfrontiert, die sie an der vollen Entfaltung ihrer Führungspotentiale hindern (vgl. dazu auch Regnet in diesem Band). An vorderster Stelle ist hierbei wohl die Rolle der Frau als Mutter und Erzieherin zu nennen, die ihr zwar besondere Entfaltungs- und Wachstumschancen im privaten Bereich eröffnet, dafür aber ihre beruflichen Chancen – vor allem in der Phase der Kleinkindbetreuung – stark einschränkt.

Die aktuellen gesellschaftlichen Verhältnisse erlegen jedoch nicht nur Frauen, sondern auch Männern Zwänge auf: Während Frauen in ihrer Karriereentwicklung beeinträchtigt werden, stehen Männer als Hauptversorger der Familien unter mehr oder weniger starkem Erfolgsdruck. Vielfach bleibt den Managern daher wenig Raum für Familienleben und »aktive Vaterschaft«. Um beiden Geschlechtern eine facettenreichere und ausgewogenere Lebensführung zu ermöglichen, bedarf es umfassender Veränderungen auf gesamtgesellschaftlicher Ebene: Zum einen müssen tief verwurzelte Rollenvorstellungen aufgeweicht werden. Zum zweiten gilt es Rahmenbedingungen zu schaffen, die eine Verwirklichung neuartiger Lebensmuster erlauben. Unternehmen und Verwaltungen können zu beidem beitragen.

5 Personalpolitische Folgerungen – Ansatzpunkte zur Förderung der Chancengleichheit im Management

Die komplexe Thematik bedarf mehrerer, sich gegenseitig unterstützender und ergänzender Maßnahmen, die an verschiedenen Barrieren gleichzeitig ansetzen. Diese lassen sich gemäß ihrer Ziel- und Wirkungsschwerpunkte zu fünf Handlungsfeldern verdichten:

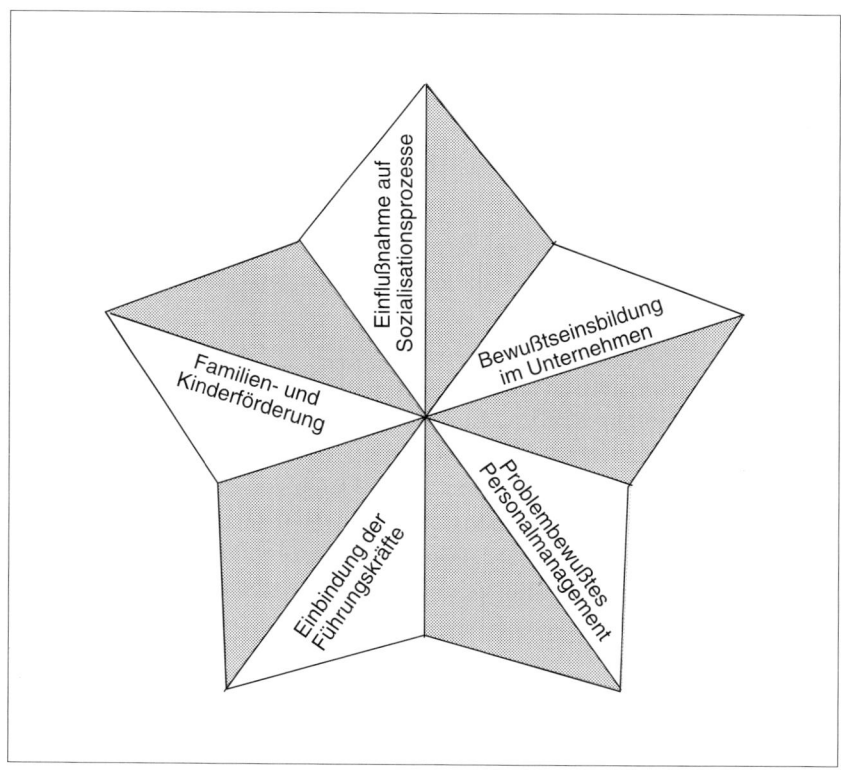

Abbildung 78: Ansatzpunkte zur Förderung der Chancengleichheit

Dabei ergeben sich vielfach Parallelen, Überschneidungen und Wechselwirkungen zwischen den einzelnen Maßnahmenfeldern. So wirken beispielsweise Maßnahmen zur Bewußtseinsförderung im Unternehmen zugleich auf die Sozialisation der Organisationsmitglieder und können dadurch auch zu positiven Veränderungen im Personalmanagement führen und zu verstärkter Familien- und Kinderförderung anregen. Umgekehrt setzen merkliche personal- und familienpolitische Interventionen Zeichen und nehmen so

Einfluß auf Bewußtsein und Sozialisation der Beschäftigten. Demnach ist die gewählte Einteilung nicht als absolut trennscharfes Kategoriensystem zu verstehen. Es ist vielmehr ein heuristisches Raster, das die Vielzahl an potentiellen Möglichkeiten zur Förderung der Chancengleichheit im Management bündelt und überschaubar machen will.

5.1 Einflußnahme auf Sozialisationsprozesse

Wie aufgezeigt wurde, sind viele Beeinträchtigungen der Chancengleichheit Ausdruck und Folge der über Jahrhunderte tradierten Geschlechtsrollen. Wenngleich die Vermittlung geschlechtstypischer Rollenmuster im Rahmen von Sozialisationsprozessen vielschichtig ist und frühzeitig beginnt, haben Unternehmen und Verwaltungen hier auch einige, vorwiegend *langfristig wirksame* Interventionsmöglichkeiten. Vielversprechend scheinen vor allem folgende Ansätze:

Vermittlung neuer, nicht-traditioneller Rollenkonzepte im Rahmen von Werbung und Öffentlichkeitsarbeit

Es ist unumstritten, daß die Medien – vielfach subtil – Einfluß auf das Denken und Handeln von Kindern und Erwachsenen nehmen – ein Tatbestand, der täglich millionenfach marketingtechnisch verwertet wird, grundsätzlich aber auch frauenpolitisch genutzt werden kann: Durch gezieltes Aufzeigen alternativer Rollenkonzepte in Werbung und Öffentlichkeitsarbeit können Unternehmen und Verwaltungen das Selbstverständnis von Mädchen und Jungen wie auch von Frauen und Männern beeinflussen und damit einen wichtigen Beitrag zur sukzessiven Veränderung tradierter Rollenmuster leisten.

Einige Unternehmen tragen dieser Erkenntnis Rechnung. So wurde beispielsweise in der Schweizerischen Kreditanstalt das in Werbebotschaften transportierte Frauenbild überarbeitet (vgl. Bucheli Ruffieux in diesem Band), so schaltet die Commerzbank Personalimageanzeigen mit aktiven, beruflich erfolgreichen Frauen (vgl. Bolte in diesem Band) und so macht die ABB Schweiz – ein traditionelles »Männerunternehmen« – Frauen im Rahmen der Unternehmenskommunikation gezielt sichtbar (vgl. Hausherr Fischer/Sandmeier in diesem Band). Zweckmäßig erscheint uns auch eine – bislang erst vereinzelt feststellbare – Veränderung des nach außen (und innen) kommunzierten Männerbildes.

Wie einschlägige Erfahrungen zeigen (vgl. Assig 1993a), ist die Darstellung nicht-traditioneller Rollenbilder auch aus ökonomischer Perspektive interessant: Da Frauen im allgemeinen kritischer auf Stereotype in der Unternehmenskommunikation reagieren, die Darstellung berufstätiger Frauen, im Haushalt mitarbeitender Männer und geteilter Elternschaft dagegen besonders positiv bewerten (vgl. Assig 1993b), versprechen adäquat gestaltete Marketing- und PR-Konzepte auch die Erschließung neuer, weiblicher Kundenpotentiale. Ein von Christiane Schmerl (1992, S. 281 ff.) entwickelter Leitfaden gibt Hinweise zur Vermeidung geschlechterdiskriminierender Werbung. Abbildung 79 zeigt einige, für unsere Thematik relevante Auszüge.

– Die Werbung soll für eine proportional ausgeglichene Repräsentation von Frauen und Männern in den verschiedenen sozialen und beruflichen Rollen sorgen (z. B. in Haushalt, Beruf, Handwerk, Kinderbetreuung oder leitender Funktion).

– Werbung soll den Wandel und die Bandbreite der heutigen Familienstrukturen widerspiegeln (z. B. alleinerziehende oder geschiedene Eltern, kinderversorgende Väter etc.), ohne bestimmte Strukturen auszublenden, zu idealisieren oder lächerlich zu machen.

– Frauen und Männer sollen beide adäquat in ihrer demographischen Variabilität dargestellt werden, d. h. bezüglich Alter, Familienstand und ethnischer Zugehörigkeit.

– Zu empfehlen ist eine starke quantitative Reduktion der Verwendung konventioneller Geschlechterrollen, um die negativen Effekte der Kumulation zu reduzieren. Insbesondere aber ist ihre Idealisierung und ihre Inszenierung vom Typus »überlegener Mann – abhängige, unterlegene Frau« zu vermeiden. Außerdem sollen konventionelle Rollendarstellungen realistisch sein und nicht durch unglaubwürdige Übersteigerung (z.B. neurotische Hausfrau, laszive Sekretärin, technisch begriffsstutzige Mädchen) diskriminieren.

– Geschlechterpolarisierende und Geschlechterstereotype vergröbernde oder idealisierende Werbung (hyperfeminine Frauen, supermaskuline Männer) und Werbung, die überdies auf die Sexualisierung/sexuelle Überhöhung von neutralen Produkten zielt, ist zu vermeiden.

Abbildung 79: Leitfaden zur Vermeidung geschlechterdiskriminierender Werbung (Auszüge)

Erweiterung beruflicher Perspektiven

Frauen entscheiden sich überproportional häufig für ein eingeschränktes Spektrum an Ausbildungsgängen, Berufszweigen und Funktionen mit vergleichsweise weniger Karrierechancen (vgl. v. Rosenstiel in diesem Band).

Deshalb ist es im Dienste der Gleichstellung notwendig, ihre beruflichen Perspektiven gezielt zu erweitern.

In diesem Zusammenhang müssen zum einen *nicht-traditionelle Berufe, Positionen und Ausbildungsgänge weiter geöffnet* oder attraktiver gemacht werden. Möglichkeiten hierzu bieten beispielsweise eine Teilnahme an Modellversuchen oder die Vergabe von Förderstipendien in untypischen Berufen. Parallel zu derartigen Sonderaktionen gilt es auch, grundsätzlich *alle innerbetrieblichen Ausbildungs- und Beschäftigungsmöglichkeiten publik zu machen* und damit attraktive Alternativen zu klassischen Frauenberufen und -funktionen aufzuzeigen. Hierbei empfiehlt sich eine enge Zusammenarbeit mit Presse, Funk und Fernsehen sowie mit Schulen und Universitäten. So können beispielsweise Presseberichte, Informationsveranstaltungen an (Hoch-)Schulen oder Fernsehauftritte »untypisch beschäftigter« Frauen neue Perspektiven eröffnen. Weiterhin wäre es denkbar, einen bestimmten Prozentsatz von Praktikumstellen und Diplomarbeiten für Studentinnen zu reservieren.

Einen ersten Einblick in bis heute »männliche« Domänen gewähren Programme wie die »Mädchenschnuppertage« bei ABB Schweiz (vgl. Hausherr Fischer/Sandmeier in diesem Band). Hierbei erhalten Mädchen in der Berufsfindungsphase – also etwa von der 7. Schulklasse aufwärts – Gelegenheit, einen ganzen Tag in den Lehrwerkstätten der ABB zu verbringen.

Überprüfung/Veränderung der innerbetrieblichen Aus- und Weiterbildungspraxis

Die problembewußte Gestaltung der innerbetrieblichen Aus- und Weiterbildungspraxis bildet einen dritten Aktionsschwerpunkt. Die Verwendung stereotypenfreier Lehrmittel, die Sensibilisierung der AusbilderInnen/TrainerInnen und der verstärkte Einsatz weiblicher Ausbilder/Trainer sind hierbei von zentraler Bedeutung.

Ferner können Geschlechtsrollen bzw. -stereotype vermehrt zum Thema von Aus- und Weiterbildung gemacht werden. Hervorzuheben sind in diesem Zusammenhang die frühzeitig angesetzten Aktivitäten der Schweizerischen Kreditanstalt. Da die Auszubildenden von heute die Führungskräfte von morgen sind, werden bereits im ersten Lehrjahr im Rahmen von Workshops Rollenklischees erarbeitet und diskutiert. Für die Zukunft ist ein weiterer Ausbau des Aktivitätsspektrums geplant: Zum einen ist vorgesehen, Gleichstellungsfragen in jedem Lehrjahr aufs Neue zu thematisieren, zum anderen sollen weibliche Lehrlinge vermehrt unterstützt und gefördert werden (vgl. Bucheli Ruffieux in diesem Band).

Einflußnahme auf die außerbetriebliche Ausbildungspraxis

Unternehmen und Verwaltungen haben auch die Möglichkeit, Einfluß auf die überwiegend an tradierten Rollenbildern orientierte Ausbildungspraxis (vgl. z. B. Stalmann 1991; Mantovani Vögeli 1994) in allgemein- und berufsbildenden Schulen zu nehmen und damit bildungspolitische Reformen zu forcieren. Neben einer Mitsprache bei der Gestaltung von Lehrplänen, der Auswahl von AusbilderInnen und Unterrichtsmaterialien sowie der LehrerInnenausbildung denken wir hierbei auch an eine Förderung von Projekten, die explizit auf eine Veränderung tradierter Rollenmuster abzielen, wie etwa die in Abbildung 80 beschriebenen Beispiele emanzipatorischer Jungenarbeit .

Eine Ausschöpfung entsprechender Möglichkeiten scheint deshalb so bedeutsam, weil sich Geschlechtsrollenorientierungen in frühen Lebensphasen am stärksten beeinflussen lassen.

Beispiel 1: Jungenarbeit im Mathematikunterricht

Schwerpunkte:

– **Selbstsicherheitstraining:**

Jungen werden für soziales Verhalten in der Klassengemeinschaft und für das Zugeben von Fehlern und Schwäche gelobt. Gefühle, wie z.B. Angst vor einer Klassenarbeit, werden thematisiert.

– **Kommunikationstraining:**

Es wird nicht nur die richtige Bearbeitung einer Aufgabe beachtet, sondern auch deren Präsentation. Auch die Kommentierung der Aufgabe geht in die Bewertung ein. Somit bekommen sprachliche Fähigkeiten größeren Stellenwert.

– **Relativierung traditioneller Männlichkeit:**

Sachaufgaben werden auf Rollenklischees untersucht und umformuliert oder die Kinder entwerfen eigene Aufgaben.

– **Körperorientierte Arbeiten:**

Mathematik wird sinnlich erfahrbar gemacht. Längen- und Winkelmaße sowie geometrische Formen werden durch Drehen, Hüpfen, Springen oder Laufen nachvollzogen. Bei Erschöpfung bieten sich Meditationsübungen an. Bei diesen Übungen gibt es keine Gewinner oder Verlierer. Dies ist eine wichtige Erfahrung für Jungen, die Konkurrenzdenken häufig über die Bereitschaft zur Kooperation stellen.

– Erlebnisorientiertes Arbeiten:

Beispiele aus dem Alltag werden zum Gegenstand des Mathematikunterrichts gemacht (z.B. wird der Schulhof vermessen, eine Klassenfahrt kalkuliert, Umfrageresultate statistisch ausgewertet) Konsequenzen des Handelns werden dadurch deutlicher, ganzheitliches Denken wird gefördert.

Beispiel 2: Jungenarbeit im Haushalt
(Projekt der Laborschule Bielefeld mit Viertkläßlern)

1. Sensibilisierungs- und Informationsphase:

Mädchen und Jungen werden auf traditionelle Rollenbilder und Klischees aufmerksam gemacht.

2. Praktische Phase:

Die Kinder mußten zu Hause verschiedene Hausarbeiten übernehmen. Die Eltern fungierten hierbei als Prüfer. Geübt wurde auch in der Schule. Es wurden fünf Arbeitsgruppen gebildet, die sich mit verschiedenen Haushaltsthemen auseinandersetzen mußten.

Ergebnis:

Das Resultat war durchwegs positiv. Die Kinder – und zwar auch die Jungen - haben sowohl ihre Hausarbeiten in zufriedenstellender Weise erledigt als auch die familiäre Arbeitsteilung rege diskutiert. Allerdings zeigte eine ein Jahr später durchgeführte Befragung, daß sich die gewohnte Arbeitsteilung besonders bei den Jungen schnell wieder einpendelt. Deshalb fordern die LehrerInnen der Laborschule eine kontinuierliche Auseinandersetzung mit den Geschlechtsrollen.

Abbildung 80: Beispiele schulischer Jungenarbeit (de Jong 1996, S. 69f.)

Wir haben sowohl weibliche als auch männliche Führungskräfte gefragt, welche Bedeutung sie den einzelnen Maßnahmen zuschreiben. Wie Abbildung 81 zeigt, messen sie der Einflußnahme auf Sozialisationsprozesse insgesamt mittlere bis hohe Bedeutung bei. Die Frauen halten dabei mit einer Ausnahme (Bekanntmachung aller innerbetrieblichen Ausbildungs- und Beschäftigungsmöglichkeiten für Frauen) alle Aspekte für bedeutsamer.

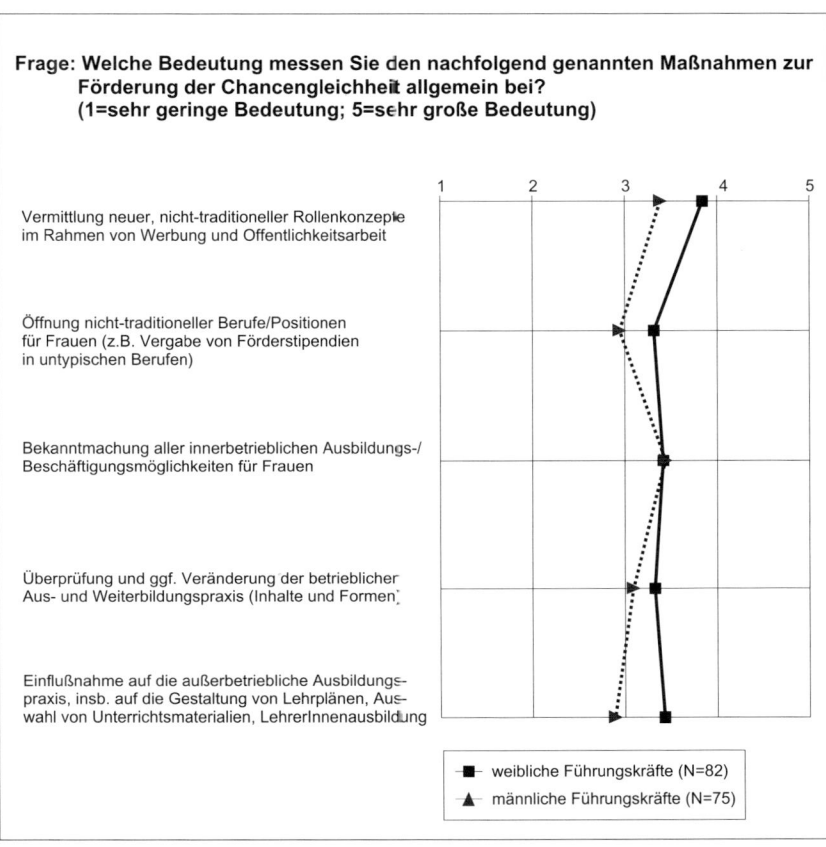

Abbildung 81: Einflußnahme auf Sozialisationsprozesse – Bedeutung aus der Sicht weiblicher und männlicher Führungskräfte

5.2 Bewußtseinsbildung im Unternehmen

Die volle Entfaltung der Potentiale qualifizierter Mitarbeiterinnen setzt auch ein frauenfreundliches Organisationsklima voraus. Nach unserer Erhebung wurden in dieser Beziehung in den letzten Jahren Fortschritte erzielt und ein beachtlicher Teil der weiblichen Führungskräfte erlebt sogar gewisse komparative Vorteile. Es wurde aber auch deutlich, daß noch nicht alle Vorbehalte gegenüber Frauen in Führungspositionen ausgeräumt sind.

Deshalb ist es nach wie vor unerläßlich, Aufklärungsarbeit zu leisten, Signale zu setzen, Stereotypen und Vorurteile abzubauen. Da die Macht in den Organisationen mehrheitlich in den Händen von Männern liegt, geht es nach Domsch (1995, S. 65) hierbei weniger um Frauen- als vielmehr um Männer-

141

förderung: »Männer müssen mehr in Richtung ›Chancengleichheit‹ sensibilisiert werden, auf ein anderes Niveau des Denkens, Sprechens und Handelns in Sachen Gleichstellung gebracht werden.«

Hierfür gibt es verschiedene Ansatzpunkte. Abbildung 82 gibt einen Überblick über die verschiedenen Möglichkeiten und zeigt, welche Bedeutung die BefragungsteilnehmerInnen den einzelnen Maßnahmen beimessen.

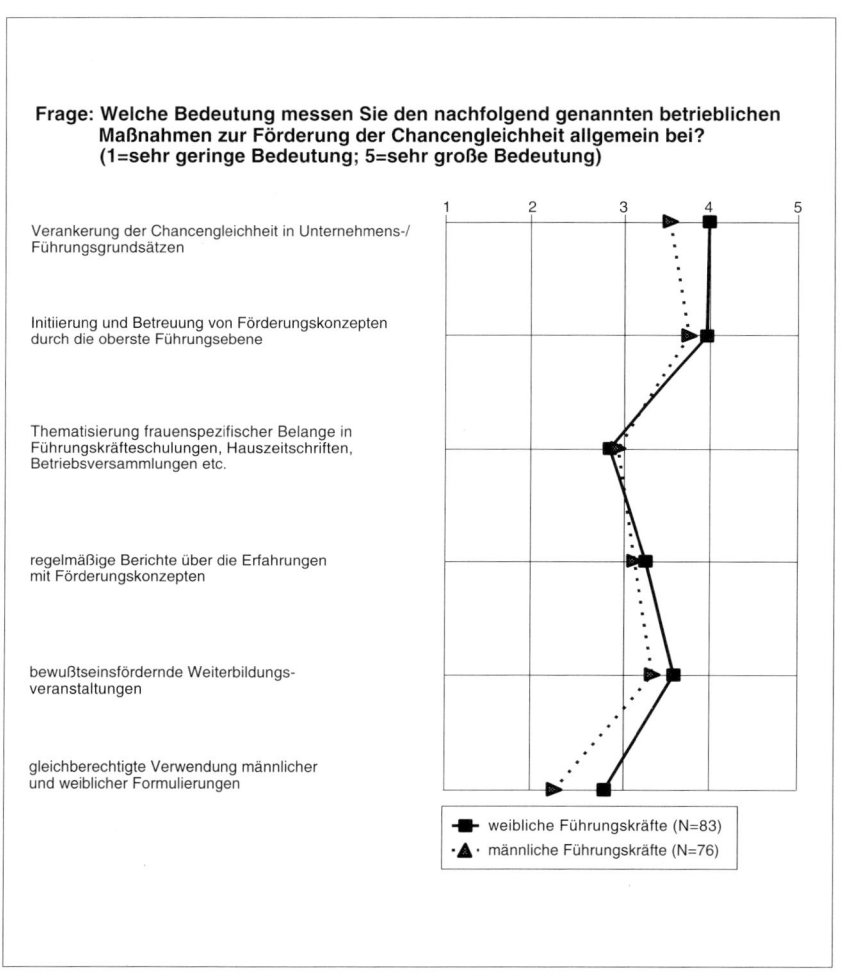

Abbildung 82: Bewußtseinsbildung im Unternehmen – Bedeutung aus der Sicht weiblicher und männlicher Führungskräfte

Von besonderer Relevanz ist dabei – auch nach Meinung der befragten Führungskräfte – die *Verankerung der Chancengleichheit in Unternehmens-*

oder Führungsgrundsätzen. Denn durch offizielle und schriftlich verbriefte Statements – wie beispielsweise die im Leitbild der Schweizerischen Kreditanstalt fixierte Maxime »Wir bekennen uns zum Grundsatz der Gleichwertigkeit der Arbeit von Frau und Mann und der Chancengleichheit für alle Mitarbeiterinnen und Mitarbeiter« (vgl. Bucheli Ruffieux in diesem Band) – avanciert das gesellschafts- wie auch unternehmenspolitisch brisante Thema Gleichstellung zum Anliegen des Unternehmens und damit zu einer allgemein verbindlichen Norm.

Ähnliche Signalwirkung hat die *Initiierung und Betreuung von entsprechenden Förderungsprojekten durch die oberste Führungsebene.* Als Machtpromotor kann das Top-Management dafür sorgen, »dass Chancengleichheit zu einem verbindlichen Anliegen wird, zu einem selbstverständlichen Bestandteil von Unternehmensstrategie und Jahreszielen, die umzusetzen alle verpflichtet sind« (Stalder 1997, S. 128). So verdankt es beispielsweise die Hilti AG nicht zuletzt dem Engagement des Personalvorstands, daß binnen kurzer Zeit ein umfassender Gleichstellungsprozeß in Gang gesetzt werden konnte (vgl. Stickel in diesem Band).

Weiter oben wurde bereits auf die Außenwirkung der Unternehmenskommunikation und ihre Bedeutung verwiesen. Ebenso wichtig erscheint es, Frauen auch innerbetrieblich sichtbar zu machen, *frauenspezifische Belange öffentlich zu thematisieren* sowie über *Erfahrungen mit Förderungskonzepten und Maßnahmen zu berichten*: »Tue Gutes und rede darüber« – diesen Grundsatz vertritt Sabine Bolte von der Commerzbank (in diesem Band), denn mangelndes Problembewußtsein beruht vielfach auf Informationsdefiziten. Nachfolgend einige Beispiele, wie »Frauenthemen« zur Sprache gebracht werden:

– Bei der Schweizerischen Kreditanstalt ist eine Arbeitsgruppe damit betraut, die betrieblichen Aktivitäten im Dienste der Gleichstellung unternehmensintern zu kommunizieren – beispielsweise durch Artikel in der Hauszeitschrift (vgl. Bucheli Ruffieux in diesem Band).

– Bei der Commerzbank wurde für das Projekt »Frauen im modernen Banking« ein eigenes »Produkt-Logo« entwickelt, das in Veröffentlichungen, auf Folien und Briefbögen sowie in Broschüren erscheint und eine Wiedererkennung bei den diversen Projektfacetten gewährleistet (vgl. Bolte in diesem Band).

– Die Hoffmann-La Roche AG hat das Thema Chancengleichheit zum festen Bestandteil der Führungskräfteschulung gemacht. Zentrale Bausteine sind: einschlägige Vorträge, Workshops, in denen das Rollenverständnis von Frauen und Männern hinterfragt wird sowie die explizite Thematisierung der sexuellen Belästigung respektive des Machtmißbrauchs am Arbeitsplatz (vgl. Verrey in diesem Band).

Gezielte *bewußtseinsfördernde Weiterbildungsveranstaltungen* wie die eben erwähnten Workshops bei Roche bieten – gemischtgeschlechtlich besetzt – ein Forum für eine konstruktive Auseinandersetzung zwischen Frauen und Männern über dieses Thema. Wie sich im Rahmen unserer Auswertung (vgl. Kapitel 4) gezeigt hat, nehmen Frauen und Männer in vielen Punkten eine unterschiedliche Perspektive ein. Beispielsweise empfinden die weiblichen Führungskräfte das Klima innerhalb ihrer Organisation weniger »frauenfreundlich« und erleben mehr Frauendiskriminierung als ihre männlichen Kollegen. Da zu vermuten ist, daß diese unterschiedlichen Wirklichkeitsdefinitionen im täglichen Zusammenwirken zu Mißverständnissen und Konflikten führen, scheint es wichtig, das gegenseitige Verständnis zwischen den Geschlechtern zu fördern.

Gemischtgeschlechtliche Seminare oder Workshops bieten grundsätzlich eine gute Gelegenheit, die Verständigungsbasis zwischen den Geschlechtern auszubauen und damit die Grundlage für ein konstruktiveres Miteinander im betrieblichen Alltag zu legen. Nach den Erfahrungen der Arbeits- und Organisationspsychologin Beatrice Stalder (1997) ist der Erfolg dieser Bemühungen jedoch an zwei Voraussetzungen geknüpft:

– Zum einen muß die Gleichstellungsdebatte im Betrieb bereits fortgeschritten und eine unterstützende Kultur zumindest in Teilbereichen erkennbar sein:

> »Sie sollten deutliche Anzeichen dafür erkennen, dass Weiterbildung zum Thema Chancengleichheit auf ein reales Publikum an Frauen und Männern treffen wird, das nicht aus Neugier oder als Argument gegen Frauenkurse solche Weiterbildungen verlangt, sondern dies mit echtem Engagement und Veränderungsbereitschaft tut« (Stalder 1997, S. 51).

– Zum zweiten bedarf es einer kompetenten, idealerweise gemischtgeschlechtlichen Kursleitung:

> »Ein mittelmässig geleiteter Kurs, dessen Gruppendynamik aus den Fugen gerät, kann möglicherweise mehr Schaden anrichten, als er Gutes tut.« (Ebenda, S. 52)

Da Sprache unser Denken beeinflußt, leistet auch die sprachliche Gleichbehandlung einen weiteren Beitrag zur Bewußtseinsbildung. Wenngleich wir und unsere Befragten einer *gleichberechtigten Verwendung weiblicher und männlicher Formulierungen* im Gesamtkontext die geringste Bedeutung zuschreiben (vgl. Abbildung 82), erlangt sprachliche Gleichstellung und -behandlung – auch nach Ansicht von PraxisvertreterInnen (vgl. z. B. Stickel, Hausherr, Fischer/Sandmeier und Bucheli Ruffieux in diesem Band) – eine gewisse Relevanz. Dazu ein ausgewähltes Zitat:

>Die Sprache widerspiegelt (. . .) nicht nur gesellschaftliche Gegebenheiten, sondern sie kann auch dazu beitragen, gewisse Sachverhalte zu untermauern, zu zementieren, indem sie die vorherrschenden Bilder und Normen bestätigt und unterstützt, Minderheiten oder unerwünschte Positionen dagegen marginalisiert, abwertet oder unterdrückt. Diese Prozesse werden z.T. auch ganz bewusst eingesetzt, etwa wenn es darum geht, bestimmten Inhalten auch formal entsprechendes Gewicht zu verleihen. So kann Sprache aber auch gesellschaftlichen Wandel und soziale Veränderungen unterstützen, indem sie mit neuen Formulierungen hilft, das Bewusstsein für das angestrebte Ziel zu stärken« (Schweizerische Bundeskanzlei 1991, S. 7).

Sprachliche Gleichbehandlung verfolgt im wesentlichen drei Ziele (Ebenda, S. 19):

- *Sichtbarmachen des Geschlechts*: Frauen und Männer sollen ihren Beruf, ihre Stellung in der Organisation usw. mit einem Begriff bezeichnen können, der neben der Funktion auch das Geschlecht zum Ausdruck bringt: z. B. der Präsident/die Präsidentin, der Mitarbeiter/die Mitarbeiterin.

- *Symmetrie*: Die Bezeichnungen sollen gleichwertig und möglichst symmetrisch sein (z. B. »Erzieherin und Erzieher« anstatt »Kindergärtnerin und Erzieher«).

- *Gleiche Chancen des Gemeintseins*: Frauen und Männer sollen sich gleichermaßen angesprochen fühlen, wenn Personen geschlechtsunspezifisch angesprochen werden.

Sicher sind nicht alle in diesem Kontext diskutierten Vorschläge praktikabel und sinnvoll. So erschwert eine konsequente Anwendung von Formulierungen wie »der/die Mitarbeiter/in« oder »man/frau« den Lesefluß und ist faktisch nicht in die gesprochene Sprache umsetzbar. Dennoch gibt es Möglichkeiten, Männer und Frauen gleichermaßen anzusprechen bzw. in Erscheinung zu bringen. Die in Anlehnung an eine Dienstliche Weisung der Generaldirektion PTT erstellte Abbildung 83 gibt einige Anregungen.

Anwendungsbereich	Hinweise
1. Stellenausschreibungen	• weibliche und männliche Berufsbezeichnung, z.B.: – Personalleiterin/Personalleiter – Ausbilderin/Ausbilder • geschlechtsneutrale Anforderungen, z.B.: – »Organisationstalent« anstatt »guter Organisator« – »Pädagogisches Geschick« anstatt »guter Pädagoge«
2. Korrespondenz	• Bei der Anrede nicht genau bekannter Personen beide Geschlechter erwähnen, z. B.: – Sehr geehrte Damen und Herren – Liebe Mitarbeiterinnen und Mitarbeiter • Das einfache Beifügen von »Frau« vermeiden, z.B.: – »Herr und Frau Müller« anstatt »Herr Müller und Frau«
3. Titel von Broschüren, Dokumentationen, Informationsblättern	• Beide Geschlechter ansprechen, z.B.: – Pausenregelungen für Mitarbeiterinnen und Mitarbeiter
4. Anmeldeformulare/ Einladungen	• Paarformeln oder geschlechtsneutrale Formulierungen verwenden, z.B.: – »Wir würden uns freuen, Sie mit Ihrer Partnerin oder Ihrem Partner begrüßen zu dürfen.« – »Ich nehme an der Veranstaltung teil und werde mich von ... Personen begleiten lassen.«
5. Bezeichnungen weiblicher und männlicher Personen in Texten	• geschlechtsneutrale Personenbezeichnungen verwenden, z.B.: – in der Einzahl: der Mensch, das Mitglied, die Kundschaft – in der Mehrzahl: die Angestellten, die Beschäftigten, die Teilnehmenden • komplizierte Texte umformulieren bzw. von vornherein auf einfache Formulierungen achten, z.B.: – »Es wird ein Tagegeld entrichtet« anstatt »Die Teilnehmerinnen und Teilnehmer erhalten ein Tagegeld« – »Die Sitzungen werden von der Geschäftsleitung einberufen« anstatt »Die Sitzungen werden vom/von der Geschäftsleiter/in einberufen«

Abbildung 83: Hinweise zur sprachlichen Gleichbehandlung

146

5.3 Frauengerechtes Personalmanagement

Ein frauengerechtes Personalmanagement sorgt auch dafür, daß in den einzelnen Personalfunktionen mittelbare und unmittelbare Diskriminierungen vermieden werden. Geschlechtsneutrale Stellenanzeigen, gleicher Lohn für gleiche/gleichwertige Arbeit, gleiche Ausbildungsmöglichkeiten, gleiche Karriereplanung, gleichberechtigter Zugang zu Weiterbildungsmaßnahmen sind hierbei zentral.

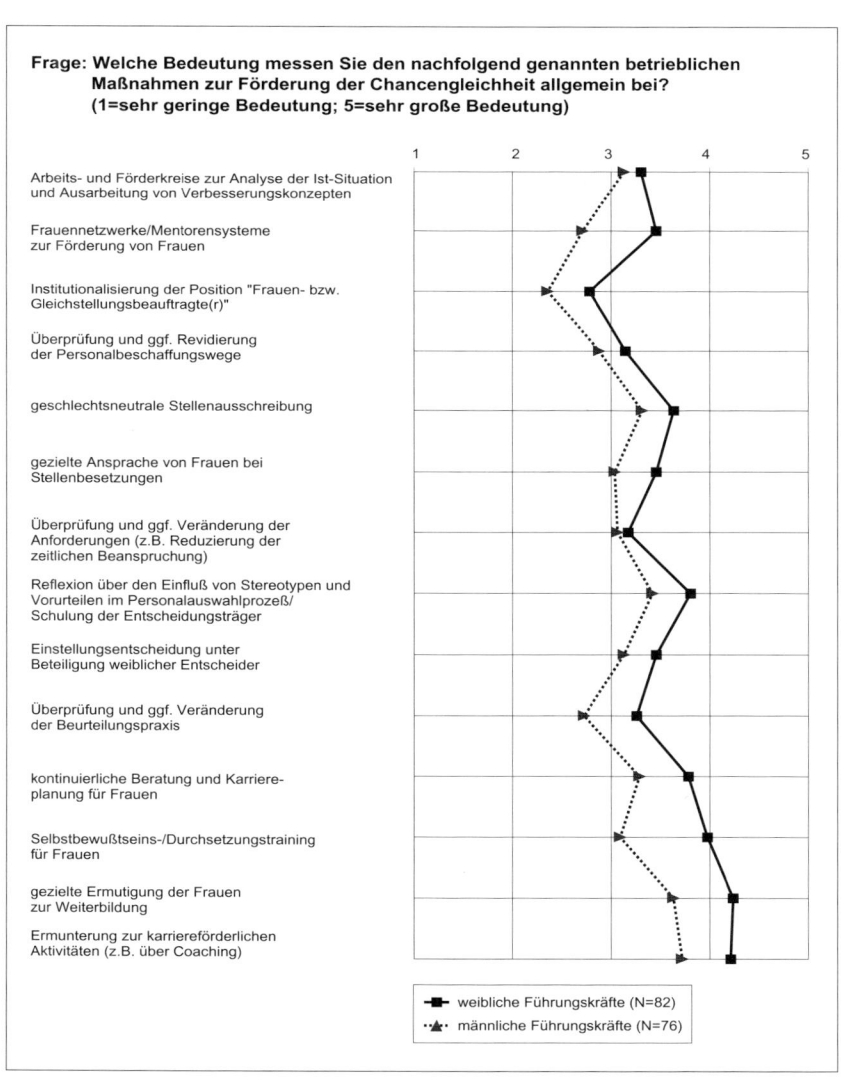

Abbildung 84: Aspekte eines frauengerechten Personalmanagements

147

Stellt man in Rechnung, daß Frauen häufiger unter erschwerten Bedingungen agieren, scheint darüber hinaus eine teilweise Sonderbehandlung – zumindest unter bestimmten Umständen – diskussionswürdig. So sieht beispielsweise eine Weisung der Schweizerischen Bundesverwaltung solange eine gezielte Ansprache von Frauen in Stellenanzeigen vor, bis ihre Unterrepräsentanz in der entsprechenden Funktion behoben ist (vgl. Preisig/Ulmi in diesem Band). Es ist bemerkenswert, daß solche Konzepte in der Schweiz wie auch in Deutschland am weitaus häufigsten im öffentlichen Dienst praktiziert werden.[13]

Abbildung 84 zeigt einige Instrumente und Maßnahmen zur problembewußten Gestaltung der Personalarbeit und ihre Bewertung durch Führungskräfte. Einige davon werden noch ausführlicher diskutiert.

In ersten Linie sollen jedoch – in Bezugnahme auf die in 4.3.3 dargestellten Befunde – einige Veränderungsstrategien für jene Bereiche aufgezeigt werden, in denen nach Ansicht der befragten weiblichen Führungskräfte – das Primat der Chancengleichheit noch nicht überall verwirklicht ist: die Entgelt- und Beförderungspolitik sowie die Förderung und Entwicklung.

Entgeltpolitik

Die Modifizierung oder Abschaffung von traditionell »männerzentrierten« Arbeitsbewertungssystemen bildet eine Grundlage für Lohngleichheit. Deshalb wird das bei Hilti gebräuchliche Stellenbewertungssystem in naher Zukunft eine deutliche Modifikation erfahren (vgl. Stickel in diesem Band).

Durch Bereitstellung eines Sonderbudgets können – wie bei der Schweizerischen Kreditanstalt und Hilti geschehen (vgl. Bucheli Ruffieux und Stickel in diesem Band) – ungerechtfertigte Einkommensdifferenzen zwischen Frauen und Männern ausgeglichen werden. Nachahmenswert scheint uns ferner die bei der Schweizerischen Kreditanstalt geübte Praxis, bei jeder Einstellung einer Frau einen Gehaltsvergleich mit zwei Männern in gleicher oder vergleichbarer Position vorzunehmen. Damit wird sichergestellt, daß »weibliche Bescheidenheit« Bewerberinnen nicht zum Nachteil gereicht.

Beförderungspolitik

In der Beförderungspolitik bieten sich – ebenso wie in der Einstellungspolitik – verschiedene Maßnahmen an.

- Hierzu zählt zunächst die *Revidierung der Anforderungen bzw. Beurteilungsgrundlagen.* So ist z. B. zu überprüfen, ob uneingeschränkte Mobi-

---

13 Dies könnte politische Gründe haben. Schließlich sind die Hälfte der Wähler Frauen.

lität für die entsprechende Position unerläßlich ist oder inwieweit verantwortungsvolle und qualifizierende außerberufliche Tätigkeiten wie Kindererziehung oder Altenpflege honoriert werden können. Ein Beispiel zeigt die Weisung 3.2 der Schweizerischen Bundesverwaltung:

»Für die Beurteilung der Gleichwertigkeit der Qualifikation sind nebst Ausbildung und Berufserfahrung insbesondere auch ausserberufliche Tätigkeiten massgebend, wie z. B. Betreuungsaufgaben, Mitarbeit in sozialen Institutionen. Solche Qualifikationen dürfen namentlich gegenüber militärischen Erfahrungen nicht geringer bewertet werden« (vgl. Preisig/Ulmi in diesem Band).

– Damit Beförderungsaspirantinnen nicht an spezifisch männlichen Bewertungsmustern scheitern, sollten *Beförderungsentscheidungen unter Beteiligung weiblicher Entscheider* getroffen werden. So kann etwa nach Erfahrungen der Lufthansa (vgl. Mölleney in diesem Band) die paritätische Besetzung eines – Beförderungsentscheidungen nicht selten vorgelagerten – Assessment Centers die Chancengleichheit sichern.

– Drittens sind die vieldiskutierten und umstrittenen *Quotenregelungen* zu nennen (vgl. Abbildung 85).

Die Diskussion über dieses Thema wird mit Recht sehr kontrovers geführt. So sind folgende Einwände durchaus ernst zu nehmen:

– Quoten stehen im Widerspruch zur Marktorientierung und verursachen erhöhten Verwaltungsaufwand.

– Es besteht die Gefahr, daß Frauen – um der Quote willen – unabhängig von ihrer Qualifikation und Motivation eingestellt werden.

– Es ist nicht auszuschließen, daß selbst kompetente Frauen als »Quotenfrauen« abqualifiziert werden.

– Das Selbstwertgefühl vieler weiblicher Führungskräfte fordert, nur nach Leistung »diskriminiert« zu werden (vgl. Mölleney in diesem Band).

– Es ist zu befürchten, daß nun Männer wegen ihres Geschlechts individuell benachteiligt werden.[14]

– Die Reichweite von Quotenregelungen ist begrenzt. Zum einen bleiben zentrale Probleme wie die Vereinbarkeit von Beruf und Familie davon vollkommen unberührt. Zum anderen lassen sich zumindest bei Entscheidungsquoten leicht Möglichkeiten finden, die vorgegebenen Richtlinien zu umgehen (vgl. Raasch 1995).

- **Ergebnisquoten**

  Festlegung von Ziel und Zeitrahmen der Verwirklichung

  Zielvorgaben in bezug auf bestimmte Positionen und Funktionen

  Bsp.: Binnen zehn Jahren sollen Frauen zu 30% im mittleren Management vertreten sein.

  Zielvorgaben in bezug auf Einstellungs- und Beförderungsentscheide

  Bsp.: In den nächsten Jahren werden 20 Stellen im mittleren Management frei. Davon sollen mindestens 5 an Frauen vergeben werden.

- **Entscheidungsquoten**

  Bsp.: Solange Frauen auf akademischen Nachwuchspositionen unterrepräsentiert sind, sollen sie bei Einstellungen und Beförderungen bevorzugt berücksichtigt werden.

  Regelvorgabe für einzelne Personalentscheide

  - vorrangige Berücksichtigung bei gleicher Qualifikation
  - vorrangige Berücksichtigung bei gleichwertiger Qualifikation
  - vorrangige Berücksichtigung bei gewissen Mindestvoraussetzungen

  mögliche Bezugsgrößen für die Festsetzung

  - prozentuale Verteilung der Geschlechter in der Bevölkerung
  - prozentuale Verteilung der Geschlechter bei den erwerbsfähigen Personen
  - prozentuale Verteilung von Männern und Frauen einer bestimmten Berufs- oder Hochschulausbildung
  - prozentualer Anteil von Bewerberinnen und Bewerbern für eine bestimmte Position

Abbildung 85: Formen von Quotenregelungen

---

14 Dies wird in der Literatur – je nach Standpunkt – unterschiedlich interpretiert. So hält z. B. Pfarr (1995, S. 812) eine individuelle Benachteiligung für bedauerlich, aber unumgänglich: »Quotenregelungen haben zum Ziel, die Bevorzugung der Gruppe der Männer zugunsten einer gleichgewichtigen Benachteiligung der Gruppe der Frauen zurückzuschneiden. Wenn sie effektiv ausgestaltet sind, wird sich der Abbau der Bevorzugung der Gruppe der Männer bei einer personellen Einzelmaßnahme konkretisieren in der Benachteiligung eines einzelnen Mannes gegenüber einer Frau. Das ist nicht schön und auch nicht intendiert, aber unvermeidlich. Wer hier zögert und diese individualrechtliche Benachteiligung nicht hinzunehmen bereit ist, akzeptiert damit notwendigerweise eine andere Benachteiligung: die der Gruppe der Frauen (. . .).« Demgegenüber meint z. B. Friauf (Sachverständigenanhörung 1982; zit. nach Sacksofsky 1991, S. 167), ». . . daß der Grundrechtsschutz, der letztlich auf die in Artikel 1 I GG zum obersten Wert erklärte Würde des Menschen zurückführt, keine statistische Angelegenheit ist, sondern daß es um die individuellen Rechte des einzelnen Bürgers geht« und lehnt daher eine Modifizierung oder Durchbrechung des männlichen Anspruchs auf Gleichbehandlung strikt ab.

Gleichzeitig können Quotenregelungen aber auch Chancen eröffnen.

So kann eine Quotierung – im privatwirtschaftlichen Bereich etwa auf der Basis von Betriebsvereinbarungen – helfen, angestrebte Ziele schneller zu erreichen. Wie die Erfahrungen aus den USA (vgl. Krebsbach/Gnath 1985) bestätigen, wird dadurch die verstärkte Präsenz von Frauen in Fach- und Führungspositionen beschleunigt. Wird die Frau im Management mehr zur Normalität, so nehmen auch Probleme ab, z. B. der Zwang »besser zu sein« oder der erschwerte Zugang zu informellen Netzwerken. Außerdem werden vermehrt Vorbilder geschaffen. Frauen erkennen verstärkt, daß eine Karriere im Bereich des Machbaren liegt und werden sich infolgedessen mehr darum bemühen. Das Auswahlpotential an qualifizierten Arbeitskräften wird sich im Zuge dessen vergrößern.

Aber selbst wenn die quantitativen Erfolge bescheiden bleiben, erfüllen Quotenregelungen die Funktion eines symbolischen Managements: Sie setzen Zeichen. So erbrachten die im öffentlichen Dienst einiger Bundesländer praktizierten Entscheidungsquoten zwar nicht den erhofften Anstieg der Frauenanteile, zeitigten aber wichtige Lerneffekte:

»Die Frauenanteile in den Behörden mußten erstmals differenziert offengelegt werden. Bei jeder Stellenvergabe war die Unterrepräsentanz der Frauen Thema, selbst wenn anschließend doch wieder ein Mann genommen wurde. Das schärfte schrittweise das Bewußtsein für das wahre Ausmaß von Frauenbenachteiligung in ihrem Bereich, machte ein schlechtes Gewissen. Der Zwang, in jedem Einzelfall begründen zu müssen, warum der Mann besser qualifiziert sein sollte als die Frau, öffnete manchmal auch den Blick für spezifische Frauenqualifikation« (Raasch 1995, S. 495).

Trotz dieser zitierten Vorteile ist in der Praxis die Einstellung gegenüber Quoten meist negativ. Auch von unseren Befragten – selbst von den weiblichen Führungskräften – wurden Quotenregelungen mehrheitlich als wenig bedeutsam eingestuft (vgl. Abbildung 86), teilweise sogar als kontraproduktiv abgelehnt.

Dazu mag auch beitragen, daß die Rechtsprechung mehrfach männlichen Klägern, die sich durch Quotenregelungen diskriminiert fühlten, recht gab (vgl. dazu im einzelnen Schiek 1996a). Ein prominentes Beispiel ist eine Entscheidung des Europäischen Gerichtshofs (vgl. Raasch 1995; Schieck 1996 a und b; Kayß/Ach 1997). In seinem Urteil vom 17. 10. 1995 erklärte der EuGH die qualifikationsbezogene Entscheidungsquote aus § 4 des Bremer Landesgleichstellungsgesetzes für unvereinbar mit der EG-Gleichbehandlungsrichtlinie 76/207/EWG. Die Begründung: Eine Regelung, die Frauen bei gleicher Qualifikation in Bereichen, in denen Frauen unterrepräsentiert sind, bei Beförderungen »automatisch« den Vorrang einräumt, stelle eine Diskriminierung der Männer aufgrund ihres Geschlechts dar. Wenngleich diese Entscheidung nationale Gerichte und Behörden nur in bezug auf Entscheidungsquoten ohne sog. »Härteklausel«[15] bindet (vgl. Schiek 1996a und b), haben solche Urteile Signalwirkung. So haben infolgedessen mehrere Bundesländer ihren Dienststellen empfohlen, die Quotierungsregeln nicht mehr anzuwenden (vgl. Schiek 1996b). Es bleibt abzuwarten, wie sich Rechtsprechung und theoretische Diskussion weiterentwickeln werden. Angesichts der großen Vorbehalte und der vor allem unter PraktikerInnen weitverbreiteten Ablehnung der »Quote« muß mittlerweile allerdings bezweifelt werden, ob dieses – zunächst vielversprechend erscheinende Instrument – Frauen *praktisch* tatsächlich zu mehr Chancen in der Arbeitswelt verhelfen kann und soll.

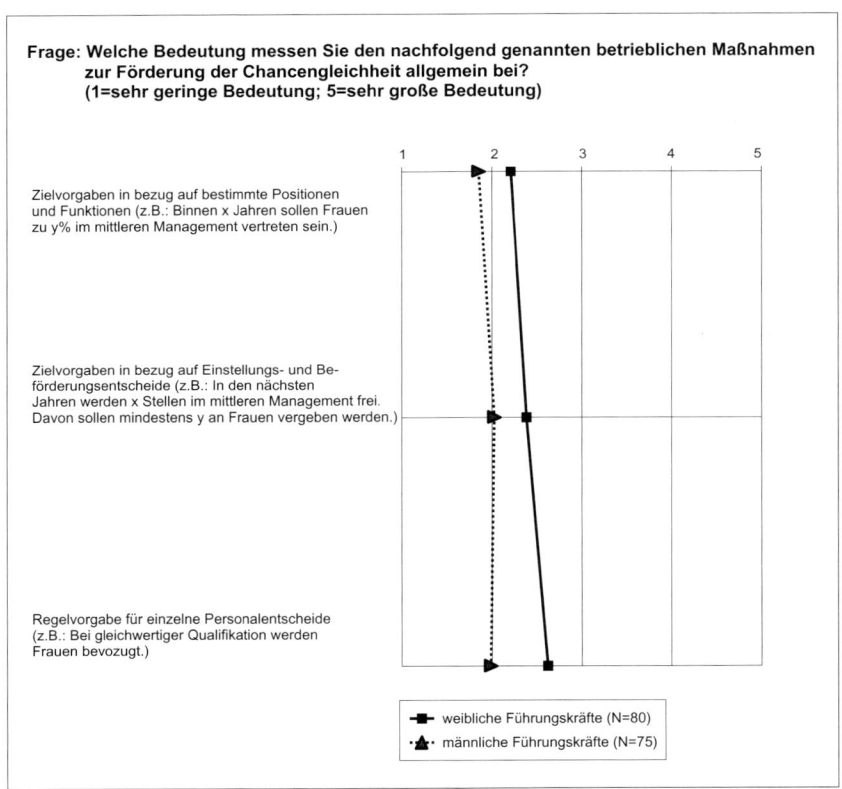

Abbildung 86: Festlegung verbindlicher Frauenquoten – Bedeutung aus der Sicht weiblicher und männlicher Führungskräfte

15 Härteklauseln erlauben in gewissen Fällen eine Abweichung von der vorgegebenen Entscheidungsregel.

Förderung und Entwicklung

Die gezielte Förderung und Entwicklung von Frauen scheint unseren Befragten – insbesondere den weiblichen Vertretern – besonders wichtig. Wie zeigt, wird folgenden Maßnahmen überdurchschnittliche Bedeutung zugeschrieben: *kontinuierliche Beratung und Karriereplanung, gezielte Ermutigung zur Weiterbildung* sowie *zu anderen karriereförderlichen Aktivitäten, ein Selbstbewußtseins- und Durchsetzungstraining* und nicht zuletzt die *Förderung von Netzwerken und Mentorensystemen.* Daraus lassen sich verschiedene personalpolitische Folgerungen ableiten:

– Grundsätzlich sollten *Laufbahnmodelle* entwickelt werden, gerade die typisch weibliche Lebensläufe berücksichtigen. Es gilt insbesondere, zeitweilige Unterbrechungen (»Familienpausen«) – ohne Karriereeinbrüche – zuzulassen und ein vermehrtes Angebot an Teilzeitstellen, aber auch attraktive Alternativen zur klassischen Führungslaufbahn bereitzustellen. Darauf wird später (vgl. 5.5) noch ausführlicher eingegangen.

Personalfachleute und Linienvorgesetzte sind aufgerufen, gerade die *individuelle Karriereplanung und -beratung* mit weiblichen Mitarbeitern zu verstärken. Da Gleichstellungs-Wissen »nicht Alltagserfahrung und Allgemeinwissen« ist, »die en passant erworben werden bzw. vorausgesetzt werden dürfen«, sondern vielmehr »Fachwissen, das erlernt und erprobt werden will« (Stalder 1997, S. 30), sollte die Personalabteilung die Führungskräfte entsprechend sensibilisieren und beraten.

– Im Kontext »Personalentwicklung« stellt sich weiterhin die Frage, ob *Weiterbildungsveranstaltungen* – z. B. das oben erwähnte Selbstbewußtseins- und Durchsetzungstraining – *frauenspezifisch oder gemischtgeschlechtlich* durchgeführt werden sollen. Dies wird kontrovers diskutiert. So wurden in einer neueren Befragung von weiblichen Führungskräften und Personalverantwortlichen (Waschbüsch/Kuwan 1994) folgende Pro- und Contra-Aspekte für eine frauenspezifische Führungskräfteweiterbildung ins Feld geführt (vgl. Schiersmann 1997):

Pro-Argumente	Contra-Argumente
– Da weniger Anpassungsdruck an männliche Normen besteht, bieten sich gute Gelegenheiten zur Entfaltung weiblicher Potentiale. – Frauen können sich besser den eigentlichen Lernzielen widmen, ohne sich gegen männliche Dominanz behaupten zu müssen. – Die Wahl der Methoden und Organisationsformen von Qualifizierungsmaßnahmen kann sich an spezifisch weiblichen Bedürfnissen orientieren. – Es bieten sich Möglichkeiten zum Erfahrungsaustausch und zur Netzwerkbildung unter weiblichen Führungskräften, wofür es im Alltag angesichts der Unterrepräsentanz von Frauen in Führungspositionen nur wenig Gelegenheit gibt.	– Die Vorurteile gegenüber weiblicher Führungskompetenz werden eher bestätigt. Die Veranstaltungen werden leicht als »Behindertenprogramme« etikettiert. – Die Veranstaltungen geraten in den Geruch des »Emanzentums«. – Diese Veranstaltungen haben wenig Realitätsgehalt. Da sich Frauen im Alltag vor allem mit männlichen Kollegen und Vorgesetzten auseinandersetzen müssen, eignet sich der geschützte Raum reiner Frauengruppen nicht zur Entwicklung praktisch verwertbarer Führungskompetenz. – Die Verantwortung für die Situation von Frauen in Führungspositionen und die Auseinandersetzung mit diesem Thema wird an die Betroffenen selbst delegiert.

Abbildung 87: Für und Wider einer frauenspezifischen Führungskräfteschulung

Insgesamt herrscht jedoch die Auffassung vor, daß für bestimmte Weiterbildungsinhalte und Zielgruppen frauenspezifische Angebote durchaus nützlich sein können (Ebenda).

Da weibliche Führungskräfte zum Teil mit anderen Erwartungen konfrontiert werden als ihre männlichen Kollegen (vgl. 4.3.2), ist Stalders (1993, S. 173) Vorschlag bedenkenswert, auch eine frauenspezifische Führungsschulung vor Übernahme einer Führungsposition durchzuführen. Dabei sollen die Nachwuchskandidatinnen Gelegenheit erhalten, sich mit folgenden Fragen auseinanderzusetzen:

»– Welche besonderen Erwartungen werden (oft implizit) an den Führungsstil von Frauen gestellt? Welche besonderen Verhaltensweisen dürften gerade an einer weiblichen Führungsperson stark kritisiert werden (z. B. Weisungen erteilen, Demonstration von Kompetenz und Selbstbewusstsein)? Welche Normen sind überschreitbar – bei welchen Normenverletzungen ist die Gefahr des Strauchelns besonders gross?

– Sind seitens der unterstellten MitarbeiterInnen latente Ambitionen auf die eigene Position und in der Folge eine Infragefragestellung der eigenen Position zu erwarten? Ist eine starke Autonomieorientierung seitens der MitarbeiterInnen zu erwarten?

– Bestehen besonders hohe Erwartungen an die weibliche Vorgesetzte bezüglich »Solidarität« mit den unterstellten Mitarbeiterinnen? Wie kann damit umgegangen werden?«

Sehr gute Erfahrungen mit frauenspezifischer Weiterbildung wurden in der Schweizerischen Bundesverwaltung gemacht. Von den gut 800 befragten Frauen, die sich zwischen 1991 und 1993 mit Themen wie »Gesprächsführung und Konfliktbewältigung«, »Strategien im Berufsalltag«, »berufliche Laufbahn« »Streßbewältigung und Entspannung« und »Führung« auseinandersetzten, konstatierten fast 90% ein gestiegenes Selbstbewußtsein, 43% eine Steigerung der beruflichen Motivation und 60% eine erhöhte Problemlösungskompetenz. Diese Veränderungen wurden von den direkten Vorgesetzten bestätigt. Ferner haben die Kurse dazu beigetragen, daß Frauen in der Hierarchie aufgestiegen sind oder interessantere Aufgaben erhielten (vgl. Strahm/Preisig 1995).

– Wegen der hohen Bedeutung informeller Strukturen und den Zugangsproblemen weiblicher Führungskräfte, scheint die *Förderung über Netzwerke und Mentorensysteme* von besonderem Interesse. So bemüht sich das überbetriebliche Netzwerk »Frauen in Verantwortung« aktiv um die Verbreitung des Mentoring in Unternehmen und Verwaltungen, indem es beispielsweise in einem Ideen-Forum mit Unternehmensvertretern einen Kriterien-Katalog für ein innerbetriebliches Mentoring-Programm erarbeitet, potentielle Mentoren sensibilisiert und trainiert sowie das Thema Mentoring öffentlich – in Vorträgen und Presseberichten – propagiert (vgl. van Winsen in diesem Band).

Soweit einige Anregungen zum Umgang mit den – gemäß auch unseren Befunden – zentralen Problemfeldern. Ob und inwieweit diese im Einzelfall – bei einer bestimmten Unternehmung oder Verwaltung – tatsächlich bestehen, kann freilich nur eine spezifische und differenzierte Analyse der jeweiligen organisationalen Gegebenheiten zeigen. Gute Dienste leistet hierbei auch die Personalstatistik. So können nach Geschlecht differenzierte *Kennzahlensysteme* (z. B. Bewerbungs-, Gehalts- und Beförderungsstatistiken) wichtige Hinweise darauf geben, in welchen Bereichen Handlungsbedarf besteht. Eine kontinuierliche Fortführung und Pflege entsprechender Kennzahlen, wie sie z. B. die ABB Schweiz, die Schweizerische Kreditanstalt oder die Schweizerische Bundesverwaltung betreiben (vgl. Hausherr Fischer/Sandmeier, Bucheli Ruffieux sowie Preisig/Ulmi in diesem Band), gibt zudem Aufschluß über Veränderungen im Zuge gezielter Bemühungen zur Förderung der Chancengleichheit. Daraus lassen sich dann auch Zielgrößen für die Folgeprogramme ableiten.

Institutionalisierung von Frauen-/Gleichstellungsbeauftragten

Abschließend soll noch als Instrument betrieblicher Gleichstellungspolitik die Funktion *Frauen- oder Gleichstellungsbeauftragte(r)* angesprochen werden (vgl. dazu auch Preuß in diesem Band), auch wenn Abbildung 84 zeigt, daß bei unserer Befragung der Institutionalisierung von Frauen- bzw. Gleichstellungsbeauftragten von Männern wie Frauen wenig Bedeutung beigemessen wurde.

Erfahrungsberichte geben Aufschluß über Probleme und Grenzen dieser Institution (vgl. Stalder 1993). Dennoch muß man ihren Nutzen nicht generell in Frage stellen. Es kann auch an der Beseitigung bzw. Reduzierung vorhandener »Störquellen« gearbeitet werden, um ein effektiveres und effizienteres Arbeiten der StelleninhaberInnen zu unterstützen. Dazu Stalder (1993, 1997):

– Die Stelle muß am richtigen Ort angesiedelt sein. Optimal ist eine Plazierung in Nähe der Unternehmensleitung, mit direktem Zugang und kurzen Informationswegen. Dies verleiht der Stelle eine gute Ausgangsbasis bei der Verhandlung mit Führungskräften. Zudem erhält die Unternehmensleitung Gelegenheit, Entwicklungen zu überblicken und ggf. mitzusteuern. Alternativ dazu ist eine Ansiedlung im Personalressort möglich. Sie setzt aber voraus, daß der Personalbereich im Unternehmen einen hohen Stellenwert genießt und differenziert entwickelt ist.

– Der Informationsfluß muß optimiert werden: Einerseits muß die/der Beauftragte frühzeitig und vollständig über betriebliche und personelle Veränderungen informiert werden. Andererseits muß sie/er imstande sein, Belegschaft und Unternehmensleitung zu informieren. Dies erfordert einen unbürokratischen Zugang zu Personalzeitungen, Konferenzen, Sitzungen etc.

– Aufgaben und Kompetenzen der Stelle müssen klar definiert sein. Hier geht es vor allem um die Frage: »In welchen Situationen ist die/der Beauftragte als abteilungsexterne Fachperson beizuziehen?« Im gleichen Zuge können die Gleichstellungsaufgaben von Führungskräften definiert werden.

– Der/die Beauftragte sollte durch eine – idealerweise gemischtgeschlechtlich besetzte – Arbeitsgruppe unterstützt werden, deren zentrale Aufgabe darin besteht, »den Draht zu den einzelnen Abteilungen herzustellen, Informationen hin- und herzutragen und, nicht zuletzt, sich an einzelnen Sachgebieten aktiv zu beteiligen, z. B. bei der Ausarbeitung von Massnahmen oder bei der jährlichen Evaluation« (Stalder 1997, S. 132).

Interessant erscheint auch das Konzept der Allianz Lebensversicherungs-AG. Hier ist Gleichstellungsarbeit sowohl in einer spezifischen Funktion zentralisiert als auch in die tägliche Personalarbeit integriert. Während die »Beauftragte zur Verwirklichung der Chancengleichheit« durch regelmäßiges Analysieren, Initiieren und Realisieren von einschlägigen Maßnahmen, durch Beratung und Sensibilisierung Grundlagenarbeit leistet, sind die PersonalreferentInnen damit betraut, das Prinzip Chancengleichheit im Rahmen personeller Entscheide am Einzelfall umzusetzen. Die Förderung der Chancengleichheit wird damit zur permanenten Aufgabe, die Verantwortung auf mehrere Schultern verteilt (vgl. Preuß in diesem Band).

5.4 Einbindung der Führungskräfte

Möglichkeiten der Führungskräfte

In den bisherigen Ausführungen klang es schon mehrfach an: Gleichstellung ist auch Chefsache. Personalwesen und Frauen-/Gleichstellungsbeauftragte können die dafür notwendigen Rahmenbedingungen schaffen, »gelebt« werden muß Gleichstellung jedoch vor Ort in den Abteilungen.

Die Führungskräfte haben einen entscheidenden Einfluß darauf, inwieweit gute, beispielsweise in Unternehmensleitlinien verankerte Grundsätze realisiert werden. Die Möglichkeiten reichen von Nicht-Diskrimierung – als Minimalanforderung – bis zur gezielten aktiven Förderung weiblicher Mitarbeiter. Besonders relevant erscheinen *Coaching, Mentoring, Führungsstil* sowie die adäquate *Gestaltung der Arbeitssituation*.

– *Coaching*: Unter dem keineswegs einheitlich verwendeten Begriff Coaching (vgl. Bauer 1995) wird hier die individuelle Betreuung, Beratung und Anleitung – im konkreten Fall die Beratung, Betreuung und Anleitung weiblicher Führungs(-nachwuchs-)kräfte durch ihre Vorgesetzten – verstanden.

   Coaching zählt – ebenso wie das später beschriebene Mentoring – zu den immer bedeutsamer werdenden Personalentwicklungsmaßnahmen »on«, »parallel to« bzw. »along the job«. Es dient der Leistungsoptimierung der Mitarbeiterin und läßt sie erfolgreicher in ihrem Arbeitsumfeld agieren (vgl. Fröhlich 1995).

   Da Coaching stets auf den Einzelfall ausgerichtet ist, kann hierbei – anders als bei pauschalen Förderprogrammen -, gezielt auf die jeweiligen Besonderheiten der Frauen – auf ihre individuellen Stärken und Schwächen wie auch auf ihre spezifischen Lebens- und Arbeitssituationen – Bezug genommen werden. Nach Sattelberger (1991a, S. 217) gehört

Coaching zu den (nicht selten vergessenen) Kernaufgaben eines Vorgesetzten: »Im Kontext des »Human-Resource-Zyklus« ist Coaching implizit in den Zielvereinbarungs- bzw. Leistungsberurteilungsgesprächen mit dem Mitarbeiter enthalten, explizit taucht es als »Performance-Coaching« und als Entwicklungs- bzw. Karriereberatung (»Career-Counselling«) auf.«

Im gegebenen Kontext sollen Linienvorgesetzte aber vor allem dazu aufgefordert werden, verstärktes Augenmerk auf die Entwicklung ihrer weiblichen Mitarbeiter legen. Das heißt:

– Karrierewege aufzeigen,
– Entwicklungsziele und -maßnahmen festlegen/vereinbaren,
– Feedback über Lernfortschritte geben,
– zum Besuch von Weiterbildungsveranstaltungen sowie karriereförderlichen Aktivitäten (z. B. Vorträge oder die Mitarbeit in Projekten) ermutigen und
– in Problemsituationen als AnsprechpartnerInnen und RatgeberInnen fungieren.

Ferner gilt es, für eine *entwicklungsfördernde Arbeitssituation* – vor allem durch die Übertragung qualifikationsgerechter bzw. qualifizierender Aufgaben – Sorge zu tragen. Eine systematische Zuweisung typischer »Frauentätigkeiten« (z. B. Korrespondenz erledigen, Protokolle schreiben) ist zu vermeiden. Darüber hinaus sind adäquate und ausreichende Ressourcen bereitzustellen.

– *Mentoring:* Im Rahmen von Mentoringprogrammen (vgl. Kram 1988; Stegmüller 1995) erhalten weibliche Führungs(-nachwuchs-)kräfte konkrete Lernvorbilder über – hierarchisch höherstehende – Personen angeboten, die sich zur Förderung und Beratung von Nachwuchskräften zur Verfügung gestellt haben.

Die Beziehung zwischen Mentor und Protegé ist – weitaus stärker als beim Coaching – auch emotional geprägt. Mentoren sollten nicht nur auf kognitiv-rationale Weise Wissen vermitteln, beraten, fördern und fordern, sondern zugleich als Identifikationsobjekte fungieren, die durch ihre eigene Person Beispiel geben und Wege weisen.

Weiterhin erleichtern sie das Verständnis für mikropolitische Prozesse und Funktionsweisen des Unternehmens und helfen, für Frauen vergleichsweise schwerer zugängliche informelle Systeme zu erschließen (vgl. Sattelberger 1995). Abbildung 88 faßt das mit der Mentorenrolle verbundene Rollenset zusammen.

– Der Mentor als Lehrer, Coach oder Trainer:	»Er lehrte mich vieles«
– Der Mentor als positives Rollenmodell:	»Ich lernte vieles durch Beobachtung«
– Der Mentor als Talentförderer:	»Er forderte mich an meine Grenzen«
– Der Mentor als Türöffner:	»Er hat mir Chancen und Zutritt verschafft«
– Der Mentor als Beschützer:	»Er hat seine Hand über mich gehalten«
– Der Mentor als Sponsor:	»Er hat mir eine gute Presse bzw. Öffentlichkeit« verschafft«
– Der Mentor als erfolgreicher Führer:	»Sein Erfolg war auch mein Erfolg«

Abbildung 88: Die sieben Rollen eines Mentors (Sattelberger 1991b, S. 35 in Anlehnung an Schein 1978)

Die Breite dieses Rollenspektrums spricht für die große praktische Relevanz des Mentoring. Empirische Befunde erhärten diese Vermutung. So zeigen z. B. die Untersuchungen von Kram (1988), daß erfolgreiche Führungskräfte generell überdurchschnittlich viele Mentoren benennen können. In Anbetracht diverser Karrierehandicaps gewinnt diese Form der Förderung für Frauen zusätzlich an Bedeutung.

In diesem Zusammenhang stellt sich die Frage: Mentor oder Mentorin? Entgegen der naheliegenden Erwartung, daß sich Frauen besser mit weiblichen Mentoren identifizieren können, lehren Untersuchungen (Bowen 1985) und Erfahrungswerte (Segerman-Peck 1994), daß der Erfolg einer Mentoring-Beziehung nicht vom Geschlecht der Beteiligten abhängt. Mit Blick auf die geringe Anzahl potentieller Mentorinnen erhält daher Christa van Winsens Forderung »Ein Mentor für Miss Management« (in diesem Band, S. 304) besondere Relevanz.

– *Führungsstile:* Besondere Bedeutung kommt einer adäquaten, dem jeweiligen Reifegrad der Mitarbeiterin (Hersey/Blanchard 1988) angepaßten Führung zu.

Wenngleich sich in unserer Erhebung zeigte, daß Frauen im Durchschnitt tendenziell weniger Anspruch auf Entscheidungspartizipation erheben, empfiehlt es sich auch hier, nach dem Motto »fördern und fordern« zu verfahren. Insbesondere *kooperative* und *delegative Führungsformen*

159

(vgl. Wunderer 1997a) scheinen geeignet, um die Potentiale qualifizierter Frauen zur Entfaltung zu bringen. Die interaktionsärmere delegative Führung bietet zudem große Freiräume in der Aufgabenerfüllung und damit auch verbesserte Möglichkeiten zur Vereinbarkeit von Beruf und Familie (vgl. auch 5.5).

– *Gestaltung der Arbeitssituation:* Die »indirekte Führung« durch Gestaltung der Rahmenbedingungen ist von besonderer Bedeutung. Hierbei geht es darum, ein Umfeld zu schaffen, in dem sich Personen – derzeit überwiegend Frauen – mit besonderen, gesellschaftlich begrüßenswerten Aufgaben wie Kindererziehung oder die Betreuung pflegebedürftiger Angehöriger in der Lage fühlen, in beruflich herausfordernder Weise zu arbeiten, ohne ihre außerberuflichen Verpflichtungen zu vernachlässigen.

Obgleich die Gestaltungsfreiheit der Vorgesetzten durch allgemeine organisatorische Vorgaben begrenzt ist, haben sie Möglichkeiten, Einfluß auf die Arbeitssituation in ihrem Bereich zu nehmen und hierzu Initiativen zu entwickeln.

Besonders wichtig ist hier die Schaffung eines familienfreundlichen Klimas innerhalb der entsprechenden Organisationseinheit. Die Grundhaltung der Vorgesetzten gegenüber dem zweiten Lebensbereich ihrer Mitarbeiterinnen und Mitarbeiter hat entscheidenden Einfluß auf die Abteilungs- bzw. Gruppenkultur und damit auch auf die *faktischen* Möglichkeiten zur Vereinbarung von Beruf und Familie. Je weniger Vorgesetzte die Familie zum Unsicherheits- und Störfaktor stilisieren, je mehr Verständnis für familienbedingte Belastungen sie zeigen, desto eher werden sich MitarbeiterInnen imstande sehen, parallel zum Beruf Familienaufgaben zu übernehmen. Hier gehen individuelle, betriebliche und gesellschaftliche Verantwortung Hand in Hand.

Die deklarierte Grundhaltung muß aber auch umgesetzt werden. z. B. sind Arbeitszeitregelungen entsprechend zu handhaben und es ist für eine stärkere Flexibilisierung von Arbeitszeit und -ort – beispielsweise durch Verringerung der Präsenzzeiten oder Genehmigung von Heim- und Wochenendarbeit – zu sorgen. Bei guter Koordination und unter Einsatz moderner Kommunikationstechnik (»Virtuelles Büro«) scheinen die Voraussetzungen hierfür – gerade auf Führungsebene, wo die Arbeitszeiten von den »normalen« Dienstzeiten besonders entkoppelt sind und die Stelleninhaber sich oft außerhalb ihres Büros aufhalten – prinzipiell gut.

Weiterhin sind Einsatzpläne unter Berücksichtigung familiärer Belange zu erstellen, Besprechungen, Konferenzen und Dienstreisen möglichst familienfreundlich zu terminieren, Teilzeit- und Vollzeitbeschäftigte gleich zu behandeln. Das Kontakthalten mit »FamilienurlauberInnen« und eine systematische Wiedereingliederung von BerufsrückkehrerInnen – z. B. durch Institutionalisierung von abteilungsinternen Patensystemen – sind weitere wichtige Maßnahmen.

Motivierung der Vorgesetzten

Nun stellt sich aber auch die Frage: Wie kann man die ohnehin überlasteten Linienmanager dazu anregen, in dieser Richtung aktiv zu werden?

Nun, wir sehen einen Ansatz in der Kombination von *Sensibilisierung, Information, Commitmentbildung* und *Honorierung* einen vielversprechenden Ansatz.

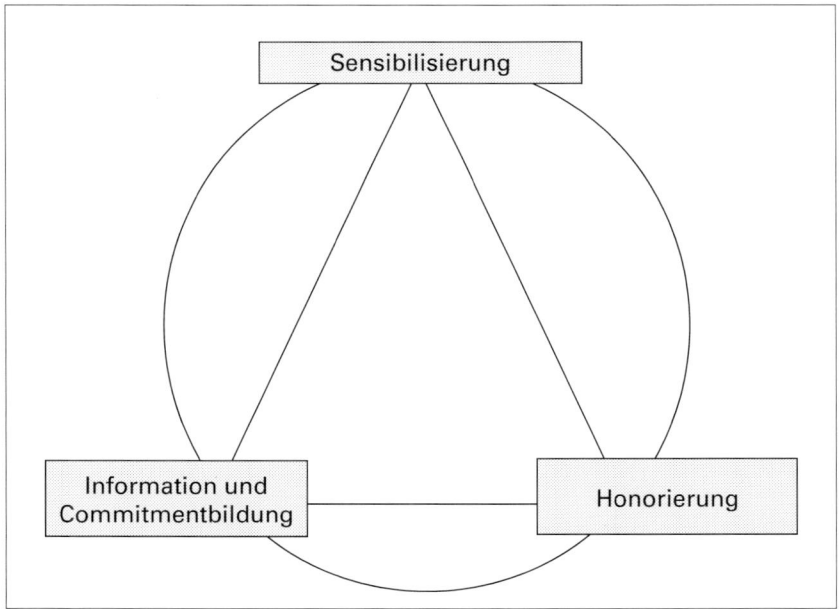

Abbildung 89: Integrierter Ansatz zur Einbindung der Führungskräfte

– *Sensibilisierung:* Die Bedeutung der Sensibilisierung und damit der verbundenen Information wurde in 5.2 aufgezeigt. Es muß also zunächst Problembewußtsein geschaffen, Betroffenheit ausgelöst werden. Nach Beatrice Stalder (1997, S. 129) gelingt dies am besten durch Aufzeigen von Fakten:

»Wie hoch ist der Frauenanteil auf den einzelnen Funktionsstufen, wie hoch der Männeranteil? Wie gestaltet sich die Verteilung bei den Beförderungen? Wer kann Berufsarbeit und Familie parallel vereinbaren, wer nicht? Weshalb die Lohndifferenzen? Wie sehr werden Frauen, wie sehr Männer in ihrer Weiterbildung gefördert? Sind die Frauen zufrieden mit ihren Möglichkeiten zur Verantwortungsübernahme und mit ihren Entwicklungschancen? Welche Probleme erfahren sie, und was erwarten sie von der Frauenförderung? Und schliesslich: Wie sieht die Sache in den jeweiligen Führungsbereichen der verschiedenen Kadermänner und -frauen aus.«

Kurzfristig können diese Themen in Einzelgesprächen oder auf geeigneten Foren (Betriebsversammlungen, Workshops, Tagungen etc.) angeschnitten werden. Langfristig scheint es aber sinnvoll, sie systematisch in die Führungskräfteaus- und -fortbildung zu integrieren, wie dies beispielsweise Hoffmann-La Roche praktiziert (vgl. Verrey in diesem Band).

– *Information und Commitmentbildung:* Da durch Aufklärung zwar Veränderungsbereitschaft, aber nicht zwangsläufig auch Veränderungskompetenz geschaffen wird, müssen den Vorgesetzten in einem nächsten Schritt konkrete Handlungsstrategien aufgezeigt oder – besser noch – gemeinsam mit ihnen erarbeitet werden.

Ferner können durch die Vereinbarung konkreter und überprüfbarer Ziele – so z. B. bei ABB Schweiz und der Commerzbank praktiziert (vgl. Hausherr Fischer/Sandmeier sowie Bolte in diesem Band) – auch Verbindlichkeit und Commitment erzielt werden. Personalabteilung bzw. Gleichstellungsstelle unterstützen die Linienführungskräfte bei der Umsetzung der Gleichstellung, indem sie Instrumente, wie beispielsweise Hilfen zu Mitarbeiter- und Lerntransfergesprächen (vgl. Stalder 1997, S. 322ff.) bereitstellen, beraten und regelmäßig den Grad der Zielerreichung evaluieren.

– *Honorierung:* Gute Vorsätze werden am ehesten dann in die Tat umgesetzt, wenn mit positiven Konsequenzen zu rechnen ist. Deshalb empfiehlt es sich, positive Beispiele entsprechend zu belohnen.

In diesem Zusammenhang scheint es insbesondere ratsam, getroffene Zielvereinbarungen systematisch mit Beurteilungs-, Anreiz- und Beförderungssystemen zu verknüpfen. So könnte beispielsweise das Kriterium »Frauenförderung/Gleichstellung« in die Vorgesetztenbeurteilung integriert werden und in der Folge sowohl als Bemessungsfaktor variabler Entgeltbestandteile dienen als auch Beförderungsentscheiden zugrunde gelegt werden.

5.5 Familien- und Kinderförderung

Da das Spannungsfeld zwischen Familie und Beruf als das oft größte Hemmnis weiblicher Karriereentwicklung bezeichnet werden kann, muß hier ein besonderer Schwerpunkt gelegt werden (vgl. dazu auch Wollert/ Wilms in diesem Band).

Es sind Möglichkeiten zu schaffen, Karriere und Familie in einer Weise zu verbinden, die den Interessen von Frauen, Männern und Kindern wie auch betrieblichen und gesellschaftlichen Erfordernissen gerecht wird. Dabei verdienen die Interessen des – selbst noch nicht vertretungsfähigen – »*Stakeholders Kind*« (vgl. Wunderer 1997 b) besondere Beachtung. Die Kunst besteht darin, die Anforderungen einer Führungsaufgabe mit den berechtigten Ansprüchen des Kindes in Einklang zu bringen. Besonderes Augenmerk ist dabei der betreuungs- und belastungsintensiven Kleinkindphase zu widmen. Dazu werden zunächst Befunde aus der Entwicklungspsychologie referiert und danach verschiedene Maßnahmen zur Vereinbarkeit von Beruf und Familie diskutiert.

5.5.1 Stakeholder Kind: Befunde aus der Kinderpsychologie

Es ist unumstritten und durch verschiedene Theorien fundiert, daß eine gesunde Entwicklung intensive physische *und* psychische Betreuung gerade in den ersten Lebensjahren erfordert. Sie ist beispielsweise nach Erikson (1995) entscheidend für den Aufbau von *Urvertrauen*, dem »Eckstein der gesunden Persönlichkeit« (S. 63), definiert als »ein Gefühl des Sich-Verlassen-Dürfens (. . .) in bezug auf die Glaubwürdigkeit anderer wie die Zuverlässigkeit seiner selbst« (S. 62).

Hingegen gibt die Frage, ob diese Elementarbedürfnisse ausschließlich durch eine Vollzeitbetreuung von seiten der Mutter befriedigt werden können, immer wieder Anlaß zu Diskussionen (vgl. dazu auch Bucheli Ruffieux in diesem Band). Häufig wird hierbei die unzulängliche Form der Krippenbetreuung in der ehemaligen DDR – die autoritäre Einwirkung auf die Kinder und das Ignorieren kleinkindlicher emotionaler Bedürfnisse, zu wenig und unzureichend qualifiziertes Betreuungspersonal, räumliche Enge etc. – als Argument gegen eine Fremdbetreuung angeführt, ohne zu berücksichtigen, daß es sich bei vielen der festgestellten Defiziten um prinzipiell lösbare Probleme handelt (vgl. Nave-Herz 1992; Laewen 1994).

In der Forschungslandschaft zeigt sich ein differenzierteres Bild. Belsky/ Steinberg (1978) haben die Frage, ob institutionelle Kleinst-Kindbetreuung automatisch immer eine »Gefährdungsbetreuung« ist, bereits 1978 nach Durchsicht der damals vorliegenden Forschungsbefunde verneint. Da ihr

163

Urteil aber auf Untersuchungen beruht, die größtenteils in Betreuungseinrichtungen mit außerordentlich günstigen Bedingungen durchgeführt wurden, wurde in Fachkreisen davor gewarnt, »diese Ergebnisse leichtfertig auf jede Form von Tagesbetreuung zu übertragen« (vgl. Laewen 1989, S. 882).

In der Zwischenzeit wurde eine Reihe weiterer Untersuchungen durchgeführt. Schwerpunkte bildeten hierbei die Auswirkungen der Fremdbetreuung auf die emotionale, soziale und intellektuelle Entwicklung. Einige Befunde im Überblick (vgl. Fthenakis 1989; Laewen 1989 und 1994):[16]

– *Emotionale Entwicklung*: Hier geht es im wesentlichen um die Frage, ob eine frühe Fremdbetreuung negative Auswirkungen auf die Eltern-Kind-Bindung hat. Die Befundlage ist kontrovers. Während in einigen Studien (vgl. Owen et al. 1984; Field et al. 1988; Weinraub et al. 1988) keine Bindungsunterschiede zwischen fremd- und ausschließlich von der Mutter betreuten Kinder festgestellt wurden, berichten andere (vgl. Farber/Egeland 1982; Barglow et al. 1987), daß ganztags fremdbetreute Kinder mit höherer Wahrscheinlichkeit unsicher »gebunden« sind.

  Verschiedentlich wurde konstatiert, daß Kinder, die 20 und mehr Wochenstunden fremdbetreut werden, sich ihren Müttern gegenüber distanzierter verhalten (vgl. Belsky 1986 und 1988; Belsky/Rovine 1988). Dieser Befund wird unterschiedlich interpretiert. So zieht Belsky (1986; zit. nach Fthenakis 1989, S. 13) daraus den Schluß, daß »der Besuch einer Tageseinrichtung während des ersten Lebensjahres ein ›Risiko-Faktor‹ für die Entwicklung unsicherer und ängstlicher Bindungen im Säuglingsalter und gesteigerter Aggressivität, unangepaßten Verhaltens und Gehemmtheit im vorschulischen Alter ist«, wogegen andere AutorInnen ein solches Vermeidungsverhalten als adaptiv bzw. besonders reif interpretieren (vgl. Clarke-Stewart/Fein 1983; Chess 1987).

– *Soziale Entwicklung:* Es lassen sich zwei zentrale Unterschiede ausmachen: Zum einen zeigen Kinder, die Tagesbetreuungseinrichtungen besucht haben, von der Kleinkindzeit bis in die frühe Schulzeit positivere Beziehungen zu Gleichaltrigen (vgl. Ramey et al. 1981; Schindler et al. 1987; Field et al. 1988). Zum anderen verhalten sich Kinder mit Tagesbetreuungserfahrungen Erwachsenen gegenüber weniger gehorsam und prosozial (vgl. Farber/Egeland 1982; Rubenstein/Howes 1983) und nei-

---

16 Hierbei ist anzumerken, daß es im Rahmen dieses Projektes nicht möglich war, die entwicklungspsychologischen und pädagogischen Fragen umfassend zu fundieren. Hinzu kommt, daß diese Untersuchungen i.d.R. nicht auf die spezifische Situation von weiblichen Führungskräften eingehen, die weder einen Acht-Stunden-Tag kennen noch ihre Arbeitszeit frei planen können.

gen zu mehr Aggressivität (vgl. Haskins 1985; Rubenstein 1985).

– *Intellektuelle Entwicklung: Qualitativ gute* Tagesbetreuung wirkt sich offensichtlich positiv auf die intellektuelle Entwicklung des Kindes aus (insbesondere wenn die Entwicklungsbedingungen im Elternhaus ungünstig sind). So wurde nachgewiesen, daß fremdbetreute Kinder bei Sprachtests (vgl. Carew 1990; Ramey et al. 1981; Rubenstein/Howes 1983) besser abschneiden, teilweise bessere Schulleistungen erbringen (vgl. Szwameitat 1986), partnerschaftlicher denken und ein positiveres Bild der weiblichen Geschlechtsrolle entwickeln (vgl. Spitze 1988).

Einige Befunde deuten darauf hin, daß der Wechsel von familialer zu familienergänzender Fremdbetreuung in bestimmten *Altersphasen* – vor allem in der zweiten Hälfte des ersten Lebensjahres – kritisch ist. Eine Untersuchung von Benn (1986) ergab, daß Kinder, die mit etwa drei Monaten in Tagespflege gegeben wurden, sicherere Bindungen aufwiesen als solche, die erst mit 6 Monaten fremdbetreut wurden. Auch andere Ergebnisse (vgl. zusammenfassend Laewen 1989) liefern Anhaltspunkte dafür, daß ein Übergang im Alter zwischen 7 und 24 Monaten vermehrte Erkrankungs- und Entwicklungsrisiken in sich birgt. Nach Laewen (1989) lassen sich diese Risiken durch eine adäquate Gestaltung der Eingewöhnungssituation senken, z. B. indem ein Elternteil das Kind während der ersten Tage begleitet.

Weiterhin wurde in zahlreichen Untersuchungen deutlich, daß die Auswirkungen einer frühen Tagesbetreuung von einer Reihe *weiterer, intervenierender Faktoren* abhängen. Der Zusammenhang zwischen Fremdbetreuung und kindlicher Entwicklung ist überaus komplex. Pauschalurteile in die eine (»Fremdbetreuung ist automatisch Gefährdungsbetreuung«) wie auch in die andere Richtung (»Fremdbetreuung ist völlig unbedenklich«) werden dieser Komplexität nicht gerecht. Als zentrale »Nebenbedingungen« gelten insbesondere (vgl. Fthenakis 1989; Laewen 1989 und 1994):

– *die Qualität der Tagesbetreuung:* Gruppengröße und Betreuer-Kind-Schlüssel, die Qualifikation der BetreuerInnen, die Gestaltung der Eingewöhnungssituation und eine kontinuierliche Beziehung zwischen BetreuerIn und Kind sind hierbei von zentraler Bedeutung.

– *familialer Hintergrund:* Hierzu zählen u.a. die Befindlichkeit und Kompetenz der Mutter, die Art und Weise wie die Mutter mit der Trennung von ihrem Kind umgeht, ihre Zufriedenheit mit der Tagesbetreuung, der sozioökonomische Status der Familie sowie die möglichen Betreuungsalternativen für das Kind.

McGurk et al. (1993) gelangen in ihrem Übersichtsartikel zu der Erkenntnis, daß eine Tagesbetreuung auch für sehr kleine Kinder keine negativen Konsequenzen hat, wenn Familien- und Kindcharakteristiken berücksichtigt werden und die Betreuung qualitativ gut ist. Vermehrt werden in der Fachliteratur auch den Gefahren die Chancen einer familienergänzenden Fremdbetreuung gegenübergestellt. So nimmt beispielsweise Ewert (1991, S. 156) wie folgt zur Mutter-Kind-Beziehung Stellung:

»Unbestreitbar richtig ist (. . .), daß das Nichtzustandekommen einer Bindung oder ihr abrupter Abbruch zu katastrophalen Folgen für das Kind führt. Auf der anderen Seite wissen wir aber auch, daß der Mutter im Laufe des ersten Lebensjahres eine sehr wichtige Position, aber kein Alleinvertretungsanspruch zukommt. Gerade dann, wenn erste verläßliche Bindungen geknüpft sind, erkundet schon der Säugling und erst recht das Kleinkind seine soziale Umwelt, baut eine Hierarchie von Bezugspersonen auf, mit denen es in Kontakt tritt und von denen es sich trösten läßt. (. . .) Bindung verweist auf Ablösung. Beide sind für die gesunde seelische Entwicklung wichtige Prozesse.«

Empirische Befunde bestätigen diese Aussage. So konnten in einem vom Deutschen Jugendinstitut begleiteten Tagesmütterprojekt »nicht nur keine Nachteile für die von Tagesmüttern betreuten Kinder gefunden werden, sondern umgekehrt Vorteile u. a. hinsichtlich auffälligen Verhaltens, hoher Motiviertheit und Autonomie in einer Spielsituation sowie Kreativität, Ablenkbarkeit und Konzentration« (Laewen 1989, S. 879). Deutsche (vgl. Rottmann/Ziegenhain 1988) wie auch amerikanische Untersuchungen (vgl. die Übersicht bei Lamb et al. 1985) zeigten weiterhin, daß eine qualitativ gute Tagesbetreuung die Mutter-Kind-Bindungen eher fördert als behindert.

Ergebnisse dieser Art machen deutlich, daß gerade eine qualifizierte Tagespflege nicht nur den Interessen beruflich ambitionierter Frauen, sondern auch denen ihrer Kinder entgegenkommen kann und sollte. Sie verbessert dann die Möglichkeit der Frauen, Beruf und Familie zu verbinden und fördert zugleich die Sozialisation der Kinder[17].

Allerdings scheint es zum Wohle des Kindes ratsam, eine *überwiegende Trennung* von den Eltern zumindest sehr genau auf ihre Auswirkungen auf die kindliche Entwicklung zu beobachten.

Fazit: Fremdbetreuung von Kleinkindern birgt offensichtlich sowohl Risiko- als auch Chancenpotentiale in sich, deren Ausmaß von einer Reihe wei-

---

17 Wie die Schweizerische Eidgenössische Kommission für Frauenfragen (1992, S. 55) ausführt, hat der Kanton Tessin getreu dieser Erkenntnis »schon seit je für die Wichtigkeit der frühen Eingliederung der Kinder in Gruppen und damit in die Gesellschaft plädiert«. Vorrangiges Anliegen ist hierbei die Chancengleichheit der Kinder: »Damit steht nicht das Elternpaar, das sein Kind weggibt, im Zentrum des Interesses (. . .). sondern das Kind, das sich selbstverständlich in die Gesellschaft einzuleben hat.«

terer Faktoren abhängt. Die Komplexität der Zusammenhänge erschwert verallgemeinerungsfähige Schlußfolgerungen. Generell scheint uns im Interesse des Kindes jedoch zweierlei sinnvoll: Zum einen sind »neue und vor allem kindgerechte Formen der außerfamilialen Förderung zu überprüfen, die sich nicht als Ersatz, sondern als sinnvolle Ergänzung der familialen Erziehung begreifen« (Fthenakis 1990; zit. nach Nave-Herz 1992, S. 103f.). Gleichzeitig müssen Möglichkeitsräume für eine umfassende familiale Betreuung geschaffen werden. Idealerweise sollten Mütter und Väter[18] die Gelegenheit erhalten, unter verschiedenen Möglichkeiten die optimale Betreuungsform für ihr Kind auswählen und selbst gestalten zu können.

Gerade in bezug auf Führungskräfte sind die Unternehmen hierbei aber vor besondere Herausforderungen gestellt: Die Wahrnehmung zweier anspruchsvoller und zeitintensiver Aufgaben – Kleinkindbetreuung und Mitarbeiterführung – erscheint schwierig bis undurchführbar. Was machbar und sinnvoll ist, hängt sehr stark von der spezifischen Konstellation (Funktionsbereich, Hierarchieebene, Anzahl, Qualifikation und Motivation der Mitarbeiter, Arbeitsorganisation, finanziellen Möglichkeiten, Betreuungsangebote etc.) ab. Wir können hier daher keine allgemeingültigen Rezepte oder Musterlösungen geben, sondern nur Möglichkeiten aufzeigen, deren Praktikabilität vor allem im Einzelfall zu prüfen ist. Daß für weibliche Führungskräfte in der Phase der Kleinkindbetreuung eine besonders intensive Doppelbelastung besteht, sollte bei der Diskussion ebensowenig vergessen werden wie die zentralen Rechte und Bedürfnisse des Kindes.

---

18 Grundsätzlich ist es von entscheidender Bedeutung, daß alle Möglichkeiten zur Vereinbarkeit von Beruf und Familie Frauen und Männern in gleichem Maße offenstehen. Dadurch kann sowohl dem vermehrt geäußerten Wunsch nach »aktiver Vaterschaft« Rechnung getragen als auch der Entstehung bzw. Fortschreibung diskriminierter Frauenarbeit Einhalt geboten werden. Letzteres bedarf gewisser – gedanklicher wie auch konkreter – Voraussetzungen: So muß beispielsweise die Teilzeitarbeit »von ihrer tendenziellen Verknüpfung mit weiblicher Arbeit gelöst, von ihrer noch gleichsam immanenten Diskriminierungskomponente also befreit und als eine für Männer und Frauen gleichermaßen selbstverständliche Arbeitsform angestrebt und praktiziert werden« (Simitis 1989, S. 400). Allgemein ist zu fordern, daß Familiengründung nicht mehr länger als »Störfaktor«, sondern als normaler Bestandteil der Lebensführung betrachtet und als solcher – unter Berücksichtigung der zentralen Anspruchsgruppen – mit speziellen Programmen in die Laufbahnplanung von Frauen und Männern einbezogen wird.

5.5.2 Ansatzpunkte zur Verbesserung der Vereinbarkeit von Familie und Karriere

Wieder wurden die Führungskräfte gebeten, verschiedene vorgegebene Maßnahmen nach ihrer Bedeutung zu beurteilen. Das Ergebnis: Frauen und Männern schreiben der Möglichkeit zu *qualifizierter Teilzeitarbeit* die größte Bedeutung zu. Relativ wichtig erscheinen ferner *Job-Sharing* sowie *betrieblicher Elternurlaub, verbunden mit Wiedereinstellungszusage, Kontaktpflege und Weiterbildungsmöglichkeiten* während der Familienpause. Die Frauen halten zudem eine Unterstützung bei der Kinderbetreuung in Form von *betrieblichen Kinderkrippen* oder durch *Belegplätze in außerbetrieblichen Betreuungseinrichtungen* für zentral (vgl. Abbildung 90). Diese und weitere Ansatzpunkte werden im folgenden diskutiert.

Betrieblicher Elternurlaub

Die Erweiterung der gesetzlichen und tariflichen Regelungen zum Elternurlaub zählte schon früh zu den am häufigsten praktizierten Maßnahmen betrieblicher Frauen- und Familienförderung (vgl. Schultz-Gambard et al. 1993; Brumlop/Hornung 1994).

Mütter und Väter erhalten dadurch die Gelegenheit, sich längere Zeit voll der Erziehung ihres Kindes zu widmen. Diese im einzelnen verschiedenartig ausgestalteten Modelle (vgl. Vogel 1995) werden in der Fachliteratur kontrovers diskutiert. Neben der Art und Weise der Ausgestaltung vieler Ansätze – z. B. eine fehlende Rückkehr*garantie* und die Nichtanrechnung der Unterbrechungszeiten auf die Betriebszugehörigkeit – wird vor allem bemängelt, daß diese Modelle zu einer Verfestigung der traditionellen Arbeitsteilung in der Familie und zum Erhalt konventioneller Laufbahnmuster beitragen: »mehrjährige zusammenhängende Berufsunterbrechung bei einem Elternteil – in der Regel dem (. . .) weiblichen – bei gleichzeitiger kontinuierlicher Vollererwerbstätigkeit des anderen« (Brumlop/Hornung 1994, S. 843).

Vergegenwärtigt man sich, wie wenig Väter solche Freistellungsmöglichkeiten nutzen (vgl. Osse/Dick 1995; Tümpen 1997 sowie Bolte in diesem Band), so ist diese Aussage nicht unberechtigt. Dennoch kann die Konsequenz nicht eine generelle Ablehnung betrieblicher Elternurlaubsmodelle sein, die immerhin eine Möglichkeit zu einer – von vielen Eltern auch gewünschten – umfassenden und individuellen Kleinkindbetreuung in der Familie geben. Vielmehr gilt es, entsprechende Regelungen durch flankierende Maßnahmen zu ergänzen. Insbesondere ist eine Kultur zu schaffen, in der eine Familienpause nicht mit geringer Karrieremotivation gleichgesetzt wird und in der es auch Vätern nicht nur formal, sondern auch faktisch möglich wird, die Option »Elternurlaub« für sich in Anspruch zu nehmen.

168

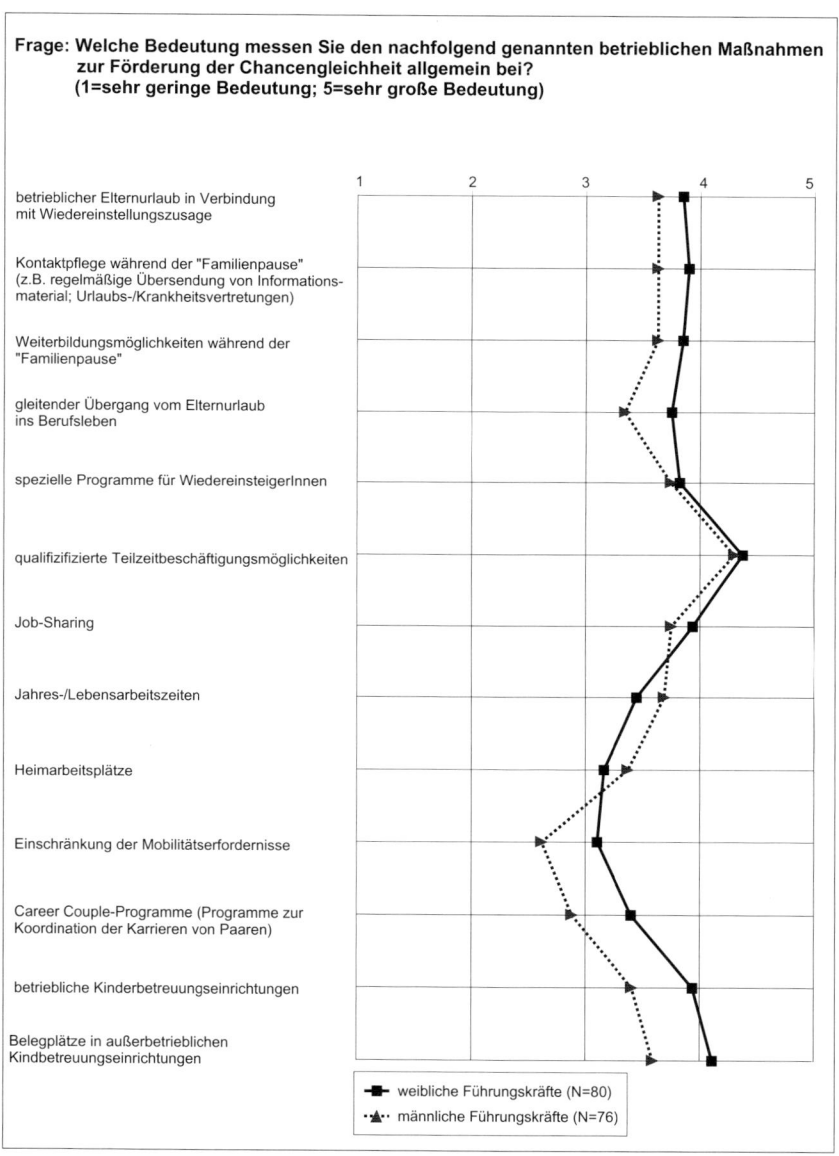

Frage: Welche Bedeutung messen Sie den nachfolgend genannten betrieblichen Maßnahmen zur Förderung der Chancengleichheit allgemein bei?
(1=sehr geringe Bedeutung; 5=sehr große Bedeutung)

Abbildung 90: *Maßnahmen zur Förderung der Vereinbarkeit von Beruf und Familie*
aus der Sicht weiblicher und männlicher Führungskräfte

Generell gilt: Berufsunterbrechungsmodelle sollten eine, aber nicht die einzige Möglichkeit zur Vereinbarung von Beruf und Familie sein. Wie die Erfahrung lehrt, streben relativ viele qualifizierte Frauen eine rasche Rückkehr in den Beruf an (vgl. Vogel 1995 sowie Bolte in diesem Band). Deshalb ist in Ergänzung der für die Kleinkindphase empfehlenswerten Freistellungsregelungen eine Unterstützung in der Kinderbetreuung wie auch eine flexible Arbeitsgestaltung nötig. Besonders hervorzuheben ist in diesem Zusammenhang das »Comeback-Programm« der Commerzbank, das es Müttern und Vätern ermöglicht, alternativ zu einem einjährigen betrieblichen Erziehungsurlaub für die gleiche Zeitdauer eine Teilzeittätigkeit in Anspruch zu nehmen (vgl. Bolte in diesem Band).

Flexibilisierung von Arbeitszeit und -organisation

Grundsätzlich gibt es diverse Möglichkeiten der *Arbeitszeitflexibilisierung* (vgl. Marr 1993; Hagemann 1994; Domsch et al. 1994), die hier nicht alle erschöpfend behandelt werden können. Wir konzentrieren uns deshalb auf die wichtigen Bereiche Teilzeitarbeit und Job-Sharing – nicht zuletzt deshalb, weil dazu bereits einschlägige empirische Befunde aus dem Führungsbereich vorliegen. Im Rahmen der *Arbeitsorganisation* werden wir die im gegebenen Kontext zentrale »Flexibilisierung des Arbeitsortes« thematisieren.

a) Teilzeitarbeit und Job-Sharing

»Führungsverantwortung ist unteilbar« – diese Ansicht ist noch immer fest im Bewußtsein vieler Unternehmensverantwortlicher verankert und steht sowohl den gestiegenen Wünschen qualifizierter Fach- und Führungskräfte nach zeitlich reduzierter Arbeitszeit (vgl. Autenrieth et al. 1993; Straumann et al. 1996) als auch den Ansprüchen von Kindern entgegen.

Gegen dieses Argument lassen sich verschiedene Einwände erheben (vgl. Osterloh/Sigrist 1995): Erstens sind auch vollzeitlich beschäftigte Führungskräfte nicht immer präsent. Aufgrund geschäftlicher Verpflichtungen sowie diverser Nebenämter – und in der Schweiz auch durch viele Milizaufgaben – sind männliche Führungskräfte sogar recht häufig abwesend. Dies wird jedoch, wie eine neuere Studie (Straumann et al. 1996, S. 135) zeigte, kaum problematisiert: »Die Absenz aufgrund von geschäftlichen Verpflichtungen oder Aufgaben im öffentlichen Bereich sind organisatorisch lösbar und werden vom Umfeld akzeptiert. Nicht so bei ›echter‹ Teilzeitarbeit: hier wird die Abwesenheit nachteilig eingeschätzt.« Straumann et al. (1996) geben dabei folgendes zu bedenken: »Nun wird freilich der Grund für die Abwesenheit nicht entscheidend sein für das Ausmass der dadurch hervorgerufenen organisatorischen und operativen Probleme. Deshalb wirkt die Ablehnung von Teilzeitarbeit in Führungspositionen aufgrund betrieblicher Sachzwänge nicht sehr überzeugend« (Ebenda). Zumindest sollte man dieses Problem differenzierter diskutieren.

Zweitens befinden sich hochqualifizierte Arbeitskräfte zur Zeit der Famili-

170

engründung zumeist noch im unteren oder mittleren Management und sind oft mit Projektarbeit betraut, die für unkonventionelle Zeitmodelle besonders geeignet erscheint. Stellvertretungskonzepte dürften sich hier ebenfalls leichter realisieren lassen.

Auch die Untersuchungsergebnisse von Domsch et al. (1994) schränken Thesen zur der Unteilbarkeit der Führung ein. Die Forschergruppe hatte in der öffentlichen Verwaltung der Stadt Hamburg überprüft, wie sich das bislang praktizierte Job-Sharing zwischen Führungskräften (vgl. Abbildung 91) bewährt und ungeteilte Führungspositionen auf ihre Teilbarkeit untersucht.

Geteilte Positionen		
Positionsbezeichnung	Anzahl	Mitarbeiterzahl
– Abteilungsleitung	2	8 und 25-28
– Abschnittsleitung	2	9 und 8
– RegierungsdirektorIn	1	7
– Sachgebietsleitung	1	6
– Referatsleitung	1	14
Arbeitszeitmodelle		
		Anzahl der Personen (N=14)
– Beide vormittags (mit geringen Verschiebungen)		6
– Eine Person arbeitet nach Arbeitsanfall, die andere Person drei halbe und einen ganzen Tag(e)		2
– Wechsel im 2-Wochen-Rhythmus 3 oder 4 Tage, zwei Überschneidungstage		2
– Beide arbeiten 4 Tage mit zwei Überschneidungstagen		2
– Beide arbeiten 3 Tage voll mit einem Überschneidungstag		2
Aufteilung der Position		
Art der Teilung:		Anzahl der Fälle (N=7)
– Inhaltlich (beide nehmen unterschiedliche Aufgaben wahr)		4
– Zeitlich (beide nehmen grundsätzlich alle Aufgaben wahr)		1
– Überwiegend inhaltlich		1
– Nach Projekten		1

Stellvertretungsregelungen	
Regelung:	Anzahl der Personen (N=14)
– Gegenseitige Vertretung	8
– Gegenseitige Vertretung in bestimmten Fällen	2
– Vertretung durch MitarbeiterInnen	2
– Keine Regelung	2

Abbildung 91: Job-Sharing-Modelle in der öffentlichen Verwaltung der Stadt Hamburg (vgl. Domsch et al. 1994)

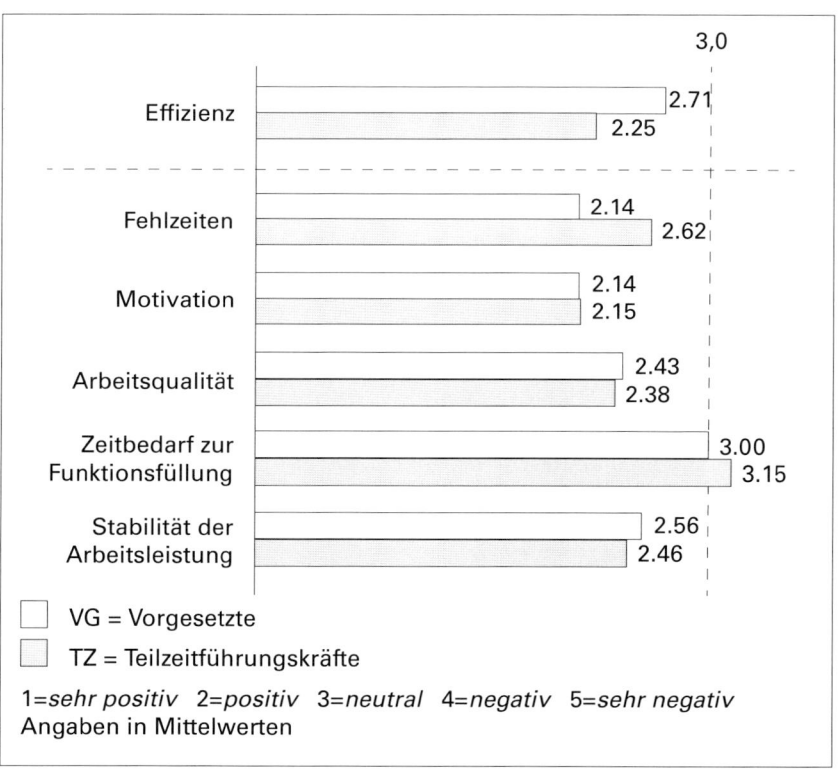

Abbildung 92: Vergleich Teilzeit- vs. Vollzeittätigkeit (Domsch/Kleiminger 1995, S. 32)

Die Befunde sind interessant. Die bestehenden Job-Sharing-Modelle wurden sowohl von den jeweiligen Job-Sharing-Partnern als auch von deren Vorgesetzten durchwegs positiv bewertet (vgl. Abbildung 92). Trotz des Abstimmungsbedarfs erhöhte sich der Zeitbedarf zur Funktionserfüllung im

Vergleich zur Vollzeitbeschäftigung nur geringfügig und wurde durch eine vergleichsweise höhere Effizienz, Arbeitsqualität und Stabilität der Arbeitsleistung zumindest ausgeglichen. Vieldiskutierte Probleme – wie z. B. Doppelbearbeitung von Aufgaben, uneinheitliche Aufgabenerfüllung, Profilierungsstreben, Machtkämpfe um Arbeitszeit und Aufgaben, Gegeneinanderausspielen der Job-Sharing-Partner etc. – traten nicht auf bzw. konnten überwunden werden.

Diese Erfahrungen könnten zur Nachahmung anregen. Die Anwendbarkeit von Job-Sharing beschränkt sich dabei nicht auf den öffentlichen Dienst. Vor allem in Großbritannien und den USA finden sich auch in der Privatwirtschaft bekannte Anwendungsbeispiele (vgl. Schüren 1983; Vucilovski 1991). So hatte bereits 1978 von 238 befragten amerikanischen Job Sharern ein Drittel Vorgesetztenfunktionen inne (vgl. Schüren 1983).

Die Analyse der 20 bisher nicht-geteilten Führungspositionen im hamburgischen öffentlichen Dienst erbrachte, daß ein großer Teil dieser Stellen *inhaltlich* gut teilbar ist. Probleme bei der zeitlichen Teilung ergaben sich vor allem durch einen hohen zeitlichen Abstimmungsbedarf bei der Übergabe an den Partner. Es wurde aber auch deutlich, daß sich viele der festgestellten Probleme durch strukturelle Veränderungen (Führungskultur, Arbeitsorganisation etc.) prinzipiell lösbar wären.

Uns scheint in diesem Zusammenhang insbesondere eine *teamorientierte Arbeitsorganisation* sowie die *Förderung des Mitunternehmertums* (vgl. Wunderer 1997a) sinnvoll. Denn je mehr Arbeiten im Team organisiert werden, um so leichter lassen sich bestimmte Funktionen – auch die der Führung – verteilen, wechseln oder in Stellvertretung wahrnehmen. Und je stärker das Konzept des »Mitunternehmertums« realisiert ist, d. h. je mehr die Mitarbeiter eigenverantwortlich im Sinne des Unternehmens denken und handeln, desto höher wird der Selbstorganisationsgrad der Arbeitsgruppe sein. In diesem Falle reduziert sich auch die Führungsaufgabe.

Insgesamt kann festgehalten werden, »daß rein sach-rationale Gründe nicht gegen eine prinzipielle Teilungsfähigkeit von Führungspositionen angeführt werden können. Vielmehr dürfte ein wesentlicher Grund für die mangelnde Verbreitung von Teilzeitarbeit in Managementpositionen auf sozio-emotionale Faktoren zurückzuführen sein« (Domsch/Kleiminger 1995, S. 36). Ähnliches konstatieren Straumann et al. (1996, S. 172) für die Nordwestschweiz[19]:

---

19 Die Stellenverteilung gestaltet sich hier wie folgt: Von 53165 erfaßten privatwirtschaftlichen Stellen sind 5408 Teilzeitstellen. Davon entfallen 297 (5.5%) auf untere, 88 (1.6%) auf mittlere und 9 (0.2%) auf obere Führungspositionen.

»Die relativ eingeschränkte und scheinbar harmlose Frage nach Möglichkeiten und Nützlichkeit von Teilzeitarbeit in qualifizierten Funktionen ist mit derart vielen Grundannahmen und Selbstverständlichkeiten über die ›gute Führung‹, die ›funktionierende Organisation‹ und die ›richtige Personalpolitik‹ verflochten, dass ein bewusstes und aktives Anbieten solcher Stellen vieles, wenn nicht gar alles in Frage zu stellen scheint, was als ›gute Management-Praxis‹ gilt.«

Die *Implementation* von Teilzeitarbeit auf Führungsebene bedarf allerdings besonderer Umsicht. Domsch et al. (1994) schlagen ein fünfstufiges Vorgehen vor.

1. Phase	**Information und Diskussion**
	– Firmenrundschreiben – Betriebsinterne Vorträge und Informationsveranstaltungen zur Teilzeitthematik (evtl. nach Zielgruppen, z.B. Führungskräfte, Personalverantwortliche) – Integration der Teilzeitthematik in allgemeine Führungsseminare
2. Phase	**Situationsanalyse anhand des Kriterienkatalogs**
	– Positionsinhaberbezogene Qualifikation (sozial und formal) – Positionsumfeldbezogene Kriterien (soziale und formale Qualifikation) – Aufgabenbezogene Kriterien (Arbeitsinhalte) – Prozeßbezogene Kriterien (Arbeitsabläufe) – Strukturbezogene Kriterien (Arbeitsstrukturen)
3. Phase	**Konzeption/Design**
	– Auswahl des passenden Teilungsmodells – Regelung der Arbeits-/Anwesenheitszeiten – Sicherstellung des Informationstransfers – Arbeitsorganisatorische Maßnahmen – Abstimmung der Stellvertreterregelungen – Kostenkalkulation – Arbeitsverträge etc.
4. Phase	**Umsetzung**
	– Vorbereitung (Schulungen, Training, Workshops) – Einführung (Beratung, Coaching) – Steuerung (Beratung bei Konflikten, wöchentliche Gesprächsrunden)

5. Phase	Evaluierung
	– Arbeitsaufteilung – Zeitaufteilung – Qualifikation – Stellvertretungsregelungen – Informationsstrukturen – Output-Vergleich – Arbeitszufriedenheit

Abbildung 93: Phasenkonzept zur Implementation von Teilzeit im Management (Domsch/Kleiminger 1995, S. 36)

Durch eine probeweise, zunächst zeitlich befristete Einführung der Teilzeitarbeit, wie sie z. B. die Allianz Lebensversicherungs-AG anbietet (vgl. Preuß in diesem Band), erhalten die Beteiligten vor Abschluß einer endgültigen Vereinbarung die Möglichkeit, die neuen Rahmenbedingungen zu testen.

b) Flexibilisierung des Arbeitsortes

Neben einer Verkürzung und Flexibilisierung der Arbeitszeit im Rahmen von Teilzeitarbeit und Job-Sharing verspricht vor allem auch eine Flexibilisierung des Arbeitsortes eine bessere Vereinbarkeit von Beruf und Familie.

Wir denken hierbei u.a. an die in jüngster Zeit vermehrt angewandte *Telearbeit*, definiert als »vom Standort des Arbeitgebers räumlich entfernte Büroarbeit mittels Nutzung neuer Informations- und Kommunikationstechniken« (Deges 1997, S. 303), wie sie z. B. bei der Allianz Lebensversicherungs-AG – auch in Kombination mit Teilzeitarbeit – praktiziert wird (vgl. Preuß in diesem Band).

Pionierarbeit auf diesem Gebiet leistete die IBM Deutschland GmbH, die für ihre Betriebsvereinbarung zur Einrichtung »außerbetrieblicher Arbeitsstätten« 1991 vom Bundesministerium für Forschung und Technologie mit dem Innovationspreis der deutschen Wirtschaft ausgezeichnet wurde (vgl. Kurz/Kuhn 1995). Die Ergebnisse der wissenschaftlichen Begleituntersuchung des Modells durch die Universität Tübingen (vgl. Glaser 1993; Glaser/Glaser 1995) stimmen hoffnungsvoll: Neben einer besseren Vereinbarkeit von Beruf und Familie wurden v.a. folgende Vorteile festgestellt: effizientere Aufgabenerfüllung, höhere Produktivität, höhere Leistungsmotivation und höhere Flexibilität der Gesamtorganisation. Gemäß Forschungsleiter Glaser (1993, S. 21) erlaubt es die Außerbetriebliche Arbeitsstätte in besonderem Maße, »eine hohe berufliche Leistung mit der Erfüllung anderer Lebensbedürfnisse (. . .) zu verbinden«. Seiner Einschätzung nach wird außerbetriebliche Arbeit zu einer verbreiteten und anerkannten Arbeitsform werden, sobald alle technischen, organisatorischen, arbeitsrechtlichen und psychologischen Randbedingungen erkannt und adäquat gestaltet sind.

Für Führungspositionen besonders geeignet erscheint die *alternierende* Telearbeit, bei der wechselweise im Büro und zu Hause gearbeitet wird. Auf diese Weise ist es möglich, individuellen und familiären Bedürfnissen Rechnung zu tragen, ohne das innerbetriebliche Geschehen aus den Augen zu verlieren. Erste Erfahrungen aus der Praxis in dafür aufgeschlossenen Branchen und Firmen bestätigen die Praktikabilität dieses Ansatzes. So ist bei der Integrata Unternehmensberatung in etwa ein Drittel der ManagerInnen und SpezialistInnen auf der Basis alternierender Telearbeit tätig. Eine ausgeprägte Unternehmenskultur, feste Kommunikationsstrukturen, Projektorganisation und durchgängiges Management by Objectives tragen zum Erfolg dieses Modells bei (vgl. Anderer 1997).

c) Kombinierte Flexibilisierung von Arbeitszeit und Arbeitsort

Besonders groß werden die Handlungsspielräume und damit auch die Möglichkeiten, Kindererziehung und Karriere in befriedigender Weise zu verbinden, wenn Arbeitszeit und Arbeitsort gleichzeitig flexibilisiert werden können. Daß dies auch auf Führungsebene prinzipiell möglich ist, zeigen – bislang erst vereinzelte – Fälle aus der Praxis.

Von einem innovativen Beispiel – einem »Career Couple-Modell« – berichten Mentrup/Marx (1997, S. 418) von der Drägerwerk AG:

»Seit neun Monaten ist Johannes auf der Welt, seine Mutter Judith Löser, als Entwicklungsingenieurin in der Intensivmedizin der Drägerwerk AG tätig und noch im Erziehungsurlaub, arbeitet bereits wieder 15 Stunden, davon zwei Vormittage in der Firma und den Rest zu Hause. Auch Ralf Ernst Löser, Leiter der Entwicklungsabteilung für Kleinkinderbeatmung, hat seit der Geburt seines Sohnes seine Arbeitszeit flexibler als zuvor gestalten können – für zehn Stunden in der Woche verlegt auch er seinen Arbeitsplatz nach Hause.«

Im Zuge der fortschreitenden »Virtualisierung der Organisation«[20] (vgl. Bleicher 1996; Reiß 1996; Müller-Stewens 1997a und b) könnten sich in Zukunft die Möglichkeiten zur Flexibilisierung von Arbeitszeit und -ort deutlich erweitern.

Multiple Laufbahnmodelle

Bislang waren Berufskarrieren in aller Regel am sogenannten »männlichen Erwerbsmodell« orientiert und an eine kontinuierliche, ununterbrochene und vollzeitliche Berufstätigkeit geknüpft. Teilzeit zu arbeiten oder die Berufstätigkeit zugunsten der Kinderbeziehung zu unterbrechen, führte und führt auch heute noch vielerorts zu einem Karriereeinbruch.

Bedenkt man allerdings, daß eine familienorientierte Personalpolitik »nicht Kostgänger einer Industrie- und Dienstleistungsgesellschaft, sondern ihre stabilste Voraussetzung« (Süssmuth; zit. nach Wilms 1996, S. 415) ist, erscheint dies kurzsichtig. Was heute angesichts veränderter Familienformen (z. B. einer vermehrten Anzahl von sog. »Dual Career Couples«), eines deutlich erhöhten Bildungsniveaus und veränderter Rollenvorstellungen der Frauen gebraucht wird, sind Laufbahnmodelle, die Spielräume lassen, die sowohl einen zeitlich befristeten Ausstieg aus dem Berufsleben, als auch vermehrt Möglichkeiten einer flexiblen bzw. reduzierten Arbeitszeitgestaltung bei gleichzeitiger Wahrung der Karrierechancen bieten.

Nachdem Freistellungsmodelle und Arbeitsflexibilisierung in Führungspositionen bereits angesprochen wurden, wird auf drei Ansätze verwiesen, die für die belastungsintensive Phase der Kleinkindbetreuung ebenfalls geeignet erscheinen. Es handelt sich um funktionale Äquivalente zur klassischen Führungsposition auf mittlerer oder oberer Hierarchieebene, die besonders gut in Teilzeit ausgeübt werden können (vgl. Wunderer 1997b):

- *Projektleitung:* Immer mehr anspruchsvolle Aufgaben werden in Form von Projekten, Taskforces usw. organisiert. Hier finden Frauen und Männer mit zeitlich begrenzter Beschäftigungsmöglichkeit ein anspruchsvolles und herausforderndes Betätigungsfeld. In diesen Funktionen lassen sich auch besonders gut beruflich relevante Kontakte knüpfen und weiterentwickeln. Zudem bietet Projektarbeit Frauen eine gute Gelegenheit,

---

20 »Unter Virtualisierung einer Organisation wird (. . .) deren Flexibilisierung mittels interorganisatorischer Wertschöpfungspartnerschaften verstanden« (Müller-Stewens 1997a, S. 38). Demnach ist eine virtuelle Organisation eine »nachhaltige Kooperation mehrerer, rechtlich unabhängiger, realer Partnerunternehmen mit dem Ziel, Produkte und/oder Dienstleistungen zu entwickeln, zu erstellen und abzusetzen. Dabei bringt jedes Partnerunternehmen jeweils diejenigen Aktivitäten in das jeweilige Projekt ein, die sie besser als alle andere beherrscht« (Hilb 1997, S. 84). Da virtuelle Organisationen nicht räumlich in Gebäuden und Diensträumen konzentriert sind und die Koordination der Partner großteils standortunabhängig mittels moderner Informations- und Telekommunikationstechnologien erfolgt, impliziert Virtualisierung für den einzelnen einen Zuwachs an Freiräumen und verbessert damit auch die Möglichkeiten zur verantwortlichen Kinderbetreuung.

skeptischen männlichen Kollegen ihre Kompetenz zu beweisen und damit Vorbehalte abzubauen.

– *Qualifizierte Stabsarbeit*: Stabsfunktionen eignen sich erfahrungsgemäß besonders gut für anspruchsvolle Teilzeitaufgaben. Hierbei können klassische Managementaufgaben, wie Planen, Organisieren und Evaluieren, ausgeübt und damit Qualifikationen erworben bzw. erhalten werden, ohne gleichzeitig Personalverantwortung tragen zu müssen.

– *Aktive Stellvertretung:* Auch eine zeitlich beschränkte Übernahme von Vorgesetztenaufgaben läßt sich in der Regel besser mit Familienaufgaben verbinden als eine vollzeitliche Führungstätigkeit. Sie ermöglicht zudem ein Einüben von Führungsaufgaben und eignet sich daher besonders gut als Vorbereitung zur Übernahme einer Führungsposition.

Bei all diesen Aufgaben ist darauf zu achten, daß den Betroffenen nach Wegfall oder Reduktion der familiären Belastung grundsätzlich wieder die gleiche Chance zur Ausübung einer Führungsposition eingeräumt wird, die Konzepte also nicht in diskriminierender Weise eingesetzt werden.

Die Chancen für eine entsprechende Flexibilisierung der Laufbahnmuster stehen gut. Denn gerade jüngster Zeit zeichnen sich Entwicklungen inner- und außerhalb der Unternehmen ab, die zu einer Abkehr von der klassischen männlichen Erwerbsbiographie zwingen könnten: Im Zuge zunehmender Dezentralisierung der Unternehmensstrukturen, verstärkter Konzentration auf Kerngeschäfte, vermehrter strategischer Allianzen, Netzwerkbildungen bis hin zur Virtualisierung der Organisationen (vgl. Sattelberger 1996; Oertig/Stoll 1997; Müller-Stewens 1997a, b) sind vor allem folgende Veränderungen zu gewärtigen:

»Die Loyalität zwischen Arbeitgeber und Arbeitnehmer schwindet weiter, die Bindungen werden provisorischer. Die Verweildauern in Unternehmen verringern sich, und die Garantie einer lebenslangen Beschäftigung gehört endgültig der Vergangenheit an. Damit einhergehend lösen sich traditionelle Stellen vermehrt auf, und der Arbeitsmarkt wird zunehmend unternehmensübergreifend. Die Akkumulation von mehreren Teilzeitstellen bildet keine Ausnahme mehr« (Oertig/Stoll 1997, S. 8).

Damit wird sich auch das bisherige – an der männlichen Biographie orientierte – Erwerbsmodell verändern, wenn auch für Führungspositionen in spezifischer Weise. Das Beschäftigungsszenario der Zukunft ist gekennzeichnet durch verkürzte Laufbahnzyklen mit Diskontinuitäten und Brüchen (vgl. Abbildung 94) – ein Modell, bei dem sich die Erwerbsbiographien von Frauen und Männern annähern und das beiden Geschlechtern vermehrt Möglichkeiten zur Vereinbarkeit von Beruf und Familie bietet.

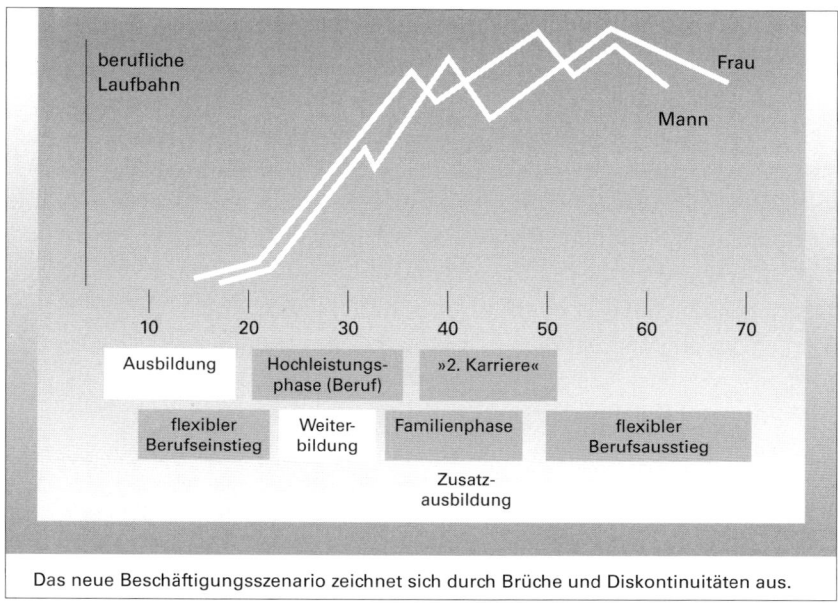

Abbildung 94: Neues Laufbahnmuster von Mann und Frau (Oertig/Stoll 1997, S. 10)

Kinderbetreuung

Eine Unterstützung bei der Fremdbetreuung – v. a. nach der Kleinkindphase – bildet den vierten Baustein einer familiengerechten Personalpolitik.

Betriebliche Betreuungsstätten wie die in diesem Buch vorgestellten Einrichtungen der ABB Schweiz, der Schweizerischen Kreditanstalt und der Hoffmann-La Roche AG (vgl. die Beiträge von Hausherr Fischer/Sandmeier, Bucheli Ruffieux und Verrey), sind dabei nur eine von mehreren Möglichkeiten. Bei zahlenmäßig eher geringem oder schwankendem Bedarf erweist sich die *Sicherung von Belegplätzen in außerbetrieblichen Betreuungseinrichtungen* als zweckmäßig – u. U. auch im Kooperationsverbund mit anderen Unternehmen. Allerdings sind die Öffnungszeiten entsprechender Einrichtungen nicht immer mit den Anforderungen von Führungspositionen kompatibel. Einrichtungen mit verlängerter Öffnungszeit wie der »Hokus Pokus Kölner Kinderhaus e. V.« in Berlin (vgl. Mölleney in diesem Band) sind derzeit noch selten.

Auch können *finanzielle Zuschüsse* zur kostenintensiven[21] individuellen

---

21 Für eine ganztägige Betreuung durch eine Tagesmutter sind nach Angaben des Familienservice etwa 800 bis 1.200 DM zu veranschlagen. Kinderfrauen kosten ganztags ab 3.000 DM (Arbeitgeberbruttogehalt) (vgl. Familienservice, o. J., S. 14).

Betreuung (Tagesmüttern, Kinderfrauen, Au Pairs etc.) hilfreich sein, wenngleich die Finanzierung bei Führungskräften – v. a. bei Doppelverdienern – im allgemeinen weniger Schwierigkeiten bereitet.

Das größte Problem besteht jedoch darin, geeignete Betreuungseinrichtungen oder -personen zu finden. Als vielversprechend erweist sich in diesem Zusammenhang das Konzept »*Familienservice*«, eine überbetriebliche Beratungs- und Vermittlungsagentur, die wir nun näher darstellen möchten.

Dieses Konzept ist 1991 in engem Dialog zwischen der BMW AG und dem Deutschen Jugendinstitut entstanden und hat bis Ende 1996 in 12 deutschen Städten Verbreitung gefunden. Heute sind dem Familienservice über 100 Firmen – darunter beispielsweise Lufthansa und die Commerzbank (vgl. Mölleney und Bolte in diesem Band) – angeschlossen (vgl. o. V. 1997).

Der Familienservice schafft und vermittelt Betreuungsplätze, berät Eltern in Erziehungsfragen und unterstützt Unternehmen bei der Entwicklung ihrer betrieblichen Familienpolitik. In Ergänzung dazu bietet die Organisation ab April 1997 – zunächst regional begrenzt – Unterstützung für Familien mit pflegebedürftigten Angehörigen an.

Der Familienservice wird finanziell von den beteiligten Unternehmen getragen. Er schließt mit den Firmen Pauschalverträge ab, die auf erwarteten Nutzungszahlen basieren. Ein Beispiel soll die Zusammenhänge verdeutlichen: Es wird davon ausgegangen, daß in einer Dienstleistungsfirma 1% der MitarbeiterInnen Beratungs- und Vermittlungsleistungen in Anspruch nehmen. Bei 500 MitarbeiterInnen wären dann 5 Anfragen zu erwarten. Der Preis je Anfrage liegt – je nach Region – zwischen 1.250 und 1.500 DM plus Mehrwertsteuer. Das heißt: Eine Firma mit 500 MitarbeiterInnen hätte damit eine Jahrespauschale von 6.250 bis 7.500 DM zu entrichten (vgl. o.V. 1997).

Die Vertragsleistung umfaßt folgende Bausteine (vgl. Lang-Obi 1995):

– eine Analyse der betrieblichen Situation hinsichtlich des Themas Beruf und Familie

– Beratungs- und Vermittlungsdienste für die Eltern

– eine Grundrecherche über Betreuungsangebote in der Region

– die Pflege der Daten, weiterführende Recherchen über Betreuungsangebote in der Region

– Gewinnung und Auswahl von Tagesmüttern und anderen Betreuungspersonen

– Ausbildung, Materialerstellung, Fortbildung, pädagogische Betreuung der Betreuungspersonen

– Zuschuß zur sozialen Sicherung der Tagesmütter

– Bei Bedarf: Beratung und Unterstützung von Elterninitiativen oder anderen Gruppenmodellen, Gespräche und Verhandlungen mit Kommunen, Betrieben und Trägern über Kooperationsmodelle.

Der Service für die Eltern: Information und individuelle Beratung		
Entscheidungshilfe bei Unsicherheit	**Realitätsbezug herstellen**	**Orientierung und Hilfe im „Betreuungs-dschungel"**
– Auswirkung der Betreuung durch andere auf Kind und Familie – Eingehen auf Alter und Persönlichkeit des Kindes – Bereitschaft, das Kind zur Betreuung abzugeben – Schuldgefühle durch Abgeben zur Fremdbetreuung – . . .	– Aufklärung über den Markt, besonders über Kosten und Verfügbarkeit der Betreuungsformen – »Kosten-Nutzen«-Überlegung, lang- und kurzfristig; – »Normale« Schwierigkeiten, z.B. bei Beginn der Betreuung durch eine Tagesmutter – . . .	– Betreuungsformen: Unterschiede, Vor- und Nachteile – Kriterien zur Auswahl geeigneter Betreuung – Steuer und Versicherungen rund um Betreuung – Vermittlung von Betreuerinnen bzw. Nachweis freier Plätze in Einrichtungen – . . .

Ein Überblick über die angebotenen Betreuungslösungen		
Institutionelle Lösungen	**Private Lösungen**	**Flexible Lösungen**
– Krippen – Kindergärten/-tagesstätten – Elterninitiativen – Horte – Ganztagsschulen	– Tagesmütter – Kinderfrauen – Au-pairs – Notmütter – Babysitter – gegenseitige Betreuung – Care pools – Großpflegestellungen bzw. -pflegenester	– Mutter-Kind-Gruppen – Spielgruppen – Krabbelgruppen – Ferienkindergärten – Ferienprogramme – Hausaufgabenhilfe – Jugendangebote

Beispiele der Dienstleistungen bei diesen Kinderbetreuungslösungen		
Institutionelle Lösungen	**Private Lösungen**	**Flexible Lösungen**
– Recherche der bestehenden Institutionen vor Ort – Dokumentation der einrichtungsspezifischen Daten, wie pädagogisches Konzept, Öffnungszeiten, Altersstruktur, Kosten, freie Plätze – Unterstützung beim Aufbau einer Elterninitiative – Information zur Anmeldung – . . .	– Vermittlung ausgewählter Betreuerinnen – Hausbesuche bei Tagesmüttern und Au-Pair-Familien – Betreuerinnenqualifizierung – Begleitung des Betreuungsarrangements – Betreuung der Au-Pairs – Konfliktberatung – Versicherungsberatung – . . .	– Durchführung von Ferienprogrammen – Dokumentation der Ferienangebote anderer Träger – Recherche von Spiel- und Mutter-Kind-Gruppen – Dokumentation freier und kostenpflichtiger Angebote von Hausaufgabenhilfe – Nachhilfevermittlung – . . .

Abbildung 95: Kinderbetreuung – Angebote des Kinderbüros/Familienservices (Familienservice, o. J. S. 10)

Die besonderen Vorteile für Eltern und Kinder liegen in der individuellen Beratung und einem breitgefächerten und flexiblen Angebot an Betreuungsformen: »Die größte Stärke des Familienservice liegt in seiner Flexibilität und seinen Möglichkeiten, auch Familien auf dem Land mit Kindern aller Altersgruppen und bei ungewöhnlichen Arbeitszeiten zu unterstützen« (o.V. 1997, S. 426). Pro Jahr werden über 2500 Familien beraten und etwa 3000 Kinder »plaziert« (vgl. ebenda). So bietet der Familienservice aufgrund seines breiten »Sortiments« eine gute Alternative bzw. Ergänzung zur betriebsinternen Kinderbetreuung. Besonders positiv zu bewerten ist auch, daß er für die Qualität der Betreuungsleistungen Sorge trägt, beispielsweise Tagesmütter sorgfältig auswählt, vorbereitet, betreut und weiterbildet. Abbildung 95 gibt einen Überblick über das Angebotsspektrum.

Nach den Erfahrungen des Familienservice präferieren Führungskräfte private Formen der Kinderbetreuung, die auch bei hoher und teilweise unplanbarer Arbeitsbelastung der Mutter eine kontintuierliche, individuelle Betreuung des Kindes ermöglichen. Tagesmütter stehen hierbei an erster Stelle, gefolgt von Kinderfrauen und Au-pairs. Auch Kombinationen wie Tagesmutter oder Kinderfrau in Verbindung mit Au-pairs werden häufiger praktiziert.

Fazit

Betriebliche Familien- und Kinderförderung gereicht – wohl mehr als alle anderen Maßnahmen – allen eingangs spezifizierten Anspruchsgruppen zugleich zum Vorteil – allen voran dem bislang weitgehend ausgeblendeten Stakeholder Kind. Die in Anlehnung an eine Empfehlung des Rates der Europäischen Gemeinschaften (Europäische Gemeinschaften 1996) erstellte Abbildung 96 zeigt die Nutzenpotentiale für die einzelnen Anspruchsgruppen im Überblick.

Diese Potentiale gilt es zu nutzen – auch und gerade im Führungsbereich. Zweifellos ist es für Führungskräfte schwieriger, Beruf und Familie zu verbinden als für MitarbeiterInnen ohne Personalverantwortung. Nicht alle der allgemein bewährten Förderungsmaßnahmen (vgl. auch Dick 1995) lassen sich problemlos auf Managementpositionen übertragen. So sind beispielsweise den Teilzeitbeschäftigungsmöglichkeiten auf Führungsebene viel engere Grenzen gesetzt und so kollidieren die Öffnungszeiten vieler Kinderbetreuungsstätten mit den Erfordernissen des ManagerInnenalltags.

Stakeholder	Nutzenpotentiale
Kinder	– Schutz vor physischem oder psychischem Schaden oder vor Vernachlässigung – Förderung der emotionalen, sozialen und intellektuellen Entwicklung – Verbesserung der Qualität des Familienlebens – Sicherstellung der Kontinuität der Betreuung, der Beziehungen und Erfahrungen – Verbesserung und Ausbau der Kinder verfügbaren sozialen Beziehungen, Aktivitäten und Erfahrungen – Sicherstellung der Betreuung und der Pflege durch die Eltern, wenn das Kind sie benötigt
Frauen	– Förderung der beruflichen Chancengleichheit – Reduktion der Doppelbelastung – Verbesserung der Gesundheit und Lebensqualität – Verbesserung der wirtschaftlichen Situation
Männer	– Verbreiterung der Entfaltungsmöglichkeiten – Förderung engerer Beziehungen zu den Kindern – Verringerung von Streß – Verbesserung der Gesundheit und Lebensqualität
Unternehmen	– Verbesserung des Bildes in der Öffentlichkeit und Vorteile im Wettbewerb um qualifizierte MitarbeiterInnen – Erhaltung des Mitarbeiterstabs, Verringerung der Einstellungskosten und Verbesserung der Erträge aus Investitionen in Ausbildung und Karriereentwicklung – Verringerung der Fehlzeiten und Arbeitskräftefluktuation – Verbesserung von Identifikation und Motivation – Verbesserung der Arbeitsleistung – Erhöhung der Flexibilität innerhalb der Belegschaft – Insgesamt bessere Nutzung der Humanressourcen – Langfristig: Förderung der Arbeitskräfte von morgen
Gesellschaft	– Sicherung der Entwicklungschancen von Kindern beruflich stark engagierter Eltern – Stärkung des Verständnisses für die Betreuungsarbeit und Verbesserung ihres Ansehens – Verbesserung der psychischen und physischen Gesundheit in der Erwerbsbevölkerung – Verbesserte Nutzung von Humanressourcen – Verbesserte Nutzung von der Ausbildungsaufwendungen für Frauen – Verbesserung der Wirtschaftsleistung

Abbildung 96: Nutzen betrieblicher Familienförderung für die Anspruchsgruppen betrieblicher Personalpolitik

Dies muß u. E. aber nicht zum Anlaß genommen werden, Frauen vor die Alternative »Karriere *oder* Familie« zu stellen und beruflich ambitionierten Männern die Möglichkeit zu aktiver und zeitlich umfassender Vaterschaft zu verwehren.

Notwendig scheint vielmehr zweierlei:

– *Offenheit und Mut zur Alternative*: Überlieferte Vorstellungen (z. B. »Führung ist unteilbar«) und herrschende Praktiken (z. B. einseitige Orientierung am »männlichen« Erwerbsmodell) sollten vermehrt hinterfragt, Alternativen gesucht und erprobt werden. Hierbei scheint sowohl ein Blick auf aktuelle Forschungsbefunde als auch ein Benchmarking – auch mit anderen Branchen – sinnvoll. So könnten etwa die bisher vorwiegend aus dem öffentlichen Dienst stammenden Erfahrungen mit Job-Sharing-Modellen zum Anlaß für Pilotversuche in der Privatwirtschaft genommen werden. Ein aus Arbeitnehmersicht günstigerer Arbeitsmarkt dürfte die Motivation dafür erhöhen.

– *Kombinierter und flexibler Einsatz von Maßnahmen*. Wie gezeigt wurde, ist die Palette der Maßnahmen zur Familienförderung breitgefächert. Durch eine kombinierte Nutzung dieses Spektrums können Grenzen einzelner Maßnahmen erweitert oder überwunden werden. Auch wenn beispielsweise eine Führungsaufgabe lediglich eine 25%ige anstatt einer 50%igen Reduktion der Arbeitszeit erlaubt, kann durch gleichzeitige Unterstützung bei der Kinderbetreuung – z. B. durch Inanspruchnahme des Familienservice – ein beachtlicher Beitrag zur Verbesserung der Vereinbarkeit von Beruf und Karriere geleistet werden.

Generell scheint es sinnvoll, ein bestimmtes Repertoire an Maßnahmen bereitzustellen, dessen Komponenten dann den Erfordernissen des Einzelfalls und den Interessen der einzelnen Stakeholder entsprechend flexibel kombiniert werden können.

6 Zusammenfassung

Nun sollen abschließend das methodische Konzept unserer Studie sowie wesentliche Ergebnisse im Überblick zusammengefaßt werden.

Fragestellung

Eine effektive Förderung der Chancengleichheit im Management erfordert gesicherte Kenntnisse über potentielle geschlechtstypische Besonderheiten. Deshalb wurden folgende Fragen theoretisch und empirisch untersucht:

1. Inwieweit unterscheiden sich weibliche Führungskräfte in Fähigkeiten, Denk- und Verhaltensmustern von ihren männlichen Kollegen?
2. Welchen besonderen situativen Bedingungen stehen weibliche Führungskräfte gegenüber?
3. Welche Ansätze zur Förderung weiblicher Führungskräfte werden in deutschen und schweizerischen Unternehmen mit welchem Erfolg praktiziert?
4. Wo liegen Verbesserungspotentiale?

Diese Fragen wurden im November 1995 in einer rund 700 Personen (51.5% Frauen, 48.5% Männer) umfassenden schriftlichen Umfrage in 13 ausgewählten deutschen und schweizerischen Unternehmen der Branchen Banken/Versicherungen, Chemie, Handel und Verkehr/Nachrichtenübermittlung überprüft. 83 weibliche und 76 männliche Führungskräfte, deren Mitarbeiterinnen (N=256) und Mitarbeiter (N = 241) sowie 18 Personalexpertinnen und 19 Personalexperten gaben hierbei über ihre einschlägigen Erkenntnisse und Erfahrungen Auskunft. Die Jahrestagung des Instituts für Führung und Personalmanagement im September 1996, Fallstudien in Wirtschaft und Verwaltung sowie eine umfassende Literaturanalyse lieferten vertiefende und ergänzende Informationen.

Zentrale Befunde

In unserer Erhebung wurden einige bekannte Phänomene zur Geschlechterdifferenzierung bestätigt. Darüber hinaus trat jedoch auch manch Überraschendes zutage. Hier sind die interessantesten Ergebnisse – thesenartig verdichtet:

– *Die Aktionsbedingungen weiblicher Führungskräfte haben sich verbessert.* Sowohl männliche als auch weibliche Manager bestätigen, daß sich die Grundstimmung gegenüber weiblichen Führungskräften in den Organisationen in den letzten fünf Jahren geändert hat. Die Mehrzahl der befragten Managerinnen fühlt sich an ihrem Arbeitsplatz nicht diskriminiert.

– *Weibliche Führungskräfte erleben auch komparative Vorteile.* Rund zwei Fünftel der befragten Führungsfrauen sehen explizit Vorteile aufgrund ihres Geschlechts. Hierzu zählen sowohl positive Folgen der Geschlechtsnormen (freundliche Behandlung, Zuvorkommenheit, Hilfsbereitschaft etc.) als auch die mit einem Sonderstatus verbundenen Privilegien in Form vermehrter Beachtung und verbesserter Profilierungschancen. Für die Mehrheit der Befragungsteilnehmerinnen halten sich Vor- und Nachteile die Waage. Ein Fünftel vertritt sogar die Ansicht, daß die

Vorteile überwiegen. Demgegenüber werden die Nachteile nur von 17% höher gewichtet.

– *Die berufsbezogenen Werthaltungen und Motive weiblicher und männlicher Führungskräfte unterscheiden sich kaum.* Bei beiden Geschlechtern dominiert die klassische »Karriereorientierung«, d. h. Status, hierarchischer Position und Einkommen wird hoher Stellenwert beigemessen. Eine »freizeitorientierte Schonhaltung«, die den Schwerpunkt der Lebensinteressen eindeutig in den privaten Bereich verlegt, weisen – entgegen geschlechtsrollenkonformen Erwartungen – sogar weniger Frauen als Männer auf. Mit Berufserfolg verbinden aber sowohl Frauen als auch Männer vor allem inhaltliche Bezüge, wie Freude an der Arbeit und interessante Aufgaben; Aufstieg und Einkommen wird demgegenüber nachrangige Bedeutung eingeräumt.

– *Weibliche Führungskräfte sind tendenziell aufstiegsorientierter.* Obwohl sich immerhin 50% der weiblichen Führungskräfte im Vergleich zu ihren männlichen Kollegen schlechtere Aufstiegschancen ausrechnen, zeigen sie mehr Aufstiegsambitionen. Dabei bilden die – i. d. R. besonders belasteten – in Partnerschaft lebenden Frauen mit Kindern die aufstiegswilligste Gruppe!

– *Weibliche Führungskräfte sind nicht »mikropolitisch naiv«.* Die häufig geäußerte Ansicht, Frauen würden die informellen Spielregeln der Arbeitswelt und insbesondere die Bedeutung informeller Strukturen nicht hinreichend kennen, bestätigte sich nicht. Die befragten Managerinnen messen informellen Informations-, Beziehungs- und Fördersystemen im Durchschnitt sogar eine etwas höhere Bedeutung bei als ihre männlichen Kollegen.

– *Frauen führen nicht anders.* Die populäre These, daß Frauen partizipativere, prosozialere und letztlich auch effizientere Führungsformen bevorzugen, kann durch die Mehrzahl unserer Befunde nicht gestützt werden. Entsprechende Unterschiede sehen lediglich die Personalexperten – und zwar vor allem die weiblichen. Demgegenüber werden weibliche und männliche Führungskräfte in unserer zahlenmäßig weitaus umfassenderen Mitarbeiterbefragung sehr ähnlich in ihrem Führungsverhalten beurteilt. Auch in der Mitarbeiterzufriedenheit konnten keine nennenswerten Unterschiede gegenüber weiblichen und männlichen Vorgesetzten festgestellt werden.

– *Weibliche Führungskräfte können sich gut darstellen.* Verschiedenenorts wurde behauptet, daß Frauen sich und ihre Fähigkeiten weniger gut »verkaufen« können als Männer. Dies trifft bei unserer Stichprobe nicht zu. Nach dem Urteil ihrer Mitarbeiterinnen und Mitarbeiter sind weibliche Führungskräfte hierin sogar versierter.

– *Weibliche Führungskräfte stehen Frauen tendenziell kritischer gegen- über.* Zum einen bekunden in der Umfrage mehr weibliche als männliche Führungskräfte, mit Frauen als Mitarbeiterinnen, Kolleginnen und Vor- gesetzten schlechter zusammenarbeiten zu können. Zum anderen schrei- ben die weiblichen Führungskräfte den Frauen die Verantwortung für ih- re Unterrepräsentanz im Management in signifikant höherem Maße zu als ihre männlichen Kollegen.

Daraus lassen sich zwei Schlußfolgerungen ziehen:

1. Die Situation weiblicher Führungskräfte stellt sich positiver dar als auf- grund der literarischen Analyse zu vermuten war.
2. Weibliche und männliche Führungskräfte unterscheiden sich nur wenig in Disposition und Verhalten. Zum Teil weisen die festgestellten Unter- schiede sogar in eine andere Richtung als erwartet.

Die Befragungsergebnisse machen aber auch deutlich, daß beruflich ambi- tionierte Frauen immer noch mit *besonderen Problemen* konfrontiert wer- den:

– *Spannungsfeld Beruf und Familie*: Aufgrund der nach wie vor gültigen Geschlechtsrollen ist es für Frauen immer noch deutlich schwieriger, Karriere und Familie zu verbinden. Dies kommt sowohl in diversen Aus- sagen der Befragten als auch in ihren demographischen Daten zum Aus- druck. So sind 34% der Frauen, aber nur 4% der Männer alleinstehend; nur ein Fünftel der weiblichen, aber immerhin rund drei Viertel der männlichen Führungskräfte haben Kinder.

– *Erhöhte Anforderungen:* Um im Arbeitsumfeld Anerkennung zu finden, müssen die weiblichen Führungskräfte nach eigenem Bekunden häufiger ihre fachliche Kompetenz unter Beweis stellen. Zudem haben sie über die fachliche Qualifikation hinaus Anforderungen zu erfüllen, die für ih- re männlichen Kollegen nicht in gleichem Maße gelten. Sie müssen sich nach eigener Einschätzung diplomatischer und anpassungsfähiger ver- halten, ausgeprägtere soziale Fähigkeiten sowie ein besonders gutes äu- ßeres Erscheinungsbild zeigen.

– *Priviligien der Männer:* Männliche und weibliche Führungskräfte wie auch Personalexpertinnen und -experten sind mehrheitlich der Ansicht, daß Männer in ihrer Organisation die besseren Karrierechancen haben.

Die weibliche Führungskräfte konstatieren überdies Benachteiligungen in einzelnen Bereichen, insbesondere in Entlohnung, Beförderung sowie in Förderung und Entwicklung.

– *Erschwerter Zugang zu informellen Systemen:* Noch über die Hälfte der Frauen meinten, daß Männer leichter Zugang zu informellen Informations-, Beziehungs- und Fördersystemen ihrer Organisation finden. Da gerade auf informellem Wege viele Insiderinformationen ausgetauscht, Vorentscheide getroffen und Beziehungen geknüpft werden, erweist sich der erschwerte Zugang zu diesen Systemen als Karrierehandicap.

Auf dem Weg zur Chancengleichheit stehen also noch einige Hürden. Zum einen handelt es sich dabei um tief verwurzelte Stereotype und Rollenvorstellungen. Zum zweiten sind es Rahmenbedingungen, die eine Verwirklichung anderer Lebensmuster behindern. Unternehmen und Verwaltungen können wesentlich zum Abbau dieser Hemmnisse beitragen. Zentrale Handlungsfelder sind:

– Einflußnahme auf Sozialisationsprozesse
– Bewußtseinsbildung im Unternehmen
– Frauengerechte Gestaltung des Personalmanagements
– Einbindung der Führungskräfte
– Familien- und Kinderförderung

Die Befragung der Führungskräfte sollte Aufschluß über die Relevanz einzelner Möglichkeiten zur Förderung der Chancengleichheit im allgemeinen geben. Vergleicht man die Mittelwerte der 41 abgefragten Maßnahmen, so ergibt die Rangierung folgende »Hitlisten«:

– Perspektive der weiblichen Führungskräfte –

- qualifizierte Teilzeitbeschäftigungsmöglichkeiten
- gezielte Ermutigung der Frauen zur Weiterbildung
- Ermunterung zu karriereförderlichen Aktivitäten (z. B. über Coaching)
- Belegplätze in außerbetrieblichen Kinderbetreuungseinrichtungen
- Verankerung der Chancengleichheit in Unternehmens-/Führungsgrundsätzen
- Selbstbewußtseins-/Durchsetzungstraining für Frauen
- Initiierung und Betreuung von Förderungskonzepten durch die oberste Führungsebene
- Betriebliche Kinderbetreuungseinrichtungen
- Job-Sharing
- Kontaktpflege während der Familienpause
- betrieblicher Elternurlaub in Verbindung mit Wiedereinstellungszusage
- Weiterbildungsmöglichkeiten während der Familienpause

– Perspektive der männlichen Führungskräfte –
• qualifizierte Teilzeitbeschäftigungsmöglichkeiten
• Initiierung und Betreuung von Förderungskonzepten durch die oberste Führungsebene
• Job-Sharing
• spezielle Programme für Wiedereinsteigerinnen
• Ermunterung zu karriereförderlichen Aktivitäten (z. B. über Coaching)
• Jahres-/Lebensarbeitszeiten
• gezielte Ermutigung der Frauen zur Weiterbildung
• betrieblicher Elternurlaub in Verbindung mit Wiedereinstellungszusage
• Kontaktpflege während der Familienpause
• Weiterbildungsmöglichkeiten während der Familienpause
• Belegplätze in außerbetrieblichen Kinderbetreuungseinrichtungen
• Verankerung der Chancengleichheit in Unternehmens-/Führungsgrundsätzen

Abbildung 97: Die bedeutsamsten Maßnahmen zur Förderung der Chancengleichheit aus der Sicht weiblicher und männlicher Führungskräfte

Wenngleich sich die Rangordnungen weiblicher und männlicher Führungskräfte unterscheiden, so sind sich beide Gruppen doch zu weiten Teilen darin einig, welche Maßnahmen die ersten 12 Plätze einnehmen. Überdurchschnittlich häufig sehen beide Geschlechter in Maßnahmen zur Vereinbarkeit von Beruf und Familie eine besondere Förderung der Chancengleichheit. Hier bedarf es noch länger besonders kreativer, flexibler, situationsspezifischer und verantwortungsbewußter Lösungsansätze zum Wohle aller Familienmitglieder. Legt man das Subsidiaritätsprinzip zugrunde – und das ist bei Führungskräften wohl am ehesten möglich – so sind hierbei zunächst die Betroffenen, dann aber auch Arbeitgeber und Gesellschaft gefordert.

189

Literatur

Ackoff, R.L. (1981): Creating corporate future. Pennsylvania.

Anderer, G. (1997): Führung und Controlling als Erfolgsfaktoren für die Dezentralisierung der Arbeit. In: Gutmann, J. (Hrsg.): Flexibilisierung der Arbeit. Chancen und Modelle für eine Mobilisierung der Arbeitsgesellschaft. Stuttgart, S. 275–287.

Angrist, S./Almquist, E. (1975): Carreers and contingencies: How college women juggle with gender. New York/London.

Assig, D. (Hrsg.) (1993a): Zielgruppe Frauen. Erfolgreiche Konzepte für effektives Marketing. Frankfurt a. M./New York.

Assig, D. (1993b): Mit Respekt! – die Werbung um Frauen. In: Assig, D. (Hrsg.): Zielgruppe Frauen. Erfolgreiche Konzepte für effektives Marketing. Frankfurt a. M./New York, S. 9–17.

Assig, D./Beck, A. (1996): Frauen revolutionieren die Arbeitswelt. Das Handbuch zur Chancengerechtigkeit. München.

Autenrieth, C./Chemnitzer, K./Domsch, M. (1993): Personalauswahl und -entwicklung von weiblichen Führungskräften. Frankfurt a.M./New York.

Bardwick, J. (1971): Psychology of women: A study of biocultural conflicts. New York.

Barglow, P./Vaughn, B./Motier, N. (1987): Effects of maternal absence due to employment on the quality of infant-mother attachment in a lowrisk sample. In: Child Development, 58, S. 945–954.

Bass, B. M. (1990): Bass & Stogdill's handbook of leadership. Theory, research & managerial applications. 3. Aufl., New York.

Bauer, R. (1995): Coaching. In: Kieser, A./Reber, G./Wunderer, R. (Hrsg.): Handwörterbuch der Führung. 2. Aufl., Stuttgart, Sp. 200–211.

Beck-Gernsheim, E. (1976): Der geschlechtsspezifische Arbeitsmarkt. München (2. Aufl. 1981).

Beck-Gernsheim, E. (1989): Die Kinderfrage. Frauen zwischen Kinderwunsch und Unabhängigkeit. München.

Becker-Schmidt, R. (1987): Die doppelte Vergesellschaftung – die doppelte Unterdrückung: Besonderheiten der Frauenforschung in den Sozialwissenschaften. In: Unterkirchner, L./Wagner, I. (Hrsg.): Die andere Hälfte der Gesellschaft. Wien, S. 11–25.

Belotti, E. G. (1975): Was geschieht mit kleinen Mädchen?. München.

Belsky, J./Steinberg, L. D. (1978): The effects of day care. A critical review. In: Child Development, 49, S. 929–949.

Belsky, J. (1986): Infant daycare: A cause for concern? In: Zero to Three, 6, S. 1–7.

Belsky, J. (1988): The »effects« of infant day care reconsidered. In: Early Childhood Research Quarterly, 3 (3), S. 235–272.

Belsky, J./Rovine, M. (1988): Nonmaternal care in the first year of life and infant-parent attachment security. In: Child Development, 59, S. 157–176.

Benbow, C./Stanley, J. C. (1980): Sex differences in mathematical ability. Fact or artifact. In: Science, 210, S. 1262–1264.

Benn, R. (1986): Factors promoting secure attachment relationships between employed mothers and their sons. In: Child Development, 57, S. 1224–1231.

Berenbaum, S. A./Hines, M. (1992): Early androgens are related to childhood sex-typed toy preferences. In: Psychological Science, 3, (3), S. 203–206.

Bernadoni, C./Werner, V. (Hrsg.) (1987): Ohne Seil und Haken. Frauen auf dem Weg nach oben. Bonn.

Berthoin Antal, A. (1988): Mehr Frauen ins Management. In: Demmer, C. (Hrsg.): Frauen ins Management. Von der Reservearmee zur Begabungsreserve. Frankfurt a. M./Wiesbaden, S. 153–174.

Bilden, H. (1991): Geschlechtsspezifische Sozialisation. In: Hurrelmann, K./Ulich, D. (Hrsg.): Neues Handbuch der Sozialisationsforschung. 4. Aufl., Weinheim/Basel, S. 279–301 (1. Aufl. 1980).

Bischof-Köhler, D. (1990): Frau und Karriere aus psychobiologischer Sicht. In: Zeitschrift für Arbeits- und Organisationspsychologie, 34, (1), S. 17–28.

Bischoff, S. (1986): Männer und Frauen in Führungspositionen in der Bundesrepublik Deutschland. Hamburg.

Bischoff, S. (1990): Frauen zwischen Macht und Mann. Männer in der Defensive. Führungskräfte in Zeiten des Umbruchs. Reinbek.

Bischoff, S. (1996): Unternehmen im Vergleich. In: Personalwirtschaft, 23, (11), S. 17–19.

Bischoff, S./Gold, B. (1989): Frauen in Unternehmen – wo sie führen und wie sie führen. In: Buch und Bibliothek, 41, (5), S. 430–435.

Bleicher, K. (1996): Neue Arbeits- und Organisationsformen. Der Weg zum virtuellen Unternehmen. In: Office Management, (1–2), S. 10–15.

Bortz, J. (1989): Statistik für Sozialwissenschaftler. 3. Aufl., Berlin et al.

Bowen, D. D. (1985): Were men meant to mentor women? In: Training and Development Journal, February, S. 31–34.

Brehmer, I. (1987): Koeduktion in der Schule: Benachteiligte Mädchen. In: Faulstich-Wieland, H. (Hrsg.): Abschied von der Koeduktion? Fachhochschule Frankfurt a. M., S. 80–111.

Brumlop, E./Hornung, U. (1994): Betriebliche Frauenförderung – Aufbrechen von Arbeitsmarktbarrieren oder Verfestigung traditioneller Rollenmuster? In: Beckmann, P./Engelbrech, G. (Hrsg.): Arbeitsmarkt für Frauen 2000 – ein Schritt vor oder ein Schritt zurück? Nürnberg, S. 836–851.

Brunet, O/Lezine, I. (1966): I primi anne del bambini. Rom.

Buttler, F./Tessaring, M. (1994): »Arbeitslandschaft 2010« – Folgerungen für die Ausbildung und Beschäftigung von Führungskräften. In: Kienbaum, J. (Hrsg.): Visionäres Personalmanagement. 2. Aufl., Stuttgart, S. 313–322.

Caplan, P. J./MacPherson, G .M./Tobin, P. (1985): Do sex-related differences in spatial abilities exist? In: American Psychologist, 40, S. 786–799.

Carew, J. V. (1980): Experience and the development of intelligence in young children at home and in day care. Monographs of the Society for Research in Child Development, 45, S. 6–7.

Case, S. S. (1985): A sociolinguistic analysis of the language of gender relations, deviance, and influence in managerial groups (intergroup language differences). Dissertation Abstracts International, 56 (7A), S. 2006.

Chess, S. (1987): Comments. Infant daycare: A cause for concern. In: Zero to three, 7, S. 24–25.

Chodorow, N. (1978): The reproduction of mothering. Berkeley. (deutsch: Das Erbe der Mütter. München 1985).

Clarke-Stewart, K. A./Fein, G. (1983): Early childhood programs. In: Haith, M./Campos, J. J./Mussen, P.H. (Hrsg.): Handbook of child psychology. Vol. 2. Infancy and developmental psychobiology. New York, S. 917–999.

Condry, J./Condry, S. (1976): Sex differences: A study of the eye of the beholder. In: Child Development, 47, S. 812–819.

Dachler, H.-P./Hosking, D.-M. (1995): The primacy of relations in socially constructing organizational realities. In: Hosking, D.-M./Dachler, H.-P/Gergen, K.J. (Hrsg.): Management and organization. Relational alternatives to individualism. Aldershot et al., S. 1–28.

Davidson, M./Cooper, C. (1983): Stress and the women manager. New York.

Deaux, K./Kite, M. (1985): Gender stereotypes: Some thoughts on the cognitive organization of gender-related information. In: Academic Psychology Bulletin, 36, S. 123–144.

Deges, F. (1997): Telearbeit als innovative Form der Arbeitsorganisation. In: Gutmann, J.: Flexibilisierung der Arbeit. Chancen und Modelle für eine Mobilisierung der Arbeitsgesellschaft Stuttgart, S. 301–313.

Dick, P. (1995): Frauenförderung als Ansatzpunkt zur unternehmerischen Gestaltung der Personalarbeit – Darstellung aus Sicht der Wissenschaft. In: Wunderer, R./Kuhn, T. (Hrsg.): Innovatives Personalmanagement. Theorie und Praxis unternehmerischer Personalarbeit. Neuwied et al., S. 333–351.

Diem-Wille, G. (1989): Karrierefrauen und Karrieremänner. Eine psychoanalytische Untersuchung ihrer Lebensgeschichte und Familiendynamik. Habil. Universität Klagenfurt.

Dittmann, R. W. (1990): Congential adrenal hyperplasia I: Gender related behavior and attitudes in female patients and sisters. In: Psychoneuroendocrinology, 15, S. 401–420.

Dobbins, G. H./Platz, S. J. (1986): Sex differences in leadership. How real are they? In: Academy of Management Review, 11, (1), S. 118–127.

Dobner, E. (1997): Wie Frauen führen. Innovation durch weibliche Führung. Heidelberg.

Domsch, M. (1995): Wertwandel=Wirtschaftswandel? Thesen aus dem Vortrag »Die Wirkung ›weiblicher Werte‹ in der Wirtschaft« an der Frühjahrsveranstaltung des Vereins Management Symposium für Frauen in Zürich vom 27. März 1995. In: io Management Zeitschrift, 64, (10), S. 64–65.

Domsch, M./Kleiminger, K. (1995): Teilzeitarbeit für Führungskräfte. Ergebnisse einer Studie der F.G.H. Forschungsgruppe Hamburg. In: Personalführung, 28, (1), S. 32–37.

Domsch, M./Lieberum, U. B. (1996): Fach- und Führungspositionen für Frauen. In: Zeitschrift Führung und Organisation, 65, (2), S. 77–79.

Domsch, M./Regnet, E. (1990): Personalentwicklung für weibliche Fach- und Führungskräfte. In: Domsch, M./Regnet (Hrsg.): Weibliche Fach- und Führungskräfte. Wege zur Chancengleichheit. Stuttgart, S. 101–123.

Domsch, M./Kleiminger, K./Ladwig, D./Strasse, C. (1994): Teilzeitarbeit für Führungskräfte. Eine empirische Analyse am Beispiel des hamburgischen öffentlichen Dienstes. München/Mering.

Drazin, R./Auster, E. R. (1987): Wage differences between men and women: Performance appraisal vs. salary allocation as the locus of bias. In: Human Resource Management, 26, S. 157–168.

Eagly, A. H./Johnson, B. T. (1990): Gender and leadership style: A meta-analysis. In: Psychological Bulletin, 108, (2), S. 233–256.

Eagly, A. H./Steffen, V. J. (1986): Gender and aggressive behavior: A meta-analytic review of the social psychological literature. In: Psychological Bulletin, 100, (3), S. 309–330.

Eagly, A. H./Makhijani, M .G./Klonsky, B. (1992): Gender and the evaluation of leaders: A meta-analysis. In: Psychological Bulletin, 111, (1), S. 3–22.

Eckes, T./Six, B. (1991): A closer look at the complex structure of gender stereotypes. In: Sex Roles, 24, 1/2/1991, S. 57–71.

Edding, C. (1983): Einbruch in den Herrenclub. Was Frauen auf Männerposten erleben. Reinbek.

Ehrhardt, A. (1980): Prinzipien der psychosexuellen Differenzierung. In: Bischof, N./Preuschoft, H. (Hrsg.): Geschlechtsunterschiede – Entstehung und Entwicklung. München, S. 99–122.

Ehrhardt, A. A./Baker, S. W. (1974): Fetal androgens, human central nervous system differentiation, and behavior sex differences. In: Friedman, R.C./Richart, R.M./Van de Wiele, R.L./Stern, L.O. (Hrsg.): Sex differcences in behaviour. New York, S. 99–122.

Erikson, E. H. (1995): Identität und Lebenszyklus. 15. Aufl., Frankfurt a.M.

Europäische Gemeinschaften. Generaldirektion Beschäftigung, Arbeitsbeziehungen und Soziale Angelegenheiten (Hrsg.) (1996): Beruf und Kinderbetreuung. Ratgeber für eine adäquate Umsetzungspraxis. Luxemburg.

Ewert, O .M. (1991): Säugling und Kleinkind im Blicke der modernen Psychologie. In: Familie und Recht, (3), S. 153–157.

Fagenson, E. A./Marcus, E. C. (1991): Perceptions of the sex-role stereotypic characteristics of entrapreneurs: Women's evaluations. In: Entrepreneurship Theory and Practice, (4), S. 33–47.

Familienservice (o. J.): Familienservice. Eine innovatives Angebot zur besseren Vereinbarkeit von Familie und Beruf.

Farber, E. A./Egeland, B. (1982): Developmental consequences of out-of-home care for infants in a low-income population. In: Zigler, E./Gordon, E. (Hrsg.): Day care: Scientific and social policy issues. Boston, S. 102–125.

Farr, K. A. (1988): Dominance bonding through the good old boys sociability group. In: Sex Roles, 18, S. 259–276.

Fausto-Sterling, A. (1988): Gefangene des Geschlechts? Was biologische Theorien über Mann und Frau sagen. München/Zürich.

Feingold, A. (1988): Cognitive gender differences are disappearing. In: American Psychologist, 43, S. 95–103.

Fester, R. (1982): Beiträge. In: Fester, R./König, M./Jonas, D./Jonas, D. (Hrsg.): Weib und Macht. Fünf Millionen Jahre Urgeschichte der Frau. Frankfurt a.M., S. 7–106.

Fidell, L./DeLamater, J. (Hrsg.) (1971): Women in the professions: What's all the fuss about. London.

Field, T./Masi, W./Goldstein, S. (1988): Infant day care facilities preschool social behavior. In: Early Childhood Quarterly, 3, (4), S. 341–360.

Flohr-Stein, C. (1992): Freundin – Konkurrentin. In: Zeitschrift für Frauenforschung, (1 und 2), S. 131–141.

Fogarty, M. P./Allen, A./Allen, I./Walters, P. (1971): Women in top jobs: Four studies in achievement. London.

Freeman, R. E. (1984): Strategic management – a stakeholder approach. London.

Frey, D. (1993): Frauenfreundliche Unternehmenskultur und zielgruppenadäquates Marketing der Schweizerischen Kreditanstalt. In: Assig, D. (Hrsg.): Zielgruppe Frauen. Frankfurt a. M, S. 117–137.

Friedel-Howe, H. (1986): Die Unterrepräsentation von Frauen im Management: Analyse der vor- und innerorganisatorischen Bedingungen des Geschlechtsunterschiedes im Aufstieg. Unveröffentliche Habil. Universität München.

Friedel-Howe, H. (1989): Mehr Frauen ins Management. In: Personalführung, 22, (5), S. 430–435.

Friedel-Howe, H. (1990a): Ergebnisse und offene Fragen der geschlechtervergleichenden Führungsforschung. In: Zeitschrift für Arbeits- und Organisationspsychologie, 34, (1), S. 3–16.

Friedel-Howe, H. (1990b): Zusammenarbeit von weiblichen und männlichen Fach- und Führungskräften. In: Domsch, E./Regnet, M. (Hrsg.): Weibliche Fach- und Führungskräfte. Wege zur Chancengleichheit. Stuttgart 1990, S. 16–34.

Friedel-Howe, H. (1995): Frauen und Führung: Mythen und Fakten. In: Rosenstiel, v.L./Regnet, E./Domsch, M. (Hrsg.): Führung von Mitarbeitern. Handbuch für erfolgreiches Personalmanagement. 3. Aufl., Stuttgart, S. 513–525.

Frieze, I./Parsons, J./Johnson, P./Ruble, D./Zellman, G. (1978): Women and sex roles: A social psychological perspective. New York/London.

Fröhlich, W. (1995): Personalentwicklung als Ansatzpunkt zur unternehmerischen Gestaltung der Personalarbeit – Darstellung aus Sicht der Wissenschaft. In: Wunderer, R./Kuhn, T. (Hrsg.): Innovatives Personalmanagement. Theorie und Praxis unternehmerischer Personalarbeit. Neuwied et al., S. 117–131.

Fthenakis, W. (1989): Mütterliche Berufstätigkeit, außerfamiliale Betreuung und Entwicklung des (Klein-)Kindes aus kinderpsychologischer Sicht. In: Zeitschrift für Familienforschung, 1, (2), S. 5–27.

Fthenakis, W. (1990): Außerfamiliale Betreuung von Kleinkindern. Entwicklungs- und familienpsychologische Überlegungen. Hektographiertes Manuskript. Hannover.

Gildemeister, R. (1988): Geschlechtsspezifische Sozialisation. Neuere Beiträge und Perspektiven zur Entstehung des »weiblichen Sozialcharakters«. In: Soziale Welt, 39, S. 486–503.

Gilligan, C. (1984): Die andere Stimme. Lebenskonflikte und Moral der Frau. München/Zürich.

Girtler, R. (1988): Methoden der qualitativen Sozialforschung. 2. Aufl., Wien.

Glaser, W. R. (1993): Außerbetriebliche Arbeitsstätten – psychologisch, praktisch und ein wenig visionär gesehen. In: IBM Nachrichten, (315), S. 15–21.

Glaser, W. R./Glaser, M. O. (1995): Telearbeit in der Praxis. Psychologische Erfahrungen mit Außerbetrieblichen Arbeitsstätten. Neuwied et al.

Goh, S. G. (1991): Sex differences in perceptions of interpersonal work style, career emphasis, supervisory mentoring behavior, and job satisfaction. In: Sex Roles, 24, (11–12), S. 701–710.

Gold, B. (1988): Management und Persönlichkeit. Die Persönlichkeitsstruktur erfolgreicher Manager und Managerinnen. München.

Gold, B. (1990): Frauen und Führung: Die Last der Tradition. In: Psychologie heute, Juli, S. 54–59.

Goldberg, S./Lewis, M. (1969): Play behavior in the year-old infant: Early sex differences. In: Child Development, 40, S. 21–31.

Grabrucker, M. (1996): Typisch Mädchen. 11. Aufl., Frankfurt a. M.

Greenglass, E. R. (1995): Geschlechterrolle als Schicksal. Soziale und psychologische Aspekte weiblichen und männlichen Rollenverhaltens. Stuttgart.

Gross, P. (1994): Die Multioptionsgesellschaft. Frankfurt a.M.

Gutek, B. A./Morasch, B. (1985): Sex ratios, sex role spill over and sexual harassment of women at work. Los Angeles.

Guye, O. (1992): Tous egaux? Lausanne.

Hadler, A. (1995): Frauen und Führungspositionen. Prognosen bis zum Jahr 2000. Eine empirische Untersuchung betrieblicher Voraussetzungen und Entwicklungen in Großunternehmen. Frankfurt a.M. et al.

Hagemann, H. et al. (1994): Teilen und Gewinnen. Das Potential der flexiblen Arbeitszeitverkürzung. McKinsey & Company. München.

Hagemann-White, C. (1984): Sozialisation: Weiblich – männlich? Opladen.

Hagemann-White, C. (1988): »Wir werden nicht zweigeschlechtlich geboren . . .« In: Hagemann-White, C./Rerrich, M. S. (Hrsg.): FrauenMännerBilder. Bielefeld, S. 224–235.

Hall, J. A./Halberstadt, A. G. (1981): Sex roles and nonverbal communication skills. In: Sex Roles, 7, S. 273–287.

Halpern, D. F. (1992): Sex differences in cognitive abilities. 2. Aufl., Hillsdale, N.J.

Harragan, B. L. (1977): Games mother never taught you. New York.

Haskins, R. (1985): Public school aggression among children with varying day care experience. In: Child Development, 56, S. 689–703.

Hauser, R./Sinn, J. (1990): Die stille Revolution. In: Management Wissen, (12), S. 98–105.

Havlicek, L. L./Petersen, N. L. (1974): Robustness of the t-Test: A guide for researchers on effect of violation of assumptions. In: Psychological Report, 34, S. 1095–1114.

Heilmann, M./Block, C./Martell, R./Simon, M. (1989): Has anything changed? Current characterization of men, women and managers. In: Journal of Applied Psychology, 74, (6), S. 935–942.

Helgesen, S. (1991): Frauen führen anders. Vorteile eines neuen Führungsstils. Frankfurt a. M./New York.

Henes-Karnahl, B. (1988): Wertewandel im Management: Die Schwachen werden die Starken sein. In: Demmer, C. (Hrsg.): Frauen ins Management. Von der Reservearmee zur Begabungsreserve. Frankfurt a.M./Wiesbaden, S. 31–51.

Hennig, M./Jardim, A. (1987): Frau und Karriere. Reinbek.

Hering, S./Rietschel, C. (1995): Weil ich ein Mädchen bin. Weiblichkeit und Männlichkeit aus Sicht der Kinder. In: Psychologie heute, Juli, S. 60–63.

Hersey, P./Blanchard, K. H. (1988): Management of organizational behavior. 5. Aufl. Englewood Cliffs, N.J .

Hilb, M. (1997): Management der Human-Ressourcen in virtuellen Organisationen. In: Müller-Stewens, G. (Hrsg.): Virtualisierung von Organisationen. Stuttgart/Zürich, S. 83–95.

Hoeppel, R. (1991): Geschlechtsspezifische Sozialisation als Thema der Frauenforschung – Ergebnisse, Probleme, Perspektiven. In: Frauenforschung, 9, (3), S. 1–14.

Höllinger, F. (1991): Frauenerwerbstätigkeit und Wandel der Geschlechtsrollen im internationalen Vergleich. In: Kölner Zeitschrift für Soziologie und Sozialpsychologie, 43, (4), S. 753–771.

Höpflinger, F. (1991): Familienrollen – Geschlechtsrollen. In: Fleiner-Gerster, T./Gilliand, P./Lüscher, K. (Hrsg.): Familien in der Schweiz. Freiburg, S. 169–193.

Howard, A./Bray, D. W. (1988): Managerial lives in transition. Advancing age and changing times. New York.

Hyde, J. S. (1981): How large are cognitive gender differences? In: American Psychologist, 36, S. 892–901.

Hyde, J. S. (1984): How large are gender differences in aggression? A developmental analysis. In: Developmental Psychology, 20, S. 722–736.

Hyde, J. S./Linn, M. C. (1988): Gender differences in verbal ability: A meta-analysis. In: Psychological Bulletin, 104, S. 53–69.

Hyman, B. (1980): Responsive leadership: The woman manager's asset or liability? In: Supervisory Management, 25, (8), S. 40–43.

Imas-Austria (1992): Das Selbstbild weiblicher Führungskräfte im Vergleich mit der »männlichen Sicht«. Ergebnisse einer Befragung von weiblichen und männlichen Führungskräften. Linz.

Jago, A. G./Vroom, v. H. (1982): Sex differences in the incidence and evaluation of participative leader behavior. In: Journal of Applied Psychology, 67, (6), S. 776–783.

Janisch, M. (1992): Das strategische Anspruchsgruppenmanagement. Vom Shareholder Value zum Stakeholder Value. Diss. Universität St. Gallen.

Janssen, E. (1989): Was ist das beste für die Kleinsten? Überlegungen zu Tagesangeboten für Kinder unter drei Jahren. In: Blätter der Wohlfahrtspflege, S. 119–121.

Jobin, C./Bühlmann, J. (1996): Auf dem Weg zur Gleichstellung? Frauen und Männer in der Schweiz. Zweiter statistischer Bericht. Bern.

Jong, de, T. (1996): Damit sie andere Männer werden. In: Psychologie heute, November, S. 68–70.

Jung, C. G. (1987): Archetyp und Unbewußtes. Zürich.

Kanter, R. M. (1977): Men and women of the corporation. New York.

Kaufmann, F.-X. (1990): Zukunft der Familie. Stabilität, Stabilitätsrisiken und Wandel der familialen Lebensformen sowie ihre gesellschaftlichen und politischen Bedingungen. München.

Kayß, M./Ach, J. S. (1997): Quoten und Qualifikation. Bevorzugung von Frauen und die Frage nach der Gerechtigkeit. In: Das Argument, (219), S. 235–247.

Kimura, D. (1992): Weibliches und männliches Gehirn. In: Spektrum der Wissenschaft, November, S. 104–113.

Knapp, G.-A. (1988): Das Konzept »weibliches Arbeitsvermögen« – theoriegeleitete Zugänge, Irrwege, Perspektiven. In: Frauenforschung, 6, (4), S. 8–19.

Kössler, R. (1984): Arbeitszeitbudgets ausgewählter privater Haushalte in Baden Württemberg. Materialien und Berichte der Familienwissenschaftlichen Forschungsstelle. Heft 12, Stuttgart.

Kraak, B./Nord-Rüdiger, D. (1985): Die berufliche Motivation von Frauen. In: Zeitschrift für Arbeits- und Organisationspsychologie, 29, S. 153–161.

Kram, K. (1988): Mentoring at work. Developmental relationships in organizational life. Lanham et al.

Krebsbach-Gnath, C./Schmid-Jörg, I. (1985): Wissenschaftliche Begleituntersuchung zu Frauenförderungsmaßnahmen. Stuttgart et al.

Krell, G. (1992): Wie wünschenswert ist eine nach Geschlecht differenzierende Personalpolitik? In: Krell, G./Osterloh, M. (Hrsg.): Personalpolitik aus der Sicht von Frauen – Frauen aus der Sicht der Personalpolitik. Was kann die Personalforschung von der Frauenforschung lernen? München/Mering, S. 49–60.

Krell, G. (1994): »Weiblicher Führungsstil« und »moderne Organisationskultur« – eine frauenförderliche Verbindung? In: Zeitschrift Führung und Organisation, (6), S. 377–380.

Kreppner, K. (1975): Zum Problem des Messens in den Sozialwissenschaften. Stuttgart.

Krüger, H. (1992): Vorberufliche Sozialisation. In: Krell, G./Osterloh, M. (Hrsg.): Personalpolitik aus der Sicht von Frauen – Frauen aus der Sicht der Personalpolitik. Was kann die Personalforschung von der Frauenforschung lernen? München/Mering, S. 318–341.

Krüsselberg, H.-G./Auge, M./Hilzenbrecher, M. (1986): Verhaltenshypothesen und Familienzeitbudgets. Die Ansatzpunkte der »Neuen Haushaltsökonomik« für Familienpolitik. Schriftenreihe des Bundesministeriums für Jugend, Familie und Gesundheit. Band 182, Stuttgart.

Kühne-Vieser, K./Thuma-Lobenstein, S. (1993): Sozialisation weiblich: Theorien zur geschlechtsspezifischen Sozialisation. Mössingen-Talheim.

Künzler, J. (1995): Geschlechtsspezifische Arbeitsteilung: Die Beteiligung von Männern im Haushalt im internationalen Vergleich. In: Zeitschrift für Frauenforschung, 13, (1 und 2), S. 115–132.

Kurz, M./Kuhn, T. (1993): Arbeitsplatzflexiblisierung – Außerbetriebliche Arbeitsstätten bei der IBM Deutschland GmbH. In: Wunderer, R./Kuhn, T. (Hrsg.): Innovatives Personalmanagement. Theorie und Praxis unternehmerischer Personalarbeit. Neuwied et al., S. 244–262.

Laewen, H.-J. (1989): Zur außerfamilialen Tagesbetreuung von Kindern unter drei Jahren – Stand der Forschung und notwendige Konsequenzen. In: Zeitschrift für Pädagogik, 6, S. 869–888.

Laewen, H.-J. (1994): Zum Verhalten und Wohlbefinden von Krippenkindern. Bezüge zur mütterlichen Lebenssituation und der Qualität der Beziehung von Erzieherin und Mutter. In: Psychologie in Erziehung und Unterricht, 41, S. 1–13.

Lamb, M. E./Thompson, R. A./Gardner, W./Charnov, E. L. (1985): Infant-mother attachment: The origins and developmental significance of individual differences in strange situation behavior. Hillsdale, N.J.

Lamnek, S. (1995): Qualitative Sozialforschung. Band 1, Methodologie. 3. Aufl., Weinheim.

Lang, S. (1992): Wir Frauen ohne Kinder. Frankfurt a.M.

Lang-Obi, V. (1995): Kinderbüro und Familienservice. Ein Angebot zur Schaffung und Vermittlung von Betreuungsplätzen für Kinder und zur zielgerichteten individuellen Beratung von Eltern. In: Habisch, A. (Hrsg.): Familienorientierte Unternehmensstrategie. Beiträge zu einem zukunftsorientierten Programm. München/Mering, S. 125–134.

Lauterbach, W. (1994): Berufsverläufe von Frauen. Erwerbstätigkeit, Unterbrechung und Wiedereintritt. Frankfurt a.M./New York.

Liebrecht, C. H. (1988): Die Frau als Chef. Studie zum Spannungsfeld zwischen Familienleben und Karriere. Frankfurt a.M.

Lockheed, M. E./Hall, K. P. (1976): Conceptualizing sex as a status characteristic: Applications to leadership training strategies. In: Journal of Social Issues, 32, (3), S. 111–234.

Loden, M. (1988): Als Frau im Unternehmen führen. Feminine Leadership. Freiburg.

Lytton, H./Romney, D. M. (1991): Parent's differential socialization of boys and girls: a meta-analysis. In: Psychological Bulletin, 109, (2), S. 267–296.

Maccoby, E. E./Jacklin, C. N. (1974): The psychology of sex differences. Stanford.

Maccoby, E. E./Jacklin, C. N. (1980): Sex differences in aggression. A rejoinder and reprise. In: Child Development, 51, S. 964–980.

Manthey, H. (1992): Der neue Man(n)ager. Effizienz und Menschlichkeit. Berlin.

Mantovani Vögeli, L. (1994): Fremdbestimmt zur Eigenständigkeit. Mädchenbildung gestern und heute. Chur et al.

Marr, R. (1993): Arbeitszeitmanagement. Grundlagen und Perspektiven der Gestaltung flexibler Arbeitszeitsysteme. 2. Aufl., Berlin.

McGurk, H./Caplan, M./Hennessy, E./Moss, P. (1993): Controversy, theory and social context in contemporary day care research. In: Journal of Child Psychology and Psychiatry, 1, S. 3–23.

Mentrup, C./Marx, S. (1997): Vorteile für Mitarbeiter und Unternehmer. Beispiel: Drägerwerk AG. In: Personalführung, 30, (5), S. 416–420.

Merz, F. (1979): Geschlechtsunterschiede und ihre Entwicklung. Göttingen.

Moir, A./Jessel, D. (1993): Brainsex. Der wahre Unterschied zwischen Mann und Frau. Düsseldorf/Wien.

Moss, H. A. (1967): Sex, age and state as determination of mother-infant interaction. In: Merill-Palmer Quarterly, 13, S. 19–63.

Müller-Stevens, G. (1997a): Grundzüge einer Virtualisierung. In: Müller-Stevens, G. (Hrsg.): Virtualisierung von Organisationen. Stuttgart/Zürich, S. 23–41.

Müller-Stevens, G. (Hrsg.) (1997b): Virtualisierung von Organisationen. Zürich/Stuttgart.

Naisbitt, J./Aburdene, P. (1990): Megatrends 2000. Zehn Perspektiven für den Weg ins nächste Jahrtausend. 4. Aufl., Düsseldorf et al.

Naisbitt, J./Aburdene, P. (1993): Megatrends: Frauen. Düsseldorf et al.

Nave-Herz, R. (1992): Frauen zwischen Tradition und Moderne. Bielefeld.

Nerge, S. (1992): Weiblicher Führungsstil und die doppelte Vergesellschaftung von Frauen. In: Zeitschrift für Frauenforschung, 10, (3), S. 79–88.

Nerge, S. (1993): Frauenfrühling im Management? Europas Management zwischen Kulturpatriarchat und Emanzipation. Berlin.

Nerge, S./Stahmann, M. (1991): Mit Seidentuch und ohne Schlips. Frauen im Management. Frankfurt et al.

Neuwirth, B. (Hrsg.) (1988): Frauen, die sich keine Kinder wünschen. Wien.

Newson, J./Newson, E. (1976): Seven years old in home environment. London.

Nicholson, N./West, M. A. (1988): Managerial job change. Men and women in transition. Cambridge.

Nieva, V. F./Gutek, B. A. (1981): Women and work: A psychological perspective. New York.

o. V. (1997): Fünf Jahre Kinderbüro-Familienservice. Maßgeschneiderte Unterstützung für Mitarbeiterfamilien rund um die Kinderbetreuung. In: Personalwirtschaft, 30, S. 426–427.

O'Leary, V. E. (1977): Toward understanding women. Monterey.

Oertig, M./Stoll, M. (1997): Laufbahnen mit Brüchen und Pausen. In: Personalwirtschaft, 24, (4), S. 8–11.

Osborn, R. N./Vicars, W. M. (1976): Sex stereotypes: An artifact in leader behavior and subordinate satisfaction analysis? In: Academy of Management Journal, 19, 439–449.

Osse, M./Dick, P. (1995): Frauen bei HERTIE – ein Konzept zur Förderung der Chancengleichheit. In: Wunderer, R./Kuhn, T. (Hrsg.): Innovatives Personalmanagement. Theorie und Praxis unternehmerischer Personalarbeit, Neuwied et al. S. 352–380.

Osterloh, M./Sigrist, B. (1995): Weiblicher Führungsnachwuchs: Einbruch in den Herren-club? (II). In: io Management Zeitschrift, 64, (11), S. 102–106.

Osterloh, M./Wübker, S. (1995): Weiblicher Führungsnachwuchs: Einbruch in den Her-renclub? (I). In: io Management Zeitschrift, 59, (10), S. 59–63.

Ostner, I. (1978): Beruf und Hausarbeit. Die Arbeit der Frau in unserer Gesellschaft. Frankfurt a.M./New York.

Ostner, I. (1992): Zum letzten Male: Anmerkungen zum »weiblichen Arbeitsvermögen«. In: Krell, G./Osterloh, M. (Hrsg.): Personalpolitik aus der Sicht von Frauen. Frauen aus der Sicht der Personalpolitik. Was kann die Personalforschung von der Frauenfor-schung lernen? München/Mering, S. 107–121.

Ouchi, W. G. (1981): Theory Z: How American business can meet the Japanese challenge. Reading, Mass.

Owen, M. T./Easterbrooks, M. A./Chase-Lansdale, L./Goldberg, W. A. (1984): The relati-onship between maternal employment status and the stability of attachment to mother and to father. In: Child Development, 55, S. 1894–1901.

Pascale, R. T./Athos, A. G. (1981): The art of Japanese management. Applications of American executives. New York.

Pazy, A. (1987): Sex differences in responsiveness to organizational career management. In: Human Resource Management, 26, S. 243–256.

Peters, L. H./O'Connor, E. J. /Weekly, J./Pooyan, A./Frank, B./Erenkrantz, B. (1984): Sex bias and managerial evaluations. A replication and extension. In: Journal of Applied Psychology, 69, S. 349–352.

Peters, T. J./Waterman, R. H. (1983): Auf der Suche nach Spitzenleistungen. Landsberg a. L.

Peuckert, R. (1991): Familienform im sozialen Wandel. Opladen.

Pfarr, H. M. (1995): Die Frauenquote. In: Neue Zeitschrift für Arbeitsrecht, 12, (17), S. 809–864.

Pool, R. (1995): Evas Rippe. Das Ende des Mythos vom starken und vom schwachen Ge-schlecht. München.

Prenzel, W./Strümpel, B. (1990): Männlicher Rollenwandel zwischen Partnerschaft und Beruf. In: Zeitschrift für Arbeits- und Organisationspsychologie, 34, (1), S. 37–45.

Preuss, E. (1987): Die Frau als Manager. Vorurteile, Fakten, Erfahrungen. Bern/Stuttgart.

Raasch, S. (1995): Der EuGH zur Frauenquote. In: Kritische Justiz, 28, (4), S. 493–498.

Ramey, C. T./Dorval, B./Baker-Ward, L. (1981): Day care and the socially disadvantaged. In: Kilmer, S. (Hrsg.): Advances in early education and day care. Greenwich, CT, S. 39–62.

Regnet, E. (1994): Frauen im Management – über Förderung und Einstellungsänderung zur Chancengleichheit. In: Dahlems, R. (Hrsg.): Handbuch des Führungskräfte-Mana-gements. München, S. 317–345.

Regnet, E./Stengel, M. (1993): Berufsorientierung und Lebenspläne von weiblichen Füh-rungskräften. In: Rosenstiel, v.L/Djarrahzadeh, M./Einsiedler, H.G./Streich, R.K. (Hrsg.): Wertewandel, Herausforderung für die Unternehmenspolitik in den 90er Jah-ren. 2. Aufl., Stuttgart, S. 157–169.

Reinisch, J. M. (1981): Prenatal exposure to synthetic progestims increases potential for aggression in humans. In: Science, 211, S. 1171–1173.

Reiß, M. (1996): Virtuelle Unternehmung. Organisatorische und personelle Barrieren. In: Office Management, (5), S. 10–13.

Rheingold, H. L./Cook, K. V. (1975): The contents of boys and girls' rooms as an index of parents' behavior. In: Child Development, 46, S. 459–463.

Rice, R. W./Instone, D./Adams, J. (1984): Leader sex, leader success and leadership pro-cess: two field studies. In: Journal of Applied Psychology, 69, S. 12–31.

Roethlisberger, F. J./Dickson, W. J. (1939): Management and the worker. Cambridge.

Rosener, J. B. (1990): Ways women lead. In: Harvard Business Review, 68, (Nov-Dec.), S. 119–125.

Rosenstiel, v., L./Djarrahzadeh, M./Einsiedler, H. G./Streich, R. K. (Hrsg.) (1993): Wertewandel – Herausforderung für die Unternehmenspolitik in den 90er Jahren. 2. Aufl., Stuttgart.

Rost-Schaude, E. (1991): Frauen im Management. In: Die Betriebswirtschaft, 51, (1), S. 79–103.

Rottmann, U./Ziegenhain, U. (1988): Bindungsbeziehung und außerfamiliale Tagesbetreuung im frühen Kindesalter: Die Eingewöhnung einjähriger Kinder in die Krippe. Diss. Universität Berlin.

Rubenstein, J. (1985): The effects of maternal employment on young children. In: Applied Developmental Psychology, 2, S. 99–128.

Rubenstein, J./Howes, C. (1983): Adaptation to toddler day care. In: Kilmer, S. (Hrsg.): Advances in early education and day care. Greenwich, CT, S. 39–62.

Rubin, J. Z./Provenzano, F. J./Luria, Z. (1974): The eye of the beholder: Parent's view on sex of newborns. In: American Journal of Orthopsychiatry, 44, S. 512–519.

Rustemeyer, R./Thrien, S. (1989): Die Managerin – der Manager. Wie weiblich dürfen sie sein, wie männlich müssen sie sein? In: Zeitschrift für Arbeits- und Organisationspsychologie, 33, S. 108–116.

Ryffel-Gericke, C. (1983): Männer in Familie und Beruf. Eine empirische Untersuchung zur Situation Schweizer Ehemänner. Diessenhofen.

Sachverständigenanhörung am 21./22. Januar 1982 in Bonn zum Thema: "Kann die Situation der Frauen durch ein Antidiskriminierungsgesetz verbessert werden?"

Sacksofsky, U. (1991): Das Grundrecht auf Gleichberechtigung. Baden-Baden.

Saffar, Y. (1991): Je ne suis pas cell que vous croyez. In: Challenges, 45, Februar, S. 56–60.

Sattelberger, T. (1991 a): Personalentwicklung neuer Qualität durch Renaissance helfender Beziehungen. In: Sattelberger, T. (Hrsg.): Die lernende Organisation. Wiesbaden, S. 207–227.

Sattelberger, T. (1991b): Personalentwicklung als strategischer Erfolgsfaktor. In: Sattelberger, T. (Hrsg.): Innovative Personalentwicklung. 2. Aufl., Wiesbaden, S. 15–37.

Sattelberger, T. (1995): Fortbildung, Training und Entwicklung von Führungskräften. In: Kieser, A./Reber, G./Wunderer, R. (Hrsg.): Handwörterbuch der Führung. 2. Aufl., Stuttgart, Sp. 380–391.

Sattelberger, T. (1996): Zehn Thesen zu Human Ressourcen in virtueller werdenden Organisationen. Neue Karrierestrategien sind gefragt. In: Personalführung, 29, (11), S. 974–984.

Schauenberg, B./Föhr, S. (1995): Wissenschaftstheoretische Grundfragen der Führungsforschung – Phänomenologie und Konstruktivismus. In: Kieser, A./Reber, G./Wunderer, R. (Hrsg.): Handwörterbuch der Führung. 2. Aufl., Stuttgart 1995, Sp. 2206–2214.

Schein, E. (1978): Career dynamics. Matching individual and organizational needs. Reading.

Schein, V. E./Müller, R. (1992): Sex role stereotyping and requisite management characteristics: A cross-cultural look. In: Journal of Organizational Behavior, 13, (5), S. 439–447.

Scheu, U. (1977): Wir werden nicht als Mädchen geboren – wir werden dazu gemacht. Frankfurt a.M.

Schiek, D. (1996a): Frauenförderung oder Diskriminierungsschutz? Perspektiven der »Frauenquote« nach »Kalanke«. In: WSI Mitteilungen, 49, (6), S. 341–349.

Schiek, D. (1996b): Regelungen zur Bevorzugung von Frauen bei Stellenbesetzungen, Beförderungen und Höhergruppierungen. In: Schiek, D./Buhr, K./Dieball, H./Fritsche, U./Klein-Schonnefeld, S./Malzahn, M./Wankel, S. (Hrsg.): Regelungen zur Bevorzugung von Frauen bei Stellenbesetzungen, Beförderungen und Höhergruppierungen. Köln, S. 449–508.

Schiersmann, C. (1992): Doppelte Vergesellschaftung als Bezugspunkt der beruflichen Sozialisation von Frauen. In: Krell, G./Osterloh, M. (Hrsg.): Personalpolitik aus der Sicht von Frauen – Frauen aus der Sicht der Personalpolitik. Was kann die Personalforschung von der Frauenforschung lernen? München/Mering, S. 342–358.

Schiersmann, C. (1997): Frauen und berufliche Weiterbildung – Erfahrungen und neue Projekte: Eine Bilanz aus Deutschland. In: Stalder, B. et al. (1997): Frauenförderung konkret. Handbuch zur Weiterbildung im Betrieb. Zürich, S. 275–293.

Schindler, P./Moley, B./Frank, A. (1987): Time in day care and social participation of young children. In: Developmental Psychology, 54, S. 1073–1078.

Schmerl, C. (1992): Consciousness Raising für Werber. In: Schmerl, C. (Hrsg.): Frauenzoo der Werbung. München, S. 280–290.

Schmerl, C./Ziebell, L. (1995): Der Kinderwunsch und die Natur der Frau. In: Neuwirth, B. (Hrsg.): Frauen, die keine Kinder wollen. Reinbek bei Hamburg, S. 11–48.

Schmid-Villanyi, E. (1994): Frau und Kaderposition. Ergebnisse einer Untersuchung der Personalleiter von Dienstleistungsunternehmen und kantonalen Verwaltungen der deutschen Schweiz und Oekonomie-Studentinnen der Universität Zürich. Diss. Universität Zürich.

Schneewind, K. A. (1995): Bewußte Kinderlosigkeit: Subjektive Begründungsfaktoren bei jungverheirateten Paaren. In: Nauck, B./Onnen-Isemann, C. (Hrsg.): Familie im Brennpunkt von Wissenschaft und Forschung. Neuwied et al., S. 457–472.

Schultz-Gambard, J./Glunk, U./Guldenschuh, C./Helfert, G. (1993): Maßnahmen deutscher Wirtschaftsunternehmen zur vermehrten Integration von Frauen in den Managementbereich: eine Bestandsaufnahme. In: Zeitschrift für Frauenforschung, 11, (4), S. 17–32.

Schulz, R. (1990): Unterschiede in der Zeiteinteilung von erwerbstätigen Frauen und deren Entlastung durch Partner und/oder Kinder. In: Zeitschrift für Bevölkerungswissenschaft, 16, S. 207–236.

Schüren, P. (1983): Job Sharing. Arbeitsrechtliche Gestaltung unter Berücksichtigung amerikanischer Erfahrungen. Heidelberg.

Schweizerische Bundeskanzlei (Hrsg.) (1991): Sprachliche Gleichbehandlung von Frau und Mann. Bern.

Schweizerische Eidgenössische Kommission für Frauenfragen (1992): Familienexterne Kinderbetreuung. Teil 2: Hintergründe. Bern.

Segerman-Peck, L. (1994): Frauen fördern Frauen. Netzwerke und Mentorinnen. Ein Leitfaden für den Weg nach oben. Frankfurt a.M./New York.

Serbin, L. A./O'Leary, K. D. (1975): How nursery schools teach girls to shut up. In: Psychology Today, 7, S. 56–57 und 102–103.

Sharpe, S. (1976): »Just like a girl«. How girls learn to be a women. Harmondsworth.

Shaw, M. E. (1983): The psychology of small group behavior. New York.

Siegel, M. R. (1991): Frauen und Männer im Unternehmen – Zusammen oder miteinander? In: Scholz, C. (Hrsg.): Personalmanagement für die 90er Jahre. Stuttgart, S. 137–144.

Simitis, S. (1989): Art. 3 des Grundgesetzes: Vom Diskriminierungsverbot zum Gleichstellungsgebot. In: Neue Gesellschaft. Frankfurter Hefte, (5), S. 395–402.

Sordon, E. (1995): Frauen in Führungspositionen. Betriebliche Defizite und Perspektiven der Verwirklichung von Chancengleichheit. Pfaffenweiler.

Spitze, G. (1988): Women's employment and family relations: A review. In: Journal of Marriage and the Family, 50, S. 595–618.

Stacey, J. et al. (Hrsg.) (1975): And Jill came tumbling after. Sexism in American education. New York.

Staines, T./Jayaratno, T. (1974): The queen bee syndrome. In: Psychology Today, March, S. 82–85.

Stalder, B. (1993): Betriebliche Gleichstellung von Frau und Mann. Erfahrungen aus vier Unternehmen. Bern.

Stalder, B. (1997): Weiterbildungsmanagement und Chancengleichheit. In: Stalder, B. et al.: Frauenförderung konkret. Handbuch zur Weiterbildung im Betrieb. Zürich, S. 17–161.

Stalmann, F. (1991): Die Schule macht die Mädchen dumm. München.

Stegmüller, R. (1995): Mentoring. In: Kieser, A./Reber, G./Wunderer, R. (Hrsg.): Handwörterbuch der Führung. 2. Aufl., Stuttgart, Sp. 1539–1548.

Steinberg, R./Shapiro, S. (1982): Sex differences in personality traits of female and male Master of Business Administration students. In: Journal of Applied Psychology, 67, (3), S. 306–310.

Stengel, M. (1990): Karriereorientierung und Karrieremotivation: Einstieg und Aufstieg von Frauen in Organisationen. In: Domsch, M./Regnet, E. (Hrsg.): Weibliche Fach- und Führungskräfte. Wege zur Chancengleichheit. Stuttgart, S. 67–92.

Stiftung BWI (1994): Frauen im Kader. Studie im Rahmen der Sondermassnahmen zugunsten der beruflichen Weiterbildung. Zürich.

Stolz-Willig, B. (1993): Wandel in Familien und Partnerschaften und Arbeitszeitpolitik. In: Seifert, H. (Hrsg.): Jenseits der Normalarbeitszeit. Perspektiven für eine bedürfnisgerechtere Arbeitszeitgestaltung. Köln, S. 196–217.

Stooß, F./Weidig, I. (1986): Der Wandel der Arbeitslandschaft bis zum Jahre 2000 nach Tätigkeitsfeldern. Mitteilungen aus der Arbeitsmarkt- und Berufsforschung, 19, (1), S. 88–104.

Strahm, E./Preisig, U. (1995): Mehr Erfolg durch frauenspezifische Weiterbildung im Betrieb. In: io Management Zeitschrift, 64, (5), S. 69–72.

Straumann, L. D./Hirt, M./Müller, W. R. (1996): Teilzeitarbeit in der Führung: Perspektiven für Frauen und Männer in qualifizierten Berufen. Zürich.

Szwameitat, S. (1986): Berufstätige sind keine Rabenmütter. Neue Untersuchungen zeigen: Ihre Kinder sind oft in der Schule besser. In: Windsheimer Zeitung vom 11. 12. 1986.

Tannenbaum, R./Schmidt, W. H. (1958): How to choose a leadership pattern. In: Harvard Business Review, (2), S. 95–101.

Terborg, J. R./Ilgen, D. R. (1975): A theoretical approach to sex discrimination in traditionally masculine occupations. In: Organizational Behavior and Human Performance, 13, S. 352–376.

Terborg, J. R./Shingledecker, P. (1983): Employee reactions to supervision and work evaluation as a function of subordinate and manager sex. In: Sex Roles, 7, S. 813–824.

Thompson, E. H./Pleck, J. H. (1986): The structure of male sex role norms. In: American Behavioral Scientist, 29, S. 531–543.

Trautner, H.M./Helbig, W./Sahm, W. B./Lohaus, A. (1989): Unkenntnis – Rigidität – Flexibilität: Ein Entwicklungsmodell der Geschlechtsrollen-Stereotypisierung. In: Zeitschrift für Entwicklungspsychologie und Pädagogische Psychologie, 20, S. 105–120.

Trempe, J./Rigny, A.-J./Haccoun, R. R. (1985): Subordinate satisfaction with male and female managers: role of perceived supervisory influence. In: Journal of Applied Psychology, 70, S. 44–47.

Tsui, A. S./Gutek, B. A. (1984): A role set analysis of gender differences in performance, affective relationships, and career success of industrial middle managers. In: Academy of Management Journal, 27, S. 619–635.

Tsui, A. S./O'Reilly III, C. A. (1989): Beyond simple demographic effects: the importance of relational demography in superior-subordinate dyads. In: Academy of Management Journal, 32, S. 402–423.

Tümpen, M. (1997): Noch ein Thema der strategischen Personalpolitik? Beispiel Daimler Benz. In: Personalführung, 30, (5), S. 406–409.

Veith, M. (1988): Frauenkarriere im Management. Einstiegsbarrieren und Diskriminierungsmechanismen. Frankfurt a.M./New York.

Vogel, C. (1995): Berufsunterbrechungsmodelle der Privatwirtschaft. Chancen und Risiken im Hinblick auf eine bessere Vereinbarkeit von Familie und Beruf. In: Habisch, A. (Hrsg.): Familienorientierte Unternehmensstrategie. Beiträge zu einem zukunftsorientierten Programm. München/Mering, S. 33–41.

Vucilovski, R. V. (1991): Job Sharing auf Führungsebene. In: Personalführung, 24, (7), S. 500–505.

Waschbüsch, E./Kuwan, H. (1994): Qualifizierungsmöglichkeiten für Frauen in Führungspositionen. Bestandsaufnahme und Empfehlungen. Studien zu Bildung und Wissenschaft. Bd. 117, Bonn.

Watson, J. (1924): Behaviourism. People's Institute. New York.

Weinert, A. B. (1990): Geschlechtsspezifische Unterschiede im Führungs- und Leistungsverhalten. In: Domsch, M./Regnet, E. (Hrsg.): Weibliche Fach- und Führungskräfte. Wege zur Chancengleichheit. Stuttgart, S. 35–66.

Weinert, A. B. (1991): Möglichkeiten der Früherkennung von Führungstalent im außerfachlichen Bereich: Arbeiten zum »Deutschen CPI«. In: Zeitschrift für Personalforschung, 5, (1), S. 53–61.

Weinraub, M./Jaeger, E./Hoffman, L. (1988): Predicting infant outcome in families of employed and nonemployed mothers. In: Early Childhood Research Quarterly, 3 (4), S. 361–378.

Weitzman, L. (1979): Sex role socialization. Palo Alto.

Wentling, R. (1992): Women in middle management: Their career development and aspiration. In: Business Horizons, (1), 47–56.

Werner, P./La Russa, G. (1985): Persistence and change in sex-role stereotypes. In: Sex Roles, 12, (9/10), S. 1089–1100.

Willis, P. (1979): Spaß am Widerstand. Gegenkultur in der Arbeiterschule. Frankfurt a. M.

Wilms, G. (1996): Familienfreundlichkeit als Impuls effizienter Unternehmensführung: Ein Projekt der Gemeinnützigen HERTIE-Stiftung. In: Personalführung, 29 (5), S. 414–420.

Wunderer, R. (1990): Mitarbeiterführung und Wertwandel. In: Bleicher, K./Gomez, P. (Hrsg.): Zukunftsperspektiven der Organisation. Festschrift zum 65 Geburtstag von Professor Dr. Robert Staerkle. Bern, S. 271–292.

Wunderer, R. (1997a): Führung und Zusammenarbeit. Beiträge zu einer unternehmerischen Führungslehre. 2. Aufl., Stuttgart.

Wunderer, R. (1997b): Ein Ansatz für mehrstufige Segmentierungsstrategien – Förderung weiblicher Führungskräfte. In: Bruhn, M./Steffenhagen, H. (Hrsg.): Marktorientierte Unternehmensführung. Reflexionen – Denkanstöße – Perspektiven. Festschrift für Heribert Meffert zum 60. Geburtstag. Wiesbaden, S. 251–271.

Wunderer, R./Kuhn, T. (1992): Zukunftstrends in der Personalarbeit. Schweizerisches Personalmanagement 2000. Bern et al.

Wunderer, R./Kuhn, T. (1993): Unternehmerisches Personalmanagement. Konzepte, Prognosen und Strategien für das Jahr 2000. Frankfurt a.M./New York.

Ziebell, L./Schmerl, C./Queisser, H. (1992): Lebensplanung ohne Kinder. Frankfurt a. M.

Anhang: Strukturdaten der befragten Führungskräfte aus der Studie von Wunderer/Dick[22]

– Nation –

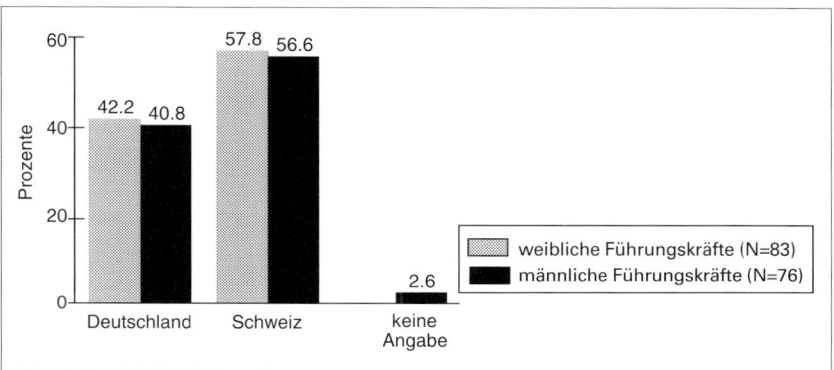

– Alter –

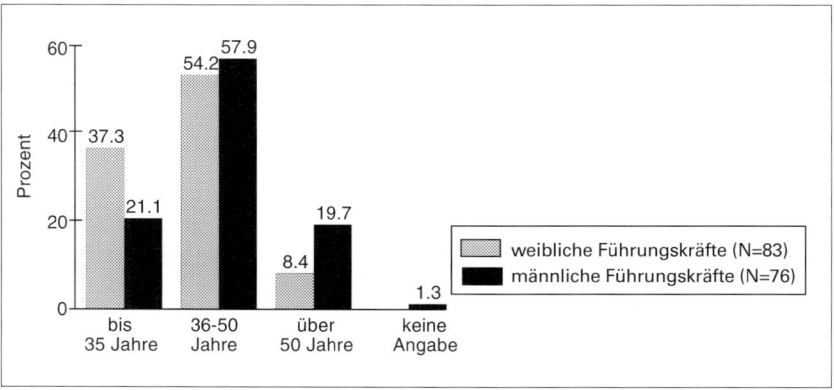

22 Eine detaillierte Beschreibung des Forschungsdesigns befindet sich auf den Seiten 8 bis 12. Da im gegebenen Kontext Führungskräfte im Mittelpunkt stehen, wird auf eine Darstellung der Strukturdaten der weiteren Befragtengruppen (MitarbeiterInnen und PersonalexpertInnen) verzichtet.

– Familienstand –

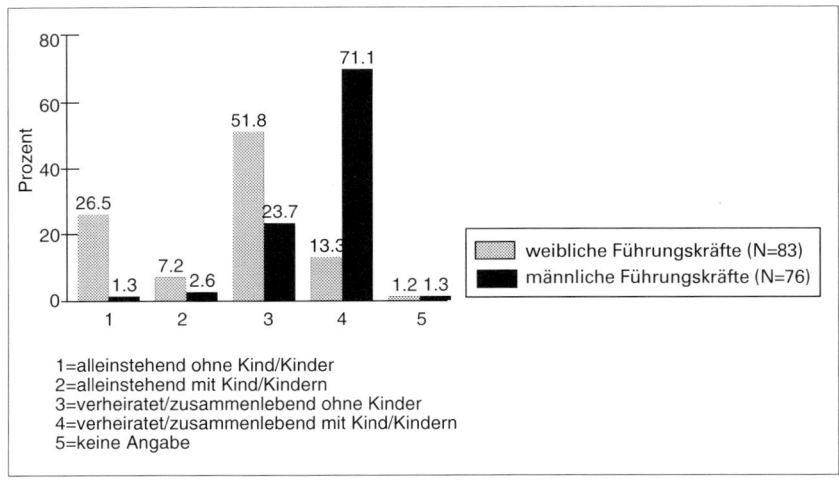

1=alleinstehend ohne Kind/Kinder
2=alleinstehend mit Kind/Kindern
3=verheiratet/zusammenlebend ohne Kinder
4=verheiratet/zusammenlebend mit Kind/Kindern
5=keine Angabe

– Berufsausbildung[23] –

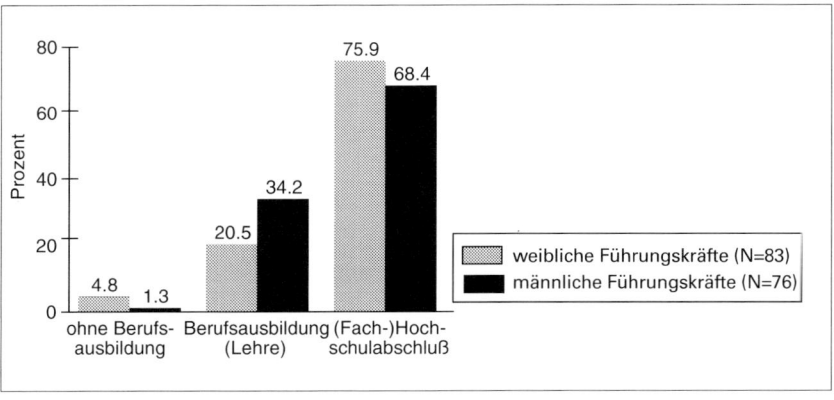

---

23 Da einige BefragungsteilnehmerInnen sowohl über eine Berufsausbildung als auch über ein Hochschulstudium verfügen, beträgt die Summe hier mehr als 100%.

– Hierarchieebene –

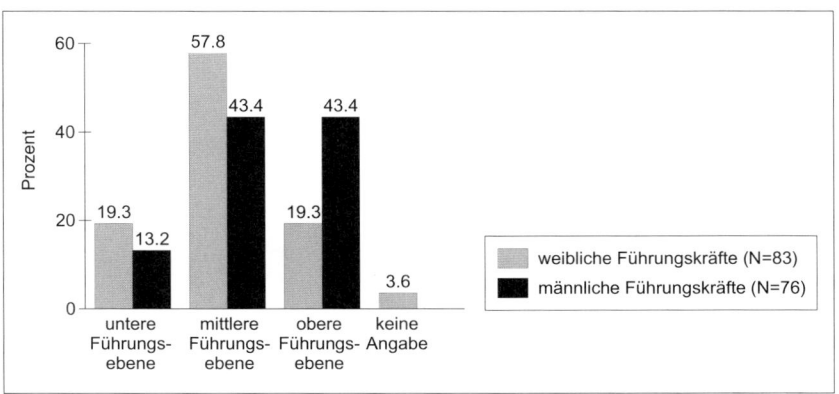

– Branche –

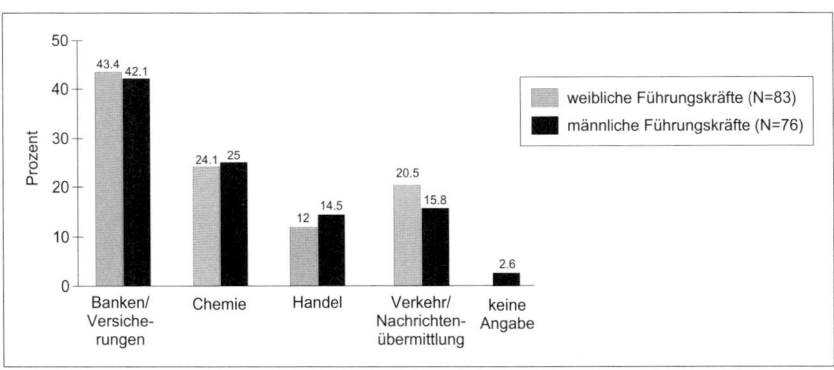

– Funktion –

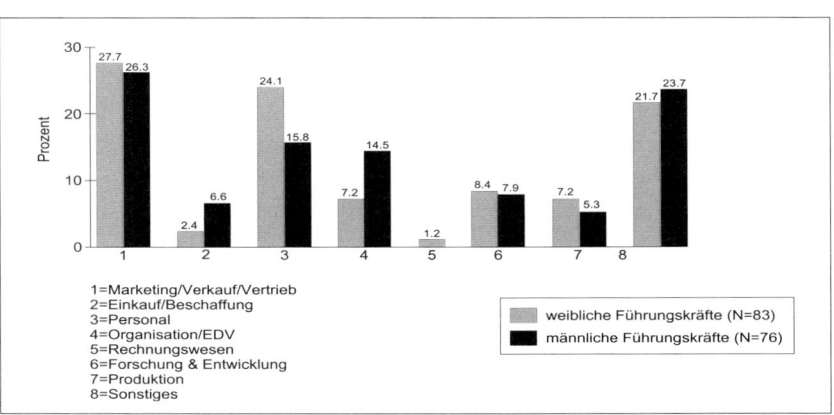

Grundfragen

Geschlechtstypische Besonderheiten im Konkurrenzverhalten: Evolutionäre Grundlagen und entwicklungspsychologische Fakten[1]

von Doris Bischof-Köhler

Es ist heute üblich, Karrierenachteile von Frauen ausschließlich als gesellschaftlich bedingt anzusehen. Dagegen vertritt dieser Beitrag die Position, daß auch anlagebedingte Unterschiede im Konkurrenzverhalten als Ursache berücksichtigt werden müssen. Evolutionsbiologisch wird begründet, warum im männlichen Geschlecht eine spezifische Wettkampfmotivation mit ritualisierter Aggressionskontrolle und der Bereitschaft zu stabilen Rangordnungen angelegt ist, während eine entsprechende Disposition für das weibliche Geschlecht geringere Bedeutung hat. Befunde aus der Paläanthropologie, der Endokrinologie, dem Kulturvergleich und der Entwicklungspsychologie sprechen dafür, daß solche Anlageunterschiede auch beim Menschen wirksam sind. Männergruppen zeigen vorzugsweise das phylogenetisch alte Muster einer Dominanzhierarchie, während die weibliche Gruppenstruktur eher egalitären Charakter hat. Es wird gezeigt, wieso die Konfrontation mit dem typisch männlichen Konkurrenzverhalten das weibliche Selbstwertgefühl beeinträchtigt und warum eine Gleichbehandlung der Geschlechter schlecht geeignet ist, die Diskrimination zu beenden.

1 Vorbemerkungen

Es ist eine unumstrittene Tatsache, daß Frauen bei der Verwirklichung einer beruflichen Karriere benachteiligt und insbesondere in prestigeträchtigen Berufen unterrepräsentiert sind.

---

[1] Überarbeitete und leicht gekürzte Fassung des gleichnamigen Artikels aus: Krell, G./ Osterloh, M. (Hrsg.) (1992): Personalpolitik aus der Sicht von Frauen. Frauen aus der Sicht der Personalpolitik. Was kann die Personalforschung von der Frauenforschung lernen? München/Mering, S. 251-281.

In den Kreisen, die sich für die Durchsetzung der Gleichberechtigung besonders engagieren, ist es heute eine Selbstverständlichkeit, die Ursachen für diese Benachteiligung in einer von Männern geprägten gesellschaftlichen Struktur zu sehen, der es systemimmanent ist, das männliche Monopol zu erhalten und deshalb den Frauen die berufliche Karriere zu verwehren oder wenigstens zu erschweren.

Eine Schlüsselstellung nimmt in diesem Zusammenhang die Frage ein, ob neben den gesellschaftlichen Hindernissen nicht auch bestimmte geschlechtstypische Eigenschaftsprofile als Ursache für den Rückstand in Betracht kommen. Bei der Beantwortung dieser Frage dominieren zwei Meinungen, die sich allerdings nicht eindeutig ausschließen. Im einen Fall tendiert man dazu, geschlechtstypische Verhaltensunterschiede als nicht existierend oder zumindest so geringfügig einzustufen, daß man sie vernachlässigen kann. Im anderen Fall gesteht man ihre Existenz zu, sieht ihre Ursache aber ausschließlich in der Sozialisation oder allgemeiner jedenfalls in kulturellen Einflußgrößen.

Eines der Hauptmotive, Geschlechterunterschiede überhaupt zu negieren, dürfte in der Hoffnung liegen, mit dem Nachweis ihrer Nicht-Existenz wäre der Diskriminierung der Nährboden entzogen. Das dürfte etwa für Maccoby/Jacklin (1974) zutreffen, die nach einer umfangreichen Sichtung einschlägiger Untersuchungen nur noch Unterschiede in drei kognitiven Funktionen und der Agressivität für empirisch belegbar hielten. Auf ihre Angaben beruft sich heute noch gern, wer betonen will, wie gering doch die Zahl der nachweisbaren Geschlechterunterschiede sei, ohne zur Kenntnis zu nehmen, daß Block bereits 1976 bei einer Revision des gleichen Materials zu einer viel reichhaltigeren Liste kam.

Genau gesehen geht es dabei aber gar nicht so sehr um die Annahme von Unterschieden an sich; was auf Ablehnung stößt, ist vielmehr die Möglichkeit, daß bei der Aufklärung ihrer Ursachen *biologische* Gesichtspunkte eine Bedeutung erlangen könnten.

Sofern biologische Einflußgrößen in der sozialwissenschaftlichen Diskussion um die Geschlechterunterschiede überhaupt erwogen werden, beschränkt man sich meist auf die Morphologie und die unterschiedlichen Funktionen bei der Fortpflanzung. Diesen Faktoren wird insoweit Bedeutung zugestanden, als sie von den Kulturen zum Gegenstand der Interpretation gemacht werden können, was dann letztlich zu einer als zweckrational erkannten Rollenteilung führe, die durch entsprechende Sozialisation vermittelt werden müsse. So findet sich im Rahmen der sogenannten »ethnomethodologischen« Orientierung, z. B. bei Günthner/Kotthoff (1991) das Argument, der biologische Unterschied zwischen den Geschlechtern habe nur dann Relevanz, wenn er auch entsprechend kulturell »inszeniert« würde. Undeutlich bleibt, woher die »Partitur« eigentlich stammt, die da inszeniert wird und ob es auch zu Fehlinszenierungen kommen kann oder ob es wirklich ganz der Beliebigkeit einzelner Kulturen anheimgestellt ist, Bedeutung zuzuweisen oder nicht.

In diesem Bezugsrahmen wird die Sozialisationsbedingtheit der Geschlechterunterschiede als nicht weiter begründungsbedürftig vorausgesetzt. Meist begnügt man sich mit dem Hinweis, Geschlechterunterschiede im Verhalten müßten, wenn sie anlagebedingt wären, »angeboren«, d.h. bei Geburt vorhanden sein, dergleichen sei aber bei Neugeborenen nicht nachzuweisen, dagegen seien Jungen und Mädchen von Geburt an geschlechtsdifferenzierenden kulturellen Einflüssen ausgesetzt; damit verstehe es sich von selbst, daß später feststellbare Unterschiede nicht biologischen, sondern nur kulturellen Ursprungs sein könnten.

Nun ist keine der einzelnen Behauptungen wirklich stichhaltig. Erstens einmal kann sich die Anlage auch noch nach der Geburt auswirken, nämlich in Form von Reifungsvorgängen, die bis in die Adoleszenz hinein eine wichtige Rolle bei der Entwicklung spielen. Zweitens trifft es nicht zu, daß sich Jungen und Mädchen nicht bereits bei der Geburt unterscheiden. Und schließlich hat die an sich richtige Feststellung, Jungen und Mädchen würden unterschiedlich behandelt, allein noch keine Beweiskraft. Man muß doch zunächst fragen, warum die Geschlechter denn überhaupt unterschiedlich behandelt werden. Die meist nicht hinterfragte Annahme, dies sei auf die Geschlechtsrollenvorstellungen in den Köpfen der Sozialisationsagenten zurückzuführen, verstellt den Blick für die immerhin auch bestehende und empirisch gut fundierte Erklärungsmöglichkeit, die Kinder könnten ihrerseits geschlechtstypische Verhaltensbesonderheiten mitbringen und damit die unterschiedliche Behandlung provozieren.

Das Problem liegt allerdings tiefer. Wenn Sozialwissenschaftler sich überhaupt zu biologischen Tatbeständen äußern, dann geschieht dies leider oft in Form von abwertenden Pauschalurteilen, unzulässigen Vereinfachungen und Fehlinformationen. Der Biologie wird dabei eine so naive Sichtweise unterstellt, daß der Entschluß, sich mit ihr nicht eingehender zu befassen, keiner weiteren Rechtfertigung bedarf. Vordergründig dokumentiert diese Haltung Desinteresse, letztlich dürfte sie aber Ausdruck von Berührungsängsten sein, denen etwas genauer nachzugehen sich lohnt.

In diesem Zusammenhang sind vor allem zwei gravierende Mißverständnisse zu nennen.

Das erste betrifft die Beziehung von Biologie und Moral. Hier besteht die Vorstellung, wenn man sich erst einmal darauf einlasse, daß sich die Geschlechter von Natur aus unterscheiden, so habe man damit der bestehenden Diskriminierung bereits zu ihrer Legitimation verholfen. Nun ist ohne Zweifel immer einmal wieder der Versuch unternommen worden, moralische Normen naturgesetzlich zu fundieren. Das ist aber logisch unzulässig und keinesfalls eine notwendige Konsequenz einer biologischen Betrachtung. Ob man der Sache der Frauen einen Gefallen erweist, wenn man wissenschaftliche Einsichten wegen der Gefahr einer solcherart mißbräuchlichen Verwendung zu unterbinden sucht, ist in Frage zu stellen; jedenfalls geht es nicht an, pauschal allen, die eine biologische Erklärungsmöglichkeit in Betracht ziehen, minderwertige Motive zu unterstellen.

Ein zweites Mißverständnis steht mit dem ersten in Zusammenhang. Überlegungen von J. Block (1983) in einem Review-Artikel zu geschlechtsdifferenzierender Sozialisation sind hierzu recht aufschlußreich. Sie schreibt: »If sex-differentiation of behavior *precedes* differential socialization we are unable to manipulate this biologically ordained antecedent condition« (S. 1336, Hervorhebung von D.B.). Nur wenn die Differenzierung erst als *Folge* der Sozialisation eintrete, könne man überhaupt versuchen, etwas zu ändern. In dieser Argumentation wird »biologisch« mit *unveränderbar* gleichgesetzt, und darin liegt nun das zentrale Mißverständnis über die Wirksamkeit biologischer Faktoren, mit dem man bei der Diskussion mit Sozialwissenschaftlern schon fast vorhersagbar konfrontiert wird. Explizit oder implizit wird der Biologie unterstellt, sie postuliere so etwas wie eine direkte Determinierung des Verhaltens durch die Gene ohne die vermittelnde Einflußnahme kultureller und sozialer Faktoren. Dabei realisiert man nicht, daß man die Ausschließlichkeit, mit der man den eigenen Erklärungsanspruch vertritt, auf die Biologie nur projiziert. Kein biologisch Informierter würde auf die Idee verfallen, sich die phänotypische Manifestation einer genetischen Anlage unabhängig von Umwelteinflüssen auch nur vorzustellen, und infolgedessen macht es ihm auch keine Probleme, der Sozialisation eine gewichtige Rolle beizumessen. Es ist also ein grundlegender Irrtum anzunehmen, die Biologie schließe Veränderungen aus und schreibe damit bestehende Unterschiede fest. Eine »biologically ordained antecedent condition« ist eben noch kein Verhalten.

Nun gerät eine solch differenzierende Aussage zum Anlage-Umwelt-Zusammenhang schnell einmal in die Gefahr, als Rechtfertigung herangezogen zu werden, biologische Einflüsse zu relativieren oder gleich ganz ad acta zu legen. So argumentiert Hagemann-White (1984, S. 30), wenn die Möglichkeit erst einmal eingeräumt würde, daß die Kultur die Biologie »überspielen« könne, so hätten alle Mutmaßungen über den Einfluß biologischer Wirkmechanismen spekulativen Charakter und man könne genauso gut annehmen, daß Verhaltensregelmäßigkeiten prinzipiell durch kulturelle Einflüsse verursacht seien. Die Annahme, daß der Veranlagung kein Gewicht zukommt, scheint damit wesentlich näherliegend als ihr Gegenteil, sie wird, statistisch ausgedrückt, zur Nullhypothese.

Schlußfolgerungen dieser Art könnten sich jedoch als kontraproduktiv erweisen. Sie wären nur vertretbar, sofern sicher gestellt ist, daß keine negativen Konsequenzen für die Frauen erwachsen, sollte sich die Nullhypothese doch als falsch erweisen. Für eine Nullhypothese ist nämlich charakteristisch, daß ihre fälschliche Beibehaltung weniger Schaden anrichten darf als ihre irrtümliche Verwerfung. Eine solche Asymmetrie wird bei der Anlage-Umwelt-Diskussion unreflektiert zugrundegelegt. Daß das Anlageargument zu diskriminierenden Zwecken mißbraucht werden kann, steht dabei im Vordergrund; daß die fälschliche Unterstellung beliebiger Umweltplastizität aber auch gefährlich sein kann, wird gar nicht erwogen.

In Wirklichkeit ist die Situation nämlich symmetrisch. Dies zeigt sich bei erzieherischen Bemühungen, eine geschlechtstypische Differenzierung zu vermeiden. Geht man von Anlagegleichheit aus, so erscheint die Gleichbehandlung der Geschlechter hierzu als die geeignete Maßnahme. Nun liegen inzwischen aber, wie noch genauer darzustellen sein wird, recht eindrückliche Befunde dafür vor, daß ein solches Vorgehen die Unterschiede keineswegs nivelliert, sondern ganz im Gegenteil, zu einer deutlicheren Polarisierung führt. Die Kultur vermag das Geschlechterverhältnis offensichtlich nicht in völliger Beliebigkeit zu »inszenieren«. Wem wirklich daran liegt, eine Neuinszenierung der Geschlechterrollen einigermaßen werkgerecht anzulegen, so daß sie von den Betroffenen auch mitgetragen werden kann, der kommt nicht umhin, sich so etwas wie eine umfassende »Materialkunde« des Mannes und der Frau zu verschaffen und dies schließt eine biologische Betrachtung ganz wesentlich mit ein.

Die folgenden Ausführungen sollen auf der Basis evolutionsbiologischer Überlegungen einen Einblick vermitteln, wie man sich die Entstehung geschlechtsunterschiedlicher Verhaltensdispositionen vorzustellen hat. Die Argumentation geht davon aus, daß der Mensch in seiner präzivilisatorischen Evolution neben artspezifischen auch artübergreifenden Prägekräften ausgesetzt war.

Wenn im folgenden also Parallelen zwischen menschlichen und tierischen Verhaltensdispositionen aufgewiesen werden, so ist dies nicht als »Schluß vom Tier auf den Menschen« zu verstehen, sondern es handelt sich um Effekte, die bei Mensch und Tier auf den gleichen Verursachungszusammenhängen beruhen.

Damit ist keineswegs behauptet, daß sich Veranlagungen beim Menschen genauso auswirken wie bei Tieren. Der Mensch ist als vernunftbegabtes und zu Selbstreflexion befähigtes Wesen nicht in gleicher Weise durch natürliche Dispositionen determiniert, wie dies Tiere sind; er ist frei, sich mit seiner Natur – auch seiner geschlechtlichen – auseinanderzusetzen und sich gegebenenfalls gegen das zu entscheiden, was sie ihm nahelegt (Bischof 1985). Als eine Folge davon mag das einzelne Individuum in seinen Interessen und seinem Verhalten recht weit von dem abweichen, was als »typisch weiblich« oder »männlich« angesehen wird. Wenn wir allerdings ganze Populationen von Männern und Frauen über viele Kulturen hinweg betrachten, so zeichnen sich bestimmte Tätigkeitsbereiche ab, die dem einen Geschlecht mehr zu liegen scheinen als dem anderen, Schwerpunkte in Interessen und Motivationen, die das eine Geschlecht stärker kennzeichnen als das andere. Ich werde nachfolgend die Gründe dafür darlegen, daß hierin geschlechtstypische Grundmuster aufscheinen, die Jahrmillionen älter sind als die menschliche Kultur. Hierzu paßt auch, daß die Ziele der Geschlechtsrollensozialisation transkulturell weitgehend übereinstimmen. Die Kulturen zeichnen mit der traditionellen Geschlechtsrollenzuweisung das nach, was von Natur aus zumindest bei der Mehrzahl der Betroffenen den geringsten erzieherischen Aufwand erfordert. Geschlechtsrollen wären bei dieser Sicht also nicht willkürliche Inszenierungen der Kulturen, die allenfalls deshalb übereinstimmen, weil die unterschiedlichen Funktionen bei der Fortpflanzung eine bestimmte Aufgabenteilung zwischen den Geschlechtern als zweckrational erscheinen lassen. Geschlechtsrollen wären vielmehr kulturelle Überformungen, Profilierungen, zum Teil auch Übertreibungen von geschlechtstypisch unterschiedlichen Schwerpunkten in Interessen, Neigungen und Fähigkeiten, die für eine größere Zahl von Männern und Frauen von ihrer Veranlagung her vorgezeichnet sind (Bischof 1980).

2 Evolutionsbiologische Begründung von Geschlechterunterschieden

2.1 Parentale Investition

Anlagebedingte Verhaltensdispositionen entstehen als Produkt der Evolution. Die ultima ratio der Evolution ist die *Reproduktion*. Leben hat überhaupt nur Fortbestand, wenn es den Lebewesen gelingt, sich fortzupflanzen. Der Reproduktionserfolg der einzelnen ist allerdings unterschiedlich hoch, die einen haben mehr, die anderen weniger Nachkommen. Eine genetische Anlage, die ihrem Träger ermöglicht, sich so zu verhalten, daß er sich möglichst erfolgreich fortpflanzen kann, findet sich natürlich mit höherer Wahrscheinlichkeit auch in zukünftigen Generationen wieder, während weniger erfolgreiche Varianten aussterben.

Fortpflanzung ist mit einem gewissen Aufwand an Energie, Zeit und Risiko verbunden. Den Aufwand, den ein Elternteil für die Aufzucht eines einzelnen auf Kosten weiterer potentieller Nachkommen erbringt, nennt man *parentale Investition* (Trivers 1978).

Der entscheidende Schritt zur Entstehung geschlechtstypischer Unterschiede, die auch für den Menschen von Belang sind, erfolgte mit dem Übergang zur inneren Befruchtung bei landlebenden Wirbeltieren. Hierbei kam es zu einer folgenschweren Asymmetrie in der parentalen Investition: Das weibliche Geschlecht spezialisierte sich darauf, zum Träger der befruchteten Eizelle zu werden. Konkret bedeutet dies, daß ein Weibchen sehr viel mehr Zeit und Energie in einen einzelnen Nachkommen investieren muß als das Männchen; infolgedessen ist die Gesamtzahl möglicher Nachkommen bei Weibchen in der Größenordnung von Zehnerpotenzen niedriger als bei Männchen (detailliert siehe Bischof 1980, 1985). Besonders ausgeprägt ist diese Diskrepanz bei Säugetieren, auf die ich mich im folgenden in erster Linie beziehen will, wobei ich zunächst den Regelfall darstelle und dann später auf die Ausnahmen eingehe.

Mit der Festlegung des weiblichen Geschlechts auf das Austragen der Frucht war der nächste Schritt faktisch vorprogrammiert. Da Weibchen nun schon einmal nur wenige Nachkommen haben können, zahlt es sich – selektionistisch gesehen – für sie aus, zusätzlich auch nach der Geburt noch für ihre Jungen zu sorgen, indem sie sie füttern, wärmen und schützen und damit deren Chancen erhöhen, möglichst bis zur eigenen erfolgreichen Fortpflanzung heranzuwachsen.

Dagegen ist es für *Säugetiermännchen* unter diesen Umständen selektionistisch am günstigsten, wenn sie ihre parentale Investition darauf beschränken, eine paarungsbereite Partnerin zu finden, mit dieser zur Zeugung zu kommen und sich möglichst schnell auf die Suche nach der nächsten zu machen, denn alles weitere bleibt ja dem Weibchen überlassen. Potentiell können Männchen auf diese Weise Hunderte bis Tausende von Nachkommen haben.

2.2 Geschlechtstypische Verhaltensbereitschaften

Die beiden Fortpflanzungsstrategien haben zur Folge, daß bei den Geschlechtern unterschiedliche Verhaltensdispositionen selektiv begünstigt wurden.

Unter den Männchen sind zunächst einmal diejenigen im Vorteil, denen es gelingt, möglichst viele paarungsbereite Partnerinnen zu finden und zur Zeugung zu gelangen. Auf die Qualität der Partnerin kommt es im Einzelfall nicht an. Folglich sind Männchen mit niedriger parentaler Investition sexuell leicht aktivierbar, zeigen aber keine Bereitschaft, über den Fortpflanzungsakt hinaus bei der Geschlechtspartnerin zu bleiben oder gar etwas für die Jungen zu tun.

Beim weiblichen Geschlecht nimmt die unmittelbare Pflege für die Nachkommen eine zentrale Stellung ein, fürsorgliche Dispositionen sind demgemäß selektionistisch begünstigt. Je besser eine genetische Anlage zur Brutpflege motiviert, umso mehr erhöht sich die Wahrscheinlichkeit, daß sich dieses Genmaterial in nachfolgenden Generationen wiederfindet. Der gleiche Selektionsdruck hatte bei Säugetierweibchen auch anatomische Konsequenzen in der Ausbildung der Milchdrüsen.

Für die Weibchen lohnt es sich ferner, bei der Partnerwahl auf Qualität zu achten, sich also nicht zu rasch und auf jeden Bewerber einzulassen. Einschlägige Beobachtungen gaben in der Ethologie dazu Anlaß, direkt von einem weiblichen »Sprödigkeitsverhalten« zu sprechen. Schließlich spielt es für die weibliche Paarungsbereitschaft auch eine Rolle, ob die äußeren Umstände gute Aufzuchtsbedingungen versprechen. Weibchen sind dementsprechend unter Streß sehr viel weniger paarungswillig als Männchen.

Während bei Säugetieren also die Weibchen nach der Begattung mit der Hauptlast der Jungenaufzucht zurückbleiben, hätten die Männchen den Vorteil, sich davonmachen zu können, um sich der möglichst weiten Verbreitung ihres Genoms zu widmen, wäre da nicht ein Problem, das sich speziell für sie gerade aus der Diskrepanz im Fortpflanzungspotential ergibt. Die Männchen werden nämlich durch die sehr viel niedrigere Verfügbarkeit der Geschlechtspartnerinnen in ihrer potentiellen Nachkommenzahl erheblich limitiert; auf ein paarungsbereites Weibchen kommen immer mehrere sexuell motivierte Männchen. Diese müssen nun miteinander konkurrieren, während das Weibchen unter den Konkurrenten eine Auswahl treffen kann.

2.3 Konkurrenzverhalten

2.3.1 Männlich

Die Notwendigkeit, um Weibchen zu konkurrieren, führte beim männlichen Geschlecht zur selektiven Begünstigung von Verhaltensdispositionen, die bei undifferenzierter Betrachtung als erhöhte männliche Aggressionsbereitschaft bezeichnet zu werden pflegen. Tatsächlich geht es hier aber um ein sehr spezifisches Verhaltenssyndrom, das auch, aber nicht ausschließlich etwas mit Aggression zu tun hat.

An erster Stelle haben Männchen einen Vorteil vor ihren Konkurrenten, wenn sie sich bereitwillig auf den Konkurrenzkampf einlassen, sich also einer gefährlichen Situation aussetzen und dabei möglichst jede Chance wahrnehmen. Hierzu gehört insbesondere auch eine Disposition, sich durch Mißerfolge nicht entmutigen zu lassen, denn nur wer es immer wieder erneut versucht, kommt irgendwann einmal zum Zug. Die erhöhte Unternehmungslust und die Bereitschaft, sich mit Unbekanntem zu konfrontieren, bekundet sich übrigens bei Männchen vieler Arten auch darin, daß sie in der Adoleszenz die Herkunftsfamilie verlassen und sich mit anderen Jungmännchen zu lockeren »Kohorten« zusammenschließen, während die Weibchen in der Familie bleiben, bis ein Bewerber auftaucht und sie zur Nachfolge animiert (Bischof 1985).

Da Kämpfen immer mit Kosten (Verletzung, Kraftaufwand, möglicher tödlicher Ausgang) verbunden ist, hat die Selektion ferner beim männlichen Geschlecht Verhaltensbereitschaften begünstigt, die dazu beitragen, diese Kosten zu minimieren.

Hierzu zählt als erstes die *Ritualisierung von Kampfhandlungen*. Stärke und Kampfbereitschaft werden vorzugsweise nur demonstriert, etwa durch Imponiergehabe, einschüchterndes Verhalten, Drohen und dergleichen. Morphologisch wird dies unterstützt durch Auffälligkeit der Erscheinung, etwa in Form von Mähnen, Hauern, Geweihen oder auch Prachtfarbigkeit. Ein weiteres Merkmal im Dienste der Kostenreduktion ist das Auftreten aggressiver *Hemmechanismen*, die dann ausgelöst werden, wenn der Gegner durch bestimmte Gesten seine Unterwerfung bekundet.

Als wichtigste Konsequenz der Konkurrenz um Weibchen ist schließlich die Ausbildung von *Rangstrukturen* zu nennen. Diese werden in eigens diesem Zweck dienenden Kämpfen mit stark ritualisiertem Charakter festgelegt. Rangstrukturen haben eine *konfliktreduzierende* Wirkung, d.h. dem Sieger werden Vorrechte zugestanden, zugleich bleibt der Zusammenhalt der Gruppe und damit die Basis für friedliche *Kooperation* gewährleistet. Hierzu ist die Disposition vorausgesetzt, sich bei ungünstigen eigenen Chancen mit einer untergeordneten Position zufriedenzugeben und mit der Verbesserung des eigenen Rangplatzes zu warten, bis die Gelegenheit dazu günstiger ist. Bei juvenilen Männchen bahnt sich die Bereitschaft, mit anderen Männchen die Kräfte zu messen an, in Raufspielen, die zunächst freundschaftlichen Charakter haben, aber bereits der Einübung für den Ernstkampf dienen.

2.3.2 Weiblich

Für die Weibchen ist die Notwendigkeit zum Konkurrenzkampf um Geschlechtspartner nicht gegeben und infolgedessen beobachtet man bei ihnen auch nicht die typischen Verhaltensmuster der konkurrierenden Männchen. Eine spezifische Disposition zu Rangauseinandersetzungen scheint zu fehlen. Aggression tritt reaktiv auf, etwa bei Konflikten im Zusammenhang mit der Nahrungsaufnahme, oder bei der Verteidigung eigener Jungtiere. Hierbei bekunden die Weibchen zum Teil ein erhebliches aggressives Potential, das weder durch »Beißhemmungen« gebremst ist, noch durch Drohen oder Imponieren angekündigt wird. Das fehlende Imponierverhalten findet seine Entsprechung in der äußeren Erscheinung, die bei Weibchen viel unauffälliger ist als bei Männchen.

Bei Tierprimaten richtet sich die Rangposition von Weibchen nach dem Alter, nach der Zugehörigkeit zu einem Familienclan oder nach dem Rang eines männlichen Geschlechtspartners. Generell sind Rangkonstellationen in Weibchengruppen instabiler als in Männchenhierarchien und infolgedessen für den Beobachter auch weniger leicht zu durchschauen (Hrdy 1981; Goodall 1986).

Es bleibt noch anzumerken, daß Konkurrenzkämpfe zwischen Weibchen und Männchen ebenfalls nicht vorgesehen sind. Dagegen beobachtet man in der Regel eine von Art zu Art variierende mehr oder weniger ausgeprägte Dominanz der Männchen über die Weibchen.

2.3.3 Erhöhte parentale Investition bei Männchen

Bisher war vom Regelfall einer geschlechtsgebunden stark divergierenden parentalen Investition die Rede. Nun gibt es aber Ausnahmen, in denen sich diese Divergenz reduziert, weil biologische und ökologische Bedingungen es erfordern, daß Männchen ihre parentale Investition über das Minimum der Partnersuche und der Zeugung hinaus erhöhen. Es handelt sich dabei um Umstände, unter denen die Weibchen allein die Aufzucht nicht schaffen würden, wodurch natürlich auch die Weitergabe des väterlichen Genoms in Frage gestellt wäre. Somit entsteht für die Männchen ein Selektionsdruck, die Bereitschaft auszubilden, eine gewisse Zeit bei der Mutter und ihren Jungen zu bleiben, diese zu beschützen und ggf. auch bei der Fütterung mitzuhelfen; bei manchen Arten führt dies zu einer Dauerbindung an mehrere Weibchen in einer haremsähnlichen Sozialstruktur (Überblick s. Bischof 1985).

Der Grenzfall schließlich ist gegeben, wenn das Männchen sein Fortpflanzungspotential völlig an das des Weibchens anpaßt, mit dem es in lebenslanger *monogamer* Bindung zusammenbleibt, wobei es treueanaloges Verhalten bekundet. Monogamie findet sich in erster Linie bei Vögeln, bei denen der Aufwand an Fütteraktivität gar nicht von einem Elternteil allein geleistet werden könnte. Bei Säugetieren ist sie vergleichsweise selten. Unter unseren nächsten Verwandten, den Menschenaffen, kommt sie nur beim Gibbon vor. Die Angleichung der parentalen Investition beider Geschlechter bekundet sich in einer Angleichung des Verhaltens; bei den Männchen äußert sich dies vor allem in der erhöhten Fürsorglichkeit; auch sind sie gegenüber den Weibchen meistens nicht dominant. Typisch ist ferner ein Abbau des Geschlechtsdimorphismus; Männchen und Weibchen vieler monogamer Arten sind rein äußerlich kaum zu unterscheiden.

2.5 Parentale Investition beim Menschen

Um abzuschätzen, wieweit Verhaltensdispositionen bei Frau und Mann differieren, ist zunächst einmal zu klären, wie stark sich die Geschlechter im Ausmaß der parentalen Investition unterscheiden. Hier empfiehlt sich der Kulturvergleich und eine Betrachtung der menschlichen Phylogenese.

Wenn man fragt, welche menschliche Eheform von der biologischen Ausstattung her begünstigt sein könnte, so dürfte es sich kaum um die Monogamie handeln. Dagegen spricht allein schon der recht deutliche Geschlechtsdimorphismus zwischen Männern und Frauen, der bei Tieren immer mit unterschiedlicher parentaler Investition gekoppelt ist. Was die Auftretenshäufigkeit verschiedener Eheformen betrifft, so erweisen sich beim Vergleich aller uns bekannten Kulturen gerade knapp 20% als monogam (Daly/Wilson 1983). Ziehen wir außerdem in Betracht, wie störanfällig menschliche Monogamien im Vergleich zu den tierischen Beispielen sind, dann liegt der Schluß nahe, daß es sich hierbei wohl primär um eine kulturelle Errungenschaft handelt.

Biologisch dem Menschen affiner dürfte die sogenannte *gemäßigte Polygynie* sein; sie ist bei über 80% der Kulturen antreffbar und somit mit Abstand die häufigste Eheform. Ein Mann hat dabei einige wenige Frauen, nicht selten aufeinanderfolgend in Form einer »Monogamie auf Zeit«. Das spricht für eine erhöhte parentale Investition des Mannes, allerdings nicht bis zur völligen Angleichung an die weibliche Investition, wie sie für die monogamen Arten typisch ist. Geschlechtstypische Unterschiede im Verhalten sind also zu erwarten.

Diese Annahme erhält Bestätigung, wenn wir uns die Umweltbedingungen vergegenwärtigen, denen der Mensch während seiner Entstehungsgeschichte die längste Zeit ausgesetzt war. Da erweisen sich die oben dargestellten geschlechtstypischen Verhaltensdispositionen als eine geradezu ideale Voraussetzung für die Daseinsbewältigung. Wie die paläanthropologische Evidenz bezeugt, dürfte die menschliche Anpassungsform über wenigstens 2 Millionen Jahre hinweg in der Existenz eines halbnomadischen Jägers und Sammlers bestanden haben (detailliert s. Bischof-Köhler 1985, 1991). Dies hat sich erst mit dem Übergang zur Seßhaftigkeit vor etwa 10 000 Jahren geändert, einer Zeitspanne, die zu kurz ist, um evolutionsbiologisch ins Gewicht zu fallen.

Eine Arbeitsteilung zwischen den Geschlechtern dürfte sich schon sehr früh in der Hominisation herausgebildet haben, wobei die Frauen durch Sammeln von Nahrung einen wesentlichen Bestandteil des Unterhaltes bestritten. Die Männer trugen ihren Teil durch kooperative Großwildjagd bei (Isaac 1978; McGrew 1979). Heute noch existierende Jäger und Sammler, wie z.B. die Buschleute in der Kalahari, vermitteln ein recht gutes Bild von diesem Lebenstil (Lee 1968).

Für die Großwildjagd sind Risikobereitschaft, Unternehmungslust, Beharrungsvermögen bei Mißerfolg und die Bereitschaft zu kooperieren, die idealen Voraussetzungen. Männer, denen dies von der genetischen Disposition her leichter fiel, waren nicht nur bei der Jagd erfolgreicher, sondern sicher auch als Ehepartner begehrter; es besteht also kein Grund zur Annahme, daß die entsprechenden Anlagen abgezüchtet wurden. Hinzu kommt, daß die Menschen mit der Erfindung des Kriegführens dem männlichen Geschlecht ein weiteres Betätigungsfeld geschaffen haben, auf dem die phylogenetisch alte Disposition, zu kämpfen, immer wieder der Bewährung ausgesetzt war.

Für die Frauen dagegen lag die selektive Prämie auf Umsicht, Vorsicht und der Disposition zu Fürsorglichkeit, denn sie waren primär für das Wohl der Kleinkinder verantwortlich. Ein Kleinkind, dessen Mutter nicht bereit oder in der Lage war, sich in ausreichendem Maß um es zu kümmern, hatte kaum Überlebenschancen, denn noch so hilfsbereite Angehörige konnten hier nicht einspringen, allein schon wegen der Unfähigkeit, Milch für den Säugling bereitzustellen. Die immer wieder vorgebrachte Ansicht, »Mutterliebe« sei eine erst in jüngster Zeit erfundene Mode (Badinter 1981; DeMause 1974) ist schlicht unsinnig, wenn wir uns die Lebensbedingungen von Naturvölkern anschauen und uns verdeutlichen, was es heißt, unter solchen Umständen Kleinkinder aufzuziehen. Vor diesem Hintergrund ist es undenkbar, daß die Fürsorgemotivation den Frauen in irgendeiner Phase der Menschheitsentwicklung abhanden gekommen wäre, um von der Kultur wieder neu erfunden werden zu müssen.

Der Rückblick in die Entstehungsgeschichte der Menschheit zeigt somit, daß geschlechtstypische Verhaltensdispositionen, wie wir sie bei Tieren vorfinden, auch für den Menschen ihre Bedeutung nicht verloren haben, sondern durch die über Millionen Jahre vorherrschende Existenzform sogar noch bestätigt wurden.

Dabei sind zwei Punkte besonders hervorzuheben:

1. Die Frau hat immer einen wesentlichen Bestandteil zum Lebensunterhalt beigetragen und damit durchaus Prestige erlangen können. Dies hat sich erst in der jüngsten Geschichte geändert, indem Technisierung und Industrialisierung der Frau eine Reihe von Tätigkeiten abnahmen, die vorher wesentlich von ihrer Kompetenz abhingen. Das hat den Frauen das Leben zwar erleichtert, zugleich wurde die Arbeit gerade in der häuslichen Domäne aber entwertet, denn sie läßt sich nun infolge der technischen Hilfsmittel und der vorgefertigten Produkte ohne große Fertigkeiten routinemäßig erledigen. Infolgedessen haben viele der traditionell typisch weiblichen Beschäftigungen nicht nur ihren Befriedigungswert weitgehend eingebüßt, sondern sind auch nicht mehr geeignet, zum Ansehen beizutragen. Frauen drängen deshalb berechtigtermaßen in die beruflichen Domänen von Männern und geraten damit erstmals mit diesen in Konkurrenz.

2. Eine Konkurrenz zwischen Männern und Frauen war jedoch bei der für die Geschlechter typischen Arbeitsteilung bisher nicht vorgesehen. Wie der Kulturvergleich eindrücklich belegt, waren und sind in vorindustriellen Gesellschaften auch heute noch Männer und Frauen jeweils für getrennte Bereiche verantwortlich und gestehen sich dies gegenseitig auch ohne Einmischung zu (Whyte 1978). Auf Konkurrenz mit dem anderen Geschlecht sind weder Mann noch Frau vorbereitet. Warum dies zu Problemen vor allem für die Frauen führt, soll im zweiten Teil dieses Artikels beleuchtet werden (s. auch Bischof-Köhler 1990).

3 Die Entwicklung von Geschlechtsunterschieden in der Ontogenese

3.1 Hormonelle Befunde

Was die physiologische Basis für die geschlechtstypische Differenzierung von Verhaltensdispositionen betrifft, so liefern Befunde der Endokrinologie wertvolle Hinweise.

Recht deutlich zeichnet sich hier insbesondere die geschlechtsdifferenzierende Rolle des Testosterons, also des männlichen Geschlechtshormons ab. Es hat eine *aktivierende* und eine *determinierende* Wirkung (Merz 1979).

Aktivierend stimuliert Testosteron kämpferisches Verhalten und dürfte bei der Wettkampfmotivation auch beim Menschen eine zentrale Rolle spielen, wie unter anderem durch die sich häufenden Dopingskandale in der jüngsten Zeit belegt wird. Experimentell konnte nachgewiesen werden, daß *Erfolg* sich positiv auf die Testosteronproduktion auswirkt. So zeigten männliche Tennisspieler nach einem Sieg einen Anstieg des Testosterons, während eine Niederlage genau das Gegenteil, nämlich einen Abfall bewirkte. Dabei spielte es eine entscheidende Rolle, daß der Erfolg unter aktivem Einsatz erkämpft wurde, passiver Erfolg in Form eines Lotteriegewinns zeitigte keine vergleichbaren Effekte (Mazur/Lamb 1980).

Die weitreichenderen Auswirkungen hat Testosteron aber wohl als *determinierender* Faktor während der Foetalzeit und bei manchen Arten, so möglicherweise auch beim Menschen, in den ersten Monaten nach der Geburt (Money/Ehrhardt 1975; Neumann 1980; Maccoby et al. 1979). Es wird bei genetisch männlichen Individuen bereits von einem frühen Stadium der Foetalzeit an durch die Hoden produziert und steuert dann die gesamte morphologische Differenzierung der primären und sekundären Geschlechtsorgane. Unter seiner Einflußnahme differenzieren sich auch beim Menschen bestimmte Regionen im Hypothalamus geschlechtsspezifisch, worin ein erster Anhaltspunkt über die etwaige morphologische Fundierung geschlechtstypischer Verhaltensdispositionen liegen könnte (Swaab/Fliers 1985). Die determinierende Wirkung des Testosterons auf die Ausbildung bestimmter Verhaltensdispositionen wurde zunächst durch Befunde bei Ratten, Kaninchen und Affen erkannt (Neumann 1980). Wenn man bei genetisch männlichen Individuen die Produktion bzw. die Wirksamkeit des Testosterons schwächte oder unterband, so führte dies je nach Stadium der Foetalentwicklung zu einer mehr oder weniger ausgeprägten Verweiblichung der Morphologie und des Verhaltensspektrums. Umgekehrt konnte man die Foetalentwicklung genetisch weiblicher Versuchstiere durch

222

Testosterongaben in eine männliche Richtung lenken und zwar ebenfalls sowohl morphologisch als auch in Bezug auf das Verhalten.

Auch beim Menschen sind vergleichbare Effekte einer foetalen Androgenisierung dokumentiert. Aufschluß hierüber geben Personen, die aus verschiedenen Gründen während der Foetalzeit einem von der Norm abweichenden hormonellen Klima ausgesetzt waren. So führt etwa eine angeborene Anomalie der Nebennierenrinde unter anderem zu einer Überproduktion von Testosteron bei beiden Geschlechtern (adrenogenitales Syndrom). Bei genetisch weiblichen Individuen hat dies nicht nur eine Vermännlichung der äußeren Erscheinung zur Folge, sondern man beobachtet auch eine Neigung zu bestimmten Verhaltensweisen, die als Wildfangverhalten charakterisiert wurden; die Mädchen tollen gern herum, engagieren sich vorzugsweise in männlichen Sportarten und zeigen eine größere Affinität zu typisch männlichem Wettkampfverhalten im Sinne unserer Charakterisierung. Ähnliche Befunde ergaben sich bei weiblichen Individuen, deren Mütter während der Schwangerschaft wegen drohenden Aborts einer Hormonbehandlung ausgesetzt waren, die eine dem Testosteron vergleichbare Wirkung ausübte (Ehrhardt/Baker 1974; Ehrhardt 1980; Reinisch 1981; Dittmann 1990; Überblick siehe auch Merz 1979).

3.2 Entwicklungspsychologische Befunde zur Geschlechterdifferenzierung in den ersten Lebensjahren

Eine Fülle von entwicklungspsychologischen Befunden belegt, daß sich die Geschlechter bereits in einem Alter in ihren Neigungen und im Aktivitätsstil unterscheiden, in dem Kinder noch nicht in der Lage sind, das Geschlecht bei anderen oder gar bei sich selbst richtig zu bestimmen, also noch nicht begreifen, daß sie ein Junge oder ein Mädchen sind, geschweige denn, was sich für Buben oder Mädchen gehört (Weinraub et al. 1984; Marcus/Overton 1978; O'Brien/Huston 1985). Bereits im ersten Lebensjahr zeichnen sich Differenzierungen ab, die auf dem Hintergrund unseres theoretischen Ansatzes bedenkenswert sind. Dabei ist zu beachten, daß sich die geschilderten Unterschiede auf das Verhalten größerer Gruppen beziehen, individuelle Ausnahmen sind also immer möglich.

Jungen sind von Geburt an schwerer zu beruhigen als Mädchen und zunächst emotional labiler; sie neigen einerseits eher zu aufgekratzt fröhlicher Stimmung, überdrehen andererseits aber rascher einmal (Moss 1974; Haviland/Malatesta 1981; Degenhardt 1982; Maccoby/Jacklin 1984). Sie sind expansiver, ängstigen sich weniger und zeigen mehr Erkundungsverhalten, besonders auch dann, wenn es um die Beschäftigung mit unvertrauten Objekten geht. Sie manipulieren gern technische Geräte wie z. B. Steckdosen und Türschlösser und interessieren sich überhaupt für Dinge, die von den Erwachsenen eigentlich nicht in erster Linie als Kleinkindspielzeug gedacht sind (Hutt 1972; Goldberg/Lewis 1969; Maccoby/Jacklin 1973; O'Brien/Huston 1985; Block 1976). Auch in den folgenden Lebensjahren bevorzugen Jungen eher als Mädchen Spielsachen, die eine eher grobmotorische Aktivität zulassen, also etwa Spielzeuglastwagen, in die man sich hineinsetzen oder in die man Bausteine laden kann, sowie Indianer- und Cowboyspielgerät, das sich zu Abenteurerspielen eignet. Jungen gelten generell als schwerer zu disziplinieren und geraten leicht einmal in risikoträchtige Situationen, was sich unter anderem in einer erhöhten Unfallrate niederschlägt.

Kleine Mädchen sind bei der Erkundung in der Regel zurückhaltender und riskieren weniger. Sie tendieren dazu, Situationen schon etwas ängstigend zu finden, die Jungen noch einen Nervenkitzel zu bereiten scheinen. Bereits von Geburt an bekunden Mädchen ein höheres Ausmaß an Kontaktbereitschaft, sie suchen öfter Blickkontakt mit anderen und halten diesen länger aufrecht, häufiger als Jungen zeigen sie den Ausdruck des Interesses (Haviland/Malatesta 1981). Schon vom zweiten Lebensjahr an bevorzugen Mädchen es, mit Puppen zu spielen und allem, was damit zusammenhängt, und zwar auch dann, wenn das Angebot Jungen-Spielzeug enthält. Ferner zeigen sie ein besseres feinmotorisches Geschick, basteln mehr und verkleiden sich gern. Die Neigung, pflegerische Verantwortung zu übernehmen, deutet sich bei Mädchen bereits im Kindergarten an, indem sie eher als Jungen an der seelischen Verfassung anderer interessiert sind, mehr Mitleid zeigen und in Tests zum Einfühlungsvermögen tendenziell höhere Werte erlangen (Maccoby/Jacklin 1973; Dannhauer 1973; Hoffman 1977; Merz 1979; Spiro 1979; Ginsburg/Miller 1982; Fagot et al. 1986).

Ferner kann man bereits beginnend mit dem zweiten Lebensjahr beobachten, daß Kinder eine ausgeprägte Tendenz entwickeln, sich an Gleichgeschlechtliche anzuschließen und das Gegengeschlecht zu meiden. Diese Neigung bekundet sich bei Mädchen bereits im Alter von zwei Jahren, während Jungen bis zum Alter von drei Jahren Mädchen noch tolerieren, was sich dann aber rasch ändert. Diese Zurückhaltung gegenüber dem anderen Geschlecht stellt sich unabhängig davon ein, ob die Kinder vorher Erfahrung mit gemischtgeschlechtlichen Spielgruppen hatten, oder nicht. Dort, wo Buben und Mädchen miteinander interagieren, ist dies fast immer auf die Initiative Erwachsener zurückzuführen, die dann auch dafür sorgen müssen, daß der Kontakt aufrechterhalten bleibt. Überläßt man die Kinder sich selbst, so führt dies regelmäßig zu geschlechtgetrennten Aktivitäten (La Freniere et al. 1984; Maccoby/Jacklin, 1987; Maccoby 1984). Das ändert sich erst mit der Pubertät.

Parallel hierzu beobachtet man ebenfalls bereits im zweiten Lebensjahr eine gleichgeschlechtliche Orientierung in Bezug auf die Eltern. Besonders früh und ausgeprägt ist dies bei den Buben der Fall, während Mädchen etwas später anfangen, die Mutter zu bevorzugen. Wichtig ist die Feststellung, daß diese Orientierung von den Kindern ausgeht, also nicht, wie landläufig immer behauptet wird, primär auf der Bevorzugung des gleichgeschlechtlichen Kindes durch die Eltern beruht. Diese Entwicklung dürfte damit zusammenhängen, daß väterliche und mütterliche Spielstile sich qualitativ unterscheiden. Das väterliche Spielangebot hat eher Überraschungscharakter, es regt körperliche Aktivitäten und die Erkundung von Neuem an. Dagegen spielen Mütter eher vertraute Spiele, sie machen die Kinder auf Spielsachen aufmerksam, reden viel mit ihnen und halten sie auch einmal auf ihrem Schoß fest, wenn sie zu expansiv sind und einen zu großen Bewegungsdrang entfalten (Lamb 1976; Lamb 1977a, b; Clarke-Stewart 1978; Parke 1979).

Diese frühe und spontane Bevorzugung von Gleichgeschlechtlichen läßt sich kaum als Resultat geschlechtsdifferenzierender Erziehung erklären. Naheliegender ist die Annahme, daß Mitglieder des eigenen Geschlechts über Verhaltensmuster verfügen, die deshalb attraktiver sind, weil sie den natürlichen Neigungen der Kinder jeweils besser entsprechen. Indem die Kinder dadurch noch vor Kenntnis der eigenen Geschlechtsidentität auf ihr eigenes Geschlecht hin orientiert werden, ist die weitere Entwicklung vorgebahnt und eine ideale Voraussetzung für zusätzliche Modellierung und Verstärkung geschlechtstypischen Verhaltens gegeben.

Was dagegen die Interaktion *zwischen* den Geschlechtern betrifft, so scheinen Jungen und Mädchen ebenfalls frühzeitig verschiedenartige Interaktionsstile zu entwickeln, die nicht so recht kompatibel sind. Besonders bemerkbar macht sich das in Situationen mit Konfliktcharakter, also dann, wenn eigene und fremde Interessen kollidieren und man sich durchsetzen muß. Aber nicht nur in akuten Konfliktsituationen, sondern generell bei der Realisierung von Rang- und Geltungsansprüchen zeichnen sich geschlechtstypische Strategien ab.

Ich möchte mich im folgenden auf diese Strategien und ihre Auswirkungen konzentrieren, denn auf diesem Sektor sehe ich eine wichtige Ursache für Probleme und Barrieren, die sich für Frauen bei der Verwirklichung einer beruflichen Karriere und in Bezug auf ihre empanzipatorischen Bestrebungen überhaupt ergeben.

3.3 Geschlechtstypisches Konkurrenzverhalten

3.3.1 Männliche Strategie

Jungen zeigen schon als Zwei- bis Dreijährige eine Vorliebe für spielerisches Raufen. Es handelt sich dabei um Kampfspiele mit freundschaftlichem Charakter, die nicht aggressiv motiviert sind, sondern eher der Erregungssuche und der Befriedigung von Abenteuerlust dienen (Blurton Jones 1972; DiPietro 1981). Diese transkulturell feststellbare Vorliebe ließ sich auch experimentell bestätigen: 33-monatige Jungen, die man mit einem Trampolin und einer aufblasbaren Puppe spielen ließ, gingen ziemlich regelmäßig dazu über, sich freundschaftlich zu balgen, während Mädchen in der gleichen Versuchssituation den Jungen zwar in der Lebhaftigkeit beim Spiel nicht nachstanden, aber eben nicht rauften (Jacklin/Maccoby 1978). Wie die Autorinnen ausdrücklich betonen, besteht der Unterschied dabei nicht in einer Aktivitätsabstufung, sondern ist *qualitativer* Natur.

Auch ernstgemeinte Aggression tritt bei Jungen relativ früh in stärkerem Ausmaß als bei Mädchen auf und wenn man die entsprechenden Vorfälle genauer analysiert, erweisen sie sich häufig als Rangauseinandersetzungen, bei denen es darum geht, die eigene Rangposition innerhalb der Gruppe zu etablieren und zu behaupten (Hutt 1972; Smith/Green 1975; Omark/Edelman 1976; Merz 1979; Maccoby/Jacklin 1980).

Schon im Kindergarten führt dies bei Jungen zur Ausbildung von Rangstrukturen mit folgenden Charakteristiken:

1. Hohe Übereinstimmung der Gruppenmitglieder bei der Bestimmung des relativen Rangs eines jeden Gruppenmitgliedes. Auch für einen außenstehenden Beobachter sind die Verhältnisse klar erkennbar (Omark/Edelman 1976; Hold 1977).

2. Ist die Ranghierarchie etabliert, so hat sie eine konfliktreduzierende Wirkung. Vorrechte werden vorbehaltlos zugestanden, man findet sich mit der eigenen Rangposition ab, auch wenn sie nicht so günstig ist.

3. Die Rangordnung bildet sich sehr schnell aus und bleibt über mehrere Jahre hinweg stabil, wenn sich die Zusammensetzung der Gruppe nicht ändert.

In einer Untersuchung von Savin-Williams (1979, 1987) wurden 13-jährige Jungen und Mädchen, die sich nicht kannten, anläßlich eines Ferienlagers nach Geschlechtern getrennt je in 5er-Gruppen in einer Hütte untergebracht. Bei den Jungen waren nach drei Tagen bereits die ersten Ränge festgelegt und blieben konstant über die Dauer der gesamten Beobachtungszeit.

Auch in den Strategien, wie ein Ranganspruch bekundet und durchgesetzt wird, läßt sich ein typisch männliches Muster ausmachen. Eine wesentliche Rolle spielen dabei körperliche Auseinandersetzung, etwa in Form von Wegschubsen, den anderen brachial vertreiben, sowie verbalem Disput. Ein besonderer Stellenwert kommt aber Verhaltensweisen zu, die sich als Imponierverhalten kennzeichnen lassen. Hierzu gehören Versuche, das Gespräch zu dominieren, sich aufzuspielen, durch lautes Auftreten auf sich aufmerksam zu machen, den Anderen zu bedrohen (Charlesworth/Dzur 1987; Hold-Clavell/Borsutzky 1984; Savin-Williams 1987; Jacklin/Maccoby 1978).

3.3.2 Weibliche Strategie

Auch Mädchen verfügen über ein ausgeprägtes Geltungsbedürfnis. Aber sowohl was die Gruppenstruktur betrifft als auch bezüglich der Strategien, einen Anspruch auf Geltung durchzusetzen, ergab sich aus der Untersuchung von Savin-Williams (1987) ein ganz anderes Bild:

1. Es ließ sich nur eine geringe Übereinstimmung in Bezug auf den relativen Rang der einzelnen Gruppenmitglieder feststellen.

2. Obwohl sich Rangbeziehungen ausbildeten, gingen die Auseinandersetzungen nicht stetig zurück, es trat also nicht die für die männliche Hierarchie typische Konfliktreduktion auf. Vorrechte wurden nicht ohne weiteres zugestanden, sondern bei entsprechenden Anlässen immer wieder in Frage gestellt.

3. Es entstand keine stabile zeitüberdauernde Rangstruktur, auch die Höchstrangigen konnten noch nach Wochen entthront werden.

In Bezug auf die Strategien trat der Unterschied zwischen den Geschlechtern noch deutlicher zutage:

Bei den Mädchen war das Vorgehen vergleichsweise *indirekt*, so daß Beobachter die Rangverhältnisse häufig nicht ausmachen konnten. Daß es um die Rangposition ging, konnte man beispielsweise dann annehmen, wenn ein Mädchen versuchte, einem anderen eine Anweisung zu geben, worauf dieses aber nicht einging. Oder es wurden bestimmte Kontakte vermieden, also ein Mitglied der Gruppe geschnitten, oder zwei bildeten eine Koalition, um sich über eine dritte abfällig zu äußern. Schließlich bekundete sich der Ranganspruch auch in »prosozialer Dominanz«, einer Haltung, die wiederum bei Mädchen bereits im Kindergarten auffällt (Merz 1979). Dabei werden ungefragt gute Ratschläge erteilt oder mit dem Verweis auf eine Regel bzw. die Gefährlichkeit einer Situation Verbote ausgesprochen.

Bei der Uneindeutigkeit der Rangverhältnisse in den Mädchengruppen ließ sich die Rangposition oft nur am Verhalten der anderen ablesen, etwa wenn diese einem Mädchen Anerkennung und Lob spendeten, es imitierten, oder ihm Komplimente machten.

3.3.3 Vergleich der weiblichen und der männlichen Strategie

Die Rangstruktur in den Jungengruppen läßt sich als *Dominanzhierarchie* charakterisieren, während rein weibliche Gruppen eher die Züge einer *Geltungshierarchie* tragen.

In der Dominanzhierarchie wird der eigene Rang erkämpft, wobei Imponieren und Einschüchtern die bevorzugten Strategien darstellen. Es handelt sich um das phylogenetisch alte Muster, wie es auch für die männlichen Ranghierarchien bei Tieren typisch ist. Trotz ihrer Wettbewerbsorientiertheit ist die Dominanzhierarchie relativ konfliktfrei. Sie erweist sich als günstig, wenn es darum geht, schnell zu einem Konsens zu kommen und Entscheidungen zu treffen, weil der einzelne mit seiner Meinung zurückstehen kann. Sie bietet allerdings wenig Raum für Kreativität und persönliche Belange.

Neben dieser typisch männlichen, weit in die Phylogenese zurückreichenden Strategie, steht dem Menschen nun aber noch eine zweite zur Verfügung. Er kann eine hohe Rangposition auch dadurch erhalten, daß er sich aufgrund bestimmter Eigenschaften vor anderen auszeichnet und dadurch zu *Ansehen* und *Geltung* gelangt. Die Geltungshierarchie ist spezifisch menschlich, evolutionär gesehen also relativ jungen Datums. Sie beruht darauf, daß wir ein Ich-Bewußtsein ausbilden und Anerkennung und Lob als Steigerung unseres Selbstwertes erleben. Damit wird das Streben nach Geltung vor der Gruppe zu einem zentralen Motiv (Bischof-Köhler 1985). Die Geltungshierarchie ist die Basis für die Demokratie. Sie ermöglicht eine egalitäre Sozialstruktur, weil ausufernde Dominanzansprüche einzelner Mitglieder dadurch kontrolliert werden können, daß die Gruppe ihnen die Anerkennung entzieht. Das hat allerdings zur Folge, daß die Geltungshierarchie viel labiler ist als die Dominanzhierarchie. Da die Anerkennung von anderen abhängt, liegt es weniger in der Macht des einzelnen, sie zu erhalten, und schon gar nicht, sie zu erkämpfen. Insbesondere aber bedeutet Anerkennung zu spenden keineswegs selbstverständlich, daß man auch bereit wäre, sich unter die solchermaßen Ausgezeichneten unterzuordnen.

Während Männer beide Spielarten des Rangverhaltens einsetzen können, überwiegen im weiblichen Gruppenverhalten die Muster der Geltungshierarchie. Das dürfte ein wesentlicher Grund dafür sein, daß weibliche Rangordnungen vergleichsweise instabil sind. Dieses Bild zeigt sich nicht nur bei Mädchen, sondern auch bei erwachsenen Frauen. Rein weibliche Organisationen erweisen sich als konfliktanfälliger als männliche, weil Frauen offensichtlich weniger bereit sind, sich unter andere Frauen unterzuordnen (Rosenstiel 1986).

Bei einer Untersuchung an Sachbearbeitern eines mittelständischen Unternehmens (Kehr 1991), die anhand von Stellungnahmen zu Fallgeschichten direkt der Frage nachging, ob Männer eher als Frauen bereit sind, sich unterzuordnen, fand ein Teil der weiblichen Probanden, man müsse sich bei der nächsthöheren Instanz beschweren, wenn man sich von einer Vorgesetzten ungerecht behandelt fühle. Die Männer der Stichprobe votierten angesichts der gleichen Situation eher für einen Kompromiß: Man müsse sich fügen und die Ungerechtigkeit wegstecken. Ferner gab über die Hälfte der Frauen an, sie würde einen männlichen Chef einer Chefin vorziehen, während fast alle Männer, vor die Wahl gestellt, keine Präferenz bekundeten. Ihre Ablehnung begründeten die Frauen mit Eigenschaften wie Emotionalität, Unberechenbarkeit, Rivalität.

Solche Vorbehalte dürften nicht ganz aus der Luft gegriffen sein; Chefinnen scheinen sich tatsächlich nicht unbedingt besonders solidarisch gegenüber weiblichen Untergebenen zu verhalten (Neujahr-Schwachulla/Bauer 1995). So finden sich beispielsweise auch in der Studie von Wunderer/Dick (in diesem Band) Hinweise, daß weibliche Führungskräfte zumindest tendenziell eine eher kritische Einstellung zu Mitarbeiterinnen haben.

Festzuhalten ist, daß Frauen nicht generell Probleme mit der Unterordnung haben. Ihre Ablehnung richtet sich vielmehr spezifisch gegen andere Frauen, während sie einen männlichen Chef in der Regel akzeptieren. Wenn sich in weiteren Untersuchungen bestätigen sollte, daß Männer tatsächlich eine Chefin nicht so problematisch finden, wie üblicherweise behauptet wird, dann wäre dies ein weiterer Beleg, daß sie sich in hierarchisch strukturierten Organisationen mit der Unterordnung leichter tun.

Geym (1987), der sich in therapeutischen Trainingssituationen mit den Problemen befaßte, die sich bei der Zusammenarbeit von Männern und Frauen ergeben, bezeichnet die typisch männliche Gruppenstruktur als »Hackordnung«, während er das weibliche Gruppenverhalten mit einem »Crab basket« vergleicht, einem Korb voller Krabben. Man kann ihn ohne Deckel stehen lassen, die Tiere werden sich nicht entfernen, denn jedes einzelne, das versucht zum Rand hochzusteigen, also »hochzukommen«, wird von den anderen zurückgehalten.

Die Vorzüge des Krabbenkorbs liegen in der egalitären Struktur und in der individuellen Entfaltung jedes Gruppenmitglieds: Das Klima ist persönlicher und offener, die Anliegen der einzelnen kommen besser zur Geltung, es kann sich eine Meinungsvielfalt entwickeln. Dafür gibt es Schwierigkeiten, wenn Entscheidungen angesagt sind, weil niemand nachgeben will. Insbesondere fehlt aber die Möglichkeit, sich vor anderen hervorzutun, weil die Gruppe das nicht zuläßt und einzelne auf ihren Platz verweist.

Der Vergleich der typisch weiblichen mit der typisch männlichen Gruppenstruktur läßt deutlich werden, daß die derzeit beliebte Dichotomisierung, Männer seien kompetitiv und Frauen kooperativ, sicher eine verkürzte Sicht wiedergibt. So sehr auch die Wettbewerbsorientiertheit als vorherrschendes männliches Merkmal hervorzuheben ist, so darf darüber nicht die ebenfalls typische Unterordnungsbereitschaft in Vergessenheit geraten. Sie bietet die Basis für die Kooperation, und zwar auch dann, wenn die Beteiligten zuvor miteinander konkurriert haben und dies bei Gelegenheit wieder tun werden: Sie tragen sich nichts nach. Dagegen kann die Kooperationsfähigkeit der Frauen insofern beeinträchtigt werden, als sie dazu neigen, auf der Meinungsvielfalt zu beharren, was die Konsensfindung natürlich erschwert.

In einem entwicklungspsychologischen Experiment zur Kooperationsfähigkeit zeichnet sich der angesprochene Geschlechterunterschied bereits bei 4–5-jährigen Kindergartenkindern ab (Charlesworth/Dzur 1987). Die Versuchspersonen durften in Gruppen zu viert mit Hilfe eines Filmapparates einen Film anschauen. Das funktionierte aber nur, wenn zwei von ihnen den Apparat bedienten, damit ein drittes schauen konnte. Das vierte Kind schließlich blieb in der Rolle des Beobachters. Jungen und Mädchen erwiesen sich im getrenntgeschlechtlichen Versuch als gleich gut fähig zur Kooperation. In beiden Gruppen bildeten sich außerdem Rangpositionen aus, dergestalt, daß es bestimmten Kindern öfter und länger gelang, den Film anzuschauen als den anderen. Jungen hatten in erster Linie Erfolg, indem sie die anderen wegschubsten. Mädchen gingen argumentativ vor. Während aber bei den Jungen die ganze Zeit eine freundliche Stimmung mit viel Lachen vorherrschte, man also nicht böse aufeinander wurde, war die Stimmung bei den Mädchen angespannter. Bei ihnen war das jeweils ranghöchste Mädchen (mit der längsten Dauer des Filmschauens) immer am Apparat involviert, selbst wenn es nicht durchschaute. Dagegen waren bei den Jungen auch die Ranghohen bereit, einmal beiseite zu stehen und die passive Rolle des Beobachters zu übernehmen.

3.4 Kompetitive Interaktion zwischen den Geschlechtern

Die Befunde machen deutlich, daß jedes Geschlecht bei der Durchsetzung von Interessen einen eigenen Stil entwickelt. Jeder Stil hat seine Vor- und

Nachteile und es wäre müßig, hier eine Wertung anbringen zu wollen. Eine Wertung drängt sich aber auf, wenn beide Geschlechter miteinander in Konkurrenz treten und sich zeigt, welcher Stil mehr Erfolg hat. Da erweist sich die männliche Strategie nämlich offensichtlich als der weiblichen überlegen. Mit Regelmäßigkeit kommt es zu einer Dominanz der Männer über die Frauen, oder zumindest sind die Männer im Vorteil und die Frauen geraten ins Abseits.

Diese Entwicklung läßt sich wiederum bereits im Kindergarten bei gemischtgeschlechtlichen Gruppen beobachten. Sie stellte sich auch in dem oben geschilderten Experiment von Charlesworth/Dzur ein, sobald man die Geschlechter mischte. Auch die 33 Monate alten weiblichen Versuchspersonen bei Jacklin/Maccoby (1978), die untereinander äußerst lebhaft gespielt hatten, standen bald abseits und beobachteten nur noch, sobald Jungen in die Gruppe eingeführt wurden.

Eine Dominanz von Männern über Frauen läßt sich übrigens in mehr oder weniger ausgeprägter Form auch ausnahmslos in allen uns bekannten menschlichen Kulturen feststellen. Die sich zäh haltende Ansicht, es hätte ursprünglich einmal ein »Matriarchat« gegeben, in dem die Frauen die Männer dominierten, entbehrt der wissenschaftlichen Grundlage (Rudolph 1980; Daly/Wilson 1983; Lenz/Luig 1995); daran ändert auch der Hinweis nichts, daß immer einmal wieder Göttinnen verehrt wurden und daß es Gesellschaften gibt, in denen das Erbrecht über die weibliche Linie läuft.

Welches sind nun die Besonderheiten, die der männlichen Strategie die Vorherrschaft sichern?

Als erstes wäre das rigorosere Vorgehen zu nennen, sowie die Fähigkeit des männlichen Geschlechts, sich besser in Szene zu setzen. Hinzu kommt eine ungebrochene Selbsteinschätzung, die sich schon bei kleinen Jungen in Situationen mit Wettbewerbscharakter dadurch äußert, daß sie keine Chance auslassen, selbst wenn ein Gewinn äußerst unwahrscheinlich ist (Slovic 1966; Martin 1973). Mißerfolg wird leicht weggesteckt, denn bei Jungen beobachten wir einen für das Selbstgefühl günstigen Umgang mit Erfolg bzw. Mißerfolg. Erfolg wird vorzugsweise dem eigenen Können, Mißerfolg aber den Umständen zugeschrieben (Nicholls 1975; Dweck et al. 1978). Das führt dann dazu, daß man es relativ unbeeindruckt wiederversucht, auch wenn man eins auf die Nase gekriegt hat.

In einer Versuchssituation, in der 10-jährige Jungen und Mädchen getrennt und dann auch gemeinsam um den Besitz eines Balles wetteiferten, stürzten sich bis zu acht Jungen gleichzeitig auf den Ball, obwohl die weiter entfernten kaum eine Chance hatten, ihn zu erreichen. Bei den Mädchen dagegen herrschte eine viel realistischere Einschätzung der eigenen Chance, es wurde nicht gleichzeitig von so vielen probiert. Auch hier zeigte sich übrigens beim Zusammenspiel der beiden Geschlechter, daß die Mädchen gegen die Jungen viel weniger gut spielten als wenn sie unter sich waren (Cronin 1980).

Das ist nicht nur in sportlichen Kontests der Fall, bei denen man die Ursache leicht in der größeren körperlichen Robustheit der Jungen suchen könnte, sondern auch in Wettbewerbssituationen, in denen Mädchen genau wissen, daß sie den Jungen überlegen sind.

Bei einem Buchstabierwettbewerb, einer im angelsächsischen Sprachraum beliebten Konkurrenz, ließ man jeweils einen Jungen gegen ein Mädchen antreten. Die Jungen meldeten sich, sobald das Wort genannt war, auf jeden Fall sofort, selbst wenn sie wußten, daß sie es mit einem leistungsstärkeren Mädchen zu tun hatten. Die Mädchen dagegen kamen meist erst dann zum Zug, wenn der männliche Kontrahent falsch buchstabiert hatte (Cronin 1980).

Bei der Aufgabe, Noten in Abschlußprüfungen richtig vorherzusagen, schätzten männliche Studenten sich konsequent immer zu positiv, Studentinnen dagegen immer zu negativ ein, und das über viele Semester hinweg trotz gegenteiliger Erfahrung (Crandall 1969, zum schlechteren Selbstvertrauen bei Studentinnen vgl. auch Rosenstiel in diesem Band).

Wir beobachten also beim männlichen Geschlecht eine positive Einschätzung der eigenen Fähigkeiten mit der Neigung, sich auch einmal zu überschätzen und sich auch dort etwas zuzutrauen, wo die Erfahrung eigentlich gezeigt hat, daß man nicht so gut ist.

Was sich dagegen im weiblichen Geschlecht abzeichnet, ist eine realistischere Einschätzung der eigenen Gewinnchancen. Das kann im Einzelfall durchaus seinen Vorteil haben (Martin 1973). Ungünstig wirkt sich freilich die weibliche Tendenz aus, das eigene Können selbst bei gegenteiligen Erfahrungen zu unterschätzen. Verstärkt wird diese Tendenz durch einen für das Selbstwertgefühl vergleichsweise ungünstigen Umgang mit Erfolg und Mißerfolg. Erfolg wird als ein glücklicher Zufall äußeren Umständen zugeschrieben, während Mißerfolg als eigenes Versagen zu Buche schlägt (Nicholls 1975; Dweck et al. 1978).

3.5 Polarisierung

An den Auswirkungen des besseren männlichen Beharrungsvermögens in Wettbewerbssituationen zeigt sich beispielhaft, daß es irrig und gefährlich ist, die Unterschiede zwischen den Geschlechtern für ignorierbar zu halten, nur weil sie im Mittel geringfügig sind. Tatsächlich kommen bei der Konfrontation der Geschlechter gruppendynamische Prozesse in Gang, die an sich kleine Unterschiede verstärken und dadurch zu einem polarisierenden Effekt führen können.

Nehmen wir einmal an, fünf weibliche Bewerber konkurrieren mit fünf männlichen um eine Anstellung für eine bestimmte Tätigkeit, wobei wir davon ausgehen wollen, daß es keine Vorurteile gegen die Einstellung einer Frau gibt. Trotz gleicher Qualifikation kann nur eine Person die Stelle erhalten. Nehmen wir an, das sei eine Frau. Vier Frauen bleiben also übrig, eine davon gibt auf, während es alle fünf männlichen Bewerber unverdrossen wiederversuchen. Beim nächsten Versuch wird wahrscheinlich ein Mann zum Zug kommen. Darauf hin scheidet wieder eine der drei übrig gebliebenen Frauen aus, während alle vier Männer im Rennen bleiben.

Das Beispiel stellt den Prozeß etwas drastisch dar; aber es soll eine Vorstellung vermitteln, wie es dazu kommen kann, daß im Endeffekt mehr Stellen von Männern als von Frauen besetzt sind und das trotz anfänglich gleicher Chancen und nur aufgrund geringfügiger Unterschiede in der Beharrlichkeit. Dabei ist zu beachten, daß die Benachteiligung der Frauen nicht etwa dadurch enstanden ist, daß die Männer sie in kämpferischer Konfrontation »fertiggemacht« hätten. Es ist lediglich die im Mittel etwas bessere Mißerfolgstoleranz, die den Männern den Vorteil eintrug (vgl. auch Merz 1979, S. 170).

Besonders eindrücklich zeigt sich eine solch polarisierende Dynamik an den Resultaten der koedukativen Erziehung. Koedukation wurde unter anderem eingeführt, um Unterschiede zwischen den Geschlechtern anzugleichen, wozu auch eine Anhebung der Leistungen von Mädchen auf dem mathematischen und naturwissenschaftlichen Sektor gehört hätte. Das Experiment hat sich als Mißerfolg erwiesen. Die Leistungen der Mädchen haben sich kaum oder gar nicht verbessert (Merz 1979). Offenkundig wirkt sich die fortgesetzte Konfrontation mit der naiv-gesunden Selbsteinschätzung der männlichen Kollegen auf das Selbstvertrauen der Mädchen eher nachteilig aus, denn sie wählen unter koedukativen Bedingungen seltener die als typisch männlich geltenden Fächer; auch ist bei beiden Geschlechtern die Geschlechtsrollenorientierung stärker ausgeprägt als bei getrenntem Unterricht.

Wie eine Untersuchung von Dweck et al. (1978) aufweist, kann es sich unter koedukativen Bedingungen sogar negativ auswirken, daß Mädchen insgesamt öfter gelobt werden als Jungen, was wohl in erster Linie deshalb geschieht, weil sie im Kontrast zu den Jungen positiv auffallen. Jungen werden – wenn überhaupt – für intellektuelle Leistungen gelobt (allerdings nicht häufiger als Mädchen). Dieses Lob hebt sich für sie positiv von ihrer ansonsten erhöhten Tadel-Bilanz ab. Bei den Mädchen geht das Lob für intellektuelle Leistungen in ihrer allgemein erhöhten Lob-Bilanz unter und schlägt daher nicht positiv für das Selbstvertrauen zu Buch. Tadel dagegen wird bei Mädchen, wenn überhaupt, dann wegen intellektuellen Versagens ausgesprochen und wirkt sich entsprechend negativ auf ihr Selbstgefühl aus.

Wie sich inzwischen gezeigt hat, stellt sich eine entsprechend ungünstige Kausalattribuierung nicht ein, wenn Mädchen an getrenntgeschlechtlichen Schulen oder Colleges unterrichtet werden. Sie wählen unter dieser Bedingung auch häufiger naturwissenschaftliche Fächer, haben bessere Noten und sind später eher bereit, Führungspositionen anzustreben (Lee/Bryk 1986).

4 Welches Gewicht hat die Geschlechtsrollensozialisation?

Bei dem heute vorherrschenden Konsens, Unterschiede zwischen den Geschlechtern seien ausschließlich auf kulturelle Einflüsse und unter diesen insbesondere auf die Geschlechtsrollensozialisation zurückzuführen, wird übersehen, daß der Beweis hierfür noch aussteht. Der derzeitige Stand der Forschung bietet keinen Grund zu der Annahme, die Geschlechtsrollensozialisation würde wirklich so nachdrücklich betrieben, wie man fordern müßte, wollte man die Geschlechterunterschiede ausschließlich auf sie zurückführen (Maccoby/Jacklin 1974; Maccoby 1984). Insbesondere erhalten kleine Jungen direkt widersprüchliche Verstärkungen. Väter legen bei ihren Söhnen Wert auf jungenhaftes Verhalten, wirklich nachdrücklich aber erst, wenn die Jungen schon auf das Schulalter zugehen. Mütter und Lehrkräfte (auch männliche) unterstützen bei ihnen eher Aktivitäten, die als typisch weiblich gelten oder geschlechtsneutral sind. Am eindeutigsten erfolgt eine positive Verstärkung typisch männlichen Verhaltens noch durch die gleichgeschlechtlichen Peers. Jedenfalls kann man nicht behaupten, Jungen wären im Kindergartenalter einem einheitlichen Sozialisationsklima ausgesetzt. Bei Mädchen dieses Alters wiederum wird gegengeschlechtliches Verhalten von allen Sozialisationsagenten einschließlich gleichaltriger Mädchen nicht nennenswert sanktioniert (Langlois/Downs 1980; Fagot 1985).

Viel eindrücklicher noch wird die Bedeutsamkeit der Geschlechtsrollensozialisation durch Befunde bei Kindern in Frage gestellt, bei denen man versucht hatte, mit der Gleichbehandlung wirklich ernst zu machen, sie also geschlechtsneutral, »nicht-sexistisch« zu erziehen. Besonders aufschlußreich sind hier zwei Untersuchungen, zumal sie von Forschern durchgeführt wurden, die eigentlich die Sozialisationshypothese zu erhärten hofften.

Die eine Untersuchung befaßt sich mit der im Anschluß an die 68er Bewegung entwickelten Einrichtung der antiautoritären »Kinderläden«. Nickel/Schmid-Denter (1980) haben in einer beeindruckenden Stichprobe faktisch alle Kinderläden erfaßt und mit traditionellen Kindergärten verglichen. Eines der Erziehungsziele der für die Kinderläden angestrebten repressionsfreien Erziehung bestand in der Angleichung der Geschlechter, die durch Nicht-Einübung der Geschlechtsrollen erreicht werden sollte. Für unsere Argumentation von Relevanz ist insbesondere, welche Strategien bei Interessenkonflikten bevorzugt wurden. Hier erwiesen sich die Kinder aus den antiautoritären Kinderläden als signifikant aggressiver als die Vergleichsgruppen aus den traditionellen Kindergärten. Interessanterweise ging dieser Unterschied aber ausschließlich auf das Konto der Jungen in den Kinderläden, während hier die Mädchen ängstlicher und abhängiger waren als ihre traditionell erzogenen Altersgenossinnen. Auch dominierten die Jungen unter den Kinderläden-Bedingungen viel ungehemmter die Mädchen, was sich unter anderem in deren ausgeprägterem Rückzugsverhalten bei Konflikten niederschlug. In den traditionellen Kindergärten bestand sowohl in Bezug auf aggressives Vorgehen als auch im Rückzugsverhalten kein nennenswerter Geschlechtsunterschied. Wäre die aggressive Strategie und das Dominanzstreben bei den Jungen wirklich nur sozialisationsbedingt, so hätte man beides viel deutlicher in den traditionellen Kindergärten erwartet. Auch bleibt zu erwähnen, daß der Unterschied zwischen Jungen und Mädchen in den Kinderläden nicht etwa ein Effekt jahrelanger Interaktion war, sondern seine stärkste Ausprägung gerade in der jüngsten Altersgruppe bei den Dreijährigen hatte.

Man kann sich angesichts dieses Ergebnisses des Eindrucks nicht erwehren, daß die traditionelle Erziehung im Kindergarten eine aggressive Durchsetzungsstrategie bei Jungen weniger förderte, ihr eher sogar entgegenwirkte. Dafür spricht auch, daß Jungen von »naiven« Beurteilern in Übereinstimmung mit dem Geschlechtsrollenstereotyp als »von Natur aus« aggressiver gehalten werden, was dann aber gerade nicht dazu führt, daß man sie in diesem Sinne sozialisiert, sondern eher versucht, gegenzusteuern.

Ein vergleichbares Bild ergibt sich auch dann, wenn man ausschließen kann, daß das weitere kulturelle Umfeld eben doch noch im traditionellen Sinne gewirkt haben könnte. Spiro (1979) hat dies bei einer bestimmten Form der Kibbuzbewegung nachgewiesen, die im Zusammenhang mit der Verwirklichung eines durchgängigen Gleichheitsideals die Frauen vom Joch der Kinderaufzucht befreien und ihnen durch Zugang zu allen Tätigkeiten zur Gleichberechtigung verhelfen wollte. Die Kinder wurden in Kinderhäusern untergebracht, und zum Ideal gehörte unter anderem eine nicht-sexistische Erziehung, die gemäß Spiro von den Erziehern auch tatsächlich praktiziert wurde. Die Kinder entwickelten aber dennoch die üblichen Vorlieben, die den Geschlechtsstereotypen zufolge zu erwarten wären. Die Mädchen bevorzugten Mutter-Kind-Spiele, während die Jungen sich in den eher grobmotorischen Spielaktivitäten hervortaten, obwohl die Spielzeugauswahl für alle gleich war. Ferner ergab sich auch hier das übliche Bild, daß die Jungen die Mädchen dominierten.

Versuche der Angleichung durch nicht-sexistische Erziehung haben bisher also dazu geführt, die Unterschiede zu profilieren. Wenn man nicht gegensteuert, dann scheint die Veranlagung eher noch deutlicher hervorzutreten, und es kommt in der Tat, wie eingangs angedeutet, zu einem dem angestrebten Ideal entgegengesetzten Effekt.

Nehmen wir diese Befundlage und setzen sie in Beziehung zu den auffälligen Parallelen, die wir beim männlichen Dominanzverhalten an Tieren beobachten, so spricht doch einiges dafür, daß beim Menschen Dispositionen wirksam werden, die an das tierische Erbe anschließen. Das männliche Dominanzmuster muß also gar nicht nachdrücklich anerzogen werden. Um es zu verhindern, müßte man im Gegenteil versuchen, es bewußt abzuerziehen. Das bedeutet aber auch, daß Mädchen, selbst, wenn man sie konsequent genauso behandelt wie Jungen, nicht automatisch die gleichen Verhaltensmuster entwickeln, eben weil die entsprechenden Dispositionen im weiblichen Geschlecht nicht die gleiche Durchschlagkraft haben. Hier müßte also, falls man eine Angleichung an das männliche Muster anstrebte, ein gezieltes Training erfolgen.

5 Das »bessere« Geschlecht

Eine ganz andere Frage ist natürlich, ob man eine Angleichung überhaupt für wünschenswert hält, und wer sich dann an wen angleichen sollte. Bisher lief das regelmäßig darauf hinaus, daß die Frauen versuchten, es den Männern gleichzutun. Damit berühren wir nun eine weitere Konsequenz des männlichen Stils, nämlich die *Höherbewertung* alles Männlichen.

Auch hierin macht sich das tierische Erbe bemerkbar. Aufgrund des alten Imponierdranges sind Männer die besseren Spezialisten in der Selbstdarstellung. Was immer sie angreifen, sie vermögen ihrer Tätigkeit das Odium des Spektakulären, des Besonderen zu verleihen.

Wie Untersuchungen an Primaten gezeigt haben, kann man anhand der *Aufmerksamkeitsstruktur* in einer Gruppe recht gut die Rangpositionen bestimmen; derjenige, der am meisten angeschaut wird, ist der Ranghöchste. Wenn wir von jemandem sagen, er stehe in hohem »Ansehen«, dann wirkt sich genau derselbe Mechanismus aus. Wir interpretieren Verhalten, das Aufsehen erregt, unreflektiert als Indiz für Ranghöhe. Wenn also kleine Jungen allein schon durch ihre Umtriebigkeit, ihren Ungehorsam, ihr risikoträchtiges Verhalten mehr Beachtung auf sich ziehen als Mädchen, und das bereits von den ersten Lebenswochen an, so fängt damit für sie die Erfahrung an, die dann letztlich zur Überzeugtheit vom eigenen Wert bis hin zur Selbstüberschätzung führt.

Es wäre der Überlegung wert, ob dies nicht eigentlich der Punkt ist, an dem man versuchen sollte, eine Veränderung einzuleiten, indem man systematisch eine Aufwertung aller als typisch weiblich geltenden Tätigkeiten anstrebt. Nicht Gleichheit sondern Gleichwertigkeit trotz Verschiedenartigkeit wäre also das Ziel. Ob dagegen eine völlige Angleichung der Geschlechter wünschenswert ist, erscheint mir fraglich. Ganz abgesehen davon, ob sie sich verwirklichen ließe, würde sie eine Verarmung des menschlichen Verhaltensspektrums bedeuten und wohl die positive Spannung abbauen, die ja durchaus auch zwischen den Geschlechtern besteht.

Das Ideal ist es doch wohl eher, gesellschaftliche Bedingungen anzustreben, unter denen jede und jeder die Variante der Geschlechtsrolle realisieren kann, die ihrer oder seiner Neigung am nächsten kommt. Es wird sich zeigen, in welchem Verhältnis sich dann die Tätigkeitsschwerpunkte verteilen. Nur eine Höherbewertung eines Geschlechts auf Kosten des anderen dürfte damit nicht verbunden sein.

Literatur

Badinter, E. (1981): Die Mutterliebe. München.
Bischof, N. (1979): Der biologische Sinn der Zweigeschlechtlichkeit. In: Sullerot, E. (Hrsg.): Die Wirklichkeit der Frau. München, S. 38–60.
Bischof, N. (1980): Biologie als Schicksal. Zur Naturgeschichte der Geschlechterrollendifferenzierung. In: Bischof, N./Preuschoft, H. (Hrsg.): Geschlechtsunterschiede – Entstehung und Entwicklung. München, S. 25–42.
Bischof, N. (1985): Das Rätsel Ödipus. München. Serie Piper 1997.
Bischof-Köhler, D. (1985): Zur Phylogenese menschlicher Motivation. In: Eckensberger, L. H./Lantermann, E.-D. (Hrsg.): Emotion und Reflexivität. München, S. 3–47.
Bischof-Köhler, D. (1990): Frau und Karriere in psychobiologischer Sicht. In: Zeitschrift für Arbeits- und Organisationspsychologie, 34, S.17–28.
Bischof-Köhler, D. (1991): Jenseits des Rubikon. In: Fischer, E.P. (Hrsg.): Mannheimer Forum 90/91. Ein Panorama der Naturwissenschaften. München, S. 143–193.
Block, J. H. (1976): Issues, problems and pitfalls in assessing sex differences: A critical review of the psychology of sex differences. In: Merrill-Palmer Quarterly, 22, S. 283–308.

Block, J. H. (1983): Differential premises arising from differential socialization of the sexes: Some conjectures. In: Child Development, 54, S. 1335–1354.

Blurton Jones, N. (1972): Ethological studies of child behavior. Cambridge.

Charlesworth, W. R./Dzur, C. (1987): Gender comparisons of preschoolers behavior and resource utilization in group problem solving. In: Child Development, 58, S. 191–200.

Clarke-Stewart, K. A. (1978): And daddy makes three: The father's impact on mother and young child. In: Child Development, 49, S. 466–478.

Crandall, V. C. (1969): Sex differences in expectancy of intellectual and academic reinforcement. In: Smith, C. P. (Hrsg.): Achievement related motives in children. New York.

Cronin, C. L. (1980): Dominance relations and females. In: Omark, D. R./Strayer, F. F./ Freedman, D. G. (Hrsg.): Dominance relations: An ethological view of human conflict and social interaction. New York, S. 299–318.

Daly, M./Wilson, M. (1983): Sex, evolution and behavior. Belmont.

Dannhauer, H. (1973): Geschlecht und Persönlichkeit. Berlin.

Degenhardt, A. (1982): Die Interpretation von Geschlechtsunterschieden im Spontanverhalten Neugeborener. In: Zeitschrift für Entwicklungspsychologie und pädagogische Psychologie, 14, (2), S. 161–172.

DeMause, L. (1974): The history of childhood. New York.

DiPietro, J. (1981): Rough and tumble play: A function of gender. In: Developmental Psychology, 17, S. 50–58.

Dittmann, R. W. (1990): Congenital adrenal hyperplasia I: Gender-related behavior and attitudes in female patients and sisters. In: Psychoneuroendocrinology, 15, S. 401–420.

Dweck, C. S./Davidson, W./Nelson, S./Enna, B. (1978): Sex differences in learned helplessness: II, The contingencies of evaluative feedback in the classroom and III, An experimental analysis. In: Developmental Psychology, 14, S. 268–276

Ehrhardt, A. (1980): Prinzipien der psychosexuellen Differenzierung. In: Bischof, N./ Preuschoft, H. (Hrsg.): Geschlechtsunterschiede – Entstehung und Entwicklung. München, S. 99–122.

Ehrhardt, A. A./Baker, S. W. (1974): Fetal androgens, human central nervous system differentiation, and behavior sex differences. In: Friedman, R.C./Richart, R.M./Van de Wiele, R.L./Stern, L.O. (Hrsg.): Sex differences in behaviour. New York, S. 33–51.

Fagot, B. I. (1985): Beyond the reinforcement principle: Another step toward understanding sex role development. In: Developmental Psychology, 21, S. 1097–1104.

Fagot, B. I./Leinbach, M. D./Hagan, R. (1986): Gender labeling and the adoption of sex-typed behaviors. In: Developmental Psychology, 22, S. 440–443.

Geym, H. (1987): Working together: Women and men. European Women's Management Development Network. London.

Ginsburg, H. J./Miller, S. M. (1982): Sex differences in children's risk-taking behavior. In: Child Development, 53, S. 426–428.

Goldberg, S./Lewis, M. (1969): Play behavior in the year-old infant: Early sex differences. In: Child Development, 40, S. 21–32.

Goodall, J. (1986): The chimpanzees of gombe. Cambridge.

Günthner, S./Kotthoff, H. (Hrsg.) (1991): Von fremden Stimmen. Weibliches und männliches Sprechen im Kulturvergleich. Frankfurt a.M.

Hagemann-White, C. (1984): Sozialisation: Weiblich-männlich? Opladen.

Haviland, J. M./Malatesta, C. Z. (1981): Fallacies, facts and fantasies: A description of the development of sex differences in nonverbal signals. In: Mayo, C./Henley, N. (Hrsg.): Gender and nonverbal behavior. New York, S. 183–208.

Hoffman, M. (1977): Sex differences in empathy and related behaviors. In: Psychological Bulletin, 84, S. 212–222.

Hold, B. (1977):Rank and behavior: An ethological study of preschool children. In: Homo, 28, (3), S. 158–188.

Hold-Cavell, B./Borsutzky, D. (1986): Strategies to obtain high regard: Longitudinal study of a group of preschool children. In: Ethology and Sociobiology, 7, S. 39–56.

Hrdy, S. B. (1981): The woman that never evolved. Cambridge.

Hutt, C. (1972): Neuroendocrinological, behavioral and intellectual aspects of sexual differentiation in human development. In: Ounsted, C./Taylor, D.C. (Hrsg.): Gender differences: Their ontogeny and significance. Edinburgh, S. 73–121.

Isaac, G. (1978): The food sharing behavior of the protohuman hominids. In: Scientific American, 28, S. 90–109.

Jacklin, C. N./Maccoby E. E. (1978): Social behavior at 33 months in same-sex and mixed sex dyads. In: Child Development, 49, S. 557–569.

Kehr, M. (1991): Geschlechtstypische Motivationsdifferenzen in der hierarchischen Organisation – Eine explorative Befragungsstudie bei Sachbearbeitern in der Elektrobranche. Manuskript, Universität München.

Lamb, M .E. (1976): The role of the father in child development. New York.

Lamb, M. E. (1977a): Father-infant and mother-infant interaction in the first year of life. In: Child Development, 46, S. 167–181.

Lamb, M. E. (1977b): The development of mother-infant and father-infant attachments in the second year of life. In: Developmental Psychology, 13, S. 637–648.

La Freniere, P./Strayer, F. F./Gauthier, R. (1984): The emergence of same-sex affiliative preferences among preschool peers: A developmental/ethological perspective. In: Child Development, 55, S. 1958–1965.

Langlois, J. H./Downs, A. C. (1980): Mothers, fathers, and peers as socialization agents of sex-typed play behaviors in young children. In: Child Development, 51, S. 1217–1247.

Lee, R. B. (1968): What hunters do for a living, or, how to make out on scarce resourses. In: Lee, R.B./DeVore, I. (Hrsg.): Man the hunter. Chicago, S. 30–48.

Lee, V. E./Bryk, A. S. (1986): Effects of single-sex secondary schools on student achievement and attitudes. In: Journal of Educational Psychology, 78, S. 381–395.

Lenz, I./Luig, U. (Hrsg.) (1995): Frauenmacht ohne Herrschaft. Frankfurt a.M.

Maccoby, E. E. (1984): Socialization and developmental change. In: Child Development, 55, S. 317–328.

Maccoby, E. E./Jacklin, C. N. (1973): Stress, activity and proximity seeking: Sex differences in the year-old child. In: Child Development, 44, S. 34–42.

Maccoby, E. E./Jacklin, C. N. (1974): The psychology of sex differences. Stanford.

Maccoby, E. E./Jacklin, C. N. (1980): Sex differences in aggression: A rejoinder and reprise. In: Child Development, 51, S. 964–980.

Maccoby, E. E./Jacklin, C. N. (1987): Gender segregation in childhood. In: Reese, E.H. (Hrsg.): Advances in child development and behavior. New York, S. 239–287.

Maccoby, E. E./Doering, C .H./Jacklin, C. N./Kraemer, H. (1979): Concentrations of sex hormones in umbilical-cord blood: Their relation to sex and birth order of infants. In: Child Development, 50, S. 632–642.

Marcus, D .E./Overton, W. F. (1978): The development of cognitive gender constancy and sex role preferences. In: Child Development, 49, S. 434–444.

Martin, J. C. (1973): Competitive and noncompetitive behavior of children in beanbag voss game. University of California.

Mazur, A./Lamb T. (1980): Testosterone, status and mood in human males. In: Hormones and Behavior, 14, S. 236–246.

McGrew, W. C. (1979): Evolutionary implications of sex differences in chimpanzee predation and tool use. In: Hamburg, D.H./McCown, E.R. (Hrsg.): The great apes. Menlo Park, S. 441–163.

Merz, F. (1979): Geschlechtsunterschiede und ihre Entwicklung. Göttingen.

Money, J./Ehrhardt, A. (1975): Männlich – Weiblich: Die Entstehung der Geschlechtsunterschiede. Hamburg.

Moss, H. A. (1974): Early sex differences and mother-child interaction. In: Friedman, R. C./Richart, R. M./Van de Wiele, R. L./Stern, L. O. (Hrsg.): Sex differences in behaviour. New York, S. 149–163.

Neujahr-Schwachulla, G./Bauer, S. (1995): Führungsfrauen. Anforderungen und Chancen in der Wirtschaft. Frankfurt a.M.

Neumann, F. (1980): Die Bedeutung von Hormonen für die Differenzierung des somatischen und psychischen Geschlechts bei Säugetieren. In: Bischof, N./Preuschoft, H. (Hrsg.): Geschlechtsunterschiede – Entstehung und Entwicklung. München, S. 43–75.

Nicholls, J. G. (1975): Causal attributions and other achievement-related cognitions: Effects of task-outcome, attainment, value and sex. In: Journal of Personality and Social Psychology, 31, (3), S. 379–389.

Nickel, H./Schmid-Denter, U. (1980): Sozialverhalten von Vorschulkindern. München.

O'Brien, M./Huston, A. C. (1985): Development of sex-typed play behavior in toddlers. In: Developmental Psychology, 21, S. 866–871.

Omark, D. R./Edelman, M. S. (1976): The development of attention structures in young children. In: Chance, M. R. A./Larsen, R.R. (Hrsg.): The social structure of attention. London, S. 119–153.

Omark, D. R./Strayer, F. F./Freedman D. G. (1980): Dominance relations: An ethological view of human conflict and social interaction. New York.

Parke, R. D. (1979): Perspectives on father-infant-interaction. In: Osofsky, J. (Hrsg.): Handbook of infant development. New York, S. 549–590.

Reinisch, J. M. (1981): Prenatal exposure to synthetic progestins increases potential for aggression in humans. In: Science, 211, S. 1171–1173.

Rosenstiel, L. v. (1986): Frauen in Führungspositionen der Wirtschaft. Publ. des Instituts für Absatz und Handel, Hochschule St. Gallen, 2.

Rudolph, W. (1980): Geschlechterrollen im Kulturvergleich. In: Bischof, N./Preuschoft, H. (Hrsg.): Geschlechtsunterschiede – Entstehung und Entwicklung. München, S. 154–201.

Savin-Williams, R. C. (1979): Dominance hierarchies in groups of early adolescents. In: Child Development, 50, S. 923–935.

Savin-Williams, R. C. (1987): Adolescence: An ethological perspective. Berlin.

Slovic, P. (1966): Risk-taking in children: Age and sex differences. In: Child Development, 37, S. 169–176.

Smith, P. K./Green, M. (1975): Aggressive behavior in English nurseries and play groups: Sex differences and response of adults. In: Child Development, 46, S. 211–214.

Spiro, M. E. (1979): Gender and culture: Kibbutz women revisited. Durham.

Swaab, D. F./Fliers, E. (1985): A sexually dimorphic nucleus in the human brain. In: Science, 228, S. 1112–1114.

Trivers R. L. (1978): Parental investment and sexual selection. In: Clutton Brock, T.H./Harvey, P.H. (Hrsg.): Readings in Sociobiology. Reading, S. 52–97.

Weinraub, M./Clemens, L. P./Sockloff, A./Ethridge, T./Gracely, E./Myers, B. (1984): The development of sex role stereotypes in the third year: Relationships to gender labeling, gender identity, sex-typed toy preference, and family characteristics. In: Child Development, 55, S. 1493–1503.

Whyte, M. K. (1978): The status of woman in preindustrial societies. Princeton.

Frau im Beruf – Stereotype und Aufstiegsbarrieren

von Erika Regnet

Trotz zahlreicher Frauenfördermaßnahmen in den vergangenen Jahren hat sich für weibliche Fach- und Führungskräfte in den Unternehmen wenig verändert: In den höheren Hierarchieebenen sind Managerinnen weiterhin die Ausnahme. Deshalb wird in diesem Beitrag die Frage behandelt, inwieweit geschlechtsspezifische Stereotype den beruflichen Aufstieg von Frauen be- bzw. verhindern. Darüber hinaus werden konkret wirksame Aufstiegsbarrieren analysiert.

1 Einleitung

Die Berufstätigkeit von Frauen ist inzwischen nicht nur gesellschaftlich akzeptiert, sondern – trotz manch gegenteiliger Aussagen, die in Zeiten wirtschaftlicher Rezession und lang anhaltender Massenarbeitslosigkeit schon »Ausstiegsprämien« für diejenigen fordern, die ihren Arbeitsplatz freiwillig zur Verfügung stellen – eine volkswirtschaftliche Notwendigkeit: Die Wirtschaft würde ohne das Arbeitskräftepotential von Frauen, die 1995 in Westdeutschland 41.4% und in Ostdeutschland 44.2% aller Berufstätigen stellten (Deutsches Institut für Wirtschaftsforschung 1996, S. 463), zum Erliegen kommen.

Bei differenzierter Betrachtung trübt sich allerdings dieses positive Bild: Im Management finden wir im Durchschnitt 0.6 bis 13.5% weibliche Führungskräfte. Dabei ist eine deutliche negative Korrelation mit der Höhe der Hierarchieebene und der Größe des Unternehmens festzustellen: Mehr Chancen haben Frauen offensichtlich bisher in Klein- und Mittelbetrieben (häufig auch, weil sie hier durch die Familienstruktur eingebunden sind – siehe unten – bzw. das Unternehmen selbst aufgebaut haben) und im unteren Management. Im Top-Management dagegen sind die Herren fast ausschließlich unter sich, auch wenn es sich um Branchen mit einem hohen Frauenanteil handelt (Rittmann 1991, S. 22).

Für den öffentlichen Dienst wurde einmal berechnet, wie lange es – bei gleichem Tempo wie bisher – dauern wird, bis Frauen auf allen Hierarchieebenen mit den Männern gleichgezogen haben: Man kam auf das Jahr 2230 (Minister für Wirtschaft, Mittelstand und Technologie 1989). Eine wenig erfreuliche Aussicht!

Über die Ursachen dieses Ungleichgewichts wurde insbesondere in den letzten zehn, fünfzehn Jahren viel debattiert. Fehler und Defizite der Frauen waren schnell identifiziert: Fehlende Berufsplanung, Fluktuation wegen Familie und Kindern, nicht ausreichendes Engagement, fehlendes Durchsetzungsvermögen und mangelnde Karriereorientierung, falsche Ausbildung etc. wurden genannt. Dementsprechend wurden die Berufsberatung geändert, spezifische Maßnahmen (z. B. Mädchen in technischen Berufen etc.) eingerichtet, in den Unternehmen Frauenförderprogramme installiert und spezifische Trainingsprogramme angeboten.

Doch trotz vielfältiger Aktivitäten der Unternehmen in den letzten Jahren, trotz spezifischer Frauenförderprogramme und trotz der vielerorts bestellten Frauenbeauftragten (vgl. Regnet 1994), blieben die Männer auf den höheren Hierarchieebenen fast vollständig »unter sich«.

Das Frauenbild insgesamt hat sich in den letzten Jahrzehnten zwar deutlich verändert, so gilt es heute nicht mehr als opportun, Defizite in geistiger oder körperlicher Hinsicht zu unterstellen. Aber: »Die Argumentation hat sich gewandelt, sie wird jetzt stärker auf die soziale Seite, z. B. auf das Konstatieren negativer Folgen geschlechtsspezifischer Erziehung und schulischer Sozialisation sowie auf die mangelnde Durchsetzungsfähigkeit von Frauen in Führungspositionen und auf das Problem ihrer mangelnden Verfügbarkeit verschoben (. . .). Mit der Betonung einer prinzipiellen Verschiedenheit der gesellschaftlichen Aufgaben ebenso wie der beruflichen Interessen und Wünsche von Frauen und Männern wird ihre strukturelle Benachteiligung legitimiert« (Goldmann et al. 1993, S. 71f.).

Aufgrund vielfältiger Forschung wissen wir andererseits, daß bei weiblichen und männlichen Managern die Ähnlichkeiten und nicht die Unterschiede im Führungs- und Leistungsverhalten überwiegen (vgl. z. B. Weinert 1990; Wunderer/Dick 1996). Die deutsche Frau bringt heute gerade noch 1.3 Kinder zur Welt und die Länge der Ausfallzeit korreliert negativ mit der Höhe der hierarchischen Position, d.h. diese ist bei Frauen auf höheren Hierarchiestufen kürzer. Zudem erhalten weibliche Führungskräfte auch für vergleichbare Tätigkeiten im Durchschnitt weniger Gehalt als Männer (vgl. z. B. Bischoff 1986, 1990), so daß es gerade rational und zwingend wäre, bevorzugt Frauen nicht nur für untergeordnete Positionen einzusetzen.

Doch die Realität sieht auch heute eindeutig anders aus. Warum hat sich

242

nicht schon längst Entscheidendes geändert? An dem mangelnden Angebot an qualifizierten weiblichen Nachwuchskräften kann es nicht länger liegen – denn Frauen sind eindeutig die Gewinnerinnen der Bildungsexpansion der 70er Jahre. Inzwischen sind 43.8% der Studenten an deutschen Universitäten und 29.7% an Fachhochschulen weiblich (Statistisches Bundesamt 1995, S. 396 ff.). Und auch hinsichtlich der Fächerwahl kann man den Studentinnen nicht mehr grundsätzlich vorwerfen, sie entschieden sich für wirtschaftsunrelevante Bereiche (vgl. Abbildung 1).

Studienfach	Anteil der Studentinnen in %
Wirtschaftswissenschaften	33.2
Betriebswirtschaftslehre	34.7
Rechtswissenschaft	41.8
Ingenieurwissenschaften	15.0*
Humanmedizin	45.5*
Chemie	28.6
Architektur	39.7

* = Wintersemester 1994/95 (Statistisches Bundesamt 1995, S. 399) ansonsten: Wintersemester 1992/93 (Statistisches Bundesamt 1995, S. 402)

Abbildung 1:   Frauenanteil in ausgewählten Studienfächern

Damit drängt sich die Frage auf, inwieweit andere Ursachen, nämlich (Rollen-)Stereotype bei Männern und auch Frauen bestehen, die durch ihren Einfluß die Förderung und den beruflichen Aufstieg von Frauen verhindern oder zumindest erschweren. Im Rahmen der Wiedervereinigung Deutschlands wurde beispielsweise offensichtlich, wie stark *gesellschaftliche Erwartungen und Rahmenbedingungen* allein den Aspekt der Berufstätigkeit beeinflussen: So waren 1995 in den alten Bundesländern 81.3% der Männer zwischen 15 und 65 Jahren berufstätig, bei den Frauen lag die Quote bei 59.9%. In den neuen Bundesländern waren die Vergleichswerte dagegen 79.7% für die Männer und 73.9% für die Frauen (Deutsches Institut für Wirtschaftsforschung 1996, S. 463).

Welche Hindernisse bestehen also für Frauen »auf dem Weg nach oben«? Warum bzw. wo gehen die gut ausgebildeten und zunächst auch karriereambitionierten jungen Frauen verloren? Gibt es (verdeckte) Aufstiegsbarrieren in den Unternehmen – in den USA spricht man vom »Glasdach«, das ein Erringen von Top-Positionen verhindert –, oder machen Frauen ihrerseits gravierende Fehler? Der Schwerpunkt der Analyse wird im folgenden auf die Frauen im bzw. auf den Weg ins Management gelegt.

2 Stereotype und ihre Wirkung

2.1 Erläuterung

Stereotype sind relativ überdauernde und starre, festgelegte Sichtweisen bzw. ihnen zugrunde liegende Überzeugungen in bezug auf die Eigenschaften einer Personengruppe. Man kann sie auch als komplexe Formen des Vorurteils bezeichnen, die im Laufe der Sozialisation erworben werden. Sie sind durchaus notwendig für die Alltagsbewältigung, da sie die Komplexität des Lebens reduzieren, indem sie Ordnungskategorien in die Welt bringen. »Theoretisch könnten alle nur denkbaren Eigenheiten zur Kategorisierung führen, de facto aber sind es insbesondere gut sichtbare, äußere Merkmale, wie Rasse und Geschlecht« (Alfermann 1992, S. 303). Unterscheiden lassen sich dabei Selbststereotype und auf andere Personen bezogene Fremdstereotype.

Bezogen auf die Zusammenarbeit von Männern und Frauen sowie den Einsatz von Managerinnen halten sich in Organisationen vielfältige Stereotype und Legenden, deren Wahrheitsgehalt einer Überprüfung jedoch kaum standhält. Vielfach geäußerte Thesen sind beispielsweise, daß es in Abteilungen mit hohem Frauenanteil verstärkt zu Konflikten komme oder daß Frauen nicht gerne weibliche Vorgesetzte hätten. Bei differenzierterer Betrachtung relativieren sich solche Aussagen. Das Stereotyp hält sich aber trotz fehlender empirischer Bestätigung hartnäckig.

2.2 Einige besonders prägnante Beispiele für das Management

Das Bild des »typischen Managers«

Rustemeyer/Thrien (1989) befragten männliche und weibliche Wirtschaftsstudenten (als Managementnachwuchs) sowie in der Wirtschaft tätige männliche Manager zum Thema: »Die Managerin – der Manager. Wie weiblich dürfen sie ein, wie männlich müssen sie sein?« Ohne Unterschied konnte bei allen Gruppen ein deutlich maskulinisiertes Managerbild nachgewiesen werden. Über 84% der Studentinnen und Studenten und über 64% der Manager gaben für einen idealen Manager die Eigenschaften an, die auch einem idealtypischen Mann zugeschrieben werden. D.h., daß das Stereotyp, ein guter Manager sei durch das Vorhandensein sogenannter männlicher Eigenschaften und das Fehlen sogenannter weiblicher Eigenschaften charakterisiert, nach wie vor besteht. Obwohl seit vielen Jahren über die Notwendigkeit eines neuen Führungsverhaltens und über den Vorteil sogenannter weiblicher Eigenschaften (beispielsweise soziale Kompetenz, Teamverhalten, Kommunikation) gesprochen wird (Regnet 1995), ließen sich in dieser Studie keine Belege dafür finden. Auch die Einschätzungen der weiblichen Probanden unterscheiden sich nicht signifikant. Sie bilden somit kein »Bollwerk« gegen die stereotypen Zuschreibungen und positiven Bewertungen der vermeintlich maskulinen Eigenschaften. Damit begeben sich Frauen selbst in die Situation, entweder dem männlichen Rollenbild zu entsprechen oder aber auf Aufstiegschancen zu verzichten. Mangels weiblicher Führungskräfte stellt man sich den Manager als Mann vor und assoziiert dementsprechend »typisch männliche« Eigenschaften.

Dasselbe gilt auch für das äußere Erscheinungsbild: Je attraktiver und damit weiblicher eine Managerin erscheint, um so weniger wird sie tendenziell beruflich für voll genommen. Der Wunsch der männlichen Mitarbeiter nach einer attraktiven Kollegin kann vor diesem Hintergrund auch als Abwehrstrategie interpretiert werden: »Die Frau soll weiblich sein, damit man ihr Führerin-Sein um so leichter nicht zur Kenntnis zu nehmen braucht« (Friedel-Howe 1990, S. 30).

Der Praxisbezug ist leider nur zu deutlich: In einer von Liebrecht (1985) durchgeführten Umfrage meinte zwar die Mehrzahl der befragten Männer und Frauen (60% bzw. 73%), eine Führungsrolle könne von Frauen grundsätzlich ebenso gut wie von Männern ausgefüllt werden. Doch immerhin mehr als jeder dritte Mann stimmt dieser Frage nur bedingt zu (34% versus 24% bei den Frauen), 4% der Männer und 2% der befragten Frauen negieren sie sogar ganz. Gefragt nach den Gründen für eine Ablehnung wird an erster Stelle – von beiden Geschlechtern – die Doppelbelastung durch Beruf und Familie genannt. Auffallend ist weiterhin, daß deutlich mehr Männer als Frauen Managerinnen als »stärker emotional gesteuert« und »weniger objektiv« sehen (68% und 35% der Männer versus 33% und 14% der Frauen). Im übrigen glaubt sogar jeder zweite, auch die Karriere eines männlichen Managers sei sicher (8%) oder zumindest potentiell (40%) gefährdet, wenn seine Partnerin voll berufstätig ist (Hauser 1990, S. 33, Umfrage bei 100 Unternehmen). Doch auch eine Reihe von Frauen übernimmt diese Einschätzung in ihr eigenes Frauenbild.

Geschlechtsunterschiede in Persönlichkeit und Führungsverhalten

Das stereotype Verteilungsbild von Persönlichkeitseigenschaften geht davon aus, daß sich Männer und Frauen insbesondere hinsichtlich Dominanz/Aggressivität, Leistungsmotivation, Berufsorientierung, Emotionalität, sozialer Kompetenz, verbalen Ausdrucksfähigkeiten, analytischer Intelligenz, visuell-räumlichen, mathematischen und naturwissenschaftlich/technischen

Fähigkeiten unterscheiden (vgl. Abbildung 2 a). In der Folge soll sich daraus ein weibliches und männliches Führungsverhalten ableiten lassen.

Dies führte dazu, daß gerade von feministischer Seite unter dem Gesichtspunkt eines künftig benötigten anderen Führungs- und Teamverhaltens (vgl. Regnet 1995) weibliche Führungskräfte als besonders geeignet, sozusagen als der bessere Teil der Menschheit dargestellt wurden.

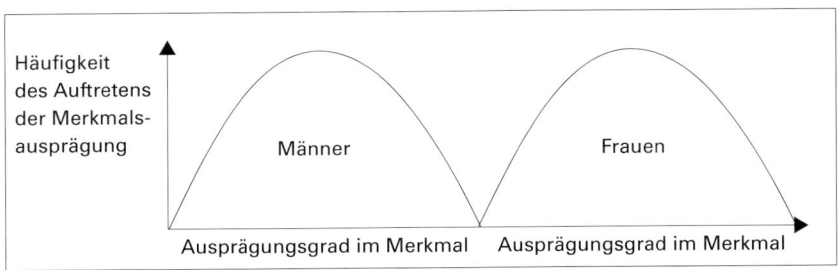

Abbildung 2 a: Stereotypes Verteilungsbild von Persönlichkeitseigenschaften (schematisiert)

Insgesamt gesehen muß man aber sagen, daß Männer und Frauen beide Geschlechtsrollenmerkmale besitzen. Die Unterschiede sind nicht absoluter, sondern proportionaler Art (vgl. Abbildung 2 b).

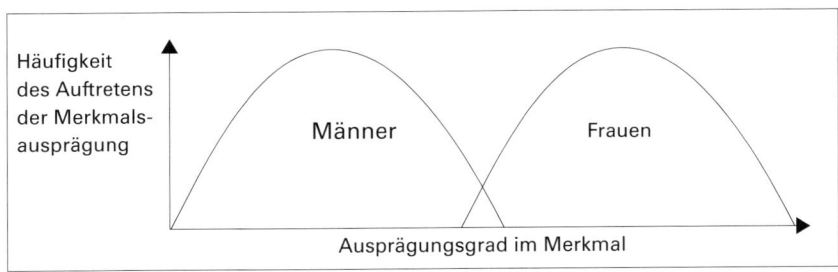

Abbildung 2 b: Empirisches Verteilungsbild von Persönlichkeitseigenschaften (schematisiert – Friedel-Howe 1990, S. 23)

Maccoby/Jacklin (1974) haben 1600 Untersuchungen in 50 Bereichen analysiert, um zu bestimmen, welche Geschlechtsdifferenzen tatsächlich existieren. Die Autorinnen fanden nur in vier Bereichen beständige Differenzen: Die weiblichen Probanden zeigen höhere verbale Fähigkeiten, während die männlichen höhere Werte bei visuell-räumlichen und mathematischen Fähigkeiten sowie Aggressivität aufweisen. Diese Unterschiede reichen aber nicht aus, um Geschlechtsdifferenzen in komplexeren Verhaltenssituationen zu begründen.

Empirischen Untersuchungen halten auch die behaupteten Unterschiede im konkreten Führungsverhalten nicht stand. Dobbins/Platz (1986) verglichen in einer Meta-Analyse die Ergebnisse von 17 Studien zum Führungsverhalten. Es ergaben sich keine Unterschiede hinsichtlich der klassischen Kriterien Mitarbeiter- bzw. Leistungsorientierung und Zufriedenheit der Mitarbeiter. Die männlichen Manager schnitten lediglich unter künstlichen Bedingungen im Versuchsraum hinsichtlich Effektivität besser ab als die weibliche Vergleichsgruppe, dieser Unterschied verschwand aber unter realen Bedingungen. Auch neuere Untersuchungen belegen immer wieder, daß die Ähnlichkeiten zwischen weiblichen und männlichen Managern größer sind als das Trennende (z. B. Weinert 1990; Wunderer/Dick 1996 sowie in diesem Band). Dies läßt sich erklären mit Sozialisationseffekten in der Organisation (z. B. durch Rollenzuschreibungen und -übernahmen oder Trainings) sowie durch Effekte der Selektion (Auswahl einer Mitarbeiterin mit Verhaltensweisen, die zu den bisherigen Führungskräften »paßt«) und Selbstselektion (Entscheidung des Individuums für eine Organisation, deren Werte und Ziele sich möglichst mit den eigenen decken).

Weinert (1990 S. 56) meint denn auch: »Geschlechtsspezifische Unterschiede im Führungs- und Leistungsverhalten entsprechen eher kulturbedingten Geschlechtsrollen-Stereotypen und bequemen Wunschvorstellungen als der Realität. Management-Talent bzw. Führungserfolg hängen – neben den rein fachlichen bzw. handwerklichen Fähigkeiten – eher von einer Reihe von (. . .) stabilen Persönlichkeitsmerkmalen ab, die sowohl bei Frauen als auch bei Männern gleichermaßen vorliegen. Allerdings trifft gleiches auch zu für Management-Inkompetenz.«

Ursachenerklärung von Leistungen

Obwohl 71% der deutschen Männer (!) meinen, Frauen müßten härter als Männer in vergleichbaren Positionen arbeiten (Metz-Göckel/Müller 1986), bestätigt die experimentelle Attributionsforschung diese häufig geäußerte These nicht: »Eine unterschiedliche Bewertung von identischen Leistungen je nach Geschlecht läßt sich nicht aufzeigen, also auch keine Bewertung, die die Leistungen von Frauen abwertet« (Alfermann 1992, S. 310). Geschlechtstypische Attributionsmuster finden wir allerdings, wenn es darum geht, die Ergebnisse von Männern und Frauen zu *erklären*: Leistungen von Männern werden eher auf *Fähigkeiten* zurückgeführt, die der Frauen auf ihren *Einsatz und Anstrengung* – das fleißige Mütterlein läßt grüßen! (Ebenda, S. 312 ff.).

Unterschiedliche Wahrnehmung und Interpretation weiblichen und männlichen Verhaltens

Während konkrete Verhaltensunterschiede also empirisch nur in geringem Maße belegbar sind, verhält es sich mit der durch Rollenstereotype geprägten Wahrnehmung und Interpretation bestimmter Verhaltensweisen anders. Krebsbach-Gnath/Schmid-Jörg (1988) haben verschiedene Verhaltensweisen und damit verbundene geschlechtsbezogene Interpretationen zusammengestellt (vgl. Abbildung 3). Auffallend ist, daß nicht nur Familie/Kinder und ihre Auswirkungen unterschiedlich interpretiert werden: Dem Mann sollen sie Stabilität geben, bei der Frau erhöhen sie das Fehlzeiten- und Fluktuationsrisiko. Deutlich wird zudem der Einfluß impliziter Persönlichkeitstheorien und unterschiedlicher Rollenerwartungen.

Ein Familienfoto auf SEINEM Schreibtisch: Ein solider, treusorgender Mann.	Ein Familienfoto auf IHREM Schreibtisch: Die Familie kommt vor dem Beruf.
SEIN Schreibtisch ist überladen: Er ist sehr belastet und fleißig.	IHR Schreibtisch ist überladen: Sie ist unordentlich und zerfahren.
ER spricht mit Kollegen: Er wälzt geschäftliche Probleme.	SIE spricht mit Kollegen: Sie klatscht.
ER ist nicht im Büro: Er trifft sich mit Kunden.	SIE ist nicht im Büro: Sie wird beim Einkaufen sein.
Der Chef hat IHN kritisiert: Er wird sich zusammennehmen.	Der Chef hat SIE kritisiert: Das wird ihr zugesetzt haben.
IHM ist Unrecht geschehen: Ist er wütend geworden?	IHR ist Unrecht geschehen: Hat sie geweint?
ER heiratet: Das gibt ihm mehr Beständigkeit.	SIE heiratet: Dann kommt ein Kind, und sie geht.
Bei IHM gibt es Nachwuchs: Grund für eine Lohnerhöhung.	Bei IHR gibt es Nachwuchs: Sie fällt aus – die Firma zahlt.
ER geht auf Geschäftsreise: Das ist gut für seine Laufbahn.	SIE geht auf Geschäftsreise: Was sagt ihr Mann dazu?
ER kündigt und verbessert sich: Er weiß, eine Chance zu nutzen.	SIE kündigt und verbessert sich: Frauen sind unzuverlässig.

Abbildung 3: Unterschiedliche geschlechtsbezogene Interpretationen (Krebsbach-Gnath/Schmid-Jörg 1988, S. 186)

Annahme, Frauen seien weniger karriereorientiert

Aus verschiedenen Analysen wissen wir, daß Frauen sich bei innerbetrieblichen Stellenausschreibungen weniger bewerben als Männer (z. B. Osterholz 1991). Im Umkehrschluß wird aus diesem Verhalten auf die berufliche Motivation geschlossen: Da weibliche Angestellte sich weniger bewerben, wird unterstellt, sie seien an weiterführenden Positionen nicht interessiert.

Das Ergebnis vieler Untersuchungen ist aber, daß Frauen und Männer sich in ihrer beruflichen Motivation nicht unterscheiden (Stengel 1990; Weinert 1990). Selbst die Rangordnung ihrer beruflichen Ziele – beispielsweise Selbständigkeit und Verantwortung, fachliche Qualifizierung, berufliche Leistung – stimmt bei Berufstätigen mit einem mittleren Qualifikationsniveau in hohem Maße überein (Kraak/Nord-Rüdiger 1985). Betrachtet man ausschließlich die Gruppe der heutigen Führungskräfte, so lassen sich in der Berufsorientierung keine Unterschiede feststellen (vgl. Abbildung 4 sowie Wunderer/Dick in diesem Band).

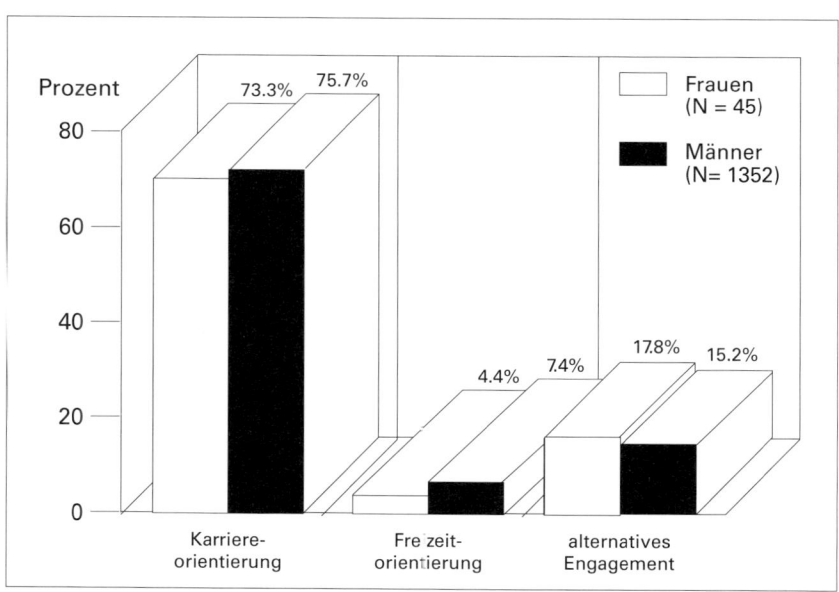

Abbildung 4:   Berufsorientierungen von weiblichen und männlichen Führungskräften (Regnet/Stengel 1993, S. 162)

Deutlich unterscheiden sich die Geschlechter allerdings in der Einschätzung ihrer beruflichen Chancen: Frauen erwarten in geringerem Maße Aufstieg, gleiche Behandlung bei Fortbildung oder das Erreichen von mehr Einfluß am Arbeitsplatz (z. B. Kraak/Nord-Rüdiger 1985; Stengel 1990; Osterholz 1991). Nichtsdestotrotz glauben fast alle Vorgesetzten, daß Frauen im Betrieb die gleichen Chancen hätten wie Männer (vgl. Goldmann et al. 1993). Es spricht also umgekehrt viel dafür, daß Frauen karriereorientiertes Verhalten deshalb weniger an den Tag legen, weil sie nicht an einen Erfolg glauben.

Rollenstereotype und typische Dilemmata

Weibliche Führungs(nachwuchs)kräfte sind mit bestimmten Dilemmata, d.h. unterschiedlichen Erwartungen, die an sie gerichtet werden, konfrontiert:

– Sind sie jung, denkt man an ein Gebärrisiko. Sind sie in einem Alter, in dem dieses Gebärrisiko geringer ist, gelten sie als zu alt für das dynamische Wirtschaftsgeschehen.

– Verzichten Sie auf Kinder, sind sie keine wirklichen Frauen und egoistisch auf Selbstverwirklichung/Wohlstand aus. Haben sie Kinder, geht das zu Lasten ihrer Mobilität und es besteht ein Fehlzeiten-Risiko.

– Sind sie verheiratet, so sind sie weniger mobil und verplanbar. Sind sie nicht verheiratet, so sind sie unattraktiv oder persönlich zu schwierig (vgl. Brodde 1990).

Zwar sind Führungskräfte generell mit spezifischen Rollendilemmata konfrontiert (vgl. Neuberger 1990), für Frauen kommen aber weitere Stereotype hinzu und sind z.T. auch persönlich verletzend.

2.3 Wirkungen und Konsequenzen

Stereotype sind wichtig, weil sie bei ihren Trägern Erwartungen auslösen und über diese konkretes Verhalten steuern. Dadurch festigen sie wiederum die bestehende gesellschaftliche Rang- und Wertordnung.

Friedel-Howe (1995) stellt folgende Wirkungsweisen dar: Ein männlicher Vorgesetzter wird in dem Maße, in dem er glaubt, Frauen seien für Führungsaufgaben weniger geeignet als Männer, seine Mitarbeiterinnen diesbezüglich weniger beobachten (Wahrnehmung) und fördern (Handeln) als ihre männlichen Kollegen. In der Konsequenz fühlen sich die Frauen diskriminiert bzw. übernehmen die Sichtweise ihres Vorgesetzten aufgrund der fehlenden Ermutigung und Anerkennung (Selbststereotypisierung). Entsprechend wird kein aufstiegsorientiertes Verhalten gezeigt, was beim Vorgesetzten wiederum zu einer Bestätigung seiner ursprünglichen Meinung beiträgt. Es handelt sich damit um eine *fremd verursachte selbsterfüllende Prophezeiung*. Dieser Prozeß muß nicht bewußt ablaufen. So wissen wir aus Studien im Schulbereich, daß Lehrer weibliche und männliche Schüler anders behandeln (Jungen werden z. B. mehr beachtet, öfter aufgerufen), auch wenn sie ihrerseits dezidiert versuchen, keine Geschlechtsunterschiede wirken zu lassen (Spender 1994).

Darüber hinaus können auch *eigen verursachte sich selbst erfüllende Prophezeiungen* Einfluß nehmen. In diesem Fall übernimmt die Frau – wiederum bewußt oder unbewußt – das männliche Managementmodell als gegeben, es handelt sich um eine Selbststereotypisierung. Obwohl objektiv vielleicht durchaus befähigt, glaubt die betreffende Frau nicht, leisten zu können, was »offensichtlich« fast nur Männern gelingt. Sie verzichtet bereits im Vorfeld auf aufstiegsorientiertes Verhalten. Der Vorgesetzte nimmt dieses rollenkonforme Verhalten wahr, behandelt seine Mitarbeiterin entsprechend und bestärkt damit deren Selbststereotypisierung.

Osterholz (1991, S. 38) vermutet aufgrund seiner Analysen eine Art selbstverstärkenden Kreislauf in der Berufsbiographie: »Frauen treten oft mit den Erwartungen in den Beruf ein, daß sie nicht diejenigen sind, die primär gefördert werden und an die sich die Appelle richten, die eigene Karriere zielstrebig zu verfolgen. Sie bewerben sich dementsprechend auch weniger häufig (für weiterführende Positionen). Und die Frauen, die sich bewerben, erleben nur zu oft, daß sie nicht genommen werden und daß an ihrer Stelle ein Mann die Position erwirbt. Diese Erfahrungen verstärken die Tendenz zu der Meinung, daß ungleiche Chancen bestehen und werden weitergegeben. Sie sind damit auch meinungsbildend für die Frauen, die sich nicht bewerben, ja sich womöglich durch die Erfahrungen anderer Frauen von eigener Initiative abbringen lassen«.

In diesem Zusammenhang ist deshalb besonders erschreckend, daß 83% der Frauen in der BRD (alte Bundesländer) sich immer oder manchmal diskriminiert fühlen, wenn es um die Besetzung höherer Positionen geht (Management Center Europe 1985; vgl. auch Goldmann et al. 1993). Und sowohl unter Studenten verschiedener Fachrichtungen als auch unter Berufstätigen schätzen die Männer ihre Aufstiegschancen durchgehend besser ein als die weiblichen Vergleichsgruppen (Stengel 1990).

Betrachten wir eine Branche, die sich durch einen traditionell hohen Frauenanteil auszeichnet: die Banken. In den alten Bundesländern haben wir hier einen Frauenanteil von ca. 40%, in den Sparkassen über 50%, in der ehemaligen DDR lag der Anteil sogar bei rund 70%. Dies ist nicht überraschend, denn diese Branche war weniger angesehen und damit für Männer weniger

attraktiv. Osterholz (1991) befragte weibliche und männliche Bankange-
stellte u.a. zum Thema Chancengleichheit. Nach seinen Analysen sind vier
Fünftel der Frauen, aber auch 42% der Männer der Meinung, daß weibliche
und männliche Angestellte nicht gleich behandelt werden. Eine Benachteiligung der Frauen wird vor allem gesehen hinsichtlich:

– Aufstiegschancen (von 86% der Frauen und sogar 94% der Männer),
– Gehalt (von 60% der Frauen und 51% der Männer),
– Weiterbildung (von 36% der Frauen und 27% der Männer).

Unabhängig davon, ob zunächst von außen Rollenstereotype herangetragen
werden oder aber ob die betreffende Frau diese als Folge von Sozialisation,
fehlenden Rollenmodellen oder Interpretation der Unternehmenswirklich-
keit bereits ihrerseits internalisiert hat, bestehen die Konsequenzen darin,
daß auf bestimmte Verhaltensweisen verzichtet wird und dies wiederum zu
einer Bestätigung der Rollenstereotype auf beiden Seiten führt. Notwendig
erscheint deshalb, diesen Kreislauf gezielt zu unterbrechen. Denn Stereotype rühren aus den bestehenden Geschlechterrollen her und stützen sie ihrerseits selbst wieder.

Wie wirken Stereotype bei den Frauen, die es bereits ins Management geschafft haben? Friedel-Howe (1990) erwartet für diese unter bestimmten
Bedingungen eine *Token-Dynamik* (Token=engl. Symbol, Zeichen). Hiermit
ist gemeint, daß sich wenige, im Extremfall eine einzelne Frau, in einer ansonsten reinen Männergruppe befinden und bei diesen Veränderungswiderstand (siehe unten) hervorrufen, da sie nicht wissen, wie sie sich jetzt verhalten sollen bzw. die Frau(en) als Ordnungswidrigkeit empfinden. Die modernen Männerbünde der westlichen Industriegesellschaft sind an einem
Wendepunkt angekommen, da sie freiwillig oder gezwungenermaßen Frau-
en zulassen. Die männlichen Gruppenmitglieder schließen sich dann aber
enger zusammen, grenzen sich ab und betonen den Aspekt über, in dem die
Kollegin tatsächlich anders ist, nämlich ihre Geschlechtszugehörigkeit. So
wird sie nach Maßgabe des weiblichen Stereotyps angesprochen, auch wenn
sie davon wahrscheinlich erheblich abweicht. Beispielsweise werden ihr im
wesentlichen »weibliche« Aufgaben zugeschoben – wie verärgerte Kunden
beruhigen, Protokolle schreiben etc. (vgl. Goldmann et al. 1993). Ausgeschlossen bleibt sie dagegen aus allen informellen »Männer«-Aktivitäten.
Der äußere Umgang muß dabei nicht unfreundlich sein, er bleibt aber immer
distanziert. Für die Frau gibt es zwei Reaktionsmöglichkeiten:

(a) sich in die ihr zugewiesene, ihrer Kompetenz nicht entsprechende Rand-
     position zu fügen oder aber

(b) sich zu wehren und den Beweis anzutreten (und hier wird sie zur Symbolfigur), daß sie ein kompetentes und leistungsfähiges Arbeitsgruppenmitglied ist. Um ihre Integration zu erreichen, übernimmt sie das Vorurteil der Männer gegenüber Frauen in anspruchsvollen Positionen und versucht ihrerseits klar zu machen, daß sie selbst anders und eine Ausnahme dieser Regel ist. Deshalb wird sie auch die Förderung anderer Frauen tunlichst unterlassen (vgl. Friedel-Howe 1990, S. 26f.).

Konsequenz der Stereotype ist eine Einstiegs- und Aufstiegsdiskriminierung, sie wirken also selbst bei den Frauen, die den Eintritt ins Management geschafft haben, weiter.

3   Aufstiegsbarrieren

3.1 Aufstiegsbarrieren von seiten der Unternehmen

Wenden wir uns nun der Frage zu, ob es neben den ausgeführten Geschlechterstereotypen weitere Barrieren für Frauen auf dem Weg in die Führungsetagen gibt. Unterstellt man neben unbewußt wirksamen Mechanismen auch rationale Gründe für die von Frauen und auch Männern immer wieder thematisierte Benachteiligung, so stellt sich die Frage: Was haben Unternehmen davon, was haben einzelne Vorgesetzte davon, Frauen *nicht* zu fördern?

Ökonomische Vorbehalte

Bekanntermaßen wird die vom Gesetzgeber gebotene Möglichkeit, nach der Geburt eines Kindes einen mehrjährigen Erziehungsurlaub bei Fortbestehen des Arbeitsverhältnisses und Anspruch auf einen gleichwertigen Arbeitsplatz in Anspruch zu nehmen, fast ausschließlich von Frauen genutzt. Wohl jeder kennt eine Frau, in die hoffnungsvoll investiert wurde und die sich trotz Förderung schließlich für die Familie entschied, Kinder bekam oder mit dem Partner umzog und entweder ganz ausschied oder »nur noch« Teilzeit arbeiten wollte. Während bei dem hoffnungsvollen männlichen Nachwuchs, der nach einigen Jahren aus dem Unternehmen ausscheidet, wenn ihm anderswo ein besseres Angebot gemacht wird, keiner ernsthaft fordert, deswegen Qualifikationsprogramme und Nachwuchsförderung einzustellen, sieht es bei Frauen anders aus. Hier wird der Einzelfall generalisiert, es kommt geradezu zur »Gruppenhaftung«. Die bestehenden Vorbehalte werden wieder einmal bestätigt und die Meinung verfestigt sich, längerfristige Investitionen in den weiblichen Nachwuchs seien ineffizient. »Sicherheitshalber« wird die Stelle mit einem Mann wiederbesetzt, und andere Frauen erhalten erst gar nicht mehr die Chance, das Vorurteil zu widerlegen.

253

Dabei zeigen die Zahlen klar ein anderes Bild: Im hochqualifizierten Bereich (Frauen mit (Fach-)Hochschulabschluß) unterbricht die Mehrzahl (69%) ihre Berufstätigkeit überhaupt nicht. Und das knappe Drittel mit Unterbrechung gibt dafür primär Umschulung bzw. aufgenommene Ausbildung (49%), Arbeitslosigkeit (25%) und erst an dritter Stelle mit gerade einmal 17% Heirat/Kinder an (Engelbrech 1987; zit. nach Friedel-Howe 1995, S. 518).

Außerdem bleibt zu hinterfragen, ob die betreffende Frau wirklich nur aus familiären Gründen gekündigt hat bzw. nach dem Erziehungsurlaub nicht zurückkehren will oder ob umgekehrt der Arbeitsplatz aufgrund fehlender Perspektiven keinen Anreiz bietet.

Geschlechtsspezifischer Personaleinsatz

(a) Personalsuche und -auswahl

Während bei einer Untersuchung in England im Jahr 1979 (zit. nach Krebsbach-Gnath/Schmid-Jörg 1988) noch 68% der Personalchefs angaben, bei gleicher Qualifikation dem männlichen Bewerber den Vorzug zu geben (1% hätte die Frau bevorzugt, 22% hielten das Geschlecht für unerheblich), ist eine solch offene Diskriminierung heute nicht mehr opportun. Doch jeder, der Personalauswahlentscheidungen zu treffen hat, fällt diese aufgrund impliziter Eignungstheorien, d.h. seiner individuellen Sicht des Zusammenhangs zwischen Positionserwartungen und Eignungsmerkmalen der Bewerber.

Und bei näherer Betrachtung scheint sich – trotz eindeutiger rechtlicher Grundlagen – so viel nicht geändert zu haben: Domsch/Lieberum (1995) haben in den Jahren 1990 bis 1994 über mehrere Monate hinweg Stellenanzeigen in den großen Tageszeitungen ausgewertet, mit denen Führungskräfte bzw. Führungsnachwuchs gesucht wurden. Im Jahr 1994 richteten sich 41% von 13.026 analysierten Stellenanzeigen ausschließlich an Männer, dies sind im einzelnen:

- im unteren Management 26.9% (verdeckt zusätzlich 5.4%)
- im mittleren Management 47.9% (verdeckt zusätzlich 8.5%)
- im oberen Management 65.4% (verdeckt zusätzlich 4.5%)
- bei Fachkräften 50.1% (verdeckt zusätzlich 3.1%)

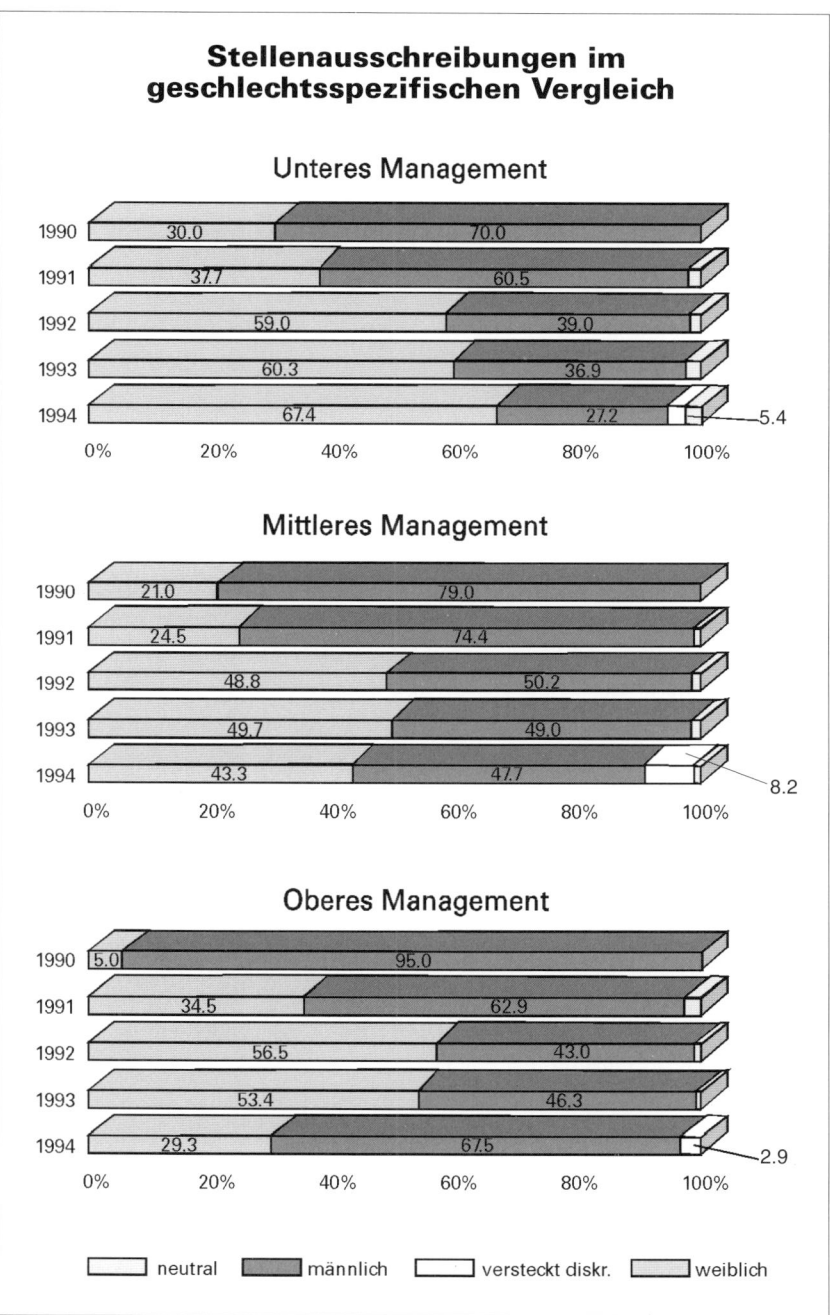

Abbildung 5: Stellenausschreibungen in den Jahren 1990 bis 1994 (Domsch/Lieberum 1995, ohne Seitenzahl, Abb. 15–17)

Da selbst im unteren Management sich knapp jede dritte Suchanzeige ausschließlich an Männer wendet, klingt auch das Argument, es seien sowieso keine Frauen am Markt vorhanden, wenig überzeugend. Besonders erschreckend ist, daß zwar von 1990 bis 1992 ein kontinuierliches Ansteigen der geschlechtsneutralen Formulierungen feststellbar war, diese seitdem aber – mit Ausnahme bei den unteren Führungskräften – bei allen Gruppen wieder zurückgehen. Überdurchschnittlich stark ist dies von 1993 bis 1994 im oberen Management und bei den Fachkräften zu beobachten (vgl. Abbildung 5). Und diese Statistik wird im übrigen durch Anzeigen von Bund/Ländern/Universitäten und aus dem Personalbereich/Weiterbildung geschönt, da diese jeweils unter 20% ihrer Anzeigen männlich formulieren. Sogar die Branchen Chemie, Konsum/Verbrauchsgüter sowie kaufmännische Bereiche weisen mehr als 50% rein männlich formulierte Anzeigen auf. Domsch meint denn auch, daß nach wie vor eine Diskriminierung von Frauen auf dem Weg ins Management schon bei der Suche nach Managementpotential in großem Umfang besteht.

Eine weitere Barriere auf dem Weg nach oben könnte zukünftig ein Auslandseinsatz für Frauen sein. Auf der einen Seite ist es gerade in international tätigen Großunternehmen erklärte Unternehmenspolitik, daß niemand eine bestimmte Position (häufig ab Abteilungsleiterebene) erhält, der nicht einige Jahre im Ausland gearbeitet hat. Dies klingt überzeugend und einleuchtend. Doch die Realität belehrt uns schnell eines Besseren: Trotz grundsätzlicher positiver Aussagen betreffen gerade 3% der Entsendungen ins Ausland weibliche Führungskräfte (Domsch et al. 1991): »Obwohl die Mehrheit der Unternehmen mit den Leistungen ihrer weiblichen Expatriates sehr zufrieden sind, existieren innerhalb der Unternehmen immer noch Vorbehalte bei einem internationalen Einsatz von weiblichen Führungskräften in bestimmten Ländern.« Und 23% der für diese Studie befragten international tätigen Großunternehmen beschäftigen überhaupt keine weiblichen Führungskräfte im Ausland. Auf der einen Seite wird Frauen ihre mangelnde Mobilität zum Vorwurf gemacht, auf der anderen Seite erhalten sie nicht einmal eine Chance.

(b) Eingeschränkte Arbeitsbereiche

In jedem Unternehmen gibt es Arbeitsbereiche und/oder Abteilungen, die als Sprungbrett gelten. Dazu gehören i.d.R. Linienabteilungen im operativen Geschäft mit anspruchsvollen, häufig internationalen Aufgabenfeldern. Deshalb müßte es für junge Frauen besonders interessant sein, in solche Arbeitsfelder zu gelangen. Doch statt dessen finden wir auch hochqualifizierte Frauen vor allem in den weniger mächtigen Stabsabteilungen, insbesondere

Personal, Öffentlichkeitsarbeit, Marketing, Rechnungswesen/Controlling. Selbst die wenigen *international tätigen weiblichen Führungskräfte* werden vornehmlich in kaufmännisch/administrativen Positionen eingesetzt (Domsch et al. 1991).

Goldmann et al. (1993) stellten beispielsweise bei der *Arbeitsplatzanalyse in einer Sparkasse* fest, daß

– »Filialleiter Frauen, die ein starkes berufliches Engagement in der Abteilung zeigen, stark einbinden und versuchen, diese in ihrem Bereich zu halten. Ein vergleichbares Engagement von Männern wird demgegenüber als Ausdruck von Karriereambitionen gewertet und mündet in Karriereförderung (. . .).

– Frauen nach wie vor lange bzw. dauerhaft auf einfachen Positionen, die für gleichqualifizierte Männer nur eine Durchgangsstation darstellen, verbleiben. Dies geht einher mit einem überwiegenden Einsatz von Männern auf karriererelevanten Positionen, auch dann, wenn im Betrieb gleichqualifizierte Frauen zur Verfügung stehen« (S. 33).

– »Weibliche Bankkaufleute nach ihrer Ausbildung weitgehend auf Arbeitsplätzen verbleiben, die in der betriebsinternen Hierarchie dem unteren Niveau zuzuschreiben sind (. . .). Dagegen ist für männliche Beschäftigte beruflicher Aufstieg zumindest bis zur mittleren Qualifikationsebene eine selbstverständliche Perspektive« (S. 95).

Wie gehen Frauen mit dieser Situation um? Wehren sie sich? Nein, sie versuchen vielmehr, die Routineaufgaben zu bewältigen, ohne das Interesse an weiterführenden Aufgaben aufzugeben. Sie haben letztlich aber nur geringe Aussicht, sich beruflich zu verbessern. Von Seiten der Vorgesetzten bestehen offensichtlich keine hohen Erwartungen oder langfristige Interessen an diesen Mitarbeiterinnen.

Müller-Demary (1988, S. 32) hat den Berufseinsatz von *Ingenieurinnen nach Hochschulabschluß* analysiert und stellt fest: »Finden Ingenieurinnen, meist nach langem Suchen oder über Beziehungen, einen Arbeitsplatz, so überwiegend in Großbetrieben und Forschungseinrichtungen. Sie werden selten in produktionsnahen Bereichen eingesetzt, sondern eher in der Entwicklung, Arbeitsvorbereitung oder Ausbildung«.

So meint auch Rita Süssmuth (1987, S. 10f.): »(. . .) Aber: bei Mädchen, die für einen der 20 am häufigsten besetzten Männerberufe ausgebildet wurden, ist eine höhere Arbeitslosigkeit als bei den jungen Männern zu verzeichnen (. . .). Ähnliches gilt bei Ingenieurinnen. Wo bleibt hier die Gerechtigkeit? (. . .) Trotz qualifizierter Ausbildung werden Frauen weniger qualifizierte Arbeitsplätze angeboten.«

Wir müssen also insbesondere einen längeren bzw. dauerhaften Verbleib von Frauen auf einfachen Positionen konstatieren, dagegen einen überwiegenden Einsatz von gleichqualifizierten Männern auf karriererelevanten Positionen. Und wagen sich Frauen in eine berufliche Männerdomäne vor, so werden sie häufig beim Berufseinstieg, soweit er überhaupt gelingt, wieder auf traditionelle und weniger karriereträchtige Positionen zurückverwiesen. Die Aussage, man würde ja gerne mehr Frauen einstellen, aber die Kunden würden sie nicht akzeptieren, klingt da eher wie ein Killerargument.

Auch hinsichtlich der Weiterbildung muß hinterfragt werden, inwieweit die Geschlechter wirklich gleich behandelt werden: Frauen scheint man eher zu Kommunkations-, Rhetorik-, Präsentations- und Anti-Streß-Seminaren zu schicken, bei renommierten Managementseminaren stellen sie dagegen nur rund 1% der Teilnehmer (Fischer et al. 1993, S. 110).

Ganz offensichtlich werden Frauen geschätzt als zuverlässige, einsatzbereite, fähige, aber auch duldsame, anspruchslose und wenig fordernde Mitarbeiter. Zum Teil wird die Ablehnung sogar noch fürsorglich-sarkastisch verpackt. So wird der einstige Vorstandsvorsitzende der Klöckner-Werke Herbert Gienow im Manager Magazin (Fischer et al. 1993, S. 101) mit der Aussage zitiert: »Das Topmanagement ist so hart – davor muß man Frauen bewahren.«

Keine gezielte Förderung

Oben wurde bereits dargestellt, daß eine Führungskraft, die bewußt oder unbewußt bei Frauen kein Managementpotential erwartet, diese auch nicht aktiv fördern und unterstützen wird. Liebrecht (1988) hat Managerinnen gefragt, wie es zu ihrem Entschluß kam, gezielt an einer Karriere zu arbeiten. Die Nennungen zeigt Abbildung 6.

Auslöser für Karriere	
– eigener Antrieb	47%
– Chancen, die ich erkannte	22%
– durch Arbeitgeber initiiert	6%
– durch Partner/Ehemann	8%
– Aufstieg im Familienbetrieb	21%
– Erbe/Scheidung	9%
– Zufall	2%

Abbildung 6: Auslöser für Karriereaktivitäten (Liebrecht 1988)

Auch wenn man bei einer zukünftigen Führungskraft eine gehörige Portion Eigenengagement erwarten kann, so ist doch erschreckend, in welch geringem Umfang eine gezielte Unterstützung durch den Arbeitgeber erfahren wird. Hier bleibt zu hoffen, daß die Personalentwicklungsprogramme der letzten Jahre einen stärkeren Einfluß haben.

Bewertung von Frauenaktivitäten

Zu beobachten ist eine generelle Tendenz, Tätigkeiten, die primär von Frauen erledigt werden, als Assistenzfunktionen abzuwerten (Goldmann et al. 1993). Steigt der Frauenanteil in einem Beruf, so sinkt sein Image (vgl. Abele 1979). Umgekehrt werden Männeraktivitäten hoch eingeschätzt.

Bedenklich muß in diesem Zusammenhang anmuten, daß in vielen Arbeitsgruppen und Unternehmen Frauen von den Männern durchaus gerne gesehen werden – solange sie eine verschwindende Minderheit sind. Boshaft formuliert könnte man meinen, die männlichen Kollegen schmücken sich gerne mit ihnen. Die Akzeptanz geht dann aber zurück, wenn ihr relativer Anteil eine kritische Grenze übersteigt und sie als qualifizierte Minderheit bezeichnet werden können.

Auch die einzelne Führungskraft ist davor nicht gefeit: Vorgesetzte von Abteilungen mit überwiegend männlichen Beschäftigten genießen im Unternehmen ein höheres Prestige als diejenigen, die für Bereiche mit einem hohen Frauenanteil verantwortlich sind (Goldmann et al. 1993). Zum anderen sieht sich mancher Mann, der gerne Frauenförderung betreiben möchte, mit Anspielungen auf ein mögliches privates/sexuelles Interesse konfrontiert.

Starre Arbeitszeiten

Während im unteren und mittleren Qualifikationsbereich Arbeitszeitverkürzung, -flexibilisierung und Heimarbeit offen diskutiert und bereits in einigen Unternehmen – nicht nur zum Wohle des Mitarbeiters/der Mitarbeiterin – umgesetzt werden, scheint Arbeitszeitflexibilisierung (von Verkürzung soll gar nicht gesprochen werden) auf der Managementebene weiterhin ein Tabuthema zu sein (Goldmann et al. 1993). Die Arbeit einer Führungskraft könne nicht in Teilzeit bewältigt werden und (Personal-)Verantwortung sei unteilbar, so der gängige Tenor. Domsch/Ladwig (1995) zeigen zwar Strategien zur »Arbeitszeitflexibilisierung für Führungskräfte« auf, doch in der Erwartung, eine ambitionierte Führungs(nachwuchs)kraft müsse immer auch überdurchschnittlichen quantitativen Einsatz zeigen, liegt sicherlich eine weitere Aufstiegsbarriere für Frauen (Goldmann et al. 1993).

Hier ist ebenfalls zu überlegen, inwieweit mehrtägige Fortbildungskurse außerhalb der Firmen für Frauen besonders schwierig zu organisieren sind und deshalb eventuell weniger nachgefragt werden.

Laut der McKinsey-Studie zur Arbeitszeitgestaltung (1994) sind 60% der Arbeitsplätze grundsätzlich teilbar. Die Hemmnisse scheinen eher in den Köpfen der Entscheidungsträger zu liegen: Flexibilisierung der Arbeitszeit und des -ortes bedeutet nämlich auch mehr Planung, Organisation und Selbstdisziplin für Vorgesetzte und Kollegen sowie eine gänzlich veränderte Kontrollstruktur, wenn ein Mitarbeiter nicht mehr uneingeschränkt verfügbar ist und ein Teil der Arbeit zu Hause erledigt wird.

Veränderungswiderstand und Ängste

Für Sozialwissenschaftler ist es ein vertrautes Phänomen, daß weniger die Gegensätze sich anziehen (wie das Sprichwort sagt), als vielmehr, daß Menschen mit ähnlichen Verhaltensmerkmalen sich zueinander gesellen. D.h. man neigt unbewußt dazu, auch bei Personalauswahlentscheidungen diejenigen auszuwählen, die einem selbst ähneln. Je homogener eine Gruppe ist, um so sicherer und wohler fühlen sich deren Mitglieder. Kommt jemand hinzu, der »anders« ist, nimmt dieses Sicherheitsgefühl ab. Und das »Anderssein« der Frauen wird offensichtlich wahrgenommen.

Weibliche Fach- und Führungskräfte rücken als Gleichgestellte bzw. Übergeordnete in Männerdomänen vor und verkörpern eine Abweichung vom Gewohnten. Einem solchen innerorganisatorischen Wandel steht häufig ein Veränderungswiderstand entgegen (Friedel-Howe 1990), ein sogenannter Backlash, wie Faludi (1993) es ausdrückt. Ziel ist es, den alten Zustand beizubehalten bzw. wiederherzustellen und entstandene Unsicherheiten aufgrund von Veränderungen und neuen Anforderungen zu beseitigen.

Friedel-Howe (1995, S. 520) meint, »Theorie, Plausibilität und auch Forschung sprechen dafür, daß auf Seiten der Männer selbst mehr Vorbehalte und Ängste gegenüber weiblichem Zuwachs im Management bestehen, als sie zugeben (und vielleicht selber wissen)«. Sie sieht folgende Ängste der Männer:

– vor weiblicher Konkurrenz hinsichtlich knapper Ressourcen und begehrter Arbeitspositionen

– vor Statusverlust, wenn Frauen in demselben Bereich arbeiten (siehe oben)

– vor Bedrohung der männlichen Identität

– vor Ambivalenz aufgrund der sexuell-erotischen Implikationen

– vor häuslichen Konsequenzen, wenn auch die eigene Partnerin gleiche Rechte einfordert.

Denn Fragen der Chancengleichheit betreffen nicht nur den beruflichen Bereich, sondern jeden/jede auch in seinem/ihrem persönlichsten Bereich, der

Partnerschaft und Familie. Männer blockieren Frauen vielleicht deshalb, weil sie sie nicht dabei haben wollen und weil sie sonst ihre eigenen Verhaltensweisen ändern müßten (vgl. Bischoff 1990).

3.2 Fehler von seiten der betroffenen Frauen und einige Empfehlungen

Natürlich ist es für weibliche Führungskräfte und Nachwuchskräfte, ebenso wie für ihre männlichen Pendants, wichtig, daß

– sie eine gute Basisqualifikation vorweisen können
– sich kontinuierlich weiterbilden
– eine Lebens- und Berufsplanung machen und
– möglichst durchgehend beschäftigt sind.

Hier haben Frauen in den letzten Jahrzehnten aber deutlich aufgeholt (siehe oben). Einige zusätzliche frauenspezifische Anforderungen, die sich zum größten Teil aus den oben aufgeführten Stereotypen und Aufstiegshindernissen ableiten lassen, möchte ich im folgenden kurz skizzieren:

– Managerinnen sind mit einer überwiegend männlichen Peer-Gruppe konfrontiert, häufig findet sich sogar nur eine Frau auf einer bestimmten Hierarchieebene. Dadurch ergibt sich zwangsläufig eine gewisse Außenseiterrolle, die bis hin zur Token-Dynamik (siehe oben), der Aussonderung bzw. der Überidentifikation mit den männlichen Kollegen und der Ablehnung anderer Frauen führen kann (häufig beschrieben als Bienenköniginnen-Symptom). Solche Mechanismen müssen reflektiert werden, um eine Integration der ersten sowie die Aufnahme weiterer Frauen zu erreichen.

– Aufgrund der rein quantitativ geringen Anzahl von Managerinnen gibt es für Frauen kaum positive Vorbilder, die effiziente Leistung und einen persönlichen Stil als Frau in Verbindung gebracht haben. Ein Ansatzpunkt ist hierfür die Mitarbeit in (Frauen-) Netzwerken, um die fehlenden Rollenmodelle durch Diskussionen und Anregungen der Peer-Gruppe zu kompensieren.

– Viele Frauen erwarten heute von ihrem Arbeitgeber die Bereitschaft zur flexiblen Arbeits(zeit)gestaltung, zur Förderung, zur Unterstützung der beruflichen und privaten Lebensplanung. Nämliche Unterstützung muß gerade im persönlichen Bereich eingefordert werden: Ein Mann, der seine eigenen Kinder nicht betreut, wird auch kein Verständnis dafür haben, daß seine Untergebenen – weibliche wie männliche – familiären Verpflichtungen entsprechen wollen. Die sogenannten Dual Career Couples, bei denen beide Partner karriereorientiert berufstätig sind (z. B. Domsch/Krüger-Basener 1990), sind die Ausnahme, beobachten wir doch gerade bei Paaren nach dem ersten Kind einen generellen Rückfall in die klassische Rollenverteilung (Metz-Göckel/Müller 1986).

– Hinsichtlich der Konfrontation mit den oben aufgeführten typischen Dilemmata ist eine rationale Diskussion allein wohl nicht zielführend. Hier ist ein »dickes Fell« unabdingbar. Selbststereotypisierungen müssen reflektiert und hinterfragt werden. Es muß die Bereitschaft bestehen, auch gegen bisher festgelegte Geschlechterrollen zu verstoßen.

– Frauen haben geringere Erfolgserwartungen, was beruflichen Aufstieg und Förderung angeht. Um so wichtiger ist es, sich davon nicht lähmen oder entmutigen zu lassen, sondern in einer Gegenstrategie (»jetzt erst recht«) besondere Aktivitäten zu unternehmen. Auch die gedankliche Beschränkung der Ambitionen auf untere Führungsfunktionen, während die männlichen Kommilitonen selbstverständlich in höhere Managementpositionen kommen wollen, muß aufgegeben werden (vgl. Rittmann 1991, S. 27). Insbesondere muß klar sein: Im beruflichen Kontext macht es keine Sinn zu warten, bis der Prinz kommt und man/frau befördert wird. *Gleiche Chancen müssen aktiv eingefordert werden.*

4 Fazit: Frauenförderung oder Chancengleichheit?

Frauenfeindliche oder gar sexistische Ansichten zu äußern, gilt heute nicht mehr als opportun. Doch von dem Punkt, die Leistung von Frauen gleichermaßen anzuerkennen bzw. entsprechende Erwartungen in sie zu setzen, scheinen wir noch weit entfernt. Berufstätigkeit von Frauen ist zwar heute grundsätzlich akzeptiert, dies jedoch innerhalb spezifischer Bedingungen. Die Grenzen sind beispielsweise markiert durch gut bezahlte Führungs- und Schlüsselpositionen, denn mit dem Erwerb von Macht treten Frauen in die direkte Konkurrenz mit den männlichen Statthaltern (vgl. Friedel-Howe 1995).

Eine Frauenbeauftragte allein ändert nicht das Klima. Und Frauenfördermaßnahmen als »Nachhilfeveranstaltungen« setzen am falschen Ende an, Aufstiegsbarrieren werden dadurch nicht beseitigt. Es geht nicht darum, weibliche Führungs(nachwuchs)kräfte für den betrieblichen Alltag »aufzurüsten« oder sie als Pflegekinder zu protektieren. Ein solches Verhalten würde auch der Qualifikation vieler Frauen nicht gerecht.

Wo ist die Gleichbehandlung weiblicher und männlicher Nachwuchskräfte ein Beurteilungskriterium für Führungskräfte? Halbherzigkeit führt jedes noch so schöne Konzept ad absurdum.

Wir benötigen keine spezifische Frauenförderung – mit der Herstellung von Chancengleichheit wäre schon viel erreicht! Domsch meint denn auch: »Das einzige, was noch helfen könnte, wäre die Förderung männlichen Umdenkens« (zit. nach Fischer et al. 1993, S. 103).

Um mit einem Bild zu schließen: Der gläserne Sarg, in dem Schneewittchen liegt, muß geöffnet werden. Es hilft nichts, darüber zu spekulieren, wie sie sich überhaupt in diese hilflose Lage bringen ließ, oder das Glas bis zur Unkenntlichkeit zu säubern und Schneewittchen mit dem Hinweis, Trennwände zwischen weiblichen und männlichen Berufsmöglichkeiten existierten nicht mehr, zum Aufstehen aufzufordern. Wenn Schneewittchen klug ist, bleibt sie liegen. Meistens aber macht sie sich auf und stößt unweigerlich gegen das unsichtbare Hindernis. Hoffen wir, daß sie mit einem blauen Auge davonkommt und – arbeiten wir an der Hindernisbeseitigung!

Literatur

Abele, A. (1979): Frauen »erobern einen Beruf«. Auswirkungen des berichteten Frauenanteils auf die soziale Bewertung des Berufes »Pharmazeut«. In: Kölner Zeitschrift für Soziologie und Sozialpsychologie, 31, (2), S. 303–317.

Alfermann, D. (1992): Frauen in der Attributionsforschung: Die fleißige Liese und der kluge Hans. In: Krell, G./Osterloh, M. (Hrsg.): Personalpolitik aus der Sicht der Frauen – Frauen aus der Sicht der Personalpolitik. München/Mering, S. 301–317.

Bischoff, S. (1986): Männer und Frauen in Führungspositionen in der Bundesrepublik Deutschland. Ergebnisse einer schriftlichen Umfrage. Hamburg.

Bischoff, S. (1990): Frauen zwischen Macht und Mann. Reinbek bei Hamburg.

Brodde, D. (1990): Staatlich verordnete Frauenförderung – trojanisches Pferd in deutschen Betrieben. In: Organisationsentwicklung, (1), S. 45–50.

Deutsches Institut für Wirtschaftsforschung (1996): Erwerbstätigkeit von Frauen in Ost- und Westdeutschland weiterhin von steigender Bedeutung. Wochenbericht 28/96, 11. 7. 1996, Berlin.

Dobbins, G. H./Platz, S. J. (1986): Sex differences in leadership: How real are they? In: Academy of Management Review, 11, (1), S. 118–127.

Domsch, M./Ladwig, D. H. (1995): Arbeitszeitflexibilisierung für Führungskräfte. In: Rosenstiel, v., L./Regnet, E./Domsch, M. (Hrsg.): Führung von Mitarbeitern. 3. Aufl., Stuttgart, S. 837–848.

Domsch, M./Krüger-Basener, M. (1995): Personalplanung und -entwicklung für Dual Career Couples (DCCs). In: Rosenstiel, v., L./Regnet, E./Domsch, M. (Hrsg.): Führung von Mitarbeitern. 3. Aufl., Stuttgart, S. 527–538.

Domsch, M./Lieberum, U. B. (1995): Chancengleichheit – eine Utopie? Eine empirische Stellenanzeigenanalyse 1990 – 1994. I.P.A. Institut für Personalwesen und Arbeitswissenschaft, Universität der Bundeswehr Hamburg.

Domsch, M./Gurtowski, O./Lichtenberger, B. (1991): Der internationale Einsatz von weiblichen Führungskräften. I.P.A. Institut für Personalwesen und Arbeitswissenschaft, Universität der Bundeswehr Hamburg.

Engelbrech, G. (1987): Erwerbsverhalten und Berufsverlauf von Frauen: Ergebnisse neuerer Untersuchungen im Überblick. Mitteilungen aus der Arbeitsmarkt- und Berufsforschung, (2), S. 181–196.

Faludi, S. (1993): Die Männer schlagen zurück. Reinbek bei Hamburg.

Fischer, G./Preissner-Polte, A./Risch, S./Schwarzer, U. (1993): Der große Unterschied. In: Manager Magazin, (5), S. 101–115.

Friedel-Howe, H. (1990): Zusammenarbeit von weiblichen und männlichen Fach- und Führungskräften. In: Domsch, M./Regnet, E. (Hrsg.): Weibliche Fach- und Führungskräfte. Wege zur Chancengleichheit. Stuttgart, S. 16–34.

Friedel-Howe, H. (1995): Frauen und Führung: Mythen und Fakten. In: Rosenstiel, v., L./Regnet, E./Domsch, M. (Hrsg.): Führung von Mitarbeitern. 3. Aufl., Stuttgart, S. 513–525.

Goldmann, M./Meschkutat, B./Teubensel, B. (1993): Präventive Frauenförderung bei technisch-organisatorischen Veränderungen. Opladen.

Hauser, R. (1990). Dual Career Couples: Anspruch an die Unternehmen. In: Management Wissen, (11), S. 26 – 33.

Kraak, B./Nord-Rüdiger, D. (1985): Die berufliche Motivation von Frauen. In: Zeitschrift für Arbeits- und Organisationspsychologie, 29, S. 153–161.

Krebsbach-Gnath, C./Schmid-Jörg, I. (1988): Wer Frauen will, muß Frauen fördern. In: Demmer, C. (Hrsg.): Frauen ins Management. Von der Reservearmee zur Begabungsreserve. Frankfurt a.M./Wiesbaden, S. 179–216.

Liebrecht, C. H. (1985, 1988): Die Frau als Chef. Frankfurt a.M.

Maccoby, E./Jacklin, C. (1974): The psychology of sex differences. Stanford/Cal.

Management Center Europe (Hrsg.) (1985): Executive report. Women executive in Europe. Their attitudes to business. Brüssel.

McKinsey & Co. (1994): Teilen und Gewinnen. Das Potential der flexiblen Arbeitszeitverkürzung. Berlin et al.

Metz-Göckel, S./Müller, U. (1986): Der Mann. sfs Dortmund.

Minister für Wirtschaft, Mittelstand und Technologie (Hrsg.) (1988): Frauenförderung in der privaten Wirtschaft. Düsseldorf.

Müller-Demary, P. (1988): Wo bleiben die Ingenieurinnen? In: Natech, 22, S. 32–33.

Neuberger, O. (1990): Führen und geführt werden. 3. Aufl., Stuttgart.

Osterholz, U. (1991): Frauenförderung im Bankgewerbe. Düsseldorf.

Regnet, E. (1994): Frauen im Management. Über Förderung zur Chancengleichheit. In: Dahlems, R. (Hrsg.): Handbuch des Führungskräfte-Managements. München, S. 317–345.

Regnet, E. (1995): Der Weg in die Zukunft – Neue Anforderungen an die Führungskraft. In: Rosenstiel, v., L./Regnet, E./Domsch, M. (Hrsg.): Führung von Mitarbeitern. Stuttgart, S. 43–53.

Regnet, E./Stengel, M. (1993): Berufsorientierung und Lebenspläne von weiblichen Führungskräften. In: Rosenstiel, v., L. et al. (Hrsg.): Wertewandel. Herausforderung für die Unternehmenspolitik in den 90er Jahren. 2. Aufl., Stuttgart, S. 157–169.

Rittmann, R. (1991). Karrierefrauen – Angst vor dem Aufstieg? In: Management Wissen, 7/1991, S. 24 – 27.

Rustemeyer, R./Thrien, S. (1989): Die Managerin – der Manager. Wie weiblich dürfen sie sein, wie männlich müssen sie sein?. In: Zeitschrift für Arbeits- und Organisationspsychologie, 33, S. 108–116.

Spender, D. (1994): Mit Aggressivität zum Erfolg: Über den doppelten Standard, der in Klassenzimmern operiert. In: Trömel-Plötz, S. (Hrsg.): Gewalt durch Sprache. Frankfurt a. M., 1. Auflage 1984, S. 71–89.

Statistisches Bundesamt (Hrsg.) (1995): Statistisches Jahrbuch für die Bundesrepublik Deutschland. Stuttgart.

Stengel, M. (1990): Karriereorientierung und Karrieremotivation: Einstieg und Aufstieg von Frauen in Organisationen. In: Domsch, M./Regnet, E. (Hrsg.): Weibliche Fach- und Führungskräfte. Wege zur Chancengleichheit. Stuttgart, S. 67–92.

Süssmuth, R. (1987): Frauenförderung als Chance für die Zukunft nutzen. In: Der Bundesminister für Jugend, Familie, Frauen und Gesundheit (Hrsg.): Frauenförderung in Unternehmen der Bundesrepublik Deutschland. Bericht zur Konferenz vom 23. November 1987 in Bonn. S. 7–13.

Weinert, A. B. (1990): Geschlechtsspezifische Unterschiede im Führungs- und Leistungsverhalten. In: Domsch, M./Regnet, E. (Hrsg.): Weibliche Fach- und Führungskräfte. Wege zur Chancengleichheit. Stuttgart, S. 35–66.

Wunderer, R./Dick, P. (1996): Sind weibliche Führungskräfte anders? In: Personalführung, 29, (5), S. 406–413.

Karrieremuster von Hochschulabsolventinnen

von Lutz von Rosenstiel

*Nachfolgend wird noch einmal knapp die vielbesprochene The-
matik der Unterrepräsentation von Frauen im Management dokumentiert und nach denkbaren Ursachen gefragt werden. Da
Managementpositionen zunehmend durch Hochschulabsolventen und -absolventinnen besetzt werden, wird eine aktuelle,
noch nicht abgeschlossene Längsschnittstudie vorgestellt, die
sich mit dem Übergang von der Hochschule in den Beruf bei jungen Akademikern und Akademikerinnen auseinandersetzt. Ge-
schlechtsvergleichend wird dargestellt, wie sich der Einstieg in
den Beruf bei jungen Akademikern darstellt und wie die Integration in den Beruf während der ersten Jahre gelingt.*

1 Die Unterrepräsentation von Frauen im Management

In einer Vielzahl von Studien (Friedel-Howe 1986; Domsch/Regnet 1990)
konnte die vieldiskutierte und für viele als Ärgernis geltende Tatsache belegt
werden, daß Frauen im Management drastisch unterrepräsentiert sind. Fast
wie eine Naturgesetzlichkeit erscheint es, daß mit Anstieg der hierarchischen Ebenen in den Organisationen westlicher Industriestaaten der relative
Anteil der Frauen absinkt. Abbildung 1 zeigt dies an einigen Beispielen.

Frauenarbeit in %					
Branche	Gesamt-belegschaft	U. M.	M. M.	O. M.	Σ M
Computer-Industrie	28	13	4	0	–
IBM	16	–	–	–	3
Kaufhaus-Konzern	70	52	38	12	–
Siemens-AG	28	2	2	0.5	–
Deutsche Bank	50	–	–	0.1	5

*Abbildung 1: Beispiele für die Repräsentation von Frauen im Management
(v. Rosenstiel 1992, S. 169)*

Man erkennt, daß der Frauenanteil in den verschiedenen Managementebenen deutlich geringer als in der jeweiligen Gesamtbelegschaft ist und innerhalb des oberen Management in der Regel gegen Null strebt. Auch in solchen Organisationen, die sich wissenschaftlich mit dem genannten Phänomen auseinandersetzen, gilt im Grundsatz Gleiches, wie Abbildung 2 zeigt.

Rektorinnen	0.0%
C 4 Professorinnen	2.4%
C 3 Professorinnen	6.8%
C 2 Professorinnen	5.9%
Akademische Rätinnen auf Lebenszeit	17.3%
Wissenschaftliche Angestellte (weibl.)	33.6%
Studienrätinnen	39.9%
Akademische Rätinnen auf Zeit	22.7%
Studentinnen	51.1%

*Abbildung 2:   Frauenanteil auf verschiedenen Ebenen der Universität München
(v. Rosenstiel 1994, S. 212)*

Man sieht am Beispiel der größten deutschen Universität, daß zwar die Studentinnen in der Zwischenzeit die Mehrheit der Studierenden ausmachen, daß allerdings Professorinnen und spezifisch Lehrstuhlinhaberinnen nach wie vor eine rare Ausnahmen sind.

Unabhängig davon, ob man diesen Sachverhalt – je nach ideologischer Position – als Skandal, als naturgegeben oder als wünschenswert einstuft, wirft er die Frage nach den Ursachen auf. Darüber ist viel spekuliert und häufig auch seriös geforscht worden. Auf einige zentrale Gründe sei nachfolgend knapp eingegangen.

2 Ursachen: Befunde und Vermutungen

Untersuchungen zur Unterrepräsentation von Frauen im Management lassen sich keiner Fachdisziplin zuordnen. So findet man einschlägige Analysen und Veröffentlichungen in den Politischen Wissenschaften, der Soziologie, der Psychologie, der Ethnologie, der Volks- und Betriebswirtschaftslehre und anderen Sozialwissenschaften. Einen guten Überblick über einschlägige Befunde bietet die Habilitationsschrift von Friedel-Howe (1986) sowie das von der gleichen Autorin herausgegebene Sonderheft der Zeitschrift für Arbeits- und Organisationspsychologie (1990). Sechs dabei herausgearbeitete Ursachenbündel seien knapp skizziert.

2.1 Stereotypisierung

Es ist ein in der sozialpsychologischen Forschung gut dokumentiertes Ergebnis, daß bestimmten Menschengruppen in häufig wertender Weise ganz bestimmte Merkmale oder Eigenschaften zugeschrieben werden, wobei der Realitätsgehalt zumeist offen und in vielen Fällen äußerst zweifelhaft ist. Dies läßt sich gut an den von bestimmten Völkern geteilten nationalen Vorurteilen bzw. Stereotypen zeigen, etwa in den Bildern vom Deutschen, vom Japaner, vom Juden oder Italiener. In ähnlicher Weise lassen sich Geschlechtsstereotypen nachweisen, die sich innerhalb der westlichen Industriestaaten nur unwesentlich unterscheiden. Bereits Hofstätter (1957) konnte zeigen, daß innerhalb des kollektiven Vorstellungsraumes männlich und weiblich nicht als Gegensatzpaare zu interpretieren sind, sondern auf von einander unabhängigen Dimensionen liegen, wie Abbildung 3 zeigt.

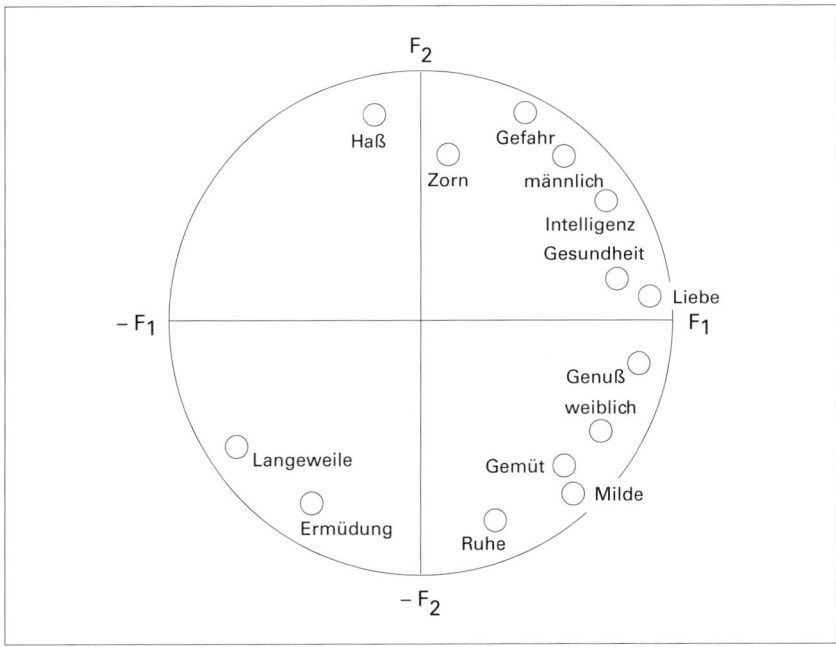

*Abbildung 3:   Männlich und weiblich im zweidimensionalen Feld
(v. Rosenstiel/Neumann 1991, S. 135)*

Man erkennt, daß das Männliche mit eher aktiven, handlungsorientierten Merkmalen assoziiert ist, während »weiblich« mit solchen der Emotionalität verbunden wird. Dies zeigt sich entsprechend, wenn man im Sinne einer Stereotypenanalyse nach den typischen Eigenschaften eines Mannes und einer

Frau fragt. Stellt man nun in ähnlichem Sinne die Frage, welche Eigenschaften kennzeichnend für Manager bzw. Führungskräfte sind, so werden in der Regel solche genannt, die dem Stereotyp des Mannes entsprechen. Abbildung 4 zeigt dies (vgl. Friedel-Howe 1986 sowie Regnet in diesem Band.)

Typischer Mann	Idealer Manager	Typische Frau
dominant	führungswillig	unterordnend
autonom	autonom	abhängig
unemotional	beherrscht	emotional
selbstsicher	selbstsicher	empfindlich
aktiv	dynamisch	passiv
rational	rational	intuitiv
tatkräftig	entscheidungsfreudig	fürsorglich
	konfliktbereit	
leistungsorientiert	konkurrenzorientiert	beziehungsorientiert
	rücksichtsvoll	einfühlsam
	kommunikativ	kooperativ

Abbildung 4:   Das männliche Stereotyp des Managers (v. Rosenstiel 1992, S. 173)

Entsprechend wird eine Organisation, die eine Managementposition zu besetzen hat, eher unter männlichen als unter weiblichen Bewerbern Ausschau halten. Etwas pointiert läßt sich mit Neubauer (1990) folgern: »Guter Mann = guter Manager; gute Frau = schlechter Manager«.

2.2 Rollenkonflikte

Es wurde vielfach beschrieben, daß für berufstätige Frauen sehr viel intensivere Rollenkonflikte gelten als für berufstätige Männer. Eine Frau, die verheiratet ist, möglicherweise sogar Kinder hat und zugleich berufstätig ist, muß sich neben ihrer beruflichen Aktivität um den Haushalt und die Kinder kümmern und wird dabei nur marginal von ihrem Ehepartner unterstützt (v. Rosenstiel et al. 1986). Männer, die Karriere machen, sind dagegen in der Regel verheiratet und haben in der Ehepartnerin ein unbezahltes »back office«, das ihnen den Rücken freihält. Frauen in Karrierepositionen sind daher stärker als Männer belastet oder aber sie sind gezwungen, persönliche Opfer in dem Sinne zu bringen, daß sie auf Ehe und Kinder verzichten müssen, wie Abbildung 5 zeigt.

Merkmal	Bischof (1986) 175 w 334 m	Davidson & Cooper (1983) 690 w 185 m	Nicholson & West (1988) 806 w 1498 m
allein lebend (incl. geschieden, getrennt)	w: 39 m: 9	w: 35 m: 20	w: 41 m: 6
keine Kinder	w: 61 m: 13	w: 65 m: 38	w: 48 m: 11
wenn Kind: ein Kind (Kleinfamilie)	w: 66 m: 73	— —	w: 30 m: 15
zwei und mehr Kinder	w: 34 m: 27	— —	w: 69 m: 84
wenn Partner: Hausfrau/Hausmann	— —	— —	w: 1 m: 45
voll berufstätig	— —	— —	w: 89 m: 20
teilzeitbeschäftigt	— —	— —	w: 1 m: 24

Anmerkung: Angaben in % (aufgerundet); m = männlich, w = weiblich; — = Angaben fehlen oder wurden nicht vergleichbar berechnet; einige Kategorien ergänzen sich nicht zu 100%, weil eine Differenzierung ausgelassen wurde oder wegen fehlender Angaben in der Erhebung.

Abbildung 5:   Familiensituation weiblicher und männlicher Manager (Friedel-Howe 1990a, S. 7)

Alle Analysen (vgl. z. B. Prenzel/Strümpel 1990), die sich mit Konzepten des Rollentauschs auseinandersetzten, konnten das Scheitern derartiger Modelle nachweisen. Zumindest in den westlichen Gesellschaften werden »Hausmänner« nicht akzeptiert. Hausmänner selbst können sich mit dieser Rolle nicht anfreunden, selbst wenn sie selbstgewählt ist; die Nachbarschaft und das soziale Umfeld akzeptieren diese Rolle nicht, und selbst die Partnerinnen der Hausmänner haben Probleme damit, ihren Mann in dieser Rolle zu akzeptieren (Prenzel/Strümpel 1990).

2.3 Ökonomische Vorbehalte

Die Qualifizierung einer befähigten Nachwuchskraft stellt für jeden Betrieb eine Investition dar. Es ist teuer, einen jungen Akademiker durch eine ein- oder zweijährige Traineezeit, durch Entsendungen ins Ausland und eine Vielzahl interner und externer Weiterbildungsmaßnahmen auf die künftige Position vorzubereiten. In vielen Unternehmen wird nun befürchtet, daß diese Investitionen in qualifizierte Frauen nicht lohnen, da diese ja ohnehin heiraten und Kinder kriegen und danach mit höherer Wahrscheinlichkeit entweder ganz aus dem Betrieb ausscheiden oder Karriereangebote ablehnen. Analysen von Pawlowski/Bäumer (1993) zeigen entsprechend, daß in den Unternehmen um so mehr Qualifizierungskosten in eine(n) Mitarbeiter(in) investiert werden, je

- jünger
- männlicher
- höher qualifiziert und
- deutscher er oder sie ist.

Ein junger, männlicher, hochqualifizierter, deutscher Hochschulabsolvent – das ist der Kandidat, aus dem die Organisationen in Deutschland ihren Führungsnachwuchs schmieden.

2.4 Diskriminierung

Im strengen Sinn wird von Diskriminierung der Frauen in Organisationen dann gesprochen, wenn diese ohne rationales Argument nur deshalb benachteiligt werden, weil sie Frauen sind. Viele Frauen in Organisationen westlicher Länder fühlen sich gelegentlich oder häufig diskriminiert, wie Abbildung 6 zeigt.

Fühlen Frauen sich diskriminiert, wenn es um die Besetzung höherer Positionen geht? (Angaben in Prozent)				
Land	Ja, immer	Ja, manchmal	Nein	Nicht sicher
Belgien	35	33	13	17
Niederlande	34	41	13	10
Schweden	46	42	2	8
Norwegen	47	35	7	9
Finnland	31	53	6	8
Dänemark	44	44	8	4
Großbritannien	51	33	8	6
Frankreich	30	53	7	9
Schweiz	50	31	18	0
Bundesrepublik	35	48	12	2
Portugal	20	60	10	10
Europäische Unternehmen	39	42	10	8
Amerikanische Unternehmen	46	38	8	6
(Quelle: Management Center Europe, 1985)				

Abbildung 6: *Erlebte Diskriminierung im internationalen Vergleich (Domsch/Regnet 1990, S. 106)*

Es muß allerdings offen bleiben, ob dieser in der Abbildung dargestellte subjektive Eindruck der Realität entspricht. Empirische Analysen (zusammenfassend: Friedel-Howe 1986), die auf anderen methodischen Zugängen beruhen, lassen die Schluß zu, daß es in Einzelfällen zwar sehr wohl zur Diskriminierung kommt, daß das Phänomen aber selbst so relativ selten ist, daß sich damit die Unterrepräsentation von Frauen im Management nur marginal erklären läßt (Friedel-Howe 1986).

2.5 Minderheitenstatus

Frauen stellen in Managementpositionen oder auch in Abteilungen mit hochqualifiziertem Personal in der Regel eine Minderheit dar. Vielfach findet man in entsprechenden Ebenen oder Abteilungen nur eine Frau, die dann nicht selten hinter vorgehaltener Hand als »Alibi-« oder »Vorzeigefrau« apostrophiert wird. Dieser Ausnahmestatus kann gelegentlich für die Stelleninhaberin zum Vorteil werden, dürfte allerdings meist die Unterrepräsentation von Frauen in den entsprechenden Positionen begünstigen. Das Argument sei am einfachen Beispiel dargestellt: Wer sich in einer Minderheitenposition befindet, wird von der sozialen Umwelt stärker beobachtet. Was man bei einer Person mit Minderheitsstatus feststellt, wird leicht generalisiert. Daraus können deutlich negative Konsequenzen erwachsen. Man stelle sich vor, ein neu ernannter männlicher Abteilungsleiter – nennen wir ihn Maier – bewährt sich in der neuen Aufgabe nicht. Die Konsequenz heißt: »Maier hat sich in dieser Aufgabe nicht bewährt, versuchen wir es einmal mit Schulze!« Wird dagegen Frau Maier zur Abteilungsleiterin und bewährt sich nicht, so heißt es: »Wir haben es einmal mit einer Frau probiert, es ist schief gegangen. Nie wieder!«

2.6 Personale Dispositionen

Eine Vielzahl von empirischen Studien weist zwar nach, daß sich männliche und weibliche Führungskräfte hinsichtlich ihrer Eigenschaften und Verhaltensweisen nicht oder kaum unterscheiden (Friedel-Howe 1990a), daß es aber bei repräsentativen Bevölkerungsanalysen hinsichtlich bestimmter Eigenschaften recht deutliche Unterschiede zwischen Männern und Frauen gibt (Merz 1979).

Daraus läßt sich zunächst ableiten, daß die Selektion weiblicher Führungskräfte anders verläuft als diejenige männlicher und daß vermutlich weibliche Führungskräfte für Frauen insgesamt weniger repräsentativ sind als männliche Führungskräfte für Männer. Darauf weist u.a. auch bereits der unterschiedliche Familienstand von weiblichen und männlichen Führungskräften hin.

Hinsichtlich der generell zwischen den Männern und Frauen bestehenden Merkmalsunterschiede gibt es einen Streit über die Ursachen. Vielfach wird vor allem auf die geschlechtspezifischen Erziehungsstile und die gesellschaftlichen Rollenerwartungen verwiesen, z.T. aber auch auf genetische Unterschiede, die sich innerhalb des Prozesses der Evolution durch Mutation und Selektion herausgebildet haben (Bischof-Köhler 1990 sowie in diesem Band).

Wo immer diese Unterschiede auch herkommen, sie werden ebenfalls für die Unterrepräsentation von Frauen im Management von Organisationen verantwortlich gemacht, da ja die Organisationen explizit männlich geprägt sind und Frauen dann entsprechend Außenseiter in der Hierarchie, der »heiligen Ordnung der Männer«, sind.

3 Wege zum Handeln

Die Unterrepräsentation von Frauen im Management ist ein Faktum. Wie man dieses Faktum bewertet, hängt von den individuellen Wertorientierungen und politischen Zielsetzungen ab. Dennoch wird es nur wenige geben, die das Phänomen vorbehaltlos bejahen und dies mit Argumenten begründen, wie wir sie bei Schiller in »Das Lied von der Glocke« finden:

»Der Mann muß hinaus
ins feindliche Leben,
muß wirken und streben,
und pflanzen und schaffen,
erlisten, erraffen,
muß wetten und wagen,
das Glück zu erjagen....
und drinnen waltet
die züchtige Hausfrau,
die Mutter der Kinder,
und herrschet weise
im häuslichen Kreise,
und lehret die Mädchen
und wehret den Knaben
und reget ohn' Ende
die fleißigen Hände
und mehrt den Gewinn
mit ordnendem Sinn.«

Die Mehrheit der Bevölkerung dürfte heute die Ungleichheit der Chancen als eine beklagenswerte Ungerechtigkeit ansehen. Zeigen doch schon die Untersuchungen zum Wandel der Wertorientierungen in der Gesellschaft (Klages 1984), daß die Gleichwertigkeit von Mann und Frau heute weitgehend bejaht wird.

Fragt man nun in diesem Sinne danach, was man unternehmen kann, um Frauen in den Organisationen unserer Wirtschaft und Verwaltung die gleichen Karrierechancen wie Männern zu eröffnen, so bieten sich Wege an, wie sie Abbildung 7 zeigt.

Ursache	Gestaltungs-Ziel	Maßnahmen (z. B.)
Stereotypisierung	Verbesserung/Kontrolle der Wahrnehmungs-Validität	• »Aufklärung« • »Chancenkontrolle« (z. B. bei der Leistungsbeurteilung)
Rollenkonflikt	karriere-»freundliche« Rollenkonflikt-Reduktion	• Normenreflexion • Teilzeit-Modell • Rückkehr-Modell
Ökonomische Vorbehalte	Überprüfung des Realitätsgehalts	• »Realitäts-Test« in Form einer »fairen« Integrations-Strategie
Diskriminierung	Aufbau einer »Gegenmacht«-Position	• Antidiskriminierungsgesetz
Minderheiten-Status	Vergrößerung des Frauenanteils	• Vergrößerung der Frauenquote bei Neueinstellungen
Personale Dispositionen	Verbesserung v. a. der aufstiegsrelevanten Person-Voraussetzungen	• Selbstbehauptungs-Training • Bedarfsorientiertes Führungs-Training

Abbildung 7: Maßnahmen gegen die Benachteiligung von Frauen in Organisationen (v. Rosenstiel 1992, S. 197)

Diese hier knapp angesprochenen Interventionsmöglichkeiten sollen nun nicht auf ihre Realisierungsmöglichkeiten und Nebenwirkungen hin untersucht werden, sondern es soll nun exemplarisch die Diagnose vertieft werden, weil sich daraus möglicherweise spezifische Hinweise zum Handeln ableiten lassen. Es wird daher nachfolgend kurz auf zentrale Ergebnisse einer Studie eingegangen, die derzeit – gefördert von der Deutschen Forschungsgemeinschaft – am Lehrstuhl für Organisations- und Wirtschaftspsychologie an der Universität München läuft (v. Rosenstiel/Nerdinger/ Spieß 1997).

4 Das Beispiel einer Studie an Hochschulabsolventen und -absolventinnen

Die großen Organisationen der Wirtschaft und Verwaltung rekrutieren ihren Führungsnachwuchs heute schwerpunktmäßig aus der Gruppe der Hochschulabsolventen und -absolventinnen, wobei insbesondere die Studiengänge der Ingenieurs- und Naturwissenschaften sowie der Wirtschaftswissenschaften für führende Positionen in den Organisationen zu qualifizieren scheinen (Witte/Kallmann/Sachs 1981). In einer empirischen Längsschnittstudie untersuchten wir nun seit 1990 in den alten und den neuen Bundesländern, wie sich für Absolventen der genannten Studiengänge der Übergang vom Bildungs- ins Beschäftigungssystem vollzieht. Da in den genannten Studiengängen Frauen und Männer – wenn auch mit unterschiedlichen relativen Anteilen – ausgebildet werden, lassen die Befunde Schlüsse darauf zu, wie sich der Eintritt in die Organisation und die ersten Berufsjahre geschlechtsspezifisch vollziehen. Dieser geschlechtsvergleichenden Perspektive ist innerhalb unseres Teams vor allem Rappensperger (1996) nachgegangen, auf deren Befunde ich mich jetzt primär beziehe.

4.1 Design der Studie und Stichprobenauswahl

Die Untersuchung wurde als Längsschnitt geplant, wobei zum ersten Untersuchungszeitpunkt die Interviewpartner – Studentinnen und Studenten aus den alten und neuen Bundesländern aus ingenieurs-, natur- und wirtschaftswissenschaftlichen Fächern – mit einem strukturierten Fragebogen intensiv persönlich konfrontiert wurden. Der Kontakt zu den Untersuchungspartnern wurde gepflegt, die Befragungen zu den späteren Untersuchungszeitpunkten jedoch schriftlich vorgenommen. Die Befragten in den alten Bundesländern stammten aus München, Berlin und dem Ruhrgebiet, in den neuen Bundesländern aus Leipzig, Halle und Rostock. In den alten Bundesländern wurden zwei Stichproben befragt, dagegen nur eine in den neuen Bundesländern. Das Untersuchungskonzept mit den Befragungsjahren, zeigt Abbildung 8.

Stichprobe	Befragungszeitpunkte					
	1990/91	1991/92	1992/93	1993/94	1994/95	1995/96
Teil 1	×	×	×		×	
Teil 2		×	×	×		×
Leipzig			×	×	×	

Abbildung 8:   Untersuchungsdesign der Projektstudie

Aufgrund der Unausgewogenheit des Geschlechterverhältnisses in den Studienrichtungen Natur- und Ingenieurswissenschaften und der Bedeutsamkeit der Studienrichtung hinsichtlich zentraler Fragen des Berufseinstiegs und der beruflichen Entwicklung wurde für die Bearbeitung der hier vorliegenden geschlechtsspezifischen Fragestellung auf diese beiden Studienrichtungen verzichtet. Das Geschlechterverhältnis bei den Naturwissenschaften betrug 8.7% Frauen vs. 91.3% Männer, bei den Ingenieurswissenschaften waren es 21.4% Frauen im Verhältnis zu 78.6% Männer. Alle hier vorgestellten Analysen beziehen sich deshalb nur auf die Stichprobe der Wirtschaftswissenschaftler, in der das zahlenmäßige Verhältnis von Männern und Frauen zum Zeitpunkt der ersten Erhebung bei 439 (62.9%) Männern zu 259 (37.1%) Frauen lag. Abbildung 9 zeigt das.

	t1	t2	t3	t1-t2-t3
N Gesamt	**698**	**486**	**405**	**399**
Rücklaufquote		T1-T2: 69.63%	T2-T3: 83.3%	
N (Männer	439	302	256	254
N (Frauen)	259	184	149	145
Rücklaufquote (Männer)		T1-T2: 68.79%	T2-T3: 84.77%	
Rücklaufquote (Frauen)		T1-T2: 71.04%	T2-T3: 80.98%	

Abbildung 9:   Stichprobenausfall (Rappensberger 1996, S. 108)

4.2 Zentrale Befunde

Nachfolgend sei an wichtigen exemplarischen Daten gezeigt, ob und inwieweit sich der Weg der jungen Frauen von jenem der Männer in den Beruf unterscheidet und wie ihnen dort – in den Organisationen – die erfolgreiche Integration gelingt.

276

4.2.1 Der Weg in den Beruf

Die strukturelle Krise der deutschen Wirtschaft führte bereits in den frühen 90er Jahren dazu, daß sich in der Regel Absolventen und Absolventinnen der Wirtschaftswissenschaften ihre Stellung nicht aus einer Vielzahl von Angeboten aussuchen konnten, sondern gezwungen waren, sich intensiv zu bewerben. Wie unterschieden sich hier Männer und Frauen? Abbildung 10 gibt die Antwort.

	Männer N=254		Frauen N=145		Signifikanz des Unterschieds	
	M	**SD**	**M**	**SD**	**F(df) = Wert**	**p**
Zahl der Bewerbungen	19.79	27.74	22.97	27.23	$F(1.391) = 1.21$	ns
Anzahl in engere Auswahl gekommen	4.11	3.77	4.12	4.12	$F(1.390) = 0.00$	ns
Anzahl konkrete Stellen-zusagen	1.88	1.69	1.64	1.46	$F(1.388) = 2.04$	ns
Verhältnis Bewerbungen pro Zusagen	11.96	21.35	13.12	22.09	$F(1.328) = 0.21$	ns

Abbildung 10: Bewerbungsintensität und Bewerbungserfolg – getrennt nach Männern und Frauen (Rappensberger 1996, S. 122)

Es wird erkennbar, daß sich weder hinsichtlich der Zahl der Bewerbungen, noch hinsichtlich der Häufigkeit, in die engere Auswahl gekommen zu sein, noch hinsichtlich der Anzahl konkreter Stellenzusagen, noch hinsichtlich des Verhältnisses von Bewerbung pro Zusage ein nennenswerter Unterschied zwischen den männlichen und weiblichen Hochschulabsolventen nachweisen läßt. Offensichtlich hat – ohne Rücksicht auf das Geschlecht – der- bzw. diejenige, der/die das Studium erfolgreich absolviert hat, zunächst die gleichen Mühen, um in die Organisation hineinzugelangen.

Wie aber stellt sich nun die Tätigkeit dar, die in den ersten Jahren ausgeübt wird? Die Befunde für den zweiten und den dritten Untersuchungszeitpunkt zeigt Abbildung 11.

Man erkennt – insbesondere mit Blick auf den dritten Untersuchungszeitpunkt – daß auch hier die Unterschiede zwischen den Männern und Frauen eher marginal sind und von daher für Chancengleichheit sprechen. Dennoch scheinen die in der Abbildung gewählten Bezeichnungen – Kategorien bei der Untersuchung – etwas nicht ganz Unwesentliches zu überdecken. Dies wird deutlich, wenn man auf Einkommensunterschiede achtet, die Abbildung 12 für den zweiten Untersuchungszeitpunkt zeigt.

	t2				t3			
	Männer N=254		**Frauen N=145**		**Männer N=254**		**Frauen N=145**	
	N	**%**	**N**	**%**	**N**	**%**	**N**	**%**
Beschäftigt	227	89.4	115	79.3	242	95.3	135	95.1
Arbeitslos[a]	27	10.6	30	20.7	12	4.7	7	4.9
Trainee/Ausbildung	31	12.2	21	14.5	15	5.9	11	7.6
Befristete Anstellung	20	7.9	27	18.6	22	8.7	17	11.7
Unbefristete Anstellung	148	58.3	61	42.1	174	68.5	100	69.0
Freie/r Mitarbeiter/-in	7	2.8	3	2.1	11	4.3	2	1,4
Erziehungs- und Mutterschaftsurlaub	0	0	0	0	0	0	3	2.1
Selbständig	21	8.3	3	2.1	20	7.9	5	3.4
Derzeit ohne Beschäftigung[b]	27	10.6	30	20.7	12	4.7	7	4.8

Anmerkungen: [a] Ergebnis der logistischen Regression bei t2: χ^2 improvement (1.399)=7.36, $p<.01$ und bei t3: χ^2 improvement (1.399)=0.01, ns
[b] Ergebnis des Chi^2-Tests bei t2: χ^2 (5, $N=399$)=26.65, $p<.001$) und bei t3: (χ^2 (6, $N=399$)=11.90, ns).

Abbildung 11: Anstellungsverhältnis zum zweiten und dritten Erhebungszeitpunkt – getrennt nach Männern und Frauen (Rappensberger 1996, S. 123)

	Männer		**Frauen**	
unter 3000,–	11	(8.0%)	16	(20.8%)
3000,– bis 3999,–	12	(8.7%)	18	(23.4%)
4000,– bis 4999,–	42	(30.4%)	20	(26.9%)
5000,– bis 5999,–	53	(38.4%)	21	(27.3%)
6000,– bis 6999,–	15	(10.9%)	1	(1.3%)
über 7000,– [a]	5	(3.6%)	1	(1.3%)
	M	**SD**	**M**	**SD**
Bruttomonatsgehalt $\varnothing$ [b]	**4963.77**	**1159.91**	**4188.31**	**1194.94**

Anmerkungen: [a] Ergebnis des Chi^2-Tests: χ^2 (5, $N=215$)=23.25, $p<.001$),
[b] Ergebnis der *ANOVA* (F (1.214)=21.62, $p<.001$).

Abbildung 12: Bruttomonatsgehalt der Untersuchungsteilnehmer zum zweiten Erhebungszeitpunkt – getrennt nach Männern und Frauen (Rappensberger 1996, S. 124)

Man erkennt, daß die Männer deutlich – und statistisch signifikant – mehr als Einstiegsgehalt geboten bekommen als die gleich qualifizierten Frauen. Abbildung 13 verdeutlicht an den Ergebnissen des Untersuchungszeitpunktes 3, daß diese Differenz sich stabilisiert.

	Männer		Frauen	
unter 3000,–	5	(3.6%)	13	(16.5%)
3000,– bis 3999,–	12	(8.7%)	15	(19.0%)
4000,– bis 4999,–	21	(15.2%)	14	(17.7%)
5000,– bis 5999,–	62	(44.9%)	30	(38.0%)
6000,– bis 6999,–	26	(18.8%)	5	(6.3%)
7000,– bis 7999,–	7	(5.1%)	1	(1.3%)
8000,– bis 8999,–	4	(2.9%)	0	(0%)
über 9000,–	1	(0.7%)	1	(1.3%)
	M	**SD**	**M**	**SD**
Bruttomonatsgehalt ⌀ [a]	**5349.62**	**1118.01**	**4525.64**	**1278.94**

Anmerkungen: [a] Ergebnis des Chi²-Tests: χ^2 (7, N=217) = 24.95, p<.001), [b] Ergebnis der *ANOVA* (F (1.210) = 23.98, p<.001).

Abbildung 13: Bruttomonatsgehalt der Untersuchungsteilnehmer zum dritten Erhebungszeitpunkt – getrennt nach Männern und Frauen (Rappensberger 1996, S. 125)

Bedenkt man, daß Geld in unserer Gesellschaft Ausdruck von Wertschätzung ist und hat man weiterhin den vielfach dokumentierten Befund vor Augen, daß das Gehaltsniveau in den verschiedensten Berufen vom Frauenanteil abhängt (Friedel-Howe 1986), so läßt sich in diesen Daten die geringere Wertschätzung weiblicher Arbeit durch die Organisation ablesen und zugleich vermuten, daß die künftige berufliche Entwicklung dadurch mitgeprägt werden wird.

4.2.2 Die erfolgreiche Integration während der ersten Jahre

Schlägt sich die finanziell geringere Wertung der Frauen bei der sozialen Integration in den Beruf nieder, gelingt ihnen die Eingliederung weniger gut als den männlichen Kollegen? Wir prüften dies an einer Reihe von Indikatoren, die nachfolgend dargestellt werden sollen. Spezifisch achteten wir auf die Arbeitszufriedenheit, die organisationale Verbundenheit und die Kündigungsabsicht zum dritten Erhebungszeitpunkt, prüften aber innerhalb eines komplexen theoretischen Modells, auf das hier nicht eingegangen werden soll, die denkbaren Ursachen dafür. Abbildung 14 zeigt die Ergebnisse.

Was wird erkennbar? Die Frauen sind – trotz ihrer geringeren finanziellen Einstufung – mit ihrer Arbeit zufriedener. Sie zeigen tendenziell – allerdings statistisch nicht signifikant – höhere organisationale Verbundenheit und haben schwächer ausgeprägte Kündigungsabsichten. Auf der subjektiven Ebene ist ihnen die Integration in den Betrieb mindestens so gut wie den Männern gelungen. Sie unterscheiden sich von den Männern auch nicht hinsichtlich der Bewerbungswege, der Eingliederungshilfen, der Arbeitsplatzmerkmale und der Zielfortschritte. All diese Indikatoren sagen die Integration in den Beruf und in die Organisation gut voraus, jedoch für Frauen und Männer in nahezu gleicher Weise. Ganz konkret: Die Unterschiede, die hier innerhalb der Gruppe der Männer und innerhalb der Gruppe der Frauen festgestellt werden können, sind weit größer als die Unterschiede zwischen den Männern und Frauen.

	Männer		Frauen		Signifikanz	
	M	SD	M	SD	F(df) = Wert	p
Bewerbungswege						
Stellenanzeigen (t2)	3.31	1.63	3.28	1.71	$F(1.210) = 0.01$	ns
Persönliche Kontakte (t2)	3.09	1.53	3.16	1.47	$F(1.210) = 0.09$	ns
Eingliederungshilfen						
Realistische Tätigkeitsvorschau (t2)	4.02	0.61	4.16	0.63	$F(1.204) = 2.61$	ns
Umfang sozialer Unterstützung (t2)	4.60	1.78	4.70	1.85	$F(1.208) = 0.14$	ns
Qualität sozialer Unterstützung (t2)	3.82	1.43	3.88	0.77	$F(1.206) = 0.40$	ns
Arbeitsplatzmerkmale						
Entscheidungsspielraum (t2)	3.95	0.74	3.87	0.82	$F(1.213) = 0.62$	ns
Variabilität (t2)	3.99	0.73	4.09	0.68	$F(1.213) = 0.33$	ns
Qualifikationseinsatz (t2)	3.99	0.88	3.26	0.74	$F(1.213) = 0.56$	ns
Verantwortung (t2)	3.42	0.81	3.55	0.73	$F(1.213) = 1.41$	ns
Zielfortschritte	3.36	0.76	3.49	0.77	$F(1.210) = 1.32$	ns
Indikatoren gelungener Integration						
Arbeitszufriedenheit (t3)	4.59	1.02	4.89	0.91	$F(1.215) = 4.50$[a]	*
					$F(1.180) = 2.69$[b]	ns
Organisationale Verbundenheit (t3)	3.03	0.75	3.21	0.64	$F(1.215) = 3.31$[a]	ns
					$F(1.180) = 1.41$[b]	ns
Kündigungsabsicht (t3)	1.51	1.21	1.14	0.98	$F(1.216) = 5.30$[a]	*
					$F(1.181) = 1.21$[b]	ns

Anmerkung: [*]: $p<0.5$; [a]Univariate ANOVAs durchgeführt ohne Kontrolle der Unternehmenszugehörigkeit; [b]Univariate ANOVAs durchgeführt mit Unternehmenszugehörigkeit als Kovariate.

Abbildung 14: Bewerbungswege, Eingliederung, Arbeitsplatzmerkmale und gelungene Integration im geschlechtsspezifischen Vergleich (Rappensberger 1996, S. 163)

4.2.3 Interpretation

Die Befunde unserer Studie haben uns hinsichtlich ihrer geschlechtervergleichenden Perspektive überrascht. Wir hatten vermutet, daß den Hochschulabsolventinnen der Weg in die Organisation nur mit größerer Mühe und dann auch weniger erfolgreich gelingt als ihren männlichen Kollegen. Dies ist offensichtlich nicht der Fall. Wir gingen auch von der Vermutung aus, daß in den männlich geprägten Organisationen den Männern die Integration besser gelingt als den Frauen. Dies ist – akzeptiert man subjektive Indikatoren – nicht der Fall. Im Gegenteil, die Frauen sind zufriedener und binden sich stärker an das Unternehmen. Sie denken auch seltener an Kündigung. Diesen Befund allerdings sollte man mit großer Vorsicht interpretieren, denn er könnte angesichts der deutlich geringeren Entlohnung der Frauen ein Indikator dafür sein, daß die Frauen diese Benachteiligung akzeptieren und ihre scheinbar so gute Integration in den Betrieb im Sinne einer resignativen Coping-Strategie, d.h. einem mutlosen sich-Anpassen an die Gegebenheiten, erfolgt. Dennoch lassen die hier vorliegenden Daten für einen relativ schmalen Ausschnitt der Karriere von Frauen im Management – die Phase der Bewerbung und die ersten zwei Arbeitsjahre umfassend – eines klar erkennen: Die Weichen für die Unterrepräsentation der Frauen im Management werden hier wohl nicht gestellt.

Fragt man, wo im Sinne der Karrieremuster danach zu suchen ist, so geschieht ganz Entscheidendes in der vororganisationalen Phase, wobei jetzt nicht ganz allgemein auf die Prägung der Geschlechtsrollen und auf die geschlechtsspezifische Erziehung im Elternhaus eingegangen werden soll. Zentral scheint vielmehr die Studienwahl zu sein. Wenn nur ein verschwindend kleiner Teil der Abiturientinnen sich für Ingenieurs- und Naturwissenschaften entscheidet und die Frauen selbst in den wirtschaftswissenschaftlichen Studiengängen unterrepräsentiert sind und es andererseits gerade diese Studiengänge sind, aus denen die Organisationen ihre Führungsnachwuchskräfte rekrutieren, so kann die Unterrepräsentation der Frau innerhalb der Führungsebenen nicht überraschen. Dennoch erklärt auch dies den geringen Frauenanteil in den Top-Ebenen der Unternehmen nicht ausreichend. Eine Antwort darauf, wie es zu dem nahezu gänzlichen Verschwinden der Frauen in diesen Ebenen kommt, konnte unsere Studie nicht geben. Hier ist zu vermuten, daß aus den unterschiedlichsten zu Beginn bereits genannten Gründen Frauen zum einen der Fremdselektion in der Organisation zum Opfer fallen oder, daß sie aber – wie kürzlich vorgelegte qualitative Untersuchungen von Spieß (1996) nahelegen – im Sinne der Selbstselektion auf die weitere Karriere verzichten, um Erfüllung im privaten Lebensbereich zu suchen. Berufliche Karriere der Männer steht ihrem privaten Glück kaum entgegen; im Gegenteil, sie finden in der Regel eine Partnerin, die für sie Beziehungsarbeit leistet und als unbezahltes back-office zur Verfügung steht. Für Frauen besteht dieser Weg kaum, im Gegenteil, selbst wenn sie Karriere machen und dennoch auf private Partnerschaft und Kind nicht verzichten wollen, so müssen sie nicht nur für sich selbst, sondern auch für andere die Verantwortung für den Haushalt und die private Sphäre übernehmen.

5 Abschließende Überlegungen

Wer in der Chancengleichheit der Menschen in unserer Gesellschaft einen hohen Wert und eine zentrale Zielgröße in unserer Demokratie sieht, für den muß die Unterrepräsentation von Frauen in den Führungsebenen der Organisationen ein Ärgernis sein. Die Wurzeln der Chancenungleichheit sollten aber nicht allein in den Organisationen gesucht werden, sie reichen tief zurück in das Elternhaus, in die Schule und in die unreflektierten Selbstverständlichkeiten unserer Kultur. Konkret schlägt sich dies vor allem in der Bildungsphase nieder, denn hier wählen Frauen Bildungswege, die ihnen von vornherein schlechtere Karrierechancen bieten. Innerhalb der Organisation allerdings scheint die gegen die Frauen gerichtete Selektion nicht in der Bewerbungsphase und in den ersten Berufsjahren zu liegen, sondern dann, wenn später tatsächlich die Weichen auf höhere Managementfunktionen hin gestellt werden.

Man könnte nun vorschlagen, daß personale Maßnahmen für Frauen in den Organisationen so aussehen, daß sie lernen, sich wie erfolgreiche männliche Führungskräfte zu benehmen, also dem männlichen Stereotyp von Führungskraft zu entsprechen. Dies aber hieße letztlich sie, »zu Männern« zu machen, um Ihnen Erfolg in den männlichen geprägten Organisationen zu sichern.

Mir erscheint dieser Weg nicht wünschenswert. Es gibt eine Vielzahl von nachgewiesenen Unterschieden zwischen Männern und Frauen, die das soziale Leben bereichern und reizvoll machen. Es wäre Benachteiligung von Frauen und Verarmung sozialen Lebens, wenn den Frauen ihre Besonderheiten abtrainiert werden sollten. Viele Frauen wollen dies offensichtlich auch nicht. So schreibt Gallese (1986, S. 251 f.) im Resümee ihrer qualitativen Untersuchungen an erfolgreichen weiblichen Führungskräften: »Der Grund für die Tendenz der Frauen im Hintergrund zu bleiben ist so fundamental wie der Unterschied zwischen Männern und Frauen überhaupt, wie ich im Verlaufe meiner Untersuchungen erkannte. Trotz der Fortschritte, die im letzten Jahrzehnt erreicht wurden, hat sich in den Unternehmen und Akademikersozietäten nicht viel geändert: Business und vor allem Management, ist immer noch eine Domäne der Männer. Kein Wunder, wenn die Erfolgreichen meist Frauen sind, die sich entschieden haben, wie Männer in einer Männergesellschaft zu leben. Und kein Wunder, wenn diese Frauen nur eine ganz kleine Gruppe von Auserwählten bilden. In vieler Hinsicht ist diese Verweigerung auch ein gutes Zeichen. Sie scheint nämlich zu bedeuten, daß die Frauen nur zögernd etwas aufgeben, was nur sie besitzen: ihre Weiblichkeit... Die Weigerung der Frauen, ihre Identität aufzugeben, um ihre Karriere voranzutreiben, erscheint auch mir sehr weise.«

Nicht die Frauen sollte man umerziehen, sondern die Organisationen so umgestalten, daß sie männlicher und weiblicher Lebensart gleichermaßen gerecht werden.

Dazu können beitragen:

- Clan- oder Netzwerkorganisationen anstelle streng hierarchischer Linienorganisationen

- Konsensorientierte Entscheidungsfindungen anstelle autokratischer Steuerungen

- Flexibilität in den Karrierefeldern anstelle der Leitvorstellung, daß bis zum 35. Lebensjahr alles gelaufen sein muß

- Teilzeitarbeit und Job-Sharing bei qualifizierten Tätigkeiten anstelle der Vorstellung, daß verantwortungsvolle Tätigkeit nicht teilbar sei

- Telearbeit auch im Führungsbereich

- Vom Unternehmen organisierte zeitlich flexible Kinderbetreuung in der Nähe des Arbeitsplatzes

- Qualifizierte Unternehmenskontakte für Frauen in der Phase der Erziehung von Kleinkindern in Verbindung mit fundierten Rückkehrmodellen

- Einstellungs- und Bewußtseinsänderung bei Männern und Frauen in Organisationen dadurch, daß Frauen in verantwortlichen Positionen zur Selbstverständlichkeit werden.

Literatur

Bischof-Köhler, D. (1990): Frau und Karriere in psychologischer Sicht. In: Zeitschrift für Arbeits- und Organisationspsychologie, 34, (1), S. 17–28.

Domsch, M./Regnet, E. (1990): Personalentwicklung für weibliche Fach- und Führungskräfte. In: Domsch, M./Regnet, E. (Hrsg.): Weibliche Fach- und Führungskräfte. Stuttgart, S. 101–123.

Friedel-Howe, H. (1986): Die Unterrepräsentation von Frauen im Management. Habilitation, Universität München.

Friedel-Howe, H. (1990a): Ergebnisse und offene Fragen der geschlechtsvergleichenden Führungsforschung. In: Zeitschrift für Arbeits- und Organisationspsychologie, 34 (N.F.8), S. 3–16.

Friedel-Howe, H. (Hrsg.) (1990b): Themenheft Frau und Karriere. Zeitschrift für Arbeits- und Organisationspsychologie, 34 (N.F.8).

Gallese, L. (1986): Von den Folgen des Erfolgs: Gespräche mit Spitzen-Managerinnen. Reinbek.

Hofstätter, P. (1957): Psychologie. Fischer Lexikon, 6.

Klages, H. (1984). Wertorientierungen im Wandel. Rückblick, Gegenwartsanalyse, Prognosen. Frankfurt a. M.

Merz, F. (1979): Geschlechterpsychologie. Göttingen.

Neubauer, R. (1990): Frauen im Assessment Center – ein Gewinn? In: Zeitschrift für Arbeits- und Organisationspsychologie, 34, (1), S. 29–36.

Pawlowski, P./Bäumer J. (1993): Funktionen und Wirkungen beruflicher Weiterbildung. In: Strümpel, B./Dierkes, M. (Hrsg.): Innovation und Beharrung in der Arbeitspolitik. Stuttgart, S. 69–120.

Prenzel, W./Strümpel, B. (1990): Männlicher Rollenwandel zwischen Partnerschaft und Beruf. In: Zeitschrift für Arbeits- und Organisationspsychologie, 34, 37–45.

Rappensperger, G. (1996): Berufseinstieg, Integration und Förderung von Führungsnachwuchskräften. Unveröffentlichte Dissertation, Universität München.

Rosenstiel, v., L. (1992): Grundlagen der Organisationspsychologie. Stuttgart.

Rosenstiel, v., L. (1994): Männer und Frauen in Organisationen. In: Schubert, V. (Hrsg.): Frau und Mann. St. Ottilien, S. 207–237.

Rosenstiel, v., L./Neumann, P. (1991): Einführung in die Markt- und Werbepsychologie. Darmstadt.

Rosenstiel, v. L./Nerdinger, F./Spieß, E. (Hrsg.) (1997): Von der Hochschule in den Beruf. Wechsel der Welten in Ost und West. Stuttgart.

Rosenstiel, v., L./Nerdinger, F. W./Opitz, G./Spieß, E./Stengel, M. (1986): Einführung in die Bevölkerungpsychologie. Darmstadt.

Spieß, E. (1996): Kooperatives Handeln in Organisationen. München/Mering.

Witte, E./Kallmann, A./Sachs, G. (1981): Führungskräfte der Wirtschaft. Stuttgart.

Familienorientierte Personalpolitik als Teil der Unternehmenspolitik – auch ein Thema für weibliche Führungskräfte[1]

von Artur Wollert und Gaby Wilms

Ausgehend von der These, daß eine bessere Vereinbarkeit von Beruf und Familie sowohl den Bedürfnissen der Arbeitnehmer als auch den Interessen der Unternehmen entgegenkommt, werden in diesem Beitrag zunächst Merkmale und Effekte einer familienorientierten Personalpolitik skizziert. Im weiteren wird ein großangelegtes Projekt der Gemeinnützigen Hertie-Stiftung zur Entwicklung und Umsetzung eines entsprechend ausgerichteten personalpolitischen Konzeptes vorgestellt.

1 Einführung

Ziel der Personalarbeit ist es, die Produktivität der Human Ressourcen zu sichern und auszubauen. Um dieser Maßgabe zu entsprechen, werden in fast allen Unternehmen viele Aktivitäten initiiert. Angefangen von Restrukturierungsmaßnahmen der Arbeitsabläufe über Selbstverantwortung, Delegation, Teamstrukturen und KVP bis hin zur lernenden Organisation. Alle Anstrengungen haben eines gemeinsam: Sie sollen das Rüstzeug für den verschärften globalen Wettbewerb schaffen. Die Anforderungen an Organisation, Management und Mitarbeiter werden durch eine stetige Dynamisierung des Unternehmensumfeldes immer höher.

Der Ausbau der Technologisierung, die Globalisierung der Kapital- und Gütermärkte, der Zwang zur Internationalisierung und Dezentralisierungstendenzen – kurz: die wachsende Komplexität bei einer immer knapper werdenden Ressource Zeit – zwingen die Unternehmen zum Umdenken. Die weltweite Verfügbarkeit qualifizierter Human Ressourcen macht das *Wissen* zum entscheidenden Standortfaktor. Insofern erhält die Ressource Mitarbeiter einen bedeutenden Stellenwert. Seine optimierte Nutzung steht im Vordergrund betriebswirtschaftlichen Handelns.

---

[1] Inzwischen auch in ähnlicher Form erschienen unter dem Titel »Gewinnen durch Teilen. Sind Konflikte zwischen Beruf und Familie unvermeidbar?« In: Personalführung, 30, (5), S. 398-404.

Zur Erhöhung der Produktivität stellt die Reduzierung der Lohnstückkosten eine mögliche Variante dar, die allerdings durch rechtliche, tarifvertragliche und tatsächliche Rahmenbedingungen in Deutschland nur bedingt greifen. Eine weitere, erfolgversprechendere Alternative besteht darin, den Output der Mitarbeiter zu erhöhen.

Unternehmensführung und Personalpolitik haben die Erwartungen von drei Zielgruppen zu berücksichtigen: Die Kapitalgeber wollen hohe Renditen ihres eingesetzten Kapitals erzielen, die Kunden wünschen bestmögliche(n) Service, Qualität und kurze Lieferzeiten, die Mitarbeiter erwarten die Berücksichtigung ihrer Interessen. Unter der Zielsetzung, Kapitalgeber und Kunden zufrieden zu stellen, brauchen Unternehmen auch zufriedene Mitarbeiter, die persönliches Engagement zeigen, das über das hinausgeht, was »unbedingt getan werden muß«. Kundenorientierung beginnt bei Mitarbeiterorientierung.

Die neuen Strukturen und Denkweisen im Unternehmen sind zunehmend auf den sogenannten »mündigen Mitarbeiter« ausgerichtet, der den gesamten Prozeß sieht und sich dadurch auf seinen Teil gezielt konzentrieren kann. Besser als seine Vorgesetzten ist er (bzw. die Gruppe) in der Lage, die Arbeit selbst zu organisieren und kundengerecht abzuwickeln. Voraussetzung dafür ist eine Personalarbeit, die nicht nur den Mitarbeitern Verantwortungsbewußtsein, Loyalität und Flexibilität abverlangt, sondern die dieses auch ihrerseits ihren Mitarbeitern entgegenbringt. Im Gegensatz zu dem alten Dogma von Planung, Organisation und Kontrolle im Sinne einer Vertragsgesellschaft (»Voller Lohn für volle Arbeit«) ist damit vielmehr das Prinzip des gegenseitigen Vertrauens einer Emotionsgesellschaft angesprochen. Die Beziehung zwischen Unternehmen und Mitarbeiter begründet sich weniger aus dem Arbeitsvertrag heraus, als aus den gemeinsam gelebten Ideen, Zielen und Wertvorstellungen. Mit diesen Werten müssen sich die Mitarbeiter identifizieren können; sie müssen für den Beruf genauso wie für zu Hause gelten können, damit nicht nach einem gespaltenen Verhaltenskodex gelebt werden muß und die scharfe Trennung zwischen Beruf und Privatem aufgehoben werden kann.

Eine derart ausgerichtete Personalpolitik berücksichtigt, daß jeder Mitarbeiter zum einen im Beruf, zum anderen im Privatleben – der Familie – engagiert ist. Beide Lebensbereiche bedingen einander. Eine getrennte Betrachtung – wie es bislang weitläufig geschehen ist – widerspricht zudem jeglichem Systemdenken. Opaschowski (1997) spricht von einem Bewußtseinswandel vom Gelddenken zum Zeitdenken. Man möchte wieder mehr vom Leben haben, das Leben leben – und Arbeit ist nur mehr das halbe Leben.

Die Sinnerfüllung des Lebens wird nicht mehr im Entweder/Oder gesehen; vielmehr befinden wir uns im Übergang vom dualen zum integralen Lebenskonzept.

Dem Ungleichgewicht Arbeit – Familie liegt nach Senge (1996, S. 372 ff.) der Archetyp »Erfolg dem Erfolgreichen« zugrunde. Mehr Zeit für die Arbeit führt zu größerem Erfolg, größerer Erfolg zu dem Wunsch, noch mehr Zeit in die Arbeit zu investieren. Umgekehrt gilt: Mehr Zeit für die Familie führt zu befriedigenderen Familienbeziehungen. Beide sich verstärkenden Prozesse sind miteinander verknüpft und von Natur aus instabil, d.h. man tendiert dazu, nach der einen oder anderen Seite zu driften. Da die Arbeit mit Einkommen verbunden ist, besteht ein größerer Druck dafür mehr Zeit zu investieren. Hinzu kommt, daß familiäre Probleme oft durch noch mehr Arbeit kompensiert werden. Eine »Teufelsspirale« zu Lasten der Familie. Ob zum Vorteil des Unternehmens ist fraglich. Indem Unternehmen

»einen solchen Konflikt fördern, lenken sie die Aufmerksamkeit ihrer Mitglieder ab und schwächen deren Fähigkeiten – oft in viel größerem Maße, als ihnen bewußt ist. Überdies versäumen sie, eine potentielle Energie auszunutzen, die zwischen lernenden Unternehmen, lernenden Individuen und lernenden Familien bestehen kann« (Senge 1996, S. 376).

So ist es für Unternehmen kontraproduktiv, wenn ihre Mitarbeiter mit familiären Sorgen belastet sind. Die Konzentration auf die beruflichen Belange nimmt ab; über kurz oder lang sinkt die Effektivität und auch der Familiensegen hängt schief. Aber auf der Grundlage zerrütteter Familien und Beziehungen kann kein Unternehmen erfolgreich existieren.

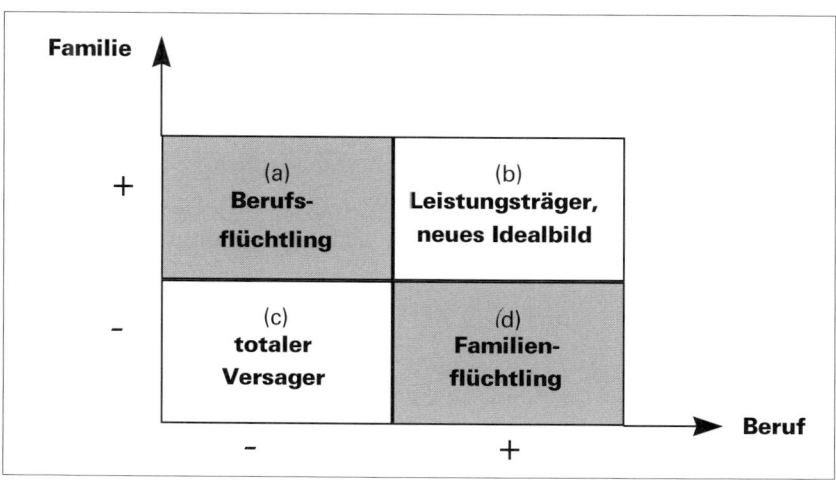

Abbildung 1: Führungskräfte zwischen Beruf und Familie

Einseitigkeit in der Lebensführung führt leicht zu Resignation, Ressentiments und Aggressivität. Beruflichen Erfolg und den Aufbau bzw. Erhalt privater Beziehungen in Übereinstimmung zu bringen, liegt im Interesse von Unternehmen und Mitarbeiter. Moderne Unternehmen bevorzugen insbesondere solche Führungskräfte und Mitarbeiter, die in Abbildung 1 durch Feld b identifiziert sind.

2 Familienorientierte Personalpolitik

Der Gedanke einer familienorientierten Personalpolitik reicht weiter als die traditionelle Frauenpolitik. Oft genug erscheint Frauenpolitik als gegen die Männer gerichtet; das wird insbesondere bei der Realisierung der sogenannten Frauenquoten deutlich. Familienpolitik ist hingegen integrierter Bestandteil eines unternehmerischen Personalmanagements, das versucht, auf die Bedürfnisse der Mitarbeiter einzugehen und sie mit den Interessen des Unternehmens besser in Einklang zu bringen. Eine solche Personalpolitik berücksichtigt individuelle, charakter- und altersspezifische Unterschiede. Geschlechtsspezifische Unterschiede werden dabei explizit nicht vorgenommen.

Eine familienorientierte Personalpolitik geht von einem ganzheitlichen Menschenbild aus und differenziert zwischen unterschiedlichen Lebensphasen der Mitarbeiter. Die Beziehungen zwischen Beruf – Familie sind zweifellos je Lebenszyklus unterschiedlich spannungsreich strukturiert. Beispielsweise können vier Phasen zugrundegelegt werden (vgl. Abbildung 2).

Selbstverständlich sind jedoch die Interessen der einzelnen Mitarbeiter je Lebensphase nicht in jedem Fall identisch. Ein Mann ist möglicherweise an weniger Arbeit interessiert, weil er teilnehmen will an der Entwicklung und Erziehung seines Kindes; ein anderer möchte unbedingt Mehrarbeit leisten, weil sich seine Frau ausschließlich der Kindererziehung widmet und das Familienbudget nicht wesentlich geschmälert werden soll. Durch dieses Beispiel wird im Kern nur bestätigt, daß während der verschiedenen Lebensphasen unterschiedliche Anforderungen an den Arbeitgeber gerichtet werden. Die Personalpolitik muß sich darauf einstellen.

Die Pluralität familialer Lebensformen in unserer Gesellschaft (sinkende Kinderzahl, hoher Anteil Alleinerziehender, Dual Career Couples) bedingt, auch in den Unternehmen unterschiedliche Lebensentwürfe zu akzeptieren und dementsprechende Instrumente einer besseren Vereinbarkeit von Arbeit und privatem Lebensbereich anzubieten. Die geschlechtstypische Arbeitsteilung ist mittlerweile überholt. Das traditionelle Rollenverständnis von Frauen und Männern hat sich gewandelt. Frauen verstehen sich schon lange nicht mehr als »Steigbügelhalter« der Karriere des Mannes. Der Arbeitsmarkt wird deutlich weiblicher. Frauen sind zu 60% am Erwerbsarbeitsleben beteiligt; vielfach in sogar qualifizierteren Jobs als ihre Lebenspartner. Aufgrund des gestiegenen Ausbildungs- und Qualifikationsniveaus der Frauen ist es vor allem aus betriebswirtschaftlichen Gründen sinnvoll, das investierte Humankapital zu halten und nicht »abwandern« zu lassen. Selbst vor dem Hintergrund von Downsizing-Maßnahmen kann es sich kein Unternehmen leisten, seine guten Mitarbeiter zu verlieren. Der Erhalt qualifizierten und erfahrenen Humankapitals ist nach wie vor eines der wichtigsten Aufgaben der Personalarbeit. Hier sind nicht nur die Frauen bzw. Mütter angesprochen. Auch Väter können sich veranlaßt sehen, den Arbeitgeber zu wechseln, wenn das Unternehmen keine Möglichkeiten bietet, familiäre Anliegen zu berücksichtigen. Sei es bei einer bevorstehenden Auslandsentsendung, dem Wunsch, die Arbeitszeit zu reduzieren oder alternierend von zu Hause aus zu arbeiten.

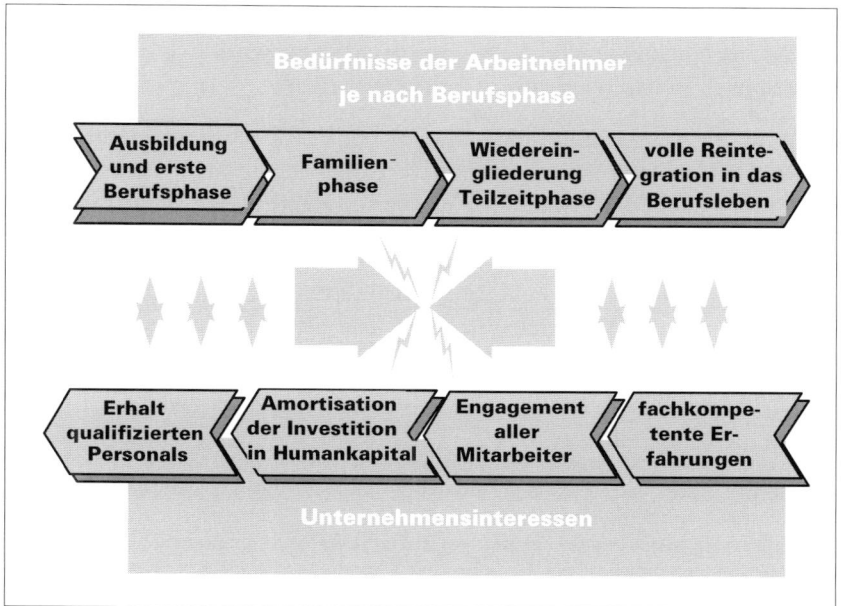

Abbildung 2: Beispiel für Interessen der Arbeitnehmer und des Arbeitgebers in verschiedenen Berufsphasen

3 Effekte einer familienorientierten Personalpolitik

Fragt man nach dem Nutzen einer familienfreundlichen Unternehmensführung, so heben familienfreundliche Betriebe in Deutschland vor allen Dingen das verbesserte Betriebsklima heraus. Die Offenheit im Umgang mit den familiären Bedürfnissen fördert die Kommunikation und die Unterstützung durch Führungskräfte und Kollegen. Familienbedingte Fehlzeiten werden reduziert.

Brunner, Chef einer Steuerkanzlei mit 45 Mitarbeitern und vom Bundesfamilienministerium in dem Wettbewerb »Familienfreundlicher Kleinbetrieb 1996«, mit dem ersten Preis ausgezeichnet, hat positive Erfahrungen gemacht:

»Eine Mutter, die das Betreuungsproblem gelöst hat, ist mit dem Kopf mehr bei der Arbeit. Ich verliere keine erfahrenen Kräfte. Und die Kunden sind zufriedener, weil ihnen nicht ständig eine neue Bezugsperson gegenüber sitzt« (zit. nach Schramm 1997).

Eine flexible Arbeitszeit- und Arbeitsortregelung ermöglicht jedem Mitarbeiter, seiner Arbeit nachzukommen, wann er will. Brunner legt Wert auf das Arbeitsergebnis, nicht darauf, wo es erbracht wird. Seine Mitarbeiter können nach Bedarf auch von zu Hause aus arbeiten.

Ein gutes Personal-Controlling wägt das Für und Wider einer dementsprechenden Personalpolitik sorgfältig ab. Die Komponenten in folgender Kosten-Nutzen-Übersicht (vgl. Abbildung 3) werden quantifiziert werden müssen.

Synergieeffekte zwischen einem produktiven Familien- und Berufsleben bestehen auch darin, in der Familie erworbene Kompetenzen in das Unternehmen einzubringen. Was zeichnet erfolgreiche Eltern aus und was haben sie mit erfolgreichen Führungskräften gemeinsam? O'Brien, Präsident von Hanover Insurance, sagt:

»Je besser ich verstehe, welche Führungsfähigkeiten in einem lernenden Unternehmen tatsächlich wichtig sind, desto mehr bin ich davon überzeugt, daß dies die Fähigkeiten sind, die erfolgreiche Eltern auszeichnen. Führen in einem lernenden Unternehmen bedeutet, daß man Menschen bei der Klärung und dem Verfolgen ihrer eigenen Visionen unterstützt, daß man ihnen ... hilft, tieferliegende Gründe von Problemen zu entdecken und sie befähigt, Entscheidungen zu treffen. Gibt es eine bessere Beschreibung für eine erfolgreiche Elternschaft?« (zit. nach Senge 1996, S. 376).

	Kosten	Nutzen
Erfolgte Maßnahmen	■ Entwicklungskosten für Maßnahmen ■ Sach- und Personalkosten ■ Aufwand für die Begleitung durch das Personalwesen ■ Betriebskosten ■ Kosten für Qualifizierung von Führungskräften ■ Einschränkung von Flexibilität in Teilbereichen ■ Einschränkung des verfügbaren Arbeitszeitvolumens ■ Möglichkeiten des Mißbrauchs von Maßnahmen	■ Verbesserung der Arbeitsbeziehung ■ Sicherung von Produktivität und Qualität ■ Reduktion von Fehlzeiten und Fluktuation ■ an den Arbeitsprozeß angepaßte Arbeitszeiten ■ erweiterte Betriebsmittelnutzungszeiten ■ Verbesserung von Innovationsbereitschaft und Engagement ■ langfristige Sicherung von Humankapitalinvestitionen ■ Arbeitsmarkt-Vorteile durch Imageverbesserung ■ Reflektion der Arbeitsbeziehungen begünstigt personalwirtschaftliche Innovationen in anderen Bereichen
Nicht erfolgte Maßnahmen	■ eingeschränkte Produktivität ■ Motivationsverlust/Leistungsminderung ■ Fehlanzeige/Enttäuschungen ■ Burn-out/Suchtverhalten/gesundheitl. Risiken ■ Abstimmungsverluste im Unternehmen ■ eingeschränkte Nutzung pers. Ressourcen ■ Fluktuationskosten ■ begrenztes Interesse an Mobilität ■ reduzierte Chancen auf dem Arbeitsmarkt ■ Verzicht auf Imagevorteile auf Absatzmarkt	■ keine finanziellen Aufwendungen für die Maßnehmenentwicklung und -umsetzung ■ keine erhöhten Aufwendungen in der Einführungsphase ■ keine Weiterbildungs- und Trainingskosten

Abbildung 3: Kosten/Nutzen-Aspekte einer familienorientierten
Personalpolitik (Hosemann et al. 1992)

4 Integration einer familienorientierten Personalpolitik in die Unternehmensführung

Familienorientierte Maßnahmen müssen integrierter Bestandteil von Arbeitsorganisation und Führung sein. Dieses setzt zum einen gewisse Freiräume im Rahmen von Arbeitszeit- und Arbeitsortregelungen voraus, zum anderen Führungskräfte, die im Rahmen organisatorischer Flexibilität eine Vereinbarkeit der Lebensbereiche Beruf und Familie unterstützen. Telearbeitsplätze, zeitautonome Gruppen, Projektarbeit – diese zeitgemäßen Formen heutiger Unternehmensführung bieten gute Voraussetzungen einer erleichterten Vereinbarkeit von Beruf und Familie. Die ist um so eher sicherzustellen, wenn sie im Rahmen einer Unternehmenskultur wirksam werden kann, die sich sowohl ihrer unternehmerischen wie ihrer gesellschaftlichen Verantwortung bewußt ist.

5 Das Projekt »Familienorientierte Personalpolitik als Teil der Unternehmenspolitik« der Gemeinnützigen HERTIE-Stiftung

Seit Mitte 1995 fördert die Gemeinnützige Hertie-Stiftung, Frankfurt, ein großangelegtes Projekt zur Entwicklung und Umsetzung einer familienorientierten Personalpolitik.

Empirische Pilotprojekte in Klein-, Mittel- und Großbetrieben – sowohl in der Industrie, im Handel und im Banken- und Dienstleistungsbereich – bilden die Grundlage für die Erstellung eines derart ausgerichteten personalpolitischen Gesamtkonzeptes. Als Ergebnis werden allen interessierten Unternehmen praxiserprobte und konkrete Handlungsanleitungen zur Verfügung gestellt, die die Einführung und Umsetzung einer familienorientierten Personalpolitik ermöglichen. Ferner wird das gesellschaftspolitische Umfeld analysiert und es werden Vorschläge entwickelt, was vom Staat, den Verbänden u.a. getan werden sollte, um die notwendige Vereinbarkeit zu unterstützen. In Anlehnung an die USA und in enger Abstimmung mit ca. 50 Unternehmen, erarbeitet das Projekt zudem ein sogenanntes *Audit Beruf & Familie*, das mit Unterstützung der Arbeitszeitberatung Fauth-Herkner, Pullach bei München, entwickelt wird.

Audit Beruf & Familie – Was heißt das? Es wird ein Kriterienkatalog erarbeitet, der alle praktizierten und möglichen Systeme, Instrumente, Wertvorstellungen usw. in den Firmen auflistet, die in geeigneter Form die Vereinbarkeit von Beruf und Familie unterstützen. Die Inhalte des Audits sollen sich nach derzeitigem Stand auf folgende Felder erstrecken:

1. Informations- und Kommunikationspolitik
2. Arbeitszeit
3. Arbeitsabläufe und -inhalte
4. Arbeitsort
5. Dienstleistungen für Familie und Sozialleistungen
6. Entgeltpolitik
7. Führungskompetenz
8. Personalentwicklung
9. Personalpolitisches Datenmodell

Abbildung 4: Handlungsfelder im Audit Beruf und Familie

Jedes Kriterium wird – wie z.B. bei der analytischen Arbeitsplatzbewertung – mit Hilfe von Unterkriterien so detailliert wie möglich beschrieben. Im Handlungsfeld 7, Führungskompetenz, wird beispielsweise gefragt, inwiefern familienunterstützendes Führungsverhalten Gegenstand der Beurteilung von leitenden Mitarbeitern ist. Oder – neben weiteren Fragen – ob es einen persönlichen Entwicklungsplan gibt, der die Vereinbarkeit von Beruf und Familie berücksichtigt. Über alle Handlungsfelder ist auf diese Art ein umfangreicher Fragenkatalog entstanden. Darüber hinaus werden den einzelnen Maßnahmen Punktwerte zugeordnet, die mit unterschiedlicher Gewichtung in das Gesamtergebnis einfließen. Die familienorientierten Aktivitäten werden dahingehend beurteilt,

1. inwiefern die Maßnahmen im Unternehmen institutionalisiert sind,
2. welche Mitarbeitergruppen bzw. Führungskräfte daran partizipieren,
3. ob es tatsächlich »gelebt« wird, d.h. wer unterstützend einwirkt und
4. wie die Mitarbeiter eingebunden werden.

Das interessierte Unternehmen hat auf dieser Basis die Möglichkeit, seine Aktivitäten auf diesem Gebiet mit der Vielfalt des allgemeinen Angebotes zu vergleichen, d.h. sich selbst in seinem Engagement einzuschätzen. Es wird sozusagen ein Ist-Zustand der Familienorientierung im Unternehmen ermittelt und – bei Bedarf und auf Anfrage – auch ein zukünftig wünschenswerter Soll-Zustand festgestellt.

Die Höhe der insgesamt zu erreichenden Punktzahl hängt naturgemäß sehr stark von der Größe und Branche eines Betriebes ab. Ergebnisse kleiner und mittlerer Betriebe, deren Vorteil darin liegt, ad hoc individuell zugeschnittene Lösungswege zu entwickeln, sollen und können nicht mit Großunternehmen verglichen werden, die ein umfangreiches personalwirtschaftliches Regelwerk (Betriebsvereinbarungen etc.) besitzen.

Ein Vergleich der Unternehmen unter ihresgleichen im Sinne von Benchmarking ist durchaus möglich und erwünscht. Dieser etwas sportliche, wettbewerbsorientierte Charakter des Instrumentariums bietet zum einen Anreiz für weitere Aktivitäten, zum anderen Öffentlichkeitswirksamkeit im Hinblick auf Personalrekrutierung und Kundenbindung. Aber auch Mitarbeitern steht mit dem Audit Beruf & Familie ein Instrument zur Verfügung, die Personalpolitik eines Unternehmens in diesem spezifischen Feld einordnen und beurteilen zu können.

Nicht zuletzt ermöglicht das Audit einen guten Einstieg in die notwendige Kosten-Nutzen-Analyse einer familienorientierten Personalpolitik, denn die zugrunde liegenden Maßnahmen sollen sich natürlich positiv auf die Wettbewerbsfähigkeit der Unternehmen auswirken.

6 Fazit

Die Familie ist tragende Säule unserer Gesellschaftsordnung. Das Geschehen in den Unternehmen prägt die Entscheidungsmuster für die Qualität des familialen Zusammenlebens und umgekehrt. Auch aus gesellschaftlicher Verantwortung müssen Unternehmen dafür sorgen, daß wir weder zu einer »sterbenden« Gesellschaft werden, noch daß die Familie ihre wichtigen Aufgabe als Rekreationszentrum verliert. Die Unternehmen haben in den letzten Jahren den Umweltgedanken gezielt und verantwortungsbewußt in ihr Zielsystem integriert. Im Sinne des Stakeholder-Ansatzes hat dadurch der Unternehmenswert nicht gelitten. Es ist durchaus vorstellbar, daß Ähnliches auch in bezug auf die Familienfreundlichkeit gelingt.

Sektorale Verschiebungen der Beschäftigung – seit 1969 sind ca. 7.5 Mio. zusätzliche Arbeitsplätze im Dienstleistungssektor geschaffen worden – bieten für eine Vereinbarkeit von Beruf und Familie neue Chancen. Telearbeit etwa hat in der Informatikbranche begonnen und gute Umsetzungsvoraussetzungen auch in anderen Bereichen gefunden. Die neuen Ladenöffnungszeiten zwingen ebenfalls dazu, nach neuen Wegen einer besseren Vereinbarkeit von Beruf und Familie zu suchen. Antworten auf die Frage, wie eine konkrete familienorientierte Personalpolitik in der betrieblichen Praxis gestaltet werden kann, wird die Gemeinnützige Hertie-Stiftung Mitte 1998 mit der Veröffentlichung ihrer Projektergebnisse geben können.

Konflikte zwischen Beruf und Familie sind vermeidbar. Das konventionelle Handlungsmuster »entweder Beruf oder Familie« wird sich zu einem »gemeinsamen Teilen« beider Lebenspartner entwickeln, gefördert durch eine entsprechend ausgerichtete Personalpolitik. Voraussetzung dafür ist, daß einige Klischeevorstellungen in Betrieb und Gesellschaft abgebaut werden: daß Patchwork-Lebensläufe im Gegensatz zu streng berufsorientierten Karrieren Akzeptanz finden, Familienarbeit die gleiche Wertschätzung wie Erwerbsarbeit erfährt, Männer im Erziehungs-»Urlaub« nicht belächelt werden und Frauen als potentielle »Schwangerschafts-Risikogruppe« im Beruf keine Benachteiligung erfahren. Der sich bereits vollziehende Bewußtseinswandel in der jüngeren Generation sollte ermutigt und unterstützt werden. Ein Ja zur Familie bedeutet ein Ja zur täglichen Arbeit und zu unserer Gesellschaft.

Nähere Auskünfte zum Projekt erteilen gerne:
Prof. Dr. Artur Wollert/Gaby Wilms
Lyoner Str. 15 (im ATRICOM)
60528 Frankfurt/Main
Tel. 0 69/6 66 83 61, -83 71, -84 13
Fax 0 69/6 66 90 20

Literatur

Hosemann, W./Burian, K./Lenz, C. (1992): Vereinbarkeit von Beruf und Familie – ein Thema auch für männliche Mitarbeiter? Köln.

Opaschowski, H. W: (1997): Deutschland 2010. Hamburg.

Schramm, J. (1997): Die Kinder dürfen mit ins Büro: In: Bild der Frau, 17. 1. 1997.

Senge, P. (1996): Die fünfte Disziplin. Stuttgart.

Wilms, G. (1996): Familienfreundlichkeit als Impuls effizienter Unternehmensführung. In: Personalführung, (5), S. 414–420.

Wollert, A./Huber, A. (1996): Familienfragen müssen zu einem festen Bestandteil der Firmenphilosophie werden. In: Psychologie heute, (12), S. 34–37.

Wollert, A./Knauth, P. (Hrsg.) (1996): Human Resource Management – Neue Formen betrieblicher Arbeitsorganisation und Mitarbeiterführung: Strategien, Konzepte, Praxisbeispiele. Köln.

Die Stärke der Frauen sichtbar machen – Wie Frauen in Führungspositionen durch eigene Netzwerke Selbstsicherheit erfahren und Beweglichkeit gewinnen

von Christa van Winsen

Netzwerke für Managerinnen werden hier nicht detailliert beschrieben. Darüber gibt es bereits ausreichend Literatur. Hier soll es um die Prozesse gehen, die stattfinden, wenn Netzwerke aktiv sind und gut funktionieren. Detaillierter eingegangen wird dabei auf einige Aktivitäten des Netzwerks Frauen in Verantwortung, einem Förderkreis der baden-württembergischen Wirtschaft, der seit nunmehr sieben Jahren mit Projekten und Veranstaltungen die Chancenförderung für Frauen in Führungspositionen und für den weiblichen Führungsnachwuchs unterstützt.

1 Im Netz

1.1 Sicherheit und Beweglichkeit

Um sich in einem Netz gut aufgehoben zu wissen und frei bewegen zu können, bedarf es schon einiger Voraussetzungen. Betrachten wir eine Spinnwebe: Sie ist ein kunstvoll kreiertes Gespinst aus miteinander verknüpften feinen Fäden. Die Knoten sind nach einem ebenso ästhetischen wie funktionalen System angeordnet. Ein Teil der Fäden – jener zwischen weit auseinander liegenden Knoten – ist mit einer klebrigen Substanz getränkt, die festhält, was eingefangen werden soll. Die kurzen, quergezogenen Fäden sind frei von Klebstoff und dienen der Spinne als Hochseil, auf dem sie sich behende zu bewegen weiß.

Erst wenn das Netz fest vertäut ist und eine Mindestanzahl an Knoten aufweist, kann es seine Funktion erfüllen: bietet es Sicherheit bei größtmöglicher Beweglichkeit, bewahrt es vor Absturz und hält fest, was die Spinne nährt.

Nach diesem Beispiel haben Menschen Netze geknüpft. Ein simples Beispiel ist das Einkaufsnetz, das sich, bei minimalem Eigengewicht, sehr flexibel den unterschiedlichsten Formen anpaßt und dabei selbst schwerste Transporte zu bewältigen hilft. Ein anderes Beispiel stellen die aus Lianen oder Seilen geknüpften Hängebrücken der Eingeborenen über schroffe Klüfte und reißende Flüsse dar. Mutige Pioniere haben sie – vielleicht unter Lebensgefahr – zusammengefügt und festgezurrt. Sie haben damit sich und ihren Nachfolgern ermöglicht, Grenzen zu überwinden und neues Terrain zu erobern.

Nach solchen Prämissen geknüpfte Frauennetzwerke, auf ihre Tüchtigkeit als Stütze, als Nährboden, als Sicherung und als Brücke hin überprüft, erscheinen schlicht als: perfekt! Mit Hilfe eines solchen Netzwerkes können Potentiale entwickelt, Ressourcen entdeckt und erprobt, Kompetenzen verstärkt und Persönlichkeit entfaltet werden.

1.2 Geben und Nehmen

Im Zeitalter der weltumspannenden Kommunikation ist es für uns längst eine Selbstverständlichkeit, über elektronische Netze mit anderen in Verbindung zu treten. Telefonnetze kennen wir von Kindesbeinen an. Inzwischen surfen unsere Kinder souverän über Datenautobahnen im Internet. Besonders lustvoll ist dieses Herumschwänzeln in neuen elektronischen Welten, wenn sich daraus ein reger Austausch entwickelt. Wenn die ausgesandten Signale und Botschaften auf ein Gegenüber treffen, das sie nicht nur freudig aufnimmt und verarbeitet, sondern dies als Aufforderung zu einem »Deal« ansieht und seinerseits Signale und Botschaften sendet. »Interaktion« ist das Schlagwort des Kommunikationszeitalters.

Die Internet-Foren und die sogenannten »Bretter« in den Online-Diensten der Datennetze sind für die »User« zu einem wichtigen Instrument der Vernetzung, des Erfahrungsaustauschs, des Wissenstransfers geworden. Je mehr der oder die einzelne in dieses Forum einbringt, um so höher ist der Nutzen für alle; um so profitabler ist das »Brett« auch für die Finanziers.

Dieses aktive Kommunizieren ist Voraussetzung für ein funktionsfähiges Managerinnen-Netzwerk. Jede Frau ist hier aufgefordert, zu agieren.

Überprüfen wir nun unter dem Gesichtspunkt des ausgeglichenen Gebens und Nehmens Managerinnen-Netzwerke, so müssen wir kritisch festhalten: Hier sind sie noch sehr verbesserungswürdig!

2 Frauen in Verantwortung

2.1 Von der Einzelkämpferin zur Netzwerkerin

Nichts ist Frauen in Führungspositionen in der zweiten Hälfte der achtziger Jahre so leichtfertig aufgedrückt worden wie das diffamierende Prädikat der »Alibifrau«. Daß Topmanagerinnen als Einzelkämpferinnen in sehr dünner Luft und auf einem schmalen Grad zwischen weiblicher und männlicher Kultur wandeln mußten und zu gefährlichen Balanceakten zwischen Anpassung und Auflehnung gezwungen waren, hat ihnen wenig Anerkennung eingebracht. Als Gefangene ihrer eigenen wie auch fremder Erwartungen, mehr leisten zu müssen und besser zu sein als Männer in vergleichbarer Position, fehlte ihnen die Energie, anderen Frauen den beschwerlichen Weg in die Führungsetagen zu ebnen.

Dank zunehmender Qualifizierung ist die Zahl der Frauen im Management dennoch gewachsen. Muntere Hundertschaften von Managerinnen haben mittlerweile fleißig die notwendigen Knoten geknüpft, um für ihresgleichen eine sichere Basis zu schaffen: für die Entwicklung ihrer eigenen Persönlichkeit, ihrer Konfliktfähigkeit, ihrer fachlichen und sozialen Kompetenz – und eines eigenen Führungsstils. Die Zeit der Anpassung an den männlich geprägten autoritären Führungsstil war für sie endgültig vorbei. Inzwischen spricht man in der Wirtschaft ganz offen von weiblichem Führungsstil. Entsprechend gewachsen ist das Selbstbewußtsein der Managerinnen in den Netzwerken.

Hier liegt deren absolute Stärke: im Coaching, in gemeinsamer Erfahrungsauswertung, in der Transparenz und im Lernen an ganz konkreten Fallbeispielen aus dem Kreis der Mitglieder.

Daß es gleich mehrere ähnlich gelagerte Netzwerke für Frauen in Führungspositionen gibt, hängt mit den unterschiedlichen Meinungen und Einstellungen der Netzwerkerinnen zusammen. Sie haben zwar ein gemeinsames Ziel, aber keine einheitliche Strategie, um die Quintessenz ihrer »Sache« als Ganzes voran zu bringen. Zu lange haben sich Frauen auseinanderdividieren lassen. Zu wenig haben sie noch verinnerlicht, was Naomi Wolf in ihrem Buch »Die Stärke der Frauen« (da kommt er her, mein Titel) als unabdingbar voraussetzt: Frauen müssen »wie eine Eins« dastehen, wollen sie endlich in ihrer ganzen gestalterischen Vielfalt und Vielfarbigkeit sichtbar werden. Und nur dann werden sie in die Entscheidungsprozesse der Mächtigen einbezogen. Zeigen sie sich als breite Front, kann ihre Kraft nicht länger übersehen oder negiert oder bewußt unterdrückt werden.

Viele der Managerinnen waren lange Jahre dem Status einer Exotin verhaftet. Und diese Solitäre sollen sich nun einfügen lassen in ein zwar wunderbar strahlendes, aber doch nur als Gesamtkunstwerk wirkungsvolles Geschmeide? Da knirscht es mitunter empfindlich an den Nahtstellen. Viele der »alten Häsinnen« nehmen Abschied, sobald sie es mit der Unterstützung des Netzwerks weit genug gebracht haben. Von den Jüngeren meinen sie, nichts lernen zu können, also investieren sie den Jahresbeitrag lieber in ein neues Outfit oder schlagen die paar Hunderter der Urlaubskasse zu. Einige sind auch verschnupft, weil jüngere Frauen nicht jeden Ratschlag freudestrahlend und dankbar entgegennehmen und beherzigen.

Egoismus zeigt sich sehr verbreitet auch bei jungen Mitgliedern. Sie konsumieren auf Teufel-komm'-raus. Suchen die Vorstandsfrauen nach Freiwilligen, die bereit sind, für das Netzwerk Veranstaltungen zu planen und durchzuführen oder bei der Öffentlichkeitsarbeit zu helfen, ist das Echo mager oder tendiert gegen null. Mittlerweile müssen die Managerinnen sehr bewußt die Frage diskutieren, ob das, was an »Habhaftem« in ihrem Netz hängen bleibt, sie wirklich ausreichend »nährt« für ihre Aufgaben in den Führungsetagen der Wirtschaft.

2.2 Adieu Engelsgeduld!

Die Geduld, mit der Frauen in früheren Zeiten auf Anerkennung und Beförderung gewartet haben, ist inzwischen einer fordernden Ungeduld gewichen. Es soll endlich Schluß sein mit einer reinen Männerwirtschaft, die weder für die Herausforderungen der Zukunft ausreichend gerüstet ist noch auf die Anforderungen der Gegenwart flexibel eingeht. Ganze Standorte wakkeln. Die Pleitewelle rollt unaufhaltsam. Traditionsbewußte, weithin bekannte Firmen sind vom Untergang bedroht wie einst die Dinosaurier. Das sehen Managerinnen sehr präzise.

In Sonntagsreden hochgelobt ob ihres Führungsstils und ihrer spezifischen Kompetenzen, sehen sich viele der Frauen im betrieblichen Alltag auf ihrer Laufbahn harsch abgeblockt oder unfair ausgebremst. Sie wollen sich aber nicht länger wundstoßen an Betonköpfen, an knallharten Strukturen, an der Lehm- oder auch Lähmschicht mittlerer Führungsebenen. Die Diskussionen der Managerinnen in den Netzwerken sind inzwischen sehr viel zielbewußter geworden und auf Veränderungsstrategien hin ausgerichtet.

In Deutschland wird inzwischen jedes dritte neue Unternehmen von einer Frau gegründet. Darunter sind ganz junge Frauen, die erst gar nicht in die traditionellen Männerdomänen eindringen wollen; die lieber gleich nach Ausbildung und Studium ihre eigenen Märkte öffnen. Und es sind viele erfahrene Frauen, die beim bisherigen Arbeitgeber mehr oder weniger unsanft an Grenzen gestoßen sind oder wegen ungünstiger Rahmenbedingungen Beruf und Familie nicht oder nur unzureichend miteinander vereinbaren konnten. Wenn Firmen und Verwaltungen verhindern wollen, daß die tatkräftigsten und selbstwirksamsten ihrer Mitarbeiterinnen samt ihrem Know-how in die Selbständigkeit abwandern, müssen sie mehr tun als Frauenförderpläne auflegen, deren Umsetzung einem Geduldsspiel gleicht und die bei Frauen in Führungspositionen selten greifen. Man(n) muß bereit sein, die Führungsetagen zu entrümpeln und zu modernisieren.

2.3 Warum der alte Adam die neue Eva braucht

Als wir im Januar 1990 nach dem Beispiel der schweizerischen Initiative *Taten statt Worte* anfingen, die ersten Fäden zu spinnen und die ersten Knoten zu knüpfen für ein Netzwerk, das sich für die Chancenförderung von weiblichem Führungsnachwuchs und für Frauen in Führungspositionen stark machen wollte, war uns keinesfalls nur Lob sicher. Die Unterstützung der »Karrierefrauen« ließ uns in den Augen von Gewerkschafterinnen, Betriebsrätinnen und auch sehr prominenten Sozialdemokratinnen fast wie Verräterinnen an der Sache aussehen.

Wir wußten damals schon – und wir wissen es heute noch besser –, warum wir, ein aus Firmeninteressen heraus gegründetes Netzwerk, uns für Frauen im Management stark machen: Sie brauchen ein Netzwerk, weil sie als Einzelkämpferinnen immer noch einem ungeheuren Druck zur Anpassung und zur Übernahme männlicher Kultur ausgesetzt sind.

Angesichts der notwendiger denn je gewordenen Veränderungsprozesse in den Firmen und Verwaltungen können wir nur immer wieder betonen, warum der »alte Adam« die »neue Eva« braucht:

– Managerinnen sind als Innovationspotential von unschätzbarem Wert.
– Sie öffnen neue Märkte, erreichen neue Kunden.
– Sie bilden aufgrund ihrer fachlichen Qualifikation und ihrer in der weiblichen Erfahrungswelt erworbenen Kompetenzen eine wichtige Ressource, insbesondere in der Gestaltung und Begleitung von Veränderungsprozessen.
– Es gibt keine optimale Entscheidungsfindung ohne ihre spezifischen Lösungsansätze.
– Sie modellieren mit an einer modernen »corporate identity«.

- Frauen an der Spitze arbeiten bewußt an der Verbesserung der Arbeitsbedingungen für alle im Unternehmen.
- Weibliche Manager sind in der Personalführung besonders engagiert.
- Das Image leidet, wenn sich das Unternehmen nur durch Männer repräsentiert.

3 Die Stärke der Frauen sichtbar machen

3.1 Sehen und gesehen werden

Wir müssen die Frauen selbst immer wieder mit diesen Argumenten »füttern«. Es gibt zu wenige weibliche Vorbilder. Das Bewußtsein um den Wert der eigenen Fähigkeiten ist bei den Frauen noch nicht fest verankert. Wir müssen die Frauen aber auch davor bewahren, daß sie vor lauter Emotion vergessen, welche sachlichen Gründe für ihre Partizipation an der Macht sprechen. Nur solche überzeugen die Wirtschaftskapitäne. Frauennetzwerke sind eine fabelhafte Aktionsfläche für emotionales Agieren und Debattieren. Damit erfüllen sie eine wichtige Aufgabe. Für harte Fakten, für sachliches Thematisieren, für argumentatives Vorpreschen braucht es aber wache Netzwerkerinnen, die mutig eine Bresche schlagen. Am fehlenden Gleichgewicht leiden interdisziplinäre, überbetriebliche Netzwerke allzu leicht. Vor lauter sich gegenseitig coachen, gemeinsam Fähigkeiten trainieren, Konfliktfähigkeit üben, Rhetorik schulen, problematische Situationen analysieren, Tips für Kinderbetreuung und Erziehung austauschen, geraten die großen Themen der Wirtschaft gern aus dem Blickfeld. Miss Management braucht freilich das eine wie das andere: Persönlichkeitsentwicklung und unternehmerisches Denken.

FiV verfolgt deshalb seit Jahren eine Politik des »Sowohl als auch«. Wir ermutigen Managerinnen und weiblichen Führungsnachwuchs zur Mitgliedschaft in einem übergeordneten Frauennetzwerk wie dem EWMD, dem »European Women's Management Development Network«, zum Beispiel. Wir beraten sie aber seit kurzem auch beim Aufbau betrieblicher Netzwerke. Wir helfen ihnen, das notwendige Selbstverständnis als Gruppe zu finden und ein passendes Organigramm zu entwickeln. Und wir unterstützen sie in ihrem Auftreten gegenüber der Firmenleitung.

Warum betriebsinterne Netzwerke von Frauen in Führungspositionen? Es ist leider eine Tatsache, daß Frauen mit Führungspotential in den Unternehmen trotz Trainee-Ausbildung und Assessment Center nicht ausreichend wahrgenommen werden. Der Blick der Chefs sucht in der Regel den männlichen potentiellen Aufsteiger oder Nachfolger. Männer fördern Männer. Auch bei der Auswahl der Kandidaten für Führungskräftetrainings fällt ihr Blick eher auf die Männer in ihrer Abteilung. In den FiV-Unternehmen dringen wir deshalb gezielt auf ein bewußtes Sichtbarmachen des weiblichen Führungspotentials und der Karrierekandidatinnen.

In Workshops, betriebsintern oder firmenübergreifend, machen wir Frauen Mut, sich mit all' ihren Fähigkeiten und Kompetenzen zu zeigen, Selbst-PR zu betreiben ohne vornehme Zurückhaltung oder falsche Scham. Am besten gelingt das im Bewußtsein der vertrauensvollen Absicherung durch das Netzwerk.

Wo immer wir in den vergangenen Jahren mit Frauennetzwerken in Firmen oder Verwaltungen zu tun hatten, wurden wir aber auch mit der betrüblichen Tatsache konfrontiert, daß ein Zusammenschluß wie ein Segelschiff aus anfänglich stolzer Fahrt hart am Wind schnell in die Flaute gerät und vor sich hin dümpelt, wenn die weibliche Mannschaft den Kurs nicht hält. Das heißt, wenn sich die Frauen nicht immer wieder an den Problemstellungen des Unternehmens und den brennendsten Themen der Wirtschaft orientieren, verliert das Netzwerk bei den vielbeschäftigten Managerinnen rasch an Attraktivität. Die Priorität, mit der die Treffen im Terminkalender anfangs vermerkt wurden, sinkt rapide.

Wir haben daraus unsere Lehren gezogen und gehen beim Aufbau innerbetrieblicher Netzwerke mit einem bewußt themenorientierten strategischen Konzept und einem wohlüberlegten Ausschreibungstext für eine dreiteilige Workshopreihe »Die Stärke der Frauen sichtbar machen« vor (s. Anhang).

So konnten wir wesentlich zur besseren Vernetzung von Gleichstellungsbeauftragten in einem davor staatlichen Großunternehmen zum Zeitpunkt der Umwandlung in eine AG beitragen. In einem großen Industriekonzern haben wir dem nachlassenden Elan des ein Jahr zuvor gegründeten Frauennetzwerks mit neuen Impulsen und einem modifizierten Konzept die notwendige Energiespritze verpaßt. Erfreulicherweise ist es uns auch gelungen, mit dem ersten Workshop der Reihe die davor divergierenden Interessen und Vorgehensweisen verschiedener Frauengruppen im größten bundesdeutschen Kommunikationskonzern auf eine gute Art und Weise zusammenzubringen.

Über diese Projekte ist in den jeweiligen Mitarbeiterpublikationen und in Mitteilungen an das Management ausführlich berichtet worden. Über die Netzwerkaktivitäten haben sich die Frauen in diesen Unternehmen gezielt sichtbar gemacht. Und ihre weiteren Aktivitäten werden auch künftig ganz sicher mit großer Aufmerksamkeit verfolgt. Das ist ein enormer Ansporn für das Netzwerk und eine Herausforderung, weiter dicht an der betrieblichen Realität zu bleiben.

Bei der IBM Deutschland existiert seit Jahren ein loser Stammtisch, dem nicht nur Managerinnen angehören, sondern auch Naturwissenschaftlerinnen und Informatikerinnen aus Stabsstellen. Innerhalb der Stadtverwaltung Stuttgart gibt es eine Gruppe »Frauen in Führung«, die sich in regelmäßig trifft. Bei der Robert Bosch GmbH hat jeder Standort sein Frauennetzwerk, »behütet« von einem männlichen Schirmherrn. Dem noch ganz jungen Netzwerk von Führungsfrauen der unteren und mittleren Führungsebene bei Mercedes-Benz ist es gerade gelungen, sogar die Aufmerksamkeit des Konzern-Personalvorstands auf sich zu lenken. Ähnliches erreichten die »Frauen bei Stinnes«.

In zwei weiteren FiV-Unternehmen konnten die Managerinnen-Netzwerke für ihre regelmäßigen Treffen sowohl ein kleines Zeitbudget als auch einen finanziellen Zuschuß aushandeln. Die Treffen finden in der Firma statt und haben damit einen halboffiziellen Charakter. Sie laufen nicht Gefahr, im Unternehmen als »Managerinnen-Kaffeekränzchen«, als »Emanzenklüngel« oder »Xanthippen-Zirkel« diffamiert und abgewertet zu werden. So können externe Referentinnen und Referenten mit einem kleinen Honorar oder einem Geschenk bedacht werden. So wird auch gewährleistet, daß bei der Erfahrungsauswertung neben der persönlichen Ebene immer auch die betriebliche Ebene mit ihren aktuellen Themen im Vordergrund steht.

3.2 Benchmarking – auch bei der Personalarbeit

Ein sehr belebendes Element für diese betrieblichen Frauennetzwerke ist der Zusammenschluß im FiV-Förderkreis. Der Blick über den Tellerrand, über den eigenen Gartenzaun ist auch hier geboten. Sich offen vergleichen mit anderen Firmen, ja mit Wettbewerbern derselben Märkte, das sogenannte Benchmarking, gehört inzwischen ja zu den Instrumenten der Unternehmensführung. Warum also nicht auch im Bereich Personalentwicklung? *Frauen in Verantwortung* und seine Schwesterorganisationen *Taten statt Worte* haben dieses Benchmarking in Sachen Chancenförderung für Frauen zum Prinzip erhoben.

Austausch, Information, Beratung, Feedback sind die Halteseile unserer sehr speziellen Netze. Von ihnen hängt der Erfolg konkreter Schritte und die Lebendigkeit der Organisation maßgeblich ab. Mehrmals im Jahr treffen sich Personalverantwortliche aus den Firmen und von uns eingeladene

Fachleute, um sich in Ideen-Foren über aktuelle Problemfelder auszutauschen, sich gegenseitig über neue Entwicklungen und angelaufene Programme zu informieren und gemeinsam die Basis zu entwickeln für Personalstrategien, die jede Organisation anschließend auf ihre Bedürfnisse und Gegebenheiten hin modifiziert und einführt.

Frauen in Verantwortung ist eine rein private Initiative, die bewußt auf die Selbstverpflichtung und die Vernetzung seiner Mitglieder zielt. Als überbetriebliches, unternehmensorientiertes Netzwerk für weibliche Führungskräfte können wir inzwischen Erfolge verbuchen. Wir erleben aber auch Niederlagen und Frustrationen: Nach sechs Jahren dynamischer Aktivität erscheint es uns heute geradezu als Sisyphusarbeit, auf Führungsebenen Job-Sharing, Time-Sharing, Desc-Sharing zu etablieren. Dies erst würde es einer größeren Anzahl von Frauen und Männern ermöglichen, in einem Alter, in dem sie voll kreativer Energie und Tatendrang ihren Beruf ausüben und gleichzeitig eine Familie aufbauen wollen, beides zu vereinbaren – ohne den gesundheitsschädlichen Spagat, der Müttern im Management heute abverlangt wird.

Und es will nur schwer gelingen, die Marge der Frauen in den oberen Führungsebenen wesentlich zu erhöhen. Dazu müßten es sehr viel mehr Karrierekandidatinnen wagen, trotz der Frustration über männliche Strukturen und ungünstige Rahmenbedingungen ihre Laufbahn konsequent weiterzuverfolgen und einzudringen in die Lehm- oder Lähmschicht mittlerer Führungsebenen. Aber leider sagen noch viele der Frauen mit Führungspotential im Alter so um die dreißig ihrem Job »adieu« nach der Geburt eines Kindes. Hier eine »kritische Masse« zu erreichen wird mit Hilfe gut funktionierender Netzwerke möglicherweise gelingen.

3.3 Aus der Reserve gelockt: Ein Mentor für Miss Management

Die Konsequenz aus unseren Erfahrungen heißt: »Mentoring«. Wir machen es zu einem tragenden Element künftiger FiV-Aktivitäten.

Frauen als Vorbilder, als Mentorinnen, als Patinnen fehlen leider nur allzu oft. Also verstärken wir unsere Bemühungen, einen Mentor für Miss Management auszuspähen und aus der Reserve zu locken. Ein reines Frauennetzwerk tut sich schwer mit männlichen Verbündeten; es will ja auch Schonraum für die Frauen sein. Bei *Frauen in Verantwortung* und bei *Taten statt Worte* haben von Anfang an Frauen und Männer gemeinsam die Fäden gesponnen und verknotet. Hier gibt es keinen Interessenskonflikt.

Die Jungmanagerin braucht neben ihrem Netzwerk und einem Coach über einen längeren Zeitraum jemanden, der sie individuell führt. Ich meine nicht jemanden, der sie lenkt. Lenken muß sie und kann sie selbst. Sie braucht in unbekanntem Gelände einen Scout, einen erfahrenen Führer. Einen, der mehr von einer Landschaft versteht, als sie. Einer, der in dieser Landschaft »beheimatet« ist; der weiß, »wie der Hase läuft«, wo Gefahren lauern, wann das Wetter umschlägt, wo Notreserven lagern. Kurz: der ihr mehr beibringen kann als die Karte zu lesen.

Ich wähle bewußt das Bild einer Landschaft und eine Situation, die abenteuerlich anmutet. Exakt das ist es nämlich, was viele Frauen zögern läßt, den nächsten Karriereschritt zu tun: Sie sind Sicherheitsfanatikerinnen. Sie sind ungeübt als Abenteurerinnen. Sie haben wenig Erfahrung sammeln dürfen als »Survival-Kid«.

Mentors Blick soll wohl-wollend auf ihr ruhen. Und er darf, wenn die gemeinsame Strategie aufgeht, durchaus wohl-gefällig und von Stolz erfüllt sein. Wie jede Beziehung birgt auch die zwischen einem Mentor und seinem weiblichen »Schützling« jedoch gewisse Risiken – selbst dann, ja vielleicht gerade wenn sie besonders vertrauensvoll und erfolgreich verläuft:

Je stolzer ein Vater auf seine Tochter ist, je mehr er seine Ideale in ihr verwirklicht sieht, um so schwerer fällt es ihm, sie aus seiner Obhut zu entlassen. Er wird nur mit Mühe akzeptieren können, daß sie mehr und mehr aus eigenen Überzeugungen heraus agiert und – eben weil er ihr Selbstvertrauen so nachhaltig gestärkt hat – konsequent nun ihren eigenen Weg verfolgt. Das selbe gilt in einem gewissen Maß auch für Mentoren.

Mir ist dieser schwierige Ablösungsprozeß von meinem Mentor dadurch erspart geblieben, weil dieser Mann sich in jener Zeit sehr intensiv mit seiner eigenen Ablösung als Chefredakteur der Stuttgarter Zeitung befaßt hat, und damit, wie er als knapp Sechzigjähriger sich der selbst gewählten letzten großen beruflichen Herausforderung stellt. Das Neue in seinem Berufsleben und das Neue in meinem ließen uns beide vorausschauen. Wir mußten nicht wehmütigen Blicks auf Vergangenem verweilen, weil jeder von uns eine reizvolle Landschaft vor sich hatte. Jeder ging lustvoll in sein eigenes Abenteuer – der Lehrer und die Schülerin.

Tatsächlich haben wir uns viel später auf der selben Stufe wieder getroffen, als wir im selben Jahr ein Buch veröffentlichten und er mir schrieb:

»Liebe Christa,

nun sind wir beide im Wochenbett als Autoren gelegen, um fast zu gleicher Zeit unseren Erstling der staunenden Mitwelt vorsetzen zu können. Hoffentlich erscheint Ihnen der Vergleich mit der Schwangerschaft nicht unziemlich, aber erstens hat er sich mir beim Schreiben ständig aufgedrängt und zweitens müssen wir von den getrennten Geschlechtern unsere Gemeinsamkeiten doch eher betonen als verleugnen, wenn ich Sie recht verstanden habe.

Ich denke, daß es uns beiden gleichermaßen gelungen ist, mit einem ›herausfordernden‹ Titel doch gleich das Ärgernis zu liefern, das zu einem guten Gedanken gehört . . .

. . . Bei allen Diskussionen um Gleichberechtigung habe ich immer daran denken müssen, welche Rolle das in meinem Kopf und in meiner Praxis gespielt hat, die Sie ja miterlebt haben. Fast meine ich behaupten zu können, ich hätte nach dem Grundsatz »in dubios pro femina« gehandelt, was mir dann persönlich gelegentlich als Schwäche für das weibliche Geschlecht ausgelegt worden ist. Wie wäre ich dazu gekommen, sie zu leugnen? Und muß sie nicht da sein, um die Partnerschaft möglich zu machen?«

Warum gebe ich diese Zeilen eines sehr persönlichen Briefes hier wieder? Nun – auch Mentoring wird sich nur dann erfolgreich durchsetzen, wenn wir gute Beispiele, gute Vorbilder präsentieren. Und der Brief macht deutlich, daß ein guter männlicher Mentor auch ein emotional starker Mensch sein muß. Ein Mann, der sehr bewußt bei diesem Mentoring-Prozeß Personalverantwortung trägt und auch dann die Contenance bewahrt, wenn seinem Engagement für eine Jungmanagerin allzu menschliche Ambitionen unterstellt werden.

Denn genau dies ist die Falle, in die männliche Mentoren von weiblichen Nachwuchsführungskräften hineingeraten können: Man unterstellt ihnen ein Verhältnis. Darüber müssen wir offen sprechen. Diese Tatsache muß heraus aus der Tabu-Zone. Umgekehrt gilt für Miss Management, daß ihr ein Mentor nur dann wirklich Förderer und Scout sein kann, wenn sie nicht beständig mißtrauisch seine Beweggründe hinterfragen muß. Oder sich selbst verunsichert, indem sie denkt »Man wird uns doch kein Verhältnis andichten!«

Nicht weniger hemmend für einen produktiven Prozeß in der Mentoren-Beziehung ist falscher Stolz. Denkt Eva »Ich will nicht Adams Protegé sein!«, muß sie ihren Weg eben alleine gehen. Sie darf sich dann aber nicht beklagen, wenn andere mit Hilfe von Mentoren schneller vorankommen auf ihrer Laufbahn. Ein gut funktionierendes Netzwerk wird hier korrigierend und stabilisierend eingreifen.

Im Mai 1996 haben Fachleute aus vierzehn unserer Mitgliedsunternehmen und einiger interessierter Verwaltungen in einem Ideen-Forum gemeinsam Kriterien für ein innerbetriebliches Mentoring-Programm festgelegt. Sie haben über die gewünschte Persönlichkeit und den Status künftiger Mentoren diskutiert und Pläne für die Einführung in ihren Betrieben geschmiedet (s. Anhang). Hier hat sich aufs Neue gezeigt, wie sinnvoll es ist, Personalstrategien überbetrieblich in einem unternehmensnahen Netzwerk anzudenken und gemeinsam Grundlagen zu schaffen. Mit diesem Grundlagenpaket können die Personalverantwortlichen in den einzelnen Unternehmen ein als richtig und effizient bewertetes Projekt gegenüber der Firmenleitung erfolgreicher vertreten und das Plazet für die Einführung im Unternehmen erwirken.

Ein Jahr später, im April 1997, hat die Robert Bosch GmbH am Standort Reutlingen als erstes FiV-Mitglied ein offizielles Mentoring-Programm für den weiblichen Führungsnachwuchs eingeführt. Mercedes-Benz in Stuttgart stand zu diesem Zeitpunkt kurz vor dem Start eines ganz ähnlichen Pilotprojektes – ebenfalls nur für den weiblichen Führungsnachwuchs. Zu diesem Zeitpunkt haben die Personalverantwortlichen der FiV-Unternehmen in einem zweiten Ideen-Forum zum Thema Mentoring weitere Fragestellungen diskutiert, wie zum Beispiel: »Was spricht für internes Mentoring und was spricht für externes?«

Erstaunlich ist, daß ausgerechnet die beiden großen Industrie-Konzerne mit dem geringsten Managerinnen-Anteil den ersten Schritt gewagt haben. Hier stehen den Mentees tatsächlich fast nur Männer als Mentoren zur Verfügung. Entsprechend spannend wird es sein, den Verlauf zu beobachten.

Wie sehen unsere nächsten Schritte aus? Wir haben vor, Firmenchefs und Personalleiter für Mentoring-Programme aufgeschlossen zu machen. In überbetrieblichen Workshops sollen sie auf diese Form der individuellen Nachwuchsförderung eingestimmt werden. In einem nächsten Schritt sollen potentielle Mentoren (Männer und Frauen der oberen Führungsebenen) in innerbetrieblichen Workshops für ihre künftige Führungsaufgabe sensibilisiert und trainiert werden. Und wir werden vor allem auch die wenigen Frauen in den Führungsebenen für Mentoring zu gewinnen suchen. Dies ist nicht so selbstverständlich, wie es zunächst scheinen mag. Viele Managerinnen haben ihren Weg ganz alleine gehen müssen. Und nicht wenige denken, das müßten auch die Nachfolgerinnen tun nach dem Motto: Die Besten kommen durch! Andere fürchten persönliche Nachteile, wenn sie sich zu offensichtlich für Frauen engagieren.

Solche Überlegungen werden – wie wir glauben – jedoch bald der Vergangenheit angehören, wenn die Netzwerke der Führungsfrauen weiter wachsen; vor allem auch die betrieblichen. Die wenigen Spitzenmanagerinnen haben im Rahmen dieser Netzwerke nämlich jede Möglichkeit, gleich mehrere Nachwuchskräfte zu fördern – ganz ohne offizielles Mentoring-Programm in der Firma.

Ist da jemand, der meint, das alles scheitere an der Unfähigkeit der Frauen, gemeinsam an einem Strang zu ziehen? Der oder die möge nicht vergessen, daß Netzwerke eine der weiblichen Kultur entstammende bessere Möglichkeit des Miteinanders und Füreinanderdaseins sind. Miss Management hat außerdem gelernt:

> »Männer spielen Frauen erfolgreich aus, weil nichts Männermacht
> mehr sichert, als Frauenkonkurrenz zu schüren«
>
> (Das Zitat stammt übrigens von einem Mann)

Anhang

Die Stärke der Frauen – sichtbar machen

Workshop-Reihe für weibliche Führungskräfte

1. Das Managerinnen-Netzwerk im Unternehmen
   – *kommunikativ, innovativ und persönlichkeitsfördernd* –

2. Managerinnen werden sichtbar
   mit Konzepten, mit Artikeln, mit Veranstaltungen

3. Managerinnen als »real change leaders«
   Den Wandel im Unternehmen aktiv gestalten

Leitung: Christa van Winsen, FiV, in Zusammenarbeit mit Geschäftsführung und Personalentwicklung

Zeit: jeweils 1 1/2 Tage
1. Tag: von 16 Uhr bis 21 Uhr
2. Tag: von 9 Uhr bis 17 Uhr

Ort: Indoor-Veranstaltung, Fortbildungszentrum des Unternehmens

Inhalt und Ziele:

Frauen entwickeln mehrheitlich eine andere Arbeitskultur als Männer, müssen sich aber, um Erfolg zu haben, in männlich geprägten Organisationsstrukturen bewähren. In Unternehmen mit Programmen zur Chancenförderung von Frauen sind sie darüber hinaus einem zusätzlichen Erwartungsdruck seitens der Geschäftsführung ausgesetzt.

Die Frauen im Management vollbringen dabei häufig einen Balanceakt zwischen Anpassung und Innovation, der nicht selten zu Problemen in den Arbeitsbeziehungen führt. Weil Frauen konfliktträchtige Situationen und auftauchende Barrieren auf der persönlichen beruflichen Laufbahn häufig als individuelles Problem betrachten, erscheint ihnen ihre Bewältigung als besonders schwierig oder gar unmöglich. Das kann zu Leistungshemmnissen und Frustrationen führen. Indessen erwartet das Unternehmen von seinen weiblichen Führungskräften neben der sachlichen Leistung ein hohes Maß an Kreativität und Professionalität, um neue Kooperationsmuster, veränderte Arbeitsabläufe und neue Organisationsstrukturen entwickeln zu können; um neue Märkte zu öffnen für neue Produkte.

Frauen verfügen über gute Voraussetzungen zur konstruktiven Mitgestaltung einer zukunftsfähigen Unternehmenskultur, sind aber alleine oft nicht in der Lage ihre Stärken sichtbar zu machen. Sie sind darüber hinaus oft blockiert durch traditionelle Denkmuster. Hierzu gehört auch die Scheu, mit anderen Frauen in Netzwerken die gemeinsame Problemstellung zu analysieren und Strategien zu ihrer Überwindung und zur Verbesserung der Arbeitsbeziehungen zu entwickeln.

Die Workshop-Reihe gibt den Teilnehmerinnen Gelegenheit, standortübergreifend und über die Abteilungsgrenzen hinweg Führungsfrauen im Unternehmen kennenzulernen, mit ihnen gemeinsam die Möglichkeiten betrieblicher Frauennetzwerke auszuloten und unternehmensadäquate Strategien zur Bewältigung von (auch frauenspezifischen) gegenwärtigen Problemen und künftigen Herausforderungen im Unternehmen anzudenken.

Die Teilnehmerinnen finden Unterstützung, um themenorientierte Projektgruppen aufzubauen, die zum einen für die Kolleginnen persönlichkeitsfördernd und stabilisierend wirken und zum anderen im Unternehmen nachhaltig positive Veränderungen herbeiführen.

Workshop-Inhalte und zeitliche Fixierung werden in enger Zusammenarbeit mit den zuständigen Personalverantwortlichen gewählt und jeweils zu Beginn mit den Teilnehmerinnen definitiv festgelegt.

Inhalte des 1. Workshops:

Im Netz: Sicherheit und Beweglichkeit gewinnen
Interdisziplinäre Frauennetzwerke: überbetriebliche – betriebliche
(Input und Diskussion)

Im Spannungsfeld zwischen Menschlichkeit und Macht: Frauenkarrieren
Positive und negative Assoziationen zu den Begriffen Karriere – Macht – Verantwortung
(Sammlung und Gewichtung)

Persönlichkeitsprofile und Kompetenzen
Unsere Gruppe im Unternehmen: Fragmente einer Collage
(Kreativspiel)

Ziele finden
Persönliche Ziele – Ziele des Managerinnen-Netzwerks im Kontext zu Unternehmenszielen
(Erarbeitung individuell und in Gruppen)

Frauen in der Firma: Partnerinnen und Konkurrentinnen
Positive Erfahrungen – negative Erfahrungen auf der persönlichen, der inhaltlichen, der strukturellen Ebene
(Sammlung, Reflexion in der Diskussion mit der Leiterin)

Policy und Organigramm des Frauen-Netzwerks
Selbstverständnis
Struktur/Organigramm
Präsentation nach innen und nach außen
(Erstellen einer Stichwortliste als Basis der endgültigen Struktur)

Ausblick
Wie soll, wie kann es weitergehen?
Festhalten der nächsten Schritte: Wer nimmt was in die Hand?
(Gründung der Orga-Kerngruppe)

Inhalte des 2. Workshops:

Selbstbild – Fremdbild
  Eine vergnügliche Suche nach Authentizität

Talente entdecken
  als Autorin, als Vortragende, als Moderatorin, als Kreative
  (Gruppenarbeit mit Präsentation)

Das A & O der Selbst-PR
  Tue Gutes und rede darüber
  Entwickle Konzepte und werbe dafür
  Vervollkommne deine Stärken und setze sie offensiv ein
  (Interviews, Präsentationen)

Veranstaltungen planen
  In die Firmenziele persönliche Ziele integrieren
  Als Einzelne agieren
  Als Gruppe präsent sein
  (Coaching in der Gruppe)

Hierarchie und Transparenz
  Wie »durchlöchern« wir die »Lehmschicht«?
  (Input – Ideensammlung – Wertung)

Inhalte des 3. Workshops:

Das Zeitalter des rapiden Wandels
Globale Märkte
Virtuelle Produkte – Virtuelle Unternehmen
Abschied von festen Strukturen
(Einführungsreferat)

Vom Chaos in die Innovation
Negative Erfahrungen – Positive Erfahrungen
Lernprozesse
Standort-Bestimmung
Zielszenario
(Gruppenarbeiten – Gemeinsame Auswertung)

Change-Management
Selbstwirksamkeit und Handlungsorientierung
Leadership (Von Rattenfängern und Überzeugungstätern)
Innenwirkung – Außenwirkung
(Übungen – Rollenspiele – Präsentationen)

Der Ablauf des dritten Workshops ist konsequent teilnehmerinnen- und prozeßorientiert und sowohl in der inhaltlichen wie zeitlichen Gewichtung variabel. Für die beiden ersten Workshops gibt es einen festen Rahmen, der jedoch flexibel genug ist, um – falls gewünscht – während des Verlaufs neue Prioritäten setzen zu können.

© Christa van Winsen

Fallstudien

Erfahrungen mit Konzepten zur Förderung weiblicher Führungskräfte in der Schweizerischen Kreditanstalt

von Claudia Bucheli Ruffieux

Die Schweizerische Kreditanstalt kann auf eine lange Tradition betrieblicher Frauenförderung zurückblicken. Bereits 1985 wurde erkannt, wie wichtig eine gezielte Erschließung weiblicher Potentiale ist und das erste einschlägige Projekt ins Leben gerufen. Seither setzen sich diverse Arbeitsgruppen kontinuierlich für die Verbesserung der Chancengleichheit am Arbeitsplatz ein. Die Erhöhung des Frauenanteils im Management war dabei von Anfang an ein zentrales Anliegen. Nachfolgend wird offen und ausführlich über Ergebnisse und Erfahrungen im Rahmen der langjährigen Projektarbeit berichtet. Alle gemachten Angaben beziehen sich auf den Entwicklungsstand 1996 vor der Umstrukturierung der CS Holding in die CS Group.

1 Die Schweizerische Kreditanstalt

1.1 Zum Unternehmen allgemein

Die 1856 gegründete Schweizerische Kreditanstalt ist die älteste der drei Schweizer Großbanken. In ihrer 140jährigen Geschichte konnte die SKA immer eine Dividende ausrichten und mußte nie eine Kapitalherabsetzung vornehmen – ein Beweis für ihre solide Finanzlage.

Zum 1. Januar 1997 gab sich die CS Holding eine zukunftsweisende, nach Kerngeschäften ausgerichtete neue Konzernstruktur (vgl. Abbildung 1).

Die CREDIT SUISSE GROUP möchte eines der führenden globalen Finanzdienstleistungsunternehmen sein, das herausragenden Nutzen für seine Kunden erbringt, seinen Mitarbeiterinnen und Mitarbeitern ein stimulierendes, attraktives Arbeitsumfeld bietet und überdurchschnittlichen Mehrwert für seine Aktionäre schafft. Damit wird der Schritt von der Schweizer Bankengruppe mit internationalen Aktivitäten hin zum internationalen Finanzinstitut mit Hauptsitz und bestimmten Kernaktivitäten in der Schweiz vollzogen.

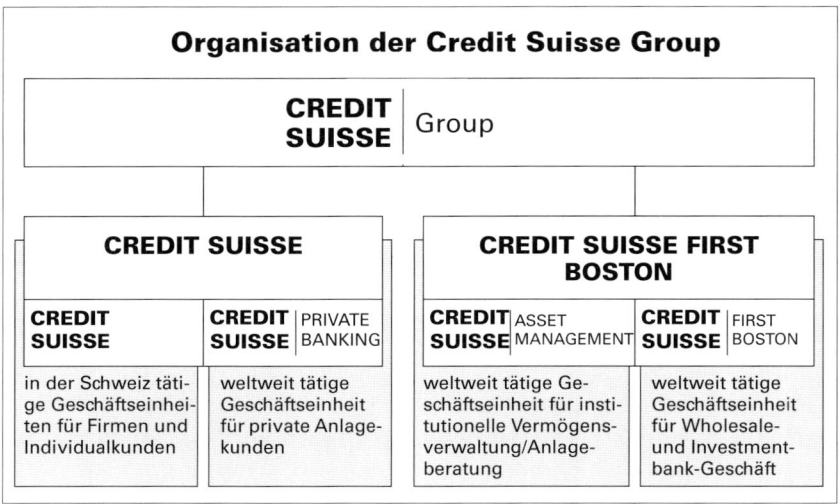

Abbildung 1: Neue Struktur

1.2 Zur Personalstruktur der SKA

Eine 1992 von Arthur Andersen durchgeführte Studie prophezeite bis zum Jahr 2000 bei den Schweizer Banken einen Abbau von 20.000 Stellen. In der Zwischenzeit ist der Gesamtpersonalbestand der Banken in der Schweiz von damals 122.000 bereits um 7.000 Stellen reduziert worden.

Als Ursachen dieser Entwicklung werden der technologische Fortschritt und die damit verbundenen Rationalisierungsmaßnahmen in der Produktion, die wachsende Konzentration und Regionalisierung sowie der verschärfte Wettbewerb genannt. Generell ist ein Abbau von Arbeitsplätzen im Produktionsbereich zu verzeichnen. Gleichzeitig wächst der Bedarf an Spezialisten in den Bereichen Investment Management, Handel und Informatik.

Die SKA-Gruppe hat in den letzten Jahren im Zuge der Integration der Schweizerischen Volksbank, der seinerzeit viertgrößten Schweizer Bank, im Produktionsbereich rund 2.000 Stellen abgebaut. Gleichzeitig wurden in den Bereichen Kundenberatung und Informatik annähernd so viele neue Stellen für Fachkräfte geschaffen. Im Zuge des Schulterschlusses mit der Volksbank wurden keine Entlassungen ausgesprochen, d.h. der Stellenabbau konnte durch die natürliche Fluktuation vollzogen werden.

Per 1. Januar 1996 zeigte die SKA folgende Personalstruktur:

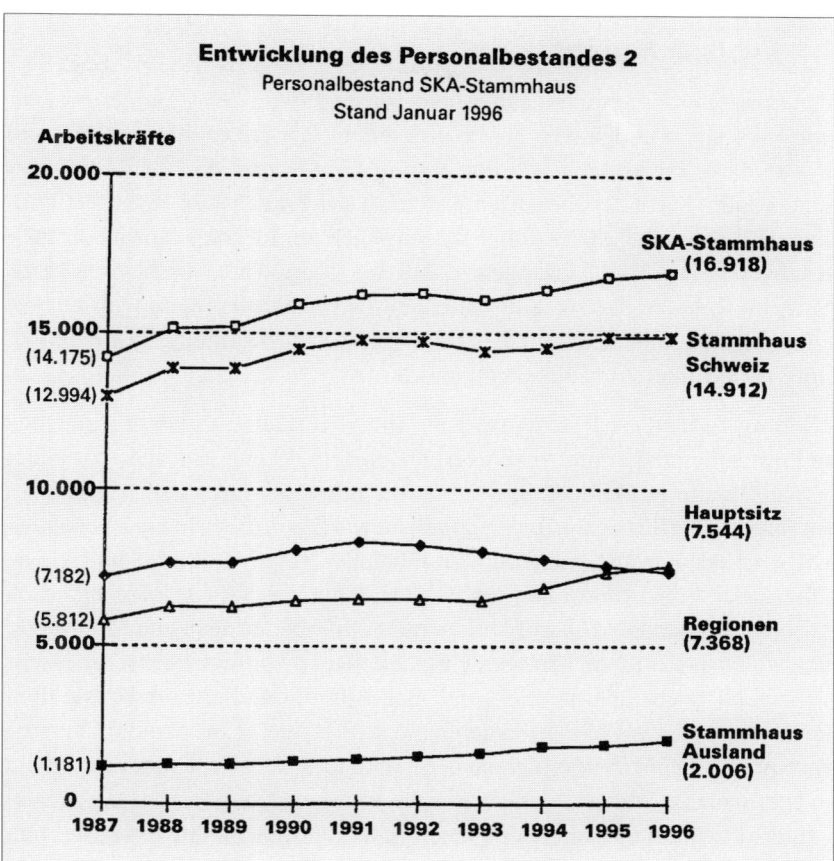

Abbildung 2: Personalstruktur der SKA

Auch die erwähnte momentane Neuorganisation wird mit einem Stellenabbau verbunden sein. Man rechnet im Zeitraum von zwei bis drei Jahren mit einem Abbau von weltweit ungefähr 5.000 Stellen, 3.500 davon in der Schweiz. Auch diesmal wird angestrebt, den Stellenabbau, wo immer möglich, über die natürliche Fluktuation vorzunehmen oder durch Umschulungen aufzufangen. Zudem rechnet man, daß die neue Struktur in verschiedenen Bereichen zu einer Zunahme des Geschäftsvolumens führt und somit neue Stellen geschaffen werden.

2   Die Frau in der Schweizerischen Kreditanstalt

2.1 Facts & Figures

Der *Frauenanteil* am Personalbestand betrug 1996 39.8%. Da der Frauenanteil vor allem in den weniger qualifizierten Funktionen sehr hoch ist und gerade diese Funktionen von der Zentralisierung und Automatisation der letzten Jahre besonders betroffen waren, ist der Frauenanteil seit 1991 kontinuierlich gesunken. Obwohl er im Vergleich zum letzten Jahr nicht mehr gesunken ist, ist davon auszugehen, daß die Talsohle noch nicht erreicht ist. Auch im Rahmen der zur Zeit laufenden Umstrukturierungen wird ein besonderes Augenmerk darauf gerichtet, daß nicht vor allem die Frauen zu Opfern allfälliger Abbaumaßnahmen werden.

Allerdings wird diese Restrukturierung anders verlaufen als vorangegangene und mit anderen Konsequenzen verbunden sein. Waren es früher vor allem unqualifizierte Funktionen in der Verarbeitung, die durch den technischen Fortschritt überflüssig und daher abgebaut wurden, trifft es heute – beispielsweise bei der Zusammenlegung von Filialen – Mitarbeiterinnen und Mitarbeiter aller Funktions- und Hierarchiestufen. Trotzdem spielen natürlich Ausbildungsstand und Qualifikationen der Mitarbeiterinnen und Mitarbeiter eine wichtige Rolle. Im heutigen wirtschaftlichen Umfeld wächst die Nachfrage nach hoch qualifizierten und vielseitig einsetzbaren Arbeitskräften nach wie vor. Somit wird es zunehmend schwieriger, Einsatzmöglichkeiten für weniger qualifiziertes Personal zu finden. Eine gute Grundausbildung und permanente Weiterbildung waren noch nie so wichtig wie heute. Obwohl sich der Ausbildungsstand der Frauen in den letzten Jahren verbessert hat, sind es leider immer noch in erster Linie Frauen, die schlecht ausgebildet sind und unqualifizierte Funktionen ausüben. Als Folge davon werden sie von einem Stellenabbau besonders betroffen und verfügen zudem auf dem internen und externen Stellenmarkt über schlechtere Chancen.

Bei der SKA gehören über 30% des weiblichen Personals zum Anteil des angelernten und umgeschulten Personals, während es beim männlichen Personal nur 13.6% sind. Der Trend zu besserer Ausbildung sowohl für Männer wie Frauen setzt sich seit 1992 fort. Dementsprechend hat sich auch das Ausbildungsniveau innerhalb der SKA verbessert. 1996 besaßen 13.8% der Mitarbeiter und 6.6% der Mitarbeiterinnen eine akademische Ausbildung (1992: 11% der Mitarbeiter und 3.9% der Mitarbeiterinnen).

Im Kader und in der Direktion präsentiert sich die Frauenvertretung nicht entsprechend dem Frauenanteil am gesamten Personalbestand.

320

Exkurs:

1991 hat die SKA die herkömmlichen Rangstufen abgeschafft. Anstelle der 30 verschiedenen Rangtitel und -stufen gibt es noch deren drei: Mitglied der Generaldirektion, Mitglied der Direktion und Mitglied des Kaders. Seit Einführung des neuen Rangstufensystems werden die Funktion und das Tätigkeitsgebiet stärker betont. In der Bezeichnung »Gesamtkader« sind im folgenden die Mitglieder der Direktion und des Kaders erfaßt.

Der Frauenanteil im Gesamtkader in der Schweiz betrug im Januar 1996 14.0%. Damit wurde ein neuer Höchstwert erreicht. Das Absinken des Kaderanteils von 1994 gegenüber 1993 spiegelt eine der Gesamtwirtschaft entsprechende Entwicklung wider. Das Rezessionsjahr hat sich auch auf die Vertretung von Frauen im Kader ausgewirkt. Dies bedeutet nicht etwa, daß keine Frauen mehr befördert worden sind. Vielmehr zeigte die Generaldirektion bei den Beförderungen ganz allgemein Zurückhaltung. So konnten Austritte von Kader-Frauen nicht durch Neubeförderungen kompensiert werden. In der Direktion hat sich der Frauenanteil erfreulicherweise anders entwickelt (vgl. Abbildung 3). Er ist seit 1990 ungebrochen gestiegen und liegt heute bei 4.1%. In Zahlen ausgedrückt bedeutet dies, daß von 824 Direktionsmitgliedern in der Schweiz 34 Frauen sind. Absolut gesehen handelt es sich dabei zwar immer noch um eine kleine Anzahl, aber der Trend deutet aufwärts.

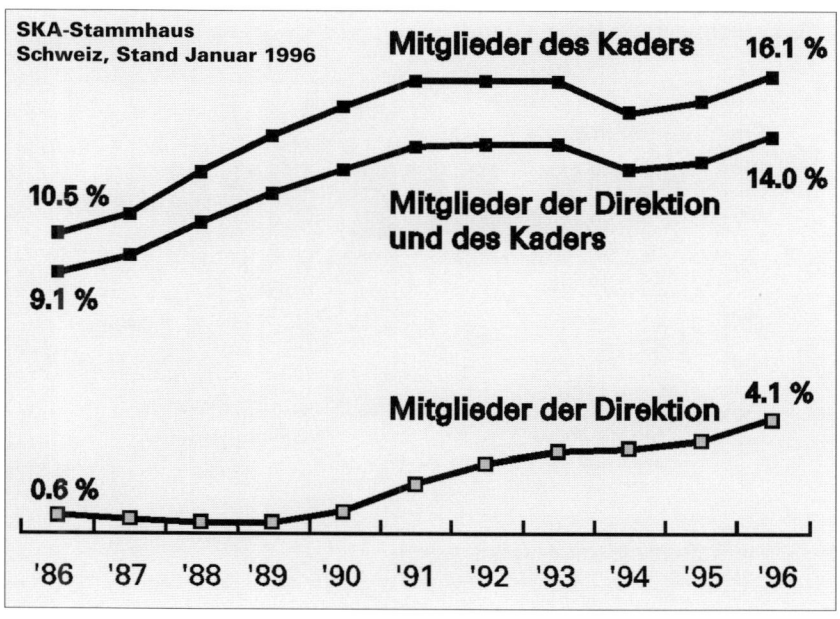

Abbildung 3: Entwicklung des Frauenanteils in der Direktion und im Kader

Ein Vergleich des Frauenanteils am Gesamtkader des SKA Stammhauses Schweiz mit dem Ausland zeigt, daß der Frauenanteil im Ausland fast doppelt so hoch ist wie in der Schweiz (vgl. Abbildung 4). Ein möglicher Grund für diesen Unterschied könnte in der ausgesprochen rigorosen Antidiskriminierungsgesetzgebung z. B. der USA liegen. So sind dort in Bewerbungsbogen und -gesprächen Fragen nach Geschlecht, Alter, Zivilstand und Kindern verboten. Es ist aber auch festzustellen, daß es in anderen Ländern sowohl von Arbeitgeber- wie von Arbeitnehmerinnenseite viel selbstverständlicher ist, daß die Karriere einer Frau auch nach der Geburt eines Kindes weitergeht, und daß die Frauen Berufsleben und Laufbahnplanung nicht aufgeben. Da zum Beispiel in den USA ein Angebot an Teilzeitstellen praktisch nicht besteht, arbeiten viele Frauen trotz Mutterschaft und Familie vollzeit weiter, was sich wiederum positiv auf ihre Karrierechancen im Vergleich zu ihren Kollegen auswirkt. Die Unterschiede zwischen den schweizerischen und den ausländischen Zahlen lassen sich einerseits auf die Rahmenbedingungen, andererseits aber auch auf die Mentalität, welche erstere wiederum beeinflußt, zurückführen. Fremdbetreuung der Kinder beispielsweise ist in den USA und in den meisten europäischen Ländern weit verbreitet, und eine entsprechende Infrastruktur sowie die nötige Akzeptanz der Fremdbetreuung sind zumindest teilweise vorhanden. In der Schweiz dagegen sind die Krippenplätze rar und die Wartelisten dementsprechend lang. Zudem gelten Eltern, die ihr Kind durch eine Krippe oder Tagesmutter betreuen lassen, oftmals immer noch als Rabeneltern.

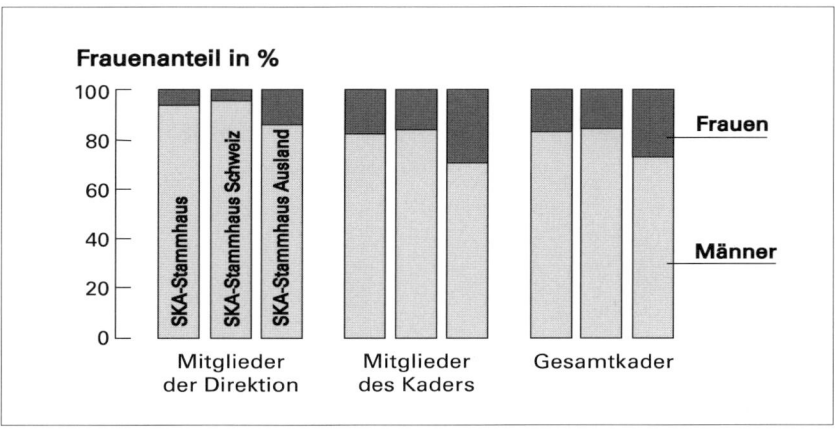

Abbildung 4: Frauenanteil am Gesamtkader

Dazu kommt, daß in sehr wenigen anderen Ländern unter »Vollzeitpensum« eine Wochenarbeitszeit von 40 und mehr Stunden verstanden wird.

2.2 »Taten statt Worte«

1986 schlossen sich Persönlichkeiten aus Politik und Wirtschaft der Schweiz mit dem Ziel zusammen, für Frauen in der Arbeitswelt bessere Möglichkeiten zu schaffen. Auf Anregung zweier Frauen hin gründeten sie die überbetriebliche Initiative »Taten statt Worte«. Bei dieser Initiative ging es nicht darum, Frauen in männliche Muster zu drängen. Vielmehr wollte es die Organisation den Frauen erleichtern, eine eigene berufliche Identität aufzubauen und ihre Chancen in der Arbeitswelt zu verbessern. Dieser Initiative konnten sich Klein-, Mittel- und Großbetriebe anschließen, sofern sie sich verpflichteten, folgende Punkte zu realisieren:

- Verankerung der Frauenförderung im unternehmerischen Leitbild sowie speziell in den Strategien des laufenden Jahres.

- Erarbeitung konkreter Programme und Maßnahmen, die innerhalb eines festgelegten Zeitrahmens in die Tat umzusetzen waren.

- Bezeichnung einer verantwortlichen Person oder einer zuständigen Gruppe (mit männlicher Beteiligung), die das Programm schrittweise zu realisieren und als Kontaktstelle zu Projektgruppen zu fungieren hatte.

Heute zählt die Initiative in der Deutschschweiz rund 67 und in der Westschweiz rund 15 Unternehmungen, öffentliche Verwaltungen und Organisationen zu ihren Mitgliedern.

In der SKA ist Frauenförderung aber bereits seit 1985 ein Thema. Damals wurde die Notwendigkeit, das Potential der Frauen für die SKA zu nutzen, erkannt. Man startete ein Projekt, das zum Ziel hatte, den Anteil an Frauen im Kader spürbar zu erhöhen, das interne Potential an entwicklungsfähigen Frauen zu erfassen und auszubauen, die Mitarbeiter und Kader der Bank für die Anliegen der Frauenförderung zu sensibilisieren und durch Marketingaktivitäten im Arbeitsmarkt auf die frauenfreundliche Bank aufmerksam zu machen. Es wurde eine Projektgruppe aus Mitarbeiterinnen und Mitarbeitern gegründet, die sich zum Ziel setzte, einen Maßnahmenkatalog zur Frauenförderung zu erarbeiten.

So war es denn auch schon fast selbstverständlich, daß der Präsident des Verwaltungsrates der SKA zu den Gründungsmitgliedern von »Taten statt Worte« zählte und die SKA seit Beginn Mitglied ist.

Zwischen Oktober 1986 und März 1987 wurde eine Projektorganisation, die in leicht modifizierter Form heute noch besteht, aufgebaut und ein konkreter Maßnahmenkatalog erarbeitet. Dieser wurde später vom Initiativkomitee »Taten statt Worte« Schweiz prämiert. Das Projektteam bestand aus Mitarbeiterinnen und Mitarbeitern der Bereiche Personal und Ausbildung, Marketing, Recht und Banking. Es erarbeitete Ziele und Maßnahmen zu deren Umsetzung. Geleitet wurde diese Gruppe von einer Frau, die 20% ihrer Arbeitszeit für diese Aufgabe einsetzen konnte. Damit hatte die SKA erstmals eine Frauenbeauftragte. Seit 1992 hat die SKA eine Vollzeit-Frauenbeauftragte. Würde man jedoch auch die Arbeitszeit sämtlicher Mitarbeiterinnen und Mitarbeiter, die sich für TsW engagieren, dazurechnen, käme man auf weit mehr Stellenprozente.

2.2.1 Die Projektorganisation

Die heutige Projektorganisation (vgl. Abbildung 5) besteht seit 1991.

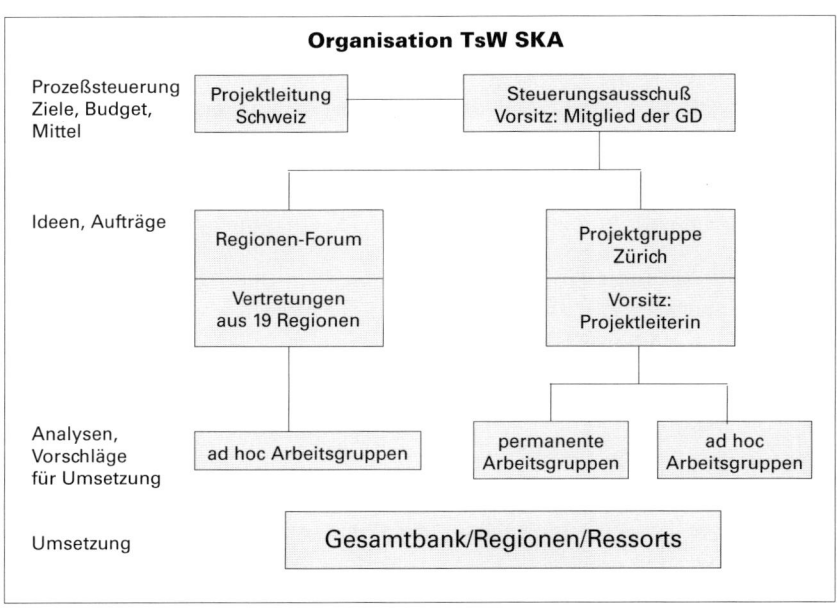

Abbildung 5: Projektorganisation

Die *Projektleiterin* ist der eigentliche Kern der Projektorganisation und direkt dem zuständigen Mitglied der Geschäftsleitung unterstellt. Sie weist auf Probleme hin, fordert Veränderungen, unterhält Kontakte zu den anderen Mitgliedorganisationen in der Schweiz, koordiniert, inspiriert und begleitet den gesamten Prozeß.

Der *Steuerungsausschuß* ist oberstes Entscheidungsgremium. Ihm gehören außer der Projektleitung und dem für Human Resources zuständigen Mitglied der Generaldirektion der Leiter Personal Gesamtbank und eine Direktorin mit Linien- und Führungsfunktion an. Der Ausschuß tagt zweimal jährlich und übernimmt zentrale Steuerungsfunktionen, definiert Maßnahmen, beurteilt Anträge und leitet diese an die Geschäftsleitung weiter, koordiniert Aktivitäten und stellt Mittel bereit.

Die *Taten statt Worte-Gruppe Zürich* besteht aus Schlüsselpersonen aus dem Personalbereich und dem Marketing, aus den Leiterinnen der Arbeitsgruppen sowie verschiedenen Linienvertretern/-innen. Die Gruppe tagt viermal jährlich unter dem Vorsitz der Projektleiterin. Sie gewährleistet den Informationstransfer zwischen Steuerungsausschuß und Arbeitsgruppen, berät und beurteilt Anträge aus den Arbeitsgruppen und leitet diese an den Steuerungsausschuß weiter. Weiter berät sie die Arbeitsgruppen, gibt Impulse und kontrolliert die Einhaltung von Mitteln und Terminen.

Im zweimal jährlich stattfindenden *Regionenforum* treffen sich die regionalen »Taten statt Worte«-Verantwortlichen zu einem Gedanken- und Informationsaustausch. In jeder Region (jeweils mehrere Bankfilialen, die organisatorisch zu einer Region zusammengefaßt sind) gibt es eine Verantwortliche, die für die Umsetzung des Projektes in der betreffenden Region sorgt. Die Regionen entwickeln insbesondere im Bereich Networking und Veranstaltungen eigene Aktivitäten.

Die *Arbeitsgruppen* erarbeiten konkrete Vorschläge für Maßnahmen zu Händen der Gruppe Zürich. Sie leiten ihre Ziele aus den TsW-Jahreszielen ab. Je nach Thematik, mit der sie sich befassen, bestehen sie permanent oder lediglich vorübergehend.

Maßnahmen zur Förderung von Frauen kranken in der Regel daran, daß sie im Unternehmen nicht mit der notwendigen Priorität behandelt werden. Deshalb ist es äußerst wichtig, daß Frauenförderungsprogramme in einen betrieblichen Rahmen eingebettet werden. Unsere klare Projektorganisation mit festen Strukturen und formalisierten Abläufen ist eine notwendige Voraussetzung für den Erfolg des Projekts. Gute Ideen nützen nichts, wenn es keine Gremien gibt, die sie beurteilen, die notwendigen Mittel bewilligen und dafür sorgen, daß sie in die Praxis umgesetzt werden.

In der SKA geht das Gleichstellungsvorhaben von der Unternehmensspitze aus und ist dort verankert. In Anlehnung daran wurde auch die oben beschriebene dreistufige Projektstruktur gewählt (Steuerungsausschuß – zentrale Projektgruppe/Regionengruppe – Arbeitsgruppen), die als top down-Strategie funktioniert.

Mit der Direktunterstellung der Projektleiterin und der beschriebenen Projektstruktur wird den Gleichstellungsanliegen das nötige Gewicht verliehen. Von den Arbeitsgruppen erarbeitete und durch den Steuerungsausschuß genehmigte Maßnahmen haben so die größte Chance, effektiv in die Praxis umgesetzt zu werden. Die Gleichstellungsbeauftragte wird zudem durch eine hierarchische Autorität unterstützt, was sehr oft von Vorteil ist.

Eine Gefahr dieser sehr klaren top down-Strategie liegt in einer allenfalls mangelnden Identifikation der Basis mit dem Projekt und einem demzufolge fehlenden Engagement. Gleichstellungsanliegen werden von den Frauen, teilweise aber auch von den Führungsverantwortlichen, auf Geschäftsleitung und Gleichstellungsbeauftragte abgeschoben. Insbesondere die Frauen erwarten viel von der Unternehmung und reagieren sehr kritisch oder gar ungehalten, wenn sie sichtbare Erfolge vermissen oder sie keinen persönlichen Nutzen daraus ziehen können. Daß Selbstverantwortung und Eigeninitiative nach wie vor unabdingbare Voraussetzungen jeder persönlichen Veränderung sind, ist nicht immer allen bewußt.

2.2.2 Die erste Projektphase

Im folgenden wird nicht nur auf diejenigen Maßnahmen eingegangen, die ganz explizit zur Förderung der weiblichen Führungskräfte erarbeitet worden sind, sondern auf die wichtigsten Aktivitäten der letzten zehn Jahre zur Verbesserung der Situation der Frauen generell. Letztlich ist das Ziel all dieser Maßnahmen, Frauen in ihrer beruflichen Laufbahn zu unterstützen, den Frauenanteil in qualifizierten Funktionen zu erhöhen und auch auf höchster Ebene eine bessere Durchmischung der Geschlechter zu erreichen. Ein inhaltlicher Vergleich zum Zeitpunkt des Projektstarts 1987/88 mit der heutigen Situation zeigt, daß ein Gleichstellungsprojekt ein langwieriger Prozeß ist, der auch in der SKA noch lange nicht als abgeschlossen gelten kann.

In der ersten Projektphase wurden für die Erarbeitung der Maßnahmen zur Förderung der Frauen sieben Bereiche festgelegt:

– Information

– Bewußtseinsbildung

– Rekrutierung

– Aus- und Weiterbildung

– Förderung, Beförderung, Betreuung

– Strukturelle Maßnahmen

– Wiedereinstieg

Zu jedem Bereich wurden klare Detailziele definiert (vgl. Abbildung 6) und
entsprechende Maßnahmen abgeleitet. Die beschlossenen Maßnahmen wurden in sieben Gruppen ausgearbeitet.

Arbeitsgruppe	Ziele
Information	• Sicherstellung und laufende Erhöhung des Infor-mationsstands über das Projekt • Klarstellung, daß die Generaldirektion der Frauen-frage den nötigen Stellenwert beimißt • Hilfe beim Abbau von Vorurteilen gegen Frauen
Kinderkrippe	• Errichtung einer Kinderkrippe von SKA-Mitarbeite-rinnen und -Mitarbeitern
Symposium	• Durchführung eines Symposiums für SKA-Kader-frauen im Sommer 1987
Frauenbild SKA	• Ist-Aufnahme des Frauenbildes in der SKA • Ausräumung verbriefter Unterschiede • Anpassung aller Papiere und Weisungen an das Leitbild
Ausbildung	• Förderung fähiger Mitarbeiterinnen durch gezielte Ausbildung • Überarbeitung und Aufwertung der Sekretariats-ausbildung, Schaffung von Entwicklungsmöglich-keiten für Sekretärinnen • Schaffung und Überarbeitung von Seminaren zu Aspekten, die sich aus der Zusammenarbeit von Frau und Mann am Arbeitsplatz ergeben
Wiedereinstieg	• Schaffung eines SKA-Wiedereinstiegs-Modells für alle Mitarbeiterinnen und Kaderfrauen zur Erhal-tung von qualifiziertem Personal
Bedürfnisanalyse	• Abklärung der Bedürfnisse der Mitarbeiterinnen und Mitarbeiter bezüglich Arbeitszeiten, Zusam-menarbeit von Frau und Mann, Kinderbetreuung etc.
Personalchefs	• Anpassung der Rahmenbedingungen an die För-derung der Gleichstellung von Frau und Mann

Abbildung 6: Die Arbeitsgruppen und ihre Ziele

Arbeitsgruppe Information

Um die oben dargestellten Ziele zu erreichen, wurden unter anderem Maßnahmen wie die Veröffentlichung von Portraits erfolgreicher Mitarbeiterin-

nen in der Personalzeitschrift, die Erstellung von Dokumentationen zu Händen externer Stellen und der Aufbau eines Informationsnetzes in den Zweigniederlassungen eingeleitet.

Arbeitsgruppe Kinderkrippe

Um den Frauen und Männern die Vereinbarkeit von Beruf und Familie zu erleichtern, erarbeitete diese Arbeitsgruppe ein Konzept für eine betriebseigene Kinderkrippe und setzte es in die Tat um. Die erste Krippe wurde 1988 am Hauptsitz in Zürich eröffnet.

Arbeitsgruppe Frauenbild SKA

Um das Frauenbild in der SKA positiv zu beeinflussen, wurden unter anderem sämtliche Personalweisungen betreffend Rollenbilder überarbeitet, die SKA-Werbung auf das durch sie vermittelte Frauenbild hin geprüft und angepaßt sowie die Anrede »Fräulein« abgeschafft.

Arbeitsgruppe Ausbildung

Angestrebt wurde ein Frauenanteil von 30% in Führungsseminaren. Die Höhe dieser »Quote« orientiert sich einerseits an der wissenschaftlich begründeten Erkenntnis, daß 30% als Minimalgröße nötig sind, um zu verhindern, daß eine Gruppe als Minorität erscheint. Andererseits ist ein solcher Prozentsatz nötig, um eine wirksame Steigerung des bisherigen Frauenanteils im Kader zu erreichen. Die Trainerinnen und Trainer sollen bezüglich Rollenverhalten sensibilisiert werden und Rollenspiele sollen bezüglich Frauenbild überarbeitet werden. Ein weiteres Ziel besteht darin, mehr Frauen als Trainerinnen einzusetzen. Im Bereich der Sekretariatsausbildung soll das Laufbahnmodell überarbeitet werden.

Arbeitsgruppe Wiedereinstieg

Prüfung offener Stellen bezüglich Eignung für Wiedereinsteigerinnen, Erhaltung und Begleitung von austretenden Mitarbeiterinnen nach gegenseitiger Absprache (z.B. durch Zustellung der Personalzeitschrift inkl. internem Stellenanzeiger, bei Austritt wegen Übernahme familiärer Pflichten. Gelegentliche Informationsveranstaltungen für Wiedereinsteigerinnen, individuelle Betreuung der Wiedereinsteigerinnen durch Personal- und Linienchefs.)

Arbeitsgruppe Bedürfnisanalyse

Durchführung einer repräsentativen Umfrage bei unseren Mitarbeiterinnen und Mitarbeitern anhand eines ausführlichen Fragebogens. Erhoben wurden dabei die Bedürfnisse unserer Mitarbeiterinnen und Mitarbeiter bezüglich Arbeitszeiten, Zusammenarbeit von Frauen und Männern, Kinderbetreuung etc.

328

Die Ergebnisse bringen keine neuen Einsichten, sondern bestätigen die allgemeinen Erfahrungen, daß die Rollenverteilung an sich nicht eigentlich diskutiert oder gar in Frage gestellt wird.

Arbeitsgruppe Personalchefs/-innen

Personalchefs/-innen sollen bei Linienchefs vermehrt aktiv auf Frauen hinweisen.

Es geht hierbei vor allem um folgende Aspekte: Betreuung der jungen Mitarbeiterinnen nach der Lehre; Motivation für Sachbearbeitungspositionen anstelle von Sekretariatsfunktionen.

Das *Fazit*, welches das Projektteam nach der ersten Phase gezogen hat, war ernüchternd, erstaunt aber nicht: Das zentrale Ziel, nämlich den Frauenanteil im Kader spürbar zu erhöhen, konnte zwar erreicht werden, jedoch war der Frauenanteil immer noch gering. Dem Projektteam wurde bewußt, daß sich Widerstände im emotionalen Bereich bemerkbar machten, daß dieses Projekt mitunter auch in vollem Gegensatz zur persönlichen Überzeugung jedes einzelnen und jeder einzelnen stehen könnte. Es wurde – mit anderen Worten – offensichtlich, daß individuelle Werthaltungen, Traditionen, Vorurteile und der private Hintergrund in das Berufsleben einfließen und sich direkt auf den Gleichstellungsprozeß auswirken.

2.2.3 Die späteren Projektphasen

In den weiteren Phasen des Projektverlaufs wurden in der Folge verschiedene Maßnahmen, teilweise auch außerhalb der Projektorganisation, zur Förderung der Gleichstellung ausgearbeitet, und es konnten auch einige Erfolge erzielt werden:

Verankerung der Chancengleichheit im Leitbild

Seit 1990 ist im Leitbild folgender Grundsatz verankert: »Wir bekennen uns zum Grundsatz der Gleichwertigkeit der Arbeit von Frau und Mann und der Chancengleichheit für alle Mitarbeiterinnen und Mitarbeiter.« Dies war ein wichtiger Meilenstein, da damit das Commitment der Geschäftsleitung verbrieft wurde.

Verankerung der Chancengleichheit in der Personalpolitik

Auch die »Leitgedanken zu unserer Personalpolitik« enthalten eine Grundsatzaussage zur Chancengleichheit: »Wir sind überzeugt, dass uns eine gleichwertige und partnerschaftliche Zusammenarbeit von Frau und Mann auf allen Stufen weiterbringt. Wir sind uns bewußt, dass dies nur gelingt, wenn wir flexible Lösungen schaffen, um – wo betrieblich möglich – auch die Bedürfnisse der Familie zu berücksichtigen.«

Teilzeitpolitik

1992 hat die SKA eine interne Untersuchung zum Thema Teilzeitarbeit durchgeführt, die sich aus einer Vorgesetztenbefragung und einer Kostenanalyse zusammensetzte. Die 300 Vorgesetzten von Teilzeitmitarbeiterinnen und -mitarbeitern, die zu ihren Erfahrungen mit Teilzeitarbeit befragt wurden, äußerten sich insgesamt sehr positiv. Aus dieser Untersuchung wurde eine Teilzeitpolitik abgeleitet, die es nun auch Mitgliedern des Kaders erlaubt, in Führungsfunktionen 70% und in Fachspezialistenfunktionen 50% zu arbeiten.

Mutterschaftsurlaub

Vor zwei Jahren hat die SKA eine neue Regelung eingeführt: Unabhängig davon, ob eine Frau nach der Geburt ihres Kindes weiterarbeiten möchte oder nicht, hat sie Anspruch auf einen 6monatigen Mutterschaftsurlaub. Je nach Dienstjahr ist der Urlaub ganz oder teilweise bezahlt. Ab dem 5. Dienstjahr z. B. erhalten Frauen das Gehalt während 6 Monaten. Dies war ein wichtiger Schritt, um den Mitarbeiterinnen eine Alternative zum Entscheid »Austritt oder Wiederaufnahme der Berufstätigkeit nach dem gesetzlichen Beschäftigungsverbot« zu bieten.

Kinderkrippe

Die bereits bestehende Kinderkrippe am Hauptsitz wurde erweitert und um eine Säuglingsabteilung ergänzt. Damit können Kinder nicht erst wie bisher ab zwei Jahren, sondern bereits ab sechs Monaten (Ende des Mutterschaftsurlaubs) in der Krippe betreut werden, und für die Frauen ist ein reibungsloser Wiedereinstieg möglich. Obwohl es in Genf eine weitere betriebsinterne Kinderkrippe gibt und die SKA in Luzern gemeinsam mit einer anderen Unternehmung eine Kinderkrippe führt, verfügen wir noch nicht über genügend Krippenplätze. Momentan übersteigt die Nachfrage das Angebot bei weitem.

Lohngleichheit

Männer- und Frauengehälter werden in der SKA schon seit Jahren miteinander verglichen. Es ist leider eine Tatsache, daß immer wieder Lohnunterschiede zu Ungunsten der Frauen festgestellt werden müssen. Als Sofortmaßnahme wurde z.B. im letzten Jahr ein spezielles Budget zur Verfügung gestellt, um noch vorhandene Unterschiede in einzelnen Funktionen auszugleichen. Seit längerem wird als zusätzliche Maßnahme bei jeder Einstellung einer Frau ein Gehaltsvergleich mit zwei Männern in gleicher oder vergleichbarer Funktion vorgenommen, um so, unabhängig von den Gehaltsvorstellungen der Kandidatin, ein faires Gehalt garantieren zu können.

Sprachregelung

Es ist für die SKA schon seit Jahren eine Selbstverständlichkeit, daß Stelleninserate geschlechtsneutral formuliert werden. In internen Zeitschriften, Weisungen und Dokumenten ganz allgemein wird darauf geachtet, daß die Frauen auch in der Sprache in Erscheinung treten, da dies einerseits einen wichtigen Ausdruck unserer Kultur darstellt, andererseits aber auch die Einstellung der Leserinnen und Leser prägt.

2.2.4 Projektstand heute

Obwohl wir in den letzten Jahren viel erreicht haben und heute zu den Marktleadern in Sachen Frauenförderung gehören, sind wir uns bewußt, daß es noch viel zu tun gibt, und daß die tatsächliche Gleichstellung noch nicht erreicht ist. Und obwohl wir immer wieder kleinere und größere Erfolge erzielen, haben wir doch auch stets noch mit vielfältigen Hindernissen zu kämpfen. Sogenannte »schlechte Erfahrungen« erzeugen immer wieder Widerstände bei Vorgesetzten und die gesellschaftliche Entwicklung (z.B. Bildungsstruktur, Akzeptanz berufstätiger Mütter) verläuft relativ langsam, was sich auch im Betrieb zum Teil widerspiegelt. So beschäftigen wir uns heute teilweise erneut mit ähnlichen Aufgabenstellungen, die schon die erste Frauenbeauftragte herausforderten.

Zur Zeit bestehen die folgenden Arbeitsgruppen:

Arbeitsgruppe Controlling

Sie erarbeitet und implementiert ein umfassendes und zielorientiertes System zur Erhebung und Bewertung von frauenspezifischen Kennzahlen. Diese Gruppe befaßt sich mit vier Themenkreisen: Selektion, Ausbildung, Laufbahn und Gehalt. Durch das systematische Controlling können problematische Entwicklungen schnell erkannt und entsprechende Gegenmaßnahmen eingeleitet werden. Im übrigen sind Zahlen ein sehr geeignetes Mittel, um mit Vorgesetzten und der Geschäftsleitung zu verhandeln. Zur Zeit wird an einer Langzeitstudie »Laufbahnentwicklung Hochschulabsolventen/-innen« gearbeitet. Es wird untersucht, wie sich Hochschulabsolventinnen und -absolventen, die vor fünf Jahren eingetreten sind, entwickelt haben und wo sie heute funktions-, gehalts- und rangmäßig stehen.

Arbeitsgruppe Information

Sie befaßt sich im wesentlichen mit interner Kommunikation über den TsW-Prozeß, schreibt Artikel für unsere Personalzeitschrift und informiert interessierte Mitarbeiterinnen und Mitarbeiter über frauenspezifische Themen. Es ist Ziel dieser Gruppe, positive Rollenbilder zu veröffentlichen und damit zur Sensibilisierung beizutragen.

Arbeitsgruppe Anlässe

Sie organisiert interne Veranstaltungen und bietet pro Jahr ungefähr 6 Anlässe an, die Frauen (und auch Männern) Vernetzungsmöglichkeiten bieten, und ihnen Informationen und Anregungen zu frauenspezifischen Themen geben sollen.

Arbeitsgruppe Beruf und Familie

Dies ist eine neue Arbeitsgruppe, die aus Frauen und Männern besteht, die selber versuchen, Beruf und Familie zu vereinbaren. Ziel dieser Gruppe ist es, aus direkter Betroffenheit die Probleme anzugehen, die eine Vereinbarkeit von Beruf und Familie erschweren oder verunmöglichen. Interessant ist, daß die Arbeitsgruppe nicht primär gegen die Rahmenbedingungen kämpft, sondern prioritär gegen die Vorurteile angehen will, gegen die arbeitende Mütter immer noch zu kämpfen haben.

2.2.5 Ausblick

Unsere Hauptstoßrichtung wird in nächster Zukunft sein, den Linienvorgesetzten und Personalverantwortlichen die Verantwortung für Gleichstellung als eine Führungsaufgabe ganz zu übergeben. Die Gleichstellungsbeauftragte kann Impulse geben, den Prozeß steuern, ihn begleiten und überwachen, sie kann ihn jedoch nicht selber durchführen. Nachdem in der SKA bestehende strukturelle Diskriminierungen in den letzten Jahren weitgehend beseitigt werden konnten, liegt es nun an den Vorgesetzten und Personalverantwortlichen, die Gleichstellung in ihrer täglichen Arbeit umzusetzen. Wir wollen bereits bestehende Führungsinstrumente ergänzen und dazu verwenden, Gleichstellungsanliegen durchzusetzen. So sollen zum Beispiel Stellenbeschreibungen und Qualifikationsformulare mit Zielsetzungen im Frauenförderungsbereich ergänzt werden, um Frauenförderung meßbar zu machen.

Ferner möchten wir auch im Lehrlingsbereich noch vermehrt aktiv werden, da die Lehrlinge von heute die Führungskräfte von morgen sein werden. Hier gilt es, die weiblichen Lehrlinge zu ermuntern, die Laufbahnplanung in die eigenen Hände zu nehmen, ihnen Entwicklungsmöglichkeiten aufzuzeigen und Vorbilder zu präsentieren, mit denen sie sich identifizieren können.

Wir haben bereits dieses Jahr mit den Lehrlingen im ersten Lehrjahr Workshops durchgeführt, in denen Rollenklischees erarbeitet und diskutiert wurden. Unser Ziel ist es, die Gleichstellungsproblematik in jedem Lehrjahr zu thematisieren.

Es wird auch sicherlich weiterhin zum Grundauftrag der Projektleitung gehören, Sensibilisierungsarbeit zu leisten und Impulse zu geben.

Auch für die momentan aktiven Mitarbeiterinnen wollen wir uns selbstverständlich einsetzen; das große Potential an qualifizierten Frauen darf auf keinen Fall brachliegen. Es sollte nach Lösungen gesucht werden, damit wir zum Beispiel gut qualifizierte und integrierte Mitarbeiterinnen nicht verlieren, weil wir nicht genügend qualifizierte Teilzeitstellen anbieten.

Uns liegt letztlich daran, den Entscheidungsträgern in der Bank aufzuzeigen, daß gesellschaftliche Veränderungen im Gange sind und das traditionelle Rollenverhalten definitiv der Vergangenheit angehört.

Möglichkeiten und Grenzen betrieblicher Managerinnenförderung – aus Sicht zweier Vertreterinnen der Asea Brown Boveri AG (ABB)

von Astrid Hausherr Fischer und Manuela Sandmeier

Dieser Beitrag ist ein Gemeinschaftswerk von Astrid Hausherr Fischer, Beauftragte für Chancengleichheit der ABB Schweiz, und Manuela Sandmeier, Kaufmännische Leiterin, stellvertretende Geschäftsführerin und Beauftragte für Chancengleichheit der ABB Immobilien AG. Beide Autorinnen schildern die Situation aus unterschiedlicher Perspektive. Frau Hausherr Fischer porträtiert zunächst das Unternehmen und dessen Gleichstellungspolitik. Danach skizziert Frau Sandmeier Möglichkeiten betrieblicher Managerinnenförderung und legt dabei ihren eigenen beruflichen Werdegang als Beispiel für eine Frauenkarriere bei ABB dar. Im Anschluß daran zeigt Astrid Hausherr Fischer strukturell bedingte Grenzen der Förderungsmöglichkeiten auf. Im Schlußteil fassen beide Autorinnen noch einmal ihre zentralen Aspekte zusammen.

1 Porträt der Unternehmung

1.1 ABB-Konzern in Kürze

ABB ist ein weltweit tätiges Unternehmen der Elektrotechnik mit einem Jahresumsatz von rund 40 Milliarden Franken. In mehr als 150 Ländern arbeiten 210.000 Menschen für das Unternehmen. Sie entwickeln, bauen, liefern und warten Produkte und Systeme für Kunden in der Stromerzeugung, Stromübertragung und -verteilung sowie in Industrie-, Gebäudetechnik und im Verkehr. 58% des Umsatzes entfallen auf Europa, 23% auf Asien, Australien, Afrika, 19% auf Nord- und Südamerika. Koordiniert werden die ABB-Ländergesellschaften von der Konzernleitung in Zürich-Oerlikon, Schweiz.

1.2 ABB Schweiz

ABB Schweiz ist eine Ländergesellschaft des ABB-Konzerns. Mit ihrem Sortiment deckt sie das ganze Spektrum der Stromversorgung vom Kraftwerk bis zur Steckdose ab. Außerdem bietet sie Produkte und Systeme für

Industrie und Verkehr sowie Turbolader an. Rund 80% ihres Umsatzes erzielt sie im Ausland, 20% im Inland. ABB Schweiz zählt 24 Tochtergesellschaften. Der Hauptsitz liegt in Baden. ABB Schweiz zeichnet sich im Konzern durch Spitzenleistungen in Forschung & Entwicklung und durch hochqualifizierte Arbeitskräfte aus.

1.3 Personalstruktur der ABB Schweiz

ABB Schweiz beschäftigt rund 12.700 Mitarbeiterinnen und Mitarbeiter.

In Westeuropa konzentriert sich der ABB-Konzern mehr und mehr auf Produkte, die viel Know-how erfordern, sogenannte »Noble parts«. Bei der
ABB Schweiz arbeiten daher immer mehr Absolventinnen und Absolventen
von Hochschulen und Fachhochschulen. Abbildung 1 zeigt die Beschäftigungsstruktur.

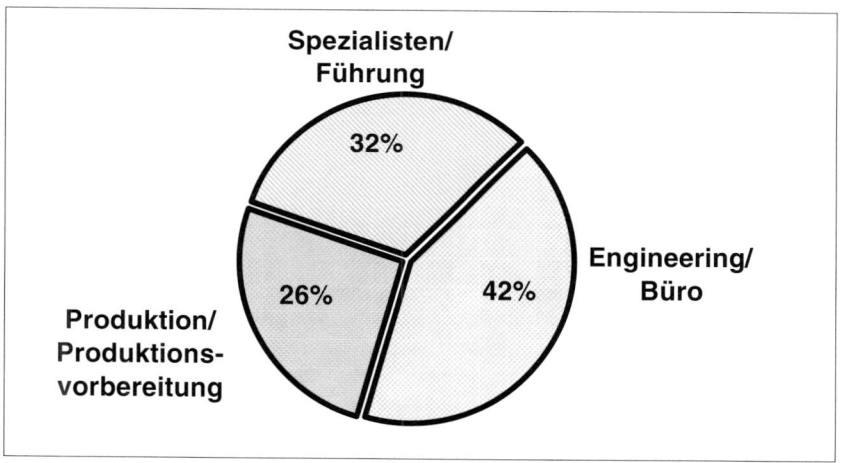

Abbildung 1: Beschäftigungsstruktur der ABB Schweiz

Der prozentuale Anteil der Mitarbeiterinnen und Mitarbeiter in der Technik
nimmt zu (Engineering). Gleiches gilt auch für den Verkauf und das Marketing. Hingegen gehen die Personalzahlen in den typischen Büroberufen tendenziell zurück. Ebenso in der Produktion. Hier zeigen Rationalisierungsmaßnahmen ihre Wirkung. Auf die Auswirkungen dieser Rationalisierungsmaßnahmen auf den Frauenanteil komme ich gleich zu sprechen. Doch vor-
erst noch zum dritten Kuchenstück: Führung/Spezialisten. »Mehr
Kompetenzen für Mitarbeiterinnen und Mitarbeiter« – so lautet das Credo
bei ABB Schweiz. Die Hierarchien werden flacher, Entscheide vermehrt an

vorderster Front gefällt. Beispiel dafür ist die Inselfertigung in der Produktion, wo sich Teammitglieder weitgehend selbst organisieren. In der Folge ist die Zahl der Mitarbeiterinnen und Mitarbeiter mit Führungsfunktionen sinkend. Führungsfunktionen werden in 5 Kaderstufen eingeteilt, die ziemlich durchlässig sind (1,2: oberes Kader, 3: mittleres Kader; 4,5: unteres Kader).

Wie die Geschlechterverteilung in den einzelnen Bereichen aussieht, illustriert Abbildung 2. In der gesamten ABB Schweiz arbeiten knapp 16% Frauen. Der Frauenanteil ist in den 90er Jahren trotz verstärkter Frauenförderung zurückgegangen und hat sich im letzten Jahr konstant gehalten. Der Grund: Rationalisierungsmaßnahmen. Dienstleistungsbetriebe, in denen viele Frauen arbeiteten, wurden verkauft, Hilfsarbeiterinnenstellen in der Produktion und Arbeitsplätze in Sekretariaten aufgehoben. Der Frauenanteil in den einzelnen ABB-Tochtergesellschaften variiert zwischen 8 und 40%.

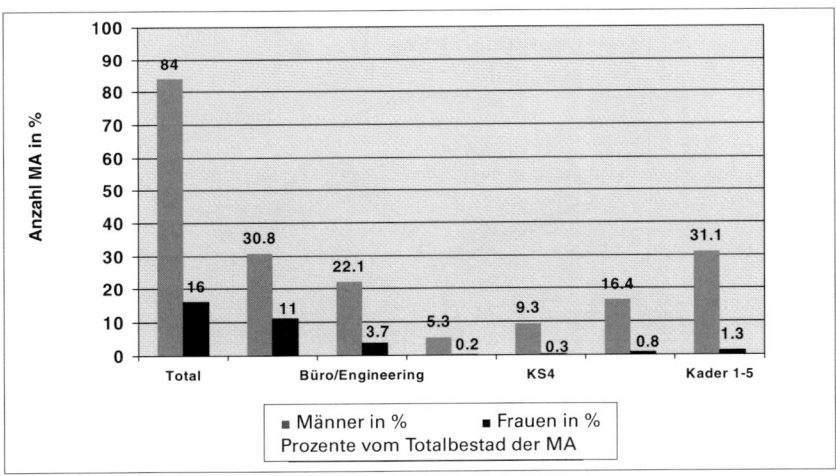

Abbildung 2: Struktur nach Personenkreisen und Geschlechtern

Nur 5% der Studierenden an höheren technischen Lehranstalten (HTL) sind Frauen. Die meisten davon belegen überdies für ABB nicht relevante Studienrichtungen, wie z.B. Architektur. Wenig größer ist ihr Anteil an vergleichbaren Fakultäten der Hochschulen. Dementsprechend gestaltet sich das Bild bei ABB Schweiz. Frauen arbeiten vorwiegend in der Administration oder in der Produktion. Verschwindend klein ist ihr Anteil in der Technik – und – nun wird's spannend, aber nicht überraschend – in den Kaderpositionen. In der Kaderstufe 1-3 arbeiten 0.2% Frauen gemessen am Totalbestand der Mitarbeitenden. Einen leicht steigenden Frauenanteil haben wir beim unteren und mittleren Kader. Zeigt hier die Frauenförderung erste Früchte? Im Kader insgesamt arbeiten 1.3% Frauen gemessen am Totalbestand der Mitarbeitenden. Mißt man den Anteil der Frauen im Kader am Totalbestand des Kaderpersonals, kommt man auf die immer noch bescheidene Zahl von 3.5%.

Eine ernüchternde Bilanz: Ein geringer Frauenanteil, fast keine Kaderfrauen. Dazu stellen sich folgende Fragen: Hat die bisherige Frauenförderung versagt? Ist Chancengleichheit ein Mythos? Und: Sind Managerinnen *der* Erfolgsausweis einer geglückten Chancengleichheitspolitik?

Managerinnen sind, wenn man so sagen darf, der Output der betrieblichen Managerinnenförderung. Ich betrachte die betriebliche Managerinnenförderung als Interventionsmöglichkeit im Spektrum einer umfassenden Chancengleichheitspolitik im Betrieb. In der ABB existiert also kein Sonderprogramm namens »betriebliche Managerinnenförderung«, sondern eine Chancengleichheitspolitik, welche den Veränderungsprozeß von einer männlich dominierten zu einer partnerschaftlichen Unternehmenskultur und -struktur steuert und begleitet.

2 Chancengleichheit in der ABB Schweiz

2.1 Ausgangslage

Seit 1989 hat sich ABB Schweiz Chancengleichheit auf die Fahne geschrieben. Sie beteiligte sich an der gesamtschweizerischen Initiative »Taten statt Worte« (TsW). In Arbeitsgruppen gaben ABB-Frauen Anstöße zu neuen Arbeitszeitmodellen und initiierten Kommunikationsseminare.

Seit 1992 werden die Veränderungsprozesse innerhalb der ABB Schweiz von einer zentralen Frauenbeauftragten geführt. Dank ihrer Arbeit stieg das Bewußtsein dafür, was Frauen in ein Unternehmen einbringen. Sie versuchte auf formale und informelle Weise, die Mitarbeiterinnenförderung in verschiedene Bereiche zu integrieren und unterschiedliche Personengruppen und Entscheidungsträger davon zu überzeugen, frauenspezifische Maßnahmen umzusetzen.

1995 hat die Frauenbeauftragte Verstärkung von KollegInnen in jeder der 24 Tochtergesellschaften erhalten. Dezentralisierung war der Leitgedanke. Gleichzeitig ist die Frauenbeauftragte in Beauftragte für Chancengleichheit umgetauft worden.

2.2 Projektorganisation

Als Beauftragte für Chancengleichheit der ABB Schweiz bin ich als Stabsstelle im zentralen strategischen Personalmanagement angesiedelt. Es steht mir ein Zeitbudget von 60% zur Verfügung.

Ziel der Dezentralisierung ist, die Chancengleichheit in den Gesellschaften stärker zu verankern. Jede Tochtergesellschaft hat eine Beauftragte für Chancengleichheit. Dies ermöglicht, auf die besonderen Bedürfnisse, Anforderungen und die Problemlage der Gesellschaft reagieren zu können. Jede Gesellschaft erarbeitet eine maßgeschneiderte Stellenbeschreibung, ein Zeitbudget und einen Aktionsplan. Die Aktionen oder Maßnahmen müssen konkret, auf die Gesellschaft zugeschnitten, terminiert und vor allem überprüfbar sein. Ein standardisierter Stellenbeschrieb und Aktionsplan widerspricht der Zielsetzung der Dezentralisierung. Jede Gesellschaft hat ihr eigenes Gesicht. Ich lege Wert darauf, daß die Aktionen die Trias Kultur, Strategie und Struktur berücksichtigen. Nur ein umfassendes Bündel von Maßnahmen führt zu einem griffigen Chancengleichheitsprogramm.

Das Zeitbudget der Beauftragten beträgt je nach Größe der Gesellschaft zwischen 10 und 50%.

Meine Aufgabe ist, die dezentralen Beauftragten in den Gesellschaften fachlich zu führen und die Chancengleichheit ABB intern und extern zu vertreten.

2.3 Zielbereiche der Chancengleichheit

Als Zielbereiche der Chancengleichheit kommuniziere ich folgende vier Punkte (vgl. Abbildung 3): Die *Strategie* der Chancengleichheit beabsichtigt die Veränderung der Unternehmenskultur und -struktur. Sie fokussiert auf vier Zielbereiche: *frauenfreundliche Unternehmenskultur, Chancen für vertikale Entwicklungsmöglichkeiten, Schaffen von horizontalen Entwicklungsmöglichkeiten* und *die Vereinbarkeit von Familie und Beruf.*

An der Spitze der Pyramide stehen die in unserer Unternehmung tätigen Menschen, die gefordert sind, ihre Einstellungen, Werthaltungen und Verhaltensweisen zu überdenken und zu verändern. Die Zielsetzung »vertikale Entwicklungsmöglichkeiten öffnen« trifft klassischerweise auf Managerinnenförderung zu. Diese Maßnahme allein könnte jedoch keinen Veränderungsprozeß auslösen und in Bewegung halten könnte. Dazu bedarf es vielmehr flankierender Maßnahmen.

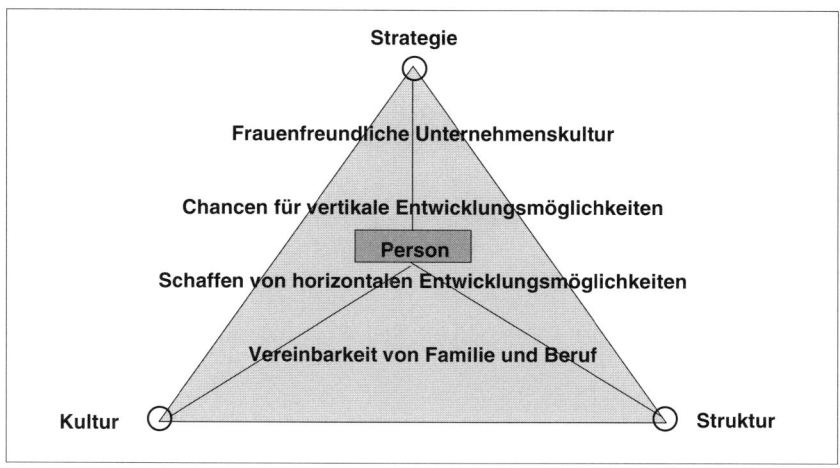

Abbildung 3: Vier Zielbereiche der Chancengleichheit

2.4 Konkrete Schritte und Resultate

Das bisher Erreichte kann sich sehen lassen. In den letzten fünf Jahren wurden zum einen die Grundlagen der Chancengleichheit, die für die ABB handlungsrelevant sind, erarbeitet und genehmigt. Zum anderen wurden personalpolitische Grundsätze und Instrumentarien implementiert. Es wurde und wird sensibilisiert, die Öffentlichkeit informiert und schlußendlich wird immer wieder kommuniziert – so zum Beispiel:

– daß Chancengleichheit eine Führungs- und Managementaufgabe ist

– daß Chancengleichheit nicht Aufgabe einer Person, sondern ein Lern- und Entwicklungsprozeß der gesamten Organisation ist

– daß Chancengleichheit die Wettbewerbsfähigkeit der ABB fördert und

– was unter Chancengleichheit überhaupt zu verstehen ist.

Die nun folgende Aufzählung der konkreten Schritte und Resultate zeigt – ohne Anspruch auf Vollständigkeit –, wie Chancengleichheit definiert und umgesetzt werden kann:

Grundlagen der Chancengleichheit bilden:

– die Unternehmensstrategie: Förderung der Mitarbeiterinnen und Mitarbeiter

– das Leitbild: »Frauen und Männer haben die gleichen Chancen« und

– die Personalpolitik der ABB Schweiz: »Frauenfreundliche Unternehmenskultur« (vgl. Abbildung 4) sowie

– der Gesamtarbeitsvertrag, Artikel 25: Förderung der Frauen

– Chancengleichheit –

Leitsatz

Bei uns haben alle gleiche Chancen. Deshalb beseitigen wir aktiv alle sachlichen und mentalen Hindernisse, die gleichen Chancen entgegenstehen.

Erläuterung

– Im Vordergrund stehen Maßnahmen zur Beseitigung mentaler Barrieren, da wir die objektiven Barrieren praktisch vollständig beseitigt haben. Die Überwindung mentaler Barrieren ist ungleich zeitintensiver.

– Zur Unterstützung der Chancengleichheit von weiblichen Mitarbeitenden haben wir in allen Gesellschaften nebenamtliche Beauftragte für Chancengleichheit.

– Beruf und Familie –

Leitsatz

Ein möglichst konfliktfreies Nebeneinander von Beruf und Familie erhöht die Zufriedenheit der Mitarbeitenden und den Unternehmenserfolg. Mit unserer Flexibilität bezüglich Arbeitszeit sowie mit einem Angebot an Kinderbetreuungsmöglichkeiten erleichtern wir die Abstimmung zwischen Beruf und Familie.

Erläuterung

– Wir bieten Kinderbetreuungsmöglichkeiten an unseren drei Hauptstandorten Baden, Oerlikon und Turgi.

– Unsere flexiblen individuellen Arbeitszeitmodelle erlauben eine relativ gute Abstimmung auch für Mitarbeitende mit intensiven familiären Verpflichtungen.

- Arbeitszeit - Lebenszeit -

Leitsatz

Wir gewährleisten unseren Mitarbeitenden im Rahmen der betrieblichen Notwendigkeiten und der Bedürfnisse der anderen Mitarbeitenden eine freie Gestaltung der Arbeitszeit. Alle Mitarbeitenden tragen eine große Verantwortung für ein Gleichgewicht zwischen der anspruchsvollen beruflichen Belastung und der Zeit für sich selbst, die Familie und das weitere soziale Umfeld. Deshalb fördern wir im Rahmen der betrieblichen Möglichkeiten individuelle Arbeitszeitmodelle für alle Arbeitsplätze.

> **Erläuterung**
>
> – Wir fördern aktiv die Einführung von Teilzeitarbeit auch in Führungspositionen. Teilzeitarbeitende Mitarbeitende haben alle die gleichen Chancen und Möglichkeiten wie Vollzeitarbeitende.

Abbildung 4: Personalpolitik der ABB Schweiz

Chancengleichheit ist ferner in folgender Form in *personalpolitischen Grundsätzen* verankert:

– Weisung: Bei gleicher Qualifikation werden Frauen bei Einstellungen und Beförderungen bevorzugt

– gezielte Besetzung von Personalfunktionen mit Frauen

– geschlechtspezifische Kennzahlen im Personal-Controlling (Personalstruktur, Potentialstruktur, Teilzeitbeschäftigung, Leistungsbeurteilung, Lohnvergleiche)

– Reglement zum Schutz der sexuellen Integrität am Arbeitsplatz:

   »Sexuelle Belästigung ist diskriminierend. Sie verletzt die Persönlichkeit und Würde von Menschen und wird von ABB nicht geduldet. Als sexuelle Belästigung gilt jede Handlung mit sexuellem Bezug, die von der betroffenen Person unerwünscht ist.« (Auszug)

– geschlechtsneutrale Gestaltung des Personalmarketing (v.a. der Stellenausschreibung)

Konkrete *personalpolitische Instrumente* zur Umsetzung von Chancengleichheit sind:

– ein Berufsunterbrechungsmodell

– Mitarbeiterumfragen und Austrittsinterviews zur Identifikation von Problemfeldern

– Mutterschaftsurlaub von 16 Wochen im Gesamtarbeitsvertrag (GAV)

– drei Kinderkrippen

– spezifische Weiterbildungsangebote für Frauen (z.B. Betriebswirtschaft für Sekretärinnen, Kommunikationsseminare)

– Gleichstellung in der beruflichen Vorsorge (Prämiengleichheit, Ehegattenrente, Rentenalter)

– ein nicht-diskriminierendes Arbeitsbewertungs- und Lohnsystem

– »Mädchenschnuppertage« für Mädchen vor der Berufswahl (zur Steigerung des Frauenanteils in technischen Ausbildungsgängen)

– Zielvorgaben und maßgeschneiderte Aktionspläne zur Erreichung der Chancengleichheit in jeder Tochtergesellschaft der ABB Schweiz.

Maßnahmen zur Sensibilisierung und Öffentlichkeitsarbeit vervollständigen die Palette. Eine Erhöhung der Sensibilisierung wird insbesondere angestrebt durch:

– Thematisierung der Chancengleichheit in den einzelnen Gesellschaften und auf der Ebene der ABB Schweiz

– Sichtbarmachung von Frauen im Rahmen der Unternehmenskommunikation

– Veranstaltungen mit »Frauenthemen«, die auch Männern zugänglich gemacht werden

– sprachliche Gleichbehandlung

– Bekenntnisse der obersten Führungsebene.

In den Bereich Öffentlichkeitsarbeit fallen folgende Maßnahmen:

– Beteiligung an der gesellschaftlichen Diskussion über Gleichstellung

– Imagepflege: Kommunikation der Frauenförderungsanstrengungen nach außen

– Beteiligung am gesamtschweizerischen Netzwerk »Taten statt Worte«.

3 Möglichkeiten betrieblicher Managerinnenförderung

3.1 Management Development (MD)

Zunächst soll aufgezeigt werden, welche Instrumente der Mitarbeiterförderung in der ABB Schweiz und ihren Tochtergesellschaften Anwendung finden. Es gibt bei ABB Schweiz ein *Management Development-Programm*, welches folgende Zielsetzung verfolgt: Mindestens 80% der Führungspositionen bei ABB Schweiz werden durch interne Nachwuchskräfte besetzt.

Die Basis für die Erreichung dieses Ziels bildet die Potentialeinstufung innerhalb der Gesellschaften, mit deren Hilfe Mitarbeiterinnen und Mitarbeiter auf ihre mögliche Zukunftsentwicklung hin überprüft werden. Die Einstufung wird mindestens alle zwei Jahre durchgeführt. Es werden dabei sämtliche Mitarbeiterinnen und Mitarbeiter erfaßt. Folgende Kategorien stehen den Vorgesetzten zur Einstufung zur Verfügung:

- A bedeutet Führungspotential

- B ist gleichbedeutend mit Fachpotential

- C steht für Optimaleinsatz

- D bedeutet ungenügende Leistungen.

Verfügt eine Mitarbeiterin respektive ein Mitarbeiter über A-Potential, also ein bedeutendes Führungspotential, kommt der Management Development-Prozeß in Gang: Es wird eine Zielposition vereinbart und versucht, Anforderungs- und Qualifikationsprofile durch Schulungsmaßnahmen und Auslandsaufenthalte anzugleichen.

Der Management Development-Prozeß gliedert sich wie folgt:

- Identifizieren der A-Potentiale

- Gewinnen

- Entwickeln

- Positionieren von Führungsnachwuchs

Daneben gibt es bei ABB Schweiz noch weitere Förderprogramme:

- *Traineeprogramm ABB Schweiz*
  Das Traineeprogramm wurde eingeführt, um an Hochschulen bestqualifizierte Nachwuchsmitarbeiterinnen und -mitarbeiter zu rekrutieren und ABB-spezifisch weiterzubilden. Die Trainees werden nacheinander an zwei bis vier verschiedenen Arbeitsstellen eingesetzt. Darunter befindet sich in der Regel ein Auslandsaufenthalt. Der Frauenanteil beträgt 5%.

- *Switchprogramm ABB Schweiz*
  Switch bietet Hochschulabsolventinnen und -absolventen der Fachrichtung Elektronik die Chance, in einem Job-Rotation-Programm auf das Leben nach dem Studium »umzuschalten«. Hier sind zur Zeit noch keine Frauen dabei, da die Studienrichtung Elektronik von sehr wenigen Frauen gewählt wird.

- *Smile-Programm ABB Schweiz*
  Das Smile-Programm erfaßt eine ausgewählte Anzahl Mitarbeiterinnen und Mitarbeiter mit sehr ausgeprägtem Führungspotential im Alter von

28 bis 33 Jahren. Es ist ein Programm für Generalisten, die eine hohe Führungsposition und keine Fachkarriere anstreben. Der Frauenanteil beträgt 8%.

Keines dieser Programme ist speziell auf Frauen zugeschnitten. Die Förderung erfolgt nach den gleichen Rahmenbedingungen, gleichberechtigt bei Männern wie bei Frauen.

Um die Suche nach der bestgeeigneten Kandidatin respektive nach dem bestgeeigneten Kandidaten für Positionen in der Schweiz und im Konzern zu unterstützen, bedarf es einer Datenbank, die aktuell und schnell die benötigten Daten bereitstellen kann.

Die dezentral erfaßten Daten werden auf Stufe ABB Schweiz konsolidiert. Darin aufgenommen werden sämtliche Mitarbeiterinnen und Mitarbeiter, die ein hohes Potential für eine der folgenden Positionen aufweisen:

– Geschäftsführung

– Kaufmännische Leitung

– Controlling

– Projektleitung.

Soweit die von der Programmstruktur vorgegebenen Möglichkeiten. In meiner Funkton als Beauftragte für Chancengleichheit der ABB Immobilien AG habe ich natürlich Gelegenheit, Mitarbeiterinnen und Mitarbeiter direkt zu fördern und zu unterstützen. Zudem wird der Begriff »Taten statt Worte« durch mein konkretes Beispiel vorgelebt. Zur Veranschaulichung werde ich im folgenden kurz meinen Werdegang vorstellen.

3.2 Beispiel Manuela Sandmeier, Kaufmännische Leiterin der ABB Immobilien AG – Kurzbiographie

Ich bin seit eineinhalb Jahren Kaufmännische Leiterin und stellvertretende Geschäftsführerin der ABB Immobilien AG, einer Tochtergesellschaft der ABB Schweiz.

Die zentralen Aufgaben der ABB Immobilien AG bestehen darin, den einzelnen Unternehmen der ABB Schweiz mit ihren insgesamt 11.000 Mitarbeiterinnen und Mitarbeitern optimale Raumverhältnisse zu günstigen Belegungskosten zu sichern sowie nicht mehr benötigte Immobilien einer neuen Nutzung zuzuführen oder sie zu veräußern. Damit wir diese anspruchsvollen Anforderungen erfüllen können – die ABB Schweiz besitzt heute rund 300 Gebäude mit 650.000 m² vermietbaren Gebäudeflächen – arbeiten wir mit verschiedenen Outsourcing-Partnern zusammen und bilden mit unserem äußerst schlank organisierten Unternehmen sozusagen das strategische Steuerpult zwischen der ABB und allen externen Leistungserbringern.

Unsere Firma gliedert sich wie folgt:

– Der Bereich *Promotion* ist für die Projektabwicklung und den Kauf und Verkauf von Liegenschaften verantwortlich.

– Der Bereich *Bauherrentreuhand* überwacht Bauten der Anlagestiftung ABB sowie Neu- und Umbauten der ABB Schweiz.

– Der Bereich *Bewirtschaftung Betriebsliegenschaften* ist für die Vermietung, die Umsetzung der Raumplanung und die Energieversorgung zuständig.

Unterstützt werden diese drei Frontbereiche durch den *kaufmännischen Bereich*, welcher für Customer Focus, Personal, Kommunikation, Finanz- und Rechnungswesen und die EDV verantwortlich ist.

Mit ihren 27 Mitarbeiterinnen und Mitarbeiter erwirtschaftet die ABB Immobilien AG einen jährlichen Umsatz von rund 22 Millionen Schweizer Franken und verwaltet für die ABB Schweiz über 1.5 Milliarden Franken Anlagevermögen. Der Frauenanteil in unserem Unternehmen beträgt übrigens 40%. Ich bin – im Moment noch – die einzige Frau in der Geschäftsleitung.

Meine berufliche Biographie verlief wie folgt: Nach einer dreijährigen kaufmännischen Lehre in einer Stadtverwaltung arbeitete ich während vier Jahren als Direktionssekretärin im Personalbereich einer Büroinformationsfirma. Mein damaliger Chef betraute mich vorwiegend mit Aufgaben, die ich sehr selbständig erledigen konnte. Unter anderem war ich für die Erarbeitung und Durchführung eines monatlichen Einführungsseminars für neueintretende Mitarbeiterinnen und Mitarbeiter zuständig und führte auch Lohnverhandlungen mit den Bereichsleitern. Sehr oft hat mich mein damaliger Vorgesetzter ins kalte Wasser geworfen. Aber ich lernte schnell, nicht unterzugehen. Und ich stellte dabei fest, daß ich bedeutend mehr kann, als nur »ausführende« Sekretärin zu sein. Ich wollte und konnte eigene Ideen einbringen, diese auch umsetzen und selber für das Ergebnis verantwortlich sein.

Da ich in meiner beruflichen Zukunft noch weitere Herausforderungen annehmen wollte, begann ich, mich nach geeigneten Weiterbildungsmöglichkeiten umzusehen. Die ABB bot mir flexible Arbeitszeiten, so daß eine Weiterbildung auch bei einem 100%-Arbeitspensum möglich war. Deshalb wechselte ich schlußendlich als Direktionssekretärin in den Bereich Marketing der ABB Schweiz.

Kurz nach meinem Stellenwechsel nahm ich eine nebenberufliche Ausbildung zur Betriebsökonomin in Angriff. Nach zwei Jahren schloß ich meine Zusatzausbildung mit Erfolg ab und wollte all das Gelernte nun natürlich in der Praxis anwenden. Inzwischen waren sich auch meine Vorgesetzten meines Potentials bewußt geworden, und auf meine Anfrage hin konnte ich nach wenigen Monaten eine neu geschaffene Aufgabe als Leiterin der Administration übernehmen.

Ich machte damals meine ersten Führungserfahrungen und hatte dabei auch ein paar Anfangsschwierigkeiten zu bewältigen. In ein und derselben Firma war ich zuerst die nette Sekretärin des Chefs, dann die gleichgestellte Kollegin mit Weisungsbefugnis. Das führte am Anfang zu einigen Konflikten. Aber schon bald gewöhnte sich meine Umgebung an die neue Situation und akzeptierte mich vollumfänglich.

Nach weiteren zwei Jahren entschloß ich mich, nochmals einen Schritt nach vorn zu wagen. Ich wußte sehr genau, was ich wollte und unterhielt mich infolgedessen mit meinen Vorgesetzten sowie mit einigen zentralen Personalstellen der ABB.

Bereits nach wenigen Wochen lagen zwei konkrete Angebote vor: darunter auch meine jetzige Stelle als kaufmännische Leiterin bei ABB Immobilien AG, die genau meinen Vorstellungen entsprach. Ich freute mich selbstverständlich darüber, daß die ABB Schweiz mir eine passende Stelle angeboten hat. Schließlich zeigte dies auch, daß meine bisherigen Leistungen von den Vorgesetzten und der Personalstelle erkannt und geschätzt wurden. Ich war aber von Anfang an entschlossen, mich nicht entmutigen zu lassen. Wenn es bei der ABB nicht geklappt hätte, dann hätte ich mich ganz sicher außerhalb des Konzerns nach einer entsprechenden Stelle umgesehen.

Die ABB Immobilien AG hat mir genau das Umfeld geboten, das ich mir gewünscht habe: Erstens ist sie ein kleines Unternehmen, dessen kaufmännische Leitung ein breites Aufgabenspektrum abdeckt, zudem sind dank der flachen Hierarchien die Entscheidungswege äußerst kurz und innerhalb der jungen Geschäftsleitung können aktive Mitglieder auch einen direkten Beitrag zum Geschäftserfolg leisten.

3.3 Was hat Karriere mit Chancengleichheit zu tun?

Was hat nun meine Karriere mit Chancengleichheit oder Frauenförderung zu tun? Oder anders gefragt: Wurde ich auf meinem Karriereweg speziell gefördert, weil ich eine Frau bin?

Ich muß zugeben, es war sicher von Vorteil, daß das Thema Frauenförderung bei ABB Schweiz bereits seit einiger Zeit aktuell ist. Dies hat sich weniger in einer speziellen Unterstützung geäußert, als vielmehr darin, daß
durch die Sensibilisierung für das Thema Frauen, die Karriere machen wollen, auf viel mehr Akzeptanz stoßen als dies noch vor einigen Jahren der Fall
war.

Mir wurden also zumindest keine allzu großen Steine in den Weg gelegt. Ich
fand immer einen Vorgesetzten, der meine Leistungen zu schätzen wußte
und mich unterstützte, allerdings nur, wenn ich selber die Initiative ergriff.
Diese Aussage ist durchaus nicht negativ zu verstehen. Ich bin davon überzeugt, daß man den Weg allein bezwingen muß. Ein jeder ist seines Glückes
Schmied. Konkret heißt das, daß jeder für den Aufbau seines Beziehungs-
netzes selber verantwortlich ist und sich darum bemühen muß, sich die notwendige Akzeptanz zu schaffen. Wenn einem der manchmal steile Weg
nach oben nicht alleine gelingt, hält man sich an der Spitze erst recht nicht
lange, denn dort weht der Wind noch stärker und eisiger. Eine Kaderposition
fordert von jedem, ob Mann oder Frau, ständige Bereitschaft sich aus- und
weiterzubilden und Spitzenleistungen zu erbringen.

Mein erstes Ziel habe ich erreicht. Und ich sage ganz bewußt »erstes Ziel«.
Denn ich lege jetzt nicht die Füße hoch und warte auf die Pensionierung.
Dauernde fachliche und persönliche Weiterentwicklung sind heute für jede
Führungskraft ein Muß. Nicht nur, um damit die Basis für neue berufliche
Herausforderungen zu legen, sondern auch, um sich im ständig wandelnden
Umfeld arbeitsmarktfähig zu halten.

4   Grenzen betrieblicher Managerinnenförderung

Männer und Frauen in der ABB beteuern, daß sie Mitarbeiterinnen und Mitarbeiter und natürlich auch weibliche und männliche Führungskräfte gleich
behandeln. Eine Ungleichbehandlung aufgrund des Geschlechts wird abgelehnt. Haben das Leitbild, die Strategie und die Chancengleichheitspolitik
Fuß gefaßt?

In der ABB Schweiz werden alle zwei Jahre sämtliche Mitarbeiterinnen und
Mitarbeiter zu zentralen Bereichen des Unternehmens nach ihrer Meinung
befragt. Danach sind 25% der Männer und 70% der Frauen der Meinung,
daß Frauen gegenüber Männern benachteiligt werden (MA-Umfrage 96).

Eine widersprüchliche Ausgangslage. Welche Schlüsse kann man daraus
ziehen?

4.1 »Frauen, die Mütter werden, wollen keine Karriere machen« – Werthaltungen und Rollenerwartungen

Ein Handicap liegt meiner Meinung nach in der zwar einfachen, aber bedeutungsvollen Aussage vieler Vorgesetzten: »Frauen, die Mütter werden, wollen keine Karriere machen«. Frauen gelten dadurch als Unsicherheitsfaktor, obwohl nicht jede Frau schwanger wird und nicht jede mit der Mutterschaft ihre Stelle aufgibt. Daß eine Frau potentiell Mutter werden kann, ist Grundlage dieser Rollenerwartung, unabhängig davon, ob sie dann auch tatsächlich Mutter wird. Viele Männer, auch Vorgesetzte, gehen davon aus, daß Frauen die Familie ins Zentrum ihrer Laufbahnplanung stellen, deswegen potentiell aussteigen und an einer Karriereplanung nicht interessiert sind. Eine ABB-Kaderfrau meint: »Wenn man Unternehmenschefs fragt, warum es keine Frauen in der obersten Führungsetage gibt, wird die Schuld immer den Frauen zugeschoben: Sie wollen nicht, kriegen immer gleich Kinder. Oder: Auf dem Markt gibt es nicht genug Frauen, die sich eignen«.

Die gesellschaftlichen Rollenerwartungen sind wirksam, obwohl sie in der Realität mit den Veränderungen der Familien- und Arbeitsformen immer weniger gelebt werden. Gängige Werthaltungen und Rollenerwartungen gegenüber Frauen als potentielle Mütter und Hausfrauen mit wenig Karriereabsichten erschweren den Zugang zu Kaderpositionen. Dies wirkt sich auf die Karrierechancen der Männer positiv, auf diejenigen der Frauen negativ aus.

Geschlechtsspezifische Stereotype, Werthaltungen und Rollenerwartungen setzen der betrieblichen Managerinnenförderung Grenzen:

– Frauen werden aufgrund von Rollenerwartungen und Stereotypen als »Nicht-wollende« angesehen

– Frauen wollen tatsächlich keine Karriere machen. Die weibliche Sozialisation hat Denk- und Verhaltensweisen zur Folge, die eine Karriere als »männlich« und nicht erstrebenswert erscheinen läßt und zudem das Selbstvertrauen für eine solche Position schwächt.

Viele Frauen zeigen wenig Ambitionen für eine Kaderposition, womit das Rollenstereotyp bestätigt ist. Ein Teufelskreis. Doch dem Teufel gelingt es nicht immer, seinen Kreis zu schließen. Die Kaderfrauen in der ABB sind zwar spärlich an der Zahl, aber es gibt sie (vgl. 4.3)!

4.2 »Frauen, die Mütter werden, können keine Karriere machen« – Lebens- und Arbeitssituation

Für viele Kadermänner ist die Familie ein Erholungsort. Für berufstätige Frauen kann Familie und Haushalt zur Belastung führen, weil sie hier oft eine Doppelfunktion erfüllen. Die mehrheitlich von Frauen geleistete Haus- und Familienarbeit ist eine Bedingung für die mehrheitlich von Männern geleistete Erwerbsarbeit in einer Kaderposition.

Eine Kaderposition wird durch große Einsatzbereitschaft erreicht, so das gängige Denk- und Verhaltensmuster. Dies steht in engem Zusammenhang mit der Frage, wieviele Arbeitsstunden – oder besser: Überstunden – man zu leisten gewillt ist. Deutlich wird dabei von jenen Männern, welche eine hohe Kaderposition inne haben und diesen Arbeitseinsatz leisten, auf die Notwendigkeit einer sich ergänzenden geschlechtlichen Rollenteilung zwischen den Ehepartnern hingewiesen. So wird mit großer Selbstverständlichkeit davon ausgegangen, daß diese Aufgaben von einer nicht im gleichem Maße oder gar nicht berufstätigen Partnerin übernommen werden.

Keine Regel ohne Ausnahme: Sicher gibt es die Karrierefrau und den Hausmann auch. Doch sprechen wir von der Regel. Solange eine Kaderposition die unentgeltliche Entlastungsarbeit der Ehepartnerin impliziert, wird sich auch das Problem stellen, daß »Frauen nicht wollen«. Dies nicht, weil sie in erster Linie Mütter sein wollen, sondern weil sie keinen Partner haben, der ihnen die Haus- und Familienarbeit abnimmt. Das Schweizerische Bundesamt für Statistik hat eruiert, daß Frauen, die mit ihrem Ehemann oder Partner zusammenleben und kinderlos sind, durchschnittlich 22.4 Stunden Hausarbeit pro Woche leisten, wogegen Frauen mit Kindern 35.8 Stunden im Haushalt arbeiten. Die entsprechenden Anteile bei den Männern liegen bei durchschnittlich 8.9 und 11.8 Stunden. Im Durchschnitt wenden alleinstehende Frauen für ihren Haushalt 14.7, Männer dagegen nur 9 Stunden auf.

Ist es daher erstaunlich, daß unsere Frauen in Kaderpositionen mehrheitlich kinderlos sind und alleine leben?

Beruf und Familie unter einen Hut zu bringen ist für Frauen besonders schwierig, da ihnen die Haus- und Familienarbeit gesellschaftlich zugeschrieben wird. In Kaderpositionen verschärft sich dieses Problem, weil die zeitlichen Anforderungen steigen.

Die Abkehr vom Präsenzzeitdenken hin zu flexiblen Arbeitszeitmodellen – auch im Kader – ist die wichtigste Zielsetzung, um der unterschiedlichen Lebens- und Arbeitssituation von Frauen und Männern gerecht zu werden.

4.3 Frauen, die trotzdem Karriere machen – Laufbahn- planung und Akzeptanz

Grundtenor von interviewten Kaderfrauen in der ABB war, daß sich Frauen durchsetzen sollen, Eigeninitiative entwickeln müssen und keine Sonderbe- handlung verlangen dürfen. Einer härteren Gangart, die eine verantwor- tungsvolle Position mit sich bringe, müsse man sich anpassen und die Kon- sequenzen tragen. Eigenes Engagement, Durchsetzungsvermögen, Selbst- vertrauen und eine gute Ausbildung seien die Grundlage zur Erlangung ei- ner Kaderposition.

Ein bißchen Glück, räumten die Frauen ein, gehöre dazu. Man müsse an ei- nen Chef gelangen, der einen ernst nimmt und gewillt ist, eine Mitarbeiterin zu fordern und zu fördern.

Bei diesem »bißchen Glück« beginnen die Schwierigkeiten, der Start eines Hürdenlaufes:

– Da Frauen als potentielle Mütter und Hausfrauen angesehen werden, ge- schieht ihre Förderung laut Auskunft der Kaderfrauen weniger bereitwil- lig und es wird nur zögernd in sie investiert. Die Frau ist folglich in der Umsetzung ihrer Aufstiegsinteressen extrem abhängig von ihrem Chef.

– Die Fähigkeiten und Leistungen einer Frau werden häufig nicht aner- kannt. Ein Mann erhält bei vergleichbarer Tätigkeit viel leichter und schneller eine Kaderstufe als eine Frau, so die Aussagen in einem Grup- pengespräch.

– Bei den meisten der befragten Kaderfrauen fehlte eine Laufbahnplanung im eigentlichen Sinne. Die meisten sind durch eigenes Engagement auf- gefallen, so daß man bei der Besetzung einer neuen Stelle auf sie zukam. Zum Teil betreuten die Frauen die Einführung eines neuen Projektes, für das sie die Leitung dann folgerichtig übernahmen. Dies ist erfreulich und ein Hinweis auf Vorgesetzte und »Förderer«, die den Hürdenlauf der Frauen unterstützen und ermöglichen.

Doch der Hürdenlauf geht weiter: Frauen, die Führungsaufgaben überneh- men, brechen mit der Tradition der »unterstützenden Arbeiten« der Frau. Der Aufstieg in eine Führungsposition heißt, sich in einer traditionell »männlich« geprägten Welt zu bewegen, was zu einer gewissen Verunsiche- rung führen kann. An diesem Punkt sind Frauen auf Anerkennung, Unter- stützung und Wertschätzung sicherlich angewiesen. Doch darauf können sie nicht zählen. Sie entsprechen nicht mehr den traditionellen, stereotypen Rol- lenvorstellungen einer Frau.

Dies kann sich in Akzeptanzproblemen zeigen. Das Vertrauen und die Akzeptanz, die bei einem Mann von Anfang an bestehen, müssen sie sich zuerst erarbeiten. »Eine Frau muß mehr leisten, um das Gleiche zu erreichen wie ein Mann« – so die vorherrschende Meinung der befragten Kaderfrauen.

Nachdem sie den »Gipfel« erreicht haben, sehen sie sich zwei Fronten gegenüber. Wenig Solidarität von anderen Frauen und die Männer zeigen sich gerade zu Beginn wenig kooperativ. Dazu meint eine Kaderfrau: »Für Männer sind Frauen im Berufsleben nur in Ordnung, so lange sie brav die Aufgaben erfüllen, die männliche Vorgesetzte ihnen gegeben haben. Sind Frauen in einer Führungsposition, ist sie eine Konkurrenz und wird knallhart ausgegrenzt.«

Die geschlechtstypischen Rollenerwartungen werden von Führungsfrauen durchbrochen, was mit Skepsis bis Ablehnung und Ausgrenzung von seiten der Frauen und Männer beantwortet wird.

Hürden auf dem Weg zur Managerin oder Grenzen der Managerinnenförderung?

Beides! Die Beschreibung der Hürden der ABB-Kaderfrauen sind ein gutes Beispiel dafür, wie die von der Managerinnenförderung anvisierte betriebliche Struktur mit der gesellschaftlichen und individuellen Struktur verzahnt ist.

Frauen sind in der Führungsetage der ABB kaum vorhanden. Sie sind (und dies weltweit!) die Ausnahme der Regel. Weibliche Vorbilder sind gefragt!

5 Zusammenfassung

Zusammenfassend kann folgendes festgehalten werden: Auf der einen Seite ist das Potential für Führungs- und Fachkarrieren bei Frauen auf jeden Fall vorhanden und sollte von den Unternehmen auch genutzt werden. Auf der anderen Seite sind die betrieblichen Instrumente jedoch auf eine Berufskarriere zugeschnitten, die dem männlichen Berufsverlauf nachgezeichnet ist. Andere Lebenserfahrungen und Sichtweisen, wie beispielsweise die unterbrochene Berufslaufbahn, finden erschwert Eingang.

Durch ein Umdenken auf diesem Gebiet haben Unternehmen die Möglichkeit, die vorhandenen Potentiale der Frauen zu nutzen. Dies allerdings nicht, indem sie die Frauen die Karriereleitern emporheben. Die Begriffe »Frauenförderung« oder »Managerinnenförderung« suggerieren nur allzu leicht, daß Frauen defizitäre Wesen sind, die speziell gefördert werden müssen, um bestehen zu können. Wir gehen nicht von Defiziten von Frauen aus.

In einem ersten Schritt sollte die Chancengleichheit im Unternehmen thematisiert und auch in die Personalpolitik einbezogen werden. Nur so ist es möglich, daß dem Thema »Frauen in Führungspositionen« offener und mit mehr Akzeptanz begegnet wird. Ziel der Chancengleichheitspolitik muß sein, daß es auf der Karriereleiter nur noch um fachliche und menschliche Potentiale geht und nicht mehr darum, ob es sich um einen Mann oder eine Frau handelt. Dazu gehört selbstverständlich auch das Thema »gleicher Lohn für gleiche Arbeit«. Auch für Frauen sollte zudem die Potentialerfassung und eine Laufbahnplanung selbstverständlich sein.

Ein weiterer wichtiger Schritt ist die Abkehr von Präsenzzeitdenken hin zu flexiblen Arbeitszeitmodellen, auch im Kader. Dies ist die wichtigste Zielsetzung, um unterschiedlichen Lebens- und Arbeitssituationen von Frauen und Männern gerecht zu werden.

Auch wenn wir eine echte Chancengleichheit der gezielten Förderung von »Quotenfrauen« vorziehen, sehen wir in Anbetracht dessen, daß sich in den vergangenen Jahren nur sehr wenig an der Erwerbsposition der Frauen geändert hat, doch noch einige Maßnahmen, die zur Unterstützung der Frauen eingesetzt werden könnten.

Dazu gehören z.B. spezielle Führungskurse für Frauen – nicht weil die Führungsfähigkeit von Frauen weniger ausgeprägt ist als diejenige von Männern, sondern weil Frauen auf diesem Gebiet deutlich weniger Selbstvertrauen haben, als ihre männlichen Kollegen.

Eine weitere Möglichkeit, Frauen etwas gezielter zu fördern, wäre Beispiele von Kolleginnen, »die es geschafft haben«, gezielter zu kommunizieren. Dies ist vor allem deshalb wichtig, weil die Zahl der Managerinnen noch verschwindend klein ist und es für viele Aufstiegswillige an weiblichen Vorbildern fehlt.

Einen wichtigen Beitrag zur betrieblichen Managerinnenförderung aber können und müssen die Frauen selber leisten. Sie müssen Kraft und Initiative zeigen, und nicht warten, bis sie entdeckt und gefördert werden. Zur Erklimmung der Karriereleiter gehört vor allem Selbstvertrauen und Mut. Wenn sie dann noch eine offene und fortschrittliche Firmenkultur vorfinden, bestehen gute Möglichkeiten für eine Karriere.

Die Grenzen der betrieblichen Managerinnenförderung liegen dort, wo uns die gesellschaftlichen, geschlechtsspezifischen Werthaltungen und Rollenerwartungen, die unterschiedliche Lebens- und Arbeitssituation von Frauen und Männern und die entsprechend andere Laufbahnplanung und Akzeptanz von Managerinnen und Managern begegnen. Es gilt deshalb, neue, erfolgversprechende Wege zur Gleichstellung zu erschließen. Dies umfaßt eine systematische und geführte Veränderung der Strukturen, der Kultur und der zwischenmenschlichen Verhaltensweisen.

Förderung weiblicher Führungskräfte in der Pharmaindustrie am Beispiel der F. Hoffmann-La Roche AG in Basel

von Etiennette J. Verrey

Frauen sind in der pharmazeutischen Industrie generell unterrepräsentiert. Um so notwendiger scheint es, daß gerade dort gezielte Maßnahmen zur Förderung der Frauen im allgemeinen und der weiblichen Führungskräfte im besonderen ergriffen werden. Die F. Hoffmann-La Roche AG hat sich dieser Herausforderung gestellt. Seit nunmehr 10 Jahren wird die Gleichstellung der Geschlechter systematisch und auf vielfältige Weise vorangetrieben. Die Verbesserung der Vereinbarkeit von Beruf und Familie, die Förderung der horizontalen und vertikalen Entwicklungsmöglichkeiten sowie eine gezielte Sensibilisierung im Rahmen der Führungskräfteschulung bilden Eckpfeiler der betrieblichen Gleichstellungsarbeit. Die bisherigen Erfahrungen zeigen, daß die weiblichen Führungskräfte insbesondere von den diversen familienpolitischen Maßnahmen profitieren. Der Beitrag gibt einen Überblick über das gesamte Aktivitätsspektrum.

1 Allgemeiner Teil

1.1 Die Roche Gruppe

F. Hoffmann-La Roche AG – nach ihrer Handelsmarke kurz Roche genannt – ist weltweit eines der führenden Pharma-Unternehmen mit den Schwerpunkten Forschung, Entwicklung, Herstellung und Vertrieb von Arzneimitteln, Diagnostica, Vitaminen und Feinchemikalien, Aromen und Riechstoffen sowie Flüssigkristallen. 1896 in Basel von Fritz Hoffmann gegründet, ist Roche heute in über 100 Ländern tätig und beschäftigt mehr als 50.000 Mitarbeiterinnen und Mitarbeiter. Die innovative Kraft des Unternehmens basiert auf wissenschaftlicher Forschung. Der Konzern investiert jährlich weit über eine Milliarde Schweizer Franken in Forschung und Entwicklung. Roche gehörte auch zu den ersten Firmen, die das Potential der Gentechnologie in der pharmazeutischen Industrie erforschten. Zusammen mit der amerikanischen Firma Genentech nimmt Roche (Mehrheitsbeteiligung) heute eine führende Position auf dem Gebiet der modernen Biotechnologie ein.

Roche ist zur Zeit weltweit die

- Nr. 10 der Pharmaproduzenten
- Nr. 1 für Verkäufe an Krankenhäuser
- Nr. 1 als Herstellerin von Vitaminen
- Nr. 2 als Herstellerin von Riechstoffen und Aromen

Europa	24.192
davon Schweiz	10.075
Nordamerika	14.485
Lateinamerika	5.316
Asien	5.047
Afrika, Australien, Ozeanien	1.457
Total	**50.497**

Abbildung 1: Bestand an Mitarbeiterinnen und Mitarbeitern per 31.12.95

War bis jetzt von der gesamten Roche Gruppe die Rede, werden wir uns im folgenden ausschließlich mit Mitarbeitenden bei *Roche Region Basel* (Basel, Kaiseraugst, Institut für Immunologie Basel, Roche AG Sisseln und Roche Pharma in Reinach) beschäftigen.

1.2 Frauen bei Roche Region Basel (Kennzahlen)

	Werk	EAV Einzelarbeitsvertrag)			GAV (Gesamtarbeitsvertrag)			Total		
		Männer	Frauen	Total	Männer	Frauen	Total	Männer	Frauen	Total
Basel	Basel	2.729	1.435	4.164	1.102	179	1.281	3.831	1.614	5.445
	Kaiseraugst	806	343	1.149	172	215	387	978	558	1.536
	Institut für Immunologie	72	62	134	27	8	35	99	70	169
	Total	3.607	1.840	5.447	1.301	402	1.703	4.908	2.242	7.150
ROLIC	ROLIC AG	23	3	26	2	0	2	25	3	28
Sisseln	Roche AG Sisseln	368	95	463	667	12	679	1.035	107	1.142
Reinach	Roche Pharma AG	91	68	159	0	0	0	91	68	159
TOTAL	**Alle**	**4.089**	**2.006**	**6.095**	**1.970**	**414**	**2.384**	**6.059**	**2.420**	**8.479**

Prozentualer Frauenanteil an der Gesamtbelegschaft:
28.5%

Abbildung 2: Anzahl permanente EAV/GAV Mitarbeiterinnen und Mitarbeiter per 31. 12. 96

	Männer	**Frauen**		**Total**	
	absolut	**absolut**	**%**	**absolut**	**% der Gesamtzahl Mitarbeiterinnen**
Universität	1.568	361	18.7	1.929	**14.9**
HTL/FH/HWV **Übrige höhere Abschlüsse**	398 156	99 63	19.9 28.8	497 219	4.1 2.6
Subtotal	554	162	22.6	716	**6.7**
Berufsschule	3.276	1.524	31.7	4.800	**63.0**
Anlehre	229	59	20.5	288	**2.4**
Ungelernt	432	314	42.1	746	**13.0**
TOTAL	**6.059**	**2.420**	**28.5**	**8.479**	**100.0**

Abbildung 3: Abschlußart der permanenten Mitarbeiterinnen und Mitarbeiter per 31. 12. 96

	Männer	**Frauen**		**Total**	
	absolut	**absolut**	**%**	**absolut**	**% der Gesamtzahl Mitarbeiterinnen**
Naturwissenschaften	1.273	339	21.0	1.612	**14.0**
technische Wissenschaften	400	42	9.5	442	**1.7**
Geistes- und Sozialwissenschaften	293	79	21.2	372	**3.3**
chemisch-biologische Berufe	868	750	46.4	1.618	**31.0**
handwerklich-techn. Berufe	1.898	28	1.5	1.926	**1.2**
kaufmännische Berufe	593	788	57.1	1.381	**32.6**
nicht einschlägige Berufe	309	82	21.0	391	**3.4**
kein Beruf	425	312	42.3	737	**12.8**
TOTAL	**6.059**	**2.420**	**28.5**	**8.479**	**100.0**

Abbildung 4: Ausbildungsrichtung der permanenten Mitarbeiterinnen und Mitarbeiter per 31. 12. 96

Kommentar zu den Abbildungen 3 und 4:

Während knapp 15% aller Mitarbeiterinnen einen Hochschulabschluß haben, sind rund 19% aller Mitarbeitenden mit Hochschulabschluß Frauen. Die geringe Anzahl Mitarbeiterinnen mit einem Abschluß in den technischen Wissenschaften (1.7%) bestätigt die bekannte Tatsache, daß nur ein geringer Prozentsatz Frauen einen technischen Beruf wählt.

Der relativ hohe Frauenanteil von 22.6% aller Beschäftigten mit HTL-, FH-, HWV- oder sonstigem höherem Abschluß steht im Gegensatz zum geringen Prozentsatz aller Mitarbeiterinnen von 6.7% mit diesem Abschluß. Diese Art Abschluß wird im benachbarten Ausland mit seinem anders strukturierten Studiengang eher zur Norm. Schweizerinnen absolvierten bisher diese Ausbildung vorwiegend auf dem zweiten Bildungsweg. Frauen mit HTL-Abschluß sind vor allem Grenzgängerinnen, die im Laborbereich beschäftigt sind. Die neue Struktur im schweizerischen Bildungswesen mit ihrer Anpassung an europäische Schulsysteme wird dieses Bild mit der Zeit verändern können.

63% aller Mitarbeiterinnen haben eine Berufsausbildung. Dabei stehen zwei Berufe im Vordergrund: Sekretärin/Sachbearbeiterin und Laborantin. Der Anteil an Mitarbeiterinnen mit einem handwerklich/technischen Beruf ist mit 1.5% erwartungsgemäß verschwindend klein.

Knapp 13% der Mitarbeiterinnen haben keinen Beruf, 2.4% haben eine Anlehre gemacht. Die Vergleichszahlen bei den Mitarbeitern: 7% und 3.8%.

1.3 Maßnahmen zur Förderung von Frauen

Bei Roche, wie in anderen Unternehmen in der Schweiz, war auch nach der Verankerung des Gleichstellungsartikels in die Bundesverfassung 1981 und bis Mitte der achtziger Jahre die Gleichstellung von Frau und Mann höchstens punktuell ein Thema. Eine allfällige Eliminierung von Ungleichheiten war dem Einsatz einzelner engagierter Frauen (und Männer) zu verdanken.

Mit der Lancierung der Initiative »Taten statt Worte« kam in vielen Unternehmen der Gleichstellungsprozeß in Bewegung. So auch bei Roche, die 1987 der Initiative beitrat. Ziel der Initiative ist es, einerseits Unternehmen dazu zu ermuntern, Programme zur Förderung ihrer weiblichen Angestellten zu lancieren, andererseits diesen Firmen bei der Umsetzung mit Rat und Tat beizustehen. – Nach dem Beitritt zur Initiative wurde bei Roche eine Arbeitsgruppe mit Mitarbeitenden aus verschiedenen Bereichen der Firma ins Leben gerufen. Aufgabe der Arbeitsgruppe war es, den Status quo bezüglich Gleichstellung zu ermitteln (bei Roche geschah dies mittels breit gestreuter

Umfrage an die Mitarbeiterinnen und Mitarbeiter) und daraus sich ergebende Maßnahmen in die Roche-Praxis umzusetzen. Die Arbeitsgruppe existiert auch heute noch. Sie berät und unterstützt die Beauftragte für Chancengleichheit in ihrer Arbeit.

Seit 1987 wurden folgende Maßnahmen ergriffen:

– Schaffung der Stelle einer Beauftragten für Chancengleichheit (November 1992)

– Gleitende Arbeitszeit

– Verschiedene Möglichkeiten zur Kinderbetreuung (Plätze in deutsch- und englischsprachigen Tagesheimen, Vertrag mit dem Tagesmütterverein Basel, seit 1996 zusätzlich firmeneigenes Kindertagesheim)

– Einbindung des Themas Chancengleichheit in die Führungskurse

– Anhebung des Frauenanteils im Kader

– Bildung eines Frauen-Netzwerkes mit verschiedenen Aktivitäten

– Weiterbildungskurse speziell für Frauen (Rhetorik, Standortbestimmung, Selbstverteidigung)

– Informations- und Diskussionsveranstaltungen als Beiträge zur Sensibilisierung von Frauen und Männern

– Thematisierung der sexuellen Belästigung und des Machtmißbrauchs am Arbeitsplatz

– Fragebogen zum Berufsbild der Sekretärin

– Leitfaden zur sprachlichen Gleichstellung von Frau und Mann

– Regelmäßige Berichterstattung in den Roche Nachrichten

– Spezielle Bibliothek mit Sachbüchern der Frauenbewegung und Frauenliteratur

1.4 Weibliche Führungskräfte bei Roche Region Basel

Mit der 1988 ausgewerteten Umfrage zur Situation der Frau bei Roche wurde deutlich, daß an Frauen bei gleicher Qualifikation höhere Anforderungen gestellt werden und immer noch Vorurteile den Frauen gegenüber existieren (z.B. geringere physische und psychische Belastbarkeit, geringere Selbständigkeit, ungenügende Fachkenntnisse und mangelndes Durchsetzungsvermögen). Gleichzeitig wünschten die befragten Frauen die Übernahme von mehr Verantwortung, Verbesserung der Aufstiegsmöglichkeiten und der Akzeptanz bis zur Erreichung der Chancengleichheit.

Abbildung 5 zeigt am Parameter »Frauenanteil im Kader« auf, wie diesem Wunsch seither Rechnung getragen werden konnte:

	Frauen 31.1.97	Männer 31.1.97	Total 31.1.97	Anteil Frauen in %			
				31.1.97	01.1.95	30.9.93	11.5.87
Personalbestand	2.420	6.028	8.448	28.7	28.9	29.3	26.6
Direktion	10	333	343	2.9	3.9	2.2	0.5
Unt. und Mittleres Kader	159	1.020	1.179	13.5	10.2	9.6	3.0
Unt. Kader Labor/ Betrieb	181	994	1.175	15.4	15.4	14.3	17.0
Gesamtkader	**350**	**2.347**	**2.697**	**13.0**	**11.7**	**10.9**	**12.0**

Abbildung 5: Entwicklung des Frauenanteils im Kader von 1987 – 1997

Definitionen:

Personalbestand: Total festangestelltes Personal inkl. Direktion, Kader, Mitarbeiter/innen ohne Rang und festangestellte Aushilfen. Ohne Drittfirmenmitarbeiter/innen, Lehrlinge und Praktikant/innen.
Direktion: Von Vizedirektor/in bis Direktor/in, inkl. Generaldirektion und Geschäftsleitung.
Unteres und mittleres Kader: Handlungsvollmacht, Prokura
Unteres Kader Labor und Betrieb: Cheflaborant/in, Assistent/in, Meister/in, Vorarbeiter/in, Vorbeiter/in Stellvertreter/in
Gesamtkader: Direktion, unteres/mittleres Kader, unteres Kader Labor und Betrieb

Kommentar: Seit 1987 ist der Frauenanteil in der Direktion von 0.5 auf heute knapp 3%, derjenige im mittleren Kader deutlich von 3 auf 13.5% gestiegen.

Die Senkung im unteren Betriebskader ist auf die Schaffung neuer Produktionsbetriebe, in denen wegen der Schichtarbeit nur Männer (Nachtarbeitsverbot für Frauen) arbeiten, zurückzuführen. Zu bemerken ist, daß knapp ein Viertel der Cheflaboranten – früher eine reine Männerdomäne – heute Frauen sind.

Auffallend ist die Senkung des Frauenanteils in der Direktion von 1995 bis 1997. Im Herbst 1994 erwarb Roche die Firma Syntex. Das zog 1995/96 die Reorganisation des Konzerns nach sich, damit verbunden war ein Stellenabbau, der sich auch auf den Frauenanteil in der Direktion auswirkte.

2 Förderung weiblicher Führungskräfte bei Roche Region Basel

2.1 Allgemeine Förderungsmaßnahmen

Bei der Auswertung der bereits erwähnten Umfrage von 1988 zur Situation der Frauen bei Roche wurde deutlich, daß die Frauen sich vor allem die Übernahme von mehr Verantwortung und die Verbesserung der Aufstiegsmöglichkeiten wünschen.

Für die Arbeitsgruppe »Chancengleichheit« stellte sich die Frage, wie diesen Wünschen nachgekommen werden könne. Im Vordergrund standen nicht Förderungsmaßnahmen für Kaderfrauen im besonderen, sondern für die Mitarbeiterinnen ganz allgemein. Es wurden folgende Ziele verfolgt:

1. Förderung der Vereinbarkeit von Beruf und Familie
2. Förderung der horizontalen Entwicklungsmöglichkeiten
3. Förderung der vertikalen Entwicklungsmöglichkeiten

ad 1) Förderung der Vereinbarkeit von Beruf und Familie

Aus der Erkenntnis heraus, daß für Frauen mit Karrierewünschen die Vereinbarkeit von Beruf und Familie von zentraler Bedeutung ist, legte die Arbeitsgruppe »Chancengleichheit« besonderes Gewicht auf diesen Aspekt der Frauenförderung. Eine bessere Vereinbarkeit von Beruf und Familie kann mittels verschiedener Instrumente erreicht werden. Bei Roche konzentrierten wir uns bisher auf vier Instrumente, wobei speziell Wert gelegt wurde auf das Anbieten von Kinderbetreuungsmöglichkeiten:

a) Einführung der gleitenden Arbeitszeit
b) Möglichkeiten zur Teilzeitarbeit
c) Anbieten von Kinderbetreuungsmöglichkeiten
d) Verlängerter Mutterschaftsurlaub

a) Die Einführung der *gleitenden Arbeitszeit* 1989 wurde von weiblichen und männlichen Mitarbeitenden sehr begrüßt und ist aus dem heutigen Arbeitstag kaum mehr wegzudenken. Sie erlaubt es den Mitarbeitenden, ihren Arbeitstag flexibler zu gestalten. Insbesondere für Frauen, denen die Betreuungsarbeit in unserer Gesellschaft immer noch in erster Linie obliegt, schätzen die Möglichkeit der gleitenden Arbeitszeit und empfinden sie als echte Verbesserung, Beruf und Familie miteinander zu vereinbaren.

b) *Teilzeitarbeit* ist besonders bei Frauen sehr verbreitet, das ist auch bei Roche nicht anders. Die folgende Tabelle bestätigt diese Annahme:

	Männer				Frauen			
	Vollzeit	Teilzeit	%	Total	Vollzeit	Teilzeit	%	Total
Nicht-Akademiker/in-nen/HTL/FH/HWV								
ohne hierarchischen Titel	3.798	50	1.5	3.848	1.463	467	24.2	1.930
	265	3	1.0	268	29	5	14.7	34
Subtotal	4.063	53	1.3	4.116	1.492	472	24.0	1.964
Akademiker/innen/HTL/FH/HWV								
ohne hierarchischen Titel	897	18	2.0	915	288	43	13.0	331
mit hierarchischem Titel	1.020	8	0.8	1.028	114	11	8.8	125
Subtotal	1.917	26	1.3	1.943	402	54	11.8	456
TOTAL	**5.980**	**79**	**1.3**	**6.059**	**1.894**	**526**	**21.7**	**2.420**

Abbildung 6: Übersicht Vollzeit-/Teilzeitarbeitende per 31.12.1996

Kommentar: 23.4% Nichtakademikerinnen ohne hierarchischen Titel arbeiten Teilzeit. Immerhin knapp 10% der teilzeitarbeitenden Nichtakademikerinnen haben einen hierarchischen Titel. Bei den Akademikerinnen sind es 14.1% ohne hierarchischen, 4.3% mit hierarchischem Titel. Bei den Männern, ob Akademiker oder Nichtakademiker, mit oder ohne hierarchischen Titel, beträgt der Prozentsatz durchwegs 1 bis 1.4%. Während die Motivation zur Teilzeitarbeit von Frauen in den meisten Fällen »Vereinbarkeit von Beruf und Familie« heißt, arbeiten Männer in den seltensten Fällen aus familiären Gründen Teilzeit.

Für Mitarbeitende in qualifizierten Stellen ist es sehr schwierig, Teilzeit zu arbeiten. In ihrer Publikation, »Teilzeitarbeit in der Führung« kommen L. D. Straumann, M. Hirt und W. R. Müller (1996) vom Wirtschaftswissenschaftlichen Zentrum der Universität Basel (WWZ) zu Schlüssen, die sich aus eigenen Beobachtungen (und einzelnen statistischen Untersuchungen) bei Roche vollumfänglich bestätigen lassen: Der Wunsch, in qualifizierten Stellen teilzeitlich zu arbeiten, ist bei Frauen und auch Männern weit verbreitet. Gemäß Straumann et al. schätzen Unternehmensleitungen Teilzeitarrangements grundsätzlich positiv ein. In der Praxis erscheint Teilzeitarbeit in qualifizierten Stellen jedoch als undenkbar und gilt bei den Mitarbeitenden als eigentlicher »Karrierekiller«. Unsere Arbeitswelt ist immer noch stark von den herkömmlichen Rollenbildern geprägt mit der traditionellen Vorstellung der Vollzeitstelle und einem Karriereverständnis, das kaum Spielräume zuläßt. Immerhin deuten einzelne Signale auf ein Abbröckeln der starren Rollenmuster.

Wie aus Abbildung 6 ersichtlich, ist bei Roche nur ein verschwindend kleiner Teil der männlichen Mitarbeiter teilzeitlich beschäftigt. Die Motivation zur Teilzeitarbeit ist meistens außerhalb der Familienarbeit zu suchen (z.B. Weiterbildung, Politik). In den Führungskursen melden jedoch immer mehr Männer den Wunsch nach Teilzeit an zur Übernahme von Familienarbeit. Darauf angesprochen, ob sie diesen Wunsch auch schon gegenüber den Vorgesetzten geäußert haben, kommen regelmäßig Anworten wie: »Nein, da kann ich ja jeden weiteren Aufstieg vergessen.« Oder: »Das würde mein Vorgesetzter niemals zulassen«. Oder: »Mein Job ist ein 150%-Job. Teilzeit, auch wenn ich es wollte, liegt nicht drin«. Oder . . . Nur Männer, die bewußt auf eine Karriere verzichten sind bereit, ihren Teilzeitwunsch auch nach oben zu vertreten und durchzusetzen.

Für Frauen in qualifizierten Stellen mit Teilzeitwünschen ist es, wieder aus Gründen des traditionellen Rollenverständnisses, etwas leichter, ihren Teilzeitwunsch umzusetzen. Dies gilt vor allem, wenn es sich um eine bereits innegehabte Stellung handelt. Das heißt, es ist einfacher, von einer Kaderposition aus in ein Teilzeitverhältnis einzusteigen, als aus einem Teilzeitverhältnis in eine Kaderposition.

Bei Roche existieren keine Modelle für einen erleichterten Zugang zu Teilzeitarbeit. Der Entscheid, eine entsprechende Bewilligung zu erteilen, liegt grundsätzlich in der Linie. In Zeiten der Hochkonjunktur wurden Bewilligungen zur Teilzeitarbeit großzügiger erteilt als in einer Zeit der Reorganisationen und Umstrukturierungen.

c) *Kinderbetreuung*: In einem Unternehmen, das im schweizerisch/französisch/deutschen Grenzgebiet tätig ist, werden die gesellschaftlichen Unterschiede in den Kulturen deutlich spürbar. So auch im Bereich der familienexternen Kinderbetreuung. Gegenüber Frankreich mit seiner gut organisierten Kinderbetreuung (Tagesmütter und ab 3 Jahren die Ecole maternelle) und Deutschland mit dem Kindergarten ebenfalls ab 3 Jahren sowie den Tagesschulen, befindet sich die Schweiz mit ihren qualitativ zwar sehr hochstehenden, quantitativ aber völlig ungenügenden Kinderbetreuungsangebot im Nachteil. Werdende Mütter zeigen deshalb, je nach Herkunftsland und Bildungsstand, ein unterschiedliches Verhalten. Für Französinnen, gleichgültig welcher Bildungsstufe, ist eine Wiederaufnahme der Berufstätigkeit nach dem Mutterschaftsurlaub eine Selbstverständlichkeit. Deutsche Sekretärinnen und Laborantinnen hatten bisher, wie ihre schweizerischen Berufskolleginnen, die Tendenz, nach der Geburt ihres Kindes die Berufstätigkeit einzustellen, weil dies dem Rollenverständnis ihrer Gesellschaft entsprach. In den letzten zwei Jahren fällt bei Roche auf, daß schweizerische und deutsche Frauen dieser Bildungsstufe ein verändertes Verhalten zeigen. Dabei stellt sich die Frage, warum dies so ist. Wir führen es zurück einerseits auf das allmählich sich ändernde Rollenverständnis in unserer Gesellschaft und auf die Bereitstellung von Kinderbetreuungsmöglichkeiten innerhalb der Firma andererseits. Deutsche Akademikerinnen waren die ersten, die die neuen Kinderbetreuungsmöglichkeiten bei Roche nutzten. Neuerdings beanspruchen auch schweizerische Akademikerinnen und Kaderfrauen die internen Kinderbetreuungsmöglichkeiten, nachdem es für sie früher beinahe ebenso selbstverständlich war, eine Familienpause einzulegen.

Gemäß Auswertung des Fragebogens von 1988 der Arbeitsgruppe »Chancengleichheit« wurde von den Befragten der Wunsch nach Kinderbetreuungsmöglichkeiten geäußert. Da Roche bisher kein diesbezügliches Angebot hatte, konnte der Bedarf nach Plätzen auch nicht quantifiziert werden. Roche hat in ihrer Gleichstellungspolitik von Anfang an einen ausgesprochen praxisbezogenen Ansatz verfolgt. D. h. die erarbeiteten Maßnahmen sollten eine Chance haben, auch wirklich umgesetzt werden zu können. So richtete die Firma nicht von Anfang an ein eigenes Kindertagesheim ein, sondern sicherte sich 1991 in einem Vertrag mit dem Hauptanbieter von Kindertagesheimen auf dem Platz Basel, dem Basler Frauenverein am Heuberg, eine vereinbarte Anzahl Plätze (20) in einem bestehenden Tagesheim in Firmennähe. Diese Strategie erwies sich in der Folge als richtig. Trotz entsprechender Informationen in der hauseigenen Zeitung wurde das Angebot praktisch nicht genutzt. Während Monaten wurde ein einziges Roche-Kind im Tagesheim an der Lehenmattstrasse betreut. Dann begann die Nachfrage zu boomen und bis 1992 waren die vereinbarten Plätze ausgebucht. Getreu ihrem pragmatischen Ansatz suchte die Arbeitsgruppe nach Möglichkeiten, das Angebot zu erweitern. Eine Möglichkeit zeigte sich, indem englischsprachige Roche-Eltern ihr(e) Kind(er) im englischsprachigen Kindertagesheim »Tiny Tots Center« mit derselben finanziellen Unterstützung seitens Roche betreuen lassen konnten wie sie für die Roche-Eltern der Kinder in der Lehenmattstrasse üblich war. D. h. statt 10–20% ihres Einkommens zu bezahlen, beträgt der Elternbeitrag 8% des Brutto-Haushalts-Jahreseinkommens. Eine andere Möglichkeit zeigte sich, indem im Kindertagesheim an der Lehenmattstrasse in bisher ungenutzten Räumlichkeiten auf Roche-Kosten ein Säuglingszimmer mit 6 Plätzen eingerichtet wurde. Damit wurde das Platzangebot an der Lehenmattstraße 1993 auf 26 Plätze angehoben. Zur selben Zeit schloß Roche mit dem Tagesmütterverein Basel einen Vertrag ab. Dieses Angebot der familienexternen Kinderbetreuung wird jedoch nur in Ausnahmefällen in Anspruch genommen. Eine weitere Erweiterung des Angebotes bestand darin, Eltern, die ihr Kind in der Kinderkrippe Liebrüti in Kaiseraugst betreuen lassen, finanziell zu unterstützen. Die Nachfrage war ungebrochen, wobei vor allem Plätze für Säuglinge gefragt waren. Das Angebot besteht für alle Mitarbeiterinnen. Die Erfahrung lehrt jedoch, daß es in erster Linie von Frauen in qualifizierten Stellen und in zweiter Linie von alleinerziehenden Müttern genutzt wird. Für viele junge Kaderfrauen steht somit bei der Überlegung nach der Gründung einer Familie nicht mehr die Frage »Familie *oder* Karriere?« im Vordergrund. Heute heißt es für viele Frauen schon viel selbstverständlicher: »Familie *und* Karriere«.

1996 feierte Roche ihr 100-jähriges Bestehen und nahm dieses Ereignis zum Anlaß, Organisationen, der Stadt, aber auch den Mitarbeiterinnen und Mitarbeitern großzügige Geschenke zukommen zu lassen. Eines davon war ein neues Tagesheim für die Kinder von Roche Mitarbeiterinnen und Mitarbeitern. Im selben Jahr wurde im Solitude-Park, in unmittelbarer Nähe der Firmengebäude, das neue Kindertagesheim Roche Solitude, eine alte herrschaftliche Villa, umgebaut und als Kindertagesheim mit 36 Plätzen eingerichtet. Im September 1996 eingeweiht, beleben ein halbes Jahr später bereits rund 28 Kinder das Tagesheim. Auffallend ist, daß es sich bei den aufgenommenen Kindern praktisch ausschließlich um Säuglinge handelt, deren Mütter unmittelbar nach dem Mutterschaftsurlaub die Arbeit wieder aufnehmen. Auffallend auch hier, daß das Kinderbetreuungsangebot in erster Linie von Akademikerinnen und/oder Kaderfrauen, in zweiter Linie von alleinerziehenden Eltern und in dritter Linie von den übrigen Mitarbeitenden genutzt wird.

d) Verlängerter *Mutterschaftsurlaub:* Ab 1. Januar 1996 wurde als Folge des neuen GAV der Mutterschaftsurlaub auf insgesamt 16 Wochen ausgedehnt. Vier Wochen beträgt der Schwangerschaftsurlaub (ohne Beibringen eines Arztzeugnisses), 12 Wochen der Mutterschaftsurlaub, unabhängig davon, ob die Mutter nach der Geburt ihres Kindes weiterarbeitet oder eine Familienpause einlegt.

ad 2) Förderung der horizontalen Entwicklungsmöglichkeiten

Die hier entwickelten Maßnahmen gelten ebenfalls für alle Mitarbeiterinnen, ungeachtet der Bildungsstufe. Sie werden auch von Vertreterinnen aller Bildungsstufen genutzt. Dabei geht es einerseits um die fachliche Weiterbildung, wofür schon seit vielen Jahren ein breites Spektrum von internen Kursen zur Verfügung steht. Andererseits, und dies stand für die Arbeitsgruppe »Chancengleichheit« im Vordergrund, um die *persönlichkeitsfördernde Weiterentwicklung.*

Seit 1993 werden *Kurse von Frauen für Frauen* angeboten. Frauenkurse, entsprechend konzipiert, können einen wesentlichen Beitrag dazu leisten, daß Frauen sich in ihrem Berufsalltag wohler fühlen. Die Idee ist nicht, ihnen in der Frauengruppe einen Schonraum zu bieten, sondern sie gestärkt und ihrer selbst bewußter in eine gemischtgeschlechtliche Realität zu entlassen. Frauen werden in diesen Kursen dahingehend gestärkt, ihre eigenen Sichtweisen als denjenigen der Männer gleichwertig zu erkennen und lernen, sie im immer noch von männlichen Sichtweisen und Werten geprägten Berufsalltag einzubringen.

Mit dem internen *Frauennetzwerk* steht ein weiteres Instrument zur Stärkung der Frauen und ihrer Verbundenheit untereinander zur Verfügung. Die Frauen treffen sich durchschnittlich einmal im Monat außerhalb der Arbeitszeit bei Veranstaltungen zu frauenspezifischen und anderen Themen. Das Angebot wird rege benutzt und hat seinen Zweck, die Vernetzung der Frauen untereinander, erreicht. Bei einem Teil der Veranstaltungen sind auch Männer willkommen, was von Frauen und Männern begrüßt wird.

ad 3) Förderung der vertikalen Entwicklungsmöglichkeiten

Seit dem Beitritt der Firma zur Initiative »Taten statt Worte« weist jeweils beim Einläuten der Beförderungsrunde im Sommer der Leiter des Personalwesens in einem Schreiben auf die Chancengleichheit von Frau und Mann hin und fordert die verantwortlichen Vorgesetzten auf, vermehrt Frauen zu berücksichtigen und entsprechend für Beförderungen vorzuschlagen. Daß der Aufruf Früchte getragen hat, ist aus Abbildung 5 (Entwicklung des Frauenanteils im Kader von 1987 – 1997) ersichtlich. Beigetragen zu dieser Entwicklung hat zweifellos auch die Diskussion zum Thema Chancengleichheit innerhalb der Firma und die Sensibilisierung der Gesellschaft ganz allgemein für die Forderung der Frauen nach Übernahme von mehr Verantwortung. Während die Aufforderung zur Beförderung in einzelnen Abteilungen (z.B. Marketing) auf fruchtbaren Boden stieß, d.h. in den letzten Jahren überdurchschnittlich viele Frauen befördert wurden, bekunden andere, traditionell männerdominierte Bereiche, Mühe mit der (Be-)Förderung von Frauen. In diesen Bereichen werden kaum Frauen ge- und befördert.

2.2 Förderung durch Sensibilisierung

Die Arbeitsgruppe »Chancengleichheit« nahm die Zunahme des Frauenanteils im Kader mit Genugtuung zur Kenntnis, stellte aber gleichzeitig auch die »Beförderungsresistenz« einzelner Bereiche fest. Sie sann darüber nach, wie Abhilfe geschaffen werden könne. Aus der Erfahrung heraus, daß Vorgaben auf diesem Gebiet (z.B. Quoten) kaum befolgt würden und für die Frauen eher kontraproduktiv wären (Wahl von Alibi- statt echt qualifizierten Frauen) wurde einmal mehr ein Vorgehen gewählt, das, allerdings auf einen längeren Zeitraum hin gesehen, Aussichten auf Erfolg hat: die Einbindung des Themas Chancengleichheit in die Führungskurse. 1995 fanden erste Veranstaltungen in einzelnen Führungskursen statt, seit 1996 wird das Thema praktisch in allen Führungskursen behandelt. Ziel dieser Einbindung ist die Sensibilisierung der (immer noch vorwiegend männlichen) Führungskräfte für die Anliegen und Forderungen der Frauen, dadurch die Förderung der Frauen ganz allgemein und von weiblichen Führungskräften im besonderen.

Referentin in allen Führungskursen ist die firmeninterne Beauftragte für Chancengleichheit. Je nach Führungskurs kommen unterschiedliche Module zur Anwendung:

Vorträge zum Thema Chancengleichheit

In diesen Vorträgen geht es in erster Linie darum, zu informieren über das Thema Chancengleichheit im allgemeinen und was das für die Firma im besonderen bedeutet. D. h.: Was wurde bisher getan und warum, woran arbeitet die Arbeitsgruppe gegenwärtig, was wünscht sie sich für die Zukunft und wie gedenkt sie das umzusetzen?

Hinterfragen des Rollenverständnisses von Frau und Mann

In halbtägigen Workshops werden in Einzel-, Gruppen- und Plenumsarbeiten die unterschiedlichen Verhaltens- und Denkweisen von Frau und Mann erarbeitet. Ziele dieses Workshops sind das Bewußtwerden des eigenen Rollenverständnisses, das Sensibilisieren für das Rollenverständnis anderer und schlußendlich eine effizientere Zusammenarbeit von Frau und Mann. Es geht dabei nicht um das Kopieren, sondern um das Verstehen der anderen Denkweise, um die Erkenntnis, daß durch die Übernahme einzelner gegengeschlechtlicher Denk- oder Verhaltensweisen der eigene Horizont, die eigene Menschlichkeit erweitert werden kann. (Das auf einen ganzen Tag erweiterte Modul wird auch von der allgemeinen Weiterbildung für *alle* Mitarbeitende angeboten).

Thematisierung der sexuellen Belästigung respektive des Machtmißbrauchs am Arbeitsplatz[1]

Je nach Führungskurs wird auf dieses Thema vertiefter eingegangen. Insbesondere in den Kursen für das untere Betriebskader, wo über die sexuelle Belästigung zum Teil diffuse Vorstellungen vorhanden sind, erweist sich die Behandlung des Themas als sehr nützlich und entspricht einem Bedürfnis der Teilnehmenden. In diesem Modul wird – zusammen mit den Teilnehmer/innen – erarbeitet, was unter sexueller Belästigung resp. Machtmißbrauch zu verstehen ist, welche Folgen es für Betroffene und die Firma hat, wo Betroffene Hilfe erhalten und wie die Firma mit Fällen von Machtmißbrauch am Arbeitsplatz umgeht.

3 Erfahrungen

Die Einbindung des Themas Chancengleichheit in die meisten Führungskurse wurde 1996 erreicht. Das Feedback von Seiten der Teilnehmerinnen und Teilnehmer ist positiv. Geschätzt wird einerseits die Vermittlung von Informationen zum Thema, andererseits die praktische Auseinandersetzung mit dem eigenen Rollenverständnis, welche viele Teilnehmerinnen und Teilnehmer zum Nachdenken und zu einer vertieften Beschäftigung mit dem Thema veranlaßt.

In den Veranstaltungen kommt es jedesmal zu sehr lebhaften Diskussionen. Besonders jüngere Teilnehmer betonen, daß Chancengleichheit für sie selbstverständlich gelebte Realität ist. Bei einem Nachfragen zeigt sich dann aber, daß diese Chancengleichheit weniger mit Taten als vielmehr mit Worten zu tun hat. Z. B. wird Betreuungsarbeit nach wie vor von den Männern an die Frauen delegiert. Immer noch und immer wieder – bei Männern aus dem Betriebskader mehr, bei jenen aus dem übrigen Kader weniger – wird die Meinung vertreten, das Kind gehöre zur Mutter und nicht in die Kinderkrippe. Daß viele Mütter heutzutage Familie und Beruf miteinander vereinbaren wollen, wird immer noch zu wenig zur Kenntnis genommen. Das Argument, nicht die Quantität, sondern die Qualität der Zeit, die Eltern – egal ob Mutter oder Vater – ihren Kindern widmen, zähle, ist in unserer Gesellschaft immer noch nicht generell akzeptiert.

---

1 Das Thema »sexuelle Belästigung« wird bei Roche aus der Erkenntnis heraus, daß es sich hier um eine der vielen Formen von Machtmißbrauch am Arbeitsplatz handelt, im erweiterten Rahmen des Machtmißbrauchs (unter welchen z. B. auch Mobbing fällt) gesehen und bei der Lösung von Fällen von Machtmißbrauch gemäß eigens dafür erarbeiteten Konzept angegangen.

Deutlich feststellbar ist der Generationenunterschied: Jüngere Männer akzeptieren es eher als ältere, daß Frauen dieselben Chancen erhalten wie Männer und sind eher bereit, ihren Teil an der Familienarbeit zu leisten.

Zu Beginn ihrer Tätigkeit als Referentin in Führungskursen konnte es geschehen, daß die Beauftragte für Chancengleichheit von männlichen Teilnehmern verbal recht unzimperlich herausgefordert wurde und quasi für sämtliche »Emanzen« geradestehen mußte. Sie hat gelernt, damit umzugehen. Mit der Vermeidung jeglicher Polarisation und dem Herausarbeiten der positiven Eigenschaften von Frauen *und* Männern, dem Aufzeigen, daß die einen die anderen *ergänzen*, gelingt es, das immer noch emotional belastete Thema sachlich zu behandeln und Akzeptanz zu erzeugen.

4 Schlußwort

Seit zehn Jahren arbeitet die Arbeitsgruppe »Chancengleichheit« daran, seit knapp fünf Jahren die Beauftragte für Chancengleichheit, die Stellung der Frauen bei Roche zu verbessern. Der Anspruch war, Frauen *aller* Stufen zu fördern, unabhängig davon, ob sie in qualifizierter oder unqualifizierter Stellung beschäftigt sind. Es zeigt sich, daß besonders weibliche Führungskräfte von den Möglichkeiten zur Vereinbarung von Beruf und Familie (Kinderbetreuung, Teilzeit) profitieren. Viele Frauen in qualifizierter Stellung haben sich erst nach der Bereitstellung von Kinderbetreuungsmöglichkeiten für eine Schwangerschaft entschlossen. Die Akzeptanz für das Thema Chancengleichheit ist, besonders in den letzten beiden Jahren, innerhalb der Firma spürbar gestiegen. Lohngleichheit für Frauen und Männer ist bei Roche schon seit Jahren kein Thema mehr, weil das firmeninterne Stellenbewertungssystem eine transparente Lohnpolitik erlaubt. Die weiteren Gleichstellungsmaßnahmen beginnen langsam zu greifen, lassen sich aber noch schlecht in Zahlen messen.

Für die einen ist das Erreichte zuwenig, kommt die Gleichstellung zu langsam voran. Die anderen erkennen die Bemühungen an und freuen sich über das Erreichte. Tatsache ist, daß bei Roche, wie anderswo, ein Bewußtseinsprozeß in Gang gekommen ist. Auf dem Weg zur wirklichen Chancengleichheit von Frau und Mann wurden schon viele Schritte getan, bis zum Erreichen des Zieles wird die Gesellschaft noch eine Weile unterwegs sein müssen.

Literatur

Straumann, L. D./Hirt, M./Müller, R. W. (1996): Teilzeitarbeit in der Führung. Perspektiven für Frauen und Männer in qualifizierten Berufen. Zürich.

Frauenförderung im Spannungsfeld von zentraler Vorgabe und dezentraler Umsetzung in der Schweizerischen Bundesverwaltung

von Ursula Preisig und Marianne Ulmi

Die Schweizerische Bundesverwaltung hat seit 1992 ein vielversprechendes Instrumentarium für die Frauenförderung und die Gleichstellungspolitik: die »Weisungen des Bundesrats über die Verbesserung der Vertretung und der beruflichen Stellung des weiblichen Personals in der Bundesverwaltung«[1]. Darin werden die Grundzüge der Gleichstellungspolitik formuliert. Die allerwenigsten anderen öffentlichen Verwaltungen oder Unternehmen der Privatwirtschaft in der Schweiz besitzen vergleichbar umfassende Vorgaben der Regierung oder der Geschäftsleitung.

Diese Weisungen beinhalten die zentralen Vorgaben. Wie diese konkretisiert und umgesetzt werden, liegt in der Verantwortung der einzelnen Bundesstellen.

Alle vier Jahre verlangt der Bundesrat einen Bericht über die von der Bundesverwaltung ergriffenen Maßnahmen und deren Erfolge. Eine erste Berichterstattung wurde 1996 abgeschlossen.

Im zweiten Teil dieses Beitrags wird auf die Maßnahmen, ihre Voraussetzungen und, soweit bereits ersichtlich, ihre Wirkungen eingegangen. Es wird sich insbesondere zeigen, daß zentral definierte Grundlagen und Zielsetzungen in einem großen und komplex organisierten Unternehmen wie der schweizerischen Bundesverwaltung konkrete Fördermaßnahmen in den dezentralen Organisationseinheiten wirklich unterstützen und möglich machen.

---

1 siehe Anhang

1 Die Schweizerische Bundesverwaltung

1.1 Kennzahlen und Organisation

Organisatorisches

Die Schweizerische Bundesverwaltung im engeren Sinne, d.h. ohne Post, Telecom und Bundesbahnen, beschäftigt rund 47.000 Personen und ist damit – neben der Post – die größte Arbeitgeberin in der Schweiz. Sie ist in sieben Departemente unterteilt, die wiederum rund 120 organisatorische Einheiten verschiedenster Art zusammenfassen: Bundesämter, Generalsekretariate, Forschungsanstalten, industrielle Fertigungsbetriebe sowie zwei Eidgenössische Technische Hochschulen (sie werden im folgenden alle als »Bundesämter« bezeichnet). Im kleinsten Bundesamt sind etwa vierzig Personen, im größten mehrere tausend beschäftigt. Auch von den Aufgabengebieten und der inhaltlichen und kulturellen Ausrichtung her zeigt sich eine große Vielfalt: So gibt es neben einem Bundesamt für Sozialversicherungen eine Sportschule, das Schweizerische Landesmuseum gehört ebenso wie das Bundesamt für Straßenbau dazu, die Forschungsanstalt für Obst-, Wein- und Gartenbau ebenso wie die Zollverwaltung, das Flugzeugwerk und das Eidgenössische Gestüt.

Mit Abstand das größte Departement ist das Eidgenössische Militärdepartement, das sowohl die Zentralverwaltung der Armee wie auch einige industrielle Bereiche – z. B. Waffen- und Munitionsfabriken – umfaßt. Es beschäftigt insgesamt rund 17.000 Personen, also 40% des gesamten Bundespersonals.

Rahmenbedingung: Dezentrale Organisation

Die Bundesverwaltung ist bereits seit langem in vielen Belangen stark dezentral organisiert. Gegenwärtig werden im Zeichen des New Public Management Umstrukturierungen geplant und durchgeführt, welche die dezentralen Stellen in ihrer Befugnis- und Entscheidungsmacht noch weiter verstärken werden.

Für die Formulierung der Grundlinien der Personalpolitik gibt es ein zentrales Eidgenössisches Personalamt (EPA). Dieses entwickelt im Auftrag des Bundesrates die Personalpolitik – das heißt die Philosophie, die Rahmenbedingungen, die den Spielraum für die Umsetzungen in den einzelnen Departementen und Ämtern umschreiben. Die konkrete Ausgestaltung und Umsetzung der Personalpolitik im Einzelfall obliegt aber den Bundesämtern. So führt jedes Bundesamt einen eigenen Personaldienst.

Das EPA hat beispielsweise zentral »Flexible Arbeitszeitmodelle« festgelegt. Es handelt sich dabei um eine Palette von 12 sogenannten Arbeitszeitmenus, bei denen zwischen 40 bis 44 Wochenstunden, zusätzliche Urlaubstage und mehr oder weniger als 100% Lohn zur Wahl stehen. Ob und wie viele dieser Arbeitszeitmodelle den Beschäftigten tatsächlich angeboten werden, liegt in der Kompetenz des einzelnen Bundesamtes, wird also dezentral entschieden.

Ebenso werden die meisten Personalentscheide dezentral gefällt: Entscheide über die Anstellung, die lohnmäßige Einreihung, die Beförderung, die Urlaubs- und Ausbildungswünsche der einzelnen Angestellten. Solange der durch die Vorschriften und das Budget gesetzte Rahmen nicht überschritten wird, hat das Eidgenössische Personalamt relativ wenig Kontroll- und Entscheidungskompetenzen.

In diesem Spannungsfeld zwischen zentralem Festlegen des Spielraums und dezentraler Entscheidungskompetenz im konkreten Fall bewegen sich sämtliche Personal- und Organisationsentwicklungsmaßnahmen der Schweizerischen Bundesverwaltung – auch die Gleichstellungspolitik.

Beschäftigungsstruktur

13% der in der Bundesverwaltung angestellten Personen gehören zum sogenannten Kader – d.h. sie haben Stellen mit Führungs- und mit sehr hoch qualifizierten Sachbearbeitungs- oder Stabsfunktionen inne. Dieser hohe Anteil an Kaderleuten ist typisch für den Verwaltungssektor.

Etwas über 15% der Mitarbeitenden arbeiten auf Teilzeitbasis – mehrheitlich zwischen 60 und 80 Prozent.

Die Personalfluktuation beträgt nur rund 6%; vor allem Frauen bis 30 Jahre und Männer bis 40 Jahre verlassen die Bundesverwaltung vergleichsweise häufig. Dies ist mit ein Grund für das steigende durchschnittliche Lebensalter des Bundespersonals, insbesondere auf Kaderstufe. Fast die Hälfte der Kaderangestellten ist über 50 Jahre alt.

1.2 Die Frauen in der schweizerischen Bundesverwaltung

Die Bundesverwaltung gibt im gesamten ein sehr einseitiges Bild ab: Gut 80% des Personals sind Männer. Die Frauen finden sich vor allem in den tieferen Lohnklassen: Dort haben sie einen Anteil von 30%, ohne Militärdepartement sogar von 45%. Umgekehrt sind die Frauen in den obersten Lohnkategorien nur vereinzelt vertreten.

Die Frauen in Führungspositionen

Etwa 850 Personen gehören in der Bundesverwaltung zum obersten Kader. Nur gut 40 davon, also weniger als 5%, sind Frauen. Auch beim mittleren Kader beträgt der Frauenanteil erst etwas mehr als 8% (von rund 5.800 Angestellten dieser Kategorie sind weniger als 500 Frauen).

Erstes Fazit

Die Vertretung der Frauen in der Bundesverwaltung im allgemeinen und in den Führungspositionen im besonderen ist bemerkenswert bescheiden. Noch bemerkenswerter ist jedoch, daß der Frauenanteil vor Inkrafttreten der Weisungen deutlich tiefer war, im mittleren Kader betrug er 1991 nur gerade 4%. Es hat sich in diesen fünf Jahren also einiges getan, auf einer außerordentlich tiefen Ausgangslage allerdings.

Zweites Fazit

Es ist noch zu früh, über Frauen in Führungspositionen zu sprechen; die schweizerische Bundesverwaltung ist eben erst daran, in einem nennenswerten Maß Erfahrungen zu sammeln. Frauenförderung muß breit ansetzen. Förderung von Führungsfrauen heißt immer noch in erster Linie Nachwuchsförderung. Förderung von weiblichen Nachwuchskräften wird in größerem Rahmen aber nur dann gelingen, wenn neue, nicht lineare Laufbahnentwicklungen möglich werden – neben der »männlichen Zielkultur« muß auch der »weiblichen Wegkultur« Rechnung getragen werden (vgl. Stalder 1997).

2 Voraussetzungen und Rahmenbedingungen der Frauenförderungs- und Gleichstellungspolitik in der Schweizerischen Bundesverwaltung

2.1 Die Stabsstelle für Frauenfragen im Eidgenössischen Personalamt

Seit 1981 ist die Frauenförderungs- und Gleichstellungspolitik in der Bundesverwaltung organisatorisch verankert: Mit der Stabsstelle für Frauenfragen wurde eine zentrale Fachstelle für betriebliche Frauenförderungs- und Gleichstellungsfragen geschaffen. Zehn Jahre lang war lediglich eine einzige Frauenbeauftragte im zentralen Personalamt dafür verantwortlich, ohne weitere institutionelle Abstützung in der ganzen Bundesverwaltung. Die Gleichstellung hielt ihren ersten Einzug also mit gestutzten Flügeln. Erst seit 1992, seit dem Inkrafttreten der Weisungen zur Frauenförderung und, damit verbunden, der Abstützung der zentralen Frauenstelle im EPA durch Teil-zeit-Gleichstellungsbeauftragte in den meisten Bundesämtern, nimmt die Frauenpräsenz spürbar zu.

Eine wichtige Aufgabe der Stabsstelle für Frauenfragen besteht heute in der Koordination und Unterstützung der dezentralen Frauenförderung: Sie dient als Beratungs- und Unterstützungsinstanz für Gleichstellungsbeauftragte, Personaldienste und Linienvorgesetzte aus den Bundesämtern. Jährlich organisiert sie eine »Dachtagung«: Ein stark genutztes Weiterbildungsangebot für die Gleichstellungsspezialistinnen und -spezialisten aus der eigenen wie auch aus anderen öffentlichen Verwaltungen in der Schweiz. Daneben stellt sie schriftliche Unterlagen zur betrieblichen Frauenförderung zur Verfügung, bietet einen Referateservice und führt unzählige Coachinggespräche auch mit Linienvorgesetzten und Personaldiensten in den Bundesämtern durch. Schließlich organisiert sie spezielle Kurse für die Frauenbeauftragten in den einzelnen Bundesämtern, wie zum Beispiel über sexuelle Belästigung am Arbeitsplatz.

Die Mitarbeit der Stabsstelle für Frauenfragen, manchmal aber nur schon die Tatsache ihrer Existenz, hat sich auch in der Erfüllung einiger anderer, allgemeiner Aufgaben des Personalamtes zugunsten der Frauen ausgewirkt. Ein paar Beispiele:

Führungsausbildung

Die verwaltungsinterne Führungsausbildung umfaßt ein komplexes, niveau-mäßig abgestuftes Seminarsystem vom betriebswirtschaftlichen Grundkurs über das Selbstmanagement bis zum Seminar ›Führen von Führungskräften‹ und wird vom Personalamt konzipiert, angeboten und evaluiert.

Wer von den durch die Bundesämter Angemeldeten einen der sehr begehrten Plätze erhält, wird im Personalamt zentral entschieden. Die Ziffer 1.3 der bundesrätlichen Weisungen »Namentlich sind die geeigneten Massnahmen zu treffen, um die Untervertretung von Frauen in höheren Funktionen und Besoldungsklassen abzubauen« wird so interpretiert, daß Frauen bevorzugt Plätze in den Kursen zugeteilt werden. 1993 lag der Frauenanteil entsprechend ihrem Anteil an den Anmeldungen noch etwas über 8%, 1996 schon bei 16%.

Nicht weniger wichtig: Innerhalb der letzten vier Jahre wurde erreicht, daß mehr als ein Drittel der Führungs-Seminartage durch Frauen geleitet werden. Bis 1999 werden es die Hälfte aller Kurstage sein.

Kurse für Frauen resp. Männer und Kurse zur Chancengleichheit

Seit 1991 schreibt das Eidgenössische Personalamt ein umfassendes Weiterbildungsangebot für Mitarbeiterinnen der Bundesverwaltung aus.

Bisher haben rund 2000 Teilnehmerinnen 140 Kurse besucht. Das umfangreiche Angebot beinhaltet Themen wie »Gesprächsführung« und »Konfliktbewältigung«, »Berufliche Laufbahn«, bis hin zu zielgruppenspezifischen Kursen. Die wissenschaftliche Untersuchung (vgl. Stalder 1995) über die Wirkung belegt, daß sich die Frauen nach den Kursbesuchen als durchsetzungsfähiger und selbstbewußter erleben. Sie berichten von klareren Berufsvorstellungen und mehr Motivation am Arbeitsplatz. Vorgesetzte bestätigen diese Veränderungen. Sie schätzen das selbstbewußtere Auftreten und die aktivere Rolle ihrer Mitarbeiterinnen.

Seit 1994 werden nebst den Frauenkursen auch gemischte Kurse für Frauen und Männer mit ähnlichen Inhalten ausgeschrieben, und seit 1995 wird ein Kurs für Männer angeboten, der in erster Linie der Entwicklung und Förderung der sozialen Kompetenzen gewidmet ist. Dabei sind Rollenbilder und Rollenteilung ein tragendes Diskussionsthema. Die Wirkung dieser Kurse ist bis heute allerdings noch nicht untersucht worden.

Stellenausschreibungen

Seit 1987 werden die Stellen in der Bundesverwaltung für Frauen und Männer ausgeschrieben. Durchgesetzt werden kann dies deshalb, weil sämtliche freien Stellen in einer bundeseigenen, zentralen Publikation, dem Stellenanzeiger («Die Stelle«), öffentlich ausgeschrieben werden müssen und deshalb im Personalamt korrigiert und koordiniert werden.

Flexible Arbeitszeiten

Zunächst als Pilotversuch, seit 1995 als regulärer Teil der Personalvorschriften hat die Bundesverwaltung flexiblere Arbeitszeiten eingeführt. Die 12 Arbeitszeitmenus für Vollzeitbeschäftigte und die Jahresarbeitszeit für Teilzeitbeschäftigte bieten die Möglichkeit, einzelne Arbeitszeitelemente elastisch an die individuellen, aber auch betrieblichen Bedürfnisse anzupassen. Diese Regelungen erlauben es Frauen und Männern, ihre verschiedenen Lebens- und Verantwortungsbereiche besser aufeinander abzustimmen. Wie schon erwähnt, liegt es aber an den einzelnen Bundesämtern zu entscheiden, ob sie ihren Mitarbeitenden die flexible Arbeitszeit anbieten wollen oder nicht. Trotz dieser Einschränkung erhöhte sich die Zahl der Angestellten, die unter mehreren Formen der Arbeitszeitgestaltung wählen können, auf mittlerweile mehr als 70%.

Personalstatistik

Seit drei Jahren ist das Geschlecht Hauptdifferenzierungsmerkmal in der Personalstatistik (mit den üblichen Variablen: Lohnklasse, Beschäftigungsgrad, Muttersprache, Alter etc.). Längerfristig wird dadurch gutes Zahlenmaterial zur Verfügung stehen, um den quantitativen Nutzen der Gleichstellungsmaßnahmen beobachten zu können.

2.2 Die Weisungen über die Verbesserung der Vertretung und der beruflichen Stellung des weiblichen Personals in der Bundesverwaltung

Bevor der Bundesrat 1992 die Weisungen in Kraft setzte, hatte er sowohl in seinem Leitbild zur Personal- und Organisationsentwicklung 1990 als auch in der Planung der Legislaturperiode 1991 – 1995 die Gleichstellung als anzustrebendes Ziel verankert. Solche allgemeinen Absichtserklärungen sind aber in der Regel nicht besonders handlungsrelevant. Demgegenüber sind die Weisungen zur Frauenförderung deutlich konkreter. Daß der Bundesrat seiner männerdominierten Verwaltung ein so griffiges Mittel zur Frauenförderung verschrieb, ist nicht zuletzt vor dem Hintergrund eines der Höhepunkte der schweizerischen Frauenbewegung, dem großen landesweiten Frauenstreik von 1991 zu sehen. Damals – nach zehn Jahren papierener Gleichstellung in der Bundesverfassung – zeigten Tausende von Frauen in der ganzen Schweiz auf den Straßen: Wenn Frau will, steht alles still.

Die Weisungen sind heute die wichtigste Grundlage für die betriebliche Gleichstellungsarbeit der Bundesverwaltung. Sie benennen beispielhaft eine Reihe von Bereichen, in denen Frauenförderungs- und Chancengleichheitspolitik betrieben werden muß, und sie geben die Zielrichtung an. Fernziel ist die Parität; ein zeitlicher Rahmen wird jedoch nicht festgelegt. Hingegen beauftragen die Weisungen die einzelnen Bundesämter, eigene Gleichstellungs- und Frauenförderungsprogramme für ihren Bereich zu entwerfen, umzusetzen und darüber Bericht zu erstatten. Die – zentralen – Weisungen bilden also die Leitlinie, den Wegweiser zu den dezentralen, maßgeschneiderten und damit konkreteren und direkt umsetzbaren Programmen.

Diese Arbeitsteilung zwischen Zentrale und Dezentrale ist für ein so heterogen zusammengesetztes Unternehmen wie die Bundesverwaltung sinnvoll. Konkrete Frauenförderungsmaßnahmen werden in einem Bundesamt des Militärdepartements, das nur wenige Frauen und diese fast ausschließlich im administrativen Bereich beschäftigt, sinnvollerweise anders aussehen als zum Beispiel in einem Bundesamt für Kultur mit einem relativ großen Frauenanteil auch in hochdotierten Funktionen.

2.3 Die Umsetzung der Weisungen durch die Bundesämter

Seit 1992 sind die Bundesämter verpflichtet, Gleichstellungs- und Frauenförderungsprogramme zu erstellen. Viele der Bundesämter mit ihren soliden männlichen Fundamenten stürzten sich nicht gerade auf diese Aufgabe. Einige begannen erst 1996 – also vier bis fünf Jahre nach Inkrafttreten der Weisungen – mit der Erarbeitung und konkreten Umsetzung eines Programms, aufgeschreckt durch die Berichterstattungspflicht.

Dennoch: Die Ernennung von gleichstellungsbeauftragten Einzelpersonen und Arbeitsgruppen in den Bundesämtern hat zu breiten Diskussionen über betriebliche Frauenförderung geführt. Die anfangs oft etwas zögerliche und skeptische Haltung insbesondere gegenüber konkreten Maßnahmen hat in den letzten zwei Jahren auf breiter Ebene einer größeren Bereitschaft Platz gemacht, die durch die bundesrätlichen Weisungen angebotenen Personalentwicklungschancen zu nutzen. Vorurteile, daß Gleichstellungsprogramme und Frauenförderung Luxusprojekte für konjunkturell gute Zeiten seien, weichen der Einsicht, daß die durch das Parlament auferlegte Verknappung der Ressourcen u.a. mit einer noch bewußteren und gezielten Nutzung des Mitarbeiterinnen- und Mitarbeiterpotentials aufgefangen werden kann.

Die wichtigsten Resultate der ersten Berichtsperiode (1992-1995):

60% der Bundesämter der zivilen Departemente (also ohne Militärdepartement[2]) haben ein Gleichstellungsprogramm in Kraft gesetzt; fast alle anderen Bundesämter haben mit der Erarbeitung begonnen, sehr vereinzelte werden dies noch tun müssen. Einzelne Dienststellen, mit meist äußerst geringem Frauenanteil, vertreten noch immer den Standpunkt, ein Frauenförderungsprogramm lohne sich unter solchen Voraussetzungen nicht.

Meist wurde eine – häufig geschlechtergemischt zusammengesetzte – Arbeitsgruppe mit dem Programmentwurf beauftragt. Ein paar Bundesämter haben eine gleichstellungsbeauftragte Einzelperson, z.B. eine Mitarbeiterin oder einen Mitarbeiter ihres Personaldienstes beauftragt. In vielen Dienststellen ging der Programmerarbeitung eine spezifische Personalbefragung voraus.

Die meisten Gleichstellungsbeauftragten gaben an, die Mitarbeitenden in ihrem Bundesamt anläßlich der Inkraftsetzung des Gleichstellungspro-

---

2   Aufgrund einer umfassenden Reorganisation hat sich der Aufbau des Militärdepartementes derart stark verändert, daß es in der Berichterstattung an den Bundesrat nicht berücksichtigt werden konnte.

gramms intensiv informiert zu haben. Trotzdem erklärten in einer Personalbefragung – die vom Eidgenössischen Personalamt in einem anderen Zusammenhang durchgeführt wurde – 35% der Befragten, sie hätten keine
Ahnung, ob ihr Bundesamt ein Gleichstellungsprogramm habe. Die Existenz der Weisungen dagegen ist 90% aller Bundesverwaltungsangestellten
bekannt.

Am häufigsten legten die Frauenförderungsprogramme Gewicht auf folgende Punkte:

— *Bessere Vertretung der Frauen auf allen hierarchischen Ebenen*
 Wie bereits erwähnt, ist der Bund von einer angemessenen Vertretung der
 Frauen in den verschiedenen Tätigkeitsbereichen und auf allen hierarchischen Stufen noch weit entfernt. Es bestehen große Unterschiede zwischen den einzelnen Departementen. Es ist aber doch ein langsamer Anstieg der Frauenvertretung in mittleren und in höheren Positionen zu konstatieren. Ein Drittel der berichterstattenden Bundesämter arbeitet mit
 quantitativen Zielvorgaben (Quotenregelungen).

— *Stellenausschreibungen und -neubesetzungen*
 Ein Drittel der Ämter fügt in den Stellenausschreibungen immer, ein
 Drittel von Fall zu Fall, den Hinweis ein, daß Bewerbungen von Frauen
 besonders erwünscht seien.

 Etwa 45% der Bundesämter kontrollieren den Verlauf ihrer Anstellungsverfahren mit geschlechtsspezifisch aufgeschlüsselten Statistiken (Anzahl eingegangener Bewerbungen; an Vorstellungsgesprächen Teilnehmende; in die engste Wahl Einbezogene) und ziehen, falls nicht eine Chefin, sondern ein Chef zuständig ist, eine Frau, meist aus dem Personaldienst, zu den Vorstellungsgesprächen bei.

— *Geschlechtergerechte sprachliche und bildliche Repräsentationsformen*
 Die Mehrheit der Bundesämter gibt an, amtsinterne Schriftstücke,
 z.B. Führungsrichtlinien, oder auch öffentlich zugängliches Informati-
 onsmaterial so zu schreiben und zu gestalten, daß in Text und Bild
 beide Geschlechter angesprochen werden. Ein paar Stichproben bestätigen das schöne Resultat zwar für die Texte, aber nicht für die Bilder.

— *Ausbildungsmaßnahmen*
 Das zentrale Ausbildungsprogramm des Personalamtes wird in den meisten Bundesämtern allen Mitarbeiterinnen und Mitarbeitern zugänglich
 gemacht.

Ob Personen ohne Führungsaufgabe Führungskurse besuchen können oder nicht, wird meistens den Linienvorgesetzten überlassen und praktisch nur im Falle einer Nachfolgeregelung unterstützt. Für Frauen werden kaum Maßnahmen zur vermehrten, insbesondere vorbereitenden Teilnahme an Führungsseminaren unternommen. In mehr als der Hälfte der Bundesämter liegen auch keine Ausbildungspläne für die Mitarbeitenden vor.

Für den Transfer des in Ausbildungskursen Gelernten an den Arbeitsplatz werden nur in einem Viertel der Bundesämter spezielle Maßnahmen getroffen. Meist handelt es dabei um die Erstellung von Kursevaluationen oder Feedback-Berichten. Dieses Resultat ist selbstverständlich nicht nur aus Frauenförderungssicht äußerst bedenklich.

Bundesamtsinterne Ausbildungsveranstaltungen zu Gleichstellungsthemen haben bisher in einem knappen Viertel der Organisationseinheiten stattgefunden oder sind bereits geplant.

– *Teilzeitbeschäftigung*
In rund zwei Drittel der Bundesämter werden keine speziellen Förderungsmaßnahmen zugunsten vermehrter Teilzeitarbeit getroffen. Teilzeitführungskräfte sind vor allem im mittleren Kader mit 80 oder 90 Stellenprozenten zu finden. Echtes Job-Sharing ist zunehmend auf allen hierarchischen Ebenen anzutreffen. Die häufigste Aufteilung der Stelle ist 50%/50%.

Die schon erwähnte Jahresarbeitszeit für Teilzeitarbeitende wird aber bis heute nur in einem Drittel der Bundesämter angeboten.

In den meisten Bundesämtern werden – mit Ausnahme des Angebots einer Teilzeitstelle – keine spezifischen Maßnahmen zur Erleichterung des Wiedereinstiegs nach einer Familienphase ergriffen.

Die Maßnahmen der Bundesämter mögen oft zaghaft wirken. Auch die zahlenmäßige Entwicklung der Frauen präsentiert sich auf den ersten Blick als unspektakulär: Der Frauenanteil in der Bundesverwaltung hat sich zwischen 1991 und 1996 um 2.4% von 17.4% auf 19.8% erhöht. Bei genauerer Betrachtung zeigt sich diese Entwicklung aber als keineswegs selbstverständlich – und ist damit Indiz für die positive Wirkung der Weisungen: Die Zunahme des Frauenanteils hat sich nämlich gegenüber der früheren zehn Jahre verdoppelt; dies trotz eines leichten Sinkens des Personalbestandes seit 1994 und obwohl die Frauen in der Schweiz tendenziell häufiger erwerbslos sind als die Männer. Der angespannte Arbeitsmarkt hat im weiteren eine geringe Personalfluktuation zur Folge, und der Bund hatte 1993 darüber hinaus einen sechsmonatigen Anstellungsstopp verfügt. Beim wenigen neu rekrutierten Personal liegt der Frauenanteil aber wesentlich über dem Frauengesamtanteil (1993: 27.9%; 1994: 30.3%; 1995: 30.5%).

Ebenso ist das weibliche Personal trotz einer strengeren Beförderungspraxis in den drei vergangenen Jahren zu deutlich größeren Anteilen befördert worden. Auch haben im Bereich des mittleren Kaders und der höheren Sachbearbeitung (Führungsnachwuchs) die Frauenanteile in den vergangenen vier Jahren überdurchschnittlich zugenommen. Das Maximum wird beim mittleren Kader erreicht, wo sich der Prozentsatz der Frauen seit 1991 verdoppelt hat, wie weiter oben erwähnt, von den bescheidenen 4.2% auf 8.4%.

Eine interessante Entwicklung zeigt sich auch bei genauer Betrachtung des Beschäftigungsgrads des Personals.

Teilzeitarbeit nimmt gesamthaft gesehen zu: Heute arbeiten etwa 15% der Beschäftigten Teilzeit, 1991 waren es ein Drittel weniger. Am größten ist die Zunahme bei den Arbeitspensen zwischen 60 und 80%. Obschon dabei nach wie vor deutliche geschlechterspezifische Unterschiede auszumachen sind, nimmt die Teilzeitarbeit auch bei den (v.a. jüngeren) Männern zu. Relativ gesehen ist bei ihnen die Zunahme zum Teil sogar größer als bei den Frauen. Wird die Altersstruktur mitbetrachtet, zeigen sich die geschlechterspezifischen Unterschiede noch deutlicher: Bei den 20-30jährigen Beschäftigten arbeiten demnächst gleich viele oder sogar mehr Männer als Frauen Teilzeit.

3 Fazit

Mit den Weisungen über die Verbesserung der Vertretung und der beruflichen Stellung des weiblichen Personals hat der Schweizerische Bundesrat nicht nur für die Bundesverwaltung Neuland beschritten. Wie die Analyse der zahlenmäßigen Entwicklung des Frauenanteils gezeigt hat, sind sie ein wirkungsvolles Instrument zur Förderung der Gleichstellung. Die Zahlen haben aber auch gezeigt, daß die Bundesverwaltung gut daran tut, wirkungsvolle Frauenförderungsinstrumente zu ergreifen und weiterzuentwickeln.

Betriebliche Gleichstellung und Frauenförderung sind Personalentwicklungsmaßnahmen mit einem ganz spezifischen theoretischen Hintergrund, und sie fordern von allen Beteiligten die Erarbeitung von zusätzlichem Know-how. Nach Inkrafttreten der Weisungen per 1. Januar 1992 konnten die Bundesämter weder in anderen öffentlichen Verwaltungen noch in der Privatwirtschaft Vorbilder finden. Die Organisationseinheiten haben deshalb in der ersten Frauenförderungsrunde einen tiefgreifenden Lernprozeß durchgemacht, der nicht nur den Mitarbeiterinnen zugute kommt. Dieser Lernprozeß wird weitergehen müssen. Heute gilt der betriebliche Gleichstellungsansatz der Bundesverwaltung in der Schweiz als vorbildhaft. Die hart erarbeiteten und diskutierten Programme, die erfolgreichen und die unbefriedigenden Maßnahmen – kurz: die Lehrzeit – werden sich vor allem langfristig für die Seite der Arbeitgeberin wie für die Seite der Arbeitnehmer/innen auszahlen.

Literatur

Stalder, B. (1995): Frauenspezifische Weiterbildung im Betrieb. Zürich.
Stalder, B. et al. (1997): Frauenförderung konkret. Handbuch zur Weiterbildung im Betrieb. Zürich.

Anhang:
Weisungen über die Verbesserung der Vertretung und der beruflichen Stellung des weiblichen Personals in der allgemeinen Bundesverwaltung

(vom 18. Dezember 1991)

Der Schweizerische Bundesrat erlässt folgende Weisungen:

1. Grundsatz

[1] Diese Weisungen gelten für alle Verwaltungseinheiten nach Artikel 58, Absatz 1 Buchstaben a bis e des Verwaltungsorganisationsgesetzes[1], mit Ausnahme der PTT-Betriebe und der Schweizerischen Bundesbahnen. Diese werden eingeladen, für ihren Bereich sinngemässe Weisungen zu erlassen.

[2] Ziel dieser Weisungen ist die Gleichstellung der in der allgemeinen Bundesverwaltung beschäftigten Frauen und Männer. Alle Dienststellen haben in ihrem Bereich die Gleichstellung zu verwirklichen.

[3] Die Verantwortlichen sämtlicher Ebenen achten darauf, dass Frauen in den verschiedenen Tätigkeitsbereichen der Verwaltung und auf jeder Stufe der Departemente und der Bundeskanzlei angemessen vertreten sind. Namentlich sind die geeigneten Massnahmen zu treffen, um die Untervertretung von Frauen in höheren Funktionen und Besoldungsklassen abzubauen.

2. Stellenausschreibungen

2.1 Alle Stellen sind in weiblicher und männlicher Form auszuschreiben (z.B. Direktorin/Direktor).

2.2 Der Text ist so zu formulieren, dass er sich an beide Geschlechter richtet. Dies kann durch geschlechtsneutrale Formulierungen (z.B. Vorsitz) oder durch gleichzeitige Verwendung der weiblichen und männlichen Form (z.B. Vorsitzende oder Vorsitzender; Vorsitzende/r) geschehen. Teamfähigkeit, Verhandlungsgeschick und für die Stelle wichtige (Lebens-)Erfahrungen sind als Anforderungen gleich stark zu gewichten wie Führungseigenschaften, Durchsetzungsvermögen oder langjährige Berufserfahrung, von denen sich aufgrund des bisherigen traditionellen Rollenverhaltens vor allem Männer angesprochen fühlen.

---

1 SR 172.010

Insbesondere darf ein militärischer Grad nur dort verlangt und berücksichtigt werden, wo dieser für die Aufgabenerfüllung nachweislich eine unabdingbare Voraussetzung darstellt.

2.3

[1] Sind Frauen in der betreffenden Funktion innerhalb einer grösseren Verwaltungseinheit (z.B. Bundesamt, Abteilung) untervertreten, so ist bei Stellenausschreibungen ein Hinweis in folgendem Sinne aufzunehmen:

> »Da eine Erhöhung des Frauenanteils in allen Bereichen und Funktionen der allgemeinen Bundesverwaltung, in denen Frauen heute noch untervertreten sind, angestrebt wird, sind Bewerbungen von Frauen besonders erwünscht.«

[2] Dieser Hinweis ist auch in Stellenausschreibungen aufzunehmen, die als Einzelinserate in der Tages- und Fachpresse erscheinen.

2.4 Die Personalwerbung ist in Text und Bild so zu gestalten, dass sie sich gleichwertig an beide Geschlechter richtet.

3. Wahlen und Beförderungen

3.1 Bei der Besetzung von Stellen hat die Wahlbehörde Frauen bei gleichwertiger Qualifikation wie männliche Bewerber so lange vorrangig zu berücksichtigen, bis innerhalb einer grösseren Verwaltungseinheit (z.B. Bundesamt, Abteilung) ein paritätisches Verhältnis zwischen weiblichen und männlichen Beschäftigten besteht.

3.2 Für die Beurteilung der Gleichwertigkeit der Qualifikation sind nebst Ausbildung und Berufserfahrung insbesondere auch ausserberufliche Tätigkeiten massgebend, wie z.B. Betreuungsaufgaben, Mitarbeit in sozialen Institutionen. Solche Qualifikationen dürfen namentlich gegenüber militärischen Erfahrungen nicht geringer bewertet werden.

4. Wahlverfahren

4.1 Alle Bewerbungen von Kandidatinnen, welche die objektiven Voraussetzungen für das betreffende Amt erfüllen, sind näher zu prüfen. Wenn möglich sollen nicht weniger Frauen als Männer zu den Vorstellungsgesprächen eingeladen werden.

4.2 Die für die Anstellung Verantwortlichen sorgen dafür, dass wenn immer möglich auch eine Mitarbeiterin beim Anstellungsverfahren und namentlich bei Vorstellungsgesprächen mitwirkt.

5. Stellenbewertung

1 Die Kriterien für die Einreihung der Ämter und die individuelle Stellenbewertung sind periodisch auf ihre geschlechtsdiskriminierenden Wirkungen zu überprüfen und allenfalls anzupassen.

2 Es ist dabei insbesondere eine allfällige Unterbewertung der (weiblichen) Sekretariats- gegenüber den (männlichen) Sachbearbeitungsfunktionen und die Einreihung anderer typischer Frauenberufe zu überprüfen.

6. Vom Bundesrat und von der Verwaltung eingesetzte Gremien

Bei der Bestellung vom Bundesrat und von der Verwaltung eingesetzter Gremien (insbesondere Delegationen, Kommissionen, Arbeitsgruppen) achten die Behörden auf eine angemessene Frauenvertretung. Ziel ist das paritätische Verhältnis von weiblichen und männlichen Mitgliedern.

7. Ausbildung

7.1 Bei der Besetzung von Grundausbildungsstellen (Lehrstellen) werden bei gleichwertiger Qualifikation so lange Bewerbungen von Frauen vorrangig berücksichtigt, bis die Lehrstellen eines bestimmten Berufes paritätisch besetzt sind.

7.2 Die Direktorinnen und Direktoren der Bundesämter sowie die direkten Vorgesetzten orientieren das Personal systematisch über das Weiterbildungsangebot. Sie ermuntern persönlich und systematisch insbesondere die Frauen, unabhängig vom Beschäftigungsgrad, sich weiterzubilden und unterstützen entsprechende Gesuche.

7.3

1 Um namentlich die Teilnahme von Frauen an allgemeinbildenden Veranstaltungen zu fördern, werden Eignungen und Neigungen unabhängig von den Besoldungsklassen berücksichtigt.

2 Diese Regelung kann auf alle Weiterbildungskurse in der allgemeinen Bundesverwaltung ausgedehnt werden.

7.4 Im Hinblick auf einen beruflichen Wiedereinstieg können ehemalige sowie beurlaubte weibliche Beschäftigte an zielgerichteten Weiterbildungskursen teilnehmen.

7.5 Die Gleichstellung von Frau und Mann und die Möglichkeiten zur Frauenförderung werden in der Grundausbildung sowie in allen geeigneten Weiterbildungskursen in der allgemeinen Bundesverwaltung behandelt. Zusätzlich werden spezielle Kurse zu diesen Themen angeboten.

7.6 Solange kein paritätisches Verhältnis zwischen weiblichen und männlichen Lehrkräften besteht, werden bei gleichwertiger Qualifikation für das gesamte Ausbildungsangebot Frauen berücksichtigt, namentlich auch für bisher vorwiegend von Männern vermittelte Lehrstoffe (z.B. technisch-wissenschaftliche Fächer).

8. Teilzeitbeschäftigung

[1] Die Verantwortlichen aller Stufen entsprechen Gesuchen um Teilzeitbeschäftigung insbesondere in höheren Funktionen, soweit Organisation und Geschäftsgang der Dienststellen dies nicht ausschliessen.

[2] Teilzeitbeschäftigung darf nicht zu Benachteiligungen in der beruflichen Laufbahn führen.

9. Förderungsprogramme

9.1

[1] Zur Ausgestaltung und Umsetzung dieser Weisungen erstellen die Bundeskanzlei, die Generalsekretariate und die Bundesämter für jeweils eine Periode von vier Jahren Förderungsprogramme und leiten sie den Departementen und der Stabsstelle für Frauenfragen im Eidgenössischen Personalamt (Stabsstelle) zur Kenntnisnahme weiter.

[2] Die Förderungsprogramme für die erste Periode sind innert einem Jahr nach Inkrafttreten dieser Weisungen zu erstellen.

[3] Die Frist der vierjährigen Periode beginnt mit Inkrafttreten der Weisungen.

9.2 Die Programme umfassen sämtliche Massnahmen und Projekte, die der Förderung der Frauen und Gleichstellung der Geschlechter in der Bundesverwaltung dienen; dazu gehören namentlich die Bereiche Anstellung, Beförderung, Vergabe von Ausbildungsstellen, Weiterbildung, Förderung von Teilzeitbeschäftigung.

9.3 Bei der Ausarbeitung der Programme kann die Stabsstelle um Rat und Mitarbeit ersucht werden. Die Stabsstelle kann von sich aus Anregungen unterbreiten.

9.4 Nach Ablauf jeder Periode erstatten die Generalsekretariate und die Bundesämter den Departementen Bericht über die Einhaltung ihrer Programme, über die Hindernisse bei der Realisierung und deren Gründe sowie über zusätzliche Massnahmen. Die Departemente leiten diese Berichte an die Stabsstelle, die eine Auswertung zuhanden des Bundesrates vornimmt. Die Bundeskanzlei erstattet ihren Bericht direkt der Stabsstelle.

10. Inkrafttreten

10.1 Diese Weisungen treten am 1. Januar 1992 in Kraft.

Die Förderung der Vereinbarkeit von Beruf und Familie – ein Themenschwerpunkt des Projekts »Frauen im modernen Banking« in der Commerzbank

von Sabine Bolte

Das Spannungsfeld zwischen Beruf und Familie ist eines der größten Hemmnisse weiblicher Karriereentwicklung. Die Commerzbank trägt dieser Erkenntnis aktiv Rechnung: Mit einem Wiedereingliederungsprogramm, einer Flexibilisierung der Arbeitszeiten und einer gezielten Unterstützung bei der Kinderbetreuung wird bewußt auf eine Harmonisierung der beiden Lebensbereiche hingearbeitet. Bewußtseinsbildung und Zielvereinbarungen sind weitere zentrale Bausteine des Projektes »Frauen im modernen Banking«. In diesem Beitrag werden die entsprechenden Konzepte und Maßnahmen detailliert dargestellt und diskutiert.

1 Das Unternehmen

Die Commerzbank ist eine internationale Universalbank mit derzeit rund 1.000 Filialen in Deutschland, einem weltumspannenden Netz von Repräsentanzen und Filialen sowie einer Reihe von Tochtergesellschaften im In- und Ausland. Sitz der Zentrale ist Frankfurt am Main. Das inländische Filialnetz ist in zwanzig Regionen, sogenannte Gebietsfilialen, gegliedert. Diese verfügen über eigene Personalabteilungen. Die Gebietsfilialen und die ihnen untergeordneten Regionalfilialen und Filialen bilden ein dreistufiges System.

Die Zentrale in Frankfurt gliedert sich in fünf Unternehmensbereiche: Konzernsteuerung, Inländisches Filialgeschäft, Internationales Finanzgeschäft, Investment Banking und Services. Diese Unternehmensbereiche bestehen aus verschiedenen Stäben, Geschäftsfeldern und Servicebereichen.

Zum Jahresende 1995 waren in der Commerzbank AG rund 28.000 Mitarbeiter/innen beschäftigt, davon etwa 19.000 im inländischen Filialbereich und etwa 5.000 in der Zentrale.

Sprechen wir von Banken, erscheinen die unterschiedlichsten Bilder: Da steht beispielsweise der typische »Banker« in Nadelstreifen vor uns. Oder wir betreten gerade eine Bankfiliale, in der fast ausschließlich Frauen arbeiten. Wie sieht dies nun im Überblick aus?

Der Frauenanteil beträgt in der Commerzbank gut 50% – und das schon seit Jahr(zehnt)en. Die Beschäftigung von Frauen hat also Tradition. Aber werden Frauen deshalb den Männern auch gleichgestellt? Haben Sie die gleichen Chancen bei der beruflichen Entwicklung?

Führung von Frauen bedeutete (zumindest in der Vergangenheit) fast ausschließlich Führung durch Männer. Das ist anders geworden – und das ist gut so. Allerdings braucht es seine Zeit. Und es ist eine Entwicklung, die begleitet und unterstützt werden muß.

Warum sich die Commerzbank überhaupt mit der Situation der weiblichen Mitarbeiter speziell auseinandersetzt, ist leicht erklärt. Eine der wichtigsten Grundideen findet sich in unserem Leitbild: »Unsere Mitarbeiter bestimmen mit ihrer Leistung entscheidend den Unternehmenserfolg.«

Auch wenn unser Bedarf an qualifizierten Fach- und Führungskräften schwankt, so bleibt er doch regelmäßig auf hohem Niveau. Die Förderung qualifizierter Kräfte aus den eigenen Reihen hat in der Commerzbank Tradition. Ein Bündel von Personalentwicklungsmaßnahmen ist auf die Umsetzung dieser personalpolitischen Leitlinie ausgerichtet. In diesem Zusammenhang betrachteten wir verschiedene Zielgruppen im Unternehmen, um Potentiale zu erkennen und zu fördern.

Neben jungen Nachwuchskräften aus Berufs- und Traineeausbildung und der Gruppe von (Nachwuchs-)Führungskräften rückte Ende der 80er Jahre die Zielgruppe Frauen stärker in den Blickwinkel. Es wurde Handlungsbedarf festgestellt.

Ende der achtziger Jahre tauchten, verbunden mit dem Umbruch in der Personalarbeit von der Verwaltung zur Betreuung/Entwicklung und somit hin zur Serviceorientierung neue Fragen auf, wie zum Beispiel: Bekommen wir immer die richtigen Bewerber/innen? Und: Wie motivieren und halten wir qualifizierte Mitarbeiter/innen? Die Commerzbank unternahm erste Schritte im externen *und* internen Personalmarketing. Sie positionierte sich fortan gezielt als attraktiver Arbeitgeber und förderte die Mitarbeiter aus den eigenen Reihen.

Dabei wurde deutlich, daß zahlreiche Frauen an den Entwicklungswegen offensichtlich nicht ausreichend beteiligt waren. Der Blick auf den qualifizierten Nachwuchsbereich war sehr aufschlußreich: Der Anteil weiblicher Trainees lag bei knapp 30%, und der Anteil der weiblichen Trainees, die auf Führungsaufgaben vorbereitet wurden, überschritt kaum die 10%-Marke. Dieser Prozentsatz entsprach allerdings in dieser Zeit in etwa dem Anteil von Bewerberinnen für Trainee-Positionen.

Dies änderte sich allmählich, weil immer mehr Frauen Hochschulabschlüsse mitbrachten. Sie kamen auch zunehmend mit der Zielsetzung, im Unternehmen etwas zu erreichen und nicht nur einen »Job« aufzunehmen. Berufstätigkeit bedeutete Unabhängigkeit und Bestätigung und stellte eine neue Herausforderung dar.

Dieser Trend verstärkte sich in den folgenden Jahren. Jedoch schien es angesichts interner Statistiken und Reaktionen nicht so, als ob allein die bessere Qualifikation, das enorme Engagement und die entsprechende Zielstrebigkeit dieser neuen Mitarbeiterinnen ausreichten, um in einem Unternehmen, das über 100 Jahre von Männern dominiert war, Chancengleichheit zu erreichen.

Bereits zu Beginn der achtziger Jahre beteiligte sich die Commerzbank an einem Forschungsvorhaben des Allensbacher Instituts über die Beschäftigung von Frauen in deutschen Unternehmen. Seit 1980 werden daher in der Commerzbank die Statistiken zur Situation weiblicher Mitarbeiter geführt, und wir haben mittlerweile die Möglichkeit eines Rückblicks über 15 Jahre.

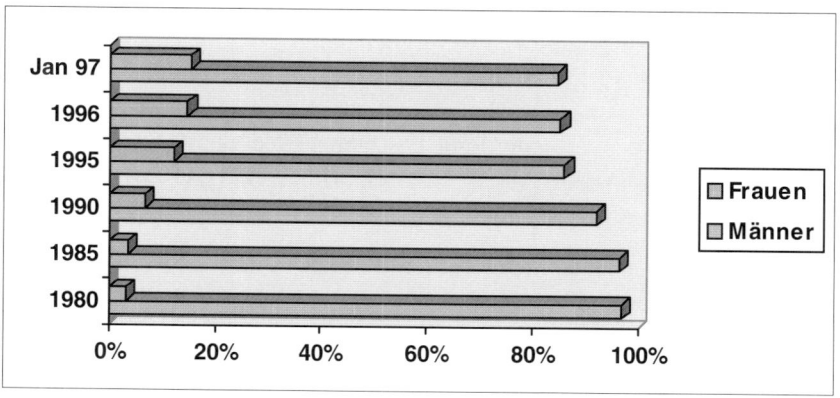

Abbildung 1: Mitarbeiter/innen der Gesamtbank im außertariflichen Bereich

Der Anteil von Frauen im außertariflich bezahlten Bereich stieg in den ersten 10 Jahren von 3.2% auf 7.7%. Es ist absehbar, daß die nächste Verdoppelung schneller erreicht ist, denn im Dezember 1995 lag der Anteil von außertariflich bezahlten Mitarbeiterinnen bereits bei 13.8% und erreichte im August 1996 die 15%-Marke.

Deutlicher noch wird die Entwicklung im Hinblick auf die Titelverteilung im Unternehmen:

Titel	Dezember 1996		Januar 1995		Januar 1990		Januar 1980	
Genereralbevollmächtigte	m = 11	w = 0	m = 12	w = 0	m = 9	w = 0	m = 8	w = 0
Direktoren/Direktorinnen	m = 1085	w = 68	m = 1007	w = 54	m = 261	w = 0	m = 283	w = 0
Stellv. Direktoren/ Direktorinnen	–	–	entfällt ab 1992		m = 266	w = 1	m = 141	w = 0
Abteilungs-Direktoren/ Direktorinnen	m = 731	w = 66	m = 636	w = 38	m = 710	w = 13	m = 533	w = 3
Justitiare	–	–	wurden den Abt.- Dir. zugeordnet		m = 19	w = 0	m = 24	w = 2
Prokuristen/Prokuristin- nen	m = 2005	w = 389	m = 1927	w = 324	m = 1402	w = 117	m = 1005	w = 22
Handlungsbevollmächtig- te	m = 942	w = 252	m = 840	w = 191	m = 792	w = 90	m = 498	w = 39
Summe Titelträger/innen im außertariflichen Bereich	**m = 4763**	**w = 775**	**m = 4422**	**w = 607**	**m = 3549**	**w = 221**	**m = 2492**	**w = 66**

Abbildung 2: Titelträger/innen im außertariflichen Bereich (ohne Ausland)

Die Übersicht zeigt den regelmäßig steigenden Anteil von Frauen mit Titeln im Unternehmen. Anfang 1995 verzeichneten wir bei den Titelträgern einen Frauenanteil von insgesamt 12.5% verglichen mit 2.6% im Jahr 1980. Er hat sich demnach fast verfünffacht. An einen Frauenanteil von derzeit gut 5% bei den Direktoren und fast 7% bei den Abteilungsdirektoren wagte 1990 kaum jemand zu denken. Zum Ende des Jahres 1995 verzeichneten wir bereits 59 Direktorinnen, 50 Abteilungsdirektorinnen und 347 Prokuristinnen – weiterhin ein deutlicher Aufwärtstrend.

Bei den Titelträger/innen im tariflichen Bereich, in dem die Frauen mittlerweile fast 50% der Stellen besetzen, ist die Entwicklung ähnlich (vgl. Abbildung 3).

Können wir also zufrieden sein und uns nach getaner Arbeit zurücklehnen? Wir meinen: nein. Zur Erläuterung dieser Einstellung stellen wir zunächst das Projekt »Frauen im modernen Banking« vor.

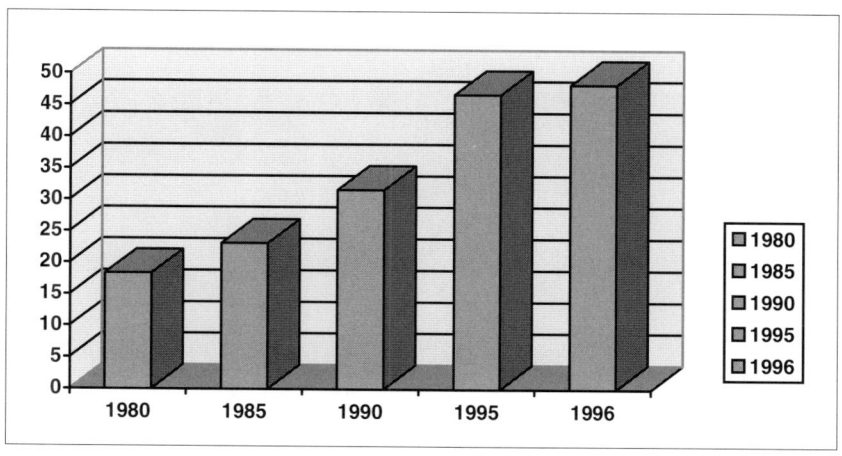

Abbildung 3: Frauenanteil bei den Titelträger/innen im Tarifbereich

2 Das Projekt »Frauen im modernen Banking« – Entstehung und Ziele

Eine der Fragen, die uns von Anfang an beschäftigten, lautete: »Wollen Frauen überhaupt Karriere?«. Sie zieht sich durch das Projekt wie ein roter Faden. Deutlich wurden Forderungen nach Chancengleichheit in verantwortungsvollen Positionen, nach Entfaltungsmöglichkeiten und Selbstbestimmung geäußert, der Wunsch nach der »Karriere« im klassischen Sinne des Aufstiegs aber nur bedingt.

Der erste Anstoß kam 1988 aus der Personalabteilung. Mit Vertretern aus dem Filialbereich und der Zentrale wurde in Workshops erörtert: »Wie kann die Situation von Frauen in der Commerzbank verbessert werden?«

Es kristallisierten sich schließlich vier Themen heraus:

– berufliche Wiedereingliederung,

– betriebliche Kinderbetreuung,

– Arbeitszeitflexibilisierung und

– Entwicklungschancen.

Vorangestellt wurde dem Themenkomplex das Ziel, die Chancengleichheit im Unternehmen zu verbessern.

Frauen im modernen Banking

Unsere Türen sind offen
Durchgehen müssen Sie selbst

Ohne Frauen könnte Mann heute keine Bank mehr am Laufen halten. Schließlich sind gut die Hälfte aller Beschäftigten weiblich. Ist damit aber alles schon in Ordnung? Bei uns in der Commerzbank haben wir die Frage gestellt – und jede Menge Antworten erhalten. Ganz klar: Bei den Frauen sind viele Wünsche offen. Denn ihr berufliches Engagement ist mit familiären Zielen und Forderungen nicht immer in Einklang zu bringen. Und die Meinung, daß in Führungsaufgaben vor allem „männliche" Qualitäten gefragt sind, sorgte für manches Vorurteil. Damit wir das Potential unserer Mitarbeiterinnen nicht vernachlässigen, haben wir einen Leitsatz etabliert und ein Maßnahmen-programm gestartet. Der Leitsatz heißt

„Qualität statt Quote"; er soll zum Bewußtsein gleicher Chancen beitragen und dazu ermuntern, die beruflichen Ziele nicht zu niedrig anzusetzen. Daß die Trainings- und Entwicklungsprogramme aller Bereiche qualifizierten Frauen wie Männern offenstehen, ist eine inzwischen bereits „historische" Tatsache. Vor allem aber erklären wir, daß wir mehr Frauen in Führungspositionen der Commerz-bank sehen wollen. Die noch relativ kleine Gruppe, die bereits solche Aufgaben wahrnimmt, ist das beste Argument, das wir für dieses Ziel haben. Bevorzugt werden Frauen in der Commerzbank nicht, weil wir der Meinung sind, daß sie es nicht nötig haben. Aber immer mehr Führungskräfte sind bei uns Frauen.

COMMERZBANK
Die Bank an Ihrer Seite

Abbildung 4: Anzeige »Unsere Türen sind offen ...«

Außerdem wurde entschieden: »Wir wollen keine Frauenbeauftragte, sondern ein Team!« – Das war die Geburtsstunde des Koordinierungsteams »Frauen im modernen Banking«, das das gleichlautende Projekt initiieren und umsetzen sollte. Fünf Mitarbeiter/innen aus verschiedenen Bereichen der Personalarbeit bildeten das Koordinierungsteam, das es – wenn auch in anderer Besetzung und inzwischen durch Beisitzer/innen ergänzt – auch heute noch gibt.

Wir wissen, was wir (nicht) wollen!

Der oberste Grundsatz hieß von Anfang an: Qualität statt Quote!

Eine Förderung allein aufgrund der Zugehörigkeit zu einem Geschlecht darf es in einem modernen, an Leistung und Fähigkeiten orientierten Unternehmen nicht geben. Eine Quotenregelung wird es deshalb in der Commerzbank nicht geben, zumal viele Mitarbeiterinnen davon überzeugt sind, daß es ihrer Akzeptanz eher abträglich wäre.

Vielmehr verfolgen wir mit dem Projekt das Ziel, Chancengleichheit durch Überzeugung und flankierende Maßnahmen zu erreichen. Karrierechancen für Frauen spielen dabei eine wichtige Rolle, aber es geht nicht darum, zufriedene Mitarbeiterinnen in eine Karriere zu drängen. Nur: Wenn eine Frau Entwicklungspotential hat und sich für eine Karriere entscheidet, dann soll sie dieselben Chancen wie die Männer erhalten.

Zuerst mußten Hemmnisse erkannt und behoben werden. Mit Hilfe eines Personalinformations-Systems lassen sich Strukturdaten des Unternehmens schnell aufbereiten. Damit kann im Bereich der »hard facts« rasch für größere Transparenz gesorgt werden. Schwieriger ist es, sich auf dem subjektiv geprägten und deshalb ungleich schwierigeren Terrain der Einstellungen, Vorurteile und Wahrnehmungen zu bewegen. Beides kostet Zeit und steht für hohen personellen und finanziellen Aufwand.

Wer tut was?

Ohne Unterstützung aus der Unternehmensspitze – in unserem Fall durch Arbeitsdirektor bzw. Personalvorstand Klaus Müller-Gebel als Schirmherr des Projekts – läßt sich wenig ausrichten. Seine Überzeugung, daß die Bank gute und engagierte Frauen genauso wie entsprechend orientierte Männer braucht und daß ihnen der Weg geebnet werden müsse, war ausschlaggebend für den Projektbeginn und für vielfältige Aktivitäten.

Dazu gehörte insbesondere sein persönlicher Einsatz, an Veranstaltungen teilzunehmen, in Treffen des oberen Managements das Thema einzubringen und dessen Bedeutung zu unterstreichen.

Die Aufgaben des Koordinierungsteams »Frauen im modernen Banking« umfassen die *Analyse* (im Sinne von Marktforschung), die *Initiative* (zum Abbau von Defiziten), die *Koordination* (im Sinne einer Verzahnung der z. T. parallel laufenden Aktivitäten) und das *Controlling* (zur Beurteilung des – schwer meßbaren – Erfolgs der Maßnahmen).

Was das Team nicht selbst leisten kann, ist die Ausarbeitung der Programme und Angebote für die Mitarbeiter/innen, die Behandlung von Einzelfällen, die Entwicklung notwendiger Qualifizierungsmaßnahmen und ähnliches. Dies liegt in den Händen der Spezialisten im Personalbereich. Die Team-Mitglieder kommen immer aus verschiedenen Bereichen der Personalarbeit und transportieren einerseits die Projektinhalte in ihr jeweiliges Arbeitsumfeld und sichern andererseits im Team die Koordination der Aktivitäten durch ihre unterschiedlichen Erfahrungen.

Darüber hinaus: Für ein Projekt wie dieses in einer Filialbank mit über 28.000 Mitarbeiterinnen und Mitarbeiter sind vielfältige Kontakte vor Ort notwendig. Ein Team aus fünf Personen, die zudem die Projektarbeit neben ihren eigentlichen Hauptaufgaben wahrnehmen, kann dies nicht allein leisten.

Im Jahr 1990 fiel deshalb die Entscheidung, ein dezentrales Netz aufzubauen. Die sogenannten Gebietskoordinator(inn)en der dezentralen Personalabteilungen sind Ansprechpartner zum Thema vor Ort, primär im Sinne von Multiplikatoren gegenüber den in der Mitarbeiterbetreuung tätigen Kollegen. Sie organisieren darüber hinaus Veranstaltungen und versorgen Interessierte mit Informationen.

Tue Gutes und rede darüber

Eine der wichtigsten Aufgaben des Koordinierungsteams ist die Mitarbeiterkommunikation, die »Öffentlichkeitsarbeit« im Unternehmen. Häufig bei diesem Thema zu beobachten sind Informationsdefizite, die verhindern, daß sich Problembewußtsein einstellen kann. Solange niemand wußte, daß es beispielsweise Ende 1989 nur 100 Prokuristinnen gab, denen aber 1.370 männliche Prokuristen gegenüberstanden, konnte sich die Auffassung, daß daran etwas nicht stimmen kann, nicht durchsetzen.

Neben den inhaltlichen Überlegungen, liegt also ein wesentlicher Tätigkeitsschwerpunkt darin, Problembewußtsein zu schaffen, Maßnahmen bekannt zu machen und Rückmeldungen einzuholen.

Damit von Anfang an eine Wiedererkennung bei den vielfältigen Facetten des Projekts gewährleistet werden konnte, wurde zu dem Slogan »Frauen im modernen Banking« ein »Produkt«-Logo entwickelt (vgl. Abbildung 5).[1] Es erscheint in Publikationen, auf Folien, Briefpapier, Plakaten und in Broschüren und signalisiert, worum es geht und sichert die Wiedererkennung.

Abbildung 5: Logo

Die im Projekt nach und nach entwickelten Angebote und Produkte machen wir den Mitarbeiter/innen – also unseren Kunden – sowie der Öffentlichkeit durch ein umfangreiches Instrumentarium transparent. Dazu gehören:

– Folienvorträge – auch für externe Veranstaltungen
– Artikelserie in der Hauszeitschrift »Commerzielles«
– Broschüren, Faltblätter
– Plakate
– Symposium

und außerhalb des Unternehmens:

– Anzeigen (extern, als Begleitung von Veranstaltungen)
– Kontakte mit Presse, Hochschulen und Verbänden

---

1 Erklärend sei dazu gesagt, daß im Rahmen des hausinternen Personalmarketings Angebote oder Vereinbarungen für die Mitarbeiter in der Regel als »Produkte« betrachtet werden, die in der kommunikativen Begleitung zur Einführung oder zur Verbesserung der Bekanntheit auch hinsichtlich der Instrumente und Maßnahmen entsprechend behandelt werden.

3 Projektschwerpunkt: Förderung der Vereinbarkeit von Beruf und Familie

Der folgende chronologische Streifzug durch die Inhalte, die in den ersten Jahren des Projekts im Vordergrund standen, informiert über die wichtigsten Regelungen und durchgeführten Maßnahmen.

Was ist, wenn ein Kind kommt?

Der Nachwuchs als Ursache für den Karriereknick wird meist als erstes genannt, wenn es um die Weiterentwicklung von Mitarbeiterinnen geht. Viele Vorgesetzte verschieben die Entwicklung von Frauen deshalb gern auf einen späteren Zeitpunkt. Doch das heißt, auf Potentiale zu verzichten und den Interessen talentierter Mitarbeiterinnen nicht gerecht zu werden (mit der Gefahr, sie zu verlieren).

Der Kinderwunsch ist häufig der wichtigste Grund dafür, daß Frauen nicht oder nicht so schnell weitere Schritte zu verantwortungsvollen Aufgaben machen wie Männer. Dies geschieht oft auf eigenen Wunsch, weil sich die Prioritäten im Leben verschoben haben. Da aber zunehmend das Interesse besteht, Beruf und Familie in Einklang zu bringen, beschäftigte uns dieser Themenkomplex in hohem Maße.

Familienphase und Anschluß im Beruf! Gibt es das?

Zunächst ging es darum, den Kontakt zu qualifizierten Mitarbeiter/innen während der Familienphase zu halten. Ende 1989 schloß die Commerzbank daher als erste deutsche Großbank eine Betriebsvereinbarung zu einem Wiedereingliederungsprogramm ab. Neben einer um drei Jahre verlängerten Familienphase erhielten die Teilnehmer/innen – das Programm richtete sich an Frauen und Männer – weiter einen großen Teil der freiwilligen Nebenleistungen sowie Informationen über aktuelle Geschehnisse in der Bank, über neue Produkte und Strukturen. Es wurden bevorzugt Aushilfstätigkeiten und Urlaubsvertretungen angeboten, damit Mütter und Väter auch praktisch »am Ball bleiben« konnten.

Für die Rückkehr gab es erst einmal »nur« die Zusage zur bevorzugten Wiedereinstellung. Die Rückkehrgarantie, mit der sich ein Filialunternehmen naturgemäß schwer tut, kam erst 1992 mit dem Abschluß der zweiten Betriebsvereinbarung. Durch die Verlängerung des gesetzlichen Erziehungsurlaubs auf drei Jahre wurde das wesentliche Element der ersten Vereinbarung – die verlängerte Freistellung – nahezu hinfällig.

Die neue Vereinbarung – genannt Comeback-Programm – regelt die Möglichkeit einer um ein Jahr über den gesetzlichen Erziehungsurlaub hinausgehenden Freistellung. Diese kann flexibel – bis zum achten Lebensjahr des Kindes – und in zwei Abschnitten in Anspruch genommen werden. Alternativ zur Freistellung kann dieses eine Jahr auch genutzt werden, um über Teilzeitarbeit die Rückkehr zu testen.

Die Teilnehmer/innen des Programms erhalten verschiedene Leistungen, u. a. das eigens für sie entwickelte »Comeback-Info«, das alle zwei Monate über Neuigkeiten zu verschiedenen Themen aus der Bank berichtet. Sie sind durch die Aufnahme in das Comeback-Programm im Gegenzug verpflichtet, den Kontakt zur Bank zu pflegen, temporäre Beschäftigungen nach Möglichkeit aufzunehmen und sich auf die Wiedereingliederung vorzubereiten.

Wiedereingliederung für alle?

Der Teilnehmerkreis des Comeback-Programms ist zahlenmäßig nicht begrenzt. Die Aufnahme hängt davon ab, daß sowohl Bank als auch Mitarbeiter/in an der Rückkehr interessiert sind. Im Unternehmen hängt diese Entscheidung vom Votum und den Beurteilungen des direkten Vorgesetzten ab. Sie fällt in den Verantwortungsbereich der zuständigen Personalabteilung.

Die größte Schwierigkeit liegt in der Prognose, ob der/die Mitarbeiter/in wirklich willens und in der Lage ist, wiederzukommen. Oft erweisen sich Vorstellungen zur Rückkehr der Mitarbeiter/innen als wenig praktikabel, wenn der Nachwuchs erst einmal eingetroffen ist. Unsere Kollegen in der Betreuung gehen deshalb dazu über, die Aufnahmen ins Programm möglichst spät – nach der Geburt des Kindes – vorzunehmen, damit die »Kandidatinnen/Kandidaten« besser abschätzen können, ob sie die eingegangenen Verpflichtungen auch einlösen können.

Die Zahl der Teilnehmer/innen steigt stetig. Zwischenzeitlich wurden die ersten Erfahrungen mit Rückkehrer/innen aus dem Wiedereingliederungsprogramm – oder mit frühzeitig aus dem Comeback-Programm zurückgekehrten Mitarbeiter/innen – gemacht. Es zeigt sich, daß eine Fortsetzung der Beschäftigung in der überwiegenden Anzahl der Fälle zuerst in Teilzeit erfolgt. Die Nachfrage nach anspruchsvollen Teilzeittätigkeiten wächst.

Bemerkenswert ist in diesem Zusammenhang die Erkenntnis, daß sehr engagierte und karriereorientierte Frauen nur selten den gesamten Erziehungsurlaub nutzen und oft auf eine verlängerte Freistellung verzichten. Diejenigen, die keinen »Karriereknick« in Kauf nehmen wollen, versuchen so früh wie möglich – auch als Teilzeitkraft – zurückzukommen und organisieren ihr Privatleben möglichst gleich nach der Geburt des Kindes im Hinblick auf die Wiederaufnahme der Tätigkeit.

Comeback gelungen?

Diese Frage ist nur bedingt zu beantworten. Ende 1995 waren 1.660 Mitarbeiter/innen im Mutterschutz oder Erziehungsurlaub. Davon waren fünf Männer (im Erziehungsurlaub) und es handelte sich um 89 außertariflich bezahlte Mitarbeiter/innen. Ins Comeback-Programm waren zum gleichen Zeitpunkt 872 Mitarbeiter/innen aufgenommen. Unter ihnen drei Männer und 55 AT-Mitarbeiter/innen, 28 Prokurist(inn)en und 144 Handlungsbevollmächtigte.

Die ersten Rückkehrer/innen kamen sehr vereinzelt seit 1992 – allerdings ohne die Möglichkeiten der Programme auszuschöpfen. Seit ca. 1995 wurde das Thema aktuell. Die Anzahl der tatsächlich zurückgekehrten Mitarbeiter/innen kann anhand der Angaben aller Personalabteilungen jedoch nur geschätzt werden. Der Schätzwert liegt bei etwa zehn Prozent. Dieser Wert entspricht nicht den Zielvorstellungen der Bank, er läßt sich jedoch nach Aussagen der Personalverantwortlichen wie folgt erklären:

1. Selten bleibt ein Kind allein. Der Trend zum zweiten Kind verhindert häufig eine frühzeitig geplante Rückkehr an den Arbeitsplatz.
2. Der Rückkehrwunsch verändert sich häufig aufgrund der veränderten Lebensumstände durch den Nachwuchs; gelegentlich auch durch Umzüge.
3. Die Arbeitsplatzgarantie bezieht sich auf die bisherigen Arbeitsbedingungen – also in der Regel auf einen Vollzeitarbeitsplatz. Viele Mütter – z. T. auch Väter – benötigen jedoch einen Teilzeitplatz und können auch nicht immer auf gleichem Qualifikationsniveau zurückkehren.
4. Die Bedarfssituation der Bank hat sich in den vergangenen Jahren stark verändert, so daß in einigen Bereichen eine Rückkehr in vorhergehende Arbeitsbereiche nur bedingt darstellbar ist.

Als problematisch erwies sich in vielen Fällen, daß vor der Geburt keine konkreten Pläne für die Rückkehr und die Kinderbetreuung gemacht wurden. Außerdem ließen sich oft nicht einmal kurzzeitige Praxisphasen im Rahmen von Vertretungen realisieren. Beides sind wichtige Erfolgsfaktoren für eine Rückkehr in die Berufstätigkeit, ebenso wie der regelmäßige Kontakt zur Bank.

Bei weiblichen Führungskräften wurde im übrigen deutlich, daß sie die verlängerten Familienzeiten der Programme nur sehr bedingt in Anspruch nahmen, sondern viel größeres Interesse an flexiblen Wiedereinstiegsbedingungen hatten. So arbeitet eine Direktorin im Zentralen Relationship Management seit der Geburt ihres Kindes und nach nur einem halben Jahr Erziehungsurlaub vier Tage in der Woche. Die Kinderbetreuung hat sie innerhalb der Familie gesichert. Ähnlich sah es bei der ersten Filialleiterin aus, die nach kurzer Zeit und nur mit minimaler Arbeitszeitverkürzung die Aufgabe wieder übernahm. Die ersten, aber nicht einzigen Beispiele dazu, wie es gehen kann.

Insgesamt ließen die Erfahrungen mit den ersten Rückkehrer/innen zwei weitere Themen an Dringlichkeit gewinnen: Teilzeitarbeit und betriebliche Förderung der Kinderbetreuung. Beide Themen stehen in engem Zusammenhang mit dem Projekt, wurden aber nicht speziell für den Teilnehmerkreis der oben beschriebenen Programme oder für Frauen gestaltet. Sie wurden im Hinblick auf eine zukunftsorientierte Arbeitsplatzgestaltung, die Mitarbeiter- und Unternehmensinteressen möglichst weit in Übereinstimmung bringt, aufgenommen und führten zu Angeboten, die in Betriebsvereinbarungen verbindlich geregelt wurden.

Neue Zeiten

Unter diesem Titel erschien eine Mitarbeiterinformation zu der Betriebsvereinbarung, die 1993 abgeschlossen wurde und die Teilzeitarbeit in der Bank fördern soll. Immer mit der Zielsetzung, Bank- und Mitarbeiter/innen-Interessen besser in Einklang zu bringen, liefert die Vereinbarung ein Procedere für Interessenten. Die Broschüre untermauert die Regelung mit Modellen und Informationen zur Sozialversicherung und anderen Details.

Die Verbreitung von Teilzeitarbeit, die für das Unternehmen und die Mitarbeiter/innen vielfältige Möglichkeiten eröffnet, hängt allerdings stark von der Akzeptanz der Vorgesetzten ab. Sie werden deshalb speziell angesprochen, detailliert informiert und von Arbeitszeitspezialisten in den Personalabteilungen unterstützt.

Die Förderung von Teilzeitarbeit ist nur ein Baustein der generellen Hinwendung zur Flexibilisierung von Arbeitszeiten. Alle Facetten kommen denjenigen entgegen, die nach oder während einer mehr oder weniger langen Familienphase ins Berufsleben zurückkehren. Das Ziel, verlängerte Ansprechzeiten für Kunden zu schaffen, eröffnet Eltern die Möglichkeit, einige Stunden zu arbeiten, wenn ihre (Ehe-)Partner zu Hause sind. Die Beweggründe sind unterschiedlich: Sei es, daß ein zweites Einkommen notwendig ist oder daß es schlicht darum geht, den Kontakt zur Arbeit, zu den Kollegen und zum Arbeitgeber nicht zu verlieren.

Die Schaffung von Teilzeitarbeitsplätzen hängt nicht allein von den Möglichkeiten am einzelnen Arbeitsplatz, sondern vielmehr von der Einstellung aller Beteiligten ab. Die Unterstützung der Vorgesetzten, die Akzeptanz von

Kollegen und Kunden, letztlich aber das Engagement und die Flexibilität des Mitarbeiters/der Mitarbeiterin entscheiden über den Erfolg – und damit oft über den Nutzen. Denn positive Erfahrungen sind die beste Basis für eine Ausbreitung der Teilzeitarbeit.

Kindergarten und Co.

Der dritte Schwerpunkt in der Thematik der Vereinbarkeit von Beruf und Familie ist die Kinderbetreuung. Frühzeitig wurde die Möglichkeit eines Betriebskindergartens vor allem am Sitz der Zentrale in Frankfurt diskutiert – und immer wieder verworfen. Die Forderung von Arbeitnehmervertretern gab es schon seit einigen Jahren. Im Jahr 1990 wurde – nach einer Unterschriftensammlung der Betriebsräte am Platz Frankfurt und den Erkenntnissen aus dem Projekt »Frauen im modernen Banking« – nach geeigneten Alternativen gesucht.

Ein wie auch immer geartetes Angebot zu diesem Thema sollte dem Bedarf der Zielgruppe entsprechen und in vernünftiger Kosten-Nutzen-Relation stehen. Bei der Suche nach Alternativen beteiligten wir uns – mit einigen anderen Unternehmen – an einer Studie des Deutschen Jugendinstituts unter Leitung von Dr. Harald Seehausen.

Das Ergebnis dieser Studie bestätigte die Haltung der Bank, einen Betriebskindergarten abzulehnen. Sie zeigte demgegenüber eine Reihe interessanter Möglichkeiten auf, bis hin zur individuellen Unterstützung einzelner Mitarbeiter/innen.

Parallel dazu fand in der Commerzbank in Frankfurt eine Befragung aller Mitarbeiter/innen der Filialen und der Zentrale statt: Betriebsräte und Personalabteilung wollten gemeinsam herausfinden, was die Mitarbeiter/innen tatsächlich brauchten. Auch das Ergebnis dieser Befragung fiel nicht zugunsten eines Betriebskindergartens aus.

Einerseits ist die Nachfrage nach einem Kindergarten in der Nähe des Unternehmens in einem Ballungszentrum wie Frankfurt sehr gering, weil viele Mitarbeiter/innen ihre Kinder ungern aus dem gewohnten Umfeld herausnehmen und ausschließlich mit den Kindern von »Bankern« zusammenbringen möchten. Andererseits ist – insbesondere durch gesetzliche und behördliche Auflagen – der finanzielle und organisatorische Aufwand für die Eltern und das Unternehmen enorm.

Außerdem ist die Commerzbank als Filialunternehmen mit rund 950 Einheiten verschiedenster Größen in Deutschland vertreten. Ein Angebot zur betrieblichen Kinderbetreuung durfte deshalb nicht auf eine Lösung für Frankfurt oder einige Großstädte beschränkt bleiben.

400

Rahmenvereinbarung für die individuelle Umsetzung vor Ort

Aufbauend auf der oben erwähnten Studie trat im Januar 1995 die »Betriebsvereinbarung zur Betrieblichen Förderung der Kinderbetreuung« in Kraft. Sie stellt eine Rahmenvereinbarung dar, die unterschiedlichste Möglichkeiten für die bedarfsorientierte Umsetzung vor Ort (in den einzelnen Filialen) eröffnet und aus drei Teilen besteht:

Leistungsbereiche	Beispiele für die Ausgestaltung
Kollektive Fördermöglichkeiten	Beteiligung an Kinderbetreuungsbüros, die z. B. Tagesmütter, Babysitter oder Plätze in Kindergärten vermitteln
Individuelle Fördermöglichkeiten	– Zuschüsse für Tagesmütter – Erwerb von Belegrechten, um Kindergartenplätze anbieten zu können – Unterstützung von Elterninitiativen
Gesamtbankregelungen	Erweiterte Unterstützung durch Freistellung für die Pflege erkrankter Kinder durch: – *unbezahlte Freistellung* bis max. 6 Monate – *einmaliger Brutto-Zuschuß* in Höhe des letzten Nettogehalts

Abbildung 6: Maßnahmen zur Förderung der Kinderbetreuung

Für die »kollektiven und individuellen Fördermöglichkeiten« wird jährlich ein finanzieller Rahmenbetrag festgelegt. Für das erste Jahr wurde eine Million DM angesetzt. Die Kosten der Gesamtbankregelung gehen nicht zu Lasten dieses »Topfes«, sondern werden zusätzlich zur Verfügung gestellt.

Der finanzielle Rahmen für die ersten zwei Leistungsbereiche wird jährlich neu festgelegt und nach einem Verteilerschlüssel auf die Gebietsfilialen verteilt. So kann jede Filiale innerhalb ihres Budgets frei verfügen. Die Betriebsräte werden vor Ort beratend einbezogen. Präsentationsmaterial wird seitens der Zentrale angeboten, ebenso wie eine Beratung für die Umsetzung.

Umsetzung: Mangel nicht verwalten, sondern mindern

Die umfangreichsten Erfahrungen bestehen zur Zeit mit dem sogenannten »Familienservice« in Frankfurt. Von der Commerzbank gemeinsam finanziert mit Deutsche Bahn AG, Flughafen Rhein-Main AG sowie Lufthansa AG und über einen externen Träger organisiert, startete im Januar 1994 als

Pilotprojekt ein Service- bzw. Beratungsbüro. Die Serviceleistungen wurden allen Mitarbeiterinnen und Mitarbeitern der Commerzbank in Frankfurt angeboten und fanden bislang gute Resonanz.

Die Quartalsberichte des Familienservice zeigen, daß der größte Teil der Anfragen mit Erfolg beantwortet werden konnte. Darüber hinaus initiiert und organisiert der Familienservice »Tage der offenen Tür« oder »Ferienspiele«. Großen Anklang fand ein einwöchiger Theaterworkshop. Der Phantasie sind in dieser Hinsicht keine Grenzen gesetzt. Diese zusätzlichen Aktivitäten werden von einem oder mehreren Mitgliedsunternehmen finanziell unterstützt, und die Eltern tragen einen Kostenanteil.

Inzwischen gibt es ähnliche Einrichtungen in anderen Großstädten. Viele Filialen entschließen sich zu einer Beteiligung – insbesondere in Ballungsgebieten, wo Mitarbeiter weniger durch lange Wegstrecken als vielmehr durch Mangel an Betreuungsmöglichkeiten großen Informationsbedarf haben. In Regionen, in denen die zusammengehörenden Filialen über eine große Fläche verteilt sind, zeigt sich eine Tendenz zu »individuellen« Maßnahmen in Form von Einzelzuschüssen für die Kinderbetreuung.

Wenn »Arbeit + Kind« nichts mehr im Weg steht . . .

Die im Verlauf der letzten fünf Jahre entstandenen Regelungen, die sich selbstverständlich auch an die Männer richten, schaffen Rahmenbedingungen, die dem »Karriereknick durch's Kind« oder dem »Dilemma zwischen Kind und Karriere« entgegenwirken. Vor allem die verschiedenen Formen der Arbeitszeitflexibilisierung, die bankweit nicht nur zu einer Verbesserung der Ansprechzeiten für die Kunden, sondern auch zu mehr Freiraum in der Arbeitszeitgestaltung der Mitarbeiter/innen führen, unterstützen diese Zielrichtung.

Trotz einer überaus positiven Resonanz auf diese Angebote, die zur Zeit vor allem von Frauen wahrgenommen werden, finden wir in der Commerzbank nicht deutlich mehr Frauen in verantwortlichen Positionen als in vergleichbaren Unternehmen. Woran mag das liegen?

. . . dann zeigt sich, was die Frauen wirklich wollen!

Wir stellen diese Frage häufig Personalverantwortlichen oder Führungskräften. Häufig ähneln sich die Antworten: Es ist *nur eine kleine* Gruppe, deren Ziele Karriere und mehr Verantwortung sind. Bei diesen Frauen laufen wir offene Türen ein. Und: Diese Frauen sind von sich aus aktiv, wenn es um die persönliche Entwicklung geht. Aber: Auch sie stoßen auf Hemmnisse. Nicht allein fehlen Angebote bzw. Ansprache. Oft ist es die Art und Weise des

Aufeinander Zugehens oder des Miteinander Umgehens. Unnötige Provokationen gehören auch heute noch dazu, genauso wie peinliche Scherze. Sie halten selbstbewußte, engagierte Frauen nicht ab, machen aber das Leben schwer.

»Da gibt es nur eins: die Quote!« – Zu dieser Entscheidung kamen viele Verwaltungen und Parteien. Aus Unternehmen hört man sie selten. Auch wir haben uns strikt dagegen entschieden. Wir gehen an dieses Thema anders heran.

4 Weitere Maßnahmen

Veränderungsprozesse im Unternehmen werden maßgeblich von Führungskräften mitgetragen. Sie sind die Multiplikatoren und »Motoren«. Sie gilt es zu überzeugen, denn nur dann tragen sie Unternehmensziele mit. Dies gilt auch für unser Thema – und zwar in besonderem Maße.

Sensibilisierung ist der Anfang von Bewußtsein

Zu Beginn des Projekts war die überwiegende Mehrheit der Führungskräfte männlich. Verkürzt gesagt, es wurden Männer aufgefordert, sich über das Potential, die Bedeutung und die Förderung der Zielgruppe Frauen Gedanken zu machen. Es ist in solchen Diskussionen oft schwer zu unterscheiden, wo offene Ohren für das Thema zu finden sind und wo Ausreden und Vorurteile die Auseinandersetzung prägen.

Es heißt, schlechten Beispielen und negativen Erfahrungen, die sich – das ist bekannt – zehnmal schneller verbreiten als positive Meinungen, zu begegnen und sie zu entkräften. Es ist die Schwierigkeit, den »soft facts« (Vermutungen, Ansichten und Vorstellungen) die »hard facts« (Fluktuationsstatistik, Ausbildungserfolge) und immer wieder gute Beispiele gegenüberzustellen.

Das Wissen um die Bedeutung der Kommunikation im Hause und nach außen war von Anfang an vorhanden. Doch Programme müssen existieren und wirken, bevor glaubwürdig Erfolge verbreitet werden können.

Im Mai 1991 veranstalteten wir ein erstes Symposium zum Thema »Frauen im modernen Banking«, um die Weiterentwicklung im Projekt mit gezielter »interner PR« zu verbinden. Über »Die Zukunft der Bank – nach Schema 'F...'?« machten sich über 60 Mitarbeiterinnen Gedanken.

»Betroffene« wurden zu Beteiligten gemacht, indem sie nicht nur die Inhalte, sondern auch deren Priorisierung diskutierten. Wir lernten dabei nicht nur die Interessen und Bedürfnisse unserer Zielgruppe näher kennen, sondern konnten das Projekt in der Bank bekannt machen, weil sich uns verschiedenste Wege für die Auseinandersetzung mit dem Thema im Unternehmen eröffneten.

Auch die »Nebenwirkungen« waren förderlich. Die Pressearbeit zum Projekt, eine ausführliche Dokumentation und eine abgeleitete Projektplanung brachten das Thema ein gutes Stück vorwärts.

Kommunikation im Hause und nach außen, sei es durch Pressearbeit, Beteiligung und Sponsoring von Veranstaltungen bis hin zur Schaltung von entsprechenden Personal-Image-Anzeigen, ist wichtig, um Meilensteine bekannt zu machen und dafür zu sorgen, daß das Anliegen nicht in Vergessenheit gerät.

Sobald sich die Zahl der Beispiele mehrt, ist es wichtig, sie bekannt zu machen und zu nutzen. Sinnvoll ist es, Frauen mit beruflichen Erfolgen oder gelungenen Regelungen zur Vereinbarkeit von Beruf und Familien vorzustellen. Aber auch die Führungskräfte, denen (Be-)Förderungen, Teilzeitregelung usw. zu verdanken sind, kommen zu Wort.

Nicht zu unterschätzen ist die Wirkung von Veranstaltungen an Hochschulen, mit Studentenorganisationen oder anderen Organisationen – Vorträge, Podiumsdiskussionen oder Workshops. Neben Presseberichten bringen sie oft eine kräftige Unterstützung für die interne Arbeit, weil Stimmen von außen vielfach die größere Glaubwürdigkeit haben.

Trotz der positiven Erfahrungen mit der Kommunikation geht es jedoch nicht um die Öffentlichkeitswirksamkeit an sich. Die Fragen »Was tut sich? Was bringen uns die Aktivitäten?« begleiten uns ständig. Unsere Antwort darauf lautet:

»Nein« zur Quote, aber »Ja« zur Zielvereinbarung

Zielvereinbarungen im Personalressort gibt es bereits seit einigen Jahren. Das Projekt »Frauen im modernen Banking« war dabei immer vertreten: Vergleiche der einzelnen Gebietsfilialen mit den Durchschnittswerten hinsichtlich der Anteile von Frauen in Führungspositionen, im außertariflichen Bereich, in Führungsseminaren, der Zahl der Aufnahmen im Comeback-Programm und der Teilzeitarbeitsplätze. Nach ersten Erfahrungen wurden die Unterlagen zum Thema insofern konkreter, als neben Führungspositionen weitere Schlüsselfunktionen, z. B. Firmenkundenbetreuer, in die Analyse einbezogen wurden.

Analysiert wird der Anteil von Frauen generell – jeweils aufgesplittet nach

Tarifmitarbeiter/innen und außertariflich bezahlten Mitarbeiter/innen. Weisen Filialen regelmäßig deutlich unterdurchschnittliche Werte auf, wird in den Zielvereinbarungsgesprächen eine Erhöhung vereinbart. Ansonsten wird eine schriftliche Begründung bzw. Erläuterung der Situation gefordert.

Es ist uns bewußt, daß die Schwelle zur Quote nah ist, aber die Gradwanderung wird uns hoffentlich auch in den nächsten Jahren gelingen. Denn »Qualität statt Quote« soll es weiterhin heißen.

5 Ausblick

Nach fast fünf Jahren Erfahrung mit dem Projekt »Frauen im modernen Banking« war es für uns an der Zeit, eine Standortbestimmung vorzunehmen und die Ausrichtung des Projekts zu überprüfen.

Die Zukunft der »Frauen im modernen Banking« ...

Die wesentlichen Rahmenbedingungen sind entstanden, Normalität ist in vielen Fällen eingekehrt. Das Gefühl, einiges erreicht zu haben und doch (noch) nicht überflüssig zu sein, kennzeichnet zur Zeit treffend die Situation im Projekt.

Die letzte Mitarbeiterbefragung im Hause hat allerdings gezeigt, daß das Thema noch nicht überall in der Bank ausreichend bekannt ist. Es wurde aus unserer Sicht Zeit, den schon länger gehegten Plan eines zweiten Symposiums zu verwirklichen.

Das Thema lautete: »Come together – Wie Frauen und Männer in der Commerzbank zusammenarbeiten«. Es lag auf der Hand, daß dieses Mal nicht ausschließlich Frauen, sondern alle Mitarbeiterinnen und Mitarbeiter der Bank angesprochen wurden. Und: Ein Info-Paket wurde angeboten, damit Interessierte sich über das bisherige Projekt informieren konnten.

Die Resonanz war erfreulich gut: 572 Anmeldungen (ein Drittel davon Männer) und über 400 Bestellungen für Info-Pakete. Die Teilnehmer auszuwählen, fiel nicht leicht, aber es gelang ein guter Querschnitt durch alle Filialen und verschiedenste Funktionen.

... findet nicht ohne Männer statt.

Das Thema symbolisiert die Entwicklung des Projekts. Gegenseitige Akzeptanz ist notwendig für die partnerschaftliche Zusammenarbeit von Frauen und Männern im Unternehmen. Die nächsten Schritte zur Chancengleichheit können wir nur gemeinsam gehen.

Nur gemeinschaftlich können wir Ähnlichkeiten und Unterschiede erkennen und uns über weitere Schritte verständigen. Entsprechend wurden die Themen der Workshops ausgewählt:

- Vereinbarkeit von Beruf und Familie – nicht nur für Mütter?
- Der Vorgesetzte/die Vorgesetzte?
- Die Kundenberaterin, der Kunde – und umgekehrt?
- Typisch Mann? Typisch Frau?
- Und wie sieht Ihre Planung aus?

Insgesamt war klar zu erkennen, daß noch Hemmnisse der Chancengleichheit entgegenstehen. Aber es wurde auch deutlich, daß eine Neuausrichtung erforderlich ist, und zwar in Form einer Differenzierung in spezielle »Frauen-Themen« und Arbeitsfelder, die allgemein von Bedeutung sind und auch die Zielgruppe »Frauen« betreffen.

Erstere werden weiterhin federführend im Rahmen des Projekts bearbeitet. Im Vordergrund stehen Überlegungen, das Comeback-Programm bedarfsgerechter zu gestalten. Darüber hinaus gilt es, Teilzeitarbeit und andere Formen flexibler Arbeitszeit- und -ortgestaltung voranzubringen.

Die letzteren Themen – wie z. B. Führung oder Vorurteile – werden wir nicht primär unter dem Aspekt »Frauen« aufgreifen, aber die Erfahrungen aus dem Projekt »Frauen im modernen Banking« werden in die Arbeit einfließen.

So wurde im Sommer des Jahres 1996 eine Befragung bei gut 100 Mitarbeiter/innen zu möglichen Vorurteilen in der Zusammenarbeit von Frauen und Männern in der Commerzbank durchgeführt. Die Ergebnisse können in weitere Aktivitäten einbezogen werden.

Möglichkeiten und Grenzen der Arbeitszeit-flexibilisierung in hochqualifizierten Funktionen der Allianz Lebensversicherungs-AG am Beispiel von Teilzeitarbeit

von Brigitte Preuß

Die Flexibilisierung der Arbeitszeiten leistet einen wichtigen Beitrag zur Verbesserung der Vereinbarkeit von Beruf und Familie und ist somit ein zentraler Baustein betrieblicher Gleichstellungspolitik. Die Allianz Lebensversicherungs-AG trägt dieser Erkenntnis mit einem breiten Angebot an neuen innovativen Arbeitsformen Rechnung. In diesem Beitrag wird über die Möglichkeiten und Grenzen der Arbeitszeitflexibilisierung in Form von Teilzeitarbeit in hochqualifizierten Funktionen diskutiert.

1 Das Unternehmen

1.1 Zur Geschichte

Die Allianz Lebensversicherungs-AG mit Sitz in Stuttgart ist eine Tochtergesellschaft des größten deutschen Versicherungsunternehmens, der Allianz-AG in München. 1922 gründeten die damalige Allianz Versicherungs-AG und die Münchener Rückversicherungs-AG die Lebensversicherungsbank-AG. Nicht zuletzt durch eine Reihe bedeutender Übernahmen und Fusionen, u.a. mit der traditionsreichen Stuttgarter Lebensversicherungs- und Ersparnisbank und der Frankfurter Lebensversicherungs-AG, wurde Allianz Leben innerhalb weniger Jahre zum Marktführer. Diese Position konnte das Unternehmen bis heute behaupten. Mit einem Marktanteil von 13% ist Allianz Leben mit Abstand der größte Lebensversicherer Deutschlands. Ende 1996 verwaltete Allianz Leben knapp 8 Millionen Versicherungsverträge mit einer Versicherungssumme von 290 Milliarden DM. Die Beitragseinnahmen erreichten die Marke von 12 Milliarden DM. Doch nicht die Größe an sich, sondern die daraus resultierende Leistungsstärke eines Unternehmens ist auf dem Gebiet der privaten Vorsorge entscheidend. Allianz Leben ist ein serviceorientierter Lebensversicherer mit einem qualifizierten Außendienst. Bedarfsgerechte Beratung ist seit jeher ein wichtiges Anliegen.

Gleichzeitig zeichnet sich Allianz Leben durch ein effektives und effizientes Kosten- und Risikomanagement aus.

1.2 Die Produkte

Die private Altersvorsorge wird in der deutschen Öffentlichkeit zunehmend in den Vordergrund gerückt. Darin spiegelt sich nicht zuletzt deren wachsende Bedeutung wider. Aufgrund der demographischen Entwicklung, die dazu führt, daß immer weniger Rentenbeitragszahler immer mehr Rentenbezieher finanzieren müssen, wird die gesetzliche Rentenversicherung in Deutschland eine Vollversorgung in Zukunft kaum mehr leisten können.

Mit ihren Produkten bietet Allianz Leben finanzielle Vorsorge einerseits für das Rentenalter und andererseits für unvorhergesehene Ereignisse, wie sie z. B. Unfälle darstellen. Der Lebensplan eines Menschen unterliegt großen Unsicherheiten. Nicht nur der Zeitpunkt des eigenen Todes ist ungewiß, auch die Unwägbarkeiten des Lebens, wie Krankheiten und Unfälle, sind nicht vorhersehbar. Lebensversicherungen decken das wirtschaftliche Risiko, welches aus den Unsicherheiten des Lebens erwächst. Die weitverbreitete Kapitallebensversicherung z. B., bei der in der Regel 25 Jahre und länger laufende Beiträge bezahlt werden, verbindet die Versorgung der Hinterbliebenen im Todesfall mit der finanziellen Vorsorge für das Leben im Alter. Die Allianz Privatrente, ein angesichts der steigenden Lebenserwartung immer attraktiver werdendes Produkt, stellt die eigene Altersabsicherung in den Vordergrund.

1.3 Die Mitarbeiter

Bei Allianz Leben arbeiteten Ende '96 ca. 4.700 Mitarbeiterinnen und Mitarbeiter, davon über die Hälfte in der Hauptverwaltung in Stuttgart.

Der Anteil von Mitarbeiterinnen ist in der Versicherungsbranche traditionell hoch – bei Allianz Leben beträgt er ca. 50%. Der Anteil von Frauen bei den Hochschul-/Fachhochschulabsolventen stieg in den vergangenen Jahren an und beträgt derzeit knapp 30%. Diese Zahl ist beachtenswert, berücksichtigt man, daß jeder zweite Akademiker bei Allianz Leben ein mathematisches/informationstechnisches Studium aufweisen kann und gerade bei diesen Studiengängen Frauen noch unterrepräsentiert sind.

Entsprechend sind knapp ein Drittel der hochqualifizierten Stabsfunktionen in weiblicher Hand.

Der Anteil von weiblichen Führungskräften konnte in den letzten Jahren auf

15% erhöht werden. Analysen haben ergeben, daß bei Frauen die Übernahme von neuen, hochqualifizierten Funktionen oder von Führungsfunktionen häufig mit der Übernahme von familiären Pflichten kollidiert. Familiäre Verantwortung, wie z.B. die Inanspruchnahme von Erziehungsurlaub, ist weiterhin eine weibliche Domäne. So sind von den derzeit 222 Erziehungsurlaubern 220 weiblich.

Die männlichen Mitarbeiter sind mit einem Durchschnittsalter von 41 Jahren älter als ihre Kolleginnen, deren Durchschnittsalter 36 Jahre beträgt. Zwei Gründe lassen sich hierzu anführen: Frauen gehen früher in den Ruhestand. Außerdem gibt es weniger ältere Mitarbeiterinnen, weil noch vor einigen Jahre gesetzliche, tarifliche, aber auch betriebliche Rahmenbedingungen für die Vereinbarkeit von Beruf und Familie deutlich schlechter waren.

Um so erfreulicher ist es, daß Kündigungen der Mitarbeiterinnen aus familiären Gründen in den vergangenen Jahren um ein Vielfaches zurückgegangen sind. Insbesondere die Kontakthalteangebote der Firma während des Erziehungsurlaubs und die erhöhte Bereitschaft, Teilzeittätigkeit anzubieten haben dazu geführt, daß in 1996 nach Beendigung des Erziehungsurlaubs 80% unserer Mitarbeiterinnen und Mitarbeiter den Weg zurück in die Firma gefunden haben und erneut für Allianz Leben tätig sind.

Betrachtet man die Unternehmenszugehörigkeit, so fällt auf, daß die durchschnittliche Verweilzeit bei Allianz Leben sehr hoch ist; sie beträgt bei Männern derzeit 16 Jahre, bei Frauen 14 Jahre – eine Zahl, die Rückschlüsse auf die Zufriedenheit der Mitarbeiterinnen und Mitarbeiter mit ihrem Arbeitsplatz zuläßt!

Ein wichtiger Baustein hierfür ist ohne Zweifel die strategische Personalpolitik des Unternehmens. Die Unternehmensleitung wie auch die gewählte Vertretung der Belegschaft, der Betriebsrat, sind in enger vertrauensvoller Zusammenarbeit um das Wohl der Mitarbeiterinnen und Mitarbeiter bemüht. Neue, innovative Arbeitszeit- und -platzmodelle wie Telearbeit wurden eingeführt und ergänzen das breite Spektrum an Sozialleistungen. Allianz Leben akzeptiert und unterstützt damit die Verantwortung der Belegschaft gegenüber deren Familien.

Diese »familienfreundlichen Maßnahmen« von Allianz Leben wurden kürzlich bundesweit gewürdigt, als das Unternehmen als bestes Großunternehmen in einem Bundeswettbewerb ausgezeichnet wurde. Das Bundesministerium für Familie, Senioren, Frauen und Jugend betonte in seiner Laudatio insbesondere das breite Spektrum familiengerechter personalpolitischer Maßnahmen: verschiedene Formen flexibler Arbeitsmodelle, wie »flexible

Arbeitszeit«, Teilzeitarbeit und Telearbeit böten einen hohen Standard an institutionellen Regelungen, die die Vereinbarkeit von Beruf und Familie erleichtern.

Im folgenden soll auf die Möglichkeiten und Grenzen der Arbeitszeitflexibilisierung in Form von Teilzeitarbeit in hochqualifizierten Funktionen eingegangen werden.

2 Teilzeitarbeit in hochqualifizierten Funktionen

2.1 Betriebsvereinbarung Teilzeit

Insbesondere seit im September '93 die Geschäftsleitung gemeinsam mit dem Betriebsrat eine Betriebsvereinbarung »Teilzeit« abgeschlossen hat, ist die Teilzeit bei Allianz Leben im Aufwärtstrend.

Die regelmäßige Arbeitszeit für Vollzeitmitarbeiterinnen und -mitarbeiter bei Allianz Leben ist durch den »Tarifvertrag für die private Versicherungswirtschaft« festgelegt und beträgt derzeit 38 Stunden in der Woche. Die regelmäßige Arbeitszeit verteilt sich auf die Tage Montag bis Freitag.

Unter Teilzeit werden im folgenden alle Arbeitszeitmodelle verstanden, die weniger als 38 Stunden/Woche umfassen.

Ziel der Betriebsvereinbarung ist es, die Einrichtung von Teilzeitarbeitsplätzen zu regeln und zu fördern. »Zugleich soll damit im Einklang mit betrieblichen Gegebenheiten des Unternehmens Mitarbeiterinnen und Mitarbeitern ermöglicht werden, Berufsausübung und berufliche Qualifizierung mit außerberuflichen Interessen zu verbinden.«

Die Vereinbarung beschäftigt sich u.a. mit dem Anspruch auf Personalzusatzleistungen, mit dem Weiterbildungsanspruch von Teilzeitbeschäftigten und den Vertragsmodalitäten. Insbesondere wurde darauf Wert gelegt, daß die soziale Absicherung der Teilzeitkräfte im Hinblick auf die Steigerung der gesetzlichen und der betrieblichen Rentenanwartschaften gewährleistet ist. Auch wird in der Vereinbarung geregelt, daß vor jeder Stellenbesetzung im Betrieb zu prüfen ist, ob nicht ein Job-Sharing-Modell für diese Stelle in Frage kommt. Ausdrücklich sind auch hochqualifizierte Funktionen in dieser Betriebsvereinbarung angesprochen.

2.2 Praxis der Teilzeitarbeit: Ausmaß und Realisierungsgrundsätze

Sichtbarer Fortschritt

Seither konnte bei Allianz Leben der Anteil an Teilzeitverhältnissen auf mehr als 11% erhöht werden. Die Teilzeitquote hat sich damit in den letzten zehn Jahren verdoppelt. Der Anteil von Männern liegt bei 5.4%. Im Dezember '96 waren bei Allianz Leben 484 Mitarbeiterinnen und Mitarbeiter in Teilzeit tätig.

Neben diesen auf Dauer angelegten Arbeitszeitregelungen werden in familiären Notfällen kurzfristig oder kurzzeitige Arbeitszeitreduktionen vereinbart, wenn Mitarbeiterinnen und Mitarbeiter wegen der Pflege kranker Familienangehöriger die Arbeitszeit reduzieren wollen.

Individuelle Regelungen haben Vorrang

Grundsätzlich gilt: Individuelle Regelungen haben Vorrang vor starren Arbeitszeiten. So hat sich bei Allianz Leben in den letzten Jahren neben der »klassischen« Teilzeittätigkeit (jeweils vormittags) eine große Vielfalt von unterschiedlichen, individuellen Arbeitszeitmodellen entwickelt. Mitarbeiterinnen und Mitarbeitern mit langen Anfahrtswegen kommen z. B. ganztägige Arbeitszeiten an speziellen Wochentagen entgegen. Aber auch die Tätigkeit im Wochenwechsel oder sogar der Wechsel zwischen Sommer und Winter kann in einzelnen Fällen vereinbart werden.

Teilzeit für hochqualifizierte Tätigkeiten

Fast 1.300 Mitarbeiterinnen und Mitarbeiter von Allianz Leben sind in anspruchsvollen Referenten- oder Führungsfunktionen tätig. Entsprechend ist der Akademikeranteil mit über 15% ausgesprochen hoch. Lange Einarbeitungszeiten sowie ein sehr spezielles und individuelles Fachwissen machen diese Mitarbeiterinnen und Mitarbeiter nur schwer ersetzbar. Um so verständlicher ist es daher, daß neue, ungewöhnliche Wege beschritten werden, wenn es darum geht, Möglichkeiten der Vereinbarkeit von Beruf und Familie zu schaffen. Insbesondere bei diesen sehr qualifizierten und hochspezialisierten Funktionen bedarf es eines Interessenausgleichs, wenn bei der Mitarbeiterin oder dem Mitarbeiter der Wunsch nach Teilzeittätigkeit aufkommt.

Erziehungsurlaub

Die deutschen Gesetze erlauben es Eltern, insgesamt 3 Jahre nach der Geburt eines Kindes mit Arbeitsplatzgarantie zu pausieren, um den Erziehungsurlaub in Anspruch zu nehmen. Väter oder Mütter können sich ohne Fortzahlung der Bezüge ganztägig der Erziehung ihrer Kinder widmen. Dazu kommt unter bestimmten Umständen im Tarifvertrag für die private Versicherungswirtschaft ein tariflicher Erziehungsurlaub von zusätzlich einem halben Jahr. Diese Zeiten verlängern sich bei der Geburt weiterer Kinder. Wie bereits beschrieben, machen davon in der Regel die Mütter Gebrauch.

In einem sich rasch ändernden Umfeld mit stetig wechselnden Anforderungen ist für die hochqualifizierten Kräfte der Wiedereinstieg nach drei oder mehr Jahren nicht ohne weiteres zu bewältigen. Daher streben Erziehungsurlauber häufig schon vor Ablauf des Erziehungsurlaub den Wiedereinstieg – dann aber in Teilzeit – an.

Allianz Leben ist daran interessiert, diesen Wünschen nachzukommen und sich damit langfristig eine hochmotivierte Belegschaft zu sichern. Ein bedeutender Anteil der Teilzeitkräfte von Allianz Leben ist in hochqualifizierten Funktionen eingesetzt. Das sind z. B. Funktionen in der Systemprogrammierung, in der Anwendungsentwicklung oder in klassischen Stabsabteilungen. So steht man auch Teilzeitverträgen mit Führungskräften offen gegenüber und hat solche in Stuttgart bereits realisiert.

»Kopfmonopole« sind nicht mehr zeitgemäß

Teilzeitverträge sind ein weiterer Baustein einer Personalpolitik, deren zentrales Bestreben es ist, spezifisches Wissen auf möglichst viele Schultern zu verteilen. »Kopfmonopole sind nicht mehr zeitgemäß.« Dies gewinnt insbesondere angesichts dem seit Jahrzehnten bestehenden Trend zur Verkürzung der wöchentlichen Arbeitszeit für Vollzeitarbeitskräfte (von ehemals 45 Stunden auf derzeit 38 Stunden) auf der einen Seite an Bedeutung; aber auch die Erweiterung der Ansprechzeiten für unsere Kunden auf der anderen Seite wie auch Gleitzeit machen eine solche Umverteilung bereits seit langem notwendig.

2.3 Über Teilzeit zu verhandeln heißt, die betrieblichen und persönlichen Belange in Einklang zu bringen

Wie werden Teilzeitmodelle bei Allianz Leben realisiert?

Voraussetzung ist immer, daß sich die Wünsche der Mitarbeiterinnen und Mitarbeiter mit den betrieblichen Erfordernissen in Einklang bringen lassen. Die Personalabteilung klärt bei einem Teilzeitwunsch im Gespräch zunächst die individuellen Bedürfnisse. Gemeinsam mit der Fachabteilung werden danach optimale Lösungen entwickelt und vertraglich festgehalten.

Vorgesetzte wünschen sich in der Regel Mitarbeiterinnen und Mitarbeiter, die jederzeit verfügbar sind.[1] Teilzeittätigkeit bei ihren Mitarbeiterinnen und Mitarbeitern ist für Vorgesetzte insbesondere in hochqualifizierten Funktionen in der Regel eine Kompromißlösung. Mitarbeiterinnen und Mitarbeiter auf der anderen Seite wünschen Arbeitszeiten, die weit unter der Vollzeit liegen. Zusätzlich haben diese aufgrund der familiären oder sonstigen Verpflichtungen ihrerseits ganz genaue Vorstellungen über Dauer und Lage der neuen Arbeitszeit.

Analyse der bisherigen Aufgaben

Wenn über eine zukünftige Teilzeit gesprochen wird, dann wird zunächst das derzeitige Aufgabenspektrum analysiert. Hier geht es insbesondere um die zeitliche Bewertung der augenblicklichen Arbeit. Hochqualifizierte Kräfte bewältigen in aller Regel neben dem Tagesgeschäft noch andere Aufgaben. Sie sind z. B. in Arbeitskreisen eingesetzt, arbeiten in Projekten oder an Sonderaufgaben.

Neuordnung der Aufgaben

Danach wird im Gespräch festgelegt, welche Tätigkeiten verlagert werden könnten und welche auch in Zukunft von der Teilzeitkraft erledigt werden. Erst jetzt können Aussagen über Teilzeit an diesem Arbeitsplatz getroffen werden. Wieviel Arbeitszeit ist mindestens erforderlich, um die Kernarbeit zu erledigen? Wie lange könnte man sich eine Teilzeittätigkeit dort vorstellen? Welche personellen Konsequenzen hätte die Teilzeitvereinbarung? Wie kann die zusätzlich benötigte Arbeitskapazität erbracht werden? – Diese Fragen stehen im Mittelpunkt.

Die Vorteile liegen auf der Hand: Derjenige, der seine Arbeitszeit reduzieren möchte, kann dies tun, ohne die eigentliche Kernarbeit aufgeben zu müssen. Ein weiterer Aspekt soll nicht unerwähnt bleiben. Auch für Kollegen von Teilzeitkräften können sich Vorteile ergeben, wenn attraktive und qualifizierte Sonderaufgaben zur Neuverteilung anstehen. Nachwuchskräfte können mit der Übernahme von Sonderaufgaben wichtige und neue Erfahrungen sammeln.

Telearbeit

Der Wunsch nach Teilzeit kann auch mit Telearbeit gekoppelt werden. Die Verlagerung von Arbeit nach Hause bietet Vorteile für Vorgesetzte und Teil-

---

1 Die Frage der Produktivität von Teilzeittätigkeit soll in diesem Rahmen nicht diskutiert werden – den höheren Kosten für Weiterbildung, für allgemeine Tätigkeiten wie Gruppenbesprechungen steht die ggf. höhere Produktivität und natürlich die auf Dauer erhaltene Arbeitskraft gegenüber.

413

zeitkräfte. Bei Allianz Leben werden bereits seit 1991 Erfahrungen mit Telearbeit gesammelt. Hier lassen sich Fahrtzeiten sparen, können Betroffene die Arbeitszeit freier einteilen. Unsere Erfahrung zeigt, daß die eingesparte Fahrtzeit in der Regel zu einem höheren vertraglich vereinbarten Stundenpensum führt. Zur Zufriedenheit von beiden Seiten, Teilzeitkraft und Vorgesetztem, kann so eine höhere Arbeitszeit als ursprünglich geplant vereinbart werden.

Stufenplan

Vorstellbar ist auch, daß ein Stufenplan festgelegt wird. Stufenweise wird die Teilzeittätigkeit von einem für den Vorgesetzten auf Dauer nicht vertretbaren Prozentsatz zu einem akzeptierten Umfang an Teilzeit aufgestockt. In der ersten Phase investiert der/die Vorgesetzte wohl wissend, daß er/sie später profitiert, wenn die Teilzeitkraft wieder in höherem Maße zur Verfügung steht – eine Alternative, die sehr viel Gestaltungsspielraum zuläßt.

Teilzeitverträge zunächst zu befristen, ist häufig der Wunsch der betroffenen Teilzeitkräfte. Mit der Gewißheit, den Anspruch auf einen Vollzeitarbeitsplatz nicht zu verlieren, lassen sich die neuen Rahmenbedingungen wie geringeres Gehalt und die zusätzliche Freizeit testen, bevor eine endgültige Vereinbarung getroffen wird.

Betriebliche Erfordernisse

Welche betrieblichen Erfordernisse stellen sich bei der Allianz? Nun, die Arbeitsplatzkosten sollen im Rahmen liegen. Es ist unser Bestreben, die Fixkosten für die Bereitstellung von Arbeitsplätzen so gering wie möglich zu halten. Für Teilzeitkräfte sollen – wenn möglich – keine eigenen Schreibtische bereitgehalten werden. Damit wird die Teilzeitarbeit für die Kostenverantwortlichen deutlich attraktiver!

Gelegentlich stellt sich eine weitere Einschränkung: In manchen Funktionen ist eine tägliche Verfügbarkeit erforderlich. Anfragen müssen hier noch am gleichen Tag erledigt werden. Das heißt für die Teilzeitkräfte, an allen fünf Arbeitstagen einer Woche – wenn auch mit einer geringeren Stundenzahl – anwesend zu sein.

Alle denkbaren Aspekte und Modelle werden also zwischen Mitarbeiterin oder Mitarbeiter, Vorgesetzten und Personalabteilung diskutiert und umgesetzt.

3 Resümee

Von ganz entscheidender Bedeutung ist, daß sich Teilzeit-Vereinbarungen sowohl für die Teilzeitbeschäftigten als auch für das Unternehmen bzw. die Vorgesetzten »rechnen«. Eine Regelung, die nur aufgrund des »good will« der Vorgesetzten zustande gekommen ist und sich als reine Sozialleistung darstellt, wird nur kurzfristig Unterstützung finden. Dauerhafte Modelle müssen beiden Vertragspartnern Vorteile bringen.

Teilzeitmodelle bekannt zu machen und dafür Werbung zu betreiben, ist die Aufgabe der internen Kommunikation und der Personalabteilung. Es geht darum, Vorurteile abzubauen, die Vorteile für Vorgesetzte und Teilzeitkräfte aufzuzeigen und so eine neue Bewußtseinsbildung anzuregen. Dieser Prozeß muß immer wieder angestoßen werden. Bei Allianz Leben bietet sich hierzu die Hauszeitung an, in der regelmäßig Erfahrungsberichte veröffentlicht werden. Nicht zu vergessen sind die von Mitarbeiterinnen und Mitarbeitern vorgelebten Arbeitszeitmodelle, die ihrerseits als positive Beispiele zur Verbreitung und Akzeptanz beitragen.

Die bei Allianz Leben praktizierte Teilzeit zeigt, daß es Wege und Möglichkeiten gibt, Teilzeit auch in hochqualifizierten Funktionen anzubieten. Die Belegschaft damit langfristig an das Unternehmen zu binden, eine hohe Mitarbeiterzufriedenheit – dies sind nur einige der schlagkräftigen Argumente, die für Teilzeit auch in hochqualifizierten Funktionen sprechen. Sowohl die Geschäftsleitung als auch die Teilzeitkräfte können mit Teilzeitarbeit Gewinne verbuchen.

Chancenbeauftragt bei Allianz Leben

von Brigitte Preuß

Unternehmen sind heute mehr denn je aufgerufen, einen Beitrag zur Verwirklichung der gesamtgesellschaftlich wünschenswerten Gleichstellung der Geschlechter zu leisten. Die Allianz Lebensversicherungs-AG hat sich schon früh dieser Herausforderung gestellt. Sie setzt dabei an mehreren Stellen zugleich an. Gleichstellungsarbeit ist sowohl in einer Funktion zentralisiert als auch in die alltägliche Personalarbeit integriert. Im folgenden wird aufgezeigt, wie sich die Aufgaben verteilen und welche Rolle die »Beauftragte zur Verwirklichung der Chancengleichheit« einnimmt.

1. Problemstellung

Unter den gesellschaftlichen Veränderungen der letzten 35 Jahre ist die Wandlung der Rolle der Frau wohl die hervorstechendste. »Vor uns liegt das Jahrzehnt der Frauen«, prognostizierte Anfang der 90er Jahre der Zukunftsforscher John Naisbitt und mahnte damit nicht zuletzt die Unternehmen, diesem gesellschaftlichen Phänomen Rechnung zu tragen. Kann man diese Entwicklung auch bei der Allianz Lebensversicherung nachvollziehen?

Allianz Leben[1] beschäftigt sich bereits seit Mitte der 80er Jahre aktiv mit der Förderung der Chancengleichheit. Schon frühzeitig waren Arbeitsgruppen eingerichtet worden. Anregungen der Belegschaft und die Ergebnisse einer Mitarbeiterbefragung hatten zu ersten Ergebnissen geführt, die schließlich 1993 in eine Betriebsvereinbarung »Chancengleichheit« mündeten.

Die Bemühungen in Sachen Chancengleichheit tragen Früchte. Im vergangenen Jahr wurde dies auch von dritter Seite gewürdigt, als der Allianz Lebensversicherungs-AG der erste Platz (in der Kategorie Großunternehmen) bei dem vom Bundesministerium für Familie, Jugend und Frauen ausgeschriebenen bundesdeutschen Wettbewerb »Der familienfreundliche Betrieb« zuerkannt wurde.

---

1 Eine nähere Beschreibung des Unternehmens erfolgt im vorhergehenden Beitrag »Möglichkeiten und Grenzen der Arbeitszeitflexibilisierung in hochqualifizierten Funktionen der Allianz Lebensversicherungs-AG am Beispiel von Teilzeitarbeit«.

2 Ansätze zur Förderung der Chancengleichheit

2.1 Maßnahmen zur Vereinbarkeit von Beruf und Familie

Die Betriebsvereinbarung »Chancengleichheit« steckt den Rahmen ab für jene Maßnahmen innerhalb des Unternehmens, mit denen die beruflichen Interessen von Mitarbeiterinnen und Mitarbeitern gefördert werden sollen. Dabei ist man sich bewußt, daß das berufliche Fortkommen von Frauen in der Regel durch familiäre Ziele mehr beeinträchtigt wird als das der Männer. Hier versucht die Betriebsvereinbarung mit Maßnahmen gegenzusteuern, die helfen, Beruf und Familie besser zu vereinbaren. Die Betriebsvereinbarung rückt also nicht in erster Linie die weibliche Führungskraft der Allianz Leben von morgen in den Mittelpunkt; sie zielt vielmehr ganz generell darauf ab, die berufliche Entwicklung von Frauen wie Männern in gleicher Weise unabhängig von Hierarchieebenen zu fördern.

So wurde zwischen Unternehmensleitung und Betriebsrat eine »Familienphase« festgelegt: Nach dem gesetzlichen und tariflichen Erziehungsurlaub können die Mitarbeiterinnen und Mitarbeiter unter bestimmten Voraussetzungen noch einige Jahre von einer Wiedereinstellungsgarantie Gebrauch machen. Außerdem ist in der Betriebsvereinbarung eine ausführliche Beschreibung der betrieblichen Regelungen während der Dauer des gesetzlichen und des tariflichen Erziehungsurlaubs enthalten: Kontakte zur Gesellschaft, Schulungsangebote sind hier u.a. zu nennen. Auch wurden Vereinbarungen zur betrieblichen Altersversorgung oder zu verschiedenen Sozialleistungen getroffen.

2.2 Spezielle Funktion geschaffen – und in die alltägliche Personalarbeit integriert

In der Betriebsvereinbarung wird außerdem die Benennung eines/einer »Beauftragten zur Verwirklichung der Chancengleichheit« in jeder Personalabteilung von Allianz Leben festgelegt. Am Standort Stuttgart gab es bereits seit längerem eine solche Funktion. Und doch wird Chancengleichheit nicht allein durch diese Funktion gefördert. Neben den Stabsstellen arbeiten auch die Mitarbeiterinnen und Mitarbeiter der Personalabteilung an der Verwirklichung der Chancengleichheit.

Warum wurde bei Allianz Leben die Chancengleichheit nicht direkt beim Vorstand angesiedelt?

Allianz Leben möchte Chancengleichheit in der »normalen«, d.h. täglichen Personalarbeit integrieren. Chancengleichheit wird als klassische Personalarbeit gesehen und gehört zu den Aufgaben, die traditionell von Personalreferentinnen und Personalreferenten wahrgenommen werden. Diese kümmern sich aktiv um Personalbesetzung, Personalentwicklung und natürlich Personalbetreuung. Dort finden Mitarbeiterinnen und Mitarbeiter Ansprechpartner, die zuhören, Probleme ernst nehmen und pragmatische Lösungen vorschlagen. Auch finden die Kolleginnen und Kollegen immer ein offenes Ohr für familiäre Probleme.

Welche Vor- und Nachteile ergeben sich aus dieser Struktur?

Ein ganz entscheidender Vorteil ist, daß in der Personalabteilung ständig Personalentscheidungen getroffen werden – hier können somit die spezifischen Belange der Mitarbeiter und Mitarbeiterinnen direkt umgesetzt werden.

Zentraler Vorteil ist weiterhin, daß mit der Verlagerung der Chancengleichheit aus einer eigenständigen Funktion und mit der Eingliederung in die Personalarbeit die Sonderstellung wegfällt. Denn es ist das Ziel, dem kurzfristigen Charakter, der Sonderaufgaben üblicherweise anhaftet, entgegenzutreten. Die Förderung der Chancengleichheit wird als stetige Aufgabe gesehen und wird zur dauerhaften Einrichtung.

Mit der Eingliederung in die Personalfunktion wird die Verantwortung für die Förderung der Chancengleichheit auf mehrere Schultern verteilt.

Nicht zweckmäßig wäre dies jedoch, wenn in besonderen, problematischen Situationen der Balanceakt zwischen betriebswirtschaftlichen Belangen und sozialen Gesichtspunkten Lösungen zu ungunsten der Chancengleichheit und damit der zumeist weiblichen Beschäftigten ausfällt. Nachteilig wäre es auch, wenn der Blickwinkel Chancengleichheit im Laufe der Zeit ganz aus den Augen verloren würde.

Wie wird das bei Allianz Leben umgangen? Nun, neben der Förderung der Chancengleichheit als zentrale Aufgabe für alle Personalreferentinnen und Personalreferenten, liegen – wie bereits oben angedeutet – Sonderaufgaben bei einer Personalreferentin. Diese hat die Förderung der Chancengleichheit in ihrer Zielsetzung festgeschrieben.

2.3 Aufgaben der Chancenbeauftragten

Die Aufgaben der Chancenbeauftragten lassen sich mit analysieren und initiieren, realisieren, beraten und sensibilisieren umschreiben. Im folgenden sollen diese Aufgaben näher beschrieben werden.

Die *Analyse* umfaßt die regelmäßige Bilanz der geleisteten Aufgaben. Bei Allianz Leben geschieht dies u.a. durch regelmäßigen Austausch mit dem Betriebsrat und Diskussionen mit den Mitarbeiterinnen und Mitarbeitern.

So werden regelmäßig Gesprächsrunden durchgeführt. Der Personalbereich möchte von den Betroffenen hautnah erfahren, wie weit die Chancengleichheit bei Allianz Leben gediehen ist, welche Ideen man noch verwirklichen könnte. Solche Rückmeldungen ermöglichen es, neue Zielsetzungen verabschieden. Auch das Studieren von Fachliteratur sowie Kontakte zu anderen Firmen unterstützen beim *Initiieren* von neuen Maßnahmen.

Ebenfalls turnusmäßig wird der Betriebsrat mit Informationen versorgt. Das geschieht in Stuttgart jeweils im Frühjahr, wenn dem Arbeitskreis »Chancengleichheit« des Betriebsrats die Maßnahmen und Zahlen des Vorjahres vorgestellt werden. Der Betriebsrat interessiert sich in diesen Sitzungen besonders für jene Regelungen, die für die Väter und Mütter im Erziehungsurlaub eingerichtet worden sind. Auch die Betriebsöffentlichkeit wird einmal im Jahr in einer Betriebsversammlung zu diesem Thema informiert.

Die aus dem Hause kommenden Anregungen werden aufgegriffen. Deren Umsetzung zu prüfen und – wenn möglich – zu *realisieren*, ist ebenfalls eine Aufgabe der Chancenbeauftragten. Welche Maßnahmen sind insbesondere auf Resonanz im Hause gestoßen?

Um den Kontakt auch während der Familienphase zur Allianz zu halten, werden alle Erziehungsurlauberinnen und Erziehungsurlauber im Abstand von ca. 6 Wochen zu einem Besuch in der Firma eingeladen. Bei diesen Treffen ist auch der Nachwuchs willkommen, um den sich eine Kinderbetreuerin in einem Nachbarraum kümmert. Spielzeug und Wickelauflage sind vorhanden und die betreffenden Räume sind kindersicher präpariert. Während die Kinder puzzeln, malen oder mit Bauklötzen spielen, können sich die Eltern einem Referat zuwenden. Hier werden unterschiedlichste Themen behandelt: Seien es die Ansprüche der gesetzlichen Rentenversicherung während der Familienphase durch einen Referenten der Bundesversicherungsanstalt für Angestellte, seien es »Erste-Hilfe-Maßnahmen für Kinder«, »Kinderernährung« oder »Kinderbetreuung«, es werden immer aktuelle und interessante Themen geboten. Neben dem Fachlichen bleibt genug Raum für ein persönliches Gespräch. Nach den Treffen können die Eltern kostenfrei mit ihren Kindern in der Kantine zu Mittag essen. Da wird der Nachwuchs den Kolleginnen und Kollegen vorgestellt, werden neueste Informationen ausgetauscht. Die Kinderstühlchen in der Kantine sind an diesen Tagen immer heiß begehrt. Diese Treffen haben sich mittlerweile als feste Institution eingebürgert. Zum Teil sind es über 50 Elternteile, die mit ihren

Kindern in die Firma kommen. Gerade weil dies eine feste Einrichtung ist, nutzen Vorgesetzte die Besuche ihrer Erziehungsurlauberinnen und Erziehungsurlauber, um über eine mögliche Rückkehr zu sprechen. Der Kontakt während der Familienphase bleibt bestehen!

Bei Allianz Leben ist es selbstverständlich, Aushilfskräfte oder Urlaubsvertretungen aus dem Kreis der Familienphasler zu rekrutieren. Wer wäre denn besser geeignet? Wer kennt die Arbeit und das Unternehmen besser?

Bewährt hat sich bei Allianz Leben weiterhin ein Informationskalender für werdende Eltern, den die Personalabteilung ausgibt. »Wer muß es wissen, wenn ich schwanger bin?«, »Wohin mit der Geburtsurkunde?«, »Was bedeutet es, Erziehungsurlaub zu nehmen?« – Diese und viele weitere Fragen werden in dem Kalender ausführlich beantwortet.

Auch wurde ein sogenanntes »Schwarzes Brett« eingerichtet, an dem Aktuelles zur Kinderbetreuung in Stuttgart und Umgebung zu ersehen ist. Wenn Vorträge zum Thema Tagesmutter angeboten werden, wenn eine Kindertagesstätte einen freien Platz ausschreiben kann, dann sind das Themen für das Informationsbrett.

Die *Beratung*sarbeit der Chancenbeauftragten umfaßt z. B. Fragen der Kinderbetreuung. Hier werden in ausführlichen Gesprächen Informationsbroschüren, Ansprechpartner und Adressen weitergegeben. Zur Beratung gehört weiterhin die Information über neue Gesetze, Richtlinien und Initiativen. Außerdem unterstützt sie die Kolleginnen und Kollegen von anderen Personalabteilungen der Allianz. Diese werden zu regelmäßigen Treffen eingeladen, wo – um voneinander zu profitieren und zu lernen – ein reger Austausch stattfindet.

Ziel der Förderung von Chancengleichheit ist gelebte Chancengleichheit. Die traditionellen Rollen von Männern und Frauen in unserer Gesellschaft haben sich jahrhundertelang verfestigt. Wir können nicht erwarten, mit der Einführung von kleineren oder größeren Maßnahmen kurzfristig Grundhaltungen zu ändern. Denn ein solcher Wandel setzt Sensibilität voraus. Vorgesetzte, Mitarbeiterinnen und Mitarbeiter müssen sensibel werden für die Problematik Chancengleichheit.

Unterstellt man, daß Sensibilität eine zentrale Grundvoraussetzung für gelebte Chancengleichheit ist, wird klar, daß *Sensibilisierung* die zentrale Aufgabe bei der Förderung von Chancengleichheit ist. Eine solche Bewußtseinsbildung geht nicht von heute auf morgen vor sich. Es ist ein sich entwickelnder Prozeß, der immer angestoßen werden muß. Diese schwierige, weil stetige Aufgabe muß aktiv angegangen werden. Eine Aufgabe, bei der man sich ggf. unbeliebt macht, als Dauernörgler auftritt... Wie wird bei Allianz Leben hier beschleunigend und verstärkend in diesen Prozeß eingegriffen?

Steter Tropfen höhlt den Stein! »Chancengleichheit bei Allianz Leben ... darüber reden ist gut, praktizieren ist besser« – so war 1994 ein Artikel in der Hauszeitschrift »Allianz Leben« überschrieben.

Das Thema als solches wird immer wieder ins Gedächtnis gerückt; sei es durch Zeitungsartikel in der Hauszeitschrift, sei es durch kleine Aushänge an den »Schwarzen Brettern« (z. B. in der Kindertagesstätte sind Plätze zu belegen). Auch die regelmäßigen Elterntreffs tragen dazu bei: Die Kolleginnen und Kollegen gehen mitsamt ihres Nachwuchs in die Kantine und machen unwillkürlich auf sich aufmerksam. Natürlich wird in Seminaren und Gesprächskreisen des betrieblichen Bildungswesens das Thema regelmäßig diskutiert.

3 Resümee

Chancenförderung wird in dem Artikel verstanden als eine Aufgabe, deren Befristung systemimmanent ist. Chancengleichheit ist ein Thema für alle Mitarbeiterinnen und Mitarbeiter und muß in früherer oder späterer Zukunft von allen gelebt werden. Gesetze, Tarif- und Betriebsvereinbarungen können hierbei nur den rechtlichen Rahmen abstecken. Zum Leben erweckt werden die Maßnahmen durch die Mitarbeiterinnen und Mitarbeiter, die sie in Anspruch nehmen. In der Tat sehen die Perspektiven für Mitarbeiterinnen heute viel rosiger aus als noch vor 10 Jahren. Deutliche Entwicklungen belegen dies. Doch zum Zurücklehnen ist es noch zu früh. Am Ziel ist auch Allianz Leben noch lange nicht.

Initiierung eines Gleichstellungsprozesses am Beispiel der Hilti AG

von Dorothee Stickel

Im vorliegenden Beitrag soll am Beispiel der Hilti AG, FL-Schaan, geschildert werden, wie in der unternehmerischen Praxis ein Gleichstellungsprozeß in Gang gesetzt wird. Denn die Förderung weiblicher Führungskräfte fängt ganz generell bei der Förderung des weiblichen Potentials im Unternehmen an. Hier ist in zahlreichen Industrieunternehmen – insbesondere in männerdominierten Branchen wie der Bauindustrie – zunächst Grundlagenarbeit zu leisten. Nach der erfolgten kurzen Skizzierung der Ausgangssituation und relevanter Rahmenbedingungen bei der Hilti AG werden, bezogen auf das Ziel der Gleichstellung von Mann und Frau, im folgenden daher die zentralen Anliegen der Frauen bei Hilti genannt, das Vorgehen bei der Themenbearbeitung und die zugrundegelegte Projektorganisation skizziert. Anschließend werden typische Krisen bei der Initiierung eines Gleichstellungsprozesses und Strategien ihrer Bewältigung geschildert. Nach einer Darstellung der im Projekt erarbeiteten zentralen Ergebnisse werden erste Ansätze der Implementierung präsentiert. Abschließend erfolgt eine Reflexion über Chancen und Risiken des Implementierungsprozesses, um zu einem zusammenfassenden Ausblick zu gelangen.

1   Die Ausgangssituation

1.1 Angaben zum Unternehmen

Die Hilti Gruppe ist international im gewerblichen und industriellen Bauwesen tätig und marktführend in der Befestigungstechnik. Hilti beschäftigt weltweit mehr als 11.500 MitarbeiterInnen, und erzielte 1996 einen konsolidierten Konzernumsatz von über 2.2 Milliarden Schweizer Franken. Der Sitz des Stammwerkes und der Konzernzentrale ist in Schaan, Fürstentum Liechtenstein, wo das Unternehmen im Dezember 1941 gegründet wurde. Der Name hat bereits Tradition. Rund um den Erdball steht er synonym für Qualität, Sicherheit und innovative Kompetenz.

Wie in einem internationalen Konzern dieser Größe und geographischen Reichweite anzunehmen, variiert die Situation der Frauen und Männer mit dem jeweiligen nationalen und regionalen Kontext des gesellschaftlichen und wirtschaftlichen Umfeldes, in welchem die jeweiligen Niederlassungen der Gruppe agieren. Die vorliegende Betrachtung beschränkt sich daher auf das Hilti Headquarters, mit Sitz im Fürstentum Liechtenstein.

Hier sind mit Stand Frühjahr 1997 insgesamt ca. 1370 Mitarbeiterinnen und Mitarbeiter beschäftigt. Der Frauenanteil liegt bei 16.8%, wobei ca. drei Viertel dieser Frauen als Sekretärinnen, Sachbearbeiterinnen, Monteurinnen und Fertigungsmitarbeiterinnen arbeiten; über eine akademische Ausbildung verfügt nur ca. 1 Dutzend der Mitarbeiterinnen. Der Frauenanteil im (mittleren) Kader beträgt 2.7%; im oberen und Top Management ist keine Frau vertreten. Neben der vertikalen liegt auch horizontale Segregation vor.

Diese Situation wird verstärkt durch das relativ konservative sozio-kulturelle Umfeld; so wurde beispielsweise das allgemeine Wahlrecht für Frauen im Fürstentum Liechtenstein erst 1984 eingeführt.

1.2 Problemstellung und Vorgehen

Ein zentrales Charakteristikum der Unternehmenskultur bei Hilti ist die Betonung einer guten und umfassenden Kommunikation. Um die interne Kommunikation auch bottom up weiter auszubauen und zu optimieren, hat die Konzernleitung 1995 eine MitarbeiterInnen-Befragung initiiert, die im Headquarters und einigen anderen Ländern startete und, rollierend in einem 3-Jahres-Zyklus, alle Niederlassungen weltweit erfaßt. Die Ergebnisse werden ausgewertet, in den drei Jahren bis zur erneuten Befragung der MitarbeiterInnen gemäß ihrem Handlungsbedarf aufgegriffen und dann mit den neuen Ergebnissen kontrastiert. Dabei sollten sich die jeweils gewünschten Verbesserungen im wesentlichen ergeben haben.

Die Befragung besteht dabei aus einem ausführlichen Fragenkatalog, der sich in einen weltweit einheitlichen Mantel sowie in einen lokalen Teil gliedert. Der weltweite Mantel wird von der Konzernleitung und der Fachstelle Corporate Human Resources vorgegeben. Für die Gestaltung des lokalen Teils werden von verschiedenen Mitarbeitergruppen Vorschläge gesammelt und zusammengeführt.

In diesem lokalen Teil der MitarbeiterInnen-Befragung im Headquarters wurde u.a. auch eine Frage nach der geschlechterbezogenen Diskriminierung gestellt.[1] Nicht einmal zwei Drittel aller MitarbeiterInnen beantwortete diese Frage positiv – bei den Frauen hielten sich die positiven und negativen Antworten fast die Waage: Nur rund zwei Fünftel (44%) der Frauen bei Hilti Headquarters beurteilten die Situation im Mai 1995 als zufriedenstellend. Ein gutes Drittel (36%) der Frauen war unzufrieden, und jede fünfte Frau antwortete neutral (20%).

Als die Ergebnisse der Umfrage im Spätherbst 1995 im Headquarters vorlagen, gaben sich die Verantwortlichen aus Konzernleitung und Top Management mit den insgesamt sehr positiven Ergebnissen der Befragung nicht zufrieden, sondern griffen einige zentrale Themen, deren Antworten nicht das optimale Ausmaß erreichten, auf, um Hintergründe abzuklären und gegebenenfalls Abhilfe schaffen zu können.

Einer dieser Punkte war die Frage nach der geschlechterbezogenen Gleichstellung. Das dargestellte Befragungsergebnis war für den Vorstand Anlaß genug, Handlungsbedarf zu erkennen und die Thematik aufzugreifen. Das Ziel der Gleichstellung von Mitarbeiterinnen und Mitarbeitern, von Frau und Mann vor Augen, wurde das Projekt »Verbesserung der Stellung der Frauen bei Hilti« ins Leben gerufen – im folgenden exemplarisch für die Initiierung eines Gleichstellungsprozesses dokumentiert.

1.3 Definitionen und Abgrenzung

Abgeleitet aus dem Ziel der vorliegenden Arbeit, einen umfassenden Praxiseinblick zu gewähren, wird auf eine theoretische Erörterung der Thematik weitgehend verzichtet. Es sollen weder idealtypische Stadien der Initiierung eines Gleichstellungsprozesses noch verschiedene Varianten oder Modelle dessen diskutiert werden. Die Darstellung und kritische Reflexion des empirischen Gleichstellungsprozesses bei der Hilti AG soll vielmehr implizit ermöglichen, Erkenntnisse für analoge Situationen und Fragestellungen in Wissenschaft und Praxis abzuleiten.

Die der Thematik zugrundeliegenden Theorien und Konzepte werden als bekannt vorausgesetzt und daher nicht näher erläutert. Ebenso wird von der Bekanntheit der allgemeinen Fachterminologie ausgegangen. Zu betonen bleibt hier, daß Gleichstellung als komplexer Personal- und Organisationsentwicklungsprozeß verstanden wird, welcher in Betrieben, Verwaltungen und Institutionen aktives Change Management erfordert.

---

1   »Wie werden Mitarbeiter bei Hilti Ihrer Meinung nach in bezug auf ihr Geschlecht behandelt?«

2 Der Prozeß

Wie wurde dieser Themenkomplex nun angegangen?

2.1 Zentrale Themen der Frauen bei Hilti

Wenige Wochen nach Bekanntgabe der Befragungsergebnisse im Spätherbst 1995 ergriff der Vorstand für Finanzen und Personal die Initiative und lud in einem persönlichen Schreiben alle Frauen bei Hilti zu einem Informationsaustausch unmittelbar Anfang des darauffolgenden Jahres ein. Ziel der Veranstaltung war es, die Beweggründe der unbefriedigend ausgefallenen Antworten der MitarbeiterInnen-Befragung zum Thema geschlechtsbezogener Diskriminierung zu ermitteln: Warum hatten die Frauen nicht mehrheitlich Zufriedenheit signalisiert? Was konkret trägt zur Unzufriedenheit der Frauen bei Hilti bei? Welches sind die zentralen Anliegen der Frauen bei Hilti?

Unterstützt von der Projektleiterin Human Resources, trug der Vorstand im Rahmen eines Brainstorming gemäß den Wortmeldungen der Mitarbeiterinnen die thematischen Schwerpunkte zusammen. Unter Zustimmung der anwesenden Frauen wurden die einzelnen Nennungen auf Redundanzen geprüft und, wo möglich, zu Überbegriffen zusammengefaßt.

Als Hauptanliegen der Frauen bei Hilti ergaben sich somit die folgenden vier Themenkreise:

- Unternehmenskultur
- Entwicklung/Förderung/Laufbahngestaltung
- Entgeltgerechtigkeit
- Arbeitszeiten und Familienfreundlichkeit

2.2 Die Projekt-Organisation

Im Anschluß an die Veranstaltung bot sich für alle anwesenden Frauen die Möglichkeit, sich freiwillig zur weiteren Bearbeitung der ermittelten Hauptanliegen zu melden. In sogenannten »Barrier Removal Teams« (BRTs) sollten die jeweils ca. ein Dutzend bildenden, gänzlich interdisziplinär zusammengesetzten Frauen den jeweiligen Subthemata auf den Grund gehen und Verbesserungsvorschläge erarbeiten. Insgesamt 45 Frauen meldeten sich zur Mitarbeit an den geplanten Projektgruppen.

Der Vorstand erklärte sich zum offiziellen »Schirmherrn« bzw. Prime Mover, Mentor der Thematik im allgemeinen wie des Projektes im konkreten, und übertrug die Projektleitung sowie die weitere Koordination an die Projektleiterin Human Resources. Eigentlich dem Personalleiter Headquarters unterstellt, berichtete diese hier direkt an den Vorstand. Offizielle Stellenprozente oder ein offizielles Budget wurden allerdings nicht zugewiesen, eine Assoziation mit der Position einer Gleichstellungsbeauftragten sollte vermieden werden. Die Rolle der Projektleiterin war diejenige einer Koordinationsstelle und Leitungsfunktion gegenüber den engagierten Frauen sowie jene eines Change Agents gegenüber dem Vorstand und innerhalb der Fachstelle. Außerdem stand sie für individuelle Beratung in frauenspezifischen Anliegen zur Verfügung.

Die Projektleiterin wählte aus dem Kreis der freiwillig zur Mitarbeit bereiten Frauen für jede Projektgruppe eine fachlich und sozial kompetente Koordinatorin aus und stellte so ein interdisziplinäres Leitungsteam zusammen. Diese Personen wurden beim späteren offiziellen Projektstart durch die Mitglieder der jeweiligen BRTs bestätigt.

2.3 Vorgehen in der thematischen Bearbeitung

Die bei Hilti gängige Praxis der Projektarbeit umfaßt im Rahmen der sogenannten »Barrier Removal Teams« die vier Schritte der

1. Ist-Analyse
2. Definition der Ziele/Soll-Situation
3. Identifikation der Barrieren
4. Erarbeitung der Lösungsansätze zur Beseitigung der Barrieren.

Nach einer eintägigen Eröffnungsveranstaltung im Februar 1996, die als Schulung für die Projektmethodik sowie als Kick-off-Meeting im Sinne eines offiziellen Projektstartes fungierte, waren die Teams von März bis August 1996, während eines halben Jahres in Eigenverantwortung und Selbstorganisation mit der Bearbeitung der jeweiligen Thematik beschäftigt. Die am Schulungstag vorgestellten Instrumente der BRT-Methodik wurden empfohlen, aber nicht zwingend vorgeschrieben. In ca. 14-tägig stattfindenden Sitzungen – i. d. R. außerhalb der Arbeitszeit bzw. zusätzlich zum täglichen Arbeitspensum – wurden so in den 4 BRTs Unternehmenskultur, Laufbahngestaltung, Entgeltgerechtigkeit, Arbeitszeiten die Ist-Situationen erarbeitet, die Ziele definiert, die wichtigsten Barrieren einer Reduktion dieser Soll/Ist-Diskrepanz ermittelt sowie Lösungsvorschläge zur Beseitigung der Barrieren erarbeitet. Auf Zeitvorgaben im Sinne eines obligatorischen Mindestengagements wurde verzichtet, zur realistischen Themenbewältigung wurden ca. zweiwöchentliche Arbeitstreffen sowie Meilensteine für die einzelnen inhaltlichen Schritte empfohlen.

Zur Unterstützung der Arbeit in den einzelnen BRTs fanden monatliche Arbeitssitzungen zwischen Projektleiterin und den BRT-Koordinatorinnen statt. Dort wurde der aktuelle Projektstand angesprochen, die Situation in den einzelnen Teams sowie allgemeine Fragen und Probleme diskutiert, ein Stimmungsaustausch vorgenommen sowie, im Sinne einer Schulung, Fachinhalte zum Female Resources Management weitergegeben.

Parallel wurde der zuständige Vorstand in persönlichen Besprechungen sowie mit schriftlichen Zwischenberichten regelmäßig über den Projektverlauf informiert.

Im September 1996 wurden die Ergebnisse der BRTs im Vorstand präsentiert. Nach einer Beratungsphase der Konzernleitung mit der zuständigen Fachstelle erfolgten ab November 1996 mehrere Kommunikationsschritte zur Information der Mitarbeiterinnen und Mitarbeiter, beispielsweise ein Informationsbrief des Vorstandes an die gesamte Belegschaft sowie diverse Artikel in der hauseigenen Zeitung von Seiten der Projektleiterin. Im Februar 1997 folgten intensive Informationsveranstaltungen für alle Frauen sowie für das gesamte Kader.

Mittlerweile erfolgen bereits erste Schritte der Umsetzung. Diese fällt größtenteils in den Zuständigkeitsbereich der Fachstelle Personal, wird aber auch durch Eigeninitiative der Frauen in Arbeitsgruppen gewährleistet.

2.4 Krisen des Prozesses und ihre Bewältigung

Jeder Wandel zieht Widerstand nach sich.[2] Dies gilt im besonderen für die Initiierung eines Gleichstellungsprozesses im Sinne eines komplexen, das gesamte Unternehmen erfassenden Personal- und Organisationsentwicklungsprozesses – denn hier werden zentrale Wertebenen angesprochen, die bei allen Betroffenen weit über das Berufsleben hinaus auch auf die private Lebenssphäre Bezug nehmen (Cultural Change). Jede und jeder ist – aus eigener Perspektive – Expertin bzw. Experte in dieser Thematik. Diese Verflechtung von Berufs- und Privatsphäre führt dazu, daß sich das persönliche Involvement der einzelnen potenziert. Nicht nur zwischen Männern und Frauen, auch innerhalb der jeweiligen Geschlechtergruppen divergieren hier die Meinungen und Standpunkte sehr stark. Die zu erwartenden Widerstän-

---

2 »Es gibt keine Veränderung ohne Widerstand! Widerstand gegen Veränderungen ist etwas ganz Normales und Alltägliches. Wenn bei einer Veränderung keine Widerstände auftreten, bedeutet dies, daß von vornherein niemand an ihre Realisierung glaubt. Nicht das Auftreten von Widerständen, sondern deren Ausbleiben ist Anlaß zur Beunruhigung!« (Doppler/Lauterburg 1994, S. 302)

de und das hohe Konfliktpotential erfordern entsprechendes Konfliktmanagement sowie Motivationsmaßnahmen, die den verschiedenen Projektphasen angepaßt sind. Denn der konstruktive Umgang mit Konflikten ist ein entscheidender Erfolgsfaktor für das Management von Veränderungsprozessen.

So war es beispielsweise in der Eröffnungsphase des Gleichstellungsprozesses, in welcher die Unzufriedenheit der Frauen erstmals explizit zum Thema wurde, zentral, die skeptische Aufmerksamkeit und Verunsicherung vieler Männer durch eine professionelle Organisation der Projektstrukturen sowie durch einen überzeugenden Projektstart möglichst zu reduzieren. Parallel wurde versucht, den Erwartungshorizont der beteiligten Frauen realistisch zu halten, gleichzeitig aber ihr Selbstbewußtsein zu stärken, um sie im Umgang mit ihrem männlich geprägten Umfeld gerade in dieser Phase gelassen zu machen, sowie sie zu befähigen, ihr jeweiliges Arbeitsumfeld im kollegialen, informellen Tagesgespräch für die neu aufgegriffene Thematik zu sensibilisieren.

Nach offiziellem Projektstart und der Aufgabenverteilung auf die einzelnen Barrier Removal Teams, nahmen die Teamkoordinatorinnen die Arbeit an den jeweiligen Subthemen Unternehmenskultur, Weiterbildung, Lohngerechtigkeit, Arbeitszeiten auf. War das konkrete Vorgehen zur Themenbearbeitung nicht strikt vorgegeben, trugen unterschiedliche Interpretationen der Handlungsspielräume zu anfänglichen Konfliktherden bei. Es war neu, als Frauen – ohne die gewohnten männlichen Vorgesetzten – zusammenzuarbeiten, Führungsansprüche unter Frauen mußten gemeinsam akzeptiert, eingeübt und adäquat umgesetzt werden. Von entscheidender Bedeutung war es dabei, sich gegenseitig als Lernende anzuerkennen, eine entsprechende Fehlerkultur einzuführen und insbesondere das Phänomen der Personifizierung zu durchschauen: Gerade wenn aus ursprünglich sachlichen Positionen auf einzelne (meist exponierte) Personen projiziert wird, ist eine offene Thematisierung des ursprünglichen Problems bzw. Konfliktherdes sowie der Hintergründe erforderlich. Hilfreich erwies sich eine kurze Einführung in grundsätzliche Konfliktdynamik sowie in das Konfliktmanagement in Gleichstellungsprozessen[3], um aufzuzeigen: Konflikte sind zu erwarten, welches sind die typischen Konfliktphänomene, wie kommt eine Konflikteskalation zustande, welche sinnvollen Schritte zur Deeskalation gibt es. Wichtig war, von der eigenen Person und Situation zu abstrahieren und sich

---

3 In Anlehnung an FemMale Resources Management Universität Zürich: 30./31.05.96 Konfliktmanagement und Prozeß-Steuerung. Vgl. auch Doppler/Lauterburg (1994), S. 370 ff.

als Teil eines typischen Prozesses zu verstehen und insofern Bereitschaft zu entwickeln, nicht in die gängigen »Stolperfallen« zu geraten. Es sollte keine Sieger oder Verlierer geben, sondern gemeinsame Gewinner im Rahmen eines Lernprozesses. Darüber hinaus galt es teambildend einzugreifen, um so gestärkt als Team aus dem Konflikt hervorzugehen, das gemeinsame Ziel der »Verbesserung der Stellung von Frauen bei Hilti« zu vergegenwärtigen und sich im gesamten Team neu darauf zu verpflichten. Als schriftliche Manifestation des neuen Team-Selbstverständnisses wurden dabei Spielregeln im Umgang miteinander formuliert und diskutiert, und einstimmig unterzeichnet. So ließen sich im folgenden Divergenzen in einzelnen Sachfragen, Rivalitäten und andere Klippen des beruflichen Miteinanders gut umschiffen. Entscheidend war dabei auch eine kooperative Führung durch die Projektleiterin und die umfassende Information sowie ausreichende Einbindung der BRT-Koordinatorinnen in wichtige Entscheidungsprozesse.

Schwieriger als die Bewältigung offener Konflikte innerhalb der am Projekt beteiligten Frauen waren vereinzelte subtile Widerstände der Männer. Durch die offizielle Stellungnahme des Vorstandes zugunsten des Frauen-Projekts ist es für konträr eingestellte männliche Kollegen und Vorgesetzte quasi nicht mehr möglich bzw. opportun, entgegengesetzte Standpunkte zu vertreten oder die Gleichstellungsarbeit offen zu sabotieren. So verlagern sich Verunsicherung sowie Machismus ins Unterschwellige und äußern sich versteckter, beispielsweise in kleinen, demotivierenden Bemerkungen mit eindeutigen Be-/Abwertungen zwischen den Zeilen. Hier war nun eine Gratwanderung gefragt zwischen Gelassenheit zur Vermeidung unnötigen Kräfteverschleißes und wacher Schlagfertigkeit, um partieller Entmutigung durch das männliche Umfeld Einhalt zu gebieten und Raum für die weitere Förderung der Thematik zu schaffen. Außerdem schien es um so wichtiger, allen engagierten Frauen gegenüber Teamgeist zu signalisieren sowie deren Selbstbewußtsein zu stärken durch Verweis auf die wertvollen Beiträge der einzelnen Arbeiten in den BRTs für eine Änderung der Situation der Frauen bei Hilti. Weniger kurzfristige Erfolge sollten erwartet werden, sondern die langfristigen Implikationen des Prozesses wurden vor Augen gestellt. Außerdem wirkte der Hinweis auf die persönlichen Nutzenaspekte, nämlich insbesondere der Erwerb von Zusatzqualifikationen durch »learning by doing« (die meisten Frauen waren erstmalig mit Projektmitarbeit betraut, dazu noch interdisziplinär), die Bildung von Netzwerken im Rahmen des Projektes und, nicht zuletzt, der vereinzelte Beifall einiger partnerschaftlich denkender männlicher Kollegen sehr motivierend.

Als eigentlich alle Phasen des Projektes durchziehende konstante Herausforderung stellten sich die mit der organisatorischen Verankerung der Projektleitung einhergehenden Rollenkonflikte heraus. Hier war beharrliches Streben nach einer transparenten Regelung der Kompetenzen und des Rollenverständnisses erforderlich, dennoch blieb – und bleibt bei derartigen Projekten generell zwangsläufig – ein nicht zu unterschätzendes Residuum steten Balancierens der divergierenden Anliegen verschiedener unternehmensinterner Anspruchsgruppen, mit dem Risiko, in eine Sandwichposition zu geraten und die Erwartungen keiner Seite ausreichend erfüllen zu können. Unterstützend wirkte hier jedoch die stete Rückbesinnung auf das lohnende Ziel der »Verbesserung der Stellung von Frauen bei Hilti«, Selbstmotivation durch die Einordnung des Projekts als Teilbeitrag zur »Frauengeschichte« im Unternehmen, die Entwicklung von Gelassenheit, psychischer Streßresistenz sowie Humor. Hilfreich waren daneben auch spürbare Solidarität seitens der Projektmitarbeiterinnen oder gleichstellungsbefürwortender Männer im Unternehmen.

3 Die Ergebnisse und ihre Implementierung

Welches sind nun die inhaltlichen Ergebnisse des Projektes, was resultierte aus den einzelnen Arbeitsgruppen? Welche Resonanz fanden diese von den Barrier Removal Teams ermittelten Lösungsansätze zur Verbesserung der Stellung von Frauen bei Hilti nun bei den relevanten Entscheidungsträgern? Welche dieser Ansätze werden wie zur Umsetzung gelangen?

Zusammenfassend wollen die Frauen in allen bearbeiteten Themen keine Sonderbehandlung, sondern gemeinsam mit den Männern Verbesserungen für alle erzielen. Die aufgezeigten Ansätze sollen *allen* Mitarbeiterinnen und Mitarbeitern sowie dem Gesamtunternehmen zugute kommen. Dennoch: Die Frauen hatten im Projekt in großen Zügen gedacht, grundsätzliche Ziele thematisiert und auch das eine oder andere »heiße« Eisen angerührt... und waren daher natürlich auf die Reaktion des Vorstands gespannt. Dabei hatten sie eine relativ nüchterne Erwartungshaltung und rechneten mit der letztlichen Realisierung von ca. einem Drittel ihrer Anliegen.

Diese Erwartungen wurden weit übertroffen. Der Vorstand wie auch die Fachstelle Personal haben insgesamt sehr positiv reagiert und nicht alle, aber die meisten der vorgetragenen Ansätze gutgeheißen. Selbstverständlich können nicht alle Anliegen gleichzeitig berücksichtigt werden, denn aufgrund begrenzter Kapazitäten ist eine Priorisierung erforderlich. Mittlerweile sind jedoch bereits die ersten Punkte umgesetzt.

3.1 Unternehmenskultur

Das BRT »Unternehmenskultur« beschäftigte sich mit einem möglichen Beitrag zur Verbesserung der Stellung von Frauen bei Hilti im Hinblick auf die Werte und Normen des Zusammenwirkens, die das Verhalten der MitarbeiterInnen im Unternehmen bestimmen und die gleichzeitig durch das Verhalten eben dieser MitarbeiterInnen mitbestimmt werden. Die Hilti Unternehmenskultur ist festgelegt in der Vision, der Strategie sowie in den Führungsleitsätzen und findet Ausdruck im täglichen Miteinander innerhalb des Unternehmens.

Bezogen auf die in der Ist-Analyse, Zielformulierung und Barrierenidentifikation untersuchten Dimensionen wurden als primäre Lösungsansätze ein offizielles Bekenntnis des Unternehmens zur Gleichstellung der Frau, die Erhöhung des Frauenanteils bei Hilti (insbesondere auch im Kader), eine Aufnahme von Aspekten der Emotionalen Intelligenz (Goleman 1996) in die Führungskultur sowie eine Sensibilisierung der Männer im Blick auf die Gleichstellungsthematik, die Schaffung von Netzwerken (auch) für Frauen, sowie die Erarbeitung und konsequente Anwendung geschlechtsneutraler Sprachformen genannt.

Die Hilti Führungsleitsätze und Vision werden gegenwärtig überarbeitet, dabei wird auch ein offizielles Bekenntnis zur Gleichstellung einfließen. In der Ende 1996 neu eingerichteten Homepage auf Internet wurde bereits eine solche Aussage aufgenommen. Diese Aussage bezieht sich auf Diskriminierung jeglicher Art – Nationalität, Rasse, Alter, etc. – und thematisiert die Geschlechtszugehörigkeit als eine Form davon.

Die Erhöhung des Frauenanteils braucht Zeit, dies soll nicht künstlich erzwungen werden durch die Einführung einer Frauenquote. Jedoch gilt die offizielle Erklärung des Vorstands, daß bei gleicher Qualifikation im Zweifelsfall zugunsten von Frauen entschieden werden soll, d. h. hier gibt es einen neuen Akzent in der Rekrutierungspolitik.

Aspekte der Emotionalen Intelligenz werden indirekt durch das Competencies Model in die Hilti Führungskultur und Personalpolitik einfließen. Das sogenannte Competencies Model ist ein neues Projekt zur Definition der Hilti-spezifischen Kernfähigkeiten von Mitarbeiterinnen und Mitarbeitern, der Competencies also, die es braucht, um bei Hilti erfolgreich arbeiten zu können. Dieses Competencies Model wird Auswirkungen auf alle Personalprozesse haben – inklusive Personalentwicklung und Stellenbewertung.

In den letzten Monaten wurde in einer mehrstufigen Kommunikation für die Verbesserung der Stellung von Frauen bei Hilti sensibilisiert. Zusätzlich wird es selbstorganisierte Arbeitsgruppen zum Frauenforum und Info-Tool geben, um entsprechende interne Netzwerke und Kommunikationsplattformen zu schaffen. Nicht zuletzt wird die Gleichstellungsthematik in bestehende Seminare integriert werden, beispielsweise in das Einführungsseminar für alle neue MitarbeiterInnen sowie in ein Kaderseminar zu den Führungsleitsätzen bei Hilti.

Sprache prägt Denken – um eine konsequente und praktikable geschlechtsneutrale Sprache zu ermöglichen, wird es daher eine Arbeitsgruppe zur Erarbeitung eines praktikablen Leitfadens zur sprachlichen Gleichbehandlung geben.

3.2 Entwicklung/Förderung/Laufbahngestaltung

Im BRT »Entwicklung/Förderung/Laufbahngestaltung« haben sich Frauen mit der Entwicklung, Förderung und Laufbahngestaltung als Beiträge zur Verbesserung der Stellung von Frauen bei Hilti auseinandergesetzt.

Die Lösungsansätze, um trotz Barrieren den gesteckten Zielen näher zu kommen, konzentrieren sich auf die Berücksichtigung von Frauen bei der Laufbahnplanung – nicht zuletzt durch die Schaffung von Laufbahnmodellen, die frauenspezifische Lebensläufe berücksichtigen, ein vermehrtes Angebot an Teilzeitstellen[4] und Wiedereinstiegsmöglichkeiten, die Aufnahme von Seminaren zum Thema »Selbst«(-bewußtsein, -management), die Einrichtung einer Stiftung zur vorgesetztenunabhängigen, langfristigen Weiterbildung von Mitarbeiterinnen sowie die Ermöglichung von Vergünstigungen bei externen Weiterbildungsangeboten.

Zunächst wird in bestehenden Feed/SMD-Gesprächen[5] verstärktes Augenmerk auch auf Frauen gelegt werden – hier sind insbesondere die Vorgesetzten gefordert. Zu einem späteren Zeitpunkt, 1998, wird dann der Themenkreis der Laufbahnmodelle für einzelne Zielgruppen aufgegriffen. Ein hochdynamisches Unternehmen wie Hilti kann zwar keine Fahrpläne im Sinne festgelegter Karrierestufen garantieren, aber es ist denkbar, verschiedene Möglichkeiten abzustecken und diese mit einer Defizitanalyse zu koppeln

---

4 Zum Zeitpunkt der Untersuchung arbeiteten nur 3.7% aller Mitarbeiter und Mitarbeiterinnen in Teilzeit; von 51 Teilzeitstellen sind 44 durch Frauen besetzt, allerdings gibt es keine Kaderfrau mit Teilzeitstelle.

5 Feed bzw. Focused Empathic Employee Development meint die Entwicklung der MitarbeiterInnen auf ein und derselben Stelle durch Coaching der direkten Vorgesetzten. Ergänzend deckt das SMD oder Strategic (Wo)Menpower Development in Form von jährlichen, bereichsübergreifenden und auf höchster Ebene angesiedelten Potentialbesprechungen aller Mitarbeiterinnen die stellenübergreifende Entwicklung der MitarbeiterInnen ab.

im Sinne eines Baukastensystems: Was braucht eine Mitarbeiterin, ein Mitarbeiter für diese oder jene Position?

Hinsichtlich Teilzeit-, Job Sharing- und Wiedereinstiegsmöglichkeiten wird die Personalabteilung bis Ende Jahr eine Bedarfsanalyse aus Unternehmenssicht durchführen und darauf basierend eine grundsätzliche Politik festlegen.

Ab 1998 wird ein Seminar angeboten werden, das die Thematik Selbstbewußtsein, Selbstmanagement etc. aufgreift – für Frauen und Männer.

Als einzige Forderung wurde die Stiftung für langfristige Weiterbildung abgelehnt (u. a. deshalb, weil Hilti bereits über eine Vielzahl an Stiftungen verfügt) – aber der Kerngedanke einer langfristigen, vorgesetztenunabhängigen Weiterbildung wird insofern aufgegriffen, als die Personalchefs künftig verstärkt eine individuelle Beratung der MitarbeiterInnen ausüben werden. Grundsätzlich wird dies jedoch in Abstimmung mit den Vorgesetzten erfolgen und mit dem Bedarf aus Unternehmenssicht abgestimmt.

Vergünstigungen für externe Weiterbildung werden fallweise geprüft werden – denkbar ist dies beispielsweise bei Sprach- oder PC-Kursen, wobei Hilti hier die Kosten sowieso mehrheitlich ganz übernimmt. Schwieriger ist die Erzielung von Vergünstigungen beispielsweise bei einem Abendstudium (ohne Relevanz zur beruflichen Tätigkeit i. d. R. von den MitarbeiterInnen selbst getragen), hier besteht bei den Bildungsinstitutionen normalerweise kein Verhandlungsspielraum.

3.3 Entgeltgerechtigkeit

Das BRT »Entgeltgerechtigkeit« befaßte sich mit den Aspekten der Stellenausschreibung, Stellenbeschreibung und -bewertung sowie der Entgeltgerechtigkeit als Beiträge zur Verbesserung der Stellung von Frauen bei Hilti.

Primäre Lösungsansätze sind hier, intern wie extern konsequent geschlechtsneutrale Stellenausschreibungen vorzunehmen, Stellenbeschreibungen oder entsprechende valide Äquivalente zu schaffen bzw. zu aktualisieren und à jour zu halten. Wie bei Unternehmen in der Schweiz und benachbarten europäischen Ländern noch weit verbreitet, hat eine erste grobe Untersuchung auch bei Hilti tendenziell Gehaltsunterschiede zwischen Männern und Frauen ergeben; dies muß in der zuständigen Fachstelle im Detail überprüft werden und gegebenenfalls korrigiert werden, um gleichen Lohn für gleiche Arbeit zu gewährleisten. Ein hierfür bereitzustellendes Sonderbudget soll in der bevorstehenden Lohnrunde zusätzlichen Spielraum schaffen. Darüber hinaus gilt es das bestehende Stellenbewertungssystem zu modifizieren bzw. durch ein geeigneteres zu ersetzen, welches auch den spezifischen Qualifikationen der Frauen ausreichend Rechnung trägt.[6] Um Entwicklungen ohne immensen Datenbeschaffungsaufwand beobachten und steuern zu können, ist gleichzeitig an den Aufbau eines Personal- bzw. Entgeltcontrollings unter geschlechtsrelevanten Kriterien zu denken.

Die Geschlechtsneutralität der Stellenausschreibungen wurde bereits im vergangenen Jahr während des Projektes konsequent umgesetzt. Die ergänzenden Attribute über die momentan in Stellenanzeigen üblicherweise erwähnten hinaus werden später abgeleitet aus dem Competencies Model einfließen.

Auch bei den Stellenbeschreibungen ist auf das Competencies Model zu verweisen: Konkret werden bei den bestehenden, z. T. inaktuellen Stellenbeschreibungen lediglich Suboptimierungen erfolgen. Später, nach Festlegung der relevanten Kernkompetenzen für den Erfolg auf einer Stelle bzw. in einer Tätigkeit, wird es dann keine Stellenbeschreibungen nach dem heutigen Modell mehr geben, sondern entsprechende Äquivalente im Sinne von aggregierteren Funktionsbeschreibungen für ganze Job-Bandbreiten.

Das gegenwärtig zugrundegelegte Stellenbewertungssystem nach HAY wird es in dieser Form nicht mehr geben, vielmehr wird hier durch die neue Definition der Kernfähigkeiten von MitarbeiterInnen eine grundsätzliche Modifikation derjenigen Faktoren erfolgen, welche unterschiedliche Stellenbewertungen und damit letztlich (über entsprechend zugeordnete Gehaltsbandbreiten) konkrete Gehaltsunterschiede rechtfertigen.

Das Anliegen »Gleicher Lohn für gleiche Arbeit« wurde bereits unmittelbar in der Gehaltsrunde für 1997, am Ende des Vorjahres aufgegriffen. Durch die Personalabteilung wurden alle Gehälter kontrolliert und insbesondere die Gehälter der Frauen im Detail geprüft, und mit Blick sowohl auf direkte als auch indirekte Gehaltsdiskriminierung systematisch korrigiert. Für die Behebung einzelner evidenter Ungerechtigkeiten ist hierzu ein Sonderbudget bewilligt worden. Dasselbe Verfahren wird auch nochmals in den beiden kommenden Gehaltsrunden zur Anwendung kommen.

Ab Mitte Jahr wird das bisherige Personalinformationssystem durch ein neues ersetzt werden. Hier können nun die Bedürfnisse nach regelmäßigem, gleichstellungsrelevanten Datenmaterial berücksichtigt und geschlechtsbe-

---

6 Das gegenwärtig bei Hilti gebräuchliche Stellenbewertungssystem (modifiziertes HAY-System) ist, nicht zuletzt aufgrund des männerdominierten Strukturen Rechnung tragenden Kriterienkatalogs, wenig geeignet, frauenspezifischen Qualifikationen gerecht zu werden. Zu differenzierten Analysen bzgl. Arbeitsbewertungssystemen vgl. Schettgen (1996).

zogene Statistiken erstellt werden, um ein entsprechendes Controlling der Anliegen zu ermöglichen.

3.4 Arbeitszeiten und Familienfreundlichkeit

Das verbleibende BRT thematisierte die Arbeitszeiten unter besonderer Beachtung der Familienfreundlichkeit als Beitrag zur »Verbesserung der Stellung von Frauen bei Hilti«.

Dementsprechend werden als die zentralsten Lösungsansätze flexiblere Arbeitszeiten für Frauen und Männer[7], konkret die Ausweitung des Gleitzeitrahmens und die Flexibilisierung bisheriger Kernzeiten sowie die Einführung der Jahresarbeitszeit, ein größeres Angebot an flexiblen, qualifizierten Teilzeitstellen und Job Sharing in Verbindung mit Wiedereinstiegsmöglichkeiten und dem Angebot eines »fließenden« Ausstiegs, die Einführung von Teleworking-Arbeitsplätzen im Sinne einer kombinierten Möglichkeit der Heimarbeit, sowie nicht zuletzt die Einhaltung der vereinbarten Arbeitszeitregelung (100%), d. h. Überstunden als Ausnahme genannt.[8]

Was flexiblere Arbeitszeiten hier und heute anbetrifft, wurde die Verantwortung für die Regelung der Kernzeiten bzw. des Gleitzeitrahmens auf die Bereichs- und Abteilungsebene delegiert. Auch die Zeitkarte, eine je selbständige, lediglich jährlich zentral erfaßte Dokumentation der Absenzen für alle MitarbeiterInnen zielt in Richtung Eigenverantwortlichkeit. d. h. es wurden erste Rahmenbedingungen für Flexibilisierung geschaffen, jetzt gilt es diese Freiräume zu leben.

Flexibilisierungsbedürfnisse auf längere Sicht, wie ein neues (Jahres-)Arbeitszeitmodell, Teilzeit-, Job Sharing-Angebote, und auch die Einführung von Teleworking wird die Personalabteilung in einer Bedarfsanalyse bis Ende des Jahres prüfen und hier eine grundsätzliche Politik festlegen. Für 1998 ist eine Pilotstudie Teleworking angedacht.

Es ist eine Tatsache, daß bei Hilti wenig Raum für »Dienst nach Vorschrift«

---

7   Bei Hilti wird in Normalarbeitszeit, in Schichtarbeitsmodellen (2er- und 3er-Schicht) sowie in sehr geringem Ausmaß auch in Teilzeit (nur 3,7% der MitarbeiterInnen) bzw. Heimarbeit (mit 0,02% bislang vernachlässigbar) gearbeitet. Es ist ein Gleitzeitrahmen mit festen Blockzeiten vorgegeben. Job Sharing, Tele-Working oder andere moderne Arbeits(zeit)formen werden nicht angeboten.

8   Bei der *Ist-Analyse* ergab sich, im Rahmen von Interviews mit knapp der Hälfte aller Frauen bei Hilti nach überwiegender Mehrheit der Aussagen eine (zu) geringe Flexibilität der Arbeitszeiten sowie ein hohes Arbeitspensum mit täglichen Überzeiten, so daß wenig Zeit- und Energiereserven für Familie, Haushalt, nebenberufliche Weiterentwicklung und sinnvolle Freizeitgestaltung verbleiben.

besteht, sondern i. d. R. ein überdurchschnittliches zeitliches Engagement gefordert ist. Dies für die Zukunft zu leugnen, wäre wohl eine Illusion. Dennoch werden Vorgesetzte aufgefordert, eine gewisse Sensibilität gegenüber Ihren MitarbeiterInnen zu entwickeln, was deren Belastungsgrenzen anbetrifft. Außerdem ist im Rahmen der Untersuchung des Hilti-Prozesses »Management Support« ein BRT »Office Productivity« gegründet worden, welches verschiedene Abläufe in der Verwaltung untersucht mit dem Ziel, effizienteres Arbeiten zu ermöglichen.

Alle genannten Handlungsansätze und Beschlüsse werden zwischen 1996 und 1998 angegangen, wobei zahlreiche Maßnahmen bereits kurzfristig umgesetzt sein sollen.

3.5 Mehrwert für Hilti

Die positive Aufnahme der erarbeiteten Anliegen durch die Entscheidungsträger ist sicherlich nicht zuletzt der Einsicht zu verdanken, daß die »Verbesserung der Stellung von Frauen bei Hilti« keine l'art pour l'art ist, sondern für Hilti einen konkreten Mehrwert bringt in Form von

– Managementkompetenz (Managing Diversity): Vielfalt trägt wesentlich zu einem innovativen Klima bei. Durch die Aspekte des Female Leadership wird die klassisch männliche Führungskultur ergänzt, ausbalanciert und abgerundet.

– MitarbeiterInnenkompetenz: Gleichstellung stellt einen komplexen Personal- und Organisationsentwicklungsprozeß dar. Außerdem wurde bereits, »learning by doing« durch die Mitarbeit der 45 weitestgehend in Projektarbeit bis dahin unerfahrenen Frauen in den BRTs, indirekt ein nicht unwesentlicher Nebennutzen in der Personalentwicklung erzielt.

– Image (Stakeholder-Value): Die »Verbesserung der Stellung von Frauen bei Hilti« greift gesellschaftspolitisch relevante Themenkreise auf und trägt zu einer positiven Verankerung des Unternehmens im Bewußtsein der verschiedenen Anspruchsgruppen des Unternehmens bei.

– Wirtschaftlichkeit: Durch die Erschließung des weiblichen Potentials fördert Gleichstellung auch die Wirtschaftlichkeit des Unternehmens – ein Unternehmen kann es sich heute schlicht nicht mehr leisten, das Potential seiner Mitarbeiterinnen brach liegen zu lassen.

– Betriebsklima: Nicht zuletzt führt ein partnerschaftliches Miteinander zu erhöhter Motivation der MitarbeiterInnen und trägt (langfristig) auch zu einem verbesserten Betriebsklima bei.

3.6 Organisatorische Verankerung der Gleichstellungsthematik

Das Projekt im Sinne der *Initiierung* eines Gleichstellungsprozesses ist abgeschlossen – wie ist die Gleichstellungsthematik künftig organisatorisch verankert? Einig waren sich die Frauen aus den BRTs mit der Konzernleitung und Fachstelle dahingehend, daß eine Institutionalisierung, beispielsweise in Form einer Gleichstellungsbeauftragten, wie dies in vielen Großunternehmen heute gängig ist, die angestrebten Ziele nicht weiter vorantreiben würde, sondern Effektivität und Effizienz einer Umsetzung der erarbeiteten Anliegen durch die Delegation der Thematik an eine Einzelperson eher gefährdet wären. Gleichzeitig sollten »Project Owner« gewährleistet sein, um die zielstrebige Weiterführung der Anliegen sicherzustellen. Zentrales Kriterium war es daher, die erforderlichen Aktivitäten möglichst in die bestehenden Strukturen zu integrieren, andererseits aber auch engagierten Frauen eine Plattform für weitere Mitarbeit zu bieten. So ergab sich die folgende organisatorische Verankerung der Gleichstellungsthematik:

Ein Großteil der Umsetzung fällt in den Zuständigkeitsbereich der Personalabteilung (selbstredend z. T. auch mit expliziter Frauenbeteiligung, beispielsweise im bedeutsamen Competencies Model wurde den Frauen eine wesentliche Mitgestaltung zugesagt). Die PersonalchefInnen sind künftig erste AnsprechpartnerInnen für persönliche Anliegen der weiblichen Belegschaft.

Daneben existieren jedoch auch Möglichkeiten für die Eigeninitiative von Frauen: Es wurden drei Arbeitsgruppen mit freiwilligen Frauen gegründet zur Umsetzung der Themen Sprachregelung, Frauenforum, Info-Tool; diese Arbeitsgruppen sind neu auch offen für das Engagement von männlichen Kollegen. Die vier ehemaligen BRT-Koordinatorinnen stellen ihr Knowhow weiterhin zur Verfügung; dabei haben sie sich bei Anfragen zur Beratung verpflichtet, können aber auch ein Initiativrecht wahrnehmen und sich Einblick in die Implementierungsansätze seitens der Personalabteilung verschaffen. Die Leiterinnen der neuen Arbeitsgruppen sowie die ehemaligen BRT-Koordinatorinnen bilden gemeinsam einen Frauenausschuß. Die Mitglieder des Frauen-Ausschusses sollen vor allem als »Prime Mover« die Implementierung der erarbeiteten Anliegen vorantreiben, in angemessener Form über den Stand der Implementierung informieren und, nicht zuletzt, gewährleisten, daß die einzelnen Ansätze tatsächlich im Sinne der ursprünglichen Frauenanliegen erfolgen. Dabei genießt der Frauen-Ausschuß große Freiheit und kann sich selbst organisieren. Als einzige Vorgabe gelten quartalsweise erfolgende Informationstreffen mit dem Personalleiter Headquarters und der ehemaligen Projektleiterin als RepräsentantInnen der Personalabteilung, um eine offene und konstruktive Zusammenarbeit mit dieser relevanten Fachstelle zu ermöglichen. Der zuständige Vorstand ist weiterhin der Schirmherr der Gleichstellungsbestrebungen, ein zentraler Ansprechpartner wird im Rahmen der praktischen Umsetzung der erarbeiteten Anliegen jedoch der Personalleiter Headquarters sein.

Weitere wichtige Bezugsgruppen der engagierten Frauen sind die Führungskräfte, ohne die ein Gleichstellungsprozeß nicht oder nur sehr zäh implementiert werden kann, des weiteren – für schwerwiegendere Probleme – auch die Personalkommission, und schließlich gegebenenfalls auch externe Dritte, beispielsweise Institutionen für die Bereitstellung von Datenmaterial, Beratungsdienstleistungen oder ähnliches.

Im Vergleich zur ursprünglichen Organisationsstruktur während der konzeptionellen Phase findet jetzt in der Umsetzungsphase eine starke Vernetzung der Gleichstellungsthematik statt.

4 Ein Ausblick

4.1 Resümee

Rückblickend läßt sich mit Berechtigung sagen, daß in der Gleichstellungsthematik bei Hilti in kurzer Zeit sehr viel erreicht wurde, sowohl auf Bewußtseins- als auch auf Verhaltensebene – dies um so mehr, angesichts eines eher rudimentären Stands dieser thematischen Auseinandersetzung in der Ausgangssituation. Innerhalb eines sehr kurzen Zeitraums wurden durch das dargestellte Projekt wesentliche und z. T. immense Schritte unternommen, um die Situation der Frauen bei Hilti zu verbessern.

Dieser Erfolg ist sicher wesentlich auf die breite Verankerung bei den Frauen einerseits, wie auch auf das Commitment der Konzernleitung und der Fachstelle andererseits zurückzuführen – d. h. auf eine gelungene Kombination von Bottom up- und Top down-Ansatz.[9]

Bei aller Euphorie ist von allen Beteiligten jedoch auch im Auge zu behalten, daß Hilti in der konkreten Implementierung der gewonnenen Erkennt-

---

9 Die Kombination des starken Initianten und Unterstützers in der Konzernspitze einerseits und der zum freiwilligen Engagement angetretenen, interdisziplinär vertretenen Frauen der Basis andererseits stellt eine Mischform zwischen Top down- und Bottum up-Ansatz in der Initiierung eines Gleichstellungsprozesses dar. Durch die Präsenz der Projektleiterin im Human Resources Bereich können darüber hinaus auch Elemente der Keilstrategie identifiziert werden. Zu diversen OE-Strategien vgl. beispielsweise Glasl/de la Houssaye (1975), Stalder (1993).

nisse erst am Anfang steht. Jetzt geht es darum, die guten Ansätze aus den BRTs durch die Umsetzung in die Praxis zu einem gelungenen Ganzen werden zu lassen.

Eine erste objektive Meßlatte für den Erfolg des Projekts wird die zyklisch wiederkehrende, nächste MitarbeiterInnen-Umfrage im Jahr 1998 sein: Die am Projekt beteiligten Frauen haben es sich zum Ziel gesetzt, die Hälfte der mit dem früheren Status quo unzufriedenen Frauen zu reduzieren und den mit der Gleichstellungssituation bei Hilti zufriedenen Frauen zuzuführen.[10] Klingt dieses Ziel auf den ersten Blick etwas bescheiden, stellt sich diese zu dokumentierende Veränderung doch als relativ hoch gestecktes Ziel heraus, bedenkt man die mittlerweile zusätzlich erfolgte Sensibilisierung aller Beteiligten, nicht zuletzt der Frauen, sowie die Langwierigkeit vieler der geschilderten Handlungsansätze in diesem komplexen Cultural Change-Prozeß.

4.2 Chancen und Risiken

Um dieses hochgesteckte Ziel zu erreichen, müssen einige kritische Faktoren beachtet werden:

– *Eigeninitiative der Frauen:* Zunächst müssen die Frauen selbst aktiv werden und die Verbesserung ihrer Stellung im Unternehmen initiativ vorantreiben – sei es im Engagement in einer der skizzierten Arbeitsgruppen, sei es, im unmittelbaren persönlichen Umfeld selbstbewußt entsprechenden Raum einzunehmen, eigene Standpunkte zu kommunizieren oder sich zu qualifizieren. Auch hier gilt der Grundsatz der »Hol-Schuld«; häufig gehen Frauen noch von einer »Bring-Schuld« aus und verfallen dem Irrtum, ohne eigenes Dazutun auf sie zugeschnittene Rahmenbedingungen und geebnete Wege vorzufinden. Ein ermutigendes Beispiel für lohnenswerten Einsatz für die Gleichstellungsthematik kann das skizzierte Projekt sein. Für die hier engagierten Frauen bei Hilti war dieses Projekt insgesamt ein spannender Lernprozeß und ein motivierender Erfolg. Frau hat erfahren, daß sie bei Hilti etwas bewegen kann und daß ihr Wort Gewicht hat. Dies bekommen nun auch neu ins Unternehmen eintretende Frauen zu spüren, die von den Veränderungen bereits profitieren können und ihrerseits wieder Potential zur Verbesserung der Stellung von Frauen bei Hilti darstellen. Der Anfang ist also gemacht, und in der Geschichte der Frauen bei Hilti darf und wird es dabei nicht bleiben.

---

10 Dies entspricht dem Ziel: 62% positive, 18% negative, (konstant) 20% neutrale Äußerungen.

– *Einbindung der Männer:* Männer müssen in ihrer Skepsis, gegebenenfalls Verlierer bei Gleichstellungsprozessen zu werden, ernst genommen werden. Um Betroffene zu Beteiligten zu machen, ist eine transparente Gestaltung von Gleichstellungsbestrebungen und die Ermöglichung von Beteiligung in konkreten Aktivitäten unabdingbar. Die männlichen Kollegen müssen diese Gestaltungsspielräume aber auch ausschöpfen: Dies kann durch die Mitarbeit in den Arbeitsgruppen erfolgen, aber auch im persönlichen Arbeitsumfeld durch partnerschaftliche Verhaltensweisen konkrete Formen annehmen.

– *Einbindung der Führungskräfte:* Soll ein Gleichstellungsprozeß nachhaltig erfolgreich verlaufen, ist es zentral, daß die Führungskräfte zu Change Agents werden und sich in ihrem jeweiligen Verantwortungsbereich glaubwürdig und konsequent für die Verbesserung der Stellung von Frauen bei Hilti einsetzen. Denn Gleichstellung ist Führungsaufgabe und kann letztlich nicht delegiert werden. Neben der motivationalen Komponente in Form von Beratung, Diskussionsplattformen etc. müssen hier auch konkrete Kenntnisse und Fertigkeiten vermittelt werden, wie durch alltägliches Verhalten der Führungskräfte die Stellung der Frauen bei Hilti verbessert werden kann. Wichtige Zielgruppen in diesem Zusammenhang sind neben den Führungskräften auch sonstige (informelle) Influencer, Meinungsbildner und relevante Fachstellen.

– *Verbindlichkeit der Ziele:* Von entscheidender Bedeutung ist außerdem, daß die Gleichstellungsthematik im MbO (Management by Objectives) verankert wird und nicht ins Unverbindliche abdriftet. Gibt es Sanktionen bei Nichteinhaltung der Umsetzungsversprechen? Welche, durch wen? Im vorliegenden Falle geht die Personalabteilung mit gutem Beispiel voran: 15% der sich direkt auf einen Leistungsbonus auswirkenden Jahresziele der Abteilung sind von diesen Themen geprägt. Darüber hinaus wäre jedoch auch vorstellbar, die Gleichstellung bzw. die »Verbesserung der Stellung von Frauen bei Hilti« in den Zielvorgaben aller Unternehmensbereiche zu verankern.

– *Professionalität bei der Umsetzung:* Die Implementierung in die Praxis darf nicht im Tagesgeschäft untergehen. Ziel kann es nicht sein, Schnellschüsse zu produzieren und unausgereifte, oberflächlich gehaltene Konzepte zu propagieren oder aber Handlungsbedarf und sinnvolle Ideen brachliegen zu lassen. Der vorhandene Goodwill und die entstandene Dynamik sollten vielmehr klug aufgegriffen werden. D. h. die qualifiziert erarbeiteten Ansätze sind professionell umzusetzen, u. U. auch unter Rückgriff auf das Know-how und die Erfahrung Dritter zur Unterstützung und Beratung.

– *Konsequenz im Stellenwert:* Der kurzfristig evidente Erfolg des Projektes darf nicht dazu verleiten, sich nun damit vorschnell zufrieden zu geben. Ein guter Anfang ist gemacht, aber die Verbesserung der Stellung von Frauen bei Hilti steht noch am Anfang. Nachhaltige Änderungen werden nur erreicht, indem die Thematik auch nach der zu Euphorie verführenden, erfolgreichen Startphase weiterhin im Auge behalten und auch künftig mit entsprechender Priorität belegt wird. Dies bedeutet nicht zuletzt auch, entsprechende Ressourcen – sei es beispielsweise in Form von Management Attention – bereitzustellen.

– *Sicherstellung der Anliegen:* Wer stellt sicher, daß die Umsetzung erfolgt, wie (im Sinne der Frauen?) und mit welchen Resultaten sie erfolgt und welche Korrekturmaßnahmen gegebenenfalls eingeleitet werden müssen? Der Vorschlag der Frauen, die MitarbeiterInnen-Befragung 1998 als Erfolgsmaßstab der Aktionen zugrundezulegen (nach der Stellung von Mann und Frau bei Hilti befragte, unzufriedene Frauen um die Hälfte verringern und den Zufriedenen zuschlagen)[11] und zwischenzeitlich durch die Bereitstellung von Zahlenmaterial ein gleichstellungsrelevantes Controlling zu installieren, kann hier nicht genügen, sondern ist vielmehr um die konkrete Regelung von Inhalt sowie Zuständigkeiten eines qualitativen Kontrollprozesses bezogen auf Einzelmaßnahmen zu ergänzen. Bei der Umsetzung der erarbeiteten Ansätze zur Verbesserung der Stellung von Frauen bei Hilti gilt es konsequent darauf zu achten, was ursprünglich gemeint war. Ziel darf es nicht sein, in Aktivismus zu verfallen, der in der MitarbeiterInnen-Befragung dann nicht entsprechend honoriert wird, da sich die eigentlichen Anliegen der Frauen in den einzelnen Aktionen nicht wiederfinden. Hier haben die alten und neuen Project Owner den Auftrag, Fehlentwicklungen frühzeitig zu erkennen und zu vermeiden. D. h. trotz des postulierten Ziels, die Projektergebnisse und Praxisimplikationen nun in die bestehenden Strukturen bei Hilti zu integrieren, ist hier zu dieser Sicherstellung und zur Stabilisierung[12] ein Mindestmaß an Institutionalisierung erforderlich. Die im Frauenausschuß ermöglichte Vernetzung der internen Gleichstellungs-Consultants sowie deren offizieller Auftrag für Gleichstellungsberatung bietet dafür günstige Voraussetzungen. Denn der Druck der Basis muß erhalten wer-

---

11 Siehe Fußnote 10.
12 In Anlehnung an die dreistufige Veränderung sozialer Systeme nach Lewin (1963): Unfreeze, Move, Freeze bzw. Auftauen, Verändern, Stabilisieren.

den und Strukturen finden, in welche er sich konstruktiv kanalisieren kann. Hierzu gehört, im Sinne einer Implementierungsberatung auch unbequeme Fragen an relevante Entscheidungsträger und Schlüsselpersonen zu stellen und den Fortschritt in den angestrebten Lösungsansätzen zu kontrollieren sowie antizipativ neue Ideen aufzugreifen.

— *Geduld im Umlernprozeß:* Nicht zuletzt geht es bei der Verbesserung der Stellung von Frauen bei Hilti um eine gegenseitige Anerkennung als lernende Individuen, Frauen und Männer in einer lernenden Organisation. Gemeinsam gilt es immer wieder zu erinnern, daß es sich bei der Gleichstellungsinitiierung um einen komplexen Personal- und Organsiationsentwicklungsprozeß handelt. Das konsequente Aufgreifen der Thematik fordert von allen Beteiligten Mut, (Frustrations-)Toleranz und eine entsprechende Fehlerkultur. Doch die Geduld lohnt sich auf dem gemeinsamen Entwicklungsweg zum partnerschaftlichen und würdevollen Miteinander in gegenseitig bereichernder Ergänzung. Die vorgestellten Projektergebnisse und Schritte ihrer Implementierung bilden solide Bausteine auf diesem lohnenden Weg der Gleichstellung bei Hilti.

Literatur

Doppler, K./Lauterburg, C. (1994): Change Management. Den Unternehmenswandel gestalten. Frankfurt a.M./New York.

Glasl, F./de la Houssaye, L. (1975): Organisationsentwicklung. Das Modell des Niederländischen Instituts für Organisationsentwicklung und seine praktische Bewährung. Bern/Stuttgart.

Goleman, D. (1996): Emotionale Intelligenz. München/Wien.

Lewin, K. (1963): Feldtheorie in den Sozialwissenschaften. Ausgewählte theroetische Schriften. Bern/Stuttgart.

Schettgen, P. (1996): Arbeit, Leistung, Lohn. Analyse- und Bewertungsmethoden aus sozioökonomischer Perspektive. Stuttgart.

Stalder, B. (1993): Betriebliche Gleichstellung von Frau und Mann. Perspektiven für die Umsetzung – ein Wegweiser für die Praxis. Bern.

Tendenzen bei der Förderung weiblicher Führungskräfte aus Sicht eines Personalchefs am Beispiel der Deutschen Lufthansa AG

von Matthias Mölleney

Als klassisches Dienstleistungsunternehmen verfügt Lufthansa über einen überdurchschnittlich hohen Anteil an weiblichen Mitarbeitern. Dennoch sind Frauen auf Führungsebene unterrepräsentiert. Im Dienste der Gleichstellung bemüht sich das Unternehmen deshalb aktiv um eine Verbesserung der Karrierechancen von Frauen. Auf der Grundlage des betriebsvertraglich verankerten Prinzips »Chancengleichheit« werden gezielte Maßnahmen in den Bereichen Personalmarketing, Personalauswahl, Ausbildung, Fort- und Weiterbildung, Führungsnachwuchsprogramme und Vereinbarkeit von Beruf und Familie angewandt. Der Beitrag zeigt die bisherigen Erfahrungen, aber auch die Erfordernisse und Möglichkeiten der Zukunft aus der Perspektive eines Personalchefs auf.

1 Überblick

Lufthansa hat 1991 eine »Referentin für Frauenfragen« ernannt, deren Aufgabe Anfang 1995 nach Abschluß der Betriebsvereinbarung Chancengleichheit in »Beauftragte für Chancengleichheit« umbenannt wurde. Warum wir das getan haben und was wir uns davon für die Förderung weiblicher Führungskräfte erwarten, darauf möchte ich in diesem Beitrag kurz eingehen.

Im Zuge der Sanierung unseres Unternehmens haben wir Anfang 1995 die frühere Lufthansa AG in einen Konzern mit mehreren selbständigen Gesellschaften aufgeteilt, um uns besser auf die jeweiligen Kerngeschäfte wie Passage, Fracht, Technik oder EDV-Systeme konzentrieren zu können. Die größte Konzerngesellschaft ist die neue Lufthansa AG, die für den Passagierverkehr verantwortlich ist. Das Besondere für uns an dieser neuen Lufthansa AG ist ihre Personalstruktur: 80% aller Mitarbeiterinnen und Mitarbeiter sind im direkten Kundenkontakt beschäftigt und sollen dort unsere Vorstellung einer modernen, effizienten und gleichzeitig herzlichen Dienstleistung verkörpern. Darin liegt eine große Chance und zugleich eine große Herausforderung für die Personalarbeit, deren Schwerpunkte wir an einigen Stellen anpassen mußten und in Zukunft noch weiter anpassen werden.

Bezogen auf die Frauenförderung hat unsere Struktur eine weitere Besonderheit: 60% des Personals der Lufthansa AG sind weiblich. Trotzdem ist keine Frau im Vorstand und zur Zeit auch keine auf der ersten Leitungsebene. Wir haben erst 4.9% Frauen auf der Ebene Hauptabteilungsleitung, 10.3% bei Abteilungsleitungen und 35% auf Führungspositionen unterhalb der Abteilungsleiterebene. Insgesamt kommen wir somit auf einen Anteil von 8.8% weiblicher und 91.2% männlicher Führungskräfte (vgl. Abbildung 1). Diese Aufteilung ist zwar einerseits nicht untypisch im Vergleich mit anderen großen Industrieunternehmen in Deutschland, kann aber andererseits nur die Entwicklung der Vergangenheit belegen.

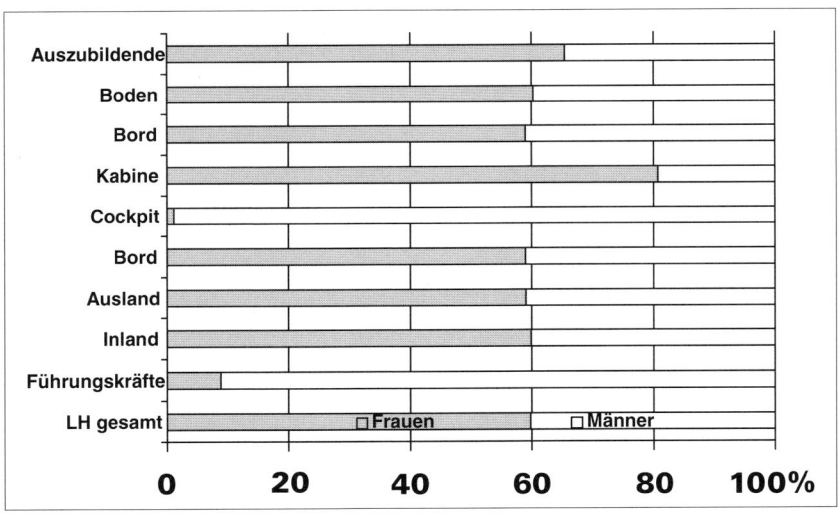

Abbildung 1: Personalbestand der Lufthansa AG 1996

Wir sind dabei, uns von einem produktionsorientierten Anbieter von Luftverkehrsleistungen zu einem kundenorientierten Dienstleister zu entwikkeln. Die 80% unserer Belegschaft im direkten Kundenkontakt sind das äußere Zeichen dafür. Dieser Wandel setzt aber nicht nur ein anderes Selbstverständnis jedes einzelnen Mitarbeiters und jeder einzelnen Mitarbeiterin voraus, sondern auch ein anderes Unternehmensverständnis. Wenn wir unser Unternehmen vom Kunden her verstehen und dann letztlich auch steuern wollen, müssen die wichtigsten inneren Impulse von den Mitarbeiterinnen und Mitarbeitern im Kundenkontakt kommen. Sie arbeiten nämlich an der Nahtstelle unserer unternehmerischen Wertschöpfungskette mit den Betreuungs-, Sicherheits- und Zuverlässigkeitsbedürfnissen unserer Kundschaft. Das hat um so größere Bedeutung, als unsere Kunden keine abstrakte Dienstleistung erwerben, sondern ganz persönlich in unser Produkt im wahrsten Sinne des Wortes eingebunden sind.

Diese Einbindung sowie die Vielzahl der persönlichen Kontakte zwischen Mitarbeitern bzw. Mitarbeiterinnen und Kunden bietet die Chance zum Dialog, die Chance, eine Sensibilität gegenüber Kundenbedürfnissen zu entwickeln und damit auch die Chance zu einem dienstleistungsorientierten Führungsverständnis. Rein arithmetisch betrachtet müßte sich dann die Majorität weiblicher Mitarbeiter in den impulsgebenden Positionen des direkten Kundenkontakts bis in die oberste Führungsspitze des Unternehmens fortsetzen und dort zu einer weitgehenden Umkehr der heutigen Aufteilung der Geschlechter im Bereich der Führungskräfte führen. Unterstellt man dazu, daß weibliche Chefs grundsätzlich »anders« führen, so können durch die Besetzung von Führungspositionen mit Frauen weibliche Impulse von der »Front« in Führungsimpulse umgesetzt werden.

Bei der langen und intensiven innerbetrieblichen Diskussion über die Förderung weiblicher Führungskräfte haben wir den Aspekt der möglicherweise unterschiedlichen Managementstile letztlich außer Acht gelassen und uns darauf konzentriert, Rahmenbedingungen für eine Chancengleichheit zwischen Männern und Frauen in der persönlichen Entwicklung zu schaffen. In bezug auf die Ausgangsbedingungen vor Eintritt in das Unternehmen haben wir wenig Gestaltungsmöglichkeit. Das ist einerseits nicht notwendig, da inzwischen empirisch nachgewiesen ist, daß Frauen statistisch die besseren Ausbildungsabschlüsse besitzen. Sie sind allerdings unterrepäsentiert in den traditionell als karriereförderlich angesehenen Studien- und Ausbildungsgängen. Andererseits ist es angesichts der knappen finanziellen Ressourcen, auch auf dem Gebiet des Personalmarketings, einem Unternehmen wie der Lufthansa kaum möglich, bereits zum Zeitpunkt der Entscheidung für einen Ausbildungsgang eine entsprechende Laufbahnberatung selbst anzubieten. Wir werden uns deswegen in Zukunft um eine noch engere Zusammenarbeit mit den Arbeitsbehörden bemühen, um über diesen Weg jungen Frauen noch bessere Informationen über spätere Chancen und Risiken bestimmter Ausbildungsgänge zugänglich zu machen.

Beim Eintritt in die Lufthansa erfahren qualifizierte Frauen ein besonderes Augenmerk (siehe dazu auch die Personalentwicklungsprogramme SMART, ProTeam, Explorers 21 u. a., in denen der »Frauenanteil« bei bis zu

40% liegt). Sollten Frauen im Verlauf ihrer Erwerbsbiographie bei Lufthansa zusätzlich Familienpflichten übernehmen, versucht Lufthansa bei der Vereinbarkeit beider »Jobs« behilflich zu sein. So haben wir vor vier Jahren einen Vertrag mit dem Familienservice geschlossen, der unsere Mitarbeiterinnen und Mitarbeiter berät und maßgeschneiderte Kinderbetreuungslösungen vermittelt. Diese können wie auch die Unterstützung bei der Vereinbarkeit von Frauen und Männern in Anspruch genommen werden. Das gleiche gilt hinsichtlich der Arbeitszeit, bei der es – wo möglich – immer stärker individuelle Lösungen gibt. Wir haben uns bewußt gegen eine wie auch immer geartete Quotenregelung entschieden, sondern uns darauf verständigt, durch gezielte Maßnahmen, flankierende Rahmenbedingungen und veränderte Parameter unter anderem im Bereich des Personalmarketing die Voraussetzungen dafür zu schaffen, den Anteil weiblicher Führungskräfte entscheidend zu vergrößern.

Bei Lufthansa soll niemand nur deswegen besonders gefördert werden, weil er einem bestimmten Geschlecht angehört, gleichzeitig soll aber auch niemandem daraus ein Nachteil entstehen. Dieses Verständnis hat seinen Niederschlag in der Betriebsvereinbarung Chancengleichheit gefunden, die wir im Dezember 1994 abgeschlossen haben. Dort heißt es unter der Überschrift »Grundsatz«:

»Chancengleichheit von Frauen und Männern zu erreichen und zu sichern, ist bei Lufthansa selbstverständlich. Betriebliche Notwendigkeiten werden dabei beachtet. Unsere Kommunikation signalisiert dieses Denken und Handeln der Lufthansa nach innen und außen. Diese Chancengleichheit am Arbeitsplatz durchzusetzen, ist Aufgabe der praktizierten Personalpolitik, der Führungskräfte und Arbeitnehmervertretungen sowie der einzelnen Kolleginnen und Kollegen. Die Realisierung der Chancengleichheit setzt das Mitwirken aller Beteiligten voraus.«

Konkrete Aktivitäten zur Förderung der Chancengleichheit, insbesondere zur deutlichen Erhöhung des Anteils weiblicher Führungskräfte, haben wir auf folgenden Gebieten entwickelt:

– Personalmarketing

– Personalauswahl

– Ausbildung

– Fort- und Weiterbildung

– Führungsnachwuchsprogramme

– Vereinbarkeit von Familie und Beruf.

446

2 Personalmarketing

Das Personalmarketing, unsere Visitenkarte auf den verschiedensten Arbeitsmärkten, versucht, durch gezielte Ansprache das Interesse von Frauen für Positionen und Laufbahnen, bei denen wir ein hohes Defizit an weiblichem Nachwuchs haben, zu wecken. Hierzu gehören insbesondere technische Berufe, die Pilotenlaufbahn und Führungspositionen. Unabdingbare Voraussetzung für den Erfolg dieser Aktivitäten ist allerdings, das Image der Lufthansa als ein Unternehmen zu kommunizieren, das von Chancengleichheit nicht nur redet, sondern sie auch aktiv lebt. Insofern ist es also nicht damit getan, die Personalsuchanzeigen in Zeitungen so zu formulieren, daß Frauen sich besser angesprochen fühlen.

Wichtig sind lebendige Beispiele sowie quantitative und qualitative Erfolge bereits umgesetzter Maßnahmen. Wir beteiligen uns u.a. aktiv und persönlich an internationalen Kongressen zum Thema »Frauenförderung«, zum Beispiel bei den Frauenmessen TOP '95 und TOP '97 in Düsseldorf. Im Oktober 1997 werden wir gemeinsam mit der Deutschen Gesellschaft für Personalführung (DGFP) einen eigenen internationalen Frauenkongreß in unserem Bildungszentrum in Seeheim ausrichten. Dabei suchen wir Impulse aus Wirtschaft, Wissenschaft und Politik und bemühen uns gleichzeitig, aus unserem Unternehmen alle bisherigen, aktuellen und zukünftig geplanten Aktivitäten aufzuzeigen und zur Diskussion zu stellen.

3 Personalauswahl

Der Personalauswahl kommt sicherlich eine Schlüsselrolle bei der Förderung weiblicher Führungskräfte zu. Das Problem durch quotenähnliche Vorgaben an die Auswählenden zu erledigen wäre zwar ein denkbarer Ansatz, wir halten ihn allerdings bei Lufthansa nicht für den geeignetsten, weil die Fokussierung auf verschiedene Aspekte, die alle wichtig sind, erfolgt. Wir wollen Frauen nicht deshalb in Führungspositionen oder in technische Berufe bringen, weil wir auch dort gerne mit Frauen zusammen sind, sondern weil wir der Überzeugung sind, daß sie Arbeits- und Entscheidungsprozesse bereichern. Das gilt übrigens auch im Hinblick auf die Altersmischung, auf Internationalität und auf andere denkbare Parameter. Frauen sind inzwischen so gut qualifiziert, daß Quotenregelungen aus unserer Sicht eher kontraproduktiv wirken würden. Keine unserer Mitarbeiterinnen, die eine entsprechende Aufgabe wahrnimmt, möchte den Stempel »Quotenfrau« auf der Stirn tragen. Unser Ansatz beginnt zunächst bei den Auswahlkommissionen, die wir grundsätzlich aus Männern und Frauen zusammensetzen. Speziell bei Assessment Centern haben wir die Erfahrung gemacht, daß die Frauen in den Auswahlgremien weibliche Kandidaten tendenziell kritischer beurteilen als die Männer, letztlich aber auch unsere Vermutung bestätigt gefunden, daß eine gemischte Besetzung der Gremien die Chancengleichheit von männlichen und weiblichen Kandidaten am besten gewährleisten kann.

Hinsichtlich der Auswahlinstrumente, die wir bei Lufthansa einsetzen, unterscheiden wir prinzipiell zwei verschiedene Varianten, die sogenannte »normale« Eignungsuntersuchung und das Assessment Center. Eignungsuntersuchungen werden grundsätzlich bei allen Einstellungen auf Standardarbeitsplätze eingesetzt, wovon wiederum der größte Anteil auf Einstiegspositionen im Servicebereich am Boden und an Bord entfällt. In diesen Bereichen haben wir keine Probleme mit einer zu geringen Anzahl weiblicher Kandidaten, weil sowohl bei den Bewerbern als auch bei den anschließend Eingestellten der Anteil der Frauen bei über 80% liegt.

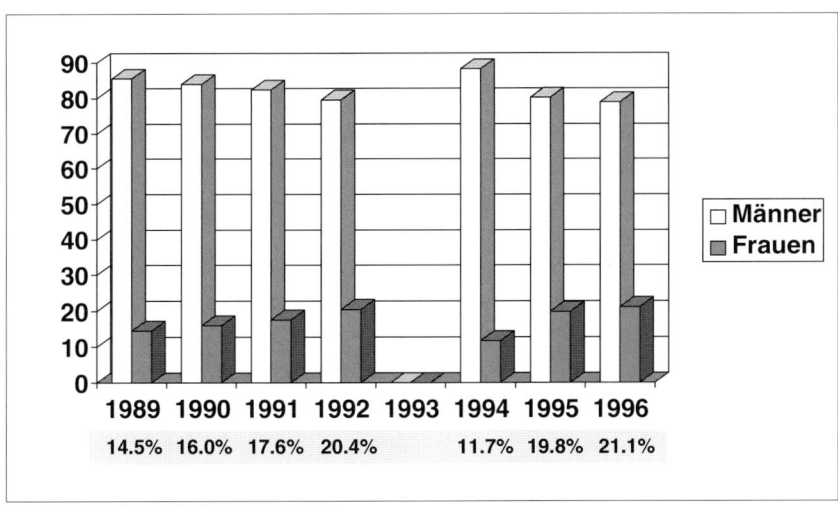

Abbildung 2: Teilnehmer an Assessment Centern für Führungspositionen

Etwas anders sieht dies bei Positionen für Führungsnachwuchskräfte aus, für deren Auswahl (extern und intern) wir in der Regel Assessment Center einsetzen (vgl. Abbildung 2). Insbesondere bei internen Auswahlverfahren haben wir oft nicht die annähernd gleiche Anzahl weiblicher und männlicher Bewerber. Dies liegt einerseits an unserer bisherigen Struktur auf den verschiedenen Ebenen des Führungsnachwuchses, die man nicht von heute auf morgen grundlegend verändern kann, andererseits aber auch an einer

Reihe von Gründen aus dem Bereich der Rahmenbedingungen, unter denen Führungsarbeit heute noch geleistet werden muß. Auf diese Rahmenbedingungen, wie z.B. Arbeitszeiten etc., werde ich später in diesem Beitrag noch näher eingehen. Da wir aber, wie gesagt, keinen Einfluß auf die Auswahl, etwa durch eine Quotenregelung, nehmen, bleibt uns als Mittel zur indirekten Steuerung im Sinne der Frauenförderung nur der Bereich der Vorauswahl.

In der Vorauswahl für externe Kandidaten, das heißt in der Entscheidung, wer von den fachlich in Frage kommenden Bewerberinnen und Bewerbern zu einem Assessment Center eingeladen werden soll, versuchen wir, wo immer möglich, ein ausgewogenes Verhältnis zwischen Männern und Frauen herzustellen. Dabei liegt die Problematik vor allem darin, daß der Frauenanteil bei Bewerbungen von Hochschulabsolventen deutlich niedriger ist als der Männeranteil (Verhältnis aktuell etwa 25 zu 75). Hier hoffen wir noch stark auf die positiven Effekte aus dem bereits beschriebenen Bereich Personalmarketing. Es muß uns gelingen, Lufthansa in der Öffentlichkeit auch als ein Unternehmen darzustellen, in dem Frauen nicht nur im Servicebereich mitarbeiten, sondern auch wesentlichen Einfluß auf unternehmerische Entscheidungen nehmen können und sollen.

Unsere indirekte Einflußnahme im Sinne der Frauenförderung bei der Kandidaten-Vorauswahl ist allerdings nur ein Faktor für ein möglichst ausgeglichenes Geschlechter-Verhältnis bei den Assessment Center-Kandidaten. Ein anderer liegt darin, daß wir uns darum bemühen, in diesen Auswahlveranstaltungen nicht nur durch die Art und die Themen der Übungen und Gruppendiskussionen ein Stück unserer zumindest gewollten betrieblichen Realität darzustellen, sondern auch durch die annähernd gleiche Anzahl an Männern und Frauen. Dies gilt allerdings nicht für Assessment Center mit ausschließlich internen Kandidatinnen und Kandidaten für Führungspositionen. Zu diesen Veranstaltungen werden alle internen Bewerbungen zugelassen, die die formalen Voraussetzungen erfüllen, unabhängig von der Geschlechtszugehörigkeit. Bei internen AC müssen wir aus dem Fundus der vorhandenen Mitarbeiterinnen und Mitarbeiter schöpfen, bei denen Frauen in der »Ausgangslage« noch immer unterrepräsentiert sind. Bei den externen Bewerbungen können wir besser steuern, wieviel Frauen daran teilnehmen.

Das Ergebnis unserer Bemühungen zur Frauenförderung ist bisher leider noch weit von dem entfernt, was wir uns für die Zukunft wünschen. Die Diskrepanz zwischen Anspruch und Wirklichkeit spiegelt sich am deutlichsten im Anteil der Frauen an den Ersternennungen auf eine Führungsposition wider: Er war in den Jahren bis 1990 bereits auf knapp 19% gestiegen, sank dann mit Beginn der Sanierungsphase unseres Unternehmens auf 6% ab und hat sich bis 1995 erst wieder auf knapp 15% entwickelt.

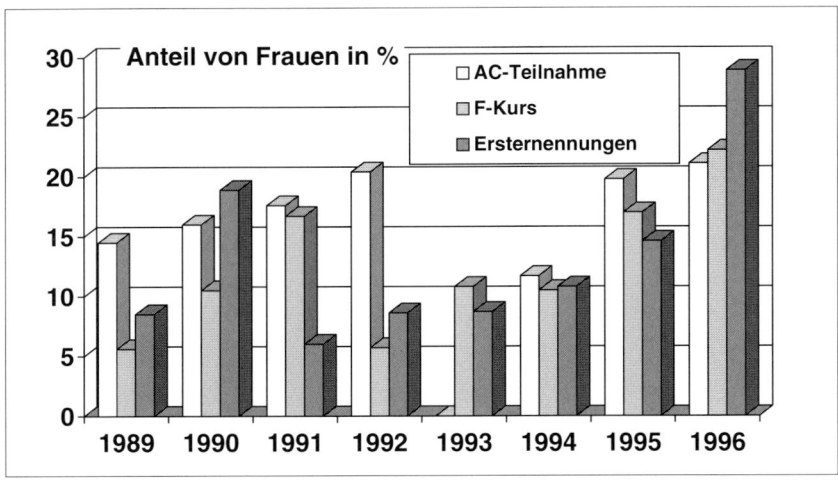

Abbildung 3: Personalentwicklung für Frauen bei der Lufthansa AG

Allerdings hat sich gerade in diesen Jahren von 1991 bis 1995 gezeigt, daß der Anteil der Frauen bei den Teilnehmern an den Assessment Centern, die einer solchen Ersternennung grundsätzlich vorgeschaltet sind, deutlich höher lag als bei den Ersternennungen. Daraus allerdings den Schluß zu ziehen, daß Frauen offensichtlich doch weniger geeignet für Führungspositionen seien (trotz gemischt besetzten Auswahlgremien) ist jedoch nicht nur fahrlässig, sondern falsch. Es muß nämlich unter anderem auch die Frage gestellt werden, wie die Vorbereitung der einzelnen Kandidaten auf eine Führungslaufbahn, etwa in den Aus- und Weiterbildungsbereichen stattfindet.

4 Ausbildung

Alle Ausbildungsberufe, die wir im Lufthansa-Konzern anbieten, sind für Frauen und Männer gleichermaßen offen. Vom zahlenmäßigen Ergebnis her, d.h. der Geschlechterverteilung bei den Auszubildenden, sind die kaufmännischen Ausbildungsberufe unproblematisch. Die Frauenquote reicht hier von 40% bei den Wirtschaftsinformatikern bis zu 98% bei den Kauffrauen bzw. Kaufmännern für Bürokommunikation und liegt im Mittel, wenn man den letztgenannten Ausbildungsberuf als traditionell fast reinen Frauenberuf unberücksichtigt läßt, bei fast 50%.

Diese Quote entspricht nicht unbedingt dem Verhältnis von Männern und Frauen bei den Bewerbungen, sondern ist auch das Ergebnis direkter Einflußnahme bei der Auswahl. Das heißt im Gegensatz zu der bereits beschriebenen Praxis bei den Einstellungen für Einstiegspositionen steuern wir bei den kaufmännischen Ausbildungsverhältnissen gezielt aus der Gruppe der geeigneten Bewerber und Bewerberinnen ein möglichst ausgeglichenes Verhältnis von männlichen und weiblichen Auszubildenden. Dies gilt lediglich für den Beruf der Kauffrau bzw. des Kaufmanns für Bürokommunikation nicht, weil dies traditionell ein praktisch reiner Frauenberuf ist, für den wir auch so gut wie keine Bewerbungen von Männern bekommen. Aus der ausgeglichenen Verteilung von Männern und Frauen bei den kaufmännischen Ausbildungsberufen erhoffen wir uns natürlich entsprechende Impulse für die spätere interne Rekrutierung von Führungsnachwuchs.

Ganz anders ist die Situation bei den Ausbildungsberufen in den Bereichen Technik und Fracht. Hier liegt die Frauenquote mit 5.5% noch sehr niedrig, wobei sie bei den eingehenden Bewerbungen für diese Ausbildungsgänge noch niedriger ist. Das heißt, auch auf diesem Feld sind aus unserer Sicht noch weitere Anstrengungen des Personalmarketings notwendig, um auf uns als ein Ausbildungsunternehmen mit guten Chancen für den weiblichen Nachwuchs auch in traditionellen Männerberufen aufmerksam zu machen. Es stellt sich hierbei aber die Eingangsfrage, ob es sinnvoll ist, wenn die Bereitschaft von Mädchen und jungen Frauen, einen technischen Lehrberuf zu ergreifen, nicht vorhanden ist, mit aller Macht auf das Gegenteil hinzuwirken. Da jedoch im betrieblichen Geschehen Frauen auch hier einen Gewinn darstellen, werden wir weiterhin z. B. Mädchen-Techniktage durchführen.

Den größten Aufholbedarf hat sicherlich der Cockpitbereich, der noch bis vor 10 Jahren für Frauen praktisch tabu war. Als dann die erste Frau für einen Platz im Cockpit ausgebildet wurde, gab es sogar eine Diskussion weit über die Grenzen unseres Unternehmens hinaus. Zum Glück hat sich der Medienrummel relativ schnell wieder gelegt. Inzwischen sind mit einer Gesamtanzahl von 26 immerhin schon 1% unserer Piloten weiblich. Das ist zwar einerseits noch relativ wenig, gemessen an der langen Vorlaufzeit bis zum Abschluß der erforderlichen Ausbildung, aber zumindest schon mal ein Anfang. Hierzu werden wir die TOP '97 in Düsseldorf nutzen, verstärkt Personalmarketing für Frauen als Piloten zu betreiben.

1995 lag der Frauenanteil bei allen Nachwuchspiloten, die mit der Ausbildung in unserer Verkehrsfliegerschule begonnen haben, bei 4,4%. Daraus läßt sich die Hoffnung ableiten, daß der Frauenanteil im Cockpit in Zukunft weiter steigen wird. Der Beruf »Pilot« ist für Frauen und Männer gleichermaßen interessant. Zur Eingangsvoraussetzung gehören mathematisch-technische Kenntnisse, aber auch die Fähigkeit zu Mehrfachbelastungen. Da gibt es Versäumnisse in der Sozialisation. Aber auch in diesem Bereich ist es eine Frage der Zeit, wann genügend geeignete Frauen zur Verfügung stehen werden.

5 Fort- und Weiterbildung

Im Bereich der Fort- und Weiterbildung unterscheiden wir die betrieblich notwendigen Maßnahmen und die freiwillige Weiterbildung außerhalb der Arbeitszeit. Beides wird Männern und Frauen gleichermaßen angeboten. Bei den betrieblichen Fort- und Weiterbildungsmaßnahmen ist es für uns selbstverständlich, daß der vertragliche Umfang der Arbeitszeit keinen Einfluß auf die Auswahl der Teilnehmerinnen und Teilnehmer an diesen Qualifizierungsveranstaltungen hat. Da der Anteil der Frauen bei den Teilzeitbeschäftigten mit über 70% deutlich überwiegt, würden ansonsten Frauen bei betrieblichen Bildungsmaßnahmen ungerechtfertigt benachteiligt.

Die herausragendste Veranstaltung unserer betrieblichen Fort- und Weiterbildung ist der Lufthansa F-Kurs, der Fortbildungskurs für Führungskräfte. Dieses 4-wöchige Seminar bietet neben der Weiterentwicklung von Führungstechniken insbesondere einen sehr detaillierten und intensiven Überblick über das Gesamtunternehmen Lufthansa und findet in der Regel innerhalb von ein bis zwei Jahren nach der Ernennung zum Abteilungsleiter statt. Der Frauenanteil bei unserem F-Kurs hat sich von unter 3% Mitte der 80er Jahre bis zu aktuell 17% langsam, aber stetig entwickelt. Da die Teilnahme an diesen Veranstaltungen aber direkt mit der Personalentwicklung (Ernennung zum Abteilungsleiter bzw. zur Abteilungsleiterin) gekoppelt ist, läßt sich der Frauenanteil beim F-Kurs nur durch zusätzliche Anstrengungen im Bereich der Personalentwicklung weiter steigern. Trotz Verschlankung der Organisation und damit Wegfall vieler Führungsfunktionen, ist der Anteil von Frauen in Verantwortung stetig gestiegen. Das heißt, die Umstrukturierung ist von den Männern getragen worden, da stets das Ziel einer ausgewogenen Personalstruktur berücksichtigt wurde.

Im Bereich der freiwilligen Weiterbildung kommt es zunächst darauf an, das bestehende Angebot allen Mitarbeiterinnen und Mitarbeitern bekannt und zugänglich zu machen. Das ist insbesondere deswegen nicht ganz einfach, weil wir uns entschieden haben, daß auch beurlaubte Firmenangehörige das Angebot der freiwilligen Weiterbildung nutzen können. Wir wollen damit erreichen, daß vor allem die Erziehungsurlauberinnen und -urlauber ihre Bindung an das Unternehmen und ihre Qualifikation möglichst weitgehend erhalten können.

Eine besondere Rolle im Rahmen unseres Programms der freiwilligen Weiterbildung spielt die nebenberufliche Ausbildung zum Luftverkehrskaufmann bzw. zur Luftverkehrskauffrau, mit der wir insbesondere jungen Nachwuchskräften nach einem »On-the-job-Einstieg« ohne kaufmännische Ausbildung eine fachspezifische Qualifikationserweiterung anbieten wollen, die für weitere Schritte in der individuellen Personalentwicklung vorausgesetzt wird. Bei diesem Angebot, das wir seit 1993 machen, haben wir ein besonders hohes Interesse der weiblichen Mitarbeiter festgestellt: Zwischen 63% und 70% der Ausbildungsplätze dieser freiwilligen Weiterbildung sind von Frauen belegt worden, die damit neben ihrem hohen beruflichen Engagement auch aktive Schritte in Richtung auf ihre individuelle Weiterentwicklung gezeigt haben. Ich bin persönlich fest davon überzeugt, daß wir mit dieser Mitarbeitergruppe demnächst auf ein gutes Potential für Personalentwicklungsmaßnahmen zurückgreifen können.

6 Führungsnachwuchsprogramme

Zum gezielten Aufbau von Führungsnachwuchs für die einzelnen Bereiche des Lufthansa-Konzerns haben wir 1995 sogenannte ProTeams eingerichtet. Der Name ProTeam steht für Projekt Teams, d. h. Teams, in denen wir jungen Hochschulabsolventen und -absolventinnen durch verschiedenartige, konkrete Projekteinsätze über einen Zeitraum von ca. 18 Monaten einen sehr praxisbezogenen Einstieg in die Lufthansa ermöglichen. Das Programm hat unsere früheren, klassischen Traineeprogramme ersetzt.

Da die ProTeams eine Schlüsselrolle bei der Rekrutierung unseres eigenen Führungsnachwuchses spielen, beobachten wir sie auch besonders intensiv im Hinblick auf das Thema »Frauenförderung«. Wir wollen weibliche Nachwuchskräfte zwar nicht bevorzugen, aber fördern. Das schließt vor allem unsere Bemühungen ein, die Rahmenbedingungen, auf die ich im folgenden Kapitel eingehen möchte, so zu gestalten, daß sie Frauen in ihrer Entwicklung unterstützen und nicht behindern.

7 Vereinbarkeit von Familie und Beruf

Wie bereits mehrfach erwähnt, spielt die Gestaltung von Rahmenbedingungen, zum Beispiel in Arbeitszeitfragen, eine entscheidende Rolle bei der Herstellung der Chancengleichheit, die wir uns bei Lufthansa zum Ziel gesetzt haben. Wir erkennen ausdrücklich an, daß die Antwort auf die Frage nach Beruf oder Familie nicht mehr ein Entweder-Oder, sondern ein So-wohl-Als-Auch geworden ist. Langsam zunehmend beobachten wir aller-dings – zum Glück – auch, daß die notwendige Koordination zwischen Be-ruf und Familie nicht mehr in der ausschließlichen Verantwortung der Frau-en steht, sondern mehr und mehr von den Männern geteilt wird.

Lufthansa bemüht sich, den Müttern und Vätern bei dieser schwierigen Ko-ordination zwischen Beruf und Familie zu helfen, auch wenn sich dies in der unverändert angespannten Kostensituation innerhalb enger finanzieller Grenzen bewegen muß. Vielfach ist es aber auch nicht einmal so sehr der monetäre Aspekt, sondern Kreativität, Sensibilität und Organisationstalent von Vorgesetzten und Personalverantwortlichen, die dabei die größten Er-folge haben.

Das wichtigste Element bei der Förderung der Vereinbarkeit von Beruf und Familie bildet der Familienservice. Er ist ein firmenunabhängiger Bera-tungs- und Vermittlungsdienst mit einer speziellen Ausrichtung auf die Lö-sung von Kinderbetreuungsproblemen und vermittelt insbesondere:

– Tagesmütter
– Au-Pairs und Kinderfrauen
– Babysitter
– »Notmütter«
– Plätze in Kindergärten, Krabbelstuben und Kindertagesstätten
– Elterninitiativen
– Hausaufgabenbetreuung und Nachhilfe
– Betreuung während der ferienbedingten Schließungszeiten, z. B. von Kindergärten.

Die Vermittlungstätigkeit ist für unsere Mitarbeiterinnen und Mitarbeiter kostenlos (Ausnahme Au-Pairs); die Kosten für die eigentliche Betreuung der Kinder werden dann direkt zwischen den Eltern und den Betreuungsein-richtungen abgerechnet.

Bedingt durch die heute üblichen Öffnungszeiten von Krabbelstuben, Kin-dergärten oder -tagesstätten kommt dem Thema Arbeitszeiten eine zusätzli-che hohe Bedeutung zu. Vor allem die verschiedenen Schichtbetriebe der Lufthansa haben hier naturgemäß ein erhebliches Problem. Aber auch hier scheint inzwischen zumindest für den Standort Frankfurt eine Verbesserung der Situation in Sicht: Gemeinsam mit Partnern prüfen wir derzeit den Auf-bau einer betriebsnahen Betreuungseinrichtung am Flughafen, die mit »luft-hansafreundlichen« Öffnungszeiten auch für Mütter und Väter im Schicht-dienst Kinderbetreuungsmöglichkeiten anbieten soll. In Berlin hat sich Lufthansa in Flughafennähe an der Einrichtung »Hokus Pokus Kölner Kinderhaus e.V.« beteiligt, die zum einen besonders freundliche Öffnungszeiten (derzeit von 04:45 – 21:30 Uhr) und andererseits ein kunden- und kinderorientiertes Konzept hat. Diese Einrichtung plant in naher Zukunft ein Kinderhotel für Kinder ab dem Kindergartenalter mit Betreuungsangeboten über Nacht, um verstärkt auf die Bedürfnisse von fliegenden Eltern einzugehen.

Generell fördern wir in allen Bereichen der Lufthansa die Einrichtung möglichst flexibler Arbeitszeitmodelle, um neben den betrieblichen auch den familiären Bedürfnissen unserer Mütter und Väter möglichst optimal entsprechen zu können. So hat sich zum Beispiel der Anteil der Teilzeitmitarbeiter und Teilzeitmitarbeiterinnen an der Gesamtbelegschaft innerhalb der letzten 10 Jahre von 4.1% auf 19.7% fast verfünffacht. Gleichzeitig ist der Anteil der Frauen an den Teilzeitbeschäftigten von 93% auf 83% zurückgegangen und der der Männer entsprechend gestiegen.

Erfreulich ist in diesem Zusammenhang auch, daß sich in den letzten Jahren auch bei den operativen Führungspositionen, vor allem im Bereich der Passagierdienste am Boden und an Bord, Teilzeitmodelle etablieren konnten. An der Konzeption dieser Modelle waren neben Experten des Personalbereichs und Fachverantwortlichen auch die Mitarbeitervertretungen und die Beauftragte für Chancengleichheit direkt beteiligt. So konnte sichergestellt werden, daß neben den Bedürfnissen des Unternehmens nach wirtschaftlich optimaler Gestaltung von Dienst- und Schichtplänen auch die Interessen der Mitarbeiterinnen und Mitarbeiter im Rahmen ihrer persönlichen Lebensplanung berücksichtigt wurden. Dies hat sicherlich einen nicht unerheblichen Beitrag dazu geleistet, daß zum Beispiel bei den Flight Managern, den Vorgesetzten im Bodenservice, inzwischen 48% Frauen sind.

Dieser positive Trend ist leider im Bereich der klassischen Führungspositionen, den Abteilungs-, Hauptabteilungs- und Bereichsleitern noch nicht einmal ansatzweise erkennbar. Hier gibt es keine einzige Teilzeitstelle. Bei der Suche nach einer Antwort auf die Frage, warum das so ist, stößt man zwangsläufig auf das Thema »Unternehmenskultur« und dabei konkret auf den Aspekt der sogenannten Präsenzkultur.

Eine richtige Führungskraft ist immer im Dienst, immer erreichbar. Urlaub, zum Beispiel, wird nicht genommen, sondern »abgebaut« wie ein lästiges Übel. Nicht-Anwesenheit wird gleichgesetzt mit Nicht-Engagement und der gute Familienvater unterscheidet sich äußerlich vom schlechten nur durch die Größe und Positionierung des Fotos von Frau und Kindern auf dem Schreibtisch. Zugegebenermaßen eine etwas pointierte Beschreibung, aber sie ist nach meiner Erfahrung nicht allzu sehr übertrieben.

Andererseits sind weder uns noch der Beauftragten für Chancengleichheit brauchbare Universalmodelle eingefallen, mit denen wir die Anforderungen an die Gesamtverantwortung einer Führungskraft für die ihr anvertrauten personellen und fachlichen Aufgaben mit den Möglichkeiten herkömmlicher Teilzeitverträge gut kombinieren könnten. Ich sehe die größten kurzfristig realisierbaren Erfolgsaussichten im Einsatz von Teilzeit auf der Basis von Jahresarbeitszeitmodellen, mit der man vor allem befristete Projektleitungseinsätze gut abdecken könnte. Um weitere, durchaus individuell unterschiedliche Formen von Teilzeitarbeit für Führungskräfte, wie sie zum Beispiel bei Domsch beschrieben werden, bei Lufthansa umzusetzen, bedarf es allerdings noch eines entsprechenden Bewußtseinswandels. Die sich ständig zuspitzende Situation auf dem deutschen Arbeitsmarkt – auch bei Akademikern – die sich ja über die Lohnnebenkosten auswirkt, wird zu einem von mir noch nicht absehbaren Zeitpunkt als einzigen Lösungsweg in einer modifizierten Form von Job Sharing führen, falls sich nicht die Struktur von Beschäftigung grundsätzlich verändert.

Wenn der allgemeine Trend der Beschäftigungsverhältnisse, wie vielfach prognostiziert, mittel- bis langfristig immer mehr zu befristeten Spezialisteneinsätzen (»Wanderarbeiter«) zu Lasten von langfristig angelegten Dauerbeschäftigungen geht, sehe ich gerade für diese Form von Teilzeitbeschäftigung eine deutlich positive Zukunftsperspektive. Dies wird gleichzeitig und automatisch zu einer allmählichen Veränderung der heutigen Präsenzkultur führen. Damit einher gehen auch Verbesserungen der Rahmenbedingungen im Bereich der Frauenförderung, denn der heute noch vorhandene Zwang zu einem »kulturell« eng definierten Verhaltensmuster als Führungskraft wird insbesondere von Frauen als stark behindernd in der eigenen beruflichen Entwicklung wahrgenommen.

In jüngster Zeit wird diese Einstellung immer öfter auch von männlichen Nachwuchskräften geteilt, die als Angehörige der sogenannten »Erbengeneration« nicht ausschließlich auf hohe Arbeitseinkommen angewiesen sind. Sie streben nicht mehr unbedingt eine lebenslange Vollzeitbeschäftigung an.

Bis sich alle diese eher evolutionären Veränderungen durchgesetzt haben werden, dürfte noch einige Zeit vergehen, eine Zeit allerdings, die alle Verantwortlichen zur konkreten Unterstützung einer Entwicklung zur Chancengleichheit von Frauen und Männern in der beruflichen Entwicklung nutzen sollten.

Verzeichnis der Autorinnen und Autoren

Bischof-Köhler, Doris, geb. 1936, Dr. rer. soc., Diplom-Psychologin.
Werdegang: Studium in Tübingen und München, Promotion in Konstanz. Erziehungsberatung in München. Parallel zur Betreuung von drei Töchtern Mitarbeit am Max-Planck-Institut Seewiesen, Abteilung Lorenz. Ausbildung als Familientherapeutin in Zürich. Seit 1983 Lehre und Forschung in Entwicklungspsychologie an der Biologisch-Mathematischen Abteilung des Psychologischen Instituts der Universität Zürich. Lehraufträge an den Universitäten Zürich, Freiburg, Bern, Tübingen und München.

Bolte, Sabine, geb. 1963, Diplom-Betriebswirtin, Leiterin COMMIT Zentrale in der Commerzbank AG, Frankfurt a. M.
Werdegang: Studium der Betriebswirtschaft in Würzburg. Seit 1986 bei der Commerzbank AG in Frankfurt a. M. Start mit einer Traineeausbildung, Zielrichtung Personal. Ersteinsatz als Spezialistin im Personalmarketing, anschließend Leiterin Personalmarketing/Kommunikation im Zentralen Stab Personal Konzernsteuerung. Seit September 1997 zuständig für die Rekrutierung und Ausbildung von Nachwuchskräften der Zentrale.

Bucheli Ruffieux, Claudia, geb. 1962, lic. iur., Rechtsanwältin, Leiterin Sektor Personal-Führungsunterstützung/Fachstelle für Chancengleichheit bei der CREDIT SUISSE, Zürich.
Werdegang: Juristisches Studium an der Universität Zürich. Juristische Sekretärin am Bezirksgericht Zürich. Seit 1992 bei der CREDIT SUISSE.

Dick, Petra, geb. 1961, Dr. rer. pol., wissenschaftliche Mitarbeiterin am Institut für Führung und Personalmanagement der Universität St. Gallen. Lehrbeauftragte an der Universität St. Gallen.
Werdegang: Banklehre, Studium der Wirtschafts- und Sozialwissenschaft und Promotion an der Universität Augsburg. Seit 1992 am Institut für Führung und Personalmanagement.

Hausherr Fischer, Astrid, geb. 1960, lic. phil., Beauftragte für Chancengleichheit/Personal- und Organisationsentwicklung der ABB Schweiz, Baden.
Werdegang: Studium der Ethnologie und Soziologie an der Universität Zürich. Danach Projektleitung eines Schulentwicklungsprojektes der Volksschuloberstufe in der Erziehungsdirektion. Lehrbeauftragte für Deutsch, Geschäfts- und Wirtschaftslehre an Berufsschulen. Seit 1995 im Personalmanagement der ABB Schweiz.

Mölleney, Matthias, geb. 1960, Luftverkehrskaufmann, Leiter des Personalmanagements im Geschäftsfeld Passage, Deutsche Lufthansa AG, Frankfurt a. M.
Werdegang: Ausbildung zum Luftverkehrskaufmann bei der Deutschen Lufthansa AG, dort anschließend Referent Personalentwicklung Führungskräfte, Personalbeauftragter Berlin und Neue Bundesländer, Vorstandsbeauftragter Personal im Sanierungsteam, Personalleiter Verkauf, Marketing und Bodenservice weltweit.

Preisig, Ursula, geb. 1953, lic. phil. I., Leiterin der Sektion Personalförderung, Eidgenössisches Personalamt, Bern.
Werdegang: Ausbildung und Tätigkeit als Reallehrerin, berufsbegleitendes Studium der Psychologie, Psychopathologie und Politologie, Co-Leiterin einer sozialen Institution. Seit 1991 im Eidgenössischen Personalamt.

Preuß, Brigitte, geb. 1962, Dipl-Päd., Personalreferentin und Chancengleichheitsbeauftragte bei der Allianz Lebensversicherungs-AG, Stuttgart.
Werdegang: Studium in den USA, Frankreich und Deutschland (Würzburg), Abschluß in Pädagogik und Sonderpädagogik. Seit 1991 bei der Allianz Lebensversicherungs-AG.

Regnet, Erika, geb. 1962, Dipl.-Psychologin, Dr. rer. pol., Professorin für Personalwirtschaft und allgemeine BWL an der Fachhochschule Würzburg-Schweinfurt-Aschaffenburg.
Werdegang: Studium der Psychologie in München und der Betriebswirtschaftslehre in Bayreuth. 1987-1992 Dozentin und Projektleiterin am USW Universitätsseminar der Wirtschaft, Schloß Gracht. 1992-1995 Leiterin Personalentwicklung bei der Kreditanstalt für Wiederaufbau, Frankfurt. 1995-1996 Geschäftsführerin eines Fortbildungsinstitutes im Bankenbereich, Bonn. Seit 1997 Professorin in Würzburg.

Rosenstiel, Lutz von, geb. 1938, Prof. Dr., Ordinarius und Prorektor an der Universität München.
Werdegang: Studium der Psychologie, Betriebswirtschaftslehre und Philosophie in Freiburg/Breisgau, Diplom in Psychologie 1963, Promotion zum Dr. phil. 1968 in München, Habilitation 1974 an der Wirtschafts- und Sozialwissenschaftlichen Fakultät der Universität Augsburg. 1963-1974 wissenschaftlicher Mitarbeiter an den Universitäten München und Augsburg. 1974-1977 wissenschaftlicher Rat und Professor für Wirtschaftspsychologie an der Universität Augsburg. Seit 1977 Leiter des Institutsbereichs Organisations- und Wirtschaftspsychologie an der Universität München, seit 1992 Prorektor dieser Universität.

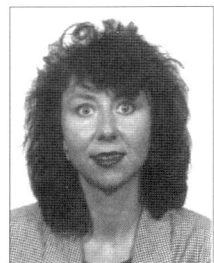

Sandmeier, Manuela, geb. 1966, Betriebsökonomin, Leiterin des Ressorts Finanzen, Personal, Dienste, Qualität und Chancengleichheit, ABB Immobilien AG, Baden.
Werdegang: Kaufmännische Lehre in einer Stadtverwaltung, anschließend nebenberufliches betriebswirtschaftliches Studium. Seit 1995 bei ABB Immobilien AG.

Stickel, Dorothee, geb. 1964, Dr. oec., Personalchefin, Hilti AG, Schaan (Fürstentum Liechtenstein).
Werdegang: Ausbildung zur Bankkauffrau, Studium der Betriebswirtschaft an der Universität Mannheim, Promotion an der Universität St. Gallen. 1995 Eintritt in die Hilti AG als Projektleiterin Human Resources, seit 1997 Personalchefin.

Ulmi, Marianne, geb. 1957, lic. phil. hist., wissenschaftliche Mitarbeiterin der Stabsstelle für Frauenfragen im Eidgenössischen Personalamt, Bern.
Werdegang: Studium der Philosophie und Ethnologie an den Universitäten Freiburg und Bern. Wissenschaftliche Assistentin an der Universität Bern, wissenschaftliche Mitarbeiterin im Bundesamt für Statistik. Seit 1996 im Eidgenössischen Personalamt.

Verrey, Etiennette, geb. 1942, Beauftragte für Chancengleichheit, F. Hoffmann-La Roche AG, Basel.
Werdegang: Ausbildung zur medizinischen Laborantin in Bern, Musikstudium in Bern, Essen und Stuttgart. 1968 Eintritt bei F. Hoffmann-La Roche als Biologielaborantin, berufsbegleitend Höhere Technische Ausbildung mit eidg. Diplomabschluß 1980, danach Pharmakologieassistentin, seit November 1992 Beauftragte für Chancengleichheit.

Wilms, Gaby, geb. 1963, Diplom-Kauffrau, Projektmanagerin für Personal und Organisation.
Werdegang: Studium der Betriebswirtschaftslehre an der Universität Göttingen. 1989 Eintritt in die Hertie Waren- und Kaufhaus GmbH, Projektmanagement in den Bereichen Einkauf/Verkauf/Logistik/Warenwirtschaft, Vorstandsreferentin Personal, Zentralabteilung Personalwesen-Grundsatzfragen. Seit 1995 selbständig als Beraterin für Personal- und Organisationsentwicklung tätig, u. a. für die Gemeinnützige Hertie-Stiftung.

Winsen, van, Christa, geb. 1949, Journalistin, Geschäftsführerin des Förderkreises »Frauen in Verantwortung (FiV)«, Stuttgart.
Werdegang: Industriekauffrau mit Weiterbildung zur Marktforschungs- und Werbeassistentin. Juniorchefin im elterlichen Betrieb. 1976 zweite Berufsausbildung zur Journalistin bei der Stuttgarter Zeitung. Dort Assistentin des Chefredakteurs, stellvertretende Chefin vom Dienst, Ressortleiterin Film-Funk-Fernsehen. Nach der Geburt der beiden Söhne freie Journalistin, vorwiegend tätig für den Süddeutschen Rundfunk. Themenschwerpunkt: »Frauen in Politik, Wirtschaft und Gesellschaft«. Seit Mitte 1990 Geschäftsführerin und Projektleiterin des Förderkreises »Frauen in Verantwortung«.

Wollert, Artur, geb. 1934, Siemens-Stammhauslehre, Dr. oec. publ., Professor an der Fachhochschule Ludwigshafen.
Werdegang: Leiter Hauptpersonalbüro Siemens AG, Personalchef Deutsche Babcock, Leiter Zentrales Personal- und Sozialwesen BMW AG, Mitglied des Vorstandes der Hertie Waren- und Kaufhaus GmbH. Seit 1995 u. a. für die Gemeinnützige Hertie-Stiftung tätig.

Wunderer, Rolf, geb. 1937, Prof. Dr. oec. publ., Gründer und Direktor des Instituts für Führung und Personalmanagement der Universität St. Gallen.
Werdegang: Studium der Wirtschaftswissenschaften und Psychologie an der Universität München. Lehrbeauftragter an der Universität München sowie an der Hochschule der Bundeswehr in München, von 1974 bis 1983 Ordinarius für Betriebswirtschaftslehre an der Universität Essen. Seit 1983 Professor für Betriebswirtschaftslehre an der Universität St. Gallen, 1995– 1997 Gastprofessur für Personalwesen im Teilzeitpensum an der Universität München.

Stichwortverzeichnis